U0896248

2016

中国机械工业集团年鉴

CHINA NATIONAL MACHINERY
INDUSTRY CORPORATION
YEARBOOK

机械工业出版社
China Machine Press

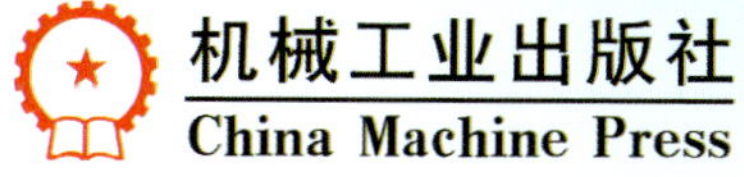

《中国机械工业集团年鉴》2016版设置重要文献、集团公司发展概况、子公司发展概况、规章制度选编、荣誉汇编、重大经营项目汇编、大事记、附录和形象展示等栏目，集中反映了2015年中国机械工业集团有限公司的发展情况，详细记录了集团公司和主要子公司的生产发展、产品产量、市场销售、科技成果及新产品、标准与质量、基本建设和技术改造，以及集团和个人所获得的荣誉等情况。

《中国机械工业集团年鉴》主要发行对象为政府决策机构、机械工业相关企业决策者，从事市场分析、企业规划的中高层管理人员以及国内外投资机构、贸易公司、银行、证券、咨询服务部门和科研单位的机电项目管理人员等。

图书在版编目（CIP）数据

中国机械工业集团年鉴.2016/中国机械工业集团公司编. --北京：机械工业出版社，2016.12

(中国机械工业年鉴系列)

ISBN 978-7-111-55576-6

Ⅰ. ①中… Ⅱ. ①中… ②中… Ⅲ. ①机械工业—工业企业-中国—2016—年鉴 Ⅳ. ①F426.4-54

中国版本图书馆CIP数据核字（2016）第291871号

机械工业出版社（北京市西城区百万庄大街22号 邮政编码 100037）

责任编辑：赵 敏

编 辑：万鲁信 朱彩绵 王 良 王逦娟 魏素芳 张珂玲

美术编辑：刘 青

北京宝昌彩色印刷有限公司印制

2016年12月第1版第1次印刷

210mm×285mm·28印张·70插页·865千字

定价：480.00元

编辑说明

一、《中国机械工业集团年鉴》(以下简称《国机集团年鉴》) 创刊于2010年，是由中国机械工业集团有限公司(简称国机集团)主管、主办，《国机集团年鉴》编委会编纂，机械工业出版社编辑出版。

二、《国机集团年鉴》是一部全面记载国机集团改革与发展的大型资料性、工具性年刊。《国机集团年鉴》2016版主要记载上年国机集团在新常态下的改革、创新、发展情况。

三、《国机集团年鉴》坚持面向市场、面向读者，提供准确、翔实的数据、信息和资料，忠实地反映国机集团和国机人年度取得的新发展、新进步、新成就和新风貌。

四、《国机集团年鉴》2016版内容设置重要文献、集团公司发展概况、子公司发展概况、规章制度选编、荣誉汇编、重大经营项目汇编、大事记、附录和形象展示九个部分，数据截至2015年12月31日。

五、本年鉴在编纂过程中得到了国机集团总部各职能管理部门和子公司的大力支持和帮助，在此深表谢意。

七、由于水平有限，难免出现错误及疏漏，敬请批评指正。

中国机械工业集团年鉴编辑部

2016年11月

领导工作掠影

2015 年 1 月 8 日，任洪斌董事长与四大银行和中国南车领导一起，在中国二重调研。

2015 年 1 月 16 日，任洪斌董事长在中工国际所属沃特尔公司调研。

2015 年 4 月 21 日，任洪斌董事长出席首届中俄中小企业实业论坛。

2015 年 8 月 31 日，任洪斌董事长与塞尔维亚总统托米斯拉夫 · 尼科利奇共同鉴证 CMEC 签署肉制品加工场项目合同。

2015 年 2 月 3 日，石柯书记在西安所属企业慰问老专家。

2015 年 5 月 27 日，石柯书记在中国电器科学研究院调研。

2015 年 5 月 19 日，石柯书记主持召开国机集团部分所属企业纪检监察专项工作会。

2015 年 12 月 23 日，石柯书记为中国重机达岱水电站正式运行剪彩。

2015 年 1 月 9 日，徐建总经理代表国机集团参加 2014 年国家科学技术奖颁奖典礼。

2015 年 1 月 28 日，徐建总经理在广州机械科学研究院慰问困难职工和劳动模范。

2015 年 10 月 15 日，徐建总经理率队在中国西电集团调研。

2015 年 12 月 9 日，徐建总经理会见厄瓜多尔副总统。

2015 年 6 月 24 日，孙德润副总经理慰问中国二重困难职工。

2015 年 9 月 24 日，孙德润副总经理陪同 GE 发电事业部总经理杨丹考察中国二重镇江基地。

2015 年 6 月 11 日，曾祥东副总经理在国机重工所属企业常林股份调研。

2015 年 7 月 18 日，曾祥东副总经理率国机集团安全检查团在中工国际白俄罗斯 40 万 t 泥浆厂项目现场检查工作。

2015 年 6 月 29 日，骆家駹总会计师在中国浦发讲党课。

2015 年 11 月 9 日，骆家駹总会计师出席 2015 中国投资论坛并作演讲。

2015 年 9 月 18 日，谢彪副总经理率团在印尼电站项目现场调研。

2015 年 11 月 7 日，谢彪副总经理在中白工业园项目现场调研。

2015 年 6 月 25 日，丁宏祥副总经理在广州机械科学研究院调研。

2015 年 11 月 12 日，丁宏祥副总经理出席 2015AAG 展会暨全国汽车配件交易会。

2015 年 2 月 2 日，纪委书记王克伟慰问重庆材料研究院劳模张忠模教授。

2015 年 2 月 5 日，纪委书记王克伟慰问中国二重一线职工。

2015 年 7 月 3 日，刘敬桢副总经理在天津电气院调研。

2015 年 12 月 4 日，刘敬桢副总经理在中国浦发调研。

中国机械工业集团年鉴编辑委员会

主　编

石　柯　中国机械工业集团有限公司　党委书记、副董事长

执行主编

苏维珂　中国机械工业集团有限公司 职工董事、工会主席、党委工作部部长

执行副主编

陈兴祥　中国机械工业集团有限公司 党委工作部新闻宣传处处长

编　辑

于雪娟　张少晨　张雪超

撰稿人（按姓氏笔画排序）

丁　珺　于雪娟　马芷菡　王永祥　王东善　王旭萌　王鹏妍　王巍娜　田旭东
吕克文　全啸林　刘　凯　刘　超　刘文思　刘立群　许美蓉　纪　然　孙玉峰
杜凯凯　李　伟　李炫极　李晓晴　杨　雪　杨昌福　杨学贵　严　慧　苏晓秋
肖晓帆　宋　晔　张　羽　张少晨　张发明　张青春　张秋娜　张雪超　岳　昕
岳　恒　房　正　罗兴康　罗志恒　周　洁　周　斌　郑晓艳　姜　迪　姜　楠
段　婷　皇艳蕾　姚玥淳　赵国君　贾怀江　徐　玮　郭晋峰　黄志尧　董　杰
程思榕　谢林宏　曾维佳　詹晓红

目 录

第一篇 重要文献

第二篇 集团公司发展概况

第三篇 子公司发展概况

第四篇 规章制度选编

第五篇 荣誉汇编

第六篇 重大经营项目汇编

第七篇 大 事 记

第八篇 附 录

第九篇 国机集团形象展示

CONTENTS

Chapter I. Important Literatures

Chapter II. Development Overview of SINOMACH

Chapter III. Development Overview of Subsidiaries

Chapter IV. Selections of Rules and Regulations

Chapter V. Honors

Chapter VI. Key Projects

Chapter VII. Chronicle of Events

Chapter VIII. Appendices

Chapter Ⅸ. SINOMACH Image Display

第一篇

重要文献

重创新　抓改革　促转型
不断推进国机集团提质增效升级

——在国机集团2016年工作会议上的讲话

任洪斌

（2016年1月20日）

这次会议的主要任务是，全面贯彻落实党的十八届五中全会、中央经济工作会议和中央企业负责人会议精神，总结2015年及“十二五”主要工作，分析当前经济形势，部署2016年重点工作任务，动员全集团重创新、抓改革、促转型，努力实现提质增效升级。下面，我讲三点意见。

一、2015年工作与“十二五”发展情况

刚刚过去的一年，是国际金融危机以来稳增长形势最严峻、情况最复杂、任务最艰巨的一年。我们深入贯彻落实党中央、国务院、国资委的决策部署，坚持稳中求进、改革创新，深入践行“二次创业”，困难面前不低头、挑战面前不退缩，实现了稳增长目标，推动了各项工作迈上新台阶。

顶住下行压力实现稳增长。2015年，在巨大的经济下行压力下，集团全面超额完成国资委考核目标和稳增长任务。集团整体实现利润总额83亿元，而原国机集团（不含中国二重）实现利润总额85亿元，同比增长0.6亿元；中国二重通过债务重组、扭亏脱困等工作，实现大幅减亏，2015年亏损4 856万元，较重组前减亏31亿元。国机集团实现经济增加值（EVA）41亿元，同比增加30.5亿元，上缴税费120亿元。连续第七年保持国资委经营业绩考核A级。

以科技创新培育发展新动力。一大批核心共性关键技术及产品的研制和应用取得突破，国机集团科学技术研究院的六自由度空间关节型工业机器人样机完成试制，技术指标达到国际同类工业机器人水平；中工国际所属沃特尔公司首个使用正渗透技术实现工业废水“零排放”的项目成功投入运营，填补了国内该领域技术空白。科技队伍人才辈出，闫楚良、陈学东两位同志分别当选中国科学院和中国工程院院士，表明集团在飞机结构可靠性、特种设备设计制造与运行维护等领域的技术水平已达到国内一流。

中国二重改革振兴取得突破性进展。债务重组圆满达到预期目标，中国二重、二重重装重整计划获得法院批准，为实现改革振兴奠定了坚实基础；二重重装主动退市，成为我国退市制度改革以来的首个成功案例，履行了央企应尽的社会责任，最大限度地维护了股东和债权人的权益，维护了资本市场的稳定，为我国资本市场退市制度的实际操作提供了范例；资产盘活有序推进，中国二重成都工程中心、8万t模锻压机、镇江基地的资产盘活方案已经拟定或进入了实施阶段；长线产品开发成效明显，多项新产品进入试制阶段，30余项传统领域产品取得技术突破。中国二重正以崭新的姿态、全新的风貌，轻装上阵，扬帆起航。

以深化改革激发企业新活力。推进简政放权，进一步下放投融资审批权限，授权苏美达董事会光伏电站项目投资及退出审批权，授权国机汽车董事会根据资本市场的实际情况、调整定向增发的价格，逐步落实董事会选人用人自主权；稳步推进混合所有制改革，推动有关企业探索进入新三板；进一步完善企业工资总额与职工收入水平的双重调控，推动实现工资总额与企业效益的有效联动；深化企业三项制度改革，进一步完善能上能下、能进能出的用人机制，国机重工近三年累计在岗职工减员2 700余人，其中2015年减员将近1 300人。

适应经济新常态加快优化资源配置。积极稳妥开展并购重组，进一步完善磨料磨具、重型机

械产业链条；推动农业机械、通用机械等若干板块业务整合，推进企业上市与再融资工作，进一步挖掘存量资源重组价值，加强重组整合与上市公司平台相结合，提高国有资本的市场价值和流动性；加快清理低效无效资产，2015 年减少五级及以下企业 10 家，完成年初目标；新成立国机资本、国机智能公司，有利于集团借助资本力量实现“四轮驱动”，加快抢占智能装备产业高地，推动智能装备产业做大做强。

以模式创新助推“再造海外新国机”。抢抓“一带一路”、中巴经济走廊建设等带来的海外市场机遇，创新工程承包商业模式，以“EPC+”带动工程承包业务转型升级，打造了多项引人瞩目的明星工程。作为丝绸之路经济带上的标志性、战略性项目，中白工业园按时完成各项节点工程，招商引资、园区管理等工作顺利推进，引起两国元首高度重视；作为中巴经济走廊首个煤电一体化项目，CMEC 的巴基斯坦塔尔煤电项目进入融资阶段，开启了中巴能源合作新思路；作为中国企业在柬埔寨投资建成的最大一级水电站、集团境外第一个 BOT 项目，中国重机投资建设的柬埔寨达岱水电站正式开始商业运营，年均发电量近 9 亿 kW，对柬埔寨经济社会全面发展与消除贫困发挥了重要作用。加强内部协同，制定颁布“农业走出去”工作实施方案，推动农机装备做大做强；超额完成出口倍增计划，2015 年实现国机制造产品出口突破 6 亿美元，完成目标值的 127%；升级非实体经营，已签约数个工程承包项目，合同总额超过 20 亿美元，正在跟踪项目 20 多个，完成 2015 年年初目标的两倍以上。

“十二五”时期是不平凡的五年，集团取得了优异成绩，综合实力又上新台阶，企业活力、影响力、控制力明显提升。

这五年，企业竞争力明显增强。2011 年到 2015 年，营业收入年均增长 7.9%，2015 年达到 2 227 亿元，前三年更是实现增速 10% 以上，利润总额和 EVA 均全面超额完成国资委考核指标，五年均获得国资委中央企业业绩考核 A 级，始终位居中国机械工业百强第 1 位，世界 500 强排名由第 434 位到 288 位、上升了 146 位。

这五年，改革创新稳步推进。有序深化企业改革，集团董事会建设取得新进展，所属企业公司制股份制改制逐步完成，激励约束机制不断健全，混合所有制改革稳步推进，企业运行机制更加灵活高效。创新成果不断涌现，科技创新、管理创新、商业模式创新取得新成效，企业活力进一步增强。“十二五”期间集团共获得省部级和全国行业性以上各类优秀成果奖 1 522 项、申请专利 7 160 项、授权专利 5 485 项、主持或参加标准制修订 3 624 项，分别是“十一五”期间的 1.4 倍、2.9 倍、2.9 倍和 1.1 倍，科技成果转化率达 95% 以上，新产品销售收入累计近 250 亿元。

这五年，转型升级成效显现。集团产品和业务结构进一步优化，产业链、价值链逐步由中低端向中高端转变。战略性新兴产业培育发展取得一定成效，新技术、新材料、新能源、节能环保、智能制造等领域硕果涌现。退出机制进一步健全，低效无效资产清理取得一定成绩，“十二五”期间共清理各层级企业 147 家，清理非持续经营、低效无效参股投资 205 项，处置核销其他不良资产 23 亿元。

这五年，国际化经营再创佳绩。涉外业务收入增长 50%，比集团整体营业收入增速高出 3.7 个百分点。国际业务结构进一步优化，海外工程承包与特许经营、产业园区建设等相结合，经营格局逐步迈向综合化、多元化；对外贸易逐步向“优进优出”转变，贸易产品水平不断提高，贸易模式持续优化；以海外并购、股权合作等方式开展对外投资，适时引进先进技术、战略资源、品牌渠道为我所用。积极履行海外社会责任，品牌海外影响力不断增强，集团连续多年入选 ENR 全球 250 家最大国际承包商前 50 强、国际 225 强工程设计企业前 100 强，在众多国家和地区尤其是“一带一路”沿线国家建造了大批优质工程。

2015 年及“十二五”时期取得的突出成绩，是在众多不利条件和复杂矛盾交织的情况下取得的，寄托了党中央、国务院和国资委的殷切期望，饱含着广大干部职工的智慧与汗水，成绩来之不易。在此，我代表集团董事会，对广大干部职工表示衷心的感谢！

在肯定成绩的同时，我们也要看到，集团的发展仍然面临一些突出问题。一是市场开拓面临严峻挑战。2015 年新签合同额同比下降 28%，首次出现负增长。如果不予以高度重视并切实加以解决，必将严重影响集团未来的健康发展。二是企业盈利能力下降。总体来看，2015年利润总额和EVA完成较好，但部分企业这两项指标出现同比下降，除中国二重外，亏损企业的亏损面和亏损额都同比增加，部分企业运行质量效益亟须提高。三是新的增长动能培育不足。支撑集团过去快速增长的传统优势正在削弱，新动能培育相对缓慢，新旧动能转换出现结构性矛盾，不少业务遇到发展瓶颈。四是风险管控不到位。部分企业债务规模高企、债务结构不合理，“两金”规模居高不下、资金链紧张，债务和资金风险已经威胁企业正常生产运营；部分企业内控管理有待加强，风险预警与问责机制尚未健全，风险事故时有发生。五是人才结构不合理。不同类型人才数量不匹配，高端领军人才缺乏，后备人才不能满足企业发展需要。这些问题，我们要高度重视，认真分析原因，采取有效措施，切实加以解决。

二、充分认清形势，把握责任要求

“处大事贵乎明而能断，不明因无以知事论断”。深入分析当前企业面临的外部环境，有利于我们准确定位自身战略，明确责任要求，抓好重点工作，牢牢把握发展主动权。

（一）加强形势研判

2016年世界经济仍将延续疲弱复苏态势，我国经济发展中的困难很大、隐患不少、风险凸显。机械行业保持低速运行，分化将进一步加剧。形势越复杂严峻，我们越要加强分析与研判，及时把握机遇，积极迎接挑战。

我们面临众多不利因素。一是世界经济仍在深度调整，分化明显。美国经济增势较好，但不够稳定、时有反复。美联储加息进程启动，将对世界经济带来复杂影响。欧元区经济复苏艰难，日本经济徘徊在衰退边缘。许多新兴经济体面临经济增速下滑、货币贬值、资本外流等多重压力。恐怖主义威胁加剧，地缘政治风险增多。二是我国经济下行压力还在加大，可能会经历一个L型增长阶段。投资和出口持续下滑，对经济拉动效果减弱；工业产能过剩问题凸显，工业增速明显回落；利润下降、亏损增加，企业生产经营困难加大；金融风险隐患增大，有的企业面临资金链断裂风险。三是2016年机械行业仍将低速运行、保持与2015年相近的小幅增长，行业将继续在底部盘整，细分行业、企业、产品分化将明显加剧，结构性产能过剩现象仍然存在，传统制造业下行压力较大。装备制造业遭遇发达国家先进技术、发展中国家低成本竞争的“双向挤压”；工程承包业务面临国内外竞争激烈、工程承包模式变化、国际市场风险因素上升等多重挑战；对外贸易全球总需求不振，贸易保护主义持续升温；利率市场化、混业经营逐步放开、互联网金融蓬勃发展等金融市场化改革，对企业发展金融业务提出了更高要求。

与此同时，我们也看到外部环境存在不少有利条件。一是某些发达国家的宽松货币政策转向正常化，新兴市场国家加快经济发展方式转变，全球大宗商品价格从泡沫状态回归常态，这将为2016年乃至更长一个时期世界经济复苏奠定良性基础。二是我国城镇化建设、区域协调发展持续推进，将激发巨大市场潜力，2016年将加大对城市环境污染、水资源短缺、交通拥堵、住房改造等治理力度，全面推进海绵城市建设，城市地下综合管廊将开工建设2 000km，城镇棚户区改造新开工600万套、旧房改造持续进行；着力推进结构性改革，尤其是大力推进国有企业改革，将不断激发企业活力；持续扩大对外开放，将为企业参与国际产能合作开拓更大发展空间；新一轮科技革命和产业变革蓬勃兴起，将为我国一些领域实现“弯道超车”、走向世界前列创造机会。三是政府着力采取一系列支持企业发展的利好举措：降低企业成本、税费、电力价格等，减轻企业负担；重点投资一批基础设施、能源设施、民生工程，推动制造业升级和技术改造工程等，2016年将完成铁路投资8 000亿元以上，全社会公路投资1.65万亿元；加大对农田水利、农业作业配套设施建设等的支持力度，提高农业物质技术装备水平，2016年将开工20项重大水利工程。四是机械行业积极推进转型升级、提质增效，行业内生增长动力增强，远期发展依然向好。装备制造业受技术革命、结构调整、产业政策等影响，智能制造、节能环保、新能源等新兴产业发展方向具有广阔前景；国际工程承包市场需求依然旺盛，“一带一路”建设持续推进，我国企业转型升级动力增强，海外市场仍有很大发展空间；推进自贸区及投资协定谈判、落实出口退税等外贸政策、创新跨境电商平台建设等商业模式，将在一定程度缓解2016年外贸下滑压力；随着大量基础设施项目投入建设，投融资改革措施不断推进，货币政策进一步宽松，将为扩展投资领域、增加资金支持提供有力保障；国企改革为金融资本更好参与企业发展提供了重大发展机遇，随着金融改革不断深化，金融服务实体经济的效率进一步提高，资本市场将变得更加活跃。

2016年，我国发展可能面临更加严峻的形势，困难比2015年更大。我们要高度重视，做好应对更加复杂局面的思想和工作准备。

（二）落实责任要求

面对我国经济新常态、供给侧结构性改革攻坚战，以及集团爬坡过坎、调整提高的新阶段，我们观念上要适应、认识上要到位、方法上要对路、工作上要得力，战略上坚持持久战，战术上打好歼灭战，用新常态下的新思路、新方式、新举措来审视、谋划和推进我们的工作，不断实现集团有质量的增长。

1. 坚持五大发展理念

理念是行动的先导，把集团建成具有国际竞争力的世界一流企业，必须践行创新、协调、绿色、开放、共享发展理念。坚持创新发展，就是要深入实施创新驱动发展战略，构筑未来竞争的新动力新优势。坚持协调发展，就是要增强发展的协调性，实现与国民经济、国家产业布局、内部业务结构等多方面的协调。坚持绿色发展，就是要坚持绿色低碳发展，大力实施节能减排，推动绿色生产和消费。坚持开放发展，就是要以开放的思维视野看待发展，推进中国装备走出去和国际产能合作，实现投资主体多元化，开辟发展的新领域新境界。坚持共享发展，就是要广泛开展互利合作，坚持全心全意依靠职工办企业，坚持以人为本的价值主张，倡导共享工作理念，践行社会责任，共同把企业管理好、发展好。

2. 强化作风建设

清朝四川丹棱人彭端淑有句名言“天下事有难易乎？为之，则难者亦易矣；不为，则易者亦难矣。”我们要发扬不畏艰难、争取胜利的丹棱精神，攻坚克难，不达目标不罢休；保持“二次创业”的精神状态，恪守“五坚持、五反对”，艰苦奋斗，求真务实；增强集团发展自信，经济形势有下行压力，精神状态要有上行动力。进一步转变工作作风，履职尽责，敢于担当，主动作为，旗帜鲜明地给那些呕心沥血做事、不谋私利的干部职工撑腰鼓劲，始终保持“功成不必在我，建功必须有我”的胸怀，不断开拓发展新境界。集团总部要进一步增强工作的主动性，深入研究新情况新问题，提高服务意识，主动为所属企业排忧解难，要不断提升管理和服务能力，寓服务于管理之中，提高工作效率，加大干部交流力度，进一步打造服务型、学习型、创新型、价值型总部。

3. 加强顶层谋划

面对深刻变化、错综复杂的外部环境，更需要加强战略谋划，重新思考和分析、重新研判和审视企业发展战略，找准企业战略定位，明确发展思路、方式和路径；发挥战略引领作用，坚持目标导向，着手进行前瞻性部署，用新思路新举措，不断推进企业迈上新台阶；创新战略思维，把握经济规律和发展大势，洞悉产业演进趋势与前景，坚持正确方向，防范战略性风险，促进企业可持续发展。要保持战略定力，善于运用辩证思维，处理好局部和全局、当前和长远、重点和一般的关系，在权衡利弊中做出最为有利的战略抉择，切实完成战略任务。

4. 破解发展难题

每一个历史阶段都有每一个历史阶段的问题，旧问题解决了，新问题又会产生。推进工作的过程就是发现问题、分析问题、解决问题，从而实现企业螺旋式发展上升的过程。形势越复杂多变，越要主动研究新情况、新问题，增强工作的前瞻性和预见性。千难万难，找对办法就不难。要增强问题意识、坚持问题导向，深入一线，找准基层企业存在的实际问题，改进和创新工作方式方法，推进工作的落实落地。要有解决问题的担当意识、能力水平和精神状态，沉下身子、甩开膀子大干实干巧干，用发展的办法解难题，打开工作新局面。要提高解决问题的精准性，推进思维方式、工作方式向精准化转变，庖丁解牛、对症下药，以问题的有效解决推进工作的落实。

三、2016 年重点工作任务

“十三五”时期是中央企业做强做优做大、培育成为世界一流企业的关键时期。国资委要求中央企业在“十三五”时期着力做好创新驱动、结构调整、开放合作、深化改革、提质增效、加强党建六篇大文章，通过创新驱动增强发展动力，通过结构调整提高发展质量，通过开放合作扩大发展空间，通过深化改革增强发展活力，通过提质增效提升发展水平，通过加强党建为发展提供保障。我们要结合实际抓好贯彻落实。

2016 年是“十三五”规划和全面建成小康

社会决胜阶段的开局之年，是适应经济发展新常态、深化国有企业改革、推进结构调整、加快提质增效升级的关键一年。中央经济工作会议提出坚持稳中求进工作总基调，在适度扩大总需求的同时，去产能、去库存、去杠杆、降成本、补短板，保持经济运行在合理区间。国资委要求中央企业2016年经济效益实现恢复性增长，努力实现提质增效升级。集团董事会综合考虑经济形势、国资委有关精神和集团自身发展实际，要求经理层在2015年的基础上，面对新形势、迎接新挑战，2016年实现利润总额恢复性增长，企业运行质量处于较高水平，继续保持国资委经营业绩考核A级。完成2016年的目标任务，我们要紧密结合企业实际，践行创新、协调、绿色、开放、共享发展理念，适应、引领新常态，做好加减乘除，注重提高发展质量和效益，不断挖掘新潜力、培育新动能、拓展新空间。

（一）着力保持稳增长

国务院国资委提出了2016年中央企业效益努力实现恢复性增长、2017年实现稳步增长的目标。我们要牢牢抓住发展这个第一要务不放松，全力以赴稳增长，实现“十三五”时期集团发展的良好开局。

一要大力拓市场、减亏损、降成本、严考核。主动适应市场需求，及时调整经营策略，优化营销渠道，促进合同签约和生效，提高市场占有率；精耕细作传统市场，巩固盈利基础，积极稳妥进入新市场，努力扩大市场份额，有效培育新的增长点。创新思路，综合施策，扭转目前集团亏损额扩大的局面，使减亏扭亏工作切实取得实实在在的成效。积极开源节流，拓展盈利空间，深入开展降本增效，从人工、财务、采购、销售、运营等方面，深入开展全价值链、全生命周期的成本费用管理，健全成本管控责任制度和目标考核机制，压缩非生产性支出，努力提高综合成本利润率。

二要积极推进结构优化。大力调整产业结构，通过技术改造，推动集团传统产业优化升级，向中高端跃升；落实《中国制造2025》，发展以智能制造为代表的先进制造业；落实“互联网+”指导意见和行动计划，探索“互联网+”或“+互联网”的新模式、新技术、新产业、新业态；加快发展生产服务业和科技服务业，培育壮大前瞻性战略性新兴产业；适应需求结构的变化，应用新技术新工艺新材料推动产品升级、提高产品质量和附加值，增加有效供给；持续优化组织结构，按照集团化管控、专业化管理、集约化运营的要求，优化功能体系，缩短管理链条，减少管理层级。

三要大力推动协同发展。进一步发挥集团整体优势，大力推进业务协同，深入挖掘集团内部市场潜力，更好发挥协同效应。各业务板块、各企业之间，抱团取暖，实现优势互补、合作共赢。在同等条件下，优先开展业务协同，切实提升集团内部协同的规模和水平。

（二）着力推进中国二重改革振兴

中国二重改革振兴已进入崭新阶段，2016年要在2015年取得突破性进展的基础上，进一步采取切实有效措施，让中国二重彻底恢复持续经营与盈利能力，确保实现中国二重2016年扭亏为盈目标，重回健康持续发展轨道。

一是加快转型升级，培育新的增长点。通过加快技术进步、装备升级，大力提高产品质量，降低制造成本，保证交货期，提升中国二重综合竞争能力。借助集团科研力量优势，加大研发投入，发展高端装备制造业，力争尽快在轨道交通、海洋工程、油气资源开采利用、节能环保等为代表的新兴产业形成科技成果，纳入企业长线产品布局，促进科技成果产业化，培育并尽快形成新的利润增长点。

二是创新体制机制，剥离非核心主业。深化企业改革，充分调动广大干部职工积极性、创造性，围绕做活做优辅业，对从事相关生产性服务业务的子公司实施混合所有制改革，激发企业活力。聚焦主业，以最严格的措施保证产品质量，加快业务布局调整，分离、外包非核心业务，对一些市场替代性强的制造业务实施改制剥离，解决历史遗留问题，减轻企业负担。

三是深化业务协同，拓展市场空间。进一步深化中国二重与集团其他企业的业务协同，加大力度开拓国内外工程总包市场和产品出口市场，力争实现协同业务收入、利润指标，确保“双超”目标的顺利完成。中国二重要从经营订货、产品销售、售后服务和账款催收等方面，加大营销工作力度，千方百计争抢订单。抓好国内新市场开发，不断提高系统解决方案服务能力，促进收入规模、盈利水平止跌回升。集团领导、总部各部门、所属企业要继续加大力度支持中国二重的业务协同。

四是推进资源整合，盘活重大资产。以步入健康发展轨道的中国二重为平台，整合集团相关资源，构建“科工贸”一体化的重型装备研发与制造板块——“国机重装”，打造代表国家高端制造水平、具有国际竞争力的重型装备制造平台。按照中国二重重大资产盘活方案，有效盘活相关资产项目，切实减轻运营包袱，实现资产保值增值。

（三）着力实施创新驱动

创新是引领发展的第一动力。集团必须深入实施创新驱动发展战略，推动包括科技创新、管理创新、商业模式创新等在内的全面创新，走创新驱动的发展道路，不断提高创新对企业增长的贡献率。

一是大力推进科技创新。有效推进落实中共中央、国务院《深化科技体制改革实施方案》《中国制造 2025》和集团“十三五”科技发展规划；创新科技体制机制，加强技术研发，推进协同创新，突破和掌握一批关键技术，提升产品开发能力，促进产业结构调整和转型升级，引领集团未来产业创新发展；利用好股权和分红激励、研发经费加计扣除、研发投入视同利润考核等政策，加大研发投入，稳定研发队伍，夯实研发基础，加快产品和服务升级，构建集团科技创新优势，有力支撑集团实现有质量的增长。

二是持续推进管理创新和商业模式创新。

进一步推进管理提升。夯实基础管理，加强制度建设，优化管理流程，提高信息化应用水平；强化投资管理，加大投资项目检查力度，对重大投资失误和损失进行责任追究；对标世界一流企业，推进管理方式科学化、规范化、精益化，有效解决影响企业持续发展的管理短板和瓶颈。

进一步强化全面风险管理。提高风险管控意识，正确处理好业务发展与风险管理、业绩激励与风险责任等关系。认真查找分析风险隐患，着力在全面提高风险管控能力上下功夫。提高风险识别能力，健全机制、完善决策流程；提高风险承受能力，夯实基础、确保内控有效运行；提高风险应对能力，加强预警、落实管控责任，确保重大风险可见、可控、在控。

进一步加强人才队伍建设。落实集团“十三五”人才队伍建设规划，进一步完善人力资源管理制度，充分调动人才积极性、主动性和创造性；加快高层次人才的选拔和引进，加强干部交流力度，加强后备干部的选拔培养；加强人力资源的培训与开发，提升人才队伍整体素质；建立健全科学合理的选人、用人、育人机制，建设一支德才兼备、结构优化、布局合理、素质优良的人才队伍，不断释放人才红利，加快形成集团人力资本新优势。

进一步推进商业模式创新。积极探索适合自身发展的商业模式，有效利用互联网、物联网、云计算、大数据等新技术新手段，加快信息化与工业生产相结合、工程建设与运营相结合，推进业务升级，不断满足需求、创造需求，实现增值服务、价值提升。以市场为核心、以用户需求为导向，实现由提供产品向提供产品及系统解决方案转变、由生产型向生产服务型转变。结合企业实际，发展网络经济，借助电子商务手段催生新的商业模式；适应互联网服务生活化、实体经济互联网化以及装备制造业智能化、数字化、网络化、服务化的发展趋势，让商业模式创新成为引领竞争优势的核心竞争力。

三是推动“双创”工作。推动企业创新创造，向创新驱动要效益，积极探索在企业内部实施“大众创新、万众创业”，把“双创”工作作为支撑企业转型升级和创新发展的重要动力，与企业发展战略、组织管控、生产经营等紧密结合，摸索出好的经验和做法。从企业实际出发，采取创业孵化、创投基金、研发资源共享、技术服务支撑、职工创意活动等多种形式，探索发展众创、众筹、众包和虚拟创新创业社区等创新创业模式，积极开拓新的业务领域，培育新的利润增长点。

四是注重创新文化建设。积极营造勇于探索、鼓励创新、宽容失败的创新文化，把创新文化建设的理念真正融入企业改革发展实践中。完善鼓励创新、宽容失败的评价、保障、激励机制，形成有利于激励创新的制度环境和企业文化。对于那些承担着探索性强、风险性高的科研项目的科研人员，要切实从机制上给予帮助和支持，让创造力充分迸发。

（四）着力深化企业改革

在供给侧结构性改革驱动下，2016 年国有企业改革将迈出重要步伐，围绕董事会职权、投资运营公司、兼并重组、混合所有制改革、混合所有制企业员工持股等的十项改革试点将全面展开，解决历史遗留问题，分离移交企业办社会职能，清理“僵尸企业”等做减法的改革将有效推进。集团要主动融入供给侧结构性改革的进程中，按照中共中央、国务院《关于深化国有企业改革的指导意见》和相关配套文件提出的目标和要求，切实落实国资委的工作部署，积极、稳妥推进企业改革，不断释放改革红利。

一是在现代企业制度建设方面，着力完善公司治理，落实和维护董事会依法行使重大决策、选人用人、薪酬分配等权利，保障经理层经营自主权，强化董事会规范运作，切实加强董事会对经理层落实董事会决议情况的监督；加强监事会建设，调动监事履职的积极性，以国有资产保值增值、防止流失为目标，切实落实出资人监督责任，增强监事会的履职能力，增强监事会的独立性和权威性。进一步完善董事和监事任职、履职、考核机制。

二是在央企改革试点方面，按照国资委关于改组国有资本投资、运营公司工作的统一安排，积极探索，争取把集团改组成为国有资本投资公司，抢占机械行业战略制高点；通过开展投资融资、产业培育、资本整合，强化产业聚集和转型升级；通过股权运作、价值管理、有序进退，促进国有资本合理流动，实现保值增值，切实提高国有资本配置和运营效率。

三是在股权结构层面，继续深入推进公司制股份制改革，为企业贴近市场、规范有效运作企业资本奠定体制基础；积极引入各类投资者实现股权多元化，发展混合所有制经济，结合企业实际情况，宜控则控、宜参则参、宜退则退，放大国有资本功能；充分发挥市场机制作用，坚持因企施策，不搞拉郎配，不搞全覆盖，不设时间表，成熟一个推进一个；充分利用资本市场的功能，在主板、创业板、中小板、新三板、地方性产权交易所等多层次资本市场，继续推进企业直接或间接上市；适时通过发行股份、资产置换、增持减持等多种方式，提升企业的市场价值，增强国有资产的流动性和可变现能力。

四是在经营机制方面，建立市场化的机制，更好地适应未来市场化的竞争，着重把握好薪酬分配、用人制度、职业经理人制度。稳妥推进劳动、人事、分配三项制度改革，积极探索推动股权激励，按照国务院关于企业员工持股的有关政策要求，规范推进混合所有制企业员工持股试点工作，优先在人才资本和技术要素贡献大、占比高的转制科研院所、高新技术企业、科技服务型企业开展试点，不断增强企业活力。

（五）着力推动资源整合

资源整合是企业发展的重要途径，纵观世界上著名的大企业无不是通过某种程度、某种方式的并购重组而成长起来的，走内涵式增长和外延式扩张相结合的发展道路是大企业发展的普遍规律。我国新形势下深化国有企业改革，将明确国有企业的功能界定与分类，着力推动“清理退出一批、重组整合一批、创新发展一批”，在国有企业新一轮重组整合进程中，集团要积极推进内外部资源优化配置，充分释放资源的最大效益。

一是适时开展对外并购重组。企业重组是供给侧结构性改革的一项重要内容，国家将着手推动国有资本向重要行业、关键领域、重点基础设施集中，向前瞻性战略性产业集中，向产业链关键环节和价值链高端环节集中，向具有核心竞争力的优势企业集中；推动中央企业重组整合和行业板块专业化重组。我们要抓住全面深化国有企业改革、国有资本布局结构调整的新机遇，以提升集团产业链和价值链竞争优势，提高集团综合竞争力为目的，积极、稳妥、适时推动与其他中央企业、地方企业的联合重组，充分抓住难得的历史机遇，切实把国机集团做强做优做大。

二是有效推进内部优化重组。落实集团资本运营总体规划，进一步加强内部业务重组、内部要素整合，实现业务、资产、资本的良性互动，增强企业的内生动力。聚焦结构性改革，注重盘活存量、引进增量、主动减量，优化配置好资源；注重体制机制创新，激发重组企业活力，注重全过程动态管理，掌控和化解风险；注重分工合作、相互配合，确保重组整合成功。

三是加快处置低效无效或不良资产。落实中央经济工作会议精神，按照国资委有关要求，进一步做好减法，及时清理处置低效、无效及不良资产，通过关停并转，采用兼并重组、债务重组乃至破产清算等方式，对资不抵债、扭亏无望的“僵尸企业”实行市场出清，切实提高企业市场竞争能力。进一步优化业务结构，加快从非主业领域、缺乏竞争优势的领域及一般产业的低端环节退出。

（六）着力再造海外新国机

国际化经营是中央企业发展的必由之路，再造海外新国机是把集团建成世界一流企业的必然选择和客观要求。所属企业要结合自身实际能力、所处阶段、行业特点、市场格局等多种因素，采取适合自身特点的国际化经营方式，积极稳妥参与国际竞争和全球资源配置。从长远来看，集团要实现业务结构、收益结构、资产结构、人才结构在全球范围内的均衡配比和最优配置，深度参与海外战略性资产配置，通过投资并购等方式获取技术研发、营销网络、品牌、人才等高端资源，推动从“产品输出”向“资本输出”的转变，实现集团海外资产贡献率占据半壁江山。

当前，要主动适应经济全球化新趋势，利用好国内国际两个市场和两种资源，在我国新一轮高水平对外开放中，努力提高集团国际化能力与水平，不断培育国际竞争新优势。

一是推进国际产能和装备制造合作。进一步贯彻落实国家“一带一路”战略，将“一带一路”沿线国家作为海外业务拓展的重点，推动产品、技术、标准、服务走出去，有序参与国际市场竞争。在基础设施互联互通、能源资源合作、产业投资、海外园区建设等方面，积极参与项目建设。立足自身优势和国外市场需求，推动重型装备、农林机械、工程机械、基础零部件、智能制造装备、绿色新兴产业装备出口。大力发展电力、交通运输、农林水利、市政等领域的国际工程承包业务，推动以工程承包带动包括国机制造产品在内的中国装备走出去。在推进国际产能和装备制造合作过程中，注重把握国家支持发展的重点国家、重点区域，发挥集团综合性装备工业集团的优势，抢抓战略机遇，不断拓展国际化经营发展空间。

二是推进国际化经营业务升级。不断优化结构，创新方式方法，拓展广度和深度，促进国际化业务由产业链中低端向中高端环节、高附加值产品和服务升级。完善集团工程非实体经营的模式，推动所属科研院所、设计院、施工企业、装备制造企业“走出去”，努力发展科技服务业，培育新的利润增长点。以多种方式积极支持所属企业，抓住当前国外资产资源价格低、有利于开展跨境并购的机遇，适时开展高新技术和战略性新兴产业等领域的投资并购。大力巩固国际化业务传统市场，在充分挖掘传统亚非拉市场的基础上，努力发展新兴经济体国家市场，大力拓展欧美发达国家高端市场。通过优化全球市场布局、实现业务升级，不断提升集团国际化经营的规模、质量和效益。

三是推进国际化经营模式创新。发挥集团传统优势，适应环境变化，探索工程承包与直接投资相结合、工程建设和运营服务相结合、基础设施与工业化相结合，积极推进中白工业园、巴基斯坦塔尔煤电等重点项目，稳妥开展装备制造业、工程服务业领域的海外直接投资，有效推进“农业走出去”等项目的业务模式创新，形成进出口贸易、国际工程承包、对外投资经营等业务协同发展的良好态势。

同志们，2016年新春佳节即将到来，借此机会，向集团广大干部职工致以新年的问候与祝福！各企业要更加重视安全生产、社会稳定工作。牢固树立安全发展观念，坚守安全红线，严格落实安全生产责任，严防重特大安全事故发生。高度关注信访稳定工作，防止不稳定事件的发生。各级领导干部要关心困难群众工作生活，做到精准救助、精准帮扶，切实解决实际困难，让广大职工度过一个欢乐祥和平安的节日。

形势蕴含机遇，任务召唤作为。让我们紧密团结在以习近平同志为总书记的党中央周围，按照“五位一体”总体布局和“四个全面”战略布局，改革创新、砥砺前行，团结一致、艰苦奋斗，不断实现提质增效升级，为做强做优做大国机集团，为全面建成小康社会、实现中华民族伟大复兴的中国梦作出新的更大贡献！

国机集团党委 2016 年工作报告

（2016 年 1 月 20 日）

一、2015 年党委工作情况

2015 年，集团党委在党中央、国资委党委的坚强领导下，紧紧围绕全面从严治党这条主线，带领集团各级党组织全面加强和改进思想建设、组织建设、作风建设、反腐倡廉建设和制度建设，各方面工作都取得了新成绩，为贯彻落实党中央、国资委一系列重大决策部署，推动企业全面深化改革、实现“二次创业”，提供了坚强政治保证。

（一）贯彻落实全面从严治党要求，统筹推动集团党建各项工作

2014 年 12 月，习近平总书记第一次提出了“全面从严治党”的新要求，把管党治党提到前所未有的新高度。集团党委紧紧围绕全面从严治党要求，大力加强和改进集团党的建设。一是抓好顶层设计，建立制度框架。先后制定了《国机集团贯彻落实全面从严治党要求的实施意见》《国机集团各级党委党建责任清单》，对集团各级党组织和党员领导干部从严治党的职责任务、工作标准提出明确要求，并印发关于做好《实施意见》重点工作的通知，帮助各所属企业党委和党委书记进一步把握工作方向、明确重点任务。二是全面部署推动，树立工作导向。2015 年 5 月，举办所属企业党委书记培训班，围绕从严治党、制度建党等内容进行了培训动员。7 月，召开了集团第一次党的建设工作会议，对全面从严治党工作进行整体部署，强化党建工作主体责任，在全集团树立党要管党、从严治党的工作导向。三是严格检查督促，确保工作落实。派出检查组，分赴 8 个城市 20 家所属企业，开展党建工作专项检查，访谈了 25 位所属企业党委书记、副书记、19 位党委工作部门负责同志和 97 位基层党支部书记，逐一查阅了企业党委会和中心组学习记录，深入了解企业党建规章制度及党费管理情况，以检查促整改，以督促抓落实，进一步推动所属企业贯彻落实全面从严治党的工作要求。

（二）扎实开展“三严三实”专题教育，不断强化党员干部政治意识和政治规矩

集团党委把组织和开展好“三严三实”专题教育作为一项重要的政治任务，及时建立了专题教育领导体系和督促指导工作机制，以“不严不实”问题为着力点和突破口，不断强化党员干部的政治纪律和政治规矩。一是坚持“领导干部示范带动”贯彻始终。集团领导班子成员带头参加了三个专题的集中研讨和专题民主生活会，并以普通党员的身份参加了所在支部的学习交流。领导班子成员还分别确定了 1 家企业作为联系点，到联系企业开展专题调研，为党员干部讲党课，以实际行动作表率，带动所属企业深入开展专题教育。二是坚持督促指导贯彻始终。专题教育伊始，召集所属企业党委书记座谈交流，了解各企业筹划准备情况。专题教育过程中，先后三次召开所属企业党委书记和党委工作部门负责人座谈会，及时了解企业专题教育进展情况，并分赴部分所属企业实地了解企业特色做法和基层支部学习研讨情况。民主生活会环节，集团党委派人分别列席了 19 家所属企业领导班子专题民主生活会，对会议过程及效果严格把关。三是坚持“边学边查边改”贯彻始终。集团党委在前期摸底调查的基础上，通过座谈会、问卷调查、电子邮箱等七种渠道，收集党员群众对集团及领导班子的意见建议 338 条。集团领导班子对此进行专题研究，提出 5 个方面的整改任务，制定整改清单，逐项进行整改。各所属企业也按照统一要求和部署，以领导班子“不严不实”的问题、影响企业改革发展的问题为重点，积极开展边学边查边改。从“三严三实”专题教育整体情况来看，集团各级党组织和党员干部积极参与、深化认识、扎实整改，在党员干部守纪律讲规矩、营造良好政治生态上，在完成经营目标、推动改革发展上，在加强企业党的建设、落实全面从严治党要求上，

见到了实实在在的成效。

（三）巩固扩大教育实践活动成果，持续深入推进作风建设。

集团党委把继续巩固和扩大群众路线教育实践活动成果作为落实中央八项规定精神、推进企业改革发展的有力抓手，锲而不舍、驰而不息地推进作风建设。一是抓好后续检查督促，推动整改工作落实。建立健全了整改工作定期检查制度，每半年对各级企业特别是领导干部整改工作情况开展统计和检查，保持反“四风”高压态势。重点围绕整改措施落实情况、领导班子办公用房和公务用车情况，对 20 家所属企业进行了抽查，各项整改措施完成率达 98.3%。二是完善各项制度，建立长效机制。借鉴教育实践活动成功经验，研究制定了《关于深化“四风”整治、巩固和拓展党的群众路线教育实践活动成果的实施办法》，促进“四风”整治和作风建设工作常态化、长效化。

（四）以中央专项巡视为契机，全面加强党风廉政建设和反腐败工作

2015 年上半年，中央对国机集团开展了专项巡视。集团党委把接受中央专项巡视作为对集团党风廉政建设和反腐败工作的一次全面检查和有力推动，作为对集团党员干部队伍一次深刻的思想洗礼和党性锤炼。巡视启动前，集团主要领导全面约谈二级企业主要负责人，对近十年来收到的举报线索、办理的案件进行大起底、大排查，就十八大召开到 2015 年初的 327 个问题线索建立台账，组织对部分重点单位、重点项目进行了自查自纠。巡视期间，集团党委全力配合中央第十巡视组开展工作，先后召开 7 次常委会，专题研究巡视工作事项，分别就集团整体工作、党建工作、选人用人和纪检监察工作向巡视组作专题汇报，配合巡视组对 6 家所属企业进行了重点检查。集团对巡视组的工作给予了积极支持和有力配合，保证了巡视工作的顺利进行，得到中央巡视组充分肯定。专项巡视结束后，集团党委根据巡视反馈的意见，深入开展了巡视整改工作，成立了 7 个专项整改工作组，针对 7 个方面 39 个突出问题，分别制定整改措施，实行销号式管理，完成一项，销号一项。在配合中央专项巡视、抓好整改落实工作的同时，集团党委认真履行党风廉政建设主体责任，召开反腐倡廉建设工作会，结合实际全面部署工作；推动各所属企业建立健全党风廉政建设主体责任、监督责任相关制度；结合党建工作专项检查，组织开展了党风廉政建设责任制落实情况的检查，查找问题，推动工作；坚持开展党纪党规宣传教育，通过集团网站、报刊、廉洁提醒短信、党风党纪警示牌等方式，对党员干部常提醒常要求，进一步增强干部廉洁自律意识。

（五）扎实推进各级领导班子建设和人才队伍建设

集团党委紧紧围绕集团总体发展战略，认真贯彻落实上级有关部门对干部管理工作的要求和政策，结合中央巡视组专项巡视工作要求，按照从严管理、从严选拔、从严约束、从严监督的要求，抓好各级领导班子和领导干部的选配和管理工作。一是选优配强领导班子。组织完成所属企业行政换届 12 家，党委换届 13 家，集体研究审议干部任免事项 340 人次，其中提任事项 10 人次。在这项常规工作中，力求突破创新，做到深化改革、放宽视野、大胆布局、提高活力。根据集团“一报告两评议”测评结果，集团和所属企业选人用人整体工作评价“满意”和“基本满意”率分别达到 96.43% 和 94.68%。二是逐步规范授权董事会选聘经理层副职工作。根据试点企业选聘工作开展情况，制定了授权企业董事会选聘经理层副职工作流程，更好地指导规范选聘工作，释放企业活力。三是从严从实加强干部监督。完成集团系统 3 260 名干部个人有关事项报告汇总，随机抽查比例扩大到 10%。完成“凡提必核”以及后备干部重点抽查 458 人。同时根据抽查结果，督促所属企业做好结果比对、处理报备，有效落实从严管理、从严监督干部的工作要求。四是稳步推进干部交流。推进集团与中央机关、地方政府以及集团系统内的干部交流。五是以制定新的五年人才战略规划为契机，促进多层次人才队伍建设。启动国机集团人才队伍建设规划（2016—2020 年）制订工作，对集团人才队伍现状和人才队伍建设总体目标进行了深入的分析研讨。开展了“千人计划”“万人计划”、国家百千万人才工程人选，中央企业创新人才推进计划，首席专家和首席技师，第三批“专业骨干培养计划”，“70、80 英才开发工程”等多层次人才的选拔推荐工作。

（六）抓基层打基础，积极推动基层党组织建设

坚持把夯实党的组织作为企业党建的基础性

工程，努力把基层党组织建设成为坚强战斗堡垒。一是建立健全基层组织。以党内统计、专题教育和专项检查为契机，及时梳理和调整企业党组织关系，积极推动所属企业党组织按期换届。二是总结交流基层经验。推动各所属企业总结、梳理和归纳党建工作中的经验做法，形成38个经验交流材料，并组织部分企业在集团范围内进行了介绍交流。三是规范党员发展工作。制定年度党员发展计划，组织入党积极分子培训，并开展了在京所属企业党员发展工作专项检查，规范发展流程，严格党员标准，严把党员入口关。四是广泛开展党群干部培训。先后举办了所属企业党委书记、党委工作部门负责人以及工会、共青团干部培训班，培训各类党群干部182人，不断拓宽党群干部工作视野，增强业务能力。五是规范党建基础性工作。将近30年来中央涉及企业党建工作的制度规定汇编成册，并统一制作了基层党组织会议记录本、党委中心组学习记录本，通过制度和规范，让集团基层党组织工作有规可依、有章可循，不断提高工作规范化、科学化水平。六是探索创新海外党建工作形式。面对海外项目和外派党员数不断增加的新形势，集团对所属企业海外党组织建设情况开展了专项统计，摸清底数，推动工作。相关企业也结合企业文化宣贯活动，不断探索和创新适合企业特点的海外党建工作形式与载体，在凝聚队伍、服务中心工作方面发挥了积极作用。七是细致深入地做好企业和谐稳定工作。2015年企业连续遇到中国二重、阜阳轴承的职工集体信访事件。面对突发事件，各级企业党组织迅速行动起来，充分发挥党组织和党员干部作用，分级分头做好职工思想工作，广泛听取职工意见，耐心细致地做好解释说明，深入开展困难职工关心帮助活动，及时做好恢复生产和后期工作，有效化解和处置了重大突发事件，在关键时刻、重大关头展现了基层党组织的战斗堡垒作用。

（七）建设优秀的企业文化，为集团改革发展凝聚正能量

企业文化是企业的灵魂。集团党委紧紧围绕“五个国机”建设，广泛开展各类群团活动，努力担负起企业社会责任，共同建设国机集团优秀的企业文化，让企业文化成为集团上下团结一心、创新发展的强大动力。集团党委以“和”文化为基础，结合企业特点和文化理念，形成《国机集团员工道德行为规范》，对员工道德规范、职业行为规范、领导行为规范与企业禁止红线进行引导，建设统一价值，统一行为，统一形象的企业文化。集团还主动承担起对口扶贫的社会责任，为定点扶贫县制订了精准扶贫的工作方案，向四川朝天派出定点扶贫干部，并向固始、淮滨贫困乡村赠送了80余万元的农业设备，向丽江民族孤儿学校捐赠助学资金12万元，树立了集团良好社会形象。召开集团第三次归侨侨眷代表大会，在统战人士中继续开展“我为企业献一策”活动，进一步强化统战工作在企业中的作用和影响。开展“改革创新，青年先行”等活动，围绕集团“二次创业”“再造一个海外新国机”的战略布局，充分发挥团青组织的引领带动作用。成功举办了国机集团第五届职工田径运动会，集团总部及所属企业42家代表队以饱满的热情积极参与了比赛，充分展示了国机集团干部职工良好的精神风貌。组织了“最美国机人”演讲比赛，组织36名选手分赴11个城市16家企业开展巡讲活动，将国机集团先进人物和典型事迹传播到企业各个领域、各条战线，传递正能量，展现新面貌，为企业改革发展营造了积极向上的文化氛围。两次组织爱心基金的申报及发放，为所属企业759名困难职工提供了帮困、子女助学和大病救助资金333万元；设立职工特别帮困资金，先后向4家企业生活困难职工拨付200万元，以扶贫帮困的实际行动，传递集团各级组织和干部职工的关心和问候。

回顾一年来的工作，我们更加深刻地体会到，做好新形势下国机集团党建工作，必须把贯彻落实全面从严治党要求作为企业党建的核心任务，不断强化各级党组织和领导干部管党治党责任；必须把加强党的领导作为企业党建的发展方向，不断完善党建工作体制机制；必须把基层党组织建设作为企业党建的基础工程，不断增强党组织生机活力；必须把落实党风廉政建设“两个责任”作为企业党建的重要职责，积极推进作风建设和反腐倡廉建设；必须把改革创新、与时俱进作为企业党建的不竭动力，努力创新工作理念、内容、手段和方法，不断提高党的建设科学化水平。

二、2016年党委工作安排

2016年国机集团党委工作的主要思路是：深入学习贯彻党的十八大和十八届三中、四中、

五中全会精神，以习近平总书记系列重要讲话精神为指导，紧紧围绕加强党的领导、落实管党治党责任这一主线，紧密结合国机集团改革发展各项中心任务，突出抓好“两学一做”教育活动、落实党建主体责任、加强干部队伍建设、规范创新基层工作、强化党风廉政建设五项重点任务，为国机集团进一步深化改革、创新发展，实现“二次创业”“再造一个海外新国机”的战略目标提供坚强保证。

（一）广泛开展学习教育活动，进一步强化党的意识和规矩意识

进一步加强和改进党内学习教育，落实党管意识形态原则，结合“两学一做”教育，引导党员牢牢把握正确的政治方向，严守政治纪律和政治规矩，坚决维护党中央权威。深入学习习近平总书记重要讲话精神。积极引导党员学习其核心要义和精神实质，进一步理解掌握中央治国理政新理念新思想新战略。深入学习党章和党内规章制度。通过专题辅导、支部学习、交流研讨等形式，帮助党员了解掌握党内法规、牢固树立理想信念、强化党员意识，在思想上、政治上、行动上始终与党中央保持一致。深入学习集团改革发展相关政策知识。组织开展报告讲座、中心组学习、头脑风暴、务虚研讨等活动，教育引导党员主动围绕经济发展新常态、“十三五”规划、国企改革、“一带一路”“中国制造 2025”、扭亏脱困、转型升级等中心工作，出主意、想办法，明方向、谋发展，将中央的战略决策部署转化为企业深化改革、推动发展的实际行动。

（二）落实党建工作责任，健全考核评价机制

把增强管党治党意识、落实管党治党责任作为党建工作的重要抓手，明确职责任务，健全工作机制。一是健全完善党建制度规范。及时修订国机集团企业章程，将党建工作总体要求体现到章程中。推动所属企业完成章程修订工作，明确党组织在公司治理结构中的职责权限。完善党委会议等各项制度，健全党组织参与重大问题决策的规则和程序。逐步健全党费管理、党员发展等各项工作流程，将党的基础性工作纳入标准化的制度框架。二是落实各级企业领导班子成员“一岗双责”。按照中央有关部署和从严治党要求，将党的建设和廉政、稳定、安全生产工作纳入领导班子成员职责范围，细化工作措施，健全工作机制，推动“一岗双责”落实。根据国资委关于党建工作责任制有关要求，建立各级企业党委常委（党委委员）每年向常委会（党委会）报告履行党建工作责任情况的工作机制，进一步强化班子成员党建工作意识和责任。三是推动所属企业党委书记述职评议工作。按照中组部和国资委的工作部署，采取党建述职、提问点评、现场测评等形式，开展对党委书记的工作考核。四是逐步建立党建日常考核评价体系。结合“晒态势，促提升”专项工作，运用信息化平台，将各企业党委开展党建工作的规定内容和标准要求，形成工作指导书和考核标准，最终形成日常性、可量化的党建工作考核评价结果。五是继续开展党建工作专项检查。在 2015 年专项检查的基础上，进一步丰富检查的内容，改进检查的形式，把专项检查作为发现问题、探索方法、推动工作的有效载体。

（三）促进干部队伍建设，为集团全面深化改革提供组织保证和人才支持

强化党组织领导和把关作用，选好用好管好干部，从有利于企业稳健长远发展、有利于专业化人才队伍打造、有利于干部成长成才的角度出发，采取扎实有效的措施促进各级领导班子和干部队伍建设，提升选人用人工作的科学化、规范化水平。进一步深化干部选拔任用制度改革，推动授权董事会选聘经理层工作有序规范进行。进一步规范干部选拔任用工作流程，成立由董事长、党委书记、总经理和纪委书记组成的集团干部选拔任用工作酝酿小组，负责就集团干部选拔任用工作酝酿提出初步意见，并进一步明确集团领导对联系企业负有的责任和相应的对联系企业领导班子设置、调整的建议权。深入推进集团干部交流，完善干部交流相关制度及配套措施，创造条件激励干部“主动交流”。以集团总部机构调整、全员竞聘为契机，增强总部员工的活力和工作动力，促进“价值总部”“创新总部”建设。围绕集团新的五年人才发展规划，以十百千人才工程、英才开发工程、专业人才选拔等多通道为切入点，加大人才选拔力度，着力开展有针对性的培养，提高集团不同层次人才规模水平，通过不同系列人才的选拔和培养，逐步明晰人才发展的通道，创建良好的人才发展氛围，为集团“二次创业”做好充足的人才储备，提供坚实的人才

支撑。

（四）扎实推进抓基层打基础工作，不断增强党组织凝聚力和战斗力

党的基层组织是党全部工作和战斗力的基础，是落实党的路线方针政策和各项工作任务的战斗堡垒。着力推动基层组织建设。通过严格管理、强化检查，积极推动按期换届和“三会一课”等党内规定动作，解决部分基层党组织工作不规范、活动平淡化、不推不动、作用不显等问题。积极开展境外党建工作，不断探索适合境外政治文化环境和企业特点的党建工作内容和活动形式，建强队伍，凝聚力量，为境外业务开展提供支撑保证。充分发挥基层党组织的战斗堡垒作用，在企业深化改革的过程中，深入听取职工意见，宣传企业政策措施，耐心细致地做好思想工作，切实做好维护稳定、促进和谐的工作。着力抓好党员队伍建设。扎实推动《2014—2018 年全国党员教育培训工作规划》落实，探索建立基层党员轮训制度，培养造就高素质党员队伍。完善党内激励、关怀、帮扶机制，为在艰苦环境中工作的党员、生活困难党员和老党员排忧解难，进一步增强党组织的凝聚力。在党员中开展思想状况调查，及时了解掌握党员队伍的普遍性倾向性问题，有针对性地进行引导。着力加强党务干部队伍建设。健全充实党务工作机构，配齐配强党务工作人员。关心党务干部的成长进步，保证党务干部与经营管理干部同级同酬。把党务工作岗位作为锻炼干部、培养复合型人才的重要渠道，加大党务干部与经营管理干部的交流力度，使党务干部队伍始终保持活力。加大党务干部培训工作力度，通过集中培训、沟通交流、实践锻炼等途径，提高他们的政治素质和业务能力。着力创新基层党组织活动内容和方式方法。适应新形势新任务要求，积极搭建新平台和新载体，强化基层党组织功能，不断增强基层党组织生机和活力。开展探索基层支部工作法活动，各所属企业党委重点培育基层党支部典型，协助基层党支部根据自身业务和人员结构，探索行之有效的支部工作方法，最终在集团范围内形成若干具有普遍示范意义、可以借鉴推广的基层工作方法。

（五）落实惩防体系建设实施意见，进一步推进党风廉政建设和反腐败工作

全面贯彻十八届中央历次全会精神、十八届中央纪委历次全会精神及中央企业反腐倡廉建设会议精神，深入推进党风廉政建设和反腐败工作。按照全面从严治党战略部署，认真落实“两个责任”，强化党内监督，严明党的纪律，聚焦监督执纪问责，贯彻执行廉洁自律准则和党纪处分条例，持续形成不敢腐的震慑作用。要坚持把纪律挺在前面，加大监督执纪问责力度，持之以恒落实中央八项规定精神，坚决防止“四风”问题反弹。继续巩固和深化中央巡视整改成果，按照《贯彻落实中央建立健全惩治和预防腐败体系第二个五年工作规划的实施意见》细化措施，切实抓好落实。深入落实中央反腐倡廉建设系列改革创新举措，完善办案和纪委书记、副书记提名考察等工作流程，固化相关制度，推进反腐倡廉管理水平的提升。切实加强对集团总部和所属企业纪检监察队伍建设，进一步落实“三转”要求，提供必要的工作条件和措施保障，对纪检监察干部严格要求、严格管理、严格监督和关心爱护，努力建设一支忠诚、干净、担当的集团纪检监察队伍。

（六）营造团结和谐环境，凝聚改革发展正能量

充分调动和团结各方力量，共同建设国机文化，为国机集团深化改革、推动发展营造氛围、凝聚力量。加大国机文化宣贯工作力度，积极开展《中国机械工业集团有限公司员工道德行为规范》的宣传引导，做好典型企业、典型人物的选树、培育和宣传，在集团系统内树立优秀的企业文化和积极向上的价值导向。围绕“新常态”下集团改革发展的新形势，聚焦稳增长、深化改革、创新驱动、资本运营、国际化经营等重点任务，积极开展宣传报道和舆论引导。创新探索宣传报道的内容和形式，充分运用各类新媒体，不断拓宽宣传报道的覆盖面和影响面。在团员青年中加强思想引导，开展社会主义核心价值观教育，组织形势任务学习，团结带动广大青年坚定改革发展的信心和决心，在“双创”活动中积极发挥生力军作用。切实加强党对统战工作的领导，关注统战人士的思想动态和工作生活情况，创新工作载体，加强思想政治引导，充分调动他们的积极性，为企业改革发展凝聚强大正能量。举办国机集团职工乒羽赛、知识竞赛等丰富多彩的群众性文体活动，促进所属企业间的交流融合，建设团结和谐的集团文化。进一步发挥群团组织的桥梁纽带作用，倾听群众呼声，反映职工意愿，加大关爱和帮扶工作力度，积极维护职工合法权益。继续

做好精准对口扶贫工作，承担起企业社会责任。

2016 年，是国机集团全面落实“十三五”规划、全面深化企业改革的一年，也是贯彻落实全面从严治党要求、强化管党治党责任的关键一年。集团党委将带领各级党组织和广大党员，在思想上、行动上自觉与党中央保持高度一致，适应新常态，抓住新机遇，迎接新挑战，在国机集团“二次创业”的征程中迈出坚实的步伐，为实现“再造一个海外新国机”的宏伟蓝图做出新的更大贡献！

努力践行二次创业　全力谋求有质量增长　确保实现“十三五”良好开局

——在国机集团 2016 年工作会议上的报告

徐　建

（2016 年 1 月 20 日）

刚才任洪斌董事长作了重要讲话，我们要认真学习理解，深入贯彻落实。根据会议安排，下面我作 2016 年工作报告。

一、2015 年工作总结

2015 年，世界经济复杂多变，我国经济正处在新旧动能转换的艰难进程中，旧动能的弱化加大了经济下行压力。在错综复杂的外部形势下，集团深入贯彻党的十八大和十八届三中、四中、五中全会，以及中央经济工作会议、中央企业负责人会议精神，在中央的坚强领导下，认真落实国务院国资委的要求，按照董事会的战略部署，积极适应新常态，努力践行二次创业，全力保增长、大力调结构、加速促转型、竭力控风险，不断推进海外新国机建设，经受住了严峻考验，保持了持续稳定发展。

（一）生产经营保持基本平稳

2015 年，集团认真打好“增长保卫战”，确立保增长目标，将相关任务指标分解，细化到经理层各位领导、总部各部门和各所属企业，并要求企业层层分解，落实到每个经营单元，进一步明确了责任目标。继续实施重点联系企业制度，覆盖范围扩大到集团直接管理、有经营业绩考核任务的所有二级企业，根据经理层领导分工，选择对应的企业作为联系对象，进一步提高针对性，强化激励约束。年中，集团召开所属企业运行情况沟通交流会，全面了解企业经营情况，及时发现和解决运营中的问题和困难。11 月，召开稳增长工作会，认真分析和查摆影响经营业绩的各类因素，对全年稳增长工作进行再部署、再强化，取得良好效果。2015 年，集团实现利润总额 83.1 亿元，同比增长 47.9%，完成国资委全年考核目标的 191.1%、奋斗目标的 166.1%，董事会全年考核目标的 163%、争取目标的 159.9%。而原国机集团实现利润总额 85.1 亿元，同比增加 0.6 亿元。集团实现 EVA 41.1 亿元，同比增加 30.5 亿元，超额完成国资委和董事会全年考核目标和争取目标。

1. 市场开拓有序推进

面对严峻的市场竞争形势，积极采取有效应对措施，不断加大开发力度。结合“一带一路”战略，组织召开“国机制造出口、农业走出去、工贸企业转型”座谈会和国机制造产品推介及业务交流会，深入研讨和规划“国机制造走出去”与“农业走出去”，进一步推进了内部业务合作。创新开发模式，加强与战略伙伴合作开发市场，与美国 GE 公司签订战略合作备忘录，联手推动非洲地区清洁能源项目，已在尼日利亚燃机电站、肯尼亚风电等多个项目开展实质性合作。加大新业务、新领域开发力度，进一步加强新能源市场开发，苏美达新签 16 个光伏电站项目，装机容量达 500MW，投资总额 42.8 亿元。大力促进项目生效，认真分析影响生效的关键问题，加强沟通协调，推动了一批重要项目生效，CMEC 安哥拉联合循环电厂项目，合同金额 9.85 亿美元；中工国际埃塞俄比亚糖厂项目，合同金额 6.47 亿美元。

2. 重大项目稳步实施

密切跟进重大项目执行情况，严控执行风险，确保按照时间节点稳步有序实施。扎实推进中白工业园项目，集团总部成立专门机构，加强项目跟踪管理；引入招商局集团注资中白合资公司；加大招商力度，组织 23 场招商推介会，实地接待百余家国内外考察团；已有 8 家企业签订入园协议，21 家企业递交入园意向协议文本；中白两国元首视察项目现场，对项目工作给予高度评价，中白工业园已成为推动“一带一路”战略实施的重要项目。中国重机柬埔寨达岱水电站正式投入商业运营，当年达到设计运营能力，预计每年可实现利润 2 亿元，大力助推了海外新国机建设。

3. 内部协同持续深化

推动企业加强内部协同，抱团作战，进一步提高整体竞争力。参与内部合作的企业 35 家，实现内部合作发包签约额 42 亿元、完成额 18 亿元。6 家企业开展了与中国二重的协同合作，签约合同金额 30 亿元，实现协同营业额 18.6 亿元。

大力实施国机制造产品出口倍增计划，组织贸易企业与制造企业对接，采取有效措施，解决实际问题。CMEC 每年投入 300 万元专项基金扩大国机产品出口，实现国机制造产品出口 5 426 万美元，完成全年指标的 167%；中国电器院发挥集成、成套能力，推动产品出口，出口额占营业收入的 25%。2015 年集团实现国机制造产品出口 6.39 亿美元，完成计划的 133%。

加强非实体经营工作。在“经营非实体”方面，签约了喀麦隆水厂、塞尔维亚电站和科特迪瓦输变电 3 个项目，合同总额 23.3 亿美元，目前跟踪的项目 25 个。在“科技非实体”方面，“重大农机装备研发与检测能力提升”项目获批，获财政资金 2 900 万元；“农业与食品机械行业制造关键技术与示范”项目通过验收；完成六自由度空间关节型工业机器人样机试制，技术指标达到同类工业机器人的先进水平。

4. 降本增效深入开展

制定集团降本增效总体方案，召开了管理提升经验交流视频会，选取在降本增效方面表现突出的 4 家企业介绍经验，促进所属企业对标先进，降成本、增效益。中国一拖加强成本优化，严格预算管理，实现全年降本增效 1.4 亿元，完成年度目标的 140%。合肥通用院实施“五个贯穿”，把降本贯穿到研发设计、物资采购、业务接待、节能减排、风险防范等生产经营的全过程，取得明显效果。

（二）中国二重改革振兴取得重大进展

为按期实现中国二重扭亏脱困目标，集团继续以“内外科手术”相结合的方式，全力推动中国二重改革振兴。

1. 债务重组取得突破

自 2014 年年底中国二重银行债权人委员会成立以来，集团围绕偿债方式、范围及条件等议题，与其开展 20 余次正式谈判及多次非正式沟通，逐步缩小分歧，形成综合受偿方案，双方携手进入司法重整程序，制定重整计划获得债权人和出资人会议高票通过并顺利获得法院批准，债务重组取得重大实质性成果。债务重组共减轻中国二重金融性债务 91 亿元，每年可降低利息支出 6 亿元，为其推进业务发展，实现扭亏脱困提供了有力支撑。

2. 二重重装主动退市平稳实现

通过主动精心谋划，多层次多渠道与利益相关方沟通，在以全面要约收购方式未能实现退市的情况下，及时调整路径，通过股东大会决议方式实现二重重装主动退市，化解了退市稳定风险，成为我国资本市场退市制度改革以来的首个成功案例，受到监管部门的高度认可和表扬，树立了集团负责任的央企形象，为二重重装重新上市创造了良好条件。

3. 资产盘活调整有序进行

通过国机资产收购中国二重成都工程中心的资产盘活方案已经启动，2016 年第一季度可完成转让手续。拟定了与中航工业共同增资盘活 8 万 t 模锻压机，以及按“股权转让 + 托管”方式盘活镇江基地的资产处理方案，将结合中国二重扭亏脱困国有资本金预算的总体安排，加快实施。

4. 内部管理改革不断深化

一是加大清收应收账款力度，应收账款余额比 2015 年年初下降 4%，通过 CMEC 协同催收 1.55 亿元。二是加快辅业剥离改制，完成对拟改制企业的尽职调查及资产预评估，社会职能移交工作正推动落实。三是强化执纪追责，加强质量、成本、工期和售后管理，重塑中国二重市场形象。四是优化人力资源配置，截至2015年年底，中国二重在岗职工人数降为7 700人，比2013年年底下降40%。

5. 长线产品开发持续推进

一是集团领导继续带队走访中国中车、神华集团等企业，大力推动其与中国二重在轨道交通、煤化工等领域的合作。二是出台《中国二重长线产品研发经费专项补助暂行办法》，组织10余次交流会，积极促进中国二重与集团相关科研院所协同开发，核电堆内紧固件材料、烟气轮机涡轮盘高温合金锻件、离合器外星轮锻件等领域的3项产品进入试制阶段。三是中国二重加强自主研发，改造升级传统领域产品，37项进入试制阶段，ACP1000主管道核电产品、1 000MW及以上核电机组汽轮机转子整体锻件和焊接转子锻件等产品取得技术突破。

（三）创新驱动成效显著

编制完成“十三五”科技发展规划，对未来科技创新作出部署；继续加大科技研发投入，2015年实现科技投入43.8亿元，占主营业务收入的1.98%；加强科技人才培养，闫楚良、陈学东两名专家分别当选中国科学院和中国工程院院士。

1. 科技创新再结硕果

2015年，集团获省部级和全国行业性以上各类优秀成果奖306项，其中科学技术奖98项，勘察设计咨询奖178项。申请专利1 620项，其中发明专利675项；授权专利1 289项，其中发明专利380项。主持或参加标准制修订715项，其中国际标准10项、国家标准229项。

中国重型院完成的“12 000t航空级铝合金板材张力拉伸机装备”、天津电气院参与的“特大型水轮机控制系统关键技术、成套装备与产业化”、中装集团参与的“2 000m以内全液压地质岩心钻探装备及关键器具”项目获得国家科技进步奖二等奖。集团科学技术研究院完成的“二十二种型号飞机载荷谱关键技术及应用”项目获国家技术发明奖二等奖。

2. 创新平台建设力度不断加大

进一步推动国家平台建设，合肥通用院获批成为国家技术创新示范企业，中国一拖的“拖拉机动力系统国家重点实验室”、国机精工的“超硬材料磨具国家重点实验室”、中机六院的“绿色建筑信息模型化国家地方联合工程实验室”、广州机械院的“国家机器人检测与评定中心（广州）”等科研与服务平台获批建设。

3. 重大科技项目稳步推进

积极承担国家项目，2015年新增国家项目54项，获得国拨资金4亿元。加强项目管理，完成85个国家项目、16个集团科技发展基金项目的验收结题，中国二重8万t大型模锻压机设计制造课题通过技术验收，标志着我国成为世界上拥有最大吨位模锻装备的国家；中国重型院成功研制国内首条大型铝扁管专用挤压生产线27MN卧式挤压机，填补了国内空白。

4. 新兴产业发展取得成效

积极培育新兴产业，抓住《中国制造2025》战略机遇，整合智能制造资源，成立国机智能科技有限公司，注册资金10亿元，获得地方财政无偿支持1.2亿元。同时，大力开展新兴产业技术研究，形成光伏发电、机器人发展研究报告；在新能源汽车领域，中国电器院研发的动力电池全自动后处理系统提升了锂电池产业智能制造水平，受到市场欢迎，新签合同额同比翻番。

5. 业务模式不断创新

积极创新“走出去”模式，不断推动海外工程承包业务转型升级，CMEC努力探索“EPC+投资”模式，投资参股巴基斯坦塔尔煤田露天煤矿和燃煤电站项目，成为“中巴经济走廊”的首批优先实施项目；集团推动“EPC+园区开发”，组织中国中元、中国二重等企业密切跟踪巴基斯坦能源重工装备制造基地项目，获得有效进展。努力探索“互联网+”背景下的模式创新，中国一拖、国机汽车、苏美达等企业推动线上线下相结合的销售模式，取得积极成效。

6. 节能减排成效显著

2015年，集团能源消费总量同比下降8.98%，万元产值综合能耗同比下降7.33%，万元营业收入综合能耗同比下降4.6%，二氧化硫排放量同比下降17.9%。所属企业加强节能减排工作，中国福马等6家企业累计投入资金1.2亿元实施清洁生产项目，预计可实现年均耗能降低10%；中国电器院研发的家电产品绿色回收处理关键技术和废气溶剂回收装置被海尔、格力等企业采用，为用户节能减排提供了良好的技术手段；中工国际正渗透膜技术处理脱硫废水项目建成并投入运营，实现工业废水“零排放”，获业主好评；中机六院荣获“2015年度中国低碳环保推广标杆企业”称号。

（四）企业改革有条不紊

1. 推进简政放权

逐步落实所属企业董事会选人用人自主权，制定董事会选聘经理层副职工作流程，不断规范授权企业董事会选聘经理层副职工作。进一步下放投资审批权限，授权苏美达董事会行使光伏电站项目投资及退出审批权，并明确项目准入条件和后续监管措施，防止“授而不管”“一放就乱”。

2. 探索混合所有制改革

坚持因业施策、因企施策、一企一策，成熟一个实施一个的原则，积极推动混合所有制改革，组织长春机械院、北起院、中汽国际等企业开展前期论证，探索以新三板上市为目标的混合所有制、职工持股改革，目前正在有序推进。

3. 健全内部激励约束机制

进一步完善工资总额与经济效益联动机制，确保工资总额增长与经济效益提高、平均工资增长与劳动生产率提高相适应，实现“效益长、工资长，效益降、工资降”的目标。加强人工成本动态监控，发现异常及时解决。

4. 加快解决历史遗留问题

一是持续推动厂办大集体改革。按照《国机集团厂办大集体改革总体方案》，拨付资金6 700万元，80%以上的职工得到妥善安置。二是积极推动实施企业分离移交“三供一业”工作。豫湘渝地区6家企业投入6 600万元专项资金推进有关工作，涉及职工约2.8万户。三是自筹资金解决政策外历史遗留问题。开展国机重工天津三厂关闭退出工作，累计安置职工759人，有效地维护了社会稳定。

（五）资本运营全面有效开展

集团围绕战略，制定资本运营总体规划，进一步明晰资本运营目标、策略和路径，不断加强资源整合，加快资本运作步伐，提高资产证券化水平，资产证券化率达54%。

1. 内部资源整合有序推进

一是在推进合肥通用院重组国通管业的基础上，正式启动了与中通公司的重组工作，完成中通公司股权托管工作。二是推动农机板块整合，召开专题研讨会、领导及工作小组会11次，明确整合思路和计划，启动三大粮食作物收获机械业务资源整合。三是完成机勘院重组进入CMEC，推进中国电工、中国成套的资产注入工作，完成中汽咨询股权划转给苏美达的工作。四是推进国机新能源板块整合工作，以苏美达集团为平台的新能源资源整合方案正在实施。五是加强对展览资源的调查分析，形成资源整合的初步思路。

2. 上市与再融资工作不断加强

一是启动苏美达重大资产重组工作，既推动优质资产和业务进入资本市场，也化解了常林股份退市风险；启动林海股份资产注入重组工作，整合优化了中国福马的内部资源。二是加强再融资工作，国机汽车公开发行5年期20亿元公司债申请获证监会核准，非公开发行股票募集资金获国资委批准，有助于推动其业务转型升级，优化债务结构，降低资金成本。三是积极维护资本市场稳定，境内证券市场出现异常波动后，出资1.47亿元增持集团所属上市公司股票，体现了中央企业的社会责任。

3. 低效无效资产清理工作取得进展

积极探索退出机制，组织督促所属企业制定清理处置五级及以下企业和低效无效资产的三年规划；检查已批复的股权类和实物资产清理处置项目执行情况；积极采取有力措施，落实投资主体对低效无效资产的清理责任，2015年清理整顿五级及以下企业10家。

4. 国机资本公司开局良好

2015年8月正式成立国机资本公司，国机资本围绕集团产业打造投资生态圈，积极履行投资融资、战略并购、资源整合、产业孵化等职能，进一步推动集团提质增效、转型升级。截至2015年年底，国机资本已经通过决策程序批准8项投资业务、设立3家投资管理平台公司，投资总额10.54亿元。

（六）风险管控能力持续增强

2015年，集团继续加强全面风险管理体系建设。修订《全面风险管理办法》，确立“分级分类”的风险管理责任体系及风险责任追究机制；持续开展风险评估，建立重大项目风险筛查信息系统，筛查评估70个重点领域的风险；召开全面风险管控视频会，统一认识，部署措施，落实责任；强化风险预警，探索重大风险报告机制，建立季度风险预警平台，跟踪重大风险动态及风险控制措施的执行效果；完善内控体系，开展内控自我评价，寻找薄弱环节，提升自我监督能力。

在工程项目方面，根据中央巡视组的意见，出台了《关于加强海外工程项目监管的规定》等 4 项管理措施，防范项目执行和腐败风险；对正在执行的、合同金额超过 1 000 万美元的海外工程项目进行风险排查，持续关注出现风险的项目，重点走访预警项目，督促企业及时整改。

在投资方面，进一步落实投资主体责任，与中国农机院、中装集团、中国联合等 7 家企业签署投资项目目标考核责任书，涉及投资金额 30.6 亿元。加强过程管理与事后监管，13 家企业的 16 个项目完成自评自查，涉及金额 22.5 亿元，选择蓝科高新、轴研科技的两个项目，聘请咨询机构独立开展后评价。严格控制产能过剩行业的新增投资，清理整顿管控缺位的投资项目，调减投资金额 41 亿元。

在财务方面，一是加强两金专项清理，主动盘活存量资产，两金净额比年初减少 56.02 亿元，降幅 6.72%。二是科学设置监控指标，持续监控、定期分析高负债企业债务负担、偿债能力，避免引发系统风险。三是清理所属企业历史形成的对外担保，控制担保风险。

在审计稽查方面，加大力度、延伸范围，开展了对 18 家企业负责人任期经济责任审计，13 项海外工程、基本建设等项目审计，重点审计了企业“三重一大”事项的执行、重要股权投资转让、重要资产购置和并购等。转变方式、改进方法，将审计延伸到重要的三级子公司，开展事中审计。加强审计结果的应用，督促推进审计中发现问题的整改工作。

各所属企业风险防控能力不断提高，国机汽车为主要业务的运营环节购买保险，扎实做好事前风险防控，“812”天津特大爆炸事故发生后，积极应对，加强索赔，有效降低风险损失；中工国际建立资金预算模型，降低资金备付额度，实现了对资金合理预计和使用；中国重机建立了海外项目风险事件库，对各项风险分级管理，精准管控；中国一拖加大应收账款管理问责力度，对 500 万元以上的逾期应收清欠进行重点督办，有效降低了运营风险。

（七）企业管理水平进一步提高

1. 战略管理持续推进

加强规划编制，完成《国机集团 2015—2017 年发展规划》《“十三五”发展规划（草稿）》《国机制造 2025》等总体和专项规划。强化战略执行，紧密衔接发展战略和年度计划，分解落实集团高管、总部各部门年度重点工作，促进任务落地。推进战略评估，开展“十二五”规划评估，加强规划实施监控。加强战略研讨，召开头脑风暴会，完成集团国际工程承包业务发展对策等研究。深化战略合作，与中远集团等 8 家企业、河北省等 3 家地方政府签署战略合作协议，努力推动协议落地。

2. 人力资源管理不断优化

完善考核体系，加大利润总额对企业负责人薪酬的决定作用，强化对领导干部德绩的考核，建立了干部行为观察档案，将考察延伸到干部日常工作生活的方方面面。加强所属企业领导班子建设，全面统筹、科学调配，完成 12 家所属企业行政领导换届。推进干部交流，关注交流干部履职情况，明确交流干部“任实职、干实事、有考核”的要求。加强干部监督，在完成集团系统 3 260 名干部个人事项报告汇总上报的基础上，开展随机抽查和对拟提任人选、拟列入后备干部的重点抽查工作。加强人才队伍建设，制定《人才队伍建设规划（2016—2020 年）》，7 名专家获聘集团首席专家，6 名专家获聘首席技师。

3. 培训管理有效加强

明确了“围绕中心、服务中心，结合实际、解决问题”的培训理念，为开展培训工作提供重要指引。通过成立培训专家委员会、制修订培训管理制度、优化培训流程等工作，不断完善培训管理体系，提高培训水平。创新培训模式，构建多个渠道、多种类别、多种模式相结合的培训格局，2015 年组织实施 31 期培训项目，不断打造精品培训项目。开发内部智力资源，加大内部培训力度，进一步推进内训体系建设，2015 年共安排 36 人次内部讲师授课，取得良好效果。

4. 财务管理进一步强化

一是细化全面预算编制，强化预算分析监控，集团整体业务招待费、办公费、会议费三项费用同比下降 16.8%。二是提升资金管理水平，搭建集团外汇资金集中运营管理平台，取得外汇即期结售汇资格；积极争取政策及外部资金，申报获得国有资本金预算35亿元；强化资金集中管理，集团资金集中度达60.9%，同比提高10个百分点，各所属企业在财务公司结算规模同比增长15.8%，财务公司向集团企业累计发放贷款120亿元，办理票据贴现等融资业务31.8亿元，为各企业节约财务费用3.6亿元；深化与银行“总对总”合作，集团总体授信规模达2 700亿元。三是加强财务基础管理，提升财务信息质量，为经营决策提供及时有效的信息支撑。

5.信息化管理水平有效提升

一是加大集团网站群、微信公众号、服务号建设，有力提升集团品牌效应和整体形象，并为基于大数据理念精准定位客户、提升服务针对性奠定基础。二是在移动终端加强集团宣传资料、产品信息建设，提高业务人员市场拓展效率。三是以云计算、大数据理念优化信息化基础设施，提升信息安全保障水平。

6.法律管理和服务能力进一步增强

一是夯实法律管理工作制度基础，加大法律审核力度，实现规章制度、经济合同、授权书法律审核100%。二是提高法律人员专业化水平，增强企业法律顾问服务意识，积极拓展法律服务领域，推进法律管理与经营业务的有效融合。三是加强法律纠纷案件管理，持续为中国二重债务重组、中白工业园项目、非实体经营项目等提供法律支持；加大重大法律纠纷案件的处理力度，菲铁项目对国内分包商诉讼获胜，追回预付款1 100万元。

7.安全生产工作力度加大

健全管理制度，制修订《安全生产管理办法》和《安全生产事故隐患排查治理办法》，规范安全生产工作。严格责任考核追究，签订安全生产双向承诺书，落实安全生产“党政同责、一岗双责”。深入排查隐患，对24家企业境内外生产现场加强安全生产检查，深入开展“六打六治”打非治违专项行动和危化品及易燃易爆物品安全专项整治。加强宣传教育，举办安全生产培训班，推动安全生产文化建设。加强境外安全管理，发布巴基斯坦、土耳其等国的安全预警，妥善处理也门、委内瑞拉等4个国家的突发安全事件。2015年没有发生较大及以上生产安全事故和境外安全责任事件。

8.企业文化和品牌建设取得积极成效

制定《国机集团企业文化传播计划》，大力宣传集团企业文化理念，进一步增强集团凝聚力；编制《国机集团员工道德行为规范》，引导和规范员工职业行为，助力品牌形象提升；首次发布《2014年国机集团社会责任报告》微信版，增强责任品牌传播效果；首次发布海外社会责任报告，集中展现集团海外履责情况，有力支持了“海外新国机”建设；广泛开展节能减排宣传周、“最美国机人”巡回演讲比赛、运动会等活动，积极推进“绿色国机”“幸福国机”建设。

2015年，集团获“十二五”企业文化建设优秀单位、“对外工程承包企业社会责任绩效评价领先企业奖”等荣誉称号。所属企业加强文化与品牌建设，CMEC、中国一拖参与知名综艺节目录制，积极宣传了企业品牌；苏美达伊顿纪德品牌登陆美国时代广场，有效扩大了影响力。

2015年，集团在严峻复杂的形势下，锐意进取、攻坚克难，保持了持续稳健发展，列“世界企业500强”第288位、“全球最大250家国际工程承包商”第27位、“国际工程设计公司225强”第62位、“中国企业500强”第56位、“中国机械工业百强”第1位、“中国对外贸易500强企业”第14位，连续7年获国务院国资委中央企业业绩考核A级。这些成绩的取得，离不开党中央、国务院的坚强领导，离不开国资委、监事会的悉心指导和帮助，离不开董事会的科学决策、党委政治核心作用的充分发挥、各位企业负责同志的努力拼搏，更离不开广大员工的辛勤工作。在此，我代表经营班子，向各级领导、各位企业负责同志及广大员工表示衷心的感谢！

同志们，虽然从总体看，集团2015年全面完成了国资委和董事会下达的考核目标，主要工作有序推进，但我们必须清醒地认识到，经营发展中还面临一系列问题和严峻挑战，阻碍着集团的持续健康发展，有的甚至已给集团发展造成了严重影响。

一是市场开拓调阻，未来业绩增长缺乏保障。2015年，集团新签合同额同比下降27.6%，合同成交额同比下降12.2%，其中工贸企业、制造企业新签合同额分别同比下降34.4%和12.1%，研发企业新签合同额、合同成交额分别同比下降16.3%和14.7%，汽车企业这两项指标同比下降26.9%和26.5%。39家二级企业中，新签合同额同比下降的企业达27家，占企业总数的69.2%，势必影响未来几年的业务增长。

二是企业大面积减收，亏损情况比较严重。39 家有考核指标的企业中，营业收入同比降低的企业占一半以上，EVA、利润总额同比下降的企业分别占 36% 和 18%。虽然集团制定了《亏损企业专项治理工作方案》，加大减亏扭亏工作力度，但目前减亏扭亏任务依然艰巨。除中国二重外，集团亏损企业达 5 家，亏损额 12.86 亿元，其中经营性亏损 6.03 亿元，同比增亏 1.1 亿元。

三是部分企业、业务存在较大风险。部分企业债务规模高企，债务结构不合理，仍过度依赖债务扩张扩大业务规模，债务风险加大。受收入规模下滑及客户资金紧张的影响，部分企业营运资金紧张，“两金”增速过快，6 家企业的应收账款增速超过 30%，5 家企业的存货增速超过 50%。部分企业内控管理措施仍较为粗放，管控责任不落实，难以有效控制风险，虽经多次排查，但随着项目进度的深入，个别项目执行风险还在逐步显现，成本控制不力，质量和工期等难以满足合同要求。

四是部分企业转型升级缓慢，发展遇到瓶颈。虽然部分企业在转型升级方面做了大量工作，但尚未取得明显成效。一些工程承包方面的新型业务转型受制于开发周期、投资风险、所在国政治法律条件限制等因素，进展较为缓慢；园区开发项目前期投入大、周期长、收益滞后；部分新产品在技术、质量、价格等综合优势方面不突出，难以迅速占领市场；部分企业战略路线模糊、危机意识缺乏、创新投入不足，业绩长期原地踏步，发展遭遇瓶颈、停滞不前。

五是产品、工程质量问题时有发生。有的企业质量管理体系不健全、质量监督问责机制不完善、对质量提升的重视程度不够、责任心不强，导致质量事故频发。个别企业生产的产品质量不达标，无法满足客户使用需求；个别工程项目质量不合格，已经造成巨大经济损失，严重影响集团市场形象。

当前，集团面临的形势严峻、任务繁重、挑战艰巨，要夺取改革振兴中国二重、推进二次创业、再造海外新国机的胜利，我们必须高度重视这些问题，切实采取措施加以改进。

二、2016 年工作部署

2016 年是集团“十三五”规划的开局之年，也是践行二次创业、建设海外新国机的关键之年。做好 2016 年各项工作，意义重大、影响深远，直接关系集团 2020 年战略目标能否实现。

从外部看，经营环境复杂严峻。2015 年下半年以来，全球发达经济体经济有所企稳，但增长势头仍然较弱；新兴经济体增长普遍放缓，明显弱于预期，世界经济增长总体动力不足。我国经济运行保持在合理区间，整体向好的基本面没有改变，但在新常态下旧动力不断减退，新动力尚未充分形成，短期内稳增长面临较大压力。中央经济工作会议提出，今后一个时期，要在适度扩大总需求的同时，着力加强供给侧结构性改革，去产能、去库存、去杠杆、降成本、补短板，提高供给体系质量和效率，这将在一定程度上为企业发展营造良好的经营环境。

从内部看，问题和矛盾进一步显现。集团经过连续多年快速发展之后，在外部环境的作用下，呈现出一系列新的变化和特点，核心竞争力欠缺、持续发展能力不强的问题日益显现，集中表现为亏损额持续扩大、新签合同额大幅下降等，并在 2015 年进一步暴露和凸显。这些问题对集团“十三五”时期保持可持续增长带来了严重挑战。

总体看，集团面临的经营形势错综复杂，不利因素较多，稳定业绩难度较大，完成全年目标任务充满挑战。但我们也要看到，集团在长期市场竞争中锤炼铸就了顽强拼搏的国机精神，多年来在国内外主要市场确立了明显的竞争优势，在许多行业依然拥有较强的影响力和较高的知名度。我们既要看到形势严峻的一面，充分认识到形势的复杂性和不确定性，始终保持清醒头脑；也要看到有利的一面，坚定必胜信心，增强战胜一切困难的决心，努力把各项工作做得更好。

根据集团董事会决策部署，结合内外部发展形势，2016 年集团经营工作的总体思路是：深入贯彻党的十八大和十八届历次全会精神，全面落实中央经济工作会议和中央企业负责人会议的决策部署，努力践行二次创业，统筹把握创新、改革、发展三大主题，着力坚持稳中求进、进中求优的工作总基调，全力抓好生产经营，全面实施创新驱动，深入开展企业改革，不断优化资源配置，持续推进管理提升，顺利开启“十三五”发展征程，为完成 2020 年宏伟目标和建设海外新国机奠定坚实基础。为此，我们要重点抓好如下工作：

（一）进一步增强忧患意识和担当精神，切实加快二次创业步伐

2015年，在集团面临新形势、新常态、新问题的关键时刻，任洪斌董事长提出了“二次创业”的号召，要求集团上下振奋精神，迎难而上，创新思维，创新方法，坚决打好“二次创业攻坚战”，切实推进集团的自我变革和转型升级。这是新时期集团发出的战略号角，对集团未来发展具有重要而深远的影响。

根据企业发展规律，企业在发展到一定阶段时，必然会面临发展的瓶颈。要想持续发展、实现更高目标，必须进行根本性的变革，进而促进企业迈上一个新的发展台阶。二次创业，就是企业为了谋求进一步发展而进行的内部变革过程，其实质是企业发展到一定阶段所推动的战略转型，是企业发展过程中的一次革命性的转变。

对于集团来讲，经过十多年的高速发展，既形成了深化改革发展的基础和实力，也积累了阻碍发展的突出问题，同时，在一定程度上固化了发展思维。面对新的形势，我们必须进行自我变革。

变革需要勇气，更需要担当。集团所属企业和总部各部门要以强烈的危机意识、责任意识和担当意识，切实增强发展转型的责任感和紧迫感，在全面分析经济新常态、行业新形势和自身新特点的基础上，紧紧围绕2020年战略目标和海外新国机建设目标，紧紧抓住国家推进供给侧结构性改革和深化国企改革的战略机遇，遵循市场经济规律和企业发展规律，辩证地看待进入和退出、速度和质量、规模和效益等方面的关系，主动摆脱思维定式和路径依赖，积极推进改革创新，找准发力点，把握关键点，实现有质量、有效益、可持续的发展。

（二）着力抓好生产经营，全力以赴推进稳增长工作

稳增长既是党中央、国务院和国资委的明确要求，更是集团自身发展的迫切需要，我们要按照任洪斌董事长的要求，主动担当，勇挑重担，多措并举，努力推进稳增长工作。

1. 加大市场开发力度

2015年，集团新签合同额下滑幅度明显，市场开拓面临极大压力。2016年，我们要把市场开发摆在更加重要的位置，突破传统思维，顺应市场变化，千方百计，抢抓机遇，促进合同签约和生效。一是认真分析、科学研判市场形势，主动适应我国新常态下增速降低、产业结构调整带来的市场和客户需求变化，合理制定经营策略，抢抓细分市场领域，集中力量，重点跟踪。二是积极落实国家“一带一路”、周边国家互联互通等战略部署，进一步拓展海外业务，大力推进国际产能和装备制造合作，加快国际化经营步伐，为建设海外新国机奠定基础。三是构建系统的市场开发机制。创新市场开发模式，改变合同、订单主要是市场开发人员任务的传统思维方式，建立由研发、采购、生产、成本、质量、交货期、售后等全方位协作开拓市场的机制，把市场开发作为系统工程来抓。四是推进内外部协同开发市场。有效利用集团综合优势，促进各企业联动、协同开发市场，不断提高集团整体市场开拓能力；加强和外部战略伙伴的协同合作，共同开发市场，共享产业价值链，实现互利共赢。五是积极探索“互联网+”背景下的营销模式创新，整合线上线下营销资源，着力提高互联网在市场开拓中的应用水平，助力传统产业开拓新市场。

2. 加强项目的管理和执行

完善项目管理体系，按照管理流程制度化、管理手段信息化的要求，建立健全项目管理的制度体系和工作机制；严格审查分包方业绩资质，通过多方比较，选择资质达标、诚信守约、经验丰富、管理有序的合格分包商，确保其工程技术和资金能力充分满足工程建设要求；加强项目执行的动态监管，及时跟踪工程质量、进度、安全、成本等关键点，并采取有针对性的预控措施，确保建设高质量的工程项目。

2016年，要加强中白工业园、阿根廷铁路、博茨瓦纳电站等重点项目的执行监控，定期召开沟通交流会，了解项目进展，分析存在问题，研究解决办法，督促整改落实，保证项目的顺利执行。

3. 强化质量控制

针对集团相关产品质量问题频发的情况，2016年要下大力气强化质量管理工作，严格贯彻执行ISO9000质量管理体系，把质量管理贯穿到设计、制造、采购、调试、检验、服务全过程，严格质量控制、检验和计量检测，注重细节，不留缝隙，总结经验，查找问题，及时整改；要组织攻克一批长期困扰产品质量提升的关键共性技术难题，加强可靠性设计、试验与验证技术的开发应用，使产品的性能稳定性、质量可靠性、环

境适应性、使用寿命等指标明显提升，不断提高顾客忠诚度，增强国机品牌竞争力。

4. 深入推进减亏扭亏

根据中央企业负责人会议精神和任洪斌董事长的讲话要求，2016 年要把处置各级“僵尸”企业、推进减亏扭亏作为重点工作任务，严格实施《亏损企业专项治理工作方案》，切实采取有针对性的措施，以攻关克难、动真碰硬的精神积极推进，争取取得明显成效。

一是进一步梳理亏损子企业，分门别类，有针对性地采取减亏控亏措施。对长期亏损、扭亏无望的企业，要坚决重组或关停；对产品无竞争优势、市场前景不明朗的亏损企业要果断转型；对与主业发展方向不符的亏损企业要尽快退出。二是对亏损企业，一企一策逐户制定年度减亏控亏具体目标，明确路径、措施、方法，综合采取债务重组、业务整合、冗员分流、强化管理等措施，逐步实现亏损企业改革脱困。三是落实责任，将减亏控亏目标、措施分解到人，责任落实到人，并作为绩效考核与奖惩任免的重要依据。

5. 大力开展协同经营

聚集集团勘察设计、设备制造、监造监理、施工安装、调试培训等方面的综合优势，以集团非实体经营项目为载体，强化内部合作，推进协同经营，提升集团在组织大型工程项目方面的市场竞争能力。建立集团内部资源、相关专家人才数据库，形成内部共享平台，强化人才资源协同。创新方式方法，进一步加强贸易企业、研发制造企业的合作，大力推进国机制造产品走出去；结合国家“一带一路”战略，选择与集团装备和产业契合度高、有合作基础且合作愿望强烈的发展中国家，积极推进国机制造产能走出去，助力海外新国机建设。

6. 发挥国机资本在集团经营中的作用

成立国机资本是集团打造资本与金融业务平台，实现制造、工程、贸易、资本“四轮驱动”战略目标的重要举措。要创造条件，创新思维，充分发挥国机资本在集团经营中的重要作用。国机资本要按照集团战略要求，秉持市场化原则和价值投资理念，建立健全法人治理结构，完善相关制度，健全内控体系，注重前瞻性研究，开阔思路，善抓机遇，坚持专业化的资本运作方式，提高投资决策的科学性，努力提升投资收益，增强协同服务与价值创造能力，为集团发展作出应有的贡献。

7. 持续开展降本增效

一是大力开展生产流程再造和生产工艺创新，积极推广使用新技术、新工艺、新材料，加强生产现场服务，全面动态掌握设备状态，及时调整工艺路线，提高生产效率，切实降低生产成本。二是根据集团战略定位和资本运作步伐，进一步优选融资方式，合理搭配长短期、本外币、直间接、债股权等融资工具，加快探索产业基金等创新融资工具，系统拓宽融资渠道，降低资金成本。三是严格费用支出预算管理，把生产经营全过程纳入预算管理范围，严格按照申请、核实、批复和支付的流程开展工作，严格管理非生产类别的资金支出。

（三）不断加大工作力度，努力实现中国二重扭亏脱困目标

中国二重 2016 年扭亏脱困是集团的政治任务，是对国务院国资委、银行和客户的郑重承诺，必须坚定目标不动摇。随着债务重组、人员分流等减负止血措施的深入推进，中国二重已基本具备轻装上阵的条件，2016 年要全面转入振兴发展的新阶段，采取切实有效措施，严格执行各项既定计划，确保扭亏脱困目标顺利实现。

1. 加强市场开拓，深化业务协同

从经营订货、产品销售、售后服务和账款催收等方面，强化营销工作力度，不断开拓新市场，全力以赴、千方百计抢抓订单，持续提高系统解决方案服务能力；推进中国二重深化与集团企业的业务协同，加大国际市场和工程总承包市场的开拓力度，力争实现协同业务收入超 50 亿元，利润超 1 亿元。

2. 强化内部管理，加快转型升级

推进内部管理改革。围绕产品质量、交货期、成本等主要问题，以管理创新、技术进步为抓手，强化目标考核，完善激励机制，加强过程监控，把责任和压力传导到位，切实提高产品质量、保证交货期、降低成本、增强服务保障能力，以实际行动兑现对用户的承诺，增强市场信心。

加强长线产品开发。进一步明确长线产品落地计划的关键节点，制定详细的督促检查计划，扎实推进，强化考核，取得实效。加强传统产品的改造升级，推进产品生产制造技术研究，力争在核电设备、高端大型铸锻件、大型航空模锻件等领域取得突破；围绕高端换热器、煤化工等领

域，推进中国二重与集团科研院所协同攻关；强化与外部企业合作，瞄准轨道交通传动部件等领域开展研究，拓宽市场领域；瞄准海工装备、冷热连轧、石油炼化等工程技术领域，提升技术集成和成套能力。

3. 调整盘活重大资产，剥离非核心主业

结合债务司法重整进程，进一步推进成都工程中心、镇江基地以及 8 万 t 模锻压机等 3 项重大资产盘活方案的落实，减少中国二重亏损 4.5 亿元以上；优化中国二重的资源配置，分离和外包非核心业务，对一些市场替代性强的制造业务实施改制剥离，围绕做活做优辅业，对从事物流运输等相关生产性服务业务的企业实施混合所有制改革。

4. 推进资源整合，打造“国机重装”发展平台

根据集团发展战略，以中国二重为平台，整合集团相关优质资源，构建“科、工、贸”一体化的重型装备研发与制造板块。通过注入具有产业协同能力的相关资源，提升中国二重工程总承包能力，推进业务向价值链高端延伸。

（四）全面实施创新驱动，着力提升发展质量

1. 加大研发投入，完善科技创新体系

建立完善研发投入稳定增长的长效机制，充分发挥考核的导向作用，强化研发投入的绩效评价和激励；努力探索引入战略投资、资本市场融资的途径，积极利用风险投资基金、企业债券、保险基金等方式，筹集科技创新资金。研究成立国机集团技术委员会，形成集团科技发展战略决策与参谋核心。积极跟踪国家在科研平台方面的布局，培育打造新的国家级研发平台，占据行业研发制高点。瞄准国家“十三五”重点专项，通过“科技非实体”的方式，以集团为牵头单位，组织申报国家重点研发计划“智能农机装备”“工业机器人”等项目；探索梳理集团若干重点领域的协同攻关联合体，在申报国家项目、开展重大科研等方面发挥重要作用。

2. 推进技术研发，开拓新兴产业

一是通过大力开展基础共性与关键技术研究，加快数字化、智能化技术应用，进一步提升技术研发、设计、制造水平，提高产品与制造的检测检验能力，提高产品的性能、质量、可靠性和寿命；大力发展绿色环保技术、清洁能源技术、信息化技术，形成一批具有国际先进水平的新技术、新产品，实现产品技术的升级换代。二是围绕集团智能制造、农业工程、高端冶金成套装备、煤化工、电站工程、新能源工程、清洁城市工程等重点产业领域，着力推进实施 5 ～ 8 项重点技术集成专项，突破一批关键技术，打通技术链条，形成工程整体解决方案，支撑集团重大工程业务发展。三是抢抓机遇，主动探索健康产业、文化服务业等未来发展潜力较大的新兴产业，积极培育新的业务增长点。

3. 创新业务模式，加快转型升级

机械装备研发与制造方面，抓住《中国制造 2025》战略机遇，顺应新一轮产业变革浪潮和信息化发展趋势，贯彻落实《国机制造 2025》，加快推动新一代信息技术与研发、制造技术的融合发展，着力发展新能源、新材料、新工艺等新技术，着力开发智能、绿色装备和产品，探索生产过程智能化，大力发展智能单元、智能生产线、智能车间和智能工厂，积极推进基于互联网的众包设计、柔性制造、个性化定制、智慧物流等新型生产模式，全面提升研发、生产、管理和服务的智能化水平。以国机智能为平台，积极整合集团其他智能装备制造资源，走高端化、国际化发展之路，推动集团装备制造业务转型升级。

工程承包方面，继续巩固壮大 EPC 业务，放眼全球，积极整合国际工程承包产业链各环节资源，进一步增强系统集成能力，提高为客户提供一揽子全方位解决方案的能力；逐步延伸业务价值链，创新业务模式，积极开展 EPC+ 规划、EPC+ 投资、EPC+ 运营、EPC+ 园区开发、EPC+ 资源产品等业务，促进业务覆盖更高利润环节，不断提升价值创造能力。

贸易与服务方面，一般贸易业务要以带动国机制造产品走出去作为转型升级的基本出发点，并积极探索跨境电商等新兴业务模式；汽车贸易业务要通过完善全链条、嵌入式、专业化、高品质的服务体系，深化与合作伙伴在业务、财务、IT 等领域的融合，努力构建协同平台，为客户提供全方位、深层次的增值服务。

投资与金融方面，紧紧围绕集团发展战略所确定的重点产业和领域，既投资促进集团长远发展的战略性项目，也投资以经济效益为目标、以退出为手段的财务性项目；综合运用多种金融工具，拓展金融服务业务领域，积极探索融资租赁

等业务，完善内部融资服务，不断提高资金统筹运营效率，有效实现集团产融一体化协调发展。

4. 加强节能减排，助推绿色发展

做好集团节能环保“十三五”规划的编制工作，统筹规划工业节能、清洁生产和资源综合利用等方案。深入贯彻落实国家《关于加快推进生态文明建设的意见》，把绿色低碳转型、可持续发展作为建设“绿色国机”的重要着力点。把加快构建高效、清洁、低碳、循环的绿色制造体系放在更加突出的位置，按照全生命周期的理念，革新传统设计、制造技术和生产方式，全面推行绿色制造。

（五）积极推进企业改革，有效激发发展活力

认真贯彻落实中央《关于深化国有企业改革的指导意见》及相关配套文件，根据任洪斌董事长对集团深化改革的明确要求，以问题为导向，以增强活力为中心，加快改革步伐，进一步释放改革红利和发展潜力，切实提高市场竞争力。

一是优化总部组织机构。根据集团战略定位，在充分进行内外部调研的基础上，全面系统地对集团总部组织机构和岗位编制进行优化调整，充分发挥总部在集团发展中的指挥中枢作用，更好地实现价值总部、创新总部的战略要求。

二是稳妥推进混合所有制和员工持股改革。根据相关政策的要求，按照试点先行、成熟一个实施一个的原则，引入各类资本参与所属企业混合所有制改革，优化集团资本结构布局；争取作为国资委试点单位，推进所属企业混合所有制及员工持股改革工作，开展股权激励，进一步调动经营者、核心技术人员和业务骨干的积极性、主动性和创造性。

三是切实解决历史遗留问题。按照国资委部署，积极推进厂办大集体改革工作，争取 2016 年上半年实施完成；适时全面铺开企业分离移交“三供一业”工作，切实减轻企业负担，为深化改革创造有利条件。

（六）深入开展资源整合，不断优化资源配置

1. 加强内外部资源整合

深化内部重组。认真实施资本运营总体规划，继续开展多层次资源整合，加快国机农装、国机展览等板块整合步伐；大力支持 CMEC 对中国电工、中国成套的托管和重组工作，努力化解境外项目风险；完善重组整合全过程管理，强化对部分重组项目的后评价工作，着力形成规范的全过程管理机制。

引进增量资源。着眼集团产业链的关键环节和高端资源，持续推进外部并购和资源引进工作；动态跟踪并购目标，不断加强与目标公司的沟通，适时开展尽职调研，稳步推进后续工作；进一步加强与中央企业、地方国企、优质民企的沟通和联系，着力推动基础较好的企业加入集团。

2. 推进上市和再融资工作

继续推动优质资源向上市公司集中，以资源聚集、重点支持的方式做优做强上市平台，打造成长性良好、细分行业中领先的精品上市公司；鼓励发展前景好、成长速度较快的创新型企业登陆创业板、新三板等资本市场，形成以上市公司为旗舰的业务板块发展格局，进一步提高集团资产证券化水平。

加强上市公司市值管理，采取有力措施扩大上市公司经营规模，提升盈利能力，完善公司治理，确保上市公司良性运转，进一步提升上市公司在资本市场中的地位。

3. 加快退出机制建设

根据国资委要求和集团业务发展定位，结合有关行业发展趋势，用好用足国家推进去产能、去库存等供给侧结构性改革的相关政策，主动做好“减法”。一是对纳入清理调整三年规划的清理对象加大跟踪检查力度。进一步加大对五级及五级以下企业的清理力度；对 2015 年末实现扭亏减亏且连续三年亏损或所有者权益为负数、扭亏无望的三级及以下企业，坚决退出。二是评估和论证退出有关行业的可行性及退出路径。根据国家深化国企改革的精神和集团近年来的成功经验，采取产权全部或部分转让、引进新的投资者、减持、股权吸收合并、新设分立、清算注销等方式，尽快清理退出。三是按照谁投资、谁清理的原则，积极落实投资主体的清理责任，加大对低效无效资产的清理力度。

（七）持续深化企业管理，夯实企业发展基础

1. 加强战略管理

根据国内外环境、行业形势以及自身状况，在兼顾当前和长远，分析机遇和威胁、优势和劣势的基础上，编制完成并颁布实施集团“十三五”发展规划。加强发展规划的宣贯，进一步修改完

善相关战略管理制度，在总规划的基础上编制、修订分规划和子规划，促进总规划、分规划、子规划以及年度计划相互衔接，确保发展规划有效落地，切实推进提质增效升级。加强对外战略交流合作，积极搭建合作平台，不断实现共赢发展。建立互联互通、实时共享的战略管理信息化支撑体系，增强战略管理与其他工作的协同与整合能力，提高战略管理的精细化、专业化、体系化水平。

2. 强化科学管理

根据国务院驻国机集团监事会的要求，以“互联网+”的思想打造企业治理平台，全面开展“晒态势、促提升”专项工作。一是晒“三重一大”决策信息，落实决策责任；二是晒全面预算信息，落实管理责任；三是晒党员绩效信息，落实岗位责任；四是晒重大项目信息，落实项目责任。

3. 推进人力资源管理

一是深化干部选拔任用制度改革。逐步在授权所属企业董事会自主选人用人范围上进行适当突破，适时扩大董事会选聘经理层试点的范围，探索将二级企业经理层正职纳入授权董事会自主选聘的范围。二是持续开展干部交流。动态了解交流干部履职进展，及时掌握新情况，积极协调解决干部交流期间的问题，不断完善相关制度，建立干部培养锻炼的长效机制。三是加强人才培养。围绕新的五年人才发展规划，以十百千人才工程、英才开发工程、专业人才选拔等多通道为切入点，加大人才选拔和培养力度，提高集团不同层次人才的质量。

4. 提升财务管理水平

严格执行集团资金集中结算规定，加大资金集中管控力度，利用信息化手段提高资金管理效率；充分利用集团外汇资金集中运营管理平台的优势，积极推进境内外外汇资金管理，进一步提升外汇管理水平。坚持战略保障和效益优先原则，通过改进流程、整合资源、增进协同等方式，进一步完善预算管理工作；以现金流管理为核心，以优化资本结构、降低融资成本为目标，从严编制负债预算，更加注重风险控制，实施稳健的财务策略，加强负债规模与负债率的双重管控。

深化运用“财务能力成熟度评价体系”，以“目标指引-措施制定-过程督导-总结评价”的方式推动财务管理能力的持续提升；严格财务制度，2016年将开展财务检查工作，进一步规范财务管理程序，增强财务管控能力；切实加强财务信息管理，提供及时准确的决策支持，严禁通过调整会计政策等手段人为调节收入和利润；认真做好产权和评估管理工作，切实发挥产权登记和资产评估对经营管理工作的基础性支撑作用。

5. 深化投资管理

一是树立强烈的资本成本和投资回报意识。正确处理好发展与控制、近期与远期的关系，平衡好聚焦主业与探索新领域的关系，优先保证对发展具有重要意义的重大投资项目的投入，优先实施对优化业务结构、促进转型升级具有重要影响的投资项目，推进产业布局向产业链高端发展。二是建立完善有进有退的投资管理机制。围绕集团主业，支持优势业务、具有市场前景的业务和战略性新兴产业的发展，适时退出不具竞争优势和持续发展能力的业务；定期评估和分析已投资项目，持有或增持有盈利能力和市场竞争力的高价值资产，减持或退出缺乏竞争力的低价值投资，实现有进有退。三是强化集团总部的战略引擎作用。对于在初创期、需要较长孕育期且企业自有资源有限、独立承担实力不足的项目，发挥集团总部的资源配置能力和综合优势，积极投入资金和资源，大力培育新的业务增长点。

6. 加强风险管控

根据“完善制度、落实责任、重点预警、措施前置”的风险管理思路，继续推进全面风险管理体系建设。按照“分级分类”管理的原则，明确各级企业的风险管理责任；加强监控预警，健全风险报告制度；提高专项风险的管理能力，重点完善“两金”管理、合同管理、资金管理、投资管理、工程项目管理等主要环节的内部控制措施，通过查找不足、重点督导、专项评价等方式，弥补短板，提高风险防控能力；加强对重大海外工程项目的风险排查，规范投资决策程序和管理制度，强化“两金”目标管理和企业负债风险管理，多管齐下推进风险管理工作，确保企业稳健发展。

7. 一体化推进法治工作

紧紧围绕改革发展重点任务，充分发挥法律管理的服务保障、规范管理和价值创造作用，不断增进法治工作与生产经营和管理的深度融合，促进法治工作从专项业务工作向全面覆盖、全员参与的全局性、战略性工作升级，从以风险防范为主，向风险防范、合规管理和法律监督一体化转变。

8. 加大审计工作力度

扩大审计范围、加大审计力度、扩展审计深度，加强对所属企业执行国家有关法律法规和财经纪律情况、执行集团相关规定和决策部署情况的审计，加强对所属企业重大投资、重要资产股权转让，“三重一大”执行情况，重要海外投资、海外工程项目的审计，实现审计全覆盖，做到应审必审、凡审必严。加强对审计问题整改落实情况的跟踪检查，不断提升审计能力和水平，使审计更好地服务于集团的经营发展。

9. 做好信息化建设工作

进一步探索“互联网＋”条件下信息化与管理、业务创新深度融合的路径，实现部分领域的创新突破，更好地支撑企业有质量的发展；加快推进集团全球网站群、企业微信号等建设与应用，打造高效的舆论宣传和业务推广新渠道，有效提升集团在互联网上的影响力；加快推进全球协同办公平台、可视化决策与指挥调度系统的建设，助推管理决策、风险控制的提升；持续增强网络与信息安全防护能力，完善网络与信息安全、商业秘密保护管理、技术防护体系，增强信息安全应急处置能力。

10. 强化安全生产管理

一是根据新《安全生产法》的要求，深入研究安全生产工作重点，用发展的眼光、创新的思维编制安全生产“十三五”规划。二是总结、共享试点企业安全文化建设的经验和成果，构建具有企业特色的安全文化理念体系，进一步完善企业安全生产制度体系、安全行为规范体系、安全文化视觉识别体系。三是完善安全生产责任制，按照中央关于安全生产党政双责的要求，明确各岗位的安全生产责任人员、责任范围和考核标准，加强危险源辨识、重大危险源管理、安全培训、隐患排查、职业健康、应急演练等工作。四是建立健全境外安全风险保障体系，强化安全风险评估预警，健全境外项目全过程安全风险防控机制，完善突发事件应急预案，营造境外安全环境，最大程度降低境外安全风险。

11. 优化考核管理

充分发挥绩效考核的导向作用，建立健全差异化的考核指标体系，进一步完善企业负责人业绩考核和薪酬管理办法，根据行业和参与市场竞争程度等，建立与分类管理相适应、选任方式相匹配的差异化薪酬分配制度，形成有效的激励约束机制，充分调动各方面的积极性、主动性和创造性；根据集团工资总额预算管理办法，完善企业内部工资总额和职工收入水平的双重调控，结合经济效益情况，及时加强工资总额联动机制的实施，实现“效益长、工资长，效益降、工资降”；完善责任追究制度，紧紧抓住“不落实的事”，严肃追究“不落实的人”，做到赏罚分明，严格问责。

12. 加强企业文化建设、社会责任与品牌管理

深入开展《国机集团员工道德行为规范》的宣贯工作，引导广大员工认同并自觉遵守行为规范，营造和谐有序的工作氛围。加强企业文化传播，针对业务相对集中的地区和国家，有计划地对利益相关方进行培训，增进国机文化海外传播。开展跨文化管理研究，防范文化差异带来的冲突，为海外新国机建设提供决策支撑。积极履行海外社会责任，持续提升国机品牌在海外业务发展中的影响力，塑造集团负责任的品牌形象。

同志们！面对新的发展形势，站在“十三五”开局的崭新起点，我们要在中央和国资委的正确领导下，在监事会的监督指导下，在董事会的科学决策下，在党委的政治保障下，以只争朝夕、时不我待的紧迫感，凝聚力量，攻坚克难，改革创新，扎实工作，圆满完成各项经营任务，全面推进集团持续稳定健康发展！

第二篇

集团公司发展概况

经济运行概况

【发展综述】

2015年是国机集团“十二五”收官之年。“十二五”以来，面对严峻复杂的国内外经济形势和艰巨繁重的改革发展任务，国机集团把握发展大势，坚持稳中求进，攻坚克难，不断推进有质量的增长。与2011年年初相比，资产总额累计增长96.0%，净资产累计增长124.2%，各项指标均实现快速稳定的增长。

2015年，是金融危机以来稳增长形势最严峻、情况最复杂、任务最艰巨的一年。国机集团深入贯彻落实党中央、国务院、国资委的决策部署，坚持稳中求进、改革创新，深入践行“二次创业”，困难面前不低头、挑战面前不退缩，实现了稳增长的目标，推动了各项工作迈上新台阶。

国机集团连续第七年保持国资委经营业绩考核A级继续蝉联中国机械工业百强榜首；连续第五年入选世界500强企业名单，列第293位。

【主要指标】

2015年，国机集团全面超额完成国资委考核目标和稳增长任务，实现利润总额84亿元，而原国机集团（不含中国二重）实现利润总额85亿元，同比增长0.6亿元；中国二重通过债务重组、扭亏脱困等工作，实现大幅减亏，2015年亏损4 856万元，比重组前减亏31亿元。国机集团实现EVA 42.6亿元，同比增加27.3亿元，上缴税费182亿元。2015年国机集团主要经济指标见表1-1，1-2。

表1-1　2015年国机集团主要经济指标（不含中国二重）

	2014年	2015年	比上年增长（%）
资产总额（亿元）	2 428.6	2 540.8	4.6%
所有者权益（亿元）	724.6	822.2	13.5%
营业总收入（亿元）	2 383.80	2 176.20	-8.7%
利润总额（亿元）	79.4	85.3	7.4%
净利润（亿元）	57.2	59.0	3.1%
归属母公司所有者的净利润（亿元）	39.0	44.6	14.4%
技术开发投入（亿元）	42.6	43.8	2.8%
利税总额（亿元）	192.7	177.0	8.1%
应交税金总额（亿元）	114.0	104.0	-8.8%
全员劳动生产率（万元/人·年）	24.41	23.92	-2.0%
净资产收益率（%）	9.2	7.6	-17.4%
总资产报酬率（%）	4.5	4.1	-8.9%
国有资本保值增值率（%）	111.6	110.4	-1.1%
经济增加值	39.6	39.9	0.8%

注：2015年中国机械工业集团有限公司主要经济指标（不含中国二重）,2014年数据根据2015年决算报表上年比较数据计算得出。

表 1-2 2015 年国机集团主要经济指标（含中国二重）

	2014 年	2015 年	比上年增长（%）
资产总额（亿元）	2 552.0	2 614.3	2.4
所有者权益（亿元）	624.8	790.0	26.4
营业总收入（亿元）	2 429.1	2 208.0	-9.1
利润总额（亿元）	-3.9	84.8	扭亏为盈
净利润（亿元）	-26.3	62.8	扭亏为盈
归属母公司所有者的净利润（亿元）	-22.0	48.2	扭亏为盈
技术开发投入（亿元）	44.0	46.2	5.0
利税总额（亿元）	115.5	182.2	57.7
应交税金总额（亿元）	115.7	105.3	-9.0
全员劳动生产率〔万人 /（人·年）〕	17.4	20.2	16.1
净资产收益率（%）	-3.5	8.9	增加 12.4 个百分点
总资产报酬率（%）	1.2	4.4	增加 3.2 个百分点
国有资本保值增值率（%）	111.6	107.2	减少 4.4 个百分点
经济增加值	15.3	42.6	178.4

注：2014 年数据是根据 2015 年决算报告上年比数据列示。

【中国二重改革振兴工作】

中国二重的改革振兴是党中央和国务院赋予国机集团的光荣使命。2015 年，在党中央、国务院以及国务院国资委的大力支持下，围绕中国二重扭亏脱困这一核心目标，国机集团以振兴中国二重为第一要务，举全集团之力，着力实施供给侧结构性改革，采取“主动退市、重组债务、分流人员、盘活资产、革新机制、创新驱动”等措施，推动中国二重改革脱困取得积极成效，债务重组工作取得实质性成果、人员分流改革稳步开展、业务结构调整加快推进，主业上市公司平稳实现主动退市，中国二重正加快走出生存困境，逐步进入良性发展的轨道。

1. 平稳实现主动退市 为维护证券市场稳定和中小股东利益，2015 年初，国机集团在证监会、上交所的指导帮助下，克服了时间紧、任务重、无先例可鉴的不利因素，通过主动精心谋划，多层次多渠道与利益相关方沟通，在以全面要约收购方式未能实现退市的情况下，及时调整路径，通过股东大会决议方式，5 月，圆满完成二重集团（德阳）重型装备股份有限公司（二重重装）的主动退市；7 月，二重重装在“老三板”挂牌，化解了被强制退市的一系列风险。

二重重装主动退市是 2014 年资本市场退市制度改革以来的首个成功案例，实现了 5 万多股民“零上访、零投诉”。获得了监管机构、投资者和社会舆论的广泛认可，在资本市场树立了良好形象，为二重重装重新上市创造了有利条件。

2. 顺利推进债务重组 国机集团、中国二重坚守“法治思维、发展理念、现实态度”，历时近一年，经过与近二十家银行艰苦磋商，最终达成“以股抵债＋现金偿还＋保留债务”的综合受偿方案。

2014 年年底，中国二重银行债权人委员会成立以来，国机集团围绕偿债方式、范围及条件等议题，与债权人开展 20 余次正式谈判及多次非正式沟通，逐步缩小分歧，形成综合受偿方案，双方携手进入司法重整程序，制定重整计划获得债权人和出资人会议高票通过并顺利获得法院批准，债务重组取得重大实质性成果。

通过债务重整，妥善处置中国二重各类金融性债务逾 134 亿元，每年减少利息支出 6 亿～8 亿元，资产负债率从 2014 年年末的 133.7% 降至 90% 左右，卸下了沉重的债务负担，为其推进业务发展，实现扭亏脱困提供了有力支撑。

3. 稳步开展人员分流 在国务院国资委和省市政府的帮助下，中国二重坚持“依法合规、个人自愿，职工能接受、企业能承担”的原则，通过提前退养、离岗休养、协商解除劳动合同等途径分流人员。

优化人力资源配置，截至2015年年底，用工人数从2013年年底的1.5万人降至7 700人，年人工成本减少近6亿元，降幅超过40%，且骨干职工流失率控制在10%以内。

4. 实施重大资产盘活 针对企业产能过剩、资产包袱过重问题，国机集团从“去产能、调结构”着手，指导中国二重优化制定镇江基地、8万t压机、成都研发大楼等重大资产盘活方案。

其中，协调国机资产、国机财务及中国二重启动成都研发中心转让的有关工作，并着手研究其商业化运作事宜；按照自用与合作相结合的思路，在推进镇江基地产权调整的同时，积极联合各方最大限度地盘活镇江基地；积极推进8万t压机与中航工业在资本层面的合作，以实现过剩产能与市场需求的对接。

5. 大力推进业务协同 国机集团制定特殊考核激励办法，并采取“非实体经营”等支持措施，引导25家所属企业与中国二重进行业务对接，签约协同项目金额约30亿元。发挥所属科技企业的技术优势，组织开展与中国二重的协同研发，专项为中国二重研发新产品，先后签订联合研发协议16项、产品研发合同18项，已为此投入研发经费10亿元。

为了充分发挥集团整体科技优势，加强资源协同，加快推进中国二重改革振兴，研究制定了《院所支持中国二重技术提升和科技成果产业化研发经费专项补助暂行办法》(以下简称《办法》)，通过对所属院所支持中国二重技术提升和科技成果产业化研发费用予以专项资金支持的方式，鼓励科研院所积极与中国二重开展技术合作，并向其转移或转化科技成果。

《办法》确立了“成熟一项、申请一项、审批一项、补助一项”的工作思路，以及“坚持市场导向与技术引领结合，当前利益与长远发展结合，中国二重与院所深度协同”的原则，将国家鼓励发展的产业技术与装备、国内首台套重大技术装备、高端装备制造技术与产品、国机集团重点发展技术与产品、中国二重长线产品以及其他高技术产品作为重点支持方向。同时，为发挥集团资金引导作用，确保支持中国二重技术提升和成果产业化效果，按照项目性质的不同，采用事后补助与分期拨付相结合的方式。其中：对于所有权（或使用权）转让中国二重并由中国二重自主产业化的科技成果和所有权属院所或权属共有且委托中国二重生产制造的科技成果，采用事后一次性补助的方式。对于院所为支持中国二重技术（权属共有或中国二重所有）提升与产品升级而开展的技术研发和由院所与中国二重共同承担的国家科技计划项目，依据项目研发进度分期拨付补助经费。此外，《办法》还明确了项目申报与审批、实施过程跟踪监管等相关管理要求。

同时，推进完成中国二重与国机集团所属中国机械对外经济技术合作有限公司的重组，加快中国二重从单一制造商向工程服务商及总包商的转型，并利用“一带一路”国家战略契机，进一步拓展国际市场，部分项目已取得实质进展。

6. 着力长线产品研发 为优化中国二重自身产品结构，提升可持续发展能力，国机集团将加快长线产品开发作为中国二重改革振兴的一项重要措施。结合国家产业政策，国机集团指导中国二重制定了《产品及市场开发规划》，远近结合推进产业升级，在做强做专冶金、锻压等传统业务的同时，也努力拓展在核电、煤化工等新兴领域的技术能力。

大力推进中国二重开展外部合作和内部协同，首先由集团主要领导带队，走访中国中车、中石油、神华集团等重点企业，围绕轨道交通、煤化工等领域积极开展战略合作。此外，积极推进与院所的协同，先后组织中国二重与十余家院所开展交流，在煤化工、高端铸锻件、核电、高端换热器、海工装备等重点领域签订了联合开发协议。中国重型院与中国二重合作的“粉煤热解成套工艺及装备”项目已进入实质性的开发阶段。

出台《中国二重长线产品研发经费专项补助暂行办法》，组织10余次交流会，积极促进中国二重与集团相关科研院所协同开发，核电堆内紧固件材料、烟气轮机涡轮盘高温合金锻件、离合器外星轮锻件等领域的3项产品进入试制阶段。

同时，为鼓励院所充分发挥技术优势，支持中国二重技术提升，集团制定了《研发经费专项补助暂行办法》。截至2015年年底，中国二重所开发的长线产品中，有近40项传统领域的新产品进入试制阶段，核岛重型支撑堆芯补水箱等产品已实现销售。

中国二重加强自主研发，改造升级传统领域产品，37项进入试制阶段，ACP1000主管道核电产品、1 000MW及以上核电机组汽轮机转子整体锻件和焊接转子锻件等产品取得技术突破。

7. 加快深化内部改革 国机集团积极推动中国二重深化内部改革，不断建立完善了权责利对等的管理机制，提升市场适应能力。一是全面从严管理，在实行干部全员竞聘上岗的基础上，开展干部任期考核。二是加强成本、质量、交货期管控力度，落实考核责任。2015 年因产品质量问题，问责领导干部 79 人次，产品质量大幅提升，成本管控成效逐步显现，合同完成率大幅提高。三是积极推进副业剥离改制。兼顾现行政策和企业实际，积极研究副业改制可操作性的路径，年内已批复其总体改革方案，并督促中国二重抓紧制定并推进改制实施方案。完成对拟改制企业的尽职调查及资产预评估，社会职能移交工作正推动落实。四是加大清收应收账款力度，应收账款余额较年初下降 4%，通过 CMEC 协同催收 1.55 亿元。

【主要领导变化】

2015 年国机集团领导情况见表 2。2015 年国机集团二级子公司名录见表 3。

表 2 2015 年国机集团领导情况

姓 名	职 务
任洪斌	董事长、党委副书记
石 柯	党委书记、副董事长
徐 建	党委常委、董事、总经理
孙德润	党委常委、副总经理
曾祥东	党委常委、副总经理
骆家駹	党委常委、总会计师
谢 彪	党委常委、副总经理
丁宏祥	党委常委、副总经理
王克伟	党委常委、纪委书记
刘敬桢	党委常委、副总经理（2015 年 2 月开始任职）总经济师（2015 年 7 月不再担任）
陈 志	总工程师（2015 年 12 月退休）
刘大功	总经济师（2015 年 5 月退休）
刘 冰	董事会秘书（2015 年 10 月退休）
陈学东	总工程师（2015 年 4 月开始任职）
王 强	总法律顾问
苏维珂	职工董事、工会主席
王锡岩	纪委副书记

表 3 2015 年国机集团二级子公司名录

序号	单位名称	序号	单位名称
1	中国机械设备工程股份有限公司	22	中国一拖集团有限公司
2	中工国际工程股份有限公司	23	江苏苏美达集团有限公司
3	中国福马机械集团有限公司	24	中国浦发机械工业股份有限公司
4	中国海洋航空集团有限公司	25	国机精工有限公司
5	中国地质装备集团有限公司	26	中国联合工程公司
6	中国机械工业建设集团有限公司	27	中国汽车工业工程有限公司
7	中国机床总公司	28	机械工业第六设计研究院有限公司
8	中国重型机械有限公司	29	沈阳仪表科学研究院有限公司
9	中国通用机械工程有限公司	30	合肥通用机械研究院
10	中国自动化控制系统总公司	31	甘肃蓝科石化高新装备股份有限公司
11	中国国机重工集团有限公司	32	洛阳轴研科技股份有限公司
12	国机财务有限责任公司	33	天津电气科学研究院有限公司
13	国机汽车股份有限公司	34	中国电器科学研究院有限公司
14	中国汽车工业国际合作有限公司	35	国机智能科技有限公司
15	国机资产管理公司	36	济南铸造锻压机械研究所有限公司
16	国机资本控股有限公司	37	重庆材料研究院有限公司
17	中国农业机械化科学研究院	38	成都工具研究所有限公司
18	中国中元国际工程有限公司	39	中国重型机械研究院股份公司
19	北京起重运输机械设计研究院	40	苏州电加工机床研究所有限公司
20	国机集团科学技术研究院有限公司	41	桂林电器科学研究院有限公司
21	中国第二重型机械集团公司		

董事会建设情况

2015 年，国机集团董事会不断深化完善自身建设，切实提高运行规范性和有效性。面对严峻的经济形势，国机集团董事会深入贯彻党的十八届三中、四中、五中全会和国资委系列会议精神，紧紧围绕发展第一要务，积极适应新常态，努力践行二次创业，全力保增长、大力调结构、加速促转型、竭力控风险，不断推进海外新国机建设，经受住了严峻考验，保持持续稳定发展。

【机构设置】

国机集团董事会根据国资委的整体部署，结合企业改革发展的实际需要，不断优化董事会机构设置，持续完善董事会制度体系，为董事会规范运行提供了有效保障。

目前，国机集团董事会共有董事 8 人，其中，外部董事 4 人（京外董事 1 人），分别为张来亮董事、吴晓根董事、高福来董事、盛世英董事；非外部董事 4 人，分别为任洪斌董事长、石柯副董事长、徐建董事、苏维珂职工董事。

国机集团董事会下设四个专门委员会：常务委员会、提名委员会、薪酬与考核委员会、审计与风险管理委员会。其中，提名委员会外部董事占多数，薪酬与考核委员会、审计与风险管理委员会成员全部由外部董事担任。除常务委员会根据董事会授权在一定范围内行使决策权外，其他委员会没有决策权。

董事会常务委员会的设置为两名外部董事和三名非外部董事，党委书记和总经理进入常务委员会，以提高工作效率。同时，为确保外部董事意见在常务委员会得到充分尊重，董事会常务委员会议事规则规定：如果出现外部董事意见一致，而意见不能被采纳时，常务委员会决议以外部董事的意见为准。

根据公司章程和董事会工作制度，国机集团设立董事会办公室，主要负责集团董事会的日常事务。同时，战略规划部、人力资源部、资产财务部、审计稽查部、法律事务部、经营发展部等部门分别作为董事会各专门委员会的支撑部门，协助专门委员会开展工作。

【日常运行】

2015 年，国机集团董事会按照《公司法》和国资委关于建设规范董事会工作的相关要求，严格按照公司章程和相关公司治理文件规范运行。在注重规范运行的同时，加强沟通交流，不断提高董事会的运行效果和运行效率。

1. 规范议事决策程序，不断提高决策效率 2015 年，国机集团董事会共召开 12 次董事会会议。其中，定期现场会议 5 次，临时会议 7 次。董事会共审议表决议案 47 项，涉及集团发展规划与经营指标计划、企业改制与资产重组、重大项目与投资、重要干部任免、财务预算及财务管理、制度建设与管理等重要工作。此外，董事会还听取各类汇报 12 项。

各董事会专门委员会中，提名委员会召开 2 次会议，薪酬与考核委员会召开 6 次会议，审计与风险管理委员会召开 4 次会议，共听取和讨论议题 18 项。

根据董事会授权，2015 年共完成董事长授权审批事项 3 项。董事长在随后召开的董事会上分别就上述授权审批事项进行了通报。

除董事会和董事会各专门委员会会议外，2015 年 2 月，董事会召开年度述职考核会，对集团高管人员 2014 年工作完成情况进行了考核评价。针对中国二重改革振兴工作等有关重大事项，根据董事会治理文件的相关规定，灵活运用董事会专题汇报会形式进行审议。通过专题汇报会与董事会会议相结合，在董事会会议召开前对重大、紧急议案进行认真研究和深入讨论，提高了董事会决策的科学性，缩短了董事会决策时间，有效地促进了集团重大决策和生产经营的顺利开展。

2. 积极组织考察调研，完善董事决策依据 考察调研作为国机集团董事会常抓不懈的一项重要日常工作，为各位董事深入实际、具体了解集团及所属企业发展现状，进行科学决策提供了有力的保障。国机集团非外部董事的考察调研一般结合日常工作开展，外部董事则以考察调研组的形式不定期开展。2015 年，董事会各专门委员会开展了形式多样、内容丰富的考察调研活动。

加强对董事会重点关注事项开展专题调研。按照董事会关于强化风险管理、加强风险问责、跟踪风险事件的要求，审计与风险管理委员会与集团总部相关部门一道，对多家所属企业有关风险事项进行了调研。调研组认真听取所属企业关于风险事项处理进展情况的详细汇报，形成专项调研报告向董事会进行汇报。报告对风险事件产生的深层原因进行深入分析，并提出整改意见。

日常调研突出工作重点。董事会专门委员会将全年工作重点与对所属企业经营情况调研相结合，提高董事会调研效率。董事会分别对集团驻洛阳、郑州两地 4 家所属企业，驻京 5 家企业和驻南京、镇江、上海三地 4 家所属企业进行调研。调研过程中，调研组认真了解企业发展情况，针对 2015 年重点工作，对企业科技研发投入、混合所有制员工持股机制、授权所属企业董事会选聘经理层副职等问题与所属企业进行深入交流。通过采取这种“结合”调研方式，丰富调研内容，提高调研效率。

3. 推进所属企业董事会建设，完善法人治理结构　2015 年，国机集团董事会扎实推进所属企业规范董事会建设及运行工作。要求所属企业按照公司章程和董事会工作制度规范运作，充分发挥董事会在所属企业公司治理结构中的核心作用。目前，绝大多数所属企业已经形成协调运转、有效制衡的公司法人治理结构，所属企业董事会决策的科学性、合规性不断提高。

（1）持续加强对所属企业董事会建设的规范和指导，探索建立董事会运作及董事履职考核评价机制。2015 年，国机集团首次组织召开集团派出外部董事述职交流会，共有 26 名集团派出外部董事参加会议。会上，集团派出外部董事介绍个人履职情况，交流工作体会，并对任职企业的发展、集团所属企业董事会建设以及派出外部董事履职管理等工作提出意见和建议。派出外部董事表示将在履职过程中进一步把握好角色定位，切实抓好“管大事、控风险、推发展”三项工作，不断加强学习，更好地行使出资人代表职责，提升所属企业公司治理水平。

（2）进一步完善外派董事制度，不断健全发挥外派董事作用的工作机制。国机集团高度重视各位派出外部董事提出的意见建议。在认真研究的基础上，结合集团生产实际，印发《关于进一步做好集团派出外部董事有关工作的通知》，要求集团各所属企业认真做好向派出外部董事提供信息、组织考察调研和提供学习培训等相关工作，加强信息沟通，为派出外部董事认真履职提供充分的组织和制度保障。

（3）持续改进和加强对所属企业董事的培训工作。2015 年，国机集团在国家行政学院组织举办 2015 年董事沟通培训会，来自 35 家所属企业的 73 人报名参会。其中，所属企业负责人（党政正职）28 人、其他董事 24 人、董事会秘书和董事会日常办事机构负责人 21 人。沟通培训会在总结以往培训派出外部董事经验的基础上，将沟通培训范围扩大到集团选派的全体董事，进一步增进与所属企业董事会的沟通交流。通过培训交流，认真总结所属企业在规范董事会建设工作中遇到的共性问题，并将继续完善和制定所属企业董事会的运行规范。

4. 采取多项措施，确保董事会决议有效落实　2015 年，国机集团董事会认真总结董事会议案跟踪、检查工作相关经验，进一步健全和完善工作机制，确保董事会各项决议得到有效落实。

对董事会信息系统进行多次优化调整，使系统功能更加完善，更加符合议案管理和跟踪检查实际，数据可靠程度和实际使用效果得到明显提高。

（1）将 2009—2014 年董事会、常务委员会会决议事项，董事长审批事项以归档文件为基础，以董事会信息系统为依托，进行全面、认真梳理，形成完整、准确、可靠的统计数据，不断夯实跟踪检查的信息基础。

（2）进一步改进决议落实情况的报告形式。将原来由经理层和董事会分别提交报告材料，改为由以董事长名义向董事会统一提交报告材料，解决交叉汇报、主体多元等问题，规范议案落实报告流程。

（3）建立决议落实联络员机制，建立联络员微信群，完善监督、提醒机制。

一年来，董事会对各项决议做到横向全面检查、纵向全程跟踪，有效地提高了董事会决议落实跟踪、检查工作的制度化、规范化水平。

【决策效果】

一年来，国机集团董事会坚决执行党中央、国务院、国资委的决策部署，与集团公司党委、经理层同心协力，始终坚持稳中求进、改革创新，在困难面前不低头、挑战面前不退缩，顶住经济下行压力，全面超额完成国资委考核目标和稳增长任务。

1. 强化战略引领，注重风险管控，忠实体现出资人意志 国机集团董事会始终坚持将代表出资人利益、促进企业健康发展、确保国有资产保值增值作为自己的首要任务和行为标准。在审议决策过程中，认真分析研判企业内外部形势变化，强化战略引领，加强风险防范，注重体现中央企业的政治责任、经济责任和社会责任。

2015 年，国机集团董事会针对所属企业发生的风险事项，开展首次专项审计工作。审计与风险管理委员会根据董事会和董事长关于对中国电力工程有限公司海外工程经营风险的批示要求，多次组织集团相关部门和中介机构召开会议，就专项审计计划和工作流程进行深入沟通。审计与风险管理委员会派员参与印尼电站项目现场审计工作，现场与相关人员进行审计谈话、了解真实情况。通过听取相关情况汇报，审计与风险管理委员会形成详细、客观的专项审计工作报告，向董事会汇报。董事会根据专项审计工作报告，要求经理层抓好落实工作，做到举一反三，杜绝类似风险事项再次出现。

2. 加强规范履职，强化监督考核，不断提升激励约束效果

（1）依规履行董事会职责。董事会准确把握自身的职责定位，注重研究决定公司发展的重大事项。董事会及各位董事不干预日常生产经营，董事长不参加总经理主持召开的总经理办公会，不干预总经理的工作，确保决策与执行分开规范运行。同时，董事会注重加强与经理层的沟通交流，通过重大事项提前汇报等方式加强信息沟通，在明确职责分工的基础上不断优化决策流程。

（2）不断加强对经理层的评价考核工作。组织召开年度高级管理人员述职会议，并加强对高管人员的日常评价工作。董事会重视公司高管个人绩效合约的制定工作。在经营指标制定上，董事会提出的各项经营指标均高于国资委的考核指标，体现出指标对公司发展和经理层工作的引领、拉动作用，在规范行使国资委授权的同时，进一步有效激励了公司高管人员。

3. 加大对所属企业授权，加快改革步伐 2015 年，国机集团董事会按照党中央和国务院国资委关于全面深化改革的决策部署，进一步加快改革发展的步伐。

（1）改革并适当下放投融资审批权限。国机集团董事会授权所属苏美达公司董事会在一定范围内的光伏电站项目投资及退出决策权，授权国机汽车董事会根据资本市场的实际情况调整其股票定向增发的价格。

（2）逐步落实授权所属企业董事会选人用人自主权工作。将集团履行出资人职责和所属企业董事会自主决策有机结合，进一步推动 10 家董事会工作制度建设，完备、治理有效的所属企业董事会选聘、任免经理层副职，推动所属企业法人治理结构的有效运行。

（3）积极探索推进企业改革发展工作。国机集团董事会委托审计与风险管理委员会根据《中共中央、国务院关于深化国有企业改革的指导意见》等相关文件精神，研究探索实行混合所有制企业员工持股事宜。审计与风险管理委员会多次开展实地调研，与国资委企业改革局就国有企业改革中关于员工持股有关问题进行深入沟通，详细了解国务院国资委对中央企业员工持股的有关政策意见。审计与风险管理委员会还就加快中国二重镇江基地资产盘活步伐，稳步推进混合所有制改革，推动相关所属企业探索进入新三板等开展了大量工作。

4. 充分发挥外部董事智慧，积极建设“学习型、研究型”董事会 国机集团董事会提出，要在规范运行的基础上，进一步增强董事会工作的主动性，加大学习、创新和改革力度，建设学习型和研究型董事会。为此，董事会注重专门委员会的作用，强化学习研讨，不断加强董事会工作的主动性和创造性。

董事会四个专门委员会按照各自专业分工，在保持专业性和独立性的同时，共同开展有关工作。相关委员会在召开会议时，不仅本委员会的委员出席，对有关议题发表意见，在讨论一些重大问题或重要议题时，还邀请非本委员会的委员列席参加，共同对相关议题充分发表意见。一方面，有效发挥了外部董事的作用，使相关议题的建议和意见更为完善；另一方面，有利于外部董事更加全面地了解集团的实际情况，有效发挥其主动性，促进了“学习型、研究型”董事会的建设。

董事会外部董事每年举办一至两次内部座谈会，对工作进行总结，相互交流工作经验，规划下一阶段的工作，提出工作建议和要求，提高工作的针对性和有效性。现任外部董事和离任外部董事不定期进行座谈交流，汲取经验，拓宽视野，董事会“和、实”文化不断加强。

5. 组织申报全国企业管理现代化创新成果，董事会文化建设不断推进 国机集团董事会运行六年多来，从自身实际出发，积极吸收国内外先进企业的运行经验，初步形成了既符合法律法规要求，又符合国情和集团实际、具有国机集团特色的董事会文化。董事会决策流程不断完善，决策效果显著，特别是在规范重大事项决策、加强战略引领、提高风险防范能力等方面取得了积极效果，得到各个层面的高度认可，也使得集团上下对董事会试点工作有了更加全面的理解和认同。

国机集团董事会在系统总结董事会建设成功经验的基础上，积极组织申报全国企业管理现代化创新成果。在申报过程中，国机集团董事会坚持自主申报原则，依靠自身力量，总结近年来董事会运作的自身经验，切实反映国机集团的做法和特色。经过专家初审、预审、媒体公示及全国审委会审定等环节，题为“中央企业以提升科学决策水平为核心的董事会建设”的成果报告在全国 453 项申报成果中脱颖而出并荣获一等奖。本次获奖是对国机集团多年来持续深入推进规范董事会建设的充分肯定。

主业经营

【经济运行情况】

2015 年，世界经济复杂多变，我国经济正处在新旧动能转换的艰难进程中，旧动能的弱化加大了经济下行压力。在错综复杂的外部形势下，国机集团深入贯彻党的十八大和十八届三中、四中、五中全会，以及中央经济工作会议、中央企业负责人会议精神，在中央的坚强领导下，认真落实国务院国资委的要求，按照董事会的战略部署，积极适应新常态，努力践行二次创业，全力保增长、大力调结构、加速促转型、竭力控风险，不断推进国外新国机建设，经受住了严峻考验，保持了持续稳定发展。

2015 年营业收入同比下降 8.9%；利润同比增长 77.2%。经济增加值（EVA）全面超额完成国务院国资委全年考核目标和董事会争取目标。

一、主要指标

2015 年，国机集团各项主要经营指标完成情况见表 1。

2015 年，国机集团的各项主要排名情况见表 2。

2015 年国机集团新签合同额和合同成交额见表 3、表 4。

表 1　2015 年国机集团各项主要经营指标完成情况

序号	指标名称	金额	同比增长（%）
1	营业收入（亿元）	2 208	-8.9
2	利润总额（亿元）	84.8	77.2
3	经济增加值（亿元）	42.6	2 674.3
4	进出口总额（亿美元）	102	10.1
	其中：出口额（亿美元）	61	7.4
	进口额（亿美元）	41	14.3
5	新签合同额（亿美元）	388	-24.6
6	合同成交额（万美元）	396	-6.1

注：其中指标未考虑因改制、重组、上市等因素的影响。

表 2　国机集团 2015 年获得的各项主要排名情况

评选单位	国际工程新闻记录	国际工程新闻记录	中国对外经济贸易统计学会	中国企业联合会	中国机械工业联合会	世界财富 500 强
评比项目名称	ENR 全球 250 家最大国际工程承包企业	ENR 全球 225 强国际工程设计咨询企业	中国对外贸易企业 500 强	中国企业 500 强	中国机械工业百强	美国《财富》杂志
名次	23	58	14	72	1	293

表 3　2015 年国机集团新签合同额

业务类别	本年累计（万美元）	上年同期（万美元）	同比增长（%）
工程成套	1 243 752	1 619 716	-23
设计咨询	125 343	141 306	-11
进出口贸易	668 098	1 179 279	-43
国内贸易	1 638 791	2 158 406	-24
研发生产	205 226	265 602	-23
合　计	3 881 210	5 453 585	-29

表 4　2015 年国机集团合同成交额

业务类别	本年累计（万美元）	上年同期（万美元）	同比增长（%）
工程成套	1 113 847	1 029 070	8
设计咨询	125 366	140 517	-11
出口贸易	702 310	788 427	-11
国内贸易	1 735 810	2 197 072	-21
研发生产	279 360	349 536	-20
合　计	3 956 693	4 504 621	-12

二、主业及构成

国机集团是国外业务收入占 60% 的外向型企业，也是国内最早走出去的骨干企业之一。

主要从事工程承包、贸易和装备制造业务。国机集团的经营特点是规模大、覆盖面广、研发能力强，在众多的领域具有影响力，如所属中国二重的重型设备加工能力、中国一拖的大中型拖拉机产品、中国农机院的农牧机械研发能力、以 CMEC 和中工国际为代表的国外承包工程业务、国机汽车的汽车贸易服务、苏美达集团的机电产品贸易等，均在业界屈指可数。集团所属众多科研院所更是站在了行业领域的技术研发、技术标准的制高点，起着引领行业技术发展的重要作用。

（一）装备制造板块

2015 年国机集团装备制造板块实现营业收入 215.63 亿元，基本持平，同比减少 0.07%；实现利润总额 -7.1 亿元，同比减亏 78.83 亿元；实现经济增加值 -6.16 亿元，同比减亏 83.8 亿元。除中国二重外，2015 年国机集团装备制造板块营业收入同比略有下降，利润总额和经济增加值同比下降幅度大。2015 年装备制造板块主要经济指标完成情况见表 5、表 6。

表 5　2015 年装备制造板块主要经营指标完成情况（含中国二重）

指标名称	2015 年（万元）	2014 年（万元）	同比增长（%）	年度考核值（万元）
营业收入	2 156 335.98	2 157 821.11	-0.07	
利润总额	-71 065.34	-859 408.05	91.73	-273 800
经济增加值	-61 621.15	-899 642.39	93.15	-305 650

表 6 2015 年装备制造板块主要经营指标完成情况（不含中国二重）

指标名称	2015 年（万元）	2014 年（万元）	同比增长（%）	年度考核值（万元）
营业收入	1 655 669.2	1 702 956.61	-2.8	
利润总额	-66 113.36	-23 427.33	-182.2	4 400
经济增加值	-88 191.94	-65 664.54	-34.3	-40 650

2015 年装备制造板块，营业收入方面，中国二重同比增长 10.07%（其中 CMIC 收入 18.29 亿元，剔除 CMIC 后同比下降 30.13%），中国一拖同比增长 7.56%，中装集团、国机重工、中国福马分别同比下降 26.9%、20.2% 和 19%。利润总额方面，中国一拖、中国福马、中装集团分别同比增长 145%、7.4% 和 0.45%，中国二重由于债务重组等因素同比减亏 99.4%，国机重工由于改制等因素同比增亏 5.48 亿元；经济增加值方面，中国二重由负转正，同比增长 1 倍，中国一拖仍为负数，同比减亏 31.4%，国机重工受利润大幅下滑等因素影响，同比增亏 43.46%，中国福马仍为负数，同比增亏 44%，中装集团为正值，同比下降 16.5%。

截至 2015 年年底，装备制造板块总资产 450 亿元，占集团比重的 17.21%，所有者权益 123 亿元，占集团比重的 15.57%，期末从业人员 36 370 人，占集团比重的 31.16%，营业收入占集团比重的 9.77%，资产负债率 72.67%，高于集团 2.87 个百分点。EVA 和利润总额对集团的总体贡献率均为负。

1.2015 年重要工作 2015 年，围绕装备制造业务持续健康发展的目标，积极研究分析国家产业政策和行业发展趋势，加快转型升级和两化融合步伐，加强内外部协同，中国二重改革振兴、国机重工扭亏脱困及农业装备业务资源整合等工作取得一定的成效。

（1）规范管理 制定并发布实施《中国机械工业集团有限公司装备制造业务暂行管理办法》，进一步规范装备制造板块业务管理。加强装备制造板块行业动态和经营分析，跟踪装备制造行业发展趋势，编制发布《装备制造资讯》；建立与所属装备制造企业定期沟通机制，监控装备制造板块经营变化趋势，每季度编制发布《装备制造板块经济运行动态》。

（2）业务协同 强化内外部协同，积极开拓国内外市场。相关所属企业前往中国中车、神华集团、中国铁建、黑龙江农垦总局等单位寻求业务合作，并签订了战略合作协议，协调推进中国一拖、中国福马入驻中白工业园项目，中国一拖相关单位前往常林股份、苏美达集团专题对接，在产品配套、国际贸易等方面达成合作意向；推进中国一拖、国机重工、中国福马与潍柴动力的业务合作。

（3）优化结构，转型升级 落实《装备制造优化产品业务结构实施方案》和《推动制造与服务融合、传统产业与信息技术融合实施方案》，加强装备制造企业在产品结构调整、制造和服务融合、传统产业和信息技术融合三方面工作的指导和监督，按季度对重点项目执行情况进行跟踪，对执行过程中存在的问题及时总结分析，指导企业按照时间节点推进重点项目落地，2015 年 11 月组织专题讨论会进行经验交流。加快优化产品结构步伐，推动装备制造企业转型升级，取得阶段性成果：中国一拖，实现 LF2204 动力换档拖拉机的批量生产，全年销售各类动力换档机型 3 371 台，同比增长 7.3 倍；完成电控燃气发动机系统集成设计开发；180 马力动力换档拖拉机样机通过评审；动力换档拖拉机核心零部件 FMS 已小批试生产；国Ⅲ机械泵通过环保部审核。国机重工，重点主导产品与国内外领先产品对标，全系列主导产品均达到国Ⅲ排放标准；完成 EBZ260H 硬岩式掘进机、5t、8t 无轨胶轮车，3t 防爆装载机及 90t 级矿用自卸车等产品开发；积极开发环卫、环保、矿业等新兴业务产品和拓展技术业务领域；开发 GHC065A 餐厨垃圾车、8m^3 吊装式垃圾车和 20t 级拉臂钩等产品，试生产智能化乡村污水一体化处理设备，批量生产 GHG120A 污水处理厌氧罐。中装集团，高精度地面重力仪打破 20 年进口垄断，中国成为全世界第二个能够生产此产品的国家，电子重力仪进军军工市场，交付 10 台，实现销售收入 700 万元；电传动顶驱式和立轴式岩心钻机的产品系列化，电驱动钻机销售 4 台，实现销售收入 1 000

万元；完成液相色谱－原子荧光联用仪和双注射泵系列产品研发，其中LC-AFS6500实现产业化，LC-AFS95系列形态分析仪获得2015年BCEIA金奖；xt-6R多工艺全液压钻机完成样机试制与生产型式试验。中国福马，苏福马BCD2400系列全自动砂光锯切生产线，填补国内空白；全地形车生产线节拍均衡率提高至78.9%；"BPY74265宽幅人造板连续压机成型压制系统"系列产品，获"国家重点新产品"认定；通过林海美国公司的运营；采用批发商与分销商相结合的市场营销新模式，摩托车销售与11个省的11家经销商开展融资合作，全年在终端市场建成形象店100家，新选择澳大利亚、德国、东欧等地区的销售商，新开发18个新市场，摩托车出口韩国取得突破，全年销售超过2 800辆；以广西得力项目为平台成立专业化工程公司，加快由制造产品向提供专业化服务转变。国机重工成为全国首批200家通过"两化融合"评定的企业之一，中国福马林海集团获江苏省两化融合转型升级示范企业。

（4）持续推进国机重工扭亏脱困 围绕《国机重工扭亏脱困方案》的总体目标，组织召开国机重工扭亏脱困工作组专题会议，及时掌握国机重工扭亏脱困的进展情况，积极化解企业经营风险，努力保持企业稳定局面；密切关注企业经营现状，认真分析工程机械行业形势，督促国机重工瞄准亏损点，制定针对性措施；推动国机重工实施资产重组、盘活和剥离低效资产，增加企业现金流，降低企业运营成本，优化资产和人员结构，处理好天津五厂一校的资金问题；根据国家相关政策，及时做好清产核资专项工作；制定《国机重工瘦身转型方案》并积极推进实施，进一步截断亏损源，止住出血点，实现新兴业务的发展，2015年国机重工通过改善传统业务和拓展新兴业务寻求增量，工程贸易、矿业业务、环保业务等新兴业务营业收入同比增长51.3%，修订出台《出口倍增2015—2020年发展规划》，全年实现出口交货值1.5亿美元，同比增长约70%。

（5）推动农业装备业务资源整合 2015年先后组织召开专题研讨会、国机集团农机板块整合领导及工作小组会议11次，分别形成农业装备业务、三大粮食作物收获机械资源整合的实施方案和实施计划，明确整合思路和路径；启动实施三大粮食作物收获机械业务资源整合，完成了相关企业的尽职调查；同时制定相应方案并积极推进农业装备制造基地盈利能力提升。

2.存在的主要问题 一是经济形势依然严峻，装备制造企业困难和挑战加剧。集团装备制造板块所处的行业均出现大幅下滑情况，给企业经营带来了较大的困难和挑战。中国二重仍然存在行业形势严峻和自身负债过大等问题，市场订单不断受债务重整及国家航空业务整合因素影响，中国二重镇江公司和8万t模锻压机资产盘活推进进度不快；中国一拖产品结构调整步伐仍需加快，国内外市场营销能力还需进一步加强；国机重工面临资金严重匮乏、产品竞争优势不足、管理基础薄弱，历史负担沉重等问题，企业持续大额亏损，稳定任务任重道远；中国福马林机林产板块市场需求萎缩，产能严重过剩，动力机械板块行业竞争非常激烈，不断压缩盈利空间；中装集团将面临保兑仓案件败诉后张探公司的经营、维稳、土地盘活等诸多问题，风险管控能力亟待提升。

二是受行业形势和自身因素影响，国机重工扭亏脱困任务艰巨。当前工程机械市场严重下滑，竞争更加无序，近两年来金融机构对工程机械行业持续保持谨慎的态度，企业融资难度骤增，国机重工由于资金短缺、企业资源严重不足，导致订单流失现象时有发生，有些瘦身措施无法全面推进。常林股份因自身无法控制因素被披星戴帽，将直接削弱常林股份的融资能力和品牌影响力。同时，国机重工也存在自身产品竞争力不强、产品可靠性、外观等质量和技术性能亟需进一步提升等问题，国机重工整体扭亏脱困面临重大挑战。

三是农业装备业务资源整合进展还需加快。当前，农机行业面临国际农机企业大举进入、其他行业大型装备制造企业快速切入的局面，行业竞争日趋激烈，"十三五"期间，创新驱动、转型升级任务艰巨，国机集团更应发挥好中国一拖和中国农机院各自优势，提升农业装备业务的核心竞争力。

四是内部协同工作效果不明显。集团所属企业大多处于不同行业，产业链上下游的协同性不强，装备制造板块对工贸、科研院所板块的业务协同支撑效果不明显。有些装备制造企业自身产品的市场竞争力不强，存在性价比不高、质量不稳定、维修不及时、营销网点少等问题，集团内部协同工作进展缓慢。

3. 装备制造板块行业分析

（1）重型机械行业 行业经济运行艰难。随着国内经济新常态的持续，国内冶金成套、电站铸锻件等传统产品市场需求继续低迷，新、大的传统工业建设项目市场需求持续下降，产品价格下跌，成本费用增幅高于收入增幅，赢利空间萎缩，重型机械行业面临传统服务领域需求不旺，收入和效益增速一降再降，主营业务收入增速下滑明显的困难。2015 年重机行业总产值 1.21 万亿元，主营业务收入 1.23 万亿元，同比增长 0.61%，较上年下降 7.17 个百分点；全行业利润率 6.25%，接近 2013 年水平；亏损面 15.03%，行业七大重机厂中，4 家亏损；应收账款同比增长 2.50%；完成固定资产投资 2 805.62 亿元，同比下降 4.40%，连续 4 年两位数下降；机械产品产量 2 301.2 万 t，与上年持平，铸锻件产品年产量连续十余年居全球首位，占全球年总产量的 40% 以上。

2015 年，金属轧制设备行业累计销售 173 093t，同比下降 24.2%，中国一重位居行业第一，同比下降 24.4%，市场占有率 28.5%；太重位居行业第二，同比下降 34.4%，市场占有率 20.5%；中国二重位居行业第三，同比下降 48.0%，市场占有率 18.9%。锻件行业累计销售 136 203t，中国二重位居行业第一，同比下降 43.7%，市场占有率 32.3%，太重位居行业第二，同比下降 8.3%，市场占有率 31.3 %，中信重工位居行业第三，同比增长 6.8%，市场占有率 17.9%。

（2）农业机械行业 增速放缓，需求结构调整。受国家经济、行业增速下滑影响，农机工业延续下行趋势，但国家粮食安全政策保障、农业部农业生产全程机械化推行等重要措施，为农机工业的稳定发展提供了好的环境和机遇，农机市场刚性需求依然存在，农业生产一些薄弱环节需要的农业机械还没有得到有效供给，土地流转的加快，农机租赁的便捷，土地承包权和经营权抵押等政策措施提升了市场购买能力，企业的利润出现回升。2015 年，全国 2 319 家规模以上农机企业主营业务收入 4 283.68 亿元，比上年增长 7.39%，创十年最低，规模以上农机企业利润总收入 251.93 亿元，比上年增长 8.88%，利润增幅高于收入增幅 1.5 个百分点，同期全国机械行业利润增幅 2.46%。农机工业 12 个子行业中 10 个子行业主营业务收入保持适度和稳步增长，只有 2 个子行业增幅下降。农副食品加工设备主营业务收入增长 13.57%，零部件增长 7.26%，拖拉机增长 5.63%。受国内奶业不景气的影响，前几年一直高速增长的饲料机械和畜牧机械增速放缓，分别增长 5.63% 和 4.18%，饲料机械总产量下降 12.34%。

2015 年，拖拉机行业增速逐步放缓，结构调整特点突出，需求升级，大轮拖大幅上涨。根据中国农机工业协会拖拉机行业报表统计，2015 年全行业生产大中型拖拉机 68.8 万台，其中大型拖拉机 7.7 万台，同比增长 33.0%，中型拖拉机 61.1 万台，同比增长 7.6%；小型拖拉机 140.3 万台，同比下降 15.3%。2015 年全行业大中轮拖销售 30.8 万台，同比增长 0.5%，其中大轮拖行业销售 13.5 万台，同比增长 20.3%，中国一拖大轮拖销售 4.15 万台，同比增长 23.5%，市场占有率 30.86 %，位居行业第一，福田重工和东风农机分别位居第二和第三，市场占有率分别为 30.37% 和 8.19%；中轮拖行业销售 17.3 万台，同比下降 10.9%，中国一拖中轮拖市场占有率 20.54%，位居行业第一，东风农机和福田重工分别位居行业第二、第三，市场占有率分别为 20.24% 和 20.09%；小轮拖行业销售 25.84 万台，同比下降 5.86%，山东时风保持行业第一，市场占有率为 80.11%，山东五征和福田重工分别位居行业第二、第三，市场占有率分别为 12.26% 和 4.86%，中国一拖市场占有率为 1.58%，位居行业第四。

（3）工程机械行业 行业降幅进一步加深。受国内宏观经济转型、基础设施和房地产投资增速放缓影响，工程机械形势进一步恶化，行业需求持续低迷，整体市场销量继续收缩。2015 年工程机械行业延续上年负增长的态势，主营业务收入 4 755.825 亿元，同比下降 8.1%，利润同比下降 39.6%，工程机械行业 14 家上市公司亏损 20.79 亿元；工程机械行业进出口贸易额 223.45 亿美元，同比下降 7.19%，其中进口额 33.67 亿美元，同比下降 21.4%，出口额 190 亿美元，同比下降 4.11%，贸易顺差 156.33 亿美元，同比扩大 1.05 亿美元。

根据中国工程机械工业协会统计，2015 年平地机行业销售 2 620 台，同比下降 28%，国机重工位居行业第三，市场占有率为17%，徐工市场位居行业第一，市场占有率为29%；压路机行业销售10 388台，同比下降42%，国机重工位居行业第三，市场占有率9%，徐工位居行业第一，市场占有率24%；挖掘机行业销售56 349台，同比下降38%，国机重工位居行业第二十四，市场占有率1%，三一重工位居行业第一，市场占有率18%；汽车起重机行业销售9 327台，同比下降34%，国机重工位居行业第七，市场占有率2%，徐工位居行业第一，市场占有率50%；装载机行业销售7.36万台，同比下降51%，国机重工装载机销售1 466台，同比下降50%；国机重工推土机销售126台，同比下降48%。

（4）林业机械与动力机械行业 人造板机械行业因人造板市场需求依然处于低迷徘徊状态，销售一直不景气，众多企业仍然面临产能过剩，亟需结构调整；动力机械行业总体状况不佳，发展趋势不容乐观；全地形车行业仍以出口欧美为主，主要销售取决于欧美经济复苏进程；摩托车行业受电动车和汽车等替代品冲击大，产品同质化竞争严重，企业竞争形势严峻。2015年行业全地形车销售额约4亿美元，同比增长14%，中国福马销售2 438万美元，位居行业第二，市场占有率6%，浙江春风动力位居行业第一，市场占有率30%；多层成套装备行业销售8套，中国福马位居行业第一，市场占有率50%；砂锯线行业销售10套，全部为苏福马产品；砂光机行业销售180台，中国福马位居行业第一，市场占有率74%。

（5）地质装备行业 2015年，地勘行业进入“三期叠加”新常态时期，结束了十年高速增长期，地勘装备企业出现断崖式的下滑。全球矿业形势依然严峻，全球有色金属勘查投入约100亿美元，下降10%～15%，矿产勘查投入持续下降，作为矿业景气度先行指标的矿产勘查投入连续第三年下降，大型矿业公司一直大幅削减勘查投入，勘探投资所占比例下降至30%。

2015年中装集团各类地勘装备销售依然呈下降趋势，仅分析仪器小有增长。主要产品销售收入总体下降30.3%，其中：钻机类产品同比下降24.9%，抽油杆产品同比下降75.7%，泥浆泵产品同比下降30.1%，工具类产品同比下降32.7%，物探仪器产品同比下降7.9%，分析仪器产品同比增长5.3%。主要产品销量方面，钻机类产品销售893台，同比下降48%；泥浆泵产品销售1 514台，同比下降40.5%；物探仪器销售2 367台，同比增长85.9%；分析仪器销售959台，同比增长10.2%；钻具销售298 756台，同比下降37%；抽油杆产品销售198 258台，同比下降43.5%。

（二）工程承包

2015年，国机集团工程成套及设计咨询业务快速增长，在各业务板块中表现较为突出，营业收入和毛利润均有增长。

1. 工程成套（含船舶制造） 工程成套业务实现收入591.2亿元，同比增长1.3%，占比26.5%；实现毛利润85.1亿元，同比增长5.9%，占比35.2%。

2. 设计咨询 设计咨询业务实现收入68.7亿元，同比增长6.3%，占比3.1%；实现毛利润18.7亿元，同比增长5.2%，占比7.7%。

3. 截至2015年年底在手执行项目情况 截至2015年年底，国机集团在手执行工程成套（含船舶）及设计咨询项目总计11 573个，合同总金额550.5亿美元。其中境外项目672个，合同总金额404.8亿美元。2015年国机集团在手执行对外工程承包项目情况见表7。

表7 2015国机集团在手执行对外工程承包项目情况

合同金额	＞1 000万美元	＞5 000万美元	＞1亿美元
项目数量（个）	546	171	91
合同总金额（亿美元）	487.6	401.1	344.2
其中：境外项目（个）	258	129	77
境外项目合同金额（亿美元）	398.1	364.2	326.2

4. 主要工程领域 从行业分布看：上述项目分布在电力、交通、房建等多个行业，其中电力行业仍为集团公司传统工程项目的优势行业，合同总金额为213.8亿美元，占全体项目合同金额的52.8%。

各行业正在执行合同金额的分布情况见表8。

表 8　各行业正在执行合同金额的分布情况

序号	行　业	合同金额（万美元）	合同金额占境外合同总金额的比重（%）
1	电力工程建设	2 138 375	52.8
2	交通运输建设项目	435 018	10.7
3	其他	409 971	10.1
4	房屋建筑项目	316 582	7.8
5	水利建设项目	263 363	6.5
6	工业建设项目	248 109	6.1
7	制造加工设施建设项目	132 148	3.3
8	石油化工项目	52 618	1.3
9	废水（物）处理项目	20 490	0.5
10	通信工程建设	18 362	0.5

5. 主要区域和国别市场　从项目所处国别地区看：上述境外项目分布在 115 个国家和地区，其中合同金额较大的国家有委内瑞拉、老挝、阿根廷、尼日利亚、安哥拉等。部分国别正在执行合同金额的分布情况见表 9。

表 9　部分国别正在执行合同金额的分布情况

序号	国　别	正在执行合同金额（万美元）	占境外合同总金额的比重（%）
1	委内瑞拉	463 636	11.5
2	老挝	264 517	6.5
3	阿根廷	247 002	6.1
4	尼日利亚	244 258	6.0
5	安哥拉	185 981	4.6
6	印度尼西亚	180 666	4.5
7	伊拉克	162 480	4.0
8	赤道几内亚	146 539	3.6
9	土耳其	133 117	3.3
10	白俄罗斯	132 668	3.3
11	柬埔寨	102 352	2.5

6. 非实体经营情况　在“经营非实体”方面，签约了喀麦隆水厂、塞尔维亚电站和科特迪瓦输变电 3 个项目，合同总额 23.3 亿美元。在“科技非实体”方面，“重大农机装备研发与检测能力提升”项目获批，获财政资金 2 900 万元；“农业与食品机械行业制造关键技术与示范”项目通过验收；完成六自由度空间关节型工业机器人样机试制，技术指标达到同类工业机器人的先进水平。

2015 年度新签 1 亿美元以上的合同项目见表 10，2015 年度在执行 1 亿美元以上项目见表 11。

表 10 2015 年度新签 1 亿美元以上的合同项目

上报单位	项目名称	国别	行业领域	合同类型	签约日期	生效日期
中国机械设备工程股份有限公司	印尼南苏拉威西班塔恩 2×300MW 火电站项目	印度尼西亚	电力工程建设	设计/采购/施工（EPC）/交钥匙（Turn-key）	2015-12-21	
中国重型机械有限公司	老挝南俄 4（Nam Ngum 4）水电站项目	老挝	电力工程建设	设计/采购/施工（EPC）/交钥匙（Turn-key）	2015-10-22	
中国联合工程公司	安索阿特吉州西蒙玻利瓦尔市巴塞罗那及新埃斯帕塔州马里尼奥市波拉马尔 4 512 套住宅、市政规划及基础设施建设项目	委内瑞拉	房屋建筑项目	设计/采购/施工（EPC）/交钥匙（Turn-key）	2015-7-21	2015-7-21
中国机械设备工程股份有限公司	老挝 230kV Kohing-Naphia 输变电项目	老挝	电力工程建设	设计/采购/施工（EPC）/交钥匙（Turn-key）	2015-5-25	
中国自动化控制系统总公司	海地机场改扩建项目	海地	交通运输建设项目	工程总承包类其他	2015-3-21	
中国机械设备工程股份有限公司	南苏丹萨贾斯 100MW 燃油电站项目	南苏丹	电力工程建设	设计/采购/施工（EPC）/交钥匙（Turn-key）	2015-9-24	
中工国际工程股份有限公司	厄瓜多尔政府金融管理平台建设项目	厄瓜多尔	房屋建筑项目	设计/采购/施工（EPC）/交钥匙（Turn-key）	2015-9-10	2015-10-19
中工国际工程股份有限公司	中白工业园一期起步区基础设施项目	白俄罗斯	房屋建筑项目	设计/采购/施工（EPC）/交钥匙（Turn-key）	2015-5-1	2015-9-28
中国机械设备工程股份有限公司	巴基斯坦卡洛特 720MW 水电工程机电设备及金结供货项目	巴基斯坦	电力工程建设	成套设备供货	2015-12-31	
中国机械设备工程股份有限公司	澳大利亚阿斯创唐纳德锆钛矿砂厂建设项目	澳大利亚	工业建设项目	设计/采购/施工（EPC）/交钥匙（Turn-key）	2015-6-5	2015-10-30
中国机械设备工程股份有限公司	马尔代夫 1 500 套住房项目（三期）	马尔代夫	房屋建筑项目	设计/采购/施工（EPC）/交钥匙（Turn-key）	2015-11-9	
中工国际工程股份有限公司	玻利维亚钾盐厂项目	玻利维亚	工业建设项目	设计/采购/施工（EPC）/交钥匙（Turn-key）	2015-7-13	2015-8-15
中国重型机械有限公司	柬埔寨国家电网 230kV 西南环网输变电工程项目（一期）	柬埔寨	电力工程建设	设计/采购/施工（EPC）/交钥匙（Turn-key）	2015-3-10	2015-12-14
中国电力工程有限公司	泰国 TPI PP 150MW 电站项目	泰国	电力工程建设	设计/采购/施工（EPC）/交钥匙（Turn-key）	2015-3-15	2015-9-2

（续）

上报单位	项目名称	国别	行业领域	合同类型	签约日期	生效日期
中国机械设备工程股份有限公司	老挝 230kV Namxam HPP-Houamuang 输变电项目	老挝	电力工程建设	设计 / 采购 / 施工（EPC）/ 交钥匙（Turn-key）	2015-5-25	
中工国际工程股份有限公司	阿尔巴尼亚炼油厂项目	阿尔巴尼亚	石油化工项目	设计 / 采购 / 施工（EPC）/ 交钥匙（Turn-key）	2015-7-2	
中国汽车工业工程有限公司	陕西和嘉置业的泾阳万丽时代广场项目一期工程	中国	房屋建筑项目	设计 / 采购 / 施工（EPC）/ 交钥匙（Turn-key）	2015-5-25	2015-5-25
中国机械设备工程股份有限公司	马里巴马科 225kV 环城输变电项目	马里	电力工程建设	设计 / 采购 / 施工（EPC）/ 交钥匙（Turn-key）	2015-1-30	
中国机械设备工程股份有限公司	河南蜀王台 100MW 农光互补光伏电站 EPC 工程总承包	中国	电力工程建设	工程总承包类其他	2015-9-18	2015-10-1
中工国际工程股份有限公司	伊朗马什哈德输变电项目	伊朗	电力工程建设	设计 / 采购 / 施工（EPC）/ 交钥匙（Turn-key）	2015-4-12	

表 11　2015 年度在执行 1 亿美元以上项目

上报单位	项目名称	国别	行业领域	合同类型	签约日期	生效日期
中国机械设备工程股份有限公司	SOYO I 联合循环电厂建设及安装项目	安哥拉	电力工程建设	设计 / 采购 / 施工（EPC）/ 交钥匙（Turn-key）	2014-8-22	2015-3-31
中国机械设备工程股份有限公司	喀麦隆雅温得 SANAGA 水处理厂	喀麦隆	水利建设项目	设计 / 采购 / 施工（EPC）/ 交钥匙（Turn-key）	2010-12-14	2015-12-29
中国机械设备工程股份有限公司	塞尔维亚 KOSTOLAC-B 电站二期项目	塞尔维亚	电力工程建设	设计 / 采购 / 施工（EPC）/ 交钥匙（Turn-key）	2013-11-20	2015-5-25
中工国际工程股份有限公司	埃塞俄比亚瓦尔凯特糖厂项目	埃塞俄比亚	工业建设项目	设计 / 采购 / 施工（EPC）/ 交钥匙（Turn-key）	2013-6-10	2015-6-19
中国联合工程公司	安索阿特吉州西蒙玻利瓦尔市巴塞罗那及新埃斯帕塔州马里尼奥市波拉马尔 4 512 套住宅、市政规划及基础设施建设项目	委内瑞拉	房屋建筑项目	设计 / 采购 / 施工（EPC）/ 交钥匙（Turn-key）	2015-7-21	2015-7-21

（续）

上报单位	项目名称	国别	行业领域	合同类型	签约日期	生效日期
中工国际工程股份有限公司	伊朗大不里士省2号输水管线项目	伊朗	水利建设项目	设计/采购/施工（EPC）/交钥匙（Turn-key）	2010-10-12	2015-2-17
中工国际工程股份有限公司	委内瑞拉中西部电网扩建之科赫德斯州项目	委内瑞拉	电力工程建设	设计/采购/施工（EPC）/交钥匙（Turn-key）	2014-12-5	2015-4-14
中工国际工程股份有限公司	厄瓜多尔政府金融管理平台建设项目	厄瓜多尔	房屋建筑项目	设计/采购/施工（EPC）/交钥匙（Turn-key）	2015-9-10	2015-10-19
中工国际工程股份有限公司	中白工业园一期起步区基础设施项目	白俄罗斯	房屋建筑项目	设计/采购/施工（EPC）/交钥匙（Turn-key）	2015-5-1	2015-9-28
中国机械设备工程股份有限公司	澳大利亚阿斯创唐纳德锆钛矿砂厂建设项目	澳大利亚	工业建设项目	设计/采购/施工（EPC）/交钥匙（Turn-key）	2015-6-5	2015-10-30
中工国际工程股份有限公司	玻利维亚钾盐厂项目	玻利维亚	工业建设项目	设计/采购/施工（EPC）/交钥匙（Turn-key）	2015-7-13	2015-8-15
中国重型机械有限公司	柬埔寨国家电网230kV西南环网输变电工程项目（一期）	柬埔寨	电力工程建设	设计/采购/施工（EPC）/交钥匙（Turn-key）	2015-3-10	2015-12-14
中国电力工程有限公司	泰国TPI PP 150MW电站项目	泰国	电力工程建设	设计/采购/施工（EPC）/交钥匙（Turn-key）	2015-3-15	2015-9-2
中国汽车工业工程有限公司	陕西和嘉置业的泾阳万丽时代广场项目一期工程	中国	房屋建筑项目	设计/采购/施工（EPC）/交钥匙（Turn-key）	2015-5-25	2015-5-25
中国机械设备工程股份有限公司	河南蜀王台100MW农光互补光伏电站EPC工程总承包	中国	电力工程建设	工程总承包类其他	2015-9-18	2015-10-1

（三）贸易与服务

2015年，国机集团克服国内外市场需求大幅下降的影响，贸易服务板块业务虽规模有所下降，但毛利润保持了一定的发展速度，国内外贸易业务实现收入1 235.7亿元，同比下降15.4%，占集团整体比重的55.5%；实现毛利润59.0亿元，同比增长8.0%，占集团整体比重的24.4%。

金融服务业务的毛利润出现了一定程度的下滑，实现收入4.0亿元，同比下降12.7%，占集团整体比重的0.2%；实现毛利润3.0亿元，同比增长35.7%，占集团整体比重的1.2%。

社会服务略有下降，实现收入62.0亿元，同比下降3.2%，占集团收入的2.8%；实现毛利润22.2亿元，同比增长11.7%，占集团毛利润的9.2%。

【经营管理】

经营综述 2015年，国机集团认真打好“增长保卫战”，确立保增长目标，将相关任务指标分解，细化到经理层各位领导、总部各部门和各所属企业，并要求企业层层分解，落实到每个经营单元，进一步明确了责任目标。继续实施重点联系企业制度，覆盖范围扩大到集团直接管理、有经营业绩考核任务的所有二级企业，根据经理层领导分工，选择对应的企业作为联系对象，进一步提高针对性，强化激励约束。年中，召开所属企业运行情况沟通交流会，全面了解企业经营情况，及时发现和解决运营中的问题和困难。11 月，召开稳增长工作会，认真分析和查摆影响经营业绩的各类因素，对全年稳增长工作进行再部署、再强化，取得良好效果。在全体员工的共同努力下，顺利完成国资委确定的 85 亿元利润总额稳增长目标任务。

1. 国资委对集团公司的考核 2015 年国机集团面对严峻的经营环境，不断增强整体实力，社会影响力持续提升，连续七年荣获国资委中央企业业绩考核“A”级企业，并继续蝉联中国机械工业百强首位；位列中国企业 500 强第 62 位；位列 2015 年“全球 250 家最大国际工程承包商”第 23 位；位列“国际工程设计企业 225 强”第 62 位；2015 年再次入选世界 500 强，列第 293 位。

2. 国机集团对所属企业的考核 按照集团公司《“经营管理指标”考核实施细则》的规定和要求，依据企业 2015 年度财务决算和相关指标完成情况，在资产财务部与其他相关部门的配合下，经营发展部对所属企业 2015 年度经营业绩考核完成情况进行了核算，并将相关核算结果下发所属企业进行核对及确认，并在核算完成后，按照集团相关工作流程和规定，将核定结果提交人力资源部。

3. 内部合作 推动企业加强内部协同、抱团作战，进一步提升整体竞争力。参与内部合作的企业 35 家，实现内部合作发包签约额 42 亿元、完成额 18 亿元。6 家企业开展了与中国二重的协同合作，签约合同金额 30 亿元，实现协同营业额 18.6 亿元。

大力实施国机制造产品出口倍增计划，组织贸易企业与制造企业对接，采取有效措施，解决实际问题。CMEC 每年投入 300 万元专项基金扩大国机产品出口，实现国机制造产品出口 5 426 万美元，完成全年指标的 167%；中国电器院发挥集成、成套能力，推动产品出口，出口额占营业收入的 25%。2015 年集团实现国机制造产品出口 6.39 亿美元，完成计划的 133%。

【走出去】

国机集团“走出去”实施国际化经营，经过多年艰苦经营和不懈努力，实现了工程承包、国际贸易、装备制造等板块的跨越式发展。2012 年 8 月，国机集团被国资委确定为“《中央企业“十二五”国际化经营战略实施纲要》实施重点联系企业”之一。同时，根据估算，国机集团十年来仅国外工程承包业务对国家 GDP 的贡献额即超过 2 000 亿美元。这些项目遍布能源、交通、水利、环保、农林、机械、建筑等国民经济的多个领域，对促进当地经济发展、提升人民生活水平起到了重要的作用。

2015 年 12 月 25 日，国机集团参加发改委推进国际产能合作工作会议，并在 2016 年规划中提出了再造一个海外新国机的新发展蓝图。

“一带一路”建设暨国际产能和装备制造合作工作会和宣贯会后，国机集团结合集团党委布置的整改工作，立即召开专题会，研究制定工作方案，组织有关部门梳理工作思路，共同制定工作方案，全面提高集团公司国外工程项目管控水平；按照商务部及国资委等相关部门的要求，上报国机集团参与“一带一路”及国际产能合作等领域的相关项目及合作情况，并要求工贸企业、研发企业、汽车企业、装备企业等板块的企业根据自身主营业务的特点自查，同时也通过所属企业详细梳理项目及工作情况，充分摸清了集团内相关项目的进展情况，并进行总结整理动态监控。

1. 完善规章制度 国机集团在此期间除修订了原有国际化经营制度外，也制定了《国机集团关于加强海外工程项目监管的规定》《国机集团关于防止海外工程项目不当行为的规定》《国机集团关于加强海外业务佣金支付管理的规定》《国机集团关于加强重大项目分包及设备采购监管的规定》等有关的规定。

2. 健全监管体系 为防控风险，国机集团组织并建立专家项目现场巡视制度。邀请多名专家多次赴项目现场进行实地调研，对项目现场的工作进行指导，提出多项意见和建议；利用信息管理集成平台，通过对所属企业填报工程项目数据进行统计分析，实现集团管理的科学性和针对性；为了进一步加强政策性融资国外工程项目的管理，2015 年 3 月制定并印发了《政策性融资海外工程项目监督管理办法》，对政策性融资国外工程项目从签约到执行过程中的实施情况进行及时有效监控，更好地防范风险。

3. 落实采购管理 在国际化经营工作中，特别是在“一带一路”建设暨国际产能和装备制造合作工作中，为确保项目采购工作规范透明、公平公正、避免人为因素干预，有效提升项目采购质量，坚决杜绝暗箱操作和利益输送，国机集团制定了采购管理相关制度（包括《中国机械工业集团有限公司采购管理暂行办法》《中国机械工业集团有限公司采购管理考核监督暂行办法》《中国机械工业集团有限公司采购数据信息统计报送办法》等），推行通用采购管理信息平台（通采平台）等一系列的措施，通采平台项目建设已经进入项目试运行阶段。

4. 市场开拓有序推进 面对严峻的市场竞争形势，积极采取有效应对措施，不断加大开发力度。结合“一带一路”战略，组织召开“国机制造出口、农业走出去、工贸企业转型”座谈会和国机制造产品推介及业务交流会，深入研讨和规划“国机制造走出去”与“农业走出去”，进一步推进了内部业务合作。创新开发模式，加强与战略伙伴合作开发市场，与美国GE公司签订战略合作备忘录，联手推动非洲地区清洁能源项目，已在尼日利亚燃机电站、肯尼亚风电等多个项目开展实质性合作。加大新业务、新领域开发力度，进一步加强新能源市场开发，苏美达新签16个光伏电站项目，装机容量达500MW，投资总额42.8亿元。大力促进项目生效，认真分析影响生效的关键问题，加强沟通协调，推动了一批重要项目生效，CMEC安哥拉联合循环电厂项目，合同金额9.85亿美元；中工国际埃塞俄比亚糖厂项目，合同金额6.47亿美元。

5. 重大项目稳步实施 密切跟进重大项目执行情况，严控执行风险，确保按照时间节点稳步有序实施。扎实推进中白工业园项目，国机集团总部成立专门机构，加强项目跟踪管理；引入招商局集团注资中白合资公司；加大招商力度，组织23场招商推介会，实地接待百余家国内外考察团；已有8家企业签订入园协议，21家企业递交入园意向协议文本；中白两国元首视察项目现场，对项目工作给予高度评价，中白工业园已成为推动“一带一路”战略实施的重要项目。中国重机柬埔寨达岱水电站正式投入商业运营，当年达到设计运营能力，预计每年可实现利润2亿元，大力助推了国外新国机建设。

【节能减排】

2015年是“十二五”收官之年，也是中央企业“2013—2015年”任期经营业绩考核的结束之年。在这期间，国机集团深入贯彻党的十八大和十八届历次全会精神，全面落实中央经济工作会议和中央企业负责人会议的决策部署，坚持创新、协调、绿色、开放、共享的发展理念，努力践行二次创业，统筹把握创新、改革、发展三大主题，围绕节约资源和保护环境的基本国策，把生态文明建设放在突出的战略位置，牢固树立生态文明理念。立足当前、着眼长远，围绕提高产业技术水平和竞争力，以企业为主体、以市场为导向、以工程为依托，强化集团引领，完善体系建设，积极培育节能环保领域新业务，着力加强技术创新，大力提高技术装备、产品、服务水平，促进国机集团节能环保产业快速发展，逐步形成内部协同竞争优势，形成新的增长点。

一、国机集团节能减排工作实施说明

1. 国机集团节能减排工作管理类型 根据国资委按照企业能源消耗和主要污染物排放标准的划分，国机集团目前为节能减排“关注类企业”。

2. 国机集团节能减排统计监测涉及的行业 按照《中央企业节能减排统计监测报表》的划分标准，国机集团所属企业从事的业务分别涉及机械行业、化工行业、其他工业行业、建筑行业、交通运输行业和非工业其他行业6大领域。

3. 国机集团节能减排统计监测情况

（1）统计范围。按照《中央企业节能减排统计监测报表》文件相关规定，国机集团节能减排的统计范围为：国机集团总部和所属具有独立法人资格的企业（上述企业范围涵盖财务报表合并范围内的全部企业）。

（2）计算口径。《中央企业节能减排统计监测汇总表》。CO_2排放量指标值主要采用“系数法”计算。

二、国机集团2015年节能减排主要指标完成情况及分析

1. 国机集团2015年节能减排主要指标完成情况 2015年，国机集团以建设“资源节约型、环境友好型”企业为目标，立足于国务院国资委提出的“着力推进转型升级和绿色发展，积极淘汰落后产能，不断推广应用先进节能减排技术”的总体要求，以“加快推进国机集团节能项目创新平台建设，充分发挥内部协同，打造集团新型业务合作模式，实现产业链深度融合”为工作抓手，全面深入推进节能减排工作，取得了较好成绩。

2015年国机集团全年能源消费和主要污染

排放指标如下：

①能源消费总量 25.835 8 万 t 标煤，比上年同期下降 9.56%，其中：综合能源消费量 18.774 9 万 t 标煤，比上年同期下降 6.09%。

②万元产值（可比价）综合能耗 0.072 1t 标煤 / 万元，比上年同期增长 3.59%。

③万元营业收入（可比价）综合能耗 0.004t 标煤 / 万元，比上年同期下降 6.98%。

④万元增加值（可比价）综合能耗 0.123t 标煤 / 万元，比上年同期下降 32.49%。

⑤ SO_2 排放量 530.66t，比上年同期下降 11.51%。

⑥ COD 排放量 38.84t，低于上年同期 11.96%。

其中，考核目标完成情况如下：

万元产值综合能耗（可比价）实际完成 0.072 1t 标煤 / 万元，优于任期考核值 1.9%，同比上年增长 3.59%，同比 2010 年下降 19.98%。该项指标国机集团三年任期（2013—2015 年）考核值为 0.073 5t 标煤 / 万元，比 2012 年下降 8.62%。2015 年国机集团能源消耗和主要污染排放指标见表 12。

表 12　2015 年国机集团能源消耗和主要污染排放指标

指标名称		单位	2013—2015 任期考核目标值		2015 年完成值	同比 2012 年基数（%）
			相对值（%）	绝对值		
节能指标	1. 万元产值综合能耗（可比价）	t 标煤 / 万元	-8.73	0.073 5	0.072 1	-10.43
	其中：工业总产值（可比价）	万元	45.75	4 706 236.6	2 603 641.57	-19.63
	综合能源消费量	t 标煤	33.10	345 767.18	187 749	-27.73
	2. 万元营业收入综合能耗（可比价）	t 标煤 / 万元	-16.88	0.006 4	0.004	-48.05
	其中：营业收入（可比价）	万元	40.17	23 103 125	17 564 020.1	6.08
	能源消费总量	t 标煤	15.76	147 860	70 609	-44.72
减排指标	1. SO_2 排放量	t	-14.26	841.28	530.66	-45.92

万元营业收入能耗（可比价）实际完成 0.004t 标煤 / 万元，优于任期考核值 37.5%，同比上年下降 6.98%，同比 2010 年下降 50%。该项指标国机集团三年任期（2013—2015 年）考核值为 0.006 4t 标煤 / 万元，比 2012 年下降 16.88%。

SO_2 排放量实际完成 530.66t，优于任期考核值 36.92%，同比上年下降 11.51%，同比 2010 年下降 60.53%。该项指标国机集团三年任期（2013—2015 年）考核值为 841.28t，比 2012 年下降 14.26%。国家“十二五”整体规划目标：到 2015 年，全国万元国内生产总值能耗下降到 0.869t 标准煤（按 2005 年价格计算），比 2010 年的 1.034t 标准煤下降 16%；二氧化硫排放总量分别控制在 2 086.4 万 t，比 2010 年的 2 267.8 万 t 减少 8%。对照上述目标，国机集团已整体完成国家预定目标。

因此，国机集团整体按计划已全部完成三年任期（2013—2015 年）节能减排考核目标和国家“十二五”节能减排目标。国机集团“十二五”期间节能减排资金投入情况见表 13。

表 13　国机集团“十二五”期间节能减排资金投入情况

（单位：万元）

年度	国家投入	地方（省市）投入	企业自筹	合 计
2011	1 445	590	14 022	16 057
2012	922	510	6 561	7 993
2013	1 374	333	9 251	10 958
2014	375	279	8 063	8 717
2015	1 342	420	11 778	13 540
总计	5 458	2 132	49 675	57 265

2. 所属行业指标变动情况分析

（1）综合能耗总量指标下降 9.56%。主要原因是由于装备制造企业市场需求放缓，各企业用能减少，如：中国福马根据市场经营销售情况，继续全部停止其所属江苏福马木业有限公司的生产，使得能源消费总量有较大幅度下降；国机重工等企业主要耗能车间开工率不足，设备开动台数、批次减少，致使电力、汽油、煤油（该项指标原基数较低，同比下降比例明显）、柴油、天然气等消耗下降；此外，2015年，多家企业的生产制造环节进行工艺技改，实施节能技改后，能耗指标同比下降近10%。此外，国机集团所属工程贸易类企业在2015年能耗指标均有所下降（主要是日常办公能耗，如电能、公务车用油等），主要原因一是分包和境外项目增多，能耗剔除因素增加；二是原能耗指标基数较低，企业通过节能管理降低能耗，减少的绝对量不大，但降低的百分比的比例值较大。

（2）排放类指标中，SO_2排放量和COD排放量分别下降11.51%和11.96%。主要原因一是中国一拖由于使用煤气的主要单位锻造厂改进工艺装备，将煤气正火炉改为电炉，使煤气使用量下降；另一方面能源公司采购煤的品质发生了变化，煤中含硫量下降0.11%；二是苏美达所属机电车轮公司将原涂装车间前处理生产线和铸造车间进行改造，同时对原有药剂成分进行升级调配，大幅度减少SO_2排放量和COD排放量；三是中国福马停止了江苏福马木业有限公司以煤炭为主要能源的人造板老旧生产线以及其所属江苏林海动力机械集团公司燃煤锅炉使用，从2013年开始，这两户企业没有煤炭消耗，故SO_2排放量为零。

（3）分行业情况

①交通运输行业。国机集团所属只有1户航运企业，即中国海航所属中海航凯姆莱（北京）国际船舶管理有限公司（以下简称“中凯公司”）。该企业主营业务涉及航运业，2015年该企业节能减排监测数据变化较大，主要原因是国际航运业务较H年同期增加了航次，其中所属中凯公司中意轮TX三季度航线长，航行里程多，装卸港多，因此运输总周转量也相应增长378.89%；随着运输总周转量的增加千吨海里能耗相应大幅减少。但由于航运业持续低迷，运价不断降低，营业收入比H年同期减少7.24%，货轮日租金水平由10 000美元降至5 000多美元；里程长货量多，频繁进出港，也相应增加了油耗，能源消费总量同比增加24.51%，因此中国海航交通运输业万元营业收入能耗（可比价）较H年同期增长32.36%。

②化工行业。国机集团所属企业只有中国电器院涉及化工。该企业所属擎天公司的化工生产导热油加热部分能耗，从原来的油、电混合加热，逐步改造为天然气加热。2015年开始，全年基本都是天然气加热，使得排放更环保，因此2015年的天然气使用量同比增加较多，电力、汽油消耗降幅明显。

③机械行业。机械行业能耗及排放指标变化原因主要体现在中国一拖和国机重工两户企业。其中，中国一拖2015年煤炭消耗同比下降13%，主要原因是在煤炭采购环节进行了控制，采购标准提升，多采购低硫高热值燃煤，同时大量采用相对清洁的天然气以及汽、煤油作为主要生产能源；此外，2015年一拖铸造公司全面取消冲天炉，不再使用焦炭，也是指标同比大幅下降的主要原因。电力和其他能源消耗同比下降，主要原因一是企业通过技改升级，改变用能结构，有效降低能源消耗；二是部分车间开工不足，产能和用能下降。

SO_2和COD排放指标降低的原因主要是实施搬迁技改，采用了新工艺、新设备，降低了污染物排放。

④工业其他行业。国机集团其他工业行业主要涵盖科研院所类企业。因上述企业2015年运营情况较好，而且这类企业近年十分重视减排技术的应用与推广，通过技改措施和项目，继续保持能耗和排放指标的大幅下降，综合节能效果明显。

⑤非工业其他行业。国机集团非工业其他行业主要集中在工贸企业中，上述企业主要业务为工程总承包和商务贸易。该类企业能耗主要为办公能耗，包括办公用电、公务用车用油等。2015年，国机集团所属工贸企业生效项目增多，项目多以分包形式承建。根据统计原则，分包方能耗不计入总量，因此能耗下降明显。

⑥建筑行业。2015年，国机集团所属建筑施工企业淘汰落后取暖方式，出现煤炭消耗量指标下降，其他能源（煤油）消耗量指标上升；但因业务量增长，汽油、柴油等需求量增加，指标上升明显。

二、国机集团及所属企业2015年节能减排工作开展情况

1. 节能减排的组织体系和规章制度进一步完善 完善节能减排的组织体系和规章制度，是做好节能减排工作的基本保障。为了切实加强领导，国机集团所属二级企业全部成立了以主要负责人为组长、分管负责人为副组长的节能减排领导小组。按照集团要求，绝大多数企业根据本企业实际，制定了节能工作实施方案。为了确保节能减排任务的完成，许多企业还设置了专门工作机构，并要求三、四层级的企业抓紧建立健全节能减排工作机构，构建从上到下的节能减排组织体系。中国一拖、国机重工、中国建设等企业率先成立了节能减排专职管理机构，统一归口管理节能环保和资源综合利用工作，同时还在车间、项目现场配备了专（兼）职节能管理员，在班组配备了节能员，自上而下建立起责任层层落实的组织机构。此外，集团二级企业还全部制定了一系列规章制度，把节能减排工作纳入制度化、规范化的管理轨道。中国海航、苏美达集团等企业从建章立制入手，制定了《节能工作暂行办法》《节能监督管理办法》《节能目标责任考核办法》《投资项目节能评估和审查规定》《能源量化管理与节能评定大纲》等规章制度，并启动了节能标准体系研究，对推动和规范节能减排工作起到了明显作用。

2. 以巩固完善节能减排“三大管理体系”为核心、以目标绩效考核为手段，推动集团及所属企业节能减排工作开展 2015 上半年，国机集团继续完善节能减排组织体系、统计监测体系和考核体系建设，不断夯实节能减排管理基础，强化目标绩效考核工作，提高节能减排管理水平。

根据《中国机械工业集团有限公司节能减排工作考核暂行规定》，国机集团 2015 年 3 月份完成了对所属 39 户二级企业 2014 年度节能减排专项工作的目标绩效考核工作，其中，考核结果为优秀的企业 7 户、良好的 11 户、合格的 17 户、不合格的企业 4 户。同时，为全面完成国资委下达的“十二五”节能减排工作目标，切实加强集团对所属企业节能减排目标管理考核工作，集团又根据国务院国资委相关要求，与所属企业签订了 2015 年度《节能减排目标责任书》。各所属企业在签订责任书后，及时将目标任务进行分解，并层层落实，做到责任到位、措施到位，形成一级抓一级、层层抓落实的工作局面，确保下达的目标任务全面完成。

3. 精心筹划、大力宣传，认真组织好所属企业共同参与节能宣传周活动 2015 年节能宣传周活动主题是“节能有道、节俭有德”。国机集团及所属企业通过认真组织员工学习国务院《“十二五”节能减排综合性工作方案》等文件，深入贯彻国机集团节能减排的有关制度和要求，同时围绕本次活动主题，以全面推进《“十二五”节能减排全民行动实施方案》的实施为主线，以落实集团领导在国机集团节能减排工作会议上的讲话精神为重点，结合企业实际情况和业务特点，制定出有针对性的活动方案。在活动开展中，借助先进媒体为平台，充分利用企业内部报刊、网站、板报、闭路电视等工具，组织开展了形式多样、内容丰富的节电、节油、节水、环保等节能减排的宣传活动，普及节能减排知识。

在宣传周期间，国机集团总部和所属企业在总结以前活动经验的基础上，根据自身条件，围绕宣传主题，注重实效，开展了形式多样、注重实效的宣传活动。

4. 国机集团所属企业清洁生产专项工作开展情况 国机集团所属节能减排重点企业，在 2015 年不断采取改进设计、使用清洁的能源和原料、采用先进的工艺技术与设备、改善管理、综合利用等措施，从源头削减污染，提高资源利用效率，将节能减排的压力消解在生产全过程。

（1）中国福马机械集团有限公司开展清洁生产情况。中国福马机械集团有限公司所属苏福马公司自愿申请清洁生产审核，通过筹划组织、预评估、评估、备选方案产生与筛选、方案可行性分析、方案实施以及持续清洁生产等 7 个环节、35 个步骤的审核程序，目前已正式通过了审核验收。

在深入开展清洁生产过程中，苏福马公司认真组织实施 13 项无（低）费方案、4 项中（高）费方案，有效地整顿了企业生产场所，改进了生产和管理方式。如对喷漆房原有收集与处理设施进行全面升级改造，换装新的设施，增加废气处理能力，改造后有效地解决了废气处理问题，提高了企业清洁生产水平；龙门刨交流电动机改直流电动机，改造后节约电 6 万 kW · h/ a；另将办公区、车间、仓库普通卤粉灯管换成节能灯管，预估节约电 5.7 万 kW · h/ a 等方案。

此次清洁生产工作已投资 300 余万元，预计可取得 60.3 万元 /a 的节余效益：其中，节约用电 15 万 kW · h/a（占全年用电量的 6%），节约用水 6 000t/a（占全年用水量的 10%），节约办公用用纸 3 万张 /a，减少木材 108m^3/a。生产和产品都实现了“节能、降耗、减污、增效”的目的。

（2）中国一拖集团有限公司开展清洁生产情况。中国一拖集团有限公司通过强化产品技术进步，降低能耗和减少排放。

一是根据国家环保部发布的信息，非道路国Ⅲ发动机型式认证从2014年10月1日开始，2015年10月1日后强制执行。160～220马力（1马力=746W）拖拉机作为目前中国一拖大功率拖拉机的主销机型，有必要率先进行国Ⅲ排放发动机的开发。2014年以来，中国一拖加大科技投入和技术攻关力度，对160～220马力拖拉机配6K系列国Ⅲ发动机；LX、LY等系列大轮拖产品，LF1504、LF904、LF954等拖拉机配备国Ⅲ发动机进行研发，完成各系列拖拉机国Ⅲ发动机的方案设计、样机试制及样机热平衡试验，以及田间适应性试验，新产品将有效减少污染物的排放，提高经济性。

二是推进旧砂再生，实现减污、增效双赢。中国一拖与上海圣泉兰科环保设备有限公司共同合作，计划投资2 500万元对铸造废砂进行再生循环利用。目前该项目已完成相关报批和设计，进入施工阶段。项目实施后，每年至少可减少10万t自然石英资源的开采和7.5万t铸造废砂排放对环境的污染，项目年均销售收入约1 597万元，社会效益显著。

三是加强源头治理，减少污染物排放。主要包括投资310万元对铸造公司粉尘污染进行治理，安装11台单机除尘器和5台除尘系统，治理清理、造型、混砂区域37个扬尘点，经监测，16台除尘设施粉尘排放全部达到国家规定的环保标准。

四是提升固体废物规范化管控。按照固体废物规范化管理要求，规范固体废物收集箱和贮存区，30个单位设置34个危险废物集中贮存区和286个危险废物分类收集箱，保证安全合规处理废弃物。

5. 国机集团所属企业在节能减排重点领域取得较好成绩 国机集团深入贯彻落实国家《关于加快推进生态文明建设的意见》，把绿色低碳转型、可持续发展作为建设“绿色国机”的重要着力点。把加快构建高效、清洁、低碳、循环的绿色制造体系放在更加突出的位置，按照全生命周期的理念，革新传统设计、制造技术和生产方式，全面推行绿色制造。集团及所属企业积极投入绿色国机建设，根据国资委的要求加快构建资源节约、环境友好的生产方式和运营模式，继续深入推进节能降耗相关投资项目。为促进京津冀地区特别是北京地区水环境治理，拓展在水处理EPC领域的发展，中通公司认缴5 000万元投资首都水环境治理技术创新及产业发展基金。中国福马等6家企业累计投入资金1.2亿元实施清洁生产项目，预计可实现年均耗能降低10%；中国电器院研发的家电产品绿色回收处理关键技术和废气溶剂回收装置被海尔、格力等企业采用，为用户节能减排提供了良好的技术手段；中工国际正渗透膜技术处理脱硫废水项目建成并投入运营，实现工业废水“零排放”，获得业主好评；中机六院荣获“2015年度中国低碳环保推广标杆企业”。

在循环经济领域，中机六院以“都市矿藏”为突破，承接了江西格林美报废汽车及废钢综合利用项目、荆门格林美报废汽车及废钢综合利用项目和格林美报废汽车拆解产业园废油处理站项目等多个国家级示范项目。中国电器院的“家电产品绿色回收处理关键技术研究及示范项目”和“废气溶剂回收装置”的研发成果，已经在海尔、格力、美的、TCL、安彩等大型家电企业，南方包装有限公司、东莞华源包装有限公司、东莞泰新包装有限公司等企业应用，为用户的节能减排创造提供了良好的技术手段，取得了良好的效果。

在绿色建筑领域，中国中元、中机六院不但获得多个全国绿色建筑奖项，而且还在承揽的工程建设项目总体方案中，突出节能环保、经济施工的指导思想，落实“四节一环保”理念，建立了适应绿色建筑评估体系的绿色工程项目体系，减少了对环境的负面影响。

在水处理领域，中工国际所属北京沃特尔水技术公司为客户提供从原水预处理、工艺除盐水、海水淡化、污水处理及污水资源化到工业废水和高盐废水零排放的全套水处理系统，满足不同行业的需求，特别是在中水回用石灰深度处理和相关水处理成套设备以及膜法水处理方面在国内具有领先技术优势，到目前为止已累计完成70余项大型电站的中水回用深度处理和脱硫废水处理等优质工程，实用效果超过英美俄法等国进口技术和产品。

在新能源领域，中设集团和苏美达以太阳能分布式光伏发电项目为依托，通过集团内部协同，实现设计、研发、制造、施工及融资集成化服务为一体，打造新型业务合作模式，实现年装机容量突破600MW的可喜业绩，实现产业链深度融合目标。

国机集团节能减排汇总见表14。

表 14　国机集团节能减排汇总表

指标名称	单位	合计				工业行业				非工业行业			
		2010年基数	上年累计完成值	本年累计完成值	与上年同期比较增长（%）	2010年基数	上年累计完成值	本年累计完成值	与上年同期比较增长（%）	2010年基数	上年累计完成值	本年累计完成值	与上年同期比较增长（%）
能源消费总量	万t标煤	33.60	28.57	25.84	-9.56	23.97	19.99	18.77	-6.09	9.64	8.58	7.06	-17.66
综合能源消费量	万t标煤	23.97	19.99	18.77	-6.09	23.97	19.99	18.77	-6.09	0.00	0.00	0.00	
煤炭	万t标煤	5.88	4.20	3.61	-14.02	5.23	3.75	3.28	-12.38	0.65	0.45	0.32	-27.74
焦炭	t	0.00	7 920.00	7 630.00	-3.66	0.00	7 920.00	7 630.00	-3.66	0.00	0.00	0.00	
电力	万kW·h	97 189.87	77 778.08	73 745.94	-5.18	72 401.31	58 921.50	57 235.26	-2.86	24 788.56	18 856.58	16 510.68	-12.44
原油	t	0.00	0.00	0.00		0.00	0.00	0.00		0.00	0.00	0.00	
汽油	t	27 287.68	19 193.62	15 315.59	-20.20	5 732.25	5 342.62	4 622.47	-13.48	21 555.43	13 851.00	10 693.11	-22.80
煤油	t	222.84	166.24	174.11	4.74	213.69	146.48	159.11	8.63	9.15	19.76	15.00	-24.09
柴油	t	13 068.18	12 769.67	11 636.49	-8.87	7 735.50	6 322.79	5 839.66	-7.64	5 332.68	6 446.88	5 796.83	-10.08
燃料油	t	4 689.92	3 859.25	5 558.26	44.02	61.80	45.23	44.86	-0.82	4 628.12	3 814.02	5 513.40	44.56
天然气	万m^3	2 221.93	2 455.97	2 115.89	-13.85	1 254.37	1 042.14	1 104.16	5.95	967.56	1 413.83	1 011.73	-28.44
热力	百万kJ	0.00	608 294.50	522 550.07	-14.10	0.00	588 936.50	513 060.43	-12.88	0.00	19 358.00	9 489.64	-50.98
其他能源	t标煤	61 955.06	34 344.07	30 581.33	-10.96	61 555.21	31 395.50	29 365.94	-6.46	399.85	2 948.57	1 215.39	-58.78
万元产值综合能耗（当年价）	t标煤/万元	0.09	0.07	0.07	5.97	0.09	0.07	0.07	5.97				
工业总产值（现价）	万元	2 660 354.00	2 911 060.92	2 579 777.13	-11.38	2 660 354.00	2 911 060.92	2 579 777.13	-11.38				
万元产值综合能耗（可比价）	t标煤/万元	0.09	0.07	0.07	3.59	0.09	0.07	0.07	3.59				
工业总产值（可比价）	万元	2 660 354.00	2 871 683.16	2 603 641.57	-9.33	2 660 354.00	2 871 683.16	2 603 641.57	-9.33				
万元营业收入综合能耗（当年价）	t标煤/万元									0.01	0.00	0.00	-5.13
营业收入（当年价）	万元									12 094 949.00	22 010 189.65	19 265 905.79	-12.47

（续）

指标名称	单位	合计				工业行业				非工业行业			
		2010年基数	上年累计完成值	本年累计完成值	与上年同期比较增长（%）	2010年基数	上年累计完成值	本年累计完成值	与上年同期比较增长（%）	2010年基数	上年累计完成值	本年累计完成值	与上年同期比较增长（%）
万元营业收入综合能耗（可比价）	t标煤/万元									0.01	0.00	0.00	-6.98
营业收入（可比价）	万元									12 094 949.00	20 068 350.25	17 564 020.10	-12.48
万元增加值综合能耗（当年价）	t标煤/万元	0.15	0.17	0.12	-31.47	0.43	0.30	0.21	-27.55	0.06	0.09	0.05	-38.34
增加值（当年价）	万元	2 305 086.00	1 664 586.57	2 197 254.22	32.00	555 491.00	674 945.54	875 046.58	29.65	1 749 595.00	989 641.03	1 322 207.64	33.60
万元增加值综合能耗（可比价）	t标煤/万元	0.15	0.18	0.12	-32.49	0.43	0.30	0.21	-30.08	0.06	0.10	0.06	-38.45
增加值（可比价）	万元	2 305 086.00	1 567 731.47	2 100 678.51	33.99	555 491.00	666 567.85	895 183.94	34.30	1 749 595.00	901 163.62	1 205 494.57	33.77
节能量（工业企业按产值综合能耗计算）	万t标煤						-5.89	-4.69			0.00	0.00	
节能量（非工业企业按营业收入能耗计算）	万t标煤						0.00	0.00			-7.43	-7.03	
节能量2	万t标煤	0.00	0.00	0.00		0.00	0.00	0.00		0.00	0.00	0.00	
节能量3	万t标煤	0.00	0.00	0.00		0.00	0.00	0.00		0.00	0.00	0.00	
SO_2排放量	t	1 344.17	599.70	530.66	-11.51	1 169.78	514.01	447.62	-12.92	174.39	85.69	83.04	-3.10
COD排放量	t	554.93	44.12	38.84	-11.96	544.73	44.12	38.84	-11.96	10.20	0.00	0.00	
CO_2排放量	t	374 149.28	688 180.80	576 906.24	-16.17	234 579.23	482 378.40	450 597.40	-6.59	139 570.05	205 802.40	126 308.84	-38.63
氮氧化物排放量	t	0.00	70.55	69.23	-1.87	0.00	70.55	69.23	-1.87	0.00	0.00	0.00	
氨氮排放量	t	0.00	0.87	0.81	-6.67	0.00	0.87	0.81	-6.67	0.00	0.00	0.00	

【安全生产】

2015 年，国机集团贯彻落实习近平总书记、李克强总理关于安全生产的重要指示精神，学习宣传和落实新《安全生产法》，全面贯彻落实国务院安委会、国资委、国家安全监管总局、商务部等上级部门的工作部署，进一步强化红线意识，紧紧围绕国机集团“提高发展质量和效益”这个中心，主动适应经济发展新常态，狠抓责任落实，做好事前预防，大力推进安全文化建设，夯实安全生产基础，着力建立长效机制，有效防范安全风险，不断提高安全工作绩效，全面完成各项工作任务，全年未发生较大及以上生产安全事故，继续保持安全生产平稳态势。

1. 领导高度重视安全生产工作，以身作则，落实企业安全生产主体责任 2015 年，国机集团多次召开党委常委专题会议，传达习近平总书记、李克强总理等中央领导关于加强安全生产工作的重要指示精神，听取集团安全生产工作专题汇报。天津“8·12”特别重大火灾爆炸事故后，任洪斌董事长要求集团每位党委常委在对所属企业调研检查工作时，要将安全生产作为一项主要内容之一来强调和检查。徐建总经理等集团领导到企业调研时，主动了解企业安全生产责任落实情况，听取企业安全工作汇报，检查指导企业安全生产工作。在集团年度安全生产工作会、集团全面风险管理视频会议及集团文件上，集团领导对做好安全生产工作多次进行强调，提出增强安全生产的责任意识、宣贯落实新《安全生产法》、加强安全生产工作、防范安全风险等方面的要求。

一年来，国机集团进一步完善安全生产责任体系，切实推进安全生产责任“五覆盖五落实”，建立企业安全生产承诺制度，组织所属企业的各个层级一直到班组签订安全生产双向承诺书。

2. 建章立制，进一步完善管理制度，继续深化安全生产标准化建设 国机集团总部和所属企业不断完善安全生产管理制度和操作规程，规范管理。集团总部根据新《安全生产法》的新要求，修订完善国机集团《安全生产管理办法》，新制订国机集团《安全生产事故隐患排查治理办法》，编发国机集团《关于大力推进安全文化建设的指导意见》。各所属企业组织制修订安全生产管理规章制度、工作手册和安全操作规程，进一步完善安全生产制度体系。

所属企业继续开展安全生产标准化达标和升级认证，持续改进安全生产工作，进一步夯实安全生产基础，提升安全能力。到 2015 年年底，集团 136 家企业通过安全生产标准化达标认证，同比增加 32 家。其中，安全生产标准化一级企业 2 家，二级 80 家，三级 54 家。

3. 进一步加强安全宣传、教育和培训，大力开展“安全生产月”和“安全生产万里行”活动 2015 年 5 月和 9 月，国机集团分别举办所属企业安全生产分管领导培训班和安全生产管理人员培训班，邀请安全管理专家宣贯和解读新《安全生产法》，讲授企业安全文化建设实务，结合案例讲解如何进行事故分析、事故处理和责任追究，交流研讨工作中存在的主要问题，丰富了安全管理人员的专业知识，提升了工作能力。

国机集团系统全年共举办安全生产培训 1 510 次，培训员工 45 426 人次。此外，还组织参加企业外部培训 4 708 人次。

在 2015 年“安全生产月”活动期间，全集团紧紧围绕“加强安全法治、保障安全生产”的活动主题，开展内容新颖、形式多样、员工广泛参与的安全生产宣传教育活动，传播法治文化、普及安全知识，提升安全素养，提高员工安全工作技能和意识。各企业进一步落实安全生产责任，加强安全生产隐患排查治理，开展应急预案培训和演练，大力推进安全文化建设。

国机集团总部在“安全生产月”期间利用手机短信平台向所属企业领导班子和集团总部部门领导宣传“安全生产月”活动主题和国家政策法规。邀请安全专家在集团总部举办“新形势下反恐与人身安全防护”知识讲座，通过案例警示，提升防范意识和能力。

所属企业在企业本部、生产车间、项目现场，悬挂安全生产宣传横幅，摆放主题展板和宣传画板，张贴反“三违”、危化品安全知识、紧急救护等彩图，组织观看安全警示教育片和安全法规知识片，开展《安全生产法》知识竞赛、“安康杯”竞赛、“青年岗在行动”“手指口述”等活动，组织开展了安全生产管理人员、特种作业人员、项目经理、班组长、新员工等从业人员的培训，主要培训新《安全生产法》、岗位风险辨识、岗位操作规程等法规知识和安全技能。在“安全生产月”期间，全集团共组织项目经理培训 728 人次；班组长培训 4 461 人次；特种作业人员培训 3 160 人次；三级安全教育培训 15 295 人次。集团所属中工国际工程股份有限公司还荣获“全国安全生产月活动先进单位”称号。

4.加大安全生产监督检查力度，深入排查治理安全隐患，防控集团安全生产风险 2015年，国机集团共9次部署开展安全生产大检查、互查、专项检查以及监督检查活动，共10次组织检查组对24家所属重点企业境内外生产制造现场和工程总承包项目现场开展了安全生产监督检查。

2015年4月，组织开展安全生产互查活动，成立了7个检查组对16家企业的工程总承包项目现场、生产制造现场进行了安全生产检查，共查出并整改安全隐患76项。

在天津“8·12”特别重大火灾爆炸事故后，国机集团切实落实国务院安委会、国资委关于全面开展安全生产大检查的通知精神，在全集团范围内部署开展了安全生产大检查等三项工作。所属企业对涉及危险化学品、易燃易爆物品、油气输送管道、交通运输、建筑施工、粉尘涉爆等六大重点领域，深入开展打击非法违法和治理违规违章专项行动以及对危险化学品和易燃易爆物品安全的专项整治。在安全生产大检查期间，国机集团总部共7次组织检查组，由集团领导或安全总监带队，对所属企业进行安全生产监督检查，每次检查结果均以整改意见函的形式通知被检查企业，要求进行整改落实，共发现隐患和问题49项。被检查单位均按要求制定整改方案，并将整改结果以书面形式报送集团安全生产部验证。

在8—12月开展的粉尘作业和使用场所安全生产大检查中，中国第二重型机械集团公司从安全管理、现场作业和应急救援三个方面进行排查，重点检查涉及粉尘的39个作业点或部位，对现场检查出的问题立即进行了整改。同时，还检查了各单位粉尘事故的应急预案、预案培训和预案演练情况。涉及粉尘作业的企业均制定粉尘作业管理制度、操作规程和注意事项，定期对粉尘作业区进行检查，对员工进行粉尘防爆知识和安全法规的宣传教育。对涉粉作业岗位职工专门进行安全技术和业务培训，经考试合格方可上岗。

2015年，国机集团总部和所属企业开展安全生产检查活动共计3 393次，排查安全隐患18 518项，完成整改18 441项，整改率99.58%。从检查情况来看，集团所属企业安全生产基本处于受控状态。

5.提升本质化水平，加快建立长效机制，积极推进安全文化建设 2015年5月，国机集团编制印发《关于大力推进安全文化建设的指导意见》，全面规划了集团安全文化建设的指导思想、总体目标、基本原则、主要任务、工作要点、实施步骤、进度要求和保障措施。要求集团所属企业到2020年普遍建立适应企业长期可持续发展需要、遵循安全文化建设规律、引领和推动企业安全生产工作的企业安全文化体系。力争到2017年年底20%的所属企业、2020年年底70%的所属企业通过创建安全文化示范企业的达标认证。所属企业根据集团安全文化建设的总体要求，结合企业实际情况，制订了企业安全文化建设的工作计划。

为积累安全文化建设经验，选取文化基础较好的江苏苏美达集团有限公司和中国一拖集团有限公司福莱格公司作为安全文化建设试点单位。组织试点单位观摩学习三门核电公司安全文化的建设经验，邀请国家安全监管总局安全文化课题组对试点企业安全文化建设情况进行考察和测评，提炼和总结试点企业安全文化建设成果，并申报全国安全文化建设标杆企业。2015年12月19日，两家试点企业荣获国家安全监管总局安全文化课题组和中国企业文化研究会联合颁发的“全国安全文化建设标杆企业”荣誉称号。

6.加强应急管理，完善应急预案，妥善处置境内外突发事件 修订发布国机集团《生产安全事故及境外突发事件综合应急预案》和《境外安全突发事件专项应急预案》，修订后的集团应急预案更加突出预案的有效性、实用性和可操作性。到2015年年底，全集团共编制综合应急预案332个，专项应急预案1 341个，现场处置方案1 006个。

2015年3月27日，国机集团根据我国政府“境外中国公民安全保护工作部际联席会议”精神和要求，立即启动集团《境外安全突发事件专项应急预案》一级响应机制，成立集团总部、所属企业、项目现场三级应急处置工作组，开展人员撤离的组织、沟通、协调等应急处置工作。在我国驻也门使馆的统一指挥和全程陪护下，3月30日中国机械设备工程股份有限公司也门巴吉尔水泥厂项目全部62名中方人员有序撤离项目现场，安全到达荷台达港，登上中国海军护航编队护卫舰潍坊舰。3月31日晚上安全飞抵首都机场。

2015年，国机集团还及时报告、妥善处置委内瑞拉项目驻地遭持枪抢劫、刚果（布）项目营地遭持枪入室抢劫、土耳其项目机房被炸等境外突发事件，以及天津特别重大火灾爆炸事故造成国机进口汽车受损事件。此外，国机精工有限公司托管的贵州达众七砂公司因暴雨和山体滑坡引起厂区被淹、房屋受损等地质灾害发生后，国机精工有限公司立即组织人员开展抢险救灾应急处置，确保了人员和财产安全。

国机集团全年组织发布了多个国家的安全预警。集团安哥拉卡宾达项目、中国机械设备工程股份有限公司土耳其电站项目和中工国际工程股份有限公司乍得水泥厂运营项目积极应对恐怖袭击威胁，强化安全防范措施，化解安全风险。

2015年，全集团开展应急演练1 752次，其中，综合演练208次，参加演练人数15 201人次；专项演练792次，参加演练人数23 989人次；现场处置演练752次，参加演练人数14 906人次。参加应急管理培训19 437人次。

7. 完善考核制度，严格安全责任目标考核 国机集团在上年度安全生产考核的基础上，增加安全生产双向承诺制度建立情况、重大危险源安全管控措施及监控记录、承包方和承租方的监管情况、职业病危害预防和控制管理制度与操作规程的建立情况等考核内容。经过集团考评组的考核和评定，集团安全生产风险基本做到可控和在控，39家所属企业年度考评结果是：28家优秀、9家良好、2家合格，没有不合格的企业。中国第二重型机械集团公司还获得了国机集团2015年度安全生产单项奖。

科技发展

【基本情况】

2015年是深入贯彻党的十八大、十八届五中全会，落实党中央国务院关于加快实施创新驱动发展战略、加快国家创新体系建设的决策部署以及集团“十二五”发展战略和科技规划的重要一年。国机集团面对经济发展“新常态”和国内外异常复杂的经济环境，围绕国家和国资委对科技工作提出的新要求，以及努力建设“五个国机”的目标，本着“加强科技创新，促进转型升级，提升增长质量”的发展思路，深化科技创新工作，通过加大科技投入、夯实科技创新平台、提升科技创新条件、加强科技创新体制机制建设、提高科技管理与服务水平，国机集团科技创新工作取得了显著成效和良好业绩。

2015年，国机集团获得省部级和全国行业性以上各类优秀成果奖334项，其中科学技术奖86项（含国家技术发明二等奖1项，国家科技进步二等奖3项），勘察设计咨询奖178项。申请专利1 625项，其中发明专利714项；授权专利1 415项，其中发明专利425项。登记软件著作权100项。主持或参加标准制修订659项，其中国际标准8项、国家标准211项。截至2015年底，集团拥有专利9 083项，其中发明专利1767项；共拥有省部级（全国行业性成果奖）以上各类成果6 860项，其中国家科学技术奖179项。

中央研究院飞机强度所所长闫楚良当选工程院院士、集团总工程师兼合肥通用院机械研究院长陈学东当选科学院院士，进一步提升了国机集团科技创新影响力。

【科研成果】

2015年国机集团科研成果见表1。

表1 2015年国机集团科研成果

序号	成果名称	数量（项）
1	获得省部级以上各类成果奖	334
	其中：国家科学技术奖	4
	科学技术奖（含国家科技进步奖）	86
	勘察设计咨询类奖	178
	其他	70
2	申请专利数量	1 625
	其中：发明专利数量	714
3	授权专利数量	1 415
	其中：发明专利数量	425
4	制修订标准数量	441
	其中：国际国家标准数量	139
5	发表论文数量	2 558
6	软件著作权登记数量	100
7	新产品销售收入（亿元）	134

【科技创新体系及平台建设】

在国家级科研机构和科技服务平台培育和建设方面，中国一拖集团有限责任公司“拖拉机动力系统国家重点实验室”、郑州磨料磨具磨削研究所有限公司“超硬材料磨具国家重点实验室”获批建设；合肥通用机械研究院被认定为“国家技术创新示范企业”；机械工业第六设计研究院有限公司“绿色建筑信息模型化国家工程实验室”、北京起重运输机械设计研究院博士后工作站获批设立；广州机械院研究有限公司“国家机器人检测与评定中心（广州）”获批建设。截至2015年底，国机集团拥有国家工程技术研究中心7家，国家工程研究中心2家，企业国家重点试验室6家，国家工程实验室5家，国家企业技术中心8家，国家级技术创新联盟7家，国际合作基地4家，博士后工作站17家，国家生产力促进中心6家，国家级质检中心22家，全国标准化委员会58家（其中分会15家）。国家级科研及服务平台数量超过130家，国机集团标志着在相关技术领域处于科技创新优势地位，将在推动行业的技术进步，探索构建产学研合作的长效机制，带动中小企业创新发展，提升产业核心竞争力等方面发挥更大的作用。

在推进省部级研发及科技服务平台建设方面，合肥通用机械院“通用机械复合材料技术安徽省级重点实验室”等15家机构和平台获批建设。此外，完成2015年传感器国家工程研究中心、电气传动国家工程研究中心运行评价。组织开展电气传动工程研究中心、传感器国家工程研究中心能力建设项目，其中电气传动工程研究中心能力建设项目已经完成并通过验收，进一步提升了研发能力。

2015年新获批设立的15家省部级科研平台涉及农林机械、智能制造、工程机械、石化通用、动力工具、基础零部件、新材料以及检测服务等技术领域，分布在北京、天津、江苏、广东、河南、安徽、重庆和四川等地区，将为区域的科技进步和经济发展发挥积极作用。2015年新获批的省部级以上科技创新及服务平台见表2。

表2　2015年新获批的省部级以上科技创新及服务平台

序号	新批准的科技平台名称	单位名称
国家重点实验室		
1	拖拉机动力系统国家重点实验室	中国一拖集团有限公司
2	超硬材料磨具国家重点实验室	郑州磨料磨具磨削研究所有限公司
国家技术创新示范企业		
3	合肥通用机械研究院	
省部级科研及服务平台		
4	通用机械复合材料技术安徽省级重点实验室	合肥通用机械研究院
5	天津市光伏逆变器及调速装置企业重点实验室	天津电气院科学研究院有限公司
6	机械工业工程机械节能技术重点实验室	中国国机重工集团有限公司
7	人造板装备工程技术研究中心	中国福马机械集团有限公司
8	稀贵金属高效利用技术重庆市工程技术研究中心	重庆材料科学研究院有限公司
9	广东省低碳环保工业涂料重点工程技术研究中心	中国电器科学研究院有限公司
10	广东省智能家电检测工程技术研究中心	中国电器科学研究院有限公司
11	河南省烟草农业机械研发中心	中国一拖集团有限公司
12	四川省汽车起重机钢结构件工程实验室	中国国机重工集团有限公司
13	安徽省通用机械行业（压力容器和流体机械）技术中心	合肥通用机械研究院
14	仪表功能材料重庆市工业和信息化重点实验室	重庆材料科学研究院有限公司
15	中国（广州）智能装备研究院	广州机械科学研究院有限公司
16	北京市设计创新中心	中国中元国际工程有限公司
17	江苏省新能源动力工具工程中心	江苏苏美达集团有限公司
18	江苏省重点企业研发机构	江苏苏美达集团有限公司

开展国家重点实验室建设经验总结与宣传工作。组织中国重型院金属挤压与锻造装备技术国家重点实验室、中国农机院土壤植物机器系统技术国家重点实验室、合肥通用院压缩机技术国家重点实验室、中国电器院工业产品环境适应性国家重点实验室对获批建设以来在科技创新、人才培养、机制建设等方面的成果，以及有益的经验做法进行认真总结，并在《国机集团报》上开辟专版进行连载宣传，为促进平台建设经验交流、营造集团科技创新氛围、鼓舞科技人员积极性起到了推动作用。

【科技投入】

通过充分利用国家支持自主创新方面的有关税收优惠政策、科技发展基金引导、争取国家项目与资金支持等多种有效途径，2015 年度国机集团科技投入达到 46 亿元，占主营业务收入（2 208 亿元）的 2.1%，其中科技型企业科技投入达到 22 亿元，占其主营业务收入的 7.4%；集团研发投入达到 31 亿元，占集团主营业务收入的 1.4%，其中科技型企业科技投入达到 15 亿元，占其主营业务收入的 5.1%。

【重大事件和重要工作】

1. 获得 4 项国家科学技术奖 2015 年，国机集团共获得 4 项国家科学技术奖，其中：国机集团北京飞机强度研究所所长闫楚良主持完成的“22 种型号飞机载荷谱关键技术及应用”获国家技术发明二等奖。中国重型机械研究院主持完成的“12 000t 航空级铝合金板材张力拉伸机装备”、无锡钻探工具厂有限公司参与完成的“2 000m 以内全液压地质岩心钻探装备及关键器具”、天津电气科学研究院有限公司参与完成的“特大型水轮机控制系统关键技术、成套装备与产业化” 等 3 项成果获国家科技进步二等奖。

（1）22 种型号飞机载荷谱关键技术及应用。该项研究属总装备部和原国家计委下达的国家重点研究项目，并得到两项国家自然科学基金重点项目的支持。依据我国飞机定寿、延寿一直采用一架飞机进行同型号机群载荷谱飞行实测与研制的国情，以我国现役各型号系列飞机载荷实测为研究对象，在通过结构受载实测载荷谱技术、飞机载荷谱编制、飞机载荷标定试验原理和方法、自平衡加载试验技术和自平衡加载试验系统研制、飞机载荷谱数据库设计与开发等方面进行深入研究，建立完整的适用于我国系列飞机载荷谱实测研制的关键技术体系。取得了以下创新成果：

①发明了飞机高置信度中值载荷谱编制技术，真实地揭示了我国系列飞机在实际飞行过程中的结构薄弱部位和疲劳源，创建了采用一架飞机进行载荷谱飞行实测及同型号机群定寿、延寿的全新技术体系。与国内外编制的载荷谱相比，中值载荷谱真实地保持了载荷—时间历程的载荷大小、先后次序和载荷作用持续时间的一一对应关系，进行全尺寸疲劳试验时，能够真实地再现飞机在实际飞行过程中的结构薄弱部位和疲劳源。与分散系数相结合即可科学地确定出飞机具有一定可靠度和置信度的安全使用寿命，保障了机群的飞行安全。采用此项技术完成的全尺寸疲劳试验，裂纹形成和断裂部位与飞机外场使用情况相符一致。

②发明了飞机外场多点协调加载标定方法，真实地再现了实际飞行过程中所承受的分布载荷，创建了我国飞机空间分布载荷实测技术，载荷测量误差小于 3%，取得了不同布局的我国系列飞机空间载荷实测技术的突破。

③发明了不同构型飞机、128 项翼身融合体、大展弦比机翼等结构及全尺寸飞机悬空状态下的空间载荷标定试验装置，突破了以下外场试验条件的限制：①无承力地轨和承力墙。②无加载动力源。③无法支持、固定飞机。④无法同步施加标定载荷，建立了飞机在实际飞行过程中的分布载荷与实测截面应变输出的响应关系，解决了飞机外场空间载荷标定的关键技术难题。

④发明和集成了卫星授时、网络采集、编程加载的飞机载荷谱异构实测数据可视化采集系统，实现了数千通道数据同步采集、iNET-X 模式数据传输、以太网同步记录，解决了我国 22 种型号飞机载荷谱数千通道的实测数据同步采集、传输和存储系统集成的技术难点。

⑤提出了载荷谱柔性数据模型，创建了基于 RIA 的我国系列飞机载荷与环境谱数据库，实现了我国系列飞机数千通道状态参数、空域参数、载荷参数和数百万亿计实测数据资源管理，建立了我国 22 种型号系列飞机定寿、延寿和新研型号飞机目标寿命可靠性评定数据支持和资源平台。

该项研究授权国家发明专利 48 项，软件著作权 25 项；出版专著 3 部，发表 SCI、EI 论文

76 篇；获部级成果特等奖 1 项、一等奖 2 项，国际发明金奖 1 项。开创了一条中国独有的飞机载荷谱实测与编制技术途径，保障了我国系列飞机飞行安全，为我国数千架飞机飞行安全建立了大数据支撑平台，保持了我国系列飞机机群规模，引领和推动着我国结构寿命可靠性领域的发展。研究成果用于我国二十余种型号数千架飞机的定寿、延寿和结构可靠性评定，经济、社会和军事效益重大。

（2）12 000t 航空级铝合金板材张力拉伸机装备。项目简介：航空制造业快速发展对铝合金厚板材料提出了更高要求。尤其是我国大飞机（宽体客机、大型运输机等）的自主发展，迫切需要高性能、大规格铝合金厚板。之前，这些厚板只有美、德等几个国家可以生产，我国只能依赖进口，价格昂贵，严控供给，严重制约着我国航空产业的发展。大型拉伸机是生产航空用厚板的必须装备。研发万吨级拉伸装备和技术，是当前面临的重要任务。在国家科技重大专项等支持下，八 8 家单位产学研用联合攻关，历时 7 年，在超高负载系数、均匀变形控制、多级缓冲保护等万吨级拉伸装备关键技术及厚板拉伸工艺方面取得了重大突破。主要创新成果包括：

①构建了拉伸机力能参数模型，研发出预应力组合梁式主体结构，解决了传统“C 型板结构”机架刚度低、超厚板无法拉伸的国际难题，突破了其负载系数瓶颈，单位宽度负载达到 63kN/mm（国外 50kN/mm），实现了超厚板拉伸。

②提出了复合斜面夹紧方法，结合超大吨位液压缸同步控制技术，保证了拉伸机多组钳口夹紧位置一致、夹紧力均匀分布及精确同步拉伸。解决了宽厚板拉伸变形一致性难题，实现了板材稳定均匀变形，确保了产品质量及性能。

③创建了“断带”冲击过程数值模型，提出了柔性耦合钳口、双向缓冲压梁、全浮动机架等多级、多路径断带缓冲技术，实现了“断带”时巨大冲击能量平稳逐级释放，解决了冲击保护的国际难题，确保了设备安全、可靠运行。

④创建了拉伸参数控制模型和成套工艺，结合设备性能及控制参数，建立了拉伸工艺数据库，揭示了不同工况下宽厚板拉伸流变、残余应力与回弹变化规律。实现了板材达到精确、最优变形状态，残余应力小于 50MPa。

以上关键技术的成功研发，使我国具备了大型铝合金厚板拉伸装备设计制造能力，研制成功首台万吨级航空铝合金厚板张力拉伸机，开发了成套拉伸工艺。经国家检验中心检测，该机最大拉伸力 177 600kN，延伸率 1% ～ 4%，延伸率精度 0.1%，可拉伸板材最厚 250mm、最宽 4 000mm、最大 30 000mm。其主要性能指标达到国际领先水平。

该装备自 2011 年投产以来，累计生产航空用三大系列铝合金厚板 21 000 t，创造销售额近 11 亿元。厚板产品经北京航空材料研究院、西安飞机国际航空制造股份有限公司等单位检测和使用，性能指标、表面质量达到专用技术要求，并成功应用于飞机机翼、加强框、梁等主承力构件。

项目的获国家发明专利 6 项、实用新型专利 7 项，制定行业标准 2 项，发表论文 29 篇。经专家鉴定：“该项目取得了多项创新性成果，总体上达到国际先进水平，在钳口负载系数、断带缓冲保护技术等方面达到国际领先水平”。获 2014 年度中国机械工业科学技术特等奖。

项目成功实施，实现了我国铝合金厚板生产线关键设备及其工艺的国产化，打破了国外对航空厚板的垄断，改变了我国大飞机等制造用材料受制于人的局面，对保障国家安全具有战略意义，推动了我国航空、军工等行业的科技进步。

（3）2 000m 以内全液压地质岩心钻探装备及关键器具。项目简介：国机集团中国地质装备集团有限公司所属无锡钻探工具厂有限公司参与完成的“2 000m 以内全液压地质岩心钻探装备及关键器具”项目，对全液压岩心钻机及地质岩心钻探关键器具与技术进行了全面技术攻关，取得了以下 5 个方面的技术创新成果。

①全液压岩心钻机已形成 YDX、CSD 两个系列，20 个型号，拥有多项技术专利和自主知识产权，钻进深度 400 ～ 2 000m，在全国广泛应用，塑造了我国钻机的民族品牌。

②试制成功大深度绳索取心钻孔专用的高钢级精密冷拔无缝合金管材 XJY-850，材料力学性能达到国外先进水平；完成了高强度绳索取心钻杆螺纹副和杆体结构优化，钻杆产品不但在国内广泛应用于复杂地层和大深度钻孔，替代国外钻杆，还出口到国外被大量应用。

③完成的高效系列液动潜孔锤多次创造了液动冲击回转钻进技术的世界纪录，达到了国际领

先水平，成为我国钻探技术的主要技术特色。

④完成了系列地质岩心钻探事故处理工具，大幅度提高了对各类复杂孔内事故的处理能力。

⑤编制了地质岩心钻探钻具等标准 3 项技术标准。

近三年，研发的上述成果直接销售总额 16.69 亿元，完成钻探工程量超 1 000 万 m，创间接经济效益超 50 亿元，公开出版著作 2 部，完成国家标准 1 项，行业标准 2 项；发表学术论文 51 篇；授权发明专利 3 项、实用新型专利 28 项，培养硕士研究生 9 名。

（4）特大型水轮机控制系统关键技术、成套装备与产业化。项目简介：水电是世界各国优先开发的清洁能源。我国水电资源蕴藏量世界第一，已建成的 500MW 及以上特大型水电机组占世界的 60% 以上。特大型水轮机控制系统过去只有法国 ALSTOM、美国 GE 等公司能生产，我国长期依赖进口。

水轮机控制系统是水电机组的核心控制装备，包括调节器、电 / 液转换、机械液压三部分，作为现代电网的功率控制器，其作用已远超出原来的调速器功能。控制性能好和可靠性高是电网对水轮机控制系统的迫切需求。水轮机类型众多，运行方式多变，大惯性，非最小相位，实现电网所需的功率快速平稳调节难度大，且可能激发电网振荡，进口装备调节功率时普遍存在机组功率大幅波动的缺陷。控制系统运行环境较差，常用的电 - 液型电 / 液转换比例阀抗油污能力弱，有时会导致机组功率难以控制而强迫停机，危及机组和电网安全，三峡 700MW 水轮机进口控制系统导致的强迫停机事故有 30 多次。特大型水轮机高性能控制系统已成为世界和我国水电开发和电网运行亟待攻克的技术难题。

国机集团所属天津电气科学研究院有限公司参与完成的“特大型水轮机控制系统关键技术、成套装备与产业化”项目有效解决了上述技术难题，取得了集理论、技术和装备于一体的系列成果，得到国际权威专家的高度评价。获发明专利 8 项，实用新型专利 47 项，软件著作权 3 项，出版专著 4 部，发表论文 44 篇，牵头制定国家标准 2 项，应邀参与 IEC 国际标准修订工作。主要创新如下：

①水轮机适应式调节理论方法。构建了水轮机控制的水机网耦合分析模型，提出了分轮辨识方法，揭示了水电机组非最小相位功率调节规律和机网耦合负阻尼振荡特性，建立了适应式变结构变参数调节理论方法，开发了水轮机调节仿真决策支持系统，实现了水电机组功率的快速平稳调节，并有效阻尼电网振荡。

②电—机型电 / 液转换和自复中技术与装置。突破了传统的电气—液压流量型方法局限，提出并实现了全新的电气—机械位移型电 / 液转换方法，开发了多种自复中技术，发明了双反馈定位式主配压阀提升机械液压响应速度，研制的适应式水轮机控制系统控制性能好，抗油污能力强，任何情况下机组功率都能可靠控制。

③特大型水轮机控制系统成套装备。提出了综合考虑全寿命周期内控制性能、可靠性和经济性的系统优化设计方法，发明了模块级交叉冗余适应式调节器，创建了比例阀 + 电—机转换器的非对称冗余电 / 液转换模式，开发了流量 / 位移复合控制型主配压阀，研制出控制性能优越、可靠性极高的控制系统成套装备。

特大型水轮机控制系统成套装备经鉴定达到国际领先水平，自 2009 年首次投运以来，已在 41 台特大型水电机组上应用（包括 8 台世界最大的 800MW 机组），已超过国内全部已投运特大型机组的 46%、全国产化成套装备的 91%，创造了所有设备投运至今零事故记录。本项目完成单位成为世界上 700MW 及以上特大型水轮机控制系统成套装备供货最多的企业（32 套），由于性能全面优于国外产品，自 2009 年以来我国未再进口同类成套装备。共有 9 200 多套各类水轮机适应式控制系统投入现场运行，其中 900 多套出口到俄罗斯、英国等 40 多个国家，成为水轮机控制系统出口大国，被发改委授予高技术产业化示范工程称号。

2. 完成《国机集团“十三五”科技发展规划》研究与编制 按照国资委要求以及企业发展内在需要，完成了《国机集团“十三五”科技发展规划》（以下简称《科技规划》）的研究与编制工作。《科技规划》通过总结集团“十二五”期间科技创新所取得成绩、经验，深入研究科技创新发展中存在的问题，科学研判行业科技发展趋势和市场环境变化，以贯彻党的十八大和十八届二中、三中、四中、五中全会精神，落实创新驱动发展战略，加快国家创新体系建设的决策部署为指引，依据企业发展战略，进行前瞻部署和顶层设计。《科技规划》的战略目标是按照“重建优势再创新，转型升级再创业”的总体思路，通过大力聚集、融合科技创新要素，加大科技投入，重构创新优势，积极推进“五项创新”（技术与产品创新、体制与机制创新、产业与业务创新、路径与模式创新、服务与管理创新），努力实现“三大突破”（突破一批基础共性技术、突破一批重点关键技术、突破若干重点专项集成技术），提升核心竞争力，着力把国机集团打造成为具有国际先进水平及技术创新能力的世界一流综合性装备创新型企业集团。《科技规划》将有效指导集团“十三五”科技创新发展，不断提高技术创新能力与核心竞争力，加快结构调整与转型升级，为实现集团有质量增长和建设创新型企业集团提供有力支撑。

3. 召开 2015 年科技（军工）工作会 为深入贯彻党的十八大和十八届三中、四中、五中全会，全国科技创新大会以及国资委科技创新工作会议精神，落实创新驱动发展战略、集团稳增长工作会、科技大会有关要求，努力开拓集团科技创新新局面，2015 年 11 月 24 日，国机集团召开 2015 年科技（军工）工作会。会议围绕“重建优势再创新，转型升级再创业”的主题进行，石柯书记作了题为“研判形势，攻坚克难，努力开拓科技创新新局面”的重要讲话，徐建总经理作了题为“重建科技创新优势，加快科技创新步伐，支撑集团有质量增长”的会议工作报告。会议总结了“十二五”期间科技创新工作，深入分析集团科技创新面临的问题和挑战，对未来几年的科技发展做了前瞻规划和统筹部署，

4. 培育战略性新兴产业 国机集团大力实施创新驱动战略，以市场为导向，紧密跟踪世界产业前沿，自足自身优势与资源，积极开拓战略性新兴产业，支撑集团产业结构调整与转型升级。2015 年，在前期对清洁能源、节能环保、高端装备、三清产业（清洁城市、清洁乡村、清洁生产）、新材料、增材制造、大数据等新兴领域进行专题研究的基础上，遴选了光伏发电、工业机器人两个专题，围绕进一步聚集资源，打造合力，形成产业规模，结合实际作了进一步的深入研究，为集团下一步的产业资源整合提出了建议方向和模式。

在进一步探索公司发展方向的同时，新兴产业的培育也取得了可喜的成绩。光伏发电、工业机器人等 2 项新兴产业实现了硬件和软件上的突破，并形成了一定产业基础。国机集团光伏产业执行主体苏美达集团 2015 年新签 16 个光伏电站项目，装机容量达 500MW，投资总额 42.8 亿元。中央研究院、广州机械科学研究院有限公司、中国电器科学研究院有限公司、中国汽车工业工程有限公司等单位在工业机器人的研制和应用方面取得了较大突破，完成六自由度空间关节型工业机器人样机试制，技术指标达到同类工业机器人的先进水平，为集团进入高端智能制造领域提供了技术支撑。在此基础上，国机集团围绕工业机器人，设立了国机智能，为集团智能制造装备板块业务发展奠定了基础。

5. 开展科技奖励工作 完成 2015 年“中国机械工业集团科学技术奖”的评审与奖励工作。根据《中国机械工业集团科学技术奖励办法》，组织完成了2015年国机集团科学技术奖的申报、评审、报批、公告、奖证制作、奖金拨付等工作，本年度共奖励项目 27 项，其中特等奖 1 项，一等奖 3 项，二等奖 8 项，三等奖 15 项，奖励个人 200 余人。

该奖始终依法规范运行，坚持公开、公平、公正原则，评审工作建立了评审规章制度，评审结果均在集团报纸、网站上进行了公示，并实行异议制度。该奖评审坚持并实行专家评审制度，遴选专家过程中，十分注重权威性和代表性，均为机械工业行业知名专家，依据项目所属专业选择该专业所在机械工业分行业内的权威知名专家组成评审委员会，包括院士、国家科学技术奖评审专家、大型企业资深专家等在内各领域专家，保证了专家对项目的客观权威的评价，从而确保奖项评审的高质量和高水准。该奖的运作均纳入国机集团 ISO9000 质量管理体系范围内，保证奖励运作的规范性。该奖实行严格和高水平的评价标准，在机械工业行业内具有代表性，为进一步推进机械行业的技术进步发挥了积极作用。科技奖励活动贵在坚持，自注册以来，一直坚持每年一次的奖励周期，许多获奖项目已经得到广泛推广和应用，并取得了突出的经济效益和社会效益，为行业营造良好创新环境和氛围发挥了重要作用。

2015 年度中国机械工业集团科学技术奖获奖项目见表 3。

表 3 2015 年度中国机械工业集团科学技术奖获奖项目

特等奖项目（1 项）

序号	项目名称	主要完成单位	主要完成人
1	青岛华仁药业三期项目包装车间自动码垛及自动仓储设备系统	北京起重运输机械设计研究院	徐庆才、尚一明、谢世军、杨黎明、胡玉顺、王玄平、梁睿、谭俊龙、张明瑞、吴宇东、赵峰、秦叙斌、陈志毅

一等奖项目（3 项）

序号	项目名称	主要完成单位	主要完成人
2	420mm×2 700mm 特厚直弧形板坯连铸机成套技术装备	中国重型机械研究院股份公司、南阳汉冶特钢有限公司	谢东钢、王西林、刘赵卫、许少普、关杰、赵迪、田进、迟凤志、刘洪、刘俊平、周士凯、仝清秀、艾春璇、王新、鹿艳
3	离心铸造高温炉管质量评价与控制关键技术	合肥通用机械研究院、合肥通用机械研究院特种设备检验站、卓然（靖江）设备制造有限公司	陈涛、范志超、刘春娇、连晓明、叶娟、钱兵、郝习云、陈学东、艾志斌、马利峰
4	高效智能绿色汽车涂装系统工程技术研究及应用	中国汽车工业工程有限公司	柳崇禧、陈勇、戴旻、曲银燕、戈北京、林涛、马力、覃振、高广亮、王升建、严正、杨鑫、章军、张朝晖、窦德玉

二等奖项目（8 项）

序号	项目名称	完成单位	主要完成人
5	电厂在线监测仪表与系统关键技术及应用	沈阳仪表科学研究院有限公司	韩华超、李洪儒、何方、叶涌、李兆钢、刘丽红、王蕴、蒋伯华、王松亭、刘妍
6	航空发动机蜂窝环件数控电火花磨削加工技术及设备	苏州电加工机床研究所有限公司	周新明、刘斌、吴国兴、丁人平、朱红月、朱宁、叶军、卢高峰、鱼志强、顾林峰
7	大型清洁能源集中供热系统节能减排关键技术研究	中国中元国际工程有限公司	王国刚、李春林、王英刚、傅强、刘斌、李军、朱江、李雯、陈静波、闵娜
8	随钻仪器 / 定向工具水平实钻及循环实验系统研制	甘肃蓝科石化高新装备股份有限公司、中海油田服务股份有限公司	章发明、周忠贵、杨永安、訾志军、王智明、赵国相、曹崇辉、王东、陈磊、张永红
9	电工电子产品认证检测关键技术研究与应用	中国电器科学研究院有限公司、威凯检测技术有限公司	陈伟升、谢浩江、薛守仁、刘国荣、黄文秀、陈灿坤、谭必诚、马志峻、朱珈、夏庆云
10	中化泉州 1 200 万 t/ 年炼油工程动力站项目	中国联合工程公司	闻振华、钱怀洲、万辉、张建平、蒋孟宴、盛军杰、林捷、王旭辉、陈翔、穆聚生
11	全天候智能化土壤—植物—机械工况模拟系统	中国农业机械化科学研究院	杨学军、吴俭敏、颜华、朱立成、孙星、高希文、董哲、林金天、米义、赵亮
12	GGL 低压成套开关设备	天津电气科学研究院有限公司、天津天传电控配电有限公司	崔静、段毅、王阳、韩东明、王沙、胡文英、罗巨龙、王涛

三等奖项目（16 项）

序号	项目名称	完成单位	主要完成人
13	解放军总医院海南分院工程设计	中国中元国际工程有限公司	丁建、李辉、张晓谦、康凯、袁白妹
14	浙江中烟工业有限责任公司杭州卷烟厂“十一五”易地技术改造项目	机械工业第六设计研究院有限公司、中国烟草总公司郑州烟草研究院	郭一之、黄国甫、李航、陈家东、张思荣
15	锅炉低氮燃烧和 SNCR 脱硝技术与装备	哈尔滨电站设备成套设计研究所有限公司	于德亭、关心、郭洪涛、徐丽丹、江来

（续）

序号	项目名称	完成单位	主要完成人
16	氮化硅陶瓷滚子制造技术研究	洛阳轴研科技股份有限公司	张永乾、于琦、孔永刚、冯颖、李夏
17	核电示范工程高温气冷堆主氦风机试验台项目	中国联合工程公司、上海鼓风机厂有限公司	陈祖雄、钱敏龙、张明锋、陈明涛、陈绍游
18	双承载单牵引客运往复式索道技术及工程应用	北京起重运输机械设计研究院	黄越峰、王治军、李刚、王旭、虞丽芳
19	核电站严重事故温度测量铠装热电偶	重庆材料研究院有限公司	王华、张立新、张祖力、鞠华、冯邻江
20	煤制甲醇废水深度处理资源化利用技术及设备	中联西北工程设计研究院有限公司、陕西昕宇表面工程有限公司	余方智、欧红锋、闫思敏、师保俊、李社峰
21	畜禽粪便生产商品有机肥料成套工艺装备产业化	中国农业机械化科学研究院	吴德胜、孙长征、秦田、李辉、肖士军
22	低温阀门深冷试验装置	合肥通用机械研究院、合肥通用环境控制技术有限责任公司	朱绍源、郭怀舟、吴怀昆、王渭、明友
23	燃气粘土废砂再生系统	中国汽车工业工程有限公司	刘小龙、曹红范、郝长厚、黄旭东、李明
24	东方红-LY1004/LY1104/LY1100轮式拖拉机	中国一拖集团有限公司、第一拖拉机股份有限公司、洛阳拖拉机研究所有限公司	康健、冯春凌、薛志飞、赵考田、田朝阳
25	具备智能监测和远程控制功能的高稳定性汽油发电机组	江苏苏美达机电有限公司	王韶华、王运良
26	清洁高效大型全空冷发电机质量保障检测系统	中机国际工程设计研究院有限责任公司	袁杰、王林春、袁凯南、何文学、王维
27	快速铸造成套技术开发及集成应用	中国一拖集团有限公司、第一拖拉机股份有限公司	李锋军、郭亚辉、蔡安克、韩建普、冯志明

针对集团取得的优秀成果，通过遴选，向国家科学技术奖推荐“大型物流中心高效安全与智能化协同关键技术、成套装备及其应用”为科技进步奖候选项目。

6. 国家项目的申报、管理和重大项目的实施工作 编制国机集团2015年科技项目综合计划。截至2014年底，国机集团所属企业正在执行的国家及集团重点项目368项（总投资138.4亿元），其中，国家重点项目283项（总投资93.8亿元，国拨资金19.5亿元），集团重点项目85项（总投资44.6亿元）；2014年新增项目77项（总投资12.2亿元国拨资金3.2亿元）；2014年验收结题项目103项。

国家资金补助项目的申报工作。积极争取与承担各类国家项目，2015年度累计获批国家项目54项，新增国拨资金4亿元。其中，由集团组织申报的项目获批12项，新增国拨资金12 809万元。

国家项目管理工作。按照国家项目主管部门要求，加大推进项目实施进程，做好项目实施过程中的梳理和调整，大批重大项目稳步推进，取得了良好的成效。2015年先后组织完成80余项国家项目的验收，其中，由国机集团组织验收的24项，为项目交付使用，发挥效益，规范运营，提供了保障。

7. 科技非实体工作 精心组织项目实施。完成集团牵头的国家科技支撑计划“农业与食品机械行业制造关键技术与示范”项目的组织实施，并通过国家科技部验收，该项目由集团内外29家单位参与，项目累计开发新装置、新产品39种，申请专利95项，制修订标准15项，发表论文83篇，培养技术骨干217人，进一步提升了相关技术领域的水平，带动行业技术进步。完成“iSNM-150 六自由度空间关节型工业机器人”的样机研制，为机器人定型以及新型号的开发做好技术储备。

积极牵头申报国家项目。充分发挥集团平台的作用，完成了“重大农机装备研发与检测能力提升”“农业装备智能制造方法研究与应用示范”两个项目的申报，其中“重大农机装备研发与检测能力提升”对项目实施主体中国农业机械科学研究院和中国一拖集团有限公司给予了分别批复，各获得 1 350 万元和 1 584 万元财政资金并已拨付到位。

积极参与国家重大科研项目策划。以集团为平台，代表国资委全程参与了“十三五”重点研发计划首批启动 29 项专项之一“智能农机装备”专项的任务凝练、实施方案编写、实施方案专家评审、申报指南编写、申报指南评审、历次部际工作会等一系列重要环节，为智能农机装备专项作为首批启动的任务发挥了重要作用，为集团进一步整合农机板块科技资源，组织集团内外企业协同攻关奠定了坚实的基础和提供了良好的条件。

8. 集团科技发展基金工作 继续做好基金项目管理。在拟对“三金”进行整合的情况下，科技发展基金已于 2014 年停止立项审批。针对 2014 年之前已批准且正在执行和已验收并处于考核期的项目，继续加大管理力度，做好项目执行管理和推广应用考核，2015 年度共完成 66 个项目的执行考核（其中 16 个项目完成验收工作）和 62 个项目的推广应用情况考核。

《集团科技发展基金项目》简报工作。为了进一步加强对科技发展基金项目的跟踪管理，及时掌握科技成果推广应用的情况，力争较全面地评估科技发展基金对带动科技投入、引导科技创新的作用，通过每半年编制一期《国机集团科技发展基金项目》简报的形式，将基金项目的总体实施情况、基金项目科研成果的推广应用情况，客观、全面地反映出来。到目前为止，已编制了 20 期科技基金简报（2015 年完成第 19 期、第 20 期的编制）。

9. 开展国机集团专利及软件著作权的奖励工作 依据国机集团《知识产权管理办法》和《关于全面加强科技创新工作的实施意见》规定，国机集团对所属单位的授权专利和软件著作权实行一次性奖励支持。自该项支持措施实行以来，国机集团申请专利由 2007 年的 338 项增长到 2014 年的 1 625 项，授权专利由 2007 年的 205 项增长到 2014 年的 1 323 项，年平均增长 31%；2014 年软件著作权登记数量达 99 项，较上一年度增长 21%。集团申请专利、授权专利以及软件著作权登记数量得到快速增长，该项支持措施对国机集团知识产权工作发挥了积极引导和促进作用。

2015 年按工作计划，组织完成了 2014 年度授权的专利资料的申报，经审查，集团所属 35 家单位共获得授权专利 1 323 项，其中，发明专利 260 项（含欧洲发明专利 1 项），实用新型专利 1 009 项，外观设计 54 项；共登记软件著作权 99 项。2014 年度所属单位授权专利和软件著作权奖励情况见表 4。

表 4　2014 年度所属单位授权专利和软件著作权奖励情况

序号	单位名称	授权专利与软件著作权数量（项）				
		发明专利	实用新型	外观设计	软件著作权	合计
1	中国重型机械研究院股份公司	208	57	151	0	416
2	中国一拖集团有限公司	161	14	131	16	322
3	中国农业机械化科学研究院	113	23	87	3	226
4	中国联合工程公司	75	11	64	0	150
5	甘肃蓝科石化高新装备股份有限公司	64	2	62	0	128
6	中国电器科学研究院有限公司	56	11	27	18	112
7	中国国机重工集团有限公司	55	3	48	4	110
8	洛阳轴研科技股份有限公司	48	22	26	0	96

（续）

序号	单位名称	授权专利与软件著作权数量（项）				
		发明专利	实用新型	外观设计	软件著作权	合计
9	沈阳仪表科学研究院有限公司	48	7	40	1	96
10	中国浦发机械工业股份有限公司	41	3	38	0	82
11	中国汽车工业工程有限公司	41	2	39	0	82
12	国机精工股份有限公司	39	2	37	0	78
13	中工国际工程股份有限公司	37	0	36	1	74
14	中国地质装备集团有限公司	35	4	31	0	70
15	中国第二重型机械集团公司	34	10	24	0	68
16	济南铸造锻压机械研究所有限公司	31	12	18	1	62
17	江苏苏美达集团有限公司	31	6	17	8	62
18	合肥通用机械研究院	27	21	6	0	54
19	中国福马机械集团有限公司	26	5	20	1	52
20	桂林电器科学研究院有限公司	23	7	16	0	46
21	天津电气科学研究院有限公司	20	8	11	1	40
22	广州机械科学研究院有限公司	16	10	6	0	32
23	重庆材料研究院有限公司	16	6	10	0	32
24	中国机械工业建设集团有限公司	16	2	14	0	32
25	机械工业第六设计研究院有限公司	15	1	14	0	30
26	中国中元国际工程有限公司	13	1	12	0	26
27	中国机械设备工程股份有限公司	10	1	9	0	20
28	北京起重运输机械设计研究院	8	0	8	0	16
29	国机集团科学技术研究院有限公司	7	7	0	0	14
30	成都工具研究所有限公司	5	1	4	0	10
31	苏州电加工机床研究所有限公司	3	0	3	0	6
32	中国海洋航空集团公司	1	1	0	0	2
33	国机汽车股份有限公司	0	0	0	0	0
34	中国自动化控制系统总公司	0	0	0	0	0
35	中国机械工业集团有限公司（总部）	0	0	0	0	0
	总计	1 323	260	1 009	54	2 646

10. 标准资助工作 完成《国机集团标准制修订工作资助实施办法（试用）》修订工作，新《办法》于2015年3月20日正式颁布执行。按新《办法》要求组织集团所属企业进行标准资助申报工作，共对26家所属企业的374项标准进行了资助，其中包括国际标准2项、国家标准108项、行业标准260项、建筑标准设计图集1项、国家一级工法3项。

组织开展了国机集团2014—2015年度集团工法评审工作，通过并向住房和城乡建设部推荐了10项集团工法参评国家级工法，经过评审，《工业项目大型模块安装》等3项工法获得国家一级工法。2015年度所属单位获标准资助情况见表5。

表 5　2015 年度所属单位获标准资助情况

编号	单位	数量	编号	单位	数量
1	北京起重运输机械设计研究院	12	14	郑州磨料磨具磨削研究所有限公司	4
2	甘肃蓝科石化高新装备股份有限公司	3	15	中国包装和食品机械有限公司	1
3	广州机械科学研究院有限公司	5	16	中国地质装备集团有限公司	1
4	桂林电器科学研究院有限公司	63	17	中国电器科学研究院有限公司	43
5	合肥通用机械研究院	56	18	中国机械工业建设集团有限公司	4
6	机械工业勘察设计研究院有限公司	3	19	中国联合工程公司	5
7	济南铸造锻压机械研究所有限公司	7	20	中国农业机械化科学研究院	21
8	洛阳轴承研究所有限公司	6	21	中国农业机械化科学研究院呼和浩特分院	10
9	沈阳仪表科学研究院有限公司	30	22	中国一拖集团有限公司	23
10	苏州电加工机床研究所有限公司	7	23	中国中元国际工程有限公司	6
11	天津电气科学研究院有限公司	9	24	中国重型机械研究院股份公司	8
12	天津工程机械研究院	33	25	中机国际工程设计研究院有限责任公司	3
13	长春机械科学研究院有限公司	2	26	重庆材料研究院有限公司	9

11. 国机集团科研设计企业 2015 年经济运行分析　国机集团持续跟踪科研设计企业的经济运行情况，按季度对科研设计企业的经营数据进行统计分析，并与近三年的同期数据进行对比，分析各季度科研设计企业的经济运行走势，及时掌握企业的经济运行现状，为科技管理工作的开展提供参考。

12. 国机检测工作　按照国机集团关于“国机检测”内部资源优化、整合相关工作的统一部署，对集团所属检验检测机构进行了全面细致的调查研究分析工作。《国务院办公厅转发中央编办、质检总局关于整合检验检测认证机构的实施意见的通知》（国办发〔2014〕8 号）颁布以后，针对如何进一步深化改革、整合资源，加强服务行业的业务能力，继续保持和增强集团所属检验检测机构在行业内应有的地位，组织对国机集团所属的检验检测机构的组织形式、资质级别、人员组成、业务类型、检测设备、经营现状、存在问题以及单位面对国家检验检测机构整合新形势的认识和自身意愿进行了书面、现场和调查问卷等多种形式的全面调查，并在此基础上形成了《关于国机集团质检中心调研报告》。

报告显示：截至 2014 年年底，国机集团共拥有国家和省部级质检中心 61 家（包括计量测试中心站 5 家），其中国家级质检中心 23 家，省部级和行业质检中心 38 家，从业人员 2 450 人，2014 年检测收入共计 10.02 亿元。

2015 年 4 月，为了更好地了解所属企业对于检验检测机构整合新形势的认识特别是其自身发展意愿，再次针对提出的六种整合方案，对国机集团检验检测机构的依托单位展开问卷式调查。根据调查结果总结分析完成“国机集团关于检验检测机构发展方式问卷调查的结果分析报告”和“针对国机检测所做工作的汇报材料”。

13. 落实重大技术装备财税补贴政策　继续用好国家重大技术装备进口税收政策，组织中国二重、国机重工、常林股份、中机美诺、现代农装等单位认真编制政策落实情况，并提出 2015 年的免税需求，经工信部、财政部、海关总署、税务总局等四部委联合审批，2015 年度共获得 1 083 万美元的免税额度，并获得 376 万美元的 2016 年预拨免税额度。

落实首（台）套重大技术装备保险补贴政策。2015 年，国家启动首（台）套重大技术装备保险补偿机制试点工作，国机集团高度重视，组织所属企业认真研究政策配套目录，结合行业与自身实际情况提出 34 项修订建议并全部被采纳。同时，组织中国二重、中国福马针对冷连轧机组、人造板连续压机等投保装备编制保费补贴申请材料，获得保费补贴 779 万元。

【质量与资质工作】

（一）质量管理

1.2015 年质量管理工作

（1）结合国机集团总部机构和职能调整，组织各部门对体系文件进行了全面修订，共对管理手册和 38 个程序文件进行了修订，新版体系文件于 2015 年 3 月 11 日正式颁布执行。

（2）继续对国机集团所有职能部门向所属企业进行满意度调查，共回收 49 份有效调查问卷，收集总有效项数 2744 项。总体满意度得分为 97.69 分。调查结果及分析报告分别向集团领导和各部门进行了通报。

（3）与资产财务部的内控体系联合开展了内审员培训和体系内审工作、认真组织外审和管理评审。2015 年审核公司共对集团总部的管理体系进行了 3 次外部审核，均未发现不符合项，体系证书得以顺利延续。

（4）在办公厅信息处的配合下，在 OA 办公系统上开发并启用了“体系改进建议闭环管理系统”，使体系运行当中发现问题的监督、整改和关闭工作也纳入了信息平台。

作为重点联系中央企业，2015 年，国机集团继续积极配合国家质量检验检疫总局组织开展“质量月”活动。结合落实任洪斌董事长年中工作会讲话精神，开展了以“质量技术和质量管理双提高，产品质量和服务质量双满意”为主题的“质量月”活动，要求企业重点针对产品和工程质量问题查找原因，研究解决，旨在将质量主体责任意识落实到企业生产、经营和管理工作中去。

2. 质量管理 2015 年大事记

5 月 4 日，接受通标标准技术服务有限公司（英文缩写：SGS）对集团总部社会责任管理体系进行监督审核。

5 月 27—29 日，体系管理办公室与资产财务部联合举办 2015 年度内审和内部控制检查工作培训。

6 月 17—18 日，国机集团总部四标一体化管理体系内审、内控体系联合检查。

7 月 31 日，国机集团总部四标一体化管理体系管理评审。

8 月 5—7 日，接受中国船级社质量认证公司对国机集团总部质量、环境和职业健康安全管理体系进行换证审核。

11 月 12 日，接受通标标准技术服务有限公司（英文缩写：SGS）对国机集团总部社会责任管理体系进行监督审核。

（二）资质管理

1.2015 年资质管理工作 2015 年，国机集团继续对集团所属企业各类企业资质以及部分个人资格进行管理。共审核上报各类企业资质 133 项，包括甲级资质 51 项，乙级资质 7 项，丙级资质 75 项。其中，机械工业第六设计研究院有限公司等 4 家企业获得 113 项工程咨询单位资格；中国重型机械研究院股份公司等 3 家企业获得对外承包工程资格；北京起重运输机械设计研究院等 6 家企业获得建设工程类甲级资质 17 项。上报率和上报通过率均为 100%。

全年共完成 139 名设备监理人员的注册工作。

2. 资质管理 2015 年大事记 1 月 8 日，《住房城乡建设部关于核准 2015 年第一批建设工程企业资质资格名单的公告》（中华人民共和国住房和城乡建设部公告第 693 号）中，国机集团所属中国机械工业第五建设有限公司获得机电安装工程施工总承包壹级，中国三安建设有限公司获得机电安装工程施工总承包壹级，机械工业第六设计研究院有限公司获得房屋建筑工程施工总承包壹级，中国自动化控制系统总公司获得电子工程专业承包叁级，中国空分设备有限公司获得化工石化医药行业（化工工程）专业甲级、化工石化医药行业（石油及化工产品储运）专业甲级资质。

2 月 12 日，《关于批准 2015 年第三批建设工程企业资质资格延续的通知》（建市资函〔2015〕23 号）中，国机集团所属安徽省机械工业设计院有限公司获得轻型钢结构工程设计专项甲级资质。

4 月 17 日，《住房城乡建设部关于核准 2015 年第四批建设工程企业资质资格名单的公告》（中华人民共和国住房和城乡建设部公告第 801 号）中，国机集团所属机械工业勘察设计研究院有限公司获得工程勘察综合类甲级，北京起重运输机械设计研究院取得了工程设计市政行业（载人索道）专业甲级资质证书，成为国内唯一获得载人索道专业甲级资质证书的企业。

4 月 29 日，《关于批准 2015 年第八批建设工程企业资质资格延续的通知》（建市资函〔2015〕55 号）中，国机集团所属中国空分设备有限公司获得环境工程设计专项（水污染防治工程）甲级资质。

5月28日，《关于批准2015年第十批建设工程企业资质资格延续的通知》（建市资函〔2015〕83号）中，国机集团所属陕西冶金设计研究院有限公司获得建筑行业（建筑工程）甲级资质，并增项环境工程（大气污染防治工程）乙级资质。

6月9日，《关于批准2015年第十一批建设工程企业资质资格延续的通知》（建市资函〔2015〕90号）中，国机集团所属中元国际（海南）工程设计研究院有限公司获得建筑行业（建筑工程）甲级，中国农业机械化科学研究院获得机械行业（热加工）专业甲级资质。

6月17日，《关于批准2015年第一批建设工程企业资质换证的通知》（建市资函〔2015〕98号）中，国机集团所属机械工业第四设计研究院有限公司、中机三勘岩土工程有限公司获得工程勘察综合类甲级资质。

8月17日，国家发展改革委公告批准2015年工程咨询单位资格名单，由国机集团组织、审核并申报的4家所属企业113项工程咨询单位资格获得批准。其中，机械工业勘察设计研究院有限公司为首次申请并获得建筑行业7项工程咨询资格证书。

8月31日，《住房城乡建设部关于核准2015年度第八批建设工程企业资质资格名单的公告》（中华人民共和国住房和城乡建设部公告第908号）中，国机集团所属中机国际工程设计研究院有限责任公司获得市政行业（桥梁工程）专业甲级资质。

12月22日，《住房城乡建设部标准定额司关于公布2015年第十四批甲级工程造价咨询企业资质延续审核结果的函》（建标造函〔2015〕174号）中，国机集团所属中国联合工程公司、中国中元国际工程有限公司、机械工业第六设计院有限公司、中联西北工程设计院有限公司、中机中联工程有限公司、机械工业第十研究院、中机国际工程设计研究院有限公司、机械第四设计研究院有限公司的甲级工程造价咨询企业资质，中汽智达（洛阳）建设监理有限公司的工程监理综合资质甲级获得延续。

12月24日，《住房城乡建设部关于核准2015年度第十二批建设工程企业资质资格名单的公告》（中华人民共和国住房和城乡建设部公告第1014号）中，国机集团所属中机中联工程有限公司获批电子通信广电行业（电子工程）甲级，中国能源工程有限公司获批电力行业（送电工程）专业甲级和电力行业（变电工程）专业甲级，中国联合工程公司获批房屋建筑工程监理甲级资质。

2015年，经集团申请上报，商务部核准通过，国机集团新添3家对外承包工程资格企业，分别是中国重型机械研究院股份公司、北京佳德建设监理有限责任公司和中国能源工程有限公司。

【新产品开发】

2015年，国机集团新产品开发经费支出10.5亿元，当年完成新产品新技术603项，新产品销售收入134.1亿元，其中出口为27.4亿元。在技术转让方面，2015年技术转让收入为14.1亿元。集团在“走出去”方面，出口额达到61亿美元。

【军品配套专项工作】

（一）基本概况

1.军品配套科研项目 2015年，是“十二五”的最后一年，国机集团结合各配套企业专业优势和特点，积极跟踪配套科研项目信息，组织所属配套企业提前开展科研项目的前期预研工作，组织3家所属企业申报了6项配套科研项目，获批3项，申报批复率达到50%。2015年，国机集团所属单位正在执行的军品配套科研项目36项，完成项目验收13项。通过承担军品配套科研项目，研制了一批关键配套产品，突破了一批关键技术，已经完成验收的13个项目取得了预期的研究成果，其中4个项目所形成的产品已实现装机应用；5个项目通过了主机考核试验和台架试验，指标满足要求。其他在研项目也都取得了阶段性成果。

2.固定资产投资项目 2015年，是国机集团成立以来在建项目最多、建设单位最多的一年，共有6家企业承担了11个在建项目。11个建设项目中，研制保障条件建设项目7项、生产能力建设项目3项、基础研发条件1项，其中中国二重万航模锻有限责任公司和北京金轮坤天特种机械有限公司2个综合整治工程条件保障建设项目已完成立项批复。同时还组织了中国二重万航模锻件有限责任公司生产能力建设项目立项和北京飞机强度研究所研制保障条件建设项目提前启动实施的报批工作。

3. 批产品生产 2015 年，国机集团所属 12 家配套企业共完成了 37 大类，1 016 个品种的基础机电产品（轴承、波纹管、传感器、模锻件、铸锻件、测温元件、机、泵、阀、特种电动机等）、整机（机场保障车辆和特种电源车等）和特种材料（特种合金、测温材料、贵金属电极、高中低压触头、绝缘和密封材料等）的生产和供货，销售收入突破 12 亿元，较 2014 年销售收入增长 17.3%。全年基础机电产品实际完成供货 39 万余件 / 台 / 套 / 支，全年机场保障车辆和特种电源车辆等整机产品实际完成供货 250 辆 / 台，特种合金、测温材料、贵金属电极、高中低压触头、绝缘和密封等特种材料实际完成供货 2.4 万 kg。

（二）军品配套重点工作

1.“十三五”军品配套规划编制 根据国家主管部门的要求，国机集团组织所属有关单位在“十三五”规划论证材料的基础上，根据本单位军品配套“十三五”发展思路，围绕本单位提出的关键配套产品和技术的重点发展领域和方向，论证提出了重点项目建议，完成了 40 余项配套科研和建设项目的规划编制和上报工作。

2. 基础性管理工作 根据国家主管部门对军品配套项目的管理要求以及集团军工业务管理的需要，加强了军品配套科研项目和固定资产投资项目的管理和监督检查力度。科研项目采用问题单位重点项目定点跟踪，严格按照年度计划和节点进度监督检查，及时协调指导有关执行过程中出现的问题，确保了研制项目按期完成。固定资产投资项目实施初期采用指导加培训的方式加强项目的组织实施，项目中期采用季报和实施计划综合监督、节点落实，项目后期采用月报制度细化管理，根据项目的审计和验收计划，下发通知指导和提醒企业按期完成节点任务和实施过程中的注意事项等，取得了良好的效果。

积极组织有关企业申报国防科技工业科学技术奖，2015 年有 1 项军品配套科研成果获得国防科学技术进步奖。

3. 年度工作计划 按时完成了全年在研军品配套科研项目执行情况半年报告、固定资产投资项目执行情况季报、月报，军品配套项目月度审计执行情况月报，军品配套科研项目工作计划、国拨资金预算计划、审计计划、验收计划等 13 项年度工作计划的上报工作。

4. 建设项目中期检查 按照国家主管部门的工作安排和有关要求，国机集团积极组织所属有关单位进行了在建项目的自查工作，制定了监督检查工作计划和实施方案。其中国机集团主持和配合地方国防工办完成了中国二重德阳万航模锻有限责任公司、洛阳轴研科技股份有限公司、重庆材料研究院有限公司、合肥通用机械研究院、北京金轮坤天特种机械有限公司等 5 家配套企业的 9 个在建项目的年度中期监督检查工作。根据检查情况和专家组提出的建议，国机集团组织所属配套企业按照检查中发现的问题认真进行整改，按时提交了整改报告和有关资料。

5. 信息化管理工作 在国机集团军工数据信息系统模块功能升级试运行的基础上，2015 年，重点完善了系统数据信息与其他系统数据兼容的功能模块，有效地简化了不同系统中相同数据的重复填报工作，为所属配套企业的系统维护和数据更新提供了方便。同时，对 13 家单位一年来试运行过程中发现的问题进行了一对一的指导和培训。目前，该系统主要军工数据信息已做到了完整、准确、高效的填报使用要求。

（三）涉军资质管理

在指导协助所属配套企业军工保密资质和科研生产许可证资质的复查和审验工作的同时，为所属设计院类单位提供军工涉密业务咨询保密资质申报的指导和帮助。继 2014 年机械第六设计院有限公司之后，2015 年，中国电力工程有限公司、中国联合工程公司和中国机械设备工程股份有限公司的 3 家所属企业也获得军工涉密业务咨询服务保密资质。同时，组织所属企业积极参加了 2013—2014 年度国防科工局安全保密先进单位和先进个人的评选工作，洛阳轴研科技股份有限公司被评为国防科技工业安全保密先进单位。

【中央研究院工作情况】

1. 基本情况 国机集团科学技术研究院有限公司（简称国机研究院）是在国机集团中央研究院基础上于 2013 年 4 月注册成立的国机集团全资子公司，注册资本金 1.8 亿元，经营范围主要包括：通用设备，专用设备，交通运输设备，电气机械及器材，金属工具，金属表面处理及加工，机械材料，仪器仪表，自动化与智能化，废弃物利用装备的研究、开发与制造，新能源技术与装备的研究、开发与制造以及计算机应用软件开发与销售等。

国机研究院发展目标是成为中国机械工业的高端研发平台。主要任务是搭建作为与国家科技计划对接的平台；作为高端人才引进、培养、交流和培训的平台；作为充分利用集团内外的各种科技资源的平台。近期主要开展支撑国机集团产业发展与装备制造业发展的前沿技术、关键技术和共性技术研究；开展高端装备制造、新能源、新材料、智能制造等战略性新兴产业的技术研究，为孵化新产业奠定技术基础；开展国机集团主业范围内国内外技术发展战略研究、为国机集团所属企业提供合作研发与服务。

国机研究院拥有自主创立发展起来的信息化与智能化研究所（简称“智能所”）和重组进入的国机北京飞机强度研究所（简称“强度所”）两个研究实体，拥有员工 82 人，其中硕士学历以上 52 人。研究院在智能制造领域关键平台技术研发和机械装备及关键部件强度与寿命分析技术两大领域已经开展了深入的研究，取得多项重要成果。

2. 2015 年企业大事记 中央研究院闫楚良同志当选中国科学院院士。闫楚良，飞机结构可靠性专家，现任国机集团中央研究院副总工程师兼北京飞机强度研究所所长，从事飞机寿命与可靠性科学研究近 40 年，建立了一系列飞机经济寿命模型及可靠性理论，创建了飞机高置信度中值载荷谱理论，发明了飞机悬空多点协调加载标定方法和飞机空间分布载荷实测技术，解决了我国采用一架飞机进行载荷谱飞行实测和用于机群定寿、延寿，保障飞行安全的重大关键技术，研究成果成功用于数千架飞机定寿、延寿和结构可靠性设计，为大幅提高我国现役飞机安全使用寿命和保障飞行安全做出了重要贡献。

“22 种型号飞机载荷谱关键技术及应用”研究成果荣获 2015 年度国家技术发明二等奖。该项成果已成功用于我国数千架飞机定寿、延寿和新机结构可靠性设计，大幅提高了我国系列飞机的安全使用寿命，取得了重大的军事、社会和经济效益。同时，中央研究院被国机集团授予科技创新奖。

研究院的智能所以股权方式注入新成立的国机智能科技有限公司。2015 年底国机集团从战略层面考虑决定将集团内部智能制造优势资源进行整合，组建成立了国机智能科技有限公司，研究院的智能所作为高端智能制造技术研发中心亦被纳入其中，研究院作为集团新技术孵化平台的功能有了一次成功的尝试。

资 本 运 营

【外部重组】

2015 年，国机集团外部重组主要是在前期工作的基础上，结合实际情况的变化，适时调整工作思路和节奏，扎实开展相关工作。

1. 积极推进地方国有企业加入集团 充分利用国机集团在我国机械工业的综合优势，加强和地方国资委的联系，充分利用各种渠道、各种方式、各种途径，加强和地方国资委的沟通联系，积极推进地方国有企业加入集团，完善集团产业链条，促进集团主业发展。为促进中国二重改革振兴和扭亏脱困，国机集团会同中国二重开展了收购长春某冷弯型钢企业股权项目。

2. 推进国际合作，促进产业升级 为促进国机集团产业转型升级，推进 Finoba 与中汽工程的合作。项目前期尽职调查工作基本完成，Finoba 公司进行了一轮非约束性报价和一轮约束性报价，目前正在进一步磋商洽谈中。

【内部重组】

2015 年，国机集团开展了智能制造装备资源整合、展览业务资源整合、通用机械板块重组、苏美达和常林股份重组、工程承包业务板块资源整合、国机精工重组上市、林海股份重大资产重组等内部重组工作。

1. 成立国机智能 在以集团总经理徐建为组长的国机智能资源整合领导小组的领导下，在对行业、有关所属企业深入调研、考察基础上，拟订了国机智能资源整合方案并推动实施。以广州机械院为平台，组建国机智能公司，引入集团现有的相关研发、设计资源，借助地方政府的产业扶持政策和资金支持，打造智能制造的完整产业链条，实现集团在智能制造装备业务领域的内部协作与联动发展。2015 年 12 月，国机智能科技有限公司如期成立并揭牌，引入地方政府投资 2 亿元，获得地方财政无偿支持 1.2 亿元。

2. 展览业务资源整合 在对国机集团有关企业展览业务充分调研的基础上，形成了展览业务重组的初步思路。2015 年 12 月成立国机展览资源整合工作领导小组，起草了资源整合框架方案。

3. 通用机械板块重组 2015 年 7 月，ST 国通重组事项正式获得证监会行政许可批准，9 月 ST 国通发行股份完成在中登公司的股权登记，合肥院重组国通管业项目完成。同时，积极推进合肥院与中通公司的重组工作。经研究，制定了合肥院与中通公司的重组方案并经集团董事会通过。按照先托管后重组的步骤，12 月组织召开合肥院与中通公司重组启动会，国机集团已与合肥院签订了股权托管协议。

4. 苏美达和常林股份重组 7 月，启动了苏美达与常林股份重组上市工作。经认真研究，制订了包括重大资产置换、发行股份购买资产和非公开发行股份募集配套资金的重组方案和苏美达职工股规范方案。就重组过程中苏美达职工持股的政策性障碍，配套融资额度的分配，江苏现代股权诉讼等问题进行了研究。目前，上市公司已顺利召开重组第一次董事会，并公开披露重组预案。

5. 工程承包业务板块资源整合 一是组织完成 CMEC 以现金方式收购机勘院 100% 股权，国机集团获得股权出售收益约 1.6 亿元。

二是完成中国电工、中国成套重组注入的基础工作，当前，由于电工经营风险导致重组条件不成熟，确定了分步实施的工作方案。各项工作正在积极推进当中。中国成套“三类人员”精算预提方案已递交国资委审核。

6. 林海股份重大资产重组 2015 年 4 月，福马集团启动和实施林海股份重大资产重组工作。目前，该项目已通过国资委预审核，并召开重组第一次董事会。

【改制工作】

1. 加强研究，扎实推进改革工作 2015 年中央出台了《中共中央国务院关于深化国有企业改革的指导意见》为先导的 1+N 系列文件。期间，国机集团先后以多种方式多次直接或间接参与了国资委、发改委、财政部、国务院等部委组织的研讨、座谈、培训、意见征询，结合本企业的工作实践，积极提出合理化建议，受到相关领导的高度重视，树立了国机集团的良好形象，同时也借机促进了实际工作中难点问题的解决。其中《坚定信心，克服困难，务实推动企业改革发展》和《苏美达集团员工持股的模式与经验》，分别在国资委的内刊《国有企业改革简报》和《国有企业改革动态》上刊发，扩大了国机集团在央企和全国国资系统范围内的影响力。

2. 推动新三板上市，探索混合所有制改革 积极推动混合所有制改革，组织长春机械院、北起院、中汽国际等企业开展前期论证，探索以新三板上市为目标的混合所有制、职工持股改革，目前正在有序推进。

3. 筹划调整中国一拖股权结构 研究论证一拖集团金融股东的退出可行性方案，经多方沟通，确定通过减资并置换上市公司股权的方式退出。目前一拖集团董事会已通过该项方案，一拖股份已公开披露，进入方案审批和实施阶段。实施该方案有利于农机板块的后续资本运作，可以实现对华融等股东的承诺，维护好与华融等相关方的合作关系。

4. 顺势而为，着力解决历史遗留问题 国机集团顺应国资委深化国企改革，大力推进“三供一业”分离移交和厂办大集体改革等历史遗留问题的政策机遇，相关工作取得实质性进展。

（1）厂办大集体改革取得突破性进展。《国机集团厂办大集体改革总体方案》获人社部和国资委批准，上报方案涉及 40 户企业、1 225 人。目前已妥善安置 17 户企业 266 人，拨付改革资金 6 731 万元，为维护社会稳定和企业轻装上阵提供了有利条件。

（2）做好“三供一业”分离移交工作。依托国资委在试点省市的动员会，分片区组织相关企业召开专题会议，摸清情况、宣贯政策，建立起畅通高效的工作协调机制，对企业有针对性地予以现场指导，就有关问题和建议向国资委改组局及时汇报，获得支持。豫湘渝地区6家企业投入6 600万元专项资金推进有关工作，涉及职工约2.8万户。同时年内，上报“三供一业”2016年专项国有资本经营预算3.6亿元，并完成2015年资金拨付。

在“三供一业”分离移交工作中，派人深入企业，按照政策要求，指导企业测算研究实施方案，增强了中国一拖等企业分离移交方案的可操作性。

（3）解决了国机重工所属“天津五厂”的相关问题。制订了“天津五厂”所需费用的解决方案，并获得集团批准。经实施国机重工天津三厂关闭退出工作，累计安置职工759人，解决了历史遗留问题，有效维护了社会稳定。

【资产管理】

1. 制定三年规划，对资产质量优化提升专项工作提出新要求 2015年，国机集团积极探索退出机制，组织召开关于推进低效无效资产清理处置工作的专项会议，下发《国机集团加大力度推进低效无效资产和五级及以下企业清理处置工作的通知》，明确要求各企业要制定低效无效资产和五级及以下企业清理处置的三年规划，并提出了“落实投资主体对低效无效资产的清理责任”的五项具体措施。

2.2015年资产清理处置的完成情况

（1）根据上述中长期规划，已批复纳入三年规划需要清理调整的子企业141户，涉及资产总额182.4亿元。此外，个案批复股权、资产等低效无效资产处置41项。

（2）2015年已完成清理调整五层企业10户。

（3）完成其他层次清理减少10户以上。

（4）完成长期股权投资（参股项目）清理减少10户以上。

3. 创新工作方法，取得实效 在资产清理调整过程中，对遇到的障碍，不断创新工作方法，攻坚克难，取得了良好的效果，也积累了经验。

国机汽车所属中进名车文化传播（北京）有限公司是亏损企业，所有者权益为负数，在产权交易机构公开挂牌征集投资者以增资扩股的方式成功实现退出；中国一拖所属全资中国一拖集团（洛阳）车辆有限公司也是亏损企业，所有者权益为负数，以减资和引入投资者相结合的方式实现股权退出。通过协议转让、无偿划转等方式整合所属6家企业对中国机械设备海南股份有限公司的股权。

4. 继续落实拨改贷项目 组织北京市尚公律师事务所做好“拨改贷”项目收尾清收处置工作。2015年诉讼的“拨改贷”8项，涉及本息余额667万元；目前正在执行和等待法院判决的6项，涉及本息余额2 109.2万元；已判决正在回收资金的2项，涉及本息余额220.6万元。

5. 其他资产运营管理工作

（1）完成了将中国汽车工业咨询公司“中国字头”运作给苏美达的收尾工作。4月，将注册后的中国苏美达汽车工业咨询发展有限公司的法律文件正式移交给苏美达，并签署移交文件。

（2）努力推进中国浦发所属的中国长江磨床进出口有限公司的“中国字头”清理转让给中机六院的工作。通过公开收购个人股权、内部协议转让股权、调整企业级别、无偿划拨股权等一系列操作，2015年7月，“中国字头”企业名称变更为中国陆源国际工程有限公司，已按照中机六院要求，清理为一个无正式员工、无对外负债、无未结合同、无未决诉讼、无分支机构的净壳公司，正在办理注销税务登记。

（3）完成房产土地信息系统建设工作。5月份，土地及房产信息管理系统作为国机集团信息管理平台中的一个模块，正式上线运行。目前所有企业均已完成土地及房产存量信息的导入，全级次企业的所有土地和房产信息已纳入系统进行管理。经统计，目前国机集团及所属企业共有土地1 035宗，总计46 860亩（1亩=666.7m^2）。共登记房产1 693处，总计近397万m^2。

【投资工作】

1. 投资基本情况

（1）投资审批情况。2015年国机集团审核办理的投资项目共105项，其中集团审批32项、备案73项，审查投资项目总额达97.53亿元。其中，机械装备研发与制造板块投资约15亿元，工程承包板块投资约42.5亿元，贸易与服务板块投资约40亿元。

2015年共组织召开投审会6次，审查项目12项，审查重大投资项目金额约67亿元。

（2）投资完成情况。2015年集团实际完成投资总额为121.1亿元，其中，固定资产投资完成53.6亿元，长期股权投资完成67.5亿元。2015年按投资方向分，完成主业投资120.5亿元，非主业投资 0.6 亿元；按投资地点分，境内投资 113.5 亿元，境外投资 7.6 亿元；按业务板块分，机械装备研发与制造类企业完成投资 26.4 亿元，工程承包类企业完成投资 32.2 亿元，贸易与服务类企业完成投资 41.6 亿元，投资与金融类企业完成投资 20.9 亿元。截至 12 月末，国机集团总部及所属企业完成的固定资产投资中，按项目状态分，新开工项目 16 亿元，续建项目 37.6 亿元；按投资地点分，境内投资 50.3 亿元，境外投资 3.3 亿元，按业务板块分，机械装备研发与制造类企业完成投资 19.2 亿元，工程承包类企业完成投资 11 亿元，贸易与服务类企业完成投资 23.3 亿元，投资与金融类企业完成投资 0.1 亿元。

2015 年，国机集团全年长期股权投资实际投资完成为 67.5 亿元。截至 12 月末，集团总部及所属企业完成的长期股权投资，按项目地点分，境内投资 63.2 亿元，境外投资 4.3 亿元，按业务板块分，机械装备研发与制造类企业完成投资 7.2 亿元，工程承包类企业完成投资 21.2 亿元，贸易与服务类企业完成投资 18.3 亿元，投资与金融类企业完成投资 20.8 亿元。2015 年国机集团固定资产投资完成情况见表 1。2015 年国机集团股权（产权）投资完成情况见表 2。

表 1　2015 年国机集团固定资产投资完成情况　　（单位：万元）

类别	计划投资总额	完成投资总额	按投资方向划分		按项目阶段划分		到位资金	按资金来源划分		
			主业	非主业	新开工	续建		自有资金	贷款	其他
合计	1 211 029.67	535 853.98	530 336.77	5 517.21	160 351.69	375 502.29	535 853.98	399 798.78	129 039.52	7 015.68
境内	1 153 490.93	503 329.73	497 812.52	5 517.21	159 691.44	343 638.29	503 329.73	384 295.53	112 018.52	7 015.68
境外	57 538.74	32 524.25	32 524.25		660.25	31 864.00	32 524.25	15 503.25	17 021.00	

说明：表中填写的数据应为本企业全部固定资产投资额的有关情况。

表 2　2015 年国机集团股权（产权）投资完成情况　　（单位：万元）

类别	计划投资总额	完成投资总额	按投资方向划分		按资金来源划分		
			主业	非主业	自有资金	贷款	其他
合计	860 227.07	675 021.37	674 471.37	550.00	649 975.93		25 045.44
境内	669 492.00	631 671.44	631 121.44	550.00	606 626.00		25 045.44
境外	190 735.07	43 349.93	43 349.93		43 349.93		

说明：表中填写的数据应为本企业全部股权（产权）投资额的有关情况。

2. 并购工作　2015 年，国机集团为加快实施集团国际化经营战略，积极推进中汽工程并购德国 Finoba 公司项目，加快再造国外新国机的步伐，该项目预计 2016 年完成交割。此外，CMEC 投资并购土耳其奥斯曼加齐地区配售电公司已实施，完成了项目尽职调查、方案商务谈判以及国家发展改革委、商务部的审批，CMEC 先后完成与卖方交易协议的签署及香港联交所公告、设立各级境外投资平台公司、逐级通过境内外政府及监管机构审批、落实融资安排等各项工作。但鉴于项目过渡委员会进驻目标公司半年期间的最新尽职调研发现的情况，以及土耳其汇率大幅贬值、政局更迭等新增外部风险情况，进行了交割前的评估，最终决定停止对该项目进行交割。

3. 投资工作效果　从投资工作效果看，主要发挥了以下六个方面的作用：

（1）服务国家战略，促进行业发展，完成企业发展战略目标。习近平总书记在 2013 年 9 月和 10 月分别提出建设“新丝绸之路经济带”和“21 世纪海上丝绸之路”的战略构想，“一带一路”是我国实施全方位对外开放战略的“先手棋”和突破口，具有划时代的战略意义。同时，国机集团积极推进国际化进程，创新“走出去”模式，通过境外投资增强了国际化经营能力，促进了主业的提升。

作为中国与白俄罗斯两国目前合作规模最大、发展层次最高、开发面积最大的国外工业园项目，中白工业园是我国实施“一带一路”战略中重要的节点项目，受到双方政府的高度重视。

集团总部成立专门机构，加强项目跟踪管理，扎实推进中白工业园项目；引入招商局集团注资中白合资公司；加大招商力度，组织23场招商推介会，实地接待百余家国内外考察团；已有8家企业签订入园协议，21家企业递交入园意向协议文本；中白两国元首视察项目现场，对项目工作给予高度评价，中白工业园已成为推动“一带一路”战略实施的重要项目。中国重机柬埔寨达岱水电站正式投入商业运营，当年达到设计运营能力，预计每年可实现利润2亿元，大力助推了国外新国机建设。2015年国机集团努力探索“EPC+投资”模式，所属中设集团投资参股巴基斯坦塔尔煤田露天煤矿和燃煤电站项目，成为“中巴经济走廊”的首批优先实施项目。

国机集团探索战略性新兴产业，打造制造、工程、贸易、资本“四轮驱动”的战略目标。于2015年8月正式成立国机资本公司，国机资本公司围绕集团产业打造投资生态圈，积极履行投资融资、战略并购、资源整合、产业孵化等职能，进一步推动集团提质增效、转型升级。国机集团抓住《中国制造2025》战略机遇，整合智能制造资源，12月成立国机智能科技有限公司。国机智能公司将充分依托国机集团和广州市在机器人和智能装备产业上的资源和优势，布局产业链，促进智能装备产业做强做大，推动建设国家制造业创新中心，示范引领华南地区乃至全国制造业转型升级。

此外，国机集团所属合肥通用院、中国重型院、轴研科技、沈阳仪表院、桂林电科院、重庆材料院等多家科研单位发展国家战略性产业，为国家重点工程做出了贡献。

(2)拓展企业经营业务，增强企业盈利能力。为增强企业盈利能力，2015年国机集团加快推动核心业务板块的总体部署，重点发展具备国内技术领先优势、达到国际先进水平的高端产品。中国一拖在“聚核铸强”战略思想指引下，集中做大做强拖拉机业务、动力业务和零部件业务三大核心业务。新型轮式拖拉机核心能力提升项目本年继续建设，建成后将形成年产200马力（1马力=746W）以上新型动力换档（PST）轮式拖拉机1 000台的生产能力，将进一步提高大轮拖产品的核心竞争力，巩固和提升一拖公司核心产品技术的领先地位。大功率柴油机（二期）项目铸造系统升级改造项目陆续实施，为企业动力业务与零部件业务的发展提供强有力的支撑。中国二重在资金有限的前提下围绕重点在建技改项目和收尾项目开展工作，实施了“工业炉窑全面节能改造项目”“8万t大型模锻压机”“大型铸锻件数值模拟国家工程实验室”“重大技术装备产品数字化协同设计和敏捷制造集成应用项目”“45MN、16MN快锻机配套厂房”及“镇江基地完善功能投资项目”等重点工程，项目涵盖国民经济的命脉项目，将陆续完工投入生产使用，为二重经营生产提供了硬件保障。中汽工程新型高端汽车涂装设备和汽车后服务基地项目建成投入使用，年产纯电动汽车专用驱动电动机、电动汽车控制器、动力电池组管理系统3万台（套），汽车涂装专用设备400套。该项目属于绿色、高端、高效、智能和柔性化的高水平汽车装备，使企业产品技术水平达到国内一流、国际先进水平，实现替代进口，对优化企业产品结构，提升主业盈利能力起到了较大的促进作用。重庆材料院以满足客户需求为出发点，在努力保持特种合金、稀贵金属、工程仪表及成套传统产品的优势市场占有率情况下，努力推进核电领域的民用核电特种合金材料及传感器新产品，在航空航天、军工配套新产品及信息技术行业的TFT-LCD及光学玻璃贵金属通道产品方面加大了开拓力度。

（3）优化调整产业结构，促进企业转型升级。要提高产品、业务的附加值，增强价值创造能力，最根本的途径，就是推进企业业务的转型升级。所属企业苏美达集团摆脱了传统贸易模式，积极转型升级到具有科技含量高、高附加值的新能源领域，继续实施多项光伏发电项目。通过整合多方资源打造投融资平台，推动实施单机贸易业务“贸工技金”模式、工程承包业务“EPC+F”模式，取得积极成效。中国重机顺利实施柬埔寨达岱水电站BOT项目，三台机组全部建成发电，投入运营。中工国际增资北京沃特尔水技术股份有限公司，实现了多个水务工程项目签约，为今后中工国际拓展工业废水零排放、海水淡化及综合利用领域的业务奠定了良好的基础，沃特尔公司首个使用正渗透技术实现工业废水“零排放”项目成功投入运营，填补了国内该领域的技术空白。

综合管理

【战略管理】

1. 科学制定、完善战略规划，引领企业健康发展 编制完成国机集团2015—2017年发展规划、“十三五”发展规划（初稿）、国机制造2025（初稿）、“十三五”人才队伍建设规划（初稿）、“十三五”科技发展规划等总体规划和专项规划，有效发挥战略引领作用。国机财务、中国二重、中国机床、中通公司、中机六院、北起院等企业结合新形势、新要求，重新制定完善了企业发展规划，提出了做强做优做大的新目标、新任务和新举措。

2. 抓好发展规划分解落实，确定年度工作任务 按照企业发展规划要求，结合年初工作会部署，根据新形势、新任务，分解落实国机集团高管人员、总部各部门年度重点工作任务，做到目标任务分解既立足当前、兼顾长远，又重点突出、统领全局。

3. 开展规划评估工作，加强规划实施监控 2015年初组织开展了2014年发展规划评估工作，有效掌握了上一年集团发展规划的落实情况；根据国资委部署要求，及时开展了国机集团“十二五”规划评估工作，重点评估了“十二五”期间战略目标完成情况，深入剖析了企业存在的问题，认真总结经验教训，及时调整和完善发展规划，更好地促进企业持续健康发展。

4. 加强战略研讨，深入分析国机集团未来业务发展方向和路径 组织召开头脑风暴会，对国机集团发展战略、改革创新等重大问题进行研讨交流。完成国际工程承包业务发展对策研究，召开“国机制造出口、农业走出去、工贸企业转型座谈会”“国机制造产品推介及业务交流会”，探讨推进产业发展与转型升级，助力实现再造国外新国机的目标。所属企业结合细分行业，积极开展战略谋划与研讨交流工作。

5. 深化对外战略合作，推动企业实现共享发展 对外战略合作取得实际成果，已签署的协议逐步推进落地，有的取得明显成效；新的合作不断开启，与中远集团、南车集团、广州市、GE、河北省、国家外国专家局、中国铁建、华能集团、神华集团、中国铁物等十余家单位新签署了战略合作协议；与国外政府和企业的合作平台得到拓展，集团与白俄罗斯、印度、吉尔吉斯共和国、必维国际检验集团、俄罗斯燃气轮机公司、美银美林等20余家国外机构进行了深入交流；与广东省、黑龙江省、云南省、河北省、上海市、青岛市等地方政府，中国电子、招商局集团、中国石化、航天科技等企业，中国工商银行、中国进出口银行、中国人寿等金融机构，以及中国企业家协会、中国机械工业联合会等行业组织进行了深入接洽交流。

【信息化】

2015年，随着“互联网＋行动”计划、《中国制造2025》、大数据行动纲要、国有企业改革指导意见的密集出台，正确理解、准确把握政策动向，在信息化工作中提前筹划、合理布局、适当引导，具有巨大的挑战。面对这一挑战，国机集团明确了抓规范、抓重点、抓创新的工作思路。抓规范，就是持续针对工作中遇到的常见问题，持续优化制度、流程，并编制重点工作的流程图、格式文件，通过外事审批系统、OA系统等加大宣传力度，在日常工作中加强执行力度，以适应新的变化；抓重点，就是紧密结合集团2015年的工作重点、当前信息化工作重点，在事务性工作上做减法，聚焦共性资源整合、风险控制、管理协同、业务创新等方面的迫切需求，集中力量重点突破；抓创新，就是紧密结合信息化的技术发展趋势、应用发展趋势和政策要求，围绕“降本、增效、提质”的目标，持续进行技术创新、应用创新、管理创新。

在具体工作方面，信息化工作努力由服务保障向价值提升进行转变，并重点开展了六方面工作：

1. 持续巩固信息化全面覆盖集团化管控要求的成果 一是配合风险控制、二次创业、再造一个国外新国机的战略要求，持续提升信息化支撑保障能力。结合强化风险控制的要求，完成了重大项目风险筛查系统的建设，提升了重大工程项目预警、跟踪管理的能力和水平；结合再造一个国外新国机的要求，完成了集团设计、产品、项目等样本基于 iPad 等移动终端的电子化发布体系，解决了纸质样本成本高、数量有限、不便携带的问题，满足了业务人员、目标客户随时查阅、使用的要求，扩大了宣传范围，提升了企业形象；结合再造一个国外新国机的要求，提出了向中白工业园注入信息化、智慧化元素，打造国际信息港的建议方案。

二是配合集团总部各部门的管理要求，以信息集成管理平台为载体，持续新建、升级各类子系统，在实现信息化与集团总部各部门业务工作深度融合的同时，有效协助各部门实现专业化、精细化、体系化管理能力的提升。

三是结合大数据发展趋势，围绕有效整合集团总部各类管理数据、便利使用的目标，在中央企业中创新性地开展了基于电子地图的“战略资源分析与监控平台”建设，为让动起来、活起来的数据支持各项管理工作打下了良好的基础。

四是开展国机集团集中采购系统的建设并在国机重工投入试运行，走出了以采购为抓手，持续推动降本增效工作的第一步。

2. 持续抓好集团网站群、微信群等的建设和应用 一是持续抓好国机集团网站群的建设和应用。在一期试点取得良好效果的基础上，所属企业已经由观望转向全面积极参与网站群建设。2015 年超过 10 家二级企业主动申请加入集团网站群，60 多个站点投入建设，35 个站点投入使用。通过网站群建设，提高了国机集团对外的整体品牌形象，提升了宣传效果，也为下一步基于网站群开展精准的客户定位、市场分析、电子商务工作打下了扎实的基础。这一模式和工作成果得到了中国电建等中央企业的认可，纷纷复制，也得到了国资委信息中心领导“不是最早的、但是最好的”的评价。

二是持续抓好集团微信群的建设和应用。国机集团在中央企业中较早地开通了微信公众号、办公厅服务平台，集团工作会等重要会议服务保障等也都通过微信平台开展，取得了良好的宣传、服务效果。应中国一拖的要求，还向其全面复制了集团微信服务平台的服务功能，圆满地保障了一拖工作会等重要会议的召开。

3. 持续服务好企业创新转型工作 一是开展互联网对国机集团的影响及其应对措施的研究工作。按照徐建总经理的要求，结合对国内外技术、应用发展趋势、国家各项政策的研究，围绕主营业务升级、商业模式创新的主题，编制了《互联网对国机集团的影响及其应对措施》的报告，并在总经理办公会上进行了汇报。在汇报后，启动了协同检测、云制造、“互联网 +”形势下展览业务的创新等方面的专项研究，为集团各项业务的转型升级当好参谋助手。

二是在科技人才、后备干部等培训班中讲授《“互联网 +”条件下创新》课程，结合“互联网 +”行动计划、《中国制造 2025》等政策所明确的方向，探讨创新发展的新理念、新模式、新应用，寻找转型升级新的价值增长点。

4. 持续提升技术与安全保障水平 一是持续提升技术保障水平。结合信息技术向云计算、大数据、移动化、物联网发展的趋势，构建国机集团自身节约、高效的信息基础保障体系。其中，云计算方案已走在中央企业前列，灾备中心等也已为所属企业提供了有力的保障。

二是持续提升安全保障水平。结合公安部、国资委等政府部门的要求，按照“自主可控”的原则，持续构建管理、制度、技术、检查四位一体的信息安全体系，加强了应急预案制定与演练、重大信息安全节点时间人工值守等工作，较好地消除了安全隐患，处置了信息安全事件。

5. 持续化解法律风险，做好正版化工作 2015 年是国资委要求中央企业全层级完成 100% 正版化的收官关键之年，对此项工作公司加强了督察检查。某些国外软件厂商抓住这一时间节点，对国机集团多家企业采取行政执法、法律诉讼等方式达到其利益诉求。国机集团通过聘请软件资产管理顾问、加强培训、组织集中采购等方式，以同规模中央企业最低的投入，有效化解了风险。

6. 持续发挥专业能力优势，实现信息化降本增效 国机集团发挥信息化专业能力的优势，努力实现降本增效。例如，通过集团网站群建设，全集团各级企业能够整体节约 60% 以上的投入，在一个建设周期内能够节省 2 000 余万元；通过采用云计算技术架构，在节约所属企业 40% 以上的基础设施投入的同时，有效提高了信息安全的保障能力；通过设计软件资产管理方案、加强新应用研究，单次化解正版化风险的费用较同规模兄弟央企少投入超过 2 000 万元。通过这些工作，集团信息化工作在水平提升的同时，取得了较好的降本增效效果。

【人力资源管理】

1. 职工队伍情况 截至 2015 年年底，国机集团拥有技术人员 48 043 人、技能人员 36 455 人。

2. 人力资源管理 紧紧围绕集团总体发展战略，结合中央巡视组专项巡视工作要求，不断加强人才选用、更加重视干部德绩考核、逐步完善薪酬考核和激励约束机制、从严干部管理监督等重点工作，科学制定国机集团新的五年人才队伍建设规划，努力打造一支高素质的干部人才队伍，为国机集团有质量发展提供坚强的人才保障和智力支持。

（1）不断加强所属企业领导班子建设。按计划推进所属企业行政领导班子和党委换届考核以及有关专项考核工作任务，扎实推进所属企业领导班子建设。组织完成 12 家所属企业的行政换届工作，推进 13 家所属企业党委换届，并做好 4 家所属企业专项考核，干部任免 340 人次（其中任职 260 人次、涉及提任 10 人、免职 80 人次）。在选人用人工作中，力求突破、创新，做到深化改革、放宽视野、大胆布局、提高活力。考核工作中，根据《国机集团领导班子和领导干部综合考核评价办法》，注重强化对领导干部“德”的考核，充分运用信息系统，进行数字化管理，将对干部的考察延伸到日常工作生活的方方面面，在重大事件、重要会议以及干部培训中通过记录干部的行为表现，建立干部行为观察档案，坚决避免“带病提拔”。同时，重点针对企业业绩不理想、班子凝聚力不强、年龄结构不合理、个别领导到龄退休等情况，对班子进行科学调整，在班子配备过程中，进一步扩大干部选用视野，在系统内全盘统筹考虑，统一调配任用干部，大胆布局，为所属企业领导班子建设注入新的活力。

（2）逐步规范授权董事会选聘经理层副职工作，释放企业活力。为进一步释放企业的活力，建立灵活高效、市场化的选人用人机制，国机集团在 2014 年启动授权 10 家所属企业董事会选聘经理层副职的试点工作。2015 年根据试点企业选聘工作开展情况，起草制定授权企业董事会选聘经理层副职工作流程，更好地指导规范授权企业选聘工作。

（3）稳步推进干部交流，探索建立长效机制。根据国机集团战略发展和企业实际需要，不断扩大干部交流任职范围，深入推进国机集团和中央机关、地方政府以及国机集团系统内的干部交流，力争实现协同合作、多赢发展。2015 年推动干部交流 17 人次，涉及 17 家所属企业。在推动干部交流的同时，还关注交流干部履职情况，确保交流干部能把握机会、扎实工作，为促进干部培养成长、企业协同发展打下了良好基础。从相关单位反馈情况看，通过干部交流的深入开展，进一步深化了企业间的内部协作，同时也使交流干部的思维得到转换，视野得到拓宽，能力得到锻炼，发展得更为全面。

（4）完善考核机制和薪酬管理体系，强化业绩导向。继续重点从董事会对高管、集团公司对所属企业负责人、对总部员工三个维度完善业绩考核机制和薪酬管理体系。一是董事会对经理层的考核突出“定量化”指标，强化了绩效考核结果对高管薪酬的决定机制，使高管薪酬与国有资产保值增值、国资委考核指标紧密挂钩。二是重点强化薪酬激励与国机集团总体战略、经营目标、管控模式的联动关系；建立分类管理和差异化的薪酬分配制度；加大利润总额对企业负责人薪酬的决定作用，从三个方面加强企业经济效益与负责人薪酬的联动关系。三是总部 BSC 业绩考核指标突出战略导向，在确定总部各部门年度绩效指标时实现了高管考核指标和年度重点工作任务的全覆盖，充分体现任务导向、降本增效、管理持续提升的核心要求。同时，也使总部员工的薪酬同企业整体发展挂钩。

（5）加强干部监督，从严干部管理。一是指导所属企业按照干部管理权限组织领导干部填报个人有关事项，在完成集团系统 3 260 名干部个人事项报告汇总上报的基础上，开展随机抽查和重点抽查工作。按照中组部要求，将随机抽查比例扩大到 10%，按照干部管理权限，逐级抽取汇总核实对象 337 人。同时，指导所属企业严格落实“凡提必核”要求，对拟提任人选、拟列入后备干部的个人事项重点核查，并督促做好抽查结果的比对、处理报备工作，有效落实从严管理、从严监督干部的工作要求。二是扎实做好领导干部档案审核工作。对集团管理的 320 余份干部档案进行全面梳理和检查，按照审核登记、汇总分析、调查核实、组织认定等步骤全面检查重要信息，规范稳妥地处理相关问题。三是开展违规办理和持有因私出国（境）证件专项治理工作，明确登记备案人员的范围和集中保管因私出国（境）证件，共完成登记备案 3 587 人。此外，配合中组部、国资委在国机集团年度工作会期间，完成国机集团 2014 年度“一报告两评议”工作。组织所属企业党委完成“一报告两评议”工作。

（6）强化工资总额与效益联动机制，不断完善激励约束机制。根据国资委对国机集团 2015 年工资总额预算批复和集团 2015 年预算年中调整情况，年中重新预核所属企业 2015 年工资总额预算，完善工资总额联动机制，指导各企业按照经济效益完成情况及时对工资总额预算安排进行调整，确保工资总额增长与经济效益提高、平均工资增长与劳动生产率提高相适应，实现“效益长，工资长；效益降，工资降”的目标。同时，结合集团财务快报情况对工资增长与效益增长不匹配的 12 家企业发送警示函，防止全年出现超提、超发情况，强化工资总额预算管理。2015 年第 4 季度，根据集团全年效益预计完成情况，及时向国资委提出工资总额预算调整方案。在获得国资委认可后将工资总额调整情况下达给各所属企业，保证各企业工资总额的需求。

（7）以制定新的五年人才战略规划为契机，促进多层次人才队伍建设。为充分发挥人才规划对国机集团人才队伍建设的指引作用，2015 年，启动了国机集团人才队伍建设规划（2016—2020 年）制订工作，通过开展访谈调研、企业内外部资料阅读分析以及相关问卷调查等工作，对集团人才队伍现状和人才队伍建设总体目标进行分析研讨，完成《国机集团人才队伍建设规划（2016—2020 年）（初稿）》。同时，还开展“千人计划”“万人计划”、国家百千万人才工程人选、中央企业创新人才推进计划、首席专家和首席技师、第三批“专业骨干培养计划”“70、80 英才开发工程”等多层次人才的选拔推荐工作，努力为各类人才拓展提升空间。国机科学技术研究院副总工程师兼北京飞机强度研究所所长闫楚良，集团总工程师兼合肥通用院院长、党委书记陈学东两位同志分别当选中国科学院院士和中国工程院院士，他们不仅为国机集团赢得了荣誉，也为企业人才队伍建设注入了强大推动力。

（8）根据企业年度重点工作任务，做好职能支撑。配合中央巡视组工作，立行立改抓好“整改”。在选人用人专项检查中，认真分析查找集团选人用人工作中存在的问题和薄弱环节，针对检查组提出的建议立行立改。修订《国机集团全资、控股企业领导干部管理办法》《国机集团公开招聘实施办法》等相关制度，建立干部选拔任用工作纪实和责任追究机制，强化干部任前审核，进一步提升选人用人工作的科学化、规范化水平。同时，指导相关企业认真开展薪酬分配专项整改，从完善薪酬制度体系建设、开展对奖金二次分配问题清退等方面，切实规范薪酬管理。

【财务管理】

围绕企业经营发展工作重心，国机集团认真落实“完善财务功能，提升财务能力，加快财务转型，实现管理一流”的要求，以做强做优国机集团为核心，在“夯实基础，严控风险，支持发展，提升价值”方面做了大量的持续改进和很多有益的创新尝试，财务工作取得显著成效，为集团的持续健康发展提供了有力保障。

1. 系统开展财务能力评价，推动财务水平稳步提升 为提升整体财务管理能力，国机集团立足于“大财务”视角，2012 年探索建立了财务能力成熟度评价标准，从财务对业务运营和经营管理的支持出发，延伸到企业的战略规划、投资决策和业务链各个环节，对财务在发挥价值引领、决策支持和风险控制能力方面进行系统评价，旨在推动企业整体财务管理工作的持续改善。自 2013 年起连续两年发布年度总体评价报告和各企业独立评价报告，详细诊断所属企业财务管理的差距，提出各企业财务管理提升的目标和实现的途径，2015 年针对重点领域开展了专项评价。从专项评价结果看，所属各企业对标查找不足，突出重点、改进短板，取得了积极进展，特别是交易处理、资金管理、预算管理、风险管控等方面提升效果明显。

2. 资金管理工作成效显著，资金保障作用有效发挥 一是财务公司的资金集中平台作用效果明显，集团可归集资金集中度从 2010 年的 44.5% 提高到 2015 年年底的 60.9%。二是集团整体的融资实力进一步增强，为企业经营发展提供了有力的资金保障。国机集团与银行间的“总对总”合作逐年深化。三是积极争取国家政策支持，并将其全部用于支持所属企业发展。四是合理运用集团担保资源，较好地实现了降低担保总量、控制担保风险的目标。四是搭建外汇资金集中运营管理平台，为企业加强外汇资金管理、提升外汇资金使用效率奠定了基础。六是帮助经营状况不佳或资信条件不够的企业缓解资金困境和危机，特别是为中国二重改革脱困提供资金保障，并帮助其成功完成债务重组。

3. 全面预算管理积极推进，资源配置功能逐步显现 2012 年以来，国机集团在对所属企业进行系统诊断的基础上，确定了全面预算的三大目标和六项工作原则，重点围绕“完善体系、强化执行、基层推广、试点突破”开展工作。一是全面梳理并正式发布了《国机集团全面预算管理办法》，初步建立了预算闭环管理体系。二是搭建了系统的预算编制模型，并做好预算执行情况分析监控工作，切实发挥预算在经营指导、执行监控、沟通反馈、资源协调方面的作用。三是选择所属企业为试点，搭建预算管理信息系统，实现预算管理体系与业务体系的融合。各企业结合经营实际着力提升预算管理的精细化水平，业务支撑能力显著增强。

4. 强化财务信息质量管理，财务信息水平持续改进 一是逐年细化会计信息管理维度并加强财务信息考评管理，将预算、快报、信息化、产权等信息管理情况统一纳入考评范围，财务信息报送质量和效率显著提升，为企业经营管理切实提供决策支持。二是从 2013 年起全面下达年度决算批复，督促企业落实整改有关问题，推动各企业经营管理水平持续改进。三是基本实现财务信息集中管理目标，各项财务信息均纳入统一的信息平台管理，管理效率大幅提高。

5. 内控和风险管理体系搭建完成，有效防范经营财务风险 在内控工作方面，搭建了“以体系建设和监督机制为主体，以制度、组织、信息系统为保障”的内部控制管理体系，编制完成并持续完善《国机集团板块内控指引》，对所属企业内控建设提供支撑，同时结合各项检查工作督促企业完善制度、落实整改。所属企业在全面完成内控手册建设的基础上，建立了有效运行和持续完善的机制。在风险管控方面，以“落实责任、强化运行、重点监控、规范提升”为重点深入推进风险管理体系建设。一是修订完成《国机集团全面风险管理办法》，形成以“四项原则、四级机构、四项管理流程、六类问责事件”为主体的全面风险管理框架，确立了“分级分类”风险管理责任体系及风险责任追究机制。二是组织所属企业持续开展全面风险识别，筛查评估重点风险领域，深入分析产生原因，统一风险管控认识，落实风险管控责任。三是搭建风险监控平台，按季度对运营风险、资金风险、投资风险、法律风险等主要风险领域主动监控，及时掌握风险动态，强化沟通。

6. 产权管理体系更加完善，决策支撑作用有效发挥 一是高度重视产权登记管理工作，有效推动产权配置的优化和资源的合理流动。国机集团于 2012 年搭建完成产权登记管理信息系统，实现了产权登记的信息化、网络化和对所属企业产权状况的实时动态监管，并组织完成了产权清查与重新登记工作。2014—2015 年连续两年组织开展产权登记检查，及时纠正不合规事项，促进产权登记的规范化和完整性。二是紧密围绕经营工作中心任务，严把评估报告质量关，为集团稳妥推进改革重组、调整产业布局和结构等工作奠定了坚实基础。国机集团近年来系统梳理出台了三项评估管理制度，作为所属企业评估工作的依据和指南，并严格履行规范的工作流程，对瑕疵事项明确整改要求，确保有效发挥评估工作的价值门槛作用。

7. 人才队伍建设分层推进，人员素质持续提升 “十二五”期间，国机集团坚持按照“重点培养，全面提高”的思路推进财务人才队伍建设工作，建立了以派出财务总监为核心、业务骨干队伍为支撑、全体财务人员为基础的多层次全方位培养体系。一是高级财务管理人员队伍进一步壮大，并多渠道提供学习交流机会，开拓管理视野，提升管理能力。二是高度重视专业人才培养，形成了 35 位财务信息化专家队伍和 30 位财务能力成熟度评价专家队伍。三是组织参加财政部、国管局会计领军人才选拔，累计 9 人入选；荣获“中央企业财会技能大赛”团体三等奖，两名选手获得“中央企业技术能手”称号。四是每年组织 5 期会计人员教育培训，年培训近千人次，确保全方位培养效果。通过上述工作的开展，国机集团财务人员业务素质得到持续提升。

【审计稽查】

2015 年，国机集团紧密围绕“二次创业”和“再造国外新国机”的发展战略和经营部署，以风险和问题为导向，以发现风险、查找问题、促进发展为目标，进一步加大审计深度，延伸审计范围，推进审计工作向风险管控、价值创造转变。

1. 完善审计制度 根据审计工作重点和审计职能的变化，适时对审计制度予以修订，从而更好地指导审计工作的开展。

修订了《中国机械工业集团有限公司审计结果利用暂行办法》，进一步加大对审计整改的监督落实，提高审计工作成效；制定了《国机集团关于所属企业监事会工作的指导意见》，规范集团所属企业监事会工作，充分发挥监事会的作用。

2. 加大经济责任审计力度 审计工作围绕国机集团的工作重心，充分关注企业重大经营决策，关注现代企业治理结构，关注企业重大投资、高风险业务、重要资产收购转让、重大基建项目招投标、“三重一大”决策程序、重要三级子公司等情况，以风险和问题为导向，突出审计重点，扩大审计范围，加大审计力度，改变审计方法，提高审计技巧，加强对重点问题的审计披露。

除了做好二级单位总部审计外，延伸了50家三级及以下公司，披露重要事项106项，提出审计建议和意见156条。

通过审计项目的实施，促使企业严格执行国家法律法规，遵守财经纪律，贯彻落实集团战略决策部署，严格执行中央“八项规定”“三重一大”精神，规范企业的经营行为。同时，促使企业提升管理水平，防范经营风险，减少生产经营管理过程中存在的各种问题。

3. 做好与国家审计署的沟通协调工作 与审计署企业审计司建立对接联系汇报机制。2015年7月，针对国家审计署向社会公示的对中国二重的审计报告，就报告内容及审计意见提出修改建议，与审计署企业司进行数次沟通协商，并按要求完成审计意见的整改，上报国家审计署并由媒体进行公示。

4. 稳步推进审计管理信息化 2015年，国机集团利用审计管理信息系统，加强对各单位审计工作开展情况的管理，使总部主管部门能及时了解各单位审计工作完成的情况，更好地监督指导企业的审计工作。

5. 加强对集团外派监事的管理和服务 组织召开国机集团外派监事述职交流会。加强对所属企业监事会的管理，充分发挥监事会对企业在投资并购、国有资源配置、现代企业管理、风险管控、组织结构设立、战略规划推进，以及高级管理人员履职等方面的监督职能，帮助促进国有资产保值增值，更好地发挥外派监事的作用。

6. 加大对所属企业国外工程项目的审计力度 完成对中国电工出现问题的六个国外项目的专项审计，为稳健开展国外项目和国际化经营做出努力。

【法律管理】

2015年，国机集团以持续提升总部法律服务水平，加强重大项目法律审查力度为工作重心，以搭建交流平台，推动所属企业加强业务沟通与学习作为五年规划实施的落脚点之一，开展了以下主要工作：

1. 日常法律事务工作 审查并修改各类合同、协议共393份，处理重要决策事项300余项，其中：工作联系单事项212项、签报收文处理事项143项，用印审批86份，授权书65份，实现集团总部规章制度、经济合同、重要决策100%法律审核的目标。

2. 重大项目法律咨询服务

（1）为中国二重、二重重装债务谈判及企业重整提供法律咨询。全程参与集团债务谈判小组与农行、中行等7家银行组成的中国二重债委会的债转股谈判，就镇江公司资产处置、8万吨模锻压机资产处置、成都工程中心大楼资产处置、二重辅业改制方案、二重中票及企业债处置方案、二重重装股权要约收购、国机集团债权申报、二重重装职工持股等多个事项参加专题讨论会并出具法律意见书。

（2）参与国机资本公司的设立及项目法律审核工作。参与国机资本公司的筹建、创立工作，包括：确定公司组织形式、注册地比选、洽谈战略投资者、公司名称预设、经营范围确定、拟定章程等，并在国机资本公司成立初期协助其完成中国通号新股认购、安徽太平洋电缆股份公司增资扩股、苏美达新能源光伏产业基金项目、认购诚志股份有限公司非公开发行股票等项目的法律审核工作。

（3）参与集团重大投资、并购、EPC项目法律评审。

投资项目：①中白工业园合资公司项目：参与讨论招商局入股协议架构的设计，合资公司治理结构等问题，进行公司章程条款的谈判、修改和审核，派员赴明斯克参加合资公司股东会、董事会并准备会议文件，确保会议合法合规召开；

②其他投资、重组项目：苏美达集团与常林股份重组、集团投资设立国机智能项目、合肥通用院借壳上市项目、CMEC重组机勘院项目、六院PPP项目、中通公司认缴首都水环境治理技术创新及产业发展基金及投资入股北京水务基金管理有限公司项目、苏美达辉伦公司购买电池片生产线项目、苏美达成套公司出资入股上海聚友化工项目、苏美达轻纺公司投资建设商务研发中心大楼项目、苏美达曹县太阳能地面站项目、中地装重庆产业园项目、农机院投资建设制冷压缩机生产基地项目、一拖东方红工业园有限公司抵押贷款事项、苏美达资本公司项目等。

并购项目：参与长春冷弯新金享公司并购项目工作，进行现场尽职调查、出具尽职调报告意见、参加并购项目讨论会、审阅法律、财务中介机构聘用协议等。

EPC项目：审阅巴新合同、喀麦隆水厂项目合同、项目承诺函、对外保函等文件。

3. 重大法律纠纷案件处理

（1）菲律宾北铁项目系列案件取得积极进展。2015年3月，国机集团与国内分包商的诉讼纠纷案件在海淀法院取得胜诉判决并执行回款1 100万元；2015年3月，法律事务部组织有关人员和律师团队对菲律宾北铁项目国际仲裁案的开庭听证辩论进行了精心的庭前准备工作，包括协调律师准备应诉材料、进行应诉策略讨论、模拟证人答辩等。

（2）持续跟踪、处理所属企业重大案件。持续对所属企业重大案件进行督查、指导和协调，包括：继续参与、指导国机重工加拿大马泰克合资纠纷新加坡国际仲裁案，与代理律师讨论确定案件答辩提纲；继续跟踪中地装保税仓案件，参加最高院开庭审理。最高院再审判决作出后，组织中地装有关人员向集团主管领导汇报案件情况并提出案件下一步处理意见；持续跟进中国一拖罗兰德担保纠纷案、中国浦发与上海宝交集团仓储纠纷案、普瑞坊科技公司与中机华联科技公司合作纠纷等。其中，中国一拖罗兰德担保纠纷案历经一审、二审和两次再审，耗时九年，终于在2015年12月取得最高院最终的胜诉判决。

4. 制定新五年法律工作规划，加强法律管理与普法宣传

（1）制定、实施《国机集团五年法制工作实施方案》。为贯彻落实国资委提出的央企努力实现“再深化、再提升、再创辉煌”的法制工作目标，国机集团于2015年1月制定、印发《国机集团五年法治工作实施方案》（2015—2019），提出了国机集团新五年法律工作的总体目标：以继续完善企业法律风险防范机制为核心，以不断提升法律顾问队伍素质为抓手，以深化改善法律工作体系为基础，在企业法人治理结构、决策机制、经营行为上全面打造“法治国机”，经过五年努力，以总法律顾问制度为核心的法律顾问队伍全面实现专职化，法律人员配备比例接近国际同行业标准，国机集团法治工作水平进入央企前列，为企业改革发展、做强做优提供更加坚实的法律支撑和保障。集团实施方案印发后，所属企业陆续根据本企业情况制定了具体的实施计划和措施并上报集团。

（2）搭建所属企业沟通交流平台，推动所属企业加强业务沟通与学习。2015年10月中旬，国机集团在苏美达召开了“走出去”法律风险防范现场会，与会代表分享了各企业在“走出去”过程中积累的经验教训，并就涉外法律疑难问题、法律服务如何更好地融入具体业务等法律管理问题展开讨论。

此外，以“一个企业有案件，多个企业受教育；一类业务出风险，集团系统受警示”的工作思路，持续开展法律风险防范案例宣讲，先后赴国机重工、中机六院等所属企业进行工程业务和贸易业务法律风险与案例分析培训讲座，以此增强企业全员风险防范意识。

（3）组织普法验收及总法律顾问述职。

①完成六五普法总结验收工作。2015年是全国“六五”普法的总结验收年。按照国资委普法办的要求，组织了集团系统”“六五”普法总结验收工作，草拟了集团“六五”普法总结并整理相关材料上报国资委普法办。在“六五”普法活动中，国机集团系统共有3个单位和3名同志分别获得中央企业“六五”普法先进单位和个人。②组织召开总法律顾问述职会。

【企业文化与品牌建设】

1. 举办国机集团企业文化培训研讨会 9月21—22日，2015年国机集团企业文化、品牌及社会责任培训研讨会在北京召开。会议紧紧围绕任洪斌董事长关于“加强国机文化传播、加快制订员工行为规范，积极塑造国机形象”的指示要求，进行了培训和深入研讨。徐建总经理出席会议并发表了重要讲话，系统内近 60 名会议代表参加了本次会议。在内容和形式方面，本次会议进行了一些创新。由以往的单纯授课式培训改为分组研讨和成果展示，增强了互动性，提升了培训效果。在小组讨论的成果展示环节，会场气氛热烈，各小组成员深入思考、集思广益、精诚合作、积极发言，给参会人员留下了深刻的印象。会议以“新形势下企业文化传播与落地策略”为主题，进行了专项培训，分享了企业文化落地的实施方法。与会代表被分为六个小组，通过三个环节的讨论和成果展示，完成了《国机集团员工行为规范》的现场意见征集。会议还对集团社会责任信息化系统的操作和使用，进行了讲解。

2. 发布《国机集团企业文化传播计划》 企业文化传播是一项具有长期性、经常性的工作，需要深入持久地开展，并长抓不懈。加强新形势下的文化传播工作，需要从企业发展的大局着眼，抓住重点环节，通过探索制定适合国机集团的中长期传播规划，做到远近结合、注重实效，一步一个台阶，不断提升工作水平。9 月初，国机集团下发了关于印发《国机集团企业文化传播计划》的通知（国机文〔2015〕360 号）。文件对于如何做好文化传播的实施和落地工作，提出了明确要求。文件将未来几年的企业文化传播细分为 6 大类工作和 36 个具体事项，确保将国机文化理念传播到全球的每一位国机人身上。

3. 启动国机集团员工行为规范编制工作 按照任洪斌董事长的重要指示要求，2015 年启动了《国机集团员工行为规范》的编制工作。通过半年多筹备、调研、讨论、编写等多个工作环节，于年底完成了员工行为规范征求意见稿的编制工作。员工行为规范是“和”文化体系重要的组成部分，是集团落实和贯彻“和”文化的指导性和规范性制度文件，也是各类所属企业和全体员工必须遵守的行为准则。国机集团的员工行为规范在符合社会主义先进文化主流方向的同时，还体现了企业市场化、员工职业化、经营国际化的特点，将文化理念转化为行为规范，让理念人格化，让行为规范化，不断丰富和发展“和”文化的内涵，为品牌腾飞提供支撑力，为二次创业提供牵引力，为改革发展提供驱动力。

4.《国机文化与品牌》杂志创刊六周年 2015 年《国机文化与品牌》杂志创刊六周年，累计出版杂志 24 期，透过近百万字，以其鲜明的风格和丰富的内容，展现了国机集团企业文化和品牌建设的发展脉络，讴歌了广大员工倾其心力、积极探索的主人翁精神，展示了国机集团企业文化取得的成绩和集团日新月异的变化，传承了国机文化风采，提升了国机品牌价值。六年间，向国资委、集团总部、所属企业、利益相关方发放杂志近万册，为推进集团企业文化建设和提升集团品牌影响力发挥了积极作用。

【宣传工作】

2015 年，围绕“新常态”下企业改革发展的新形势，国机集团着力做好重点报道和舆论引导工作，同时开展新媒体研究，发挥新媒体传播的独特作用。

1.《国机集团报》出版发行工作 《国机集团报》全年完成编辑出版 23 期 200 个版，折合标准期数为 25 期，总字数近 70 万字，总发行量 24 万份。同步完成《国机集团报》电子版共 25 期的制作。

全年以本报评论员刊发的头版评论 10 篇。制作特刊 5 期，共计 48 个版，占全年总版数的 29.2%。全年国机报编辑部完成自采写 6 万多字，完成采访近百人次，仅工作会期间，就组织记者现场采访集团所属企业领导 20 余人次，形成近 2 万字的宣传报道。

2015 年办报工作呈现以下几个特点：

（1）关注国家大政、集团大事。2015 年，《国机集团报》紧密围绕党的十八届四中全会、“三严三实”专题教育活动、国企改革、抗战胜利 70 周年纪念活动、“一带一路”战略等重大事件和热点话题，及时传达中央精神，集中报道集团动态，充分发挥了报纸的舆论引导作用。

从年初开始，报纸配合集团反腐倡廉工作会，第一时间刊发了 1 篇新闻稿、 1 篇评论、2 个版的专题，全面深入地传达和宣传活动精神。之后连续 3 期分别刊出了 1 个版的反腐倡廉专题，并持续关注企业“三严三实”活动开展动态，使得集团狠抓作风建设和反腐败的决心深入人心。

“一带一路”战略是我国实施全方位对外开放的“先手棋”，任洪斌董事长也提出要认真研究这一战略的相关政策和沿线国家的市场需求，编辑部特别策划了 1 个版的专题，名为《“一带一路”的国机想象》，邀请 5 家在外贸出口方面颇有经验的企业谈谈他们的看法和打算。

抗战胜利70周年时，策划推出了8个版的特刊《致敬抗战老兵　传承抗战精神》，通过详细记录18位老同志的亲身故事，回顾了硝烟弥漫的岁月，激励广大员工更加珍惜美好生活，立足岗位，为集团发展做贡献。

（2）注重内容编辑和品牌栏目打造。2015年，国机报充实了栏目的设置，在原有的“迹录”“企业纵横”“一线传真”“电灯泡系列漫画”等栏目基础上，新开辟了“改革故事汇”“最美一线员工”两个专栏。调整之后，报纸将主要精力花在打造“电灯泡系列漫画”和“改革故事汇”上。

“电灯泡系列漫画”2015年共刊登13组漫画作品。主题涉及安全生产、“三严三实”、国机梦、反腐倡廉、生产经营、转型升级等多个方面，以生动多样的形式针砭时弊、传递正能量。

“改革故事汇”自5月份开栏，共刊登稿件7篇。中国一拖、蓝科高新、国机重工、CMEC等企业贡献了本企业改革创新的故事。这些稿件取材一线，以讲故事的形式反映企业在改革创新中的经历、体会、思考，鲜活可读，对于其他企业也具有很强的借鉴性。通过持续努力，这两个栏目已经成为报纸的品牌栏目。

“最美一线员工”通过报道普通员工的先进事迹反映了国机精神风貌，全年刊发17篇专栏文章。这一征稿活动也很好地呼应了集团工会“最美国机人”演讲比赛活动的开展，形成协同效应。

在做精这三个栏目的同时，“迹录”栏目和“企业纵横”继续保持高水准，编辑从通讯员来稿选取符合专栏要求的选题，进行深度访问、补充资料，保证稿件故事性强、细节多、质量水平更高。

（3）精编动态新闻、常规新闻。近两年《国机集团报》对动态新闻提出了条目化、图表化的新要求。2015年国机报约制图60幅，每期约3幅，这些图表让读者第一时间直观快速获取新闻的亮点，调动了读者的阅读兴趣。

在新闻的写作上和标题的拟定上，也在逐步探索，力图在第一时间清晰呈现新闻事件的特点，并提出了对标题及导语字数精炼的要求。

（4）完善工作流程、制度建设。为规范工作流程，提高报纸质量，2015年开始实施例会制度。例会分编前会、月度会两个层次。月度会于每月初召开，主要事项包括传达部署近期重点工作、评报、选题报送、议题研讨；编前会于每期报纸制作前1天召开，主要事项包括商议和修改报纸策划，研讨重点报道。全年编前会和月度会分别召开25次、11次。此外，还不定期举办季度学习会，全年共召开了两次，第一次邀请人民日报的美编分享排版的经验，第二次内部探讨了经营新闻的改革思路。

2015年加强对编辑部及责任编辑的考核，通过自采写量、好稿量、差错量等核心指标的考核，提升了编辑工作的责任心，增强了报纸质量的控制。

为调动编辑及通讯员工作热情，继续实施评优制度。月度会专门设立评报环节，大家从每期报纸中评选“好稿件”“好策划”“好版面”，全年累计评选出好稿件、好策划、好版面近100篇/个。

（6）抓好发行、存档工作。为让报纸最快速地到达读者手中，2015年对发行工作进行了部分调整：寄送给外地所属企业的报纸改由快递方式，本地的企业还是用挂号信邮寄。作出调整后，通过实地检查、定期抽查等方式，对报纸送达的时效性进行了摸底和排查。2016年还指派专人负责对信息进行跟踪，每次发行名单、地址的变更，都由其刷新，确保了报纸发行信息的及时更新。

2. 对外宣传工作　2015年，围绕中国二重改革振兴工作和“一带一路”，国机集团先后主动组织、参与了多次中央重量级媒体参与的报道活动。主流媒体、战略合作媒体等累计发稿46篇次，各类品牌广告和想象广告15幅次，总发稿字数20余万字。

（1）主动宣传。

①年初工作会期间策划主动宣传，邀请新华社、人民日报、光明日报、经济日报、中央人民广播电台等中央媒体，科技日报、中国工业报、国际商报、机电商报、机电工业杂志、国资报告、企业观察报等行业媒体，以及财经媒体——21世纪经济报道、英才，共14家媒体记者对任洪斌董事长进行专访。该次集中报道整体转载量达到192篇次。

稿件发布从一月底持续到三月份，报道涵盖国机集团2014年发展情况、2015年深化改革的举措与发展战略，以及中国二重振兴脱困等方面内容，对2015年底个别媒体有关国机集团的负面报道进行了有力回应，树立国机集团健康稳步发展的良好形象。

②国机集团 9 月 17 日与美国通用电气（GE）公司签署战略合作谅解备忘录。邀请人民日报、新华社、中央电视台、经济日报等十余家媒体进行采访报道。

共有 65 家中文媒体刊登了 155 篇该事件的相关报道，其中网络媒体 57 家、平面媒体 7 家、中央电视台 3 个频道。媒体涵盖了中央媒体、财经媒体、重要网络媒体。

包括路透社、彭博社、环球邮报、能源日报、每日先驱报等在内的 200 余家英文媒体对该事件进行了报道。

（2）配合宣传。

①完成中央电视台两个摄制团队“一带一路”纪录片对集团下属企业中白工业园、斯里兰卡项目、柬埔寨达岱水电站等项目的拍摄采访组织配合工作。

②完成中宣部“一带一路”宣传报道活动和 8 家主流媒体对中白工业园项目的采访发稿工作。

③配合审计公告发布、中央企业巡视整改情况反馈等发布稿件。

（3）媒体战略合作。

年内继续开展与机电工业杂志、英才杂志、机电商报的战略合作。利用这些平台，持续开展了日常动态新闻报道、深度专题采访报道、品牌传播等宣传活动。据粗略统计，2015 年国机集团在战略合作媒体上发稿 18 篇，字数超过 10 万字；广告 15 篇；大型活动现场宣传 4 次。在集团组织或参与的重要报道活动中，这些战略合作媒体都以专题长稿形式对集团进行了报道。

3. 舆情管理工作 2015 年的舆情管理工作有着舆情敏感点多、多为重大事件的特点，这是自 2009 年集团舆情管理工作开展以来前所未有的挑战。在中国二重改革振兴计划、中央巡视组对集团进行巡视、审计公告发布等事件，国机集团从前期监测、配合主动宣传、舆情分析等方面做了大量工作。

（1）二重专项工作。在二重重装在要约收购、集访事件、主动退市、审计公告发布、破产重整等五项重要事件中，面对内部员工、企业到媒体 / 公众、主管部门、投资者 / 股民等多重利益关联方和错综复杂的舆论环境，国机集团成立专门的舆情应对小组，与公关公司和中国二重配合，制定舆情应对和舆情引导方案，与主要媒体沟通发稿，撰写并提交舆情简报、专报，短信报告相关领导，以及对外主动新闻发布等工作。

共提交舆情报告 105 份，其中日报 75 份，周报 36 份，季报 3 份，策略建议 2 份。各关键节点，向公司主要领导和二重舆情工作组成员共 25 人，每日发送收购进程及媒体、股吧相关信息的短信，总计 50 次 / 天，日均 300 字 / 次。组织并参与工作小组专题会议五次。

① 制定实施舆情应对引导工作方案。根据事件及当时媒体舆情，确定“低调、平稳”原则和相应工作方案。所有舆情应对、对外宣传工作均在总原则的指导下有序开展，贯穿始终，将集团公司与二重重装“分割处理、就事论事”，尽量做到该事件在二重层面处理和应对。针对公告发布后可能面临的媒体采访或询问，准备相应的应对口径，在集团内部统一出口、统一口径。

② 加强舆情监测，把握媒体舆论动态。对媒体报道、百度贴吧“二重吧”和二重股吧进行 24h 实时密切监测，关注媒体、网民、股民和二重职工的讨论情况，形成舆情工作周报 30 期、季度报 2 期。5 月份，关注二重贴吧中职工关于群访事件的讨论情况，意见领袖的主要言论，形成舆情工作专项报告 20 期。6 月份，关注监测媒体关于审计署对二重审计公告的报道情况，形成舆情工作专项报告 2 期。

③及时主动发声，进行有效传播。针对媒体报道情况，及时调整传播节奏，正面回应市场传闻，发布澄清影响投资者预期和决策的关键信息。

国机集团及时合理调配各方媒体资源：二重重装对属地媒体及法批媒体的信息传递，减轻了舆情引导的压力，纠正媒体偏差；国机集团对党政媒体、行业媒体的信息传递，升华主动退市的积极意义，提升集团品牌形象。

实时与主流财经媒体记者沟通选题方向和稿件内容，关注媒体报道动态，通过“记者约稿 + 新闻通稿”两种形式，根据舆情环境，在关键节点协调平面媒体和网络媒体刊发对事件解读和定调的源发报道，总计刊发文章 11 篇次，网络转载达 127 篇次。

尤其是在对新媒体的引导和管理方面，通过认真分析二重舆情的特殊性，把东方财富股吧和百度二重贴吧作为重点管理和引导的对象。在 24 小时专人监控的基础上，通过主动发帖、回帖，网评员配合上顶或下沉帖子等方式，疏导网民负面情绪，打造风清气正的网络舆情环境，以保证及时化解过激情绪，合理疏导，避免事件发酵升级。

4. 集团官方微信运营 从 2015 年元旦发出第一期微信开始，集团官方微信公众号正式开始运营。这是国机集团新媒体运营的创新性工作。

集团官方微信公众号上线以来，受到集团内外、特别是集团广大干部职工的广泛关注。2015 年，经过一整年的运行，国机集团官方微信累积关注人数 8 390 人，日均新增关注人数 23 人。累计阅读人数 30.82 万人，累计阅读次数 50.1 万次，累计转发 2.15 万次。最高单日图文页阅读人数 8 074 人、13 713 次；阅读人数最多的单图文消息是《中国二重、二重重装重整计划顺利通过并获法院批准》，阅读量突破 15 000 次，为全年最高。

微信元年的工作目标定为扩大知名度、提升粉丝量。在短短一年内，从零开始，迅速就其内容定位、栏目设置、工作流程，以及全年的内容及活动策划形成具体方案。

（1）四次策划活动取得良好效果。

①春节期间春联征集活动。开展春联征集活动持续 10 天，共收到春联 300 余则，新增用户 800 余人。在运营之初，通过该活动迅速提升了知名度，打开了局面。

②暑假参观中国农机院奶牛场活动。在微信订阅号上开展转发抽奖，参观中国农机院奶牛场活动，持续 14 天，参与人数 1 600 余人，新增用户 700 余人。

③运动会同期活动。在集团 2015 年运动会当天，开展现场扫码抽取自拍杆活动，建立运动会现场微信群进行实时信息发布和网友互动。参与人数 1 500 余人，新增用户 1 100 余人。

④双“十一”活动。在“双十一”当天开展赠送集团子公司相关电商的促销优惠券活动，参与人数 3 300 余人，新增用户 100 余人。开展活动的同时也宣传了集团子公司业务转型升级、响应“互联网 +”趋势开展电商业务的情况。

（2）理顺管理和工作流程。

①制定运营维护管理办法，与合作方形成良好沟通机制和月度例会、策划会等工作机制。

②7 月召开在京企业微信运营管理研讨会。与在京企业通讯员共同学习、了解如何利用微信平台为企业宣传服务，探讨加强和改进国机集团及各企业微信平台运营管理的能力和水平。研讨会随后的交流环节中，来自各公司的参会代表积极介绍了本企业微信平台的建设情况，为集团微信平台建设建言献策。

（3）形式创新。发布 1 月 20 日集团工作会内容，首次使用了数据化图表形式，使用大色块扁平化的表现，将集团工作报告加以提炼，方便读者获取主要信息。之后逐步引入更多的视频、H5 页面等形式进行信息传播，受到用户好评。

5. 网站运营 国机集团官网作为集团与社会沟通最为重要的官方渠道，在企业宣传、塑造品牌形象和企业文化、提供业务服务等方面，发挥着日益显著的作用，网站访问量屡刷新高。2015 年浏览量已达 1 889 万人次，较上年同期（1 480 万人次）增长 27.6%，日均点击量已超过 3 万人次。为满足集团快速发展需求，结合网站作用的不断提升，2015 年主要完成了集团中、英文官网改版以及网站运维等有关工作，切实起到了吸引用户、突出主营业务、展示集团实力和企业文化的效果。

（1）中、英文新版官网正式上线，广受好评。2015 年新设计的界面令人耳目一新。通过比对 30 余家国内外、相关领域的知名企业网站案例，结合前沿视觉设计理念，先后设计制作超过 20 个版本的首页主视觉图，并设计多个系列的带有集团特征的各级页面、栏目、入口配图和图标，最终形成了简洁大气、内涵丰富、辨识度高的独具集团气质特点的网络形象。

栏目简洁、内容丰富。在网站框架设置上贯彻扁平化设计，使用户可以便捷、准确地获取目标信息；在栏目设置上以简洁和突出重点为原则，围绕“科技”“创新”“责任”等关键词统筹布局，将原有的 7 个一级栏目进行了提炼和调整，突出“国机产品”“科技创新”两个二级页面和“国机在全球”“首页社会责任”等特色栏目，将原有 32 个二级栏目增加到了 61 个二级栏目和 15 个三级栏目，对内容进行了系统、详尽的梳理和补充，使网站兼具展示性和功能性，成为一个强大的信息传播、资料查询和产品展销平台。

（2）网站维护进一步规范化。持续提升网站关注度。根据需要在社会责任、专题报道等栏目适时推出焦点文章和专题策划，推出社会责任文章 11 篇、专题策划 5 个。

信息发布进一步规范化。起草发布《中国机械工业集团有限公司集团官网内容保障管理办法（暂行）》，保证集团和所属企业的新闻信息、公告信息、宣传资料等各类信息在集团官网上及时、准确、全面发布，有据可依。

明确职责，协调分工。规范内容发布流程，注明信息发布来源，明确对应栏目部门负责制；组织总部 7 部门召开新网站后台操作培训会，加强与相关部门的沟通配合。

掌握后台操作，提高工作效率。通过专题培训和实时答疑，使发布人员全面、熟练掌握新网站后台的操作步骤，提高了发布效率，减少误操作率；定期梳理后台操作问题并及时反馈给项目组，进行了多次合理化调整。

（3）信息发布质量稳步提升。在新网站上线后，新闻和信息栏目进一步明确和细化，2015 年的信息发布工作呈现进一步从快、从多、从精、从严的特点。集团网站共发布信息 1 705 条次，新闻动态稿件发布量较上年同期提升 14.4%，日均发布量达 7 条次。通过固化信息发布、审核流程，注明信息发布来源，落实信息来源责任制，杜绝了信息发布的重大纰漏，2015 年信息错漏情况较往年持续降低，基本保持在 0.3% 以下。在稿件质量方面，改进了常规稿件报道风格，在基础要求之上对内容和形式进行突破，简洁化、条目化，增加可读性。对投稿的质量要求进行梳理和规范，提升来稿编辑质量。

6. 英文杂志的采写出版工作 2015 年，共出版英文杂志 4 期，采编文字量共计 5.5 万余字。第 2 季度，英文杂志顺利完成制作方的更换和改版，进一步提升了杂志的内容策划、设计排版和翻译审校水平，受到各方好评。

规范工作流程：制定《SINOMACH TODAY 出版流程》，明确时间节点，将工作节点具体划分为选题策划、采写报道、反馈完善、翻译审校、出版发行五大板块。

优化版式和图片设计：版式设计体现国机集团世界 500 强企业地位和企业自身特点，在进一步突出板块化、条目化风格的同时，实现杂志整体风格的协调统一，增强了杂志的专业性和可读性。

优化内容栏目设置：对杂志内容进行系统策划、编排，进一步针对外语读者制定栏目风格和文体风格，增加了高端访谈、行业分析等栏目，增强了阅读深度，为读者呈现一本更加好看、有料的英文杂志。

【履行社会责任】

1. 发布《国机集团 2014 年社会责任报告》 7 月 26 日，“2015 中国工业经济行业企业社会责任报告发布会暨第二届中国工业企业履责星级榜发布会”在人民大会堂召开。会上，国机集团与其他中央企业、地方骨干企业、优秀民营企业、外资企业等近 80 家企业一起发布了“2014 年社会责任报告”。与往年社会责任报告相比，该报告进行了三个方面的创新：第一，报告内容更加接轨国际一流企业的报告编写格式。以“创新国际化经营，打造海外新国机”为责任专题，呼应国家“一带一路”的重大战略；改“董事长致辞”为“董事长问答”，增强与利益相关方的沟通互动；增加了数据的可比性，积极响应利益相关方诉求；通过讲述责任故事的方式，提升报告语言亲和力。第二，报告更加凸显国机文化特色。责任管理模型以“合力同行、创新共赢”的企业核心价值观为圆点，重点围绕三大主业和五个国机建设，形成了独特的履责信息披露体系。第三，报告更加注重责任品牌传播价值。在成果展示方面，新增了 H5 轻应用版本，与传统的内外部媒体共同发挥传播效应，有助于推动集团品牌形象的持续提升。

2. 发布《国机集团海外社会责任报告》 为进一步强化国机集团国际化的责任品牌形象，2015 年特别增加了海外报告的编制工作。在编制过程中，国机集团相继调研了中设集团所属斯里兰卡普特拉姆燃煤电站、中国重机所属柬埔寨达岱水电站、中工国际所属老挝万象新世界等三个项目，对中方和当地政府、社区等近 30 位利益相关方代表进行访谈。深入了解海外项目运营特点，特别是海外一线员工对集团社会责任工作的期望和诉求，挖掘履责亮点和特色案例，为编制海外社会责任报告积累了大量的一手素材。这是集团的第一份海外社会责任报告。报告全文 59 页，2 万余字，70 余张图片，从员工成长、促进当地经济社会发展、保护环境、本土化发展等几个方面，综合运用案例、图片、图表等形式系统梳理集团在海外的履责历程，突显集团凭借自身三大主业的专业优势，为国外客户提供产品服务、满足不同利益相关方期望和诉求的努力和成效。

3. 作为发起单位之一加入中国企业社会责任促进会 国家质量监督检验检疫总局为了加强对中国企业尤其是行业领先企业社会责任的研究、宣教、交流，进一步推动我国企业社会责任健康和快速发展，拟成立中国企业社会责任促进会（简称“社促会”）。社促会旨在推动企业社会责任建设，是自愿结成的全国性非盈利社会组织，其业务主管单位是国家质量监督检验检疫总局。考虑到加入该组织将有利于推进集团社会责任管理工作和提高集团在行业中的影响力，国机集团作为发起人之一申请加入了中国企业社会责任促进会。同时作为发起人的还有中国社会福利基金会、中国黄金集团公司、大唐电信科技股份有限公司等单位。

4. 积极开展跨文化管理工作 加强跨文化管理，对于顺利实现“再造一个海外新国机”战略目标，提高集团影响力和软实力具有十分重要的意义。2015 年，按照国务院国资委有关要求，积极推进跨文化管理工作。一是开展跨文化管理研究，深入了解近年来所属企业在跨文化管理工作中的总体情况典型经验、典型案例及经验教训，工作中存在的主要问题，下一步主要思路和打算，以及对国机集团跨文化管理工作的意见和建议等，取得了很多第一手材料。二是组织中工国际共同参加了中央企业跨文化管理工作座谈会，并向国资委宣传局有关领导就集团跨文化管理情况进行了汇报。三是起草了以《积极推进跨文化管理，助力再造海外新国机》为题的集团跨文化管理工作总结材料，并作为 12 家中央企业书面交流汇报材料之一，在 11 月 19 日召开的中央跨文化管理经验交流会上进行了交流，展示了集团在跨文化管理方面的经验和特色，受到了与会代表的普遍肯定。通过一系列工作的开展，为提高集团跨文化管理、顺利实施“再造海外新国机”提供了有力的文化支撑。

5. 参加国资委组织的中央企业品牌文化与跨文化管理培训班 7 月 27—30 日，为深入推动中央企业的企业文化工作，国资委宣传局在青岛举办了中央企业品牌文化与跨文化管理培训班。来自国机集团和另外 112 家中央企业及青岛市国有重点企业的企业文化工作负责人共 180 余人参加培训。此次培训采取了专题讲座、经验交流、学习沙龙、现场教学等多种形式。在现场教学环节，学员们赴青岛啤酒集团、海尔集团和中国中车青岛四方股份公司，实地参观了青岛啤酒博物馆、海尔企业文化馆、海尔创新生活馆、海尔大学及高铁设计、实验、生产流水线，听取品牌文化和跨文化管理建设情况介绍，与青岛市国资委领导、3 家受访企业高管进行了座谈交流，详细了解其他先进企业的优秀经验和有效举措。

党建工作

【党组织基本情况】

截至 2015 年 12 月 31 日，国机集团共有党组织 2 013 个，其中，党委 158 个，党总支 100 个，党支部 1 755 个；共有党员 44 405 人，其中，在岗党员 28 907 人、离退休党员 13 599 人、女性党员 11 306 人、在岗工人党员 6 688 人、35 岁及以下党员 13 033 人。

【贯彻落实全面从严治党要求，统筹推动集团党建各项工作】

2014 年 12 月，习近平总书记第一次提出了“全面从严治党”的新要求，把管党治党提到前所未有的新高度。国机集团党委紧紧围绕全面从严治党要求，大力加强和改进党的建设。

1. 抓好顶层设计，建立制度框架 先后制定了《国机集团贯彻落实全面从严治党要求的实施意见》（简称《实施意见》）《国机集团各级党委党建责任清单》，对集团各级党组织和党员领导干部从严治党的职责任务、工作标准提出明确要求，并印发关于做好《实施意见》重点工作的通知，帮助各所属企业党委和党委书记进一步把握工作方向、明确重点任务。

2. 全面部署推动，树立工作导向 2015 年 5 月，举办所属企业党委书记培训班，围绕从严治党、制度建党等内容进行了培训动员。7 月，召开国机集团第一次党的建设工作会议，各所属企业党政主要负责人参加会议，会上部署全面从严治党工作，交流了部分所属企业抓党建的经验做法，明确了国机集团各级党组织下一阶段的重点工作，在全集团树立了党要管党、从严治党的工作导向。

3. 开展党建工作专项检查，确保工作落实 国机集团党委在2015年9—10月期间，派出检查组，分赴 8 个城市 20 家所属企业，开展党建工作专项检查。

检查采取的形式如下：与所属企业党委（总支）主要负责同志沟通，听取情况介绍；听取所属企业党委工作等部门工作汇报或情况介绍；调阅党委会议记录等相关台账、资料；实地核查领导班子成员办公用房及公务用车配备情况；召开部分党支部书记座谈会，了解基层党组织工作开展情况，听取对党建工作与业务工作相结合的意见建议，重点检查了党建日常工作落实情况、“三严三实”专题教育进展情况，教育实践活动整改进度和党风廉政建设是否到位，共涉及 4 个方面 35 项内容。

此次检查访谈了 25 位所属企业党委书记、副书记，19 位党委工作部门负责同志和 97 位基层党支部书记，逐一查阅了企业党委会和中心组学习记录，深入了解企业党建规章制度及党费管理情况，通过开展党建工作专项检查，在集团各所属企业中进一步深入贯彻了党的十八大、十八届三中 / 四中全会和习近平总书记系列重要讲话精神，强化了全面落实党要管党、从严治党的要求，扎实推动了“三严三实”专题教育以及教育实践活动后续整改工作，进一步加强和改进了国机集团党的建设，为国机集团“二次创业”提供坚强的政治和组织保证。

【扎实开展“三严三实”专题教育，不断强化党员干部政治意识和政治规矩】

国机集团党委把组织和开展好“三严三实”专题教育作为一项重要的政治任务，在中央“三严三实”专题教育工作部署后，第一时间召开书记办公会和党委常委会，学习中央精神，并就集团开展“三严三实”专题教育提出五点要求，及时建立了相应的领导体系和督促指导工作机制，以“不严不实”问题为着力点和突破口，不断强化党员干部的政治纪律和政治规矩。

1. 坚持领导干部示范带动贯彻始终 2015 年 5 月 19 日，国机集团召开“三严三实”专题教育动员大会，由董事长作动员报告，党委书记讲专题党课。会后还专门组织各所属企业党委书记进行了 3 天的集中培训，进一步深化对全面从严治党的理解、强化对制度管党的认识。自开展专题教育以来，班子成员均参加了三个专题的集中学习研讨，并以普通党员的身份参加了所在支部的学习交流。为发挥集团领导的示范带动作用，集团党委还制订了领导班子成员“三严三实”专题教育联系点工作方案，每位班子成员确定 1 家企业作为联系点，到联系企业开展专题调研，对专题教育工作开展情况进行督促指导，为所属企业党员干部讲党课，并对联系企业专题民主生活会相关材料进行审阅，提出指导意见。12 月 28 日，国机集团领导班子召开了“三严三实”专题民主生活会，会议紧紧围绕“严以修身、严以用权、严以律己，谋事要实、创业要实、做人要实”要求，联系领导班子和个人实际深入查摆问题，严肃认真开展批评和自我批评，并提出 5 个方面的整改任务。会后抓紧制定整改清单，逐项进行整改。

2. 坚持督促指导贯彻始终 专题教育伊始，召集所属企业党委书记座谈交流，了解各企业筹划准备情况。在开展专题教育过程中，2015 年 7 月 10 日、7 月 30 日、10 月 23 日，国机集团党委分别组织了 3 次所属企业党委书记和党委工作部门负责人座谈会，了解和交流专题教育特色做法及经验。9—11 月，又组织力量，对 20 家所属企业专题教育进展情况和基层党组织学习研讨情况开展了督促检查。12 月份，国机集团领导和党委有关部门参加了 19 家所属企业专题民主生活会，按照“严”“实”要求，进行指导把关。

3. 坚持边学边查边改贯彻始终 国机集团党委在前期摸底调查的基础上，通过座谈会、问卷调查、电子邮箱等 7 种渠道，收集党员群众对集团及领导班子的意见建议 338 条。集团领导班子对此专题研究，提出 5 个方面的整改任务，制定整改清单，逐项进行整改。各所属企业也按照统一要求和部署，以领导班子“不严不实”的问题、影响企业改革发展的问题为重点，积极开展边学边查边改。从“三严三实”专题教育整体情况来看，国机集团各级党组织和党员干部积极参与、深化认识、扎实整改，在党员干部守纪律、讲规矩、营造良好政治生态上，在完成经营目标、推动改革发展上，在加强企业党的建设、落实全面从严治党要求上，见到了实实在在的成效。

从“三严三实”专题教育整体情况来看，国机集团各级党组织和党员干部认真组织、积极参与、深化认识、扎实整改，在深化“四风”整治、巩固和拓展党的群众路线教育实践活动成果上，在党员干部守纪律讲规矩、营造良好政治生态上，在完成经营目标、推动改革发展上，在加强企业党的建设、落实全面从严治党要求上，都见到了实实在在的成效。

【巩固扩大教育实践活动成果，持续深入推进作风建设】

国机集团党委把继续巩固和扩大群众路线教育实践活动成果作为落实中央八项规定精神、推进企业改革发展的有力抓手，锲而不舍、驰而不息地推进作风建设。

1. 抓好后续检查督促，推动整改工作落实 建立健全了整改工作定期检查制度，每半年对各级企业特别是领导干部整改工作情况开展统计和检查，保持反“四风”高压态势。重点围绕整改措施落实情况、领导班子办公用房和公务用车情况，对 20 家所属企业进行了抽查，各项整改措施完成率达 98.3%。

2. 完善各项制度，建立长效机制 借鉴教育实践活动成功经验，研究制定了《关于深化“四风”整治、巩固和拓展党的群众路线教育实践活动成果的实施办法》，促进“四风”整治和作风建设工作常态化、长效化。

【加强企业基层党建工作的情况】

国机集团党委坚持把夯实党的组织作为企业党建的基础性工程，努力把基层党组织建设成为坚强的战斗堡垒。

1. 建立健全基层组织 以党内统计、专题教育和专项检查为契机，及时梳理企业党组织关系，积极推动所属企业党组织按期换届，全年完成党委换届 13 家，个别长期不换届的企业完成了换届选举工作。

2. 总结交流基层经验 推动各所属企业总结、梳理和归纳党建工作中的经验做法，形成 38 个经验交流材料，汇编成册印发所属企业进行学习，并组织部分企业在集团范围内进行了交流宣讲。

3. 规范党员发展工作 国机集团党委制定年度党员发展计划，规范发展流程，严把党员入口关。按照中组部和国资委党委有关要求，对在京所属企业 2015 年党员发展计划进行测算，并将国资委党委下发的发展党员名额根据在京企业实际进行分解下发，并检查所属企业实际发展完成情况，将完成情况上报国资委党委。2015 年，在京企业发展党员 112 名，全系统共发展 610 名党员。

4. 规范党建基础性工作 将近 30 年来中央涉及企业党建工作的制度规定汇编成册，并统一制作了基层党组织会议记录本、党委中心组学习记录本，并发放到各所属企业，通过制度和规范，让基层党组织工作有规可依、有章可循，不断提高工作规范化、科学化水平。

5. 广泛开展党群干部培训 国机集团党委严格贯彻落实《2014—2018 年全国党员教育培训工作规划》实施意见的要求，先后举办了 2015 年度基层党组织书记和党务干部培训班以及辅导报告会，其中党委书记、党委副书记、党办主任等共 128 人参加了培训。重点围绕深入学习习近平总书记讲话精神、进一步加强国有企业党的建设、制度领导和执行力、世界经济形势、提高党务干部群体突发事件应对与处置、基层党组织建设工作方法等内容进行了系统的培训，加强了党务干部的理论与实战经验。举办了 2015 年度入党积极分子培训班，在京单位（含集团总部）119 人参加了培训。

6. 探索创新海外党建工作形式 面对海外项目和派外党员不断增长的新形势，国机集团对所属企业海外党组织建设情况开展了专项统计，摸清底数，推动工作。相关企业也结合企业文化宣贯活动，不断探索和创新适合企业特点的海外党建工作形式与载体，在凝聚队伍、服务中心工作方面发挥了积极作用。

7. 细致深入做好企业和谐稳定工作 2015 年面对个别企业发生的突发事件，各级企业党组织迅速行动起来，充分发挥党组织和党员干部作用，分级分头做好职工思想工作，广泛听取职工意见，耐心细致做好解释说明，深入开展困难职工关心帮助，及时做好恢复生产和后期工作，有效化解和处置了重大突发事件，在关键时刻、重大关头展现了基层党组织的战斗堡垒作用。

【党内生活】

严格贯彻“从严治党”要求，规范程序标准，加强督促检查。

1. 做好国机集团党委中心组学习、党员领导干部民主生活会、党委会、常委会等会议组织工作 分别组织召开了集团 4 次中心组学习、1 次党委全委会和 22 次党委常委会，并做好会议纪要的整理发放工作。组织召开 2014 年度党员领导干部民主生活会。完成了 2015 年度党员领导干部民主生活会前期大量的工作：确定民主生活会方案；广泛征求意见，采取调查问卷、组织召开座谈会、个别谈话等多种形式广泛征求意见等。

2. 做好所属企业党委中心组学习和党员领导干部民主生活会监督检查工作 下发《2015 年度党员领导干部民主生活会有关要求的通知》和《关于报送 2015 年度党委中心组学习计划的通知》，规范所属企业党委中心组学习计划报备工作，督促检查所属企业开好中心组学习和民主生活会。

【党内年报数据统计工作】

完成党内年报数据统计工作。2015 年党内统计年报工作历时一个半月，高效优质地完成了 36 张报表、900 多项指标、近 1 万个统计数据的填报工作。在国资委 2014 年党内统计年报审核结果通报中，国机集团又一次被评为“全优报表单位”。另外，还完成了春节慰问老党员和困难党员工作以及党内统计、党费汇集公示上缴、党员手续接转等日常党务工作。

【领导班子建设和人才队伍建设】

国机集团党委紧紧围绕集团总体发展战略，认真贯彻落实上级有关部门对干部管理工作的要求和政策，结合中央巡视组专项巡视工作要求，按照从严管理、从严选拔、从严约束、从严监督的要求，抓好各级领导班子和领导干部的选配和管理工作。

1. 选优配强领导班子 组织完成 12 家所属企业的行政换届，13 家企业的党委换届，集体研究审议干部任免事项 340 人次，其中提任事项 10 人次。在这项常规工作中，力求突破创新，做到深化改革、放宽视野、大胆布局、提高活力。根据集团“一报告两评议”测评结果，集团和所属企业选人用人整体工作评价“满意”和“基本满意”率分别达到 96.43% 和 94.68%。

2. 逐步规范授权董事会选聘经理层副职工作 根据试点企业选聘工作开展情况，制定了授权企业董事会选聘经理层副职工作流程，更好地指导规范选聘工作，释放企业活力。

3. 从严从实加强干部监督 完成国机集团系统 3 260 名干部个人有关事项报告汇总，随机抽查比例扩大到 10%。完成“凡提必核”以及后备干部重点抽查 458 人。同时根据抽查结果，督促所属企业做好结果比对、处理报备，有效落实从严管理、从严监督干部的工作要求。

4. 稳步推进干部交流 推进国机集团与中央机关、地方政府以及集团系统内的干部交流。

5. 以制定新的五年人才战略规划为契机，促进多层次人才队伍建设 启动国机集团人才队伍建设规划（2016—2020 年）制订工作，对国机集团人才队伍现状和人才队伍建设总体目标进行了深入的分析研讨。开展了“千人计划”“万人计划”、国家百千万人才工程人选，中央企业创新人才推进计划，首席专家和首席技师，第三批“专业骨干培养计划”，“70、80 英才开发工程”等多层次人才的选拔推荐工作。

【党风廉政建设和反腐败工作】

2015 年上半年，中央对国机集团开展了专项巡视。国机集团党委把接受中央专项巡视作为对集团党风廉政建设和反腐败工作的一次全面检查和有力推动，作为对集团党员干部队伍一次深刻的思想洗礼和党性锤炼。巡视启动前，集团主要领导全面约谈二级企业主要负责人，对近十年来收到的举报线索、办理的案件进行大起底、大排查，就十八大召开到 2015 年初的 327 个问题线索建立台账，组织对部分重点单位、重点项目进行了自查自纠。巡视期间，国机集团党委全力配合中央第十巡视组开展工作，先后召开 7 次常委会，专题研究巡视工作事项，分别就集团整体工作、党建工作、选人用人和纪检监察工作向巡视组作专题汇报，配合巡视组对 6 家所属企业进行了重点检查。对巡视组的工作给予了积极支持和有力配合，保证了巡视工作的顺利进行，得到中央巡视组的充分肯定。专项巡视结束后，国机集团党委根据巡视反馈的意见，深入开展了巡视整改工作，成立了 7 个专项整改工作组，针对 7 个方面 39 个突出问题，分别制定整改措施，实行销号式管理，完成一项，销号一项。在配合中央专项巡视、抓好整改落实工作的同时，集团党委认真履行党风廉政建设主体责任，召开反腐倡廉建设工作会，结合实际全面部署工作；推动各所属企业建立健全党风廉政建设主体责任、监督责任相关制度；结合党建工作专项检查，组织开展了党风廉政建设责任制落实情况的检查，查找问题，推动工作；坚持开展党纪党规宣传教育，通过集团网站、报刊、廉洁提醒短信、党风党纪警示牌等方式，对党员干部常提醒、常要求，进一步增强干部廉洁自律意识。

【贯彻落实中央八项规定精神】

2015 年，国机集团继续按照中央八项规定精神，认真抓好贯彻实施，同时紧盯作风领域新情况、新问题、新苗头，采取坚决有力的措施予以整治，以实际行动推动国机集团整体作风建设。

1. 广大党员、干部的思想认识进一步转变 国机集团党委高度重视贯彻落实中央八项规定精神，绷紧思想认识这根弦，及时学习掌握中央和国资委关于作风建设的各项规定和要求，把思想转变体现为自觉行动，持续深入推动作风建设。广大党员、干部结合“三严三实”专题教育工作，对照“严以修身、严以用权、严以律己，谋事要实、创业要实、做人要实”的要求，把提升思想认识和解决实际问题结合起来，进一步转变作风，坚持知行合一，把作风建设转化为内在驱动力，促进国机集团实际工作的长足进展。集团领导班子先后多次通过党委常委会、中心组学习、党风廉政工作会议，深入学习贯彻中央八项规定和“三严三实”要求，认真落实国资委相关文件精神和制度规定，进一步推动集团作风建设常态化、机制化、长效化，注重在各项工作中发挥党员领导干部的示范带头作用。

2. 进一步巩固成果，作风建设求实效 国机集团党委坚持一把手负总责，班子成员分工负责，各部门具体落实的责任机制，把解决作风问题与解决实际问题紧密结合起来，进一步巩固八项规定实行以来取得的各项成果，注重作风建设的实效性和持续性。

（1）领导干部以身作则，规范履职待遇。结合实际情况，落实自身公务用车和办公用房整改工作。国机集团领导班子成员办公用房已完成整改，正职办公用房面积严格控制在 $80m^2$ 以下，副职办公用房面积原则上控制在 $60m^2$ 以下，个别办公用房在改造完成后由于房屋结构限制，一次性整改成规定面积标准以内确有困难，因此略有超出，依据国资委相关文件精神暂不进行二次整改，拟待今后办公用房维修改造或领导职务变动办公用房调换时一并整改。公务用车严格按规定标准执行，按职数以租赁方式配备，其中：正职 3 名，租赁车辆 3 辆，车价 37 万元 / 辆（租期为 2013—2018 年）；副职 7 名，租赁车辆 7 辆，包括车价 21 万元 / 辆（租期为 2014—2019 年）的车 1 辆，车价 24 万元 / 辆（租期为 2015—2020 年）的车 6 辆。

领导班子成员坚持从自身抓起、从小事抓起，出行不乘坐头等舱，到基层调研住企业招待所，在食堂或生产现场与职工一同用餐，不安排领导接送，不搞长篇汇报，直接扎到生产一线调研情况、听取意见，以实际行动为基层党员干部做出示范。

（2）厉行勤俭节约，规范业务支出。国机集团按照中央八项规定精神，以厉行勤俭节约、规范支出管理为重点，开展了一系列专项整治工作，集中力量解决作风建设中的重点焦点问题。一是进一步改革公务用车管理办法。由后勤部门根据工作需要统一调配车辆和司机，严格派车单管理，杜绝超标配备、公车私用现象。二是统筹制定培训计划，严格控制培训费用。进一步完善培训管理制度，统筹协调培训计划。三是严格成本控制，规范业务支出。结合工作实际，在干部职工中进一步强化节约办企业的思想意识，对总部各部门和各所属企业严格落实中央规定提出明确要求，明令禁止，狠刹公款吃喝和奢侈浪费等不正之风，严控费用支出。

（3）进一步完善规章制度，规范企业行为。为确保八项规定在执行中不走样、不放松，落实国资委《关于印发〈中央企业负责人履职待遇、业务支出管理办法〉的通知》（国资发分配〔2015〕5 号）要求，2015 年国机集团制定了《中国机械工业集团有限公司全资、控股企业负责人履职待遇、业务支出管理暂行办法》，并对《中国机械工业集团有限公司全资、控股企业负责人履职待遇、业务支出管理实施细则》进行了修订，从加强管理、严格要求的角度，将企业负责人各类业务活动纳入有规可依、规范运行的范畴。

（4）加强监督检查，确保中央精神落地。2015 年，国机集团贯彻落实八项规定监督检查领导小组及领导小组办公室认真开展监督检查工作，形成长效工作机制，与企业纪检监察部门一起，采取自查自纠、征求意见、集中检查、明察暗访、信访受理等方式方法，加强对各单位及领导干部特别是主要领导贯彻落实“八项规定”情况的执纪监督，将干部遵守“八项规定”情况作为其评先评优和任用的重要依据。2015年4月，为保证中央八项规定精神在集团各级企业的贯彻落实，加强对企业负责人履职待遇和业务支出的管理，逐级落实监督责任，在集团范围内开展了对企业负责人履职待遇、业务支出情况检查工作，要求各所属企业采取自查的方式，重点检查企业负责人办公用房、公务用车，以及制定履职待遇、业务支出的具体标准、管理流程等实施细则情况。

【信访维稳工作】

（1）认真做好来信、来访接待及处理工作，2015年，共接待上访人员43批90余人次，来信19封，电话来访15余次。按期完成国资委信访月报统计报送工作。

（2）先后向4家维稳工作存在隐患的企业发出7件专项工作函，督促所属企业重视问题、化解矛盾。

（3）及时总结梳理所属企业应急处置工作经验，组织安排了突发事件应急处置的业务培训，安排了信访群访重点企业的工作座谈，做到工作前置、防线前移。

【纪检监察】

1. 强化责任担当，认真落实党风廉政建设主体责任和监督责任

（1）充分认识抓好党风廉政建设工作对企业健康发展的重要性，坚持党风廉政建设与生产经营工作同部署、同要求。在年初以一类会议的规格组织召开了反腐倡廉建设工作会，对国机集团党风建设和反腐败工作做出全面部署；协助集团党委与领导集团班子成各所属企业领导班子和总部部门负责人签订了年度《党风廉政建设责任书》，要求党员领导干部认真落实“一岗双责”，将党风廉政建设与生产经营工作同部署、同落实、同检查、同考核。要求所属企业及时传达和贯彻落实集团工作要求，层层分解任务，传递和压实党风廉政建设责任。

（2）集团领导以上率下，履行党风廉政建设工作责任。集团党委常委在落实党风廉政建设主体责任方面积极作为，党政主要负责人既是党风廉政建设的推动者又是执行者，对所属企业主要领导逐一进行了约谈，对抓好各企业党风建设和反腐败工作、落实主体责任提出要求。集团领导班子其他成员按职责分工落实“一岗双责”，在抓好分管业务工作的同时，认真抓好责任范围内的党风廉政建设，深入联系重点企业讲“三严三实”专题党课。国机集团领导班子成员深入37家二级企业和8家三级企业调研，发现并纠正有关问题，力求抓早抓小、防微杜渐。许多所属企业党委、纪委也开展对所管理党员干部的约谈工作，要求增强政治定力和党性意识，从严管理、廉洁从业。国机集团各级党委、纪委负责人同下级党政主要负责人谈话1 079人次，领导干部任前廉政谈话598人次，领导干部述职述廉1 521人次。

（3）从制度层面强化责任体系。国机集团印发《贯彻落实全面从严治党要求的实施意见》，明确工作重点，细化责任内容，强化机制保障。在集团制定党风廉政建设主体责任和监督责任实施意见、完善党风廉政建设约谈制度基础上，一些所属企业结合实际制定了本单位贯彻落实的具体办法和制度措施。

（4）加强党风廉政建设工作培训。中央专项巡视后，国机集团党委分别组织各所属企业党委书记和党委工作部门负责人进行培训，传达中央精神，交流工作经验，要求各级党组织严格履行全面从严治党、加强党风廉政建设的责任，增强党员领导干部的党性意识、责任担当和履职能力。

（5）完善和执行干部选拔任用程序，把好选人用人关。为进一步完善选人用人机制和考核评价体系，修订了《国机集团全资、控股企业领导干部管理办法》等制度，落实党管干部责任。国机集团选拔任用干部注重酝酿和考察程序的履行，党委工作部门和纪检监察部门派人员参与考核过程，干部聘用方案在提交党委常委会讨论前征求纪委、纪检监察部门的意见，对拟提任干部人选一律进行公示，防止“带病”提拔和选人用人不正之风。

（6）坚持开展党风廉政建设责任制落实情况监督检查。在各企业自查总结的同时，国机集团党委、纪委组织对中国福马、中国中元、中国二重、成都工具所、重材院、中国农机院、中机六院等7家二级企业进行了抽查，检查组通过与企业党委、纪委同志个别访谈，与基层党组织负责人和职工代表座谈，调阅有关会议和工作记录，深入了解企业党风廉政建设“两个责任”和各项工作的落实情况，认真查找存在的问题和不足，有针对性地进行帮助指导，督促整改提高，使党风廉政建设责任在企业经营管理各环节得到落实。

2. 全力配合中央专项巡视，把巡视整改作为加强集团党风廉政建设的重要契机

（1）全力配合巡视检查。中央第十巡视组进驻前，成立了支持中央巡视工作领导小组和工作组，落实后勤服务、信访办理、文秘宣传等保障工作。在中央巡视期间，集团各级领导和干部职工如实提供相关情况，接受检查，认真落实交办事项，体现出良好的政治素质和政治觉悟；集团抽调骨干力量配合中央巡视组开展巡视检查等工作，保障了中央专项巡视工作圆满完成。

（2）巡视整改严细深实。在中央专项巡视意见反馈后，集团党委先后召开10次党委常委会或党委常委扩大会，深入学习领会中央精神，统一思想，积极行动，董事长任洪斌和党委书记石柯共同担任整改落实中央专项巡视反馈意见工作领导小组组长，亲自挂帅，以强有力的组织保障和整改措施解决巡视发现的各种问题，促进国机集团党风建设和反腐败工作深入开展。纪委积极发挥组织协调作用，对中央巡视反馈的意见梳理出7个方面39个突出问题和意见建议，组织制定整改方案、组建7个专项整改工作组，明确完成时间和责任部门，强化责任落实，建立整改台账，实行销号式管理，确保“件件有着落、事事有回音”。67项整改措施已完成62项，还有5项持续性改进措施在进行中；集团层面新增制度10个、修订制度11个。干部职工对集团巡视整改情况的满意度为96.88%。

3. 加强问题线索管理和纪律审查，惩处违纪行为 国机集团纪委、纪检监察部门坚持聚焦主责主业，认真做好信访办理和纪律审查工作。

（1）组织对国机集团和所属企业2003年以来所有问题线索进行梳理和排查，建立台账，向中央巡视组和上级纪委提交自查报告，做到情况明、底数清。

（2）依规处理信访问题。2015年国机集团纪委受理信访举报197件次（含重复件50件次），同比增长198%。对问题线索按照五类处置标准办理，其中，初核120件，谈话函询29件，了结109件。

（3）正确把握监督执纪“四种形态”，针对党员干部出现的倾向性、苗头性问题，通过函询约谈、诫勉谈话等形式予以警醒，使其悬崖勒马；对触犯党纪国法者坚决查处，严格落实“一案双查”，加大问责力度，对典型问题点名道姓通报曝光，建立不敢腐的惩戒机制。2015年国机集团系统开展诫勉谈话103人次、函询16人次；立案查处违规违纪问题17件，追究党纪政纪责任27人，其中党纪处分15人、政纪处分18人。

4. 持续纠正“四风”，不断巩固落实中央八项规定精神的成果 重视党纪党规宣传教育，组织学习《党章》及新修订的《廉洁自律准则》《纪律处分条例》两项党内重要法规，要求全体党员特别是党员领导干部自觉践行《准则》，加强党性修养，坚持理想信念宗旨“高线”，使廉洁自律准则内化于心、外化于行；要求对照《条例》，切实把自己摆进去，自觉做守纪律、讲规矩的模范。在集团举办的各类培训班上，纪委领导同志坚持作廉洁从业讲座，讲明党的纪律、国有企业领导人员廉洁从业若干规定和纪委执纪问责的有关要求。盯住敏感时段、重要时间节点，采取发通知、发廉洁提醒短信、参观廉政教育基地、剖析案例等方式，对党员干部常提醒、常要求。

加强纪律约束，坚持一个节点一个节点抓，抓深抓细抓实，严禁用公款赠送贺卡、月饼等节礼，严肃查处公款吃喝、公款送礼、公款旅游等问题，严格规范“三公经费”、履职待遇和业务支出等事项。按照中央要求，对顶风违纪者发现就严查，查实就严处，及时公开通报。2015年查处3起违反中央八项规定精神的案件，5人受到党纪政纪处分。

5. 加强生产经营重点环节监管，持续推进廉洁风险防控工作

（1）开展效能监察，堵塞管理漏洞，提升管控水平。国机集团总部开展了中央专项巡视整改落实情况效能监察。所属企业各监察部门紧紧围绕影响企业效益、影响管理效能的业务和关键环节，组织开展效能监察43项，立足发现问题、堵塞漏洞、惩处违规，提升生产经营管理水平。

（2）加强对海外重点工程项目建设的监管。国机集团纪委对中工国际比西亚联合循环电站等5个项目、CMEC阿根廷贝尔格拉诺货运铁路改造等2个项目开展了专项巡检。检查组通过召开座谈会、听取汇报、深入现场检查等方式，对项目运行情况、融资和佣金管理、物资采购管理、大额资金使用及是否存在违纪违规问题进行了摸底了解，督促规范管理，对加强海外工程项目监管进行了有益探索。

6. 推进纪检监察机构“三转”，提升监督执纪履职能力

（1）根据中央和国资委党委、纪委有关精神制定了《国机集团所属企业纪委书记、副书记及监察机构正职提名考察办法（试行）》，明确所属企业纪委书记、副书记的提名考察以集团纪委会同组织部门为主，要求各企业共同遵照执行。

（2）转职能，完善纪检监察机构设置。国机集团总部纪检办（监察室）增设纪律审查处，增加编制2人，强化纪律审查职能；对规模较大的、具备条件的企业，逐步在班子换届调整或重组改制时实现纪委书记专职化；对条件尚不具备或规模较小的企业，要求兼有其他职务的纪委书记必须强化党风建设和反腐败工作的履职要求，把主要精力放在纪检监察工作上，着力加强纪检监察工作机构和干部配备，保证监督执纪责任得到落实。

（3）转方式、转作风，提高履职素质和能力。利用中央纪委、国资委纪委培训资源，先后分3批选派了总部和所属企业纪检监察干部参加学习培训，使大家深刻领会和系统把握中央对党风廉政建设和反腐败工作的一系列指示精神，加强党性修养，锤炼过硬作风，学习他人经验，改进方法技能，全面提升纪检监察业务素质和监督执纪能力。为进一步加强纪检监察理论研究和实践总结，组织开展了党风建设和反腐败课题研究，推荐30篇论文参加了中国监察学会机械分会优秀论文征集评选，其中获得一等奖3篇、二等奖14篇。

【共青团和青联工作】

截至2015年10月，国机集团共有35岁以下青年36 657人，共有团员15 367人，专、兼职团干部1 600人。共有团组织744个。

2015年，国机集团团委在集团党委和中央企业团工委的领导下，充分发挥团员青年组织的引领带动作用，紧紧围绕企业中心任务，大力加强青年思想引导，努力服务青年成长成才，组织青年建功立业，在集团“二次创业”征程中发挥了青春力量。

（1）1月，国机集团团委组织召开在京所属企业团组织负责人会议。集团团委负责人及各在京所属企业团组织负责人20余人参加了会议。会议对2014年集团共青团工作进行了总结，并对2015年工作计划做出安排。

（2）“五四”青年节期间，国机集团团委组织各级团组织申报中央企业“五四”评选活动。经中央企业团工委评审，国机集团共青团系统共有8个集体和11名个人获得中央企业团工委表彰。

组织开展2014—2015年度团内评比表彰活动，对82个先进青年集体和137名优秀个人进行了表彰。

（3）积极探索团员青年工作“走出去”机制，加强与海淀区团委、街道团工委及陕西省和其他央企团委的联系与合作，分别举办和参与组织了“海淀五四青年讲坛走进国机集团”“中关村西区青年奔跑联谊”“陕西省青年科普系列活动”和“央企团团车”等活动，一方面加强了区域化团建工作，拓宽了团员青年工作思路，另一方面通过积极有效利用优势资源，为广大国机青年以及社会办了实事，彰显了国机集团的良好形象。

（4）6月，在陕西省团校举办2015年团干部培训班暨国机集团青年志愿者协会成立大会，国机集团所属企业58名团干部参加了培训。参训学员就当代青年特点与企业共青团工作、共青团活动的设计与组织实施、“中国梦”时代背景下的当代青年发展问题、共青团基础知识与工作实务等，进行了认真学习。并赴陕甘边区革命根据地纪念馆进行了革命传统和理想信念教育，在“青年的故乡”“抗日干部的摇篮”安吴青训班革命旧址，开展了“青年工作经验与启示”现场教学和清理旧址杂草垃圾环保志愿活动。大家在提升素质的同时，也使精神境界得到升华，凝聚起了为集团“二次创业”和“再造一个海外新国机”而努力奋斗的青春正能量。

（5）为了整合志愿服务各项资源，深化青年志愿服务品牌，促进集团系统内青年志愿服务活动常态化和组织建设规范化，国机集团团委于6月份召开大会，正式成立国机集团青年志愿者协会，并成功启动第一次协会志愿活动。在9月份召开的集团运动会上，协会组织约90名青年志愿者参与各项服务工作，圆满完成了工作任务，得到了各界好评。

（6）2015年，共对7家所属企业团委换届和更名进行了批复。

（7）编发《国机集团青年通讯》共计7期，登载了国机共青团系统全年的重大活动和主要工作。

（8）根据中央企业团工委要求，完成2014年度团费收缴工作。

（9）12月，国机集团青年联合会二届四次全体会议暨“感悟‘中国制造2025’，推进国机集团‘二次创业’”行动学习活动在上海召开。集团副总经理、青联名誉主席丁宏祥，集团副总经理、青联主席刘敬桢等领导出席会议，国机青联委员及各所属企业团组织负责人、青年代表约70人参加了会议。会上，丁宏祥围绕集团“二次创业”发表讲话，要求进一步建设好国机青联学习平台，充分发挥青联组织和委员的作用，为推动集团改革发展、推进“二次创业”和“再造一个海外新国机”做出积极贡献。刘敬桢作专题报告，同与会人员分享了美国哈佛学习的体会和收获，为青联委员和团干部拓展眼界、开阔思路给予了指导帮助。

会议期间，国机科学研究院副总工程师郝玉成和博世中国总裁陈玉东分别以“智能制造转型，创新驱动引领”和“德国工业4.0介绍”为主题作专题讲座，同与会人员进行了研讨交流。此外，与会人员还参观了中国商飞研究院、C919大型客机总装线和上海国际汽车零部件展览，以行动学习促进对中国制造的感受和理解。

【精神文明建设、统战及军转干部、防范邪教工作】

（1）2月，中工国际工程股份有限公司被评为“第四届全国文明单位”，中国第二重型机械集团公司继续被认定为“第四届全国文明单位”。

（2）根据工作需要及人员变动情况，对国机集团精神文明建设综合治理领导小组名称及组成人员进行了调整。调整后成员如下：

组　长：石　柯

副组长：徐　建、丁宏祥、王克伟

成　员：苏维珂、王锡岩、史　辉、夏闻迪、韩晓军、王玉琦、沙　非、赵　飞

国机集团精神文明建设领导小组下设办公室，日常工作由党委工作部负责。

（3）启动全系统“道德讲堂”建设活动、组织在京企业开展“社会主义核心价值观”宣传和建设“北京文明智慧平台”活动，进一步推动精神文明创建活动走向深入。

（4）根据国资委要求，及时传达中央统战工作会议精神和《中国共产党统一战线工作条例（试行）》，部署各企业落实有关精神。继续开展“我为企业献一策”活动，鼓励统战代表人士积极为企业提出合理化建议，进一步强化统战工作在企业中的作用和影响力。

（5）加强与统战代表人士的联系，两节期间开展慰问活动，对在京归侨侨眷代表上门走访，表达集团对他们的问候和祝福。

（6）3月，任洪斌董事长、徐建总裁与来自集团系统内的7名两会代表、委员进行了座谈。他们分别是，第十二届全国人大代表石柯、罗艳、赵剡水、陈学东、许希、陈仲，第十二届全国政协委员柳崇禧。座谈中，与会代表、委员谈了参会的感受、体会，结合两会精神与集团的未来发展，分别就机械行业的热点问题、重点领域的发展以及各自专业相关的问题进行了交流。石柯书记代表集团系统的两会代表、委员对国机集团和任洪斌董事长的支持表示感谢，并分享了自己参加两会的感受。其他代表委员也结合自己的议案提案进行了交流发言。

（7）为了进一步夯实侨联组织建设，11月召开国机集团第三次归侨侨眷代表大会，此次会议是集团侨联召开的首次覆盖京外京内所属企业归侨侨眷代表的会议，标志着集团系统侨联正式成立。中央企业侨青委副主席、中央企业侨联副秘书长、国资委群工局处长史才伟出席本次会议，来自集团有关所属企业归侨侨眷代表30余人参加会议。

会议对集团二届侨联的工作进行了全面总结，并选举产生了新一届侨联委员会委员、主席、副主席和秘书长。与会嘉宾就侨联如何在集团“二次创业”征程中发挥作用提出了工作要求，就“新形势下如何开展侨联工作”作专题报告。

会议选举产生刘浩（女）、许希、李维民、陈超、钟素慧（女）、黄国栋、梁宏彦、戴慧荃

（女）8 名同志为新一届侨联委员会委员，李维民当选为新一届侨联主席，许希、陈超、梁宏彦当选为副主席，陈超兼任秘书长。

（8）在抗战纪念日及“十一”国庆临近之际，按国资委有关要求，与各单位沟通联络，做好军转干部解困及稳定有关工作。

（9）积极做好宣传教育工作，向企业发放光盘、宣传画和书籍等，部署做好防范邪教工作。根据国资委要求，及时做好排查梳理工作，在重大节日及敏感日，督促有关在京企业排查不稳定因素，做好防范工作。

【老干部管理工作】

（1）根据中组部通知要求，组织开展 2015 年度离退休干部年报统计工作。截至 2015 年年底，国机集团共有离休干部 950 人，退休干部 19 868 人，其中在京 4 096 人，党员 8 081 人。

（2）2 月，向中组部老干部局上报“部分离休干部相关数据统计”，其中，国机集团全系统内 1937 年 7 月至 1945 年 9 月参加工作的离休干部共有 170 人，在京 50 人。

（3）5 月，按照中组部要求，做好在京抗战时期及以前参加革命工作的司局级以上老同志情况的统计和上报工作。

（4）根据财政部通知精神，完成 2016 年离休干部医药费补助资金申报工作。共申报困难企业 23 家，涉及离休干部人数 404 人，申请补助金额共计 715.08 万元。

（5）根据国资委有关要求，做好向健在的抗战老战士、老同志颁发抗战胜利 70 周年纪念章工作，集团共有 181 名老同志领取了纪念章。

（6）8 月，根据中共中央组织部、财政部共同下发的通知要求，安排部署各级企业做好为抗战时期及以前参加革命工作的离休干部发放一次性慰问金的相关工作。

（7）根据中组部要求，开展离休干部提高医疗待遇初审及申报工作，共有 31 名离休干部被中组部批准享受副省部级医疗报销标准待遇。

（8）按照卫计委要求，完成在京副省部级医疗待遇离休干部的体检组织工作。

（9）组织全系统老干部开展“为党的事业增添正能量”活动，为各企业离退休党支部订阅《学习参考》，丰富老干部的政治文化生活。

（10）积极开展对总部退休人员的日常服务工作，发放书籍，组织退休党员开展学习。完成收缴党费、生日关怀、健康体检、费用报销、家庭帮扶等日常工作。

【工会工作】

（一）集团工会工作

1. 工会组织建设

（1）指导所属企业推进工会组织建设。2016 年，国机集团工会先后研究批复中海航等 3 家二级企业工会完成换届选举，批复国机重工等 3 家企业工会进行主席补选。对各单位推进工会组织建设给予了及时必要的指导和支持。

（2）工会信息管理系统上线运行。为方便集团和各单位工会对所属工会组织相关信息的统计和掌握，国机集团工会在内网“国机集团信息集成管理平台”中建立了“工会信息管理系统”，并于今年 3 月正式开通试运行。工会信息管理系统覆盖集团所属各级企业的工会组织和全体会员，它的上线运行将有效提升工会信息统计工作的规范性和时效性，方便工会工作的开展。

（3）组织召开工会三届三次会议。2015 年 12 月份，在南京召开了国机集团工会三届三次会议，研究审议 2015 年工作总结，讨论 2016 年重点工作安排，审议 2015 年经费收支和 2016 年经费预算等工作，交流工会工作先进经验。

2. 职工队伍建设

（1）组织全国劳模选报工作。积极组织在京中央企业的全国劳动模范的选报工作，中国中元张日同志被评为 2015 年全国劳动模范称号。2015 年国机集团所属企业共有 5 名同志当选为全国劳动模范。

（2）举办两期优秀班组长培训班。2015 年 8 月和 10 月，国机集团工会连续举办两期优秀班组长培训班，共有来自各所属企业一线的 98 名优秀班组长参加了培训。

（3）积极参加国资委组织的职工技能培训。组织所属企业 96 人报名参加国资委与清华大学合办的班组长资格能力认证远程教育培训，推荐 1 名所属企业职工参加国资委组织的赴德国数控机床操作技能培训，推荐 2 名职工参加中央企业优秀班组长面授培训。

3. 职工经济技术创新

（1）试点首批国机集团创新工作室。选择荣获 2015 年全国劳模称号的 5 位同志所在企业试点首批创新工作室，并以这 5 位同志的姓名加以命名。目前，5 家单位都已完成了创新工作室的筹备工作，正在逐个验收并进行挂牌过程中。

（2）调研工业机器人操作技能大赛。与国资委群工局积极沟通，陪同群工局有关负责同志前往广州机械院调研工业机器人产业发展情况，并根据国资委领导意见，为2016年举办集团系统工业机器人操作技能大赛并积累经验。

4. 企业民主管理

（1）开展合理化建议活动。2015年10月，国机集团工会在职工中开展“我为国机献一策”合理化建议活动，计划于12月底之前完成第一轮合理化建议的收集工作。

（2）举办职工董监事培训班。2015年11月，国机集团工会在京举办国机集团职工董监事培训班，来自集团所属30家单位的50名职工董事、职工监事参加培训，邀请国资委、证监会、国机集团有关领导同志及相关专家学者进行授课。

5. 职工关爱帮扶

（1）深入基层“送温暖”。2015年春节前夕，国机集团工会陪同集团领导分别前往北京、西安、乌鲁木齐、广州、重庆、德阳等地，看望慰问所属企业劳动模范、困难职工及患病职工，将慰问金和集团爱心基金亲手交到他们手中，带去了集团领导、集团工会以及国机大家庭全体职工的关爱和温暖。

（2）设立并发放职工特别帮困资金。为帮助所属部分困难企业解决职工生活困难问题，经国机集团工会委员会研究并经集团工会经费审查委员会审议通过，决定在2015年原有集团工会预算的基础上，从工会经费中增加200万元设立职工特别帮困资金，分别下拨给中国二重、国机重工、济南铸锻所以及中地装等四家企业工会，帮助解决困难职工的实际困难。

（3）坚持做好女职工工作。“三八”节前夕，国机集团工会、女职工委员会共同举办《职业女性的压力管理与心理调适》女性心理健康知识讲座，受到女职工们的一致好评。

11月9日，国机集团女职工委员会召开在京企业女工工作座谈会，交流分享女工工作经验，探讨2016年女工工作安排。

6. 职工文体活动

（1）组织“最美国机人”演讲比赛。2015年上半年，由集团党工团联合发起、集团工会负责主办的“最美国机人”演讲比赛，共有33家单位的116名选手报名参赛。初审入围的36名选手在经过短期集训后，分为4个巡讲组，分赴京内外11个城市的16家企业开展巡讲活动，同时综合评选出12位入围决赛的选手。7月1日，庆“七一”最美国机人演讲比赛决赛在集团总部成功举办。在此过程中，选手的演讲内容和出色表现赢得了国资委、全总及集团领导和各到访企业广大干部职工的热烈欢迎和一致好评，在宣传国机集团先进人物和典型事迹的同时传播了企业文化，传递了正能量，对提振职工精神面貌、为企业改革发展营造健康向上的文化氛围发挥了积极作用。

（2）举办第五届职工田径运动会。2015年9月18日，国机集团第五届职工田径运动会在北京国家奥林匹克体育中心隆重举办。本届运动会共有包括集团总部和所属二级企业在内的42家代表队参加，运动员近1 700名，裁判员111名，连同职工观众总计约5 000人到会，是集团历届运动会中参赛单位最全、参赛人员最多、组织规模最大的一届。

（3）主办篮球邀请赛。利用国机集团工会工作会的时机，集团工会主办、苏美达工会承办“苏美达杯”篮球邀请赛，集团所属8家企业的优秀职工篮球队应邀齐聚南京，通过篮球比赛，活跃企业文化氛围，促进企业间的交流。

7. 加强工会干部队伍自身建设

（1）配合全总做好工会调研工作。2015年7月1日，全国机冶建材工会主席江南等领导同志莅临国机集团开展企业工会工作调研，集团工会委员会、工会经费审查委员会、女职工委员会的在京委员参加了座谈会，围绕经济“新常态”下企业工会工作中的有关问题与全总领导进行了深入沟通和探讨，加深了大家对中央政策了理解和把握，对今后更好地做好工会工作具有较强的指导意义。

（2）组织工会干部培训。利用工会三届三次会议时机，组织举办了第五期工会主席培训，邀请全国机冶建材工会江南主席及一汽李凯军同志，分别就《新形势下工会维权工作》和《改进创新的沃土，技能成才的摇篮——李凯军创新工作室》进行了辅导。

（二）爱心基金捐款

经统计，2015年共有63 467名职工参与了集团“爱心一日捐”活动，捐款金额合计506.66万元，爱心基金发放方面，2015年9月和2016

年 1 月分两批向 243 名所属企业职工（或职工子女）发放爱心基金 151 万元。

（三）总部工会工作

在国机集团工会的领导下，与总部工会一道组织总部人员参加了集团的田径运动会。帮助总部职工各类文体活动协会开展活动同时组织评选出 13 名同志为总部工会积极分子。

（四）扶贫工作

1. 召开专门会议布置扶贫工作 为积极响应中央号召，认真落实中央有关扶贫工作的各项要求尤其是习近平总书记“五个一批”的指示精神，切实履行央企社会责任，国机集团专门围绕扶贫工作召开党委常委会，要求有关部门和各所属企业要高度重视扶贫开发工作，将扶贫开发当作一项重要政治责任，摆在更加突出的位置。要加强扶贫工作调研，贯彻“精准扶贫精准脱贫”理念，本着“尽力而为、量力而行”的原则，为集团扶贫开发工作做出更加积极的贡献。会议并决定集团三位主要领导分赴 3 个扶贫县区进行实地调研。

2. 增加扶贫资金预算 国机集团积极响应中央加强扶贫工作的号召和要求，在经济下行压力加大、企业扭亏脱困任务艰巨的情况下，本着尽力而为、量力而行的原则，在往年扶贫预算的基础上，适度增加扶贫资金预算，2015 年集团扶贫资金预算总计 180 万元，较 2014 年增加 125%。

3. 开展“百县万村革命老区定点扶贫活动”

（1）按照国资委、国务院扶贫办对开展百县万村革命老区定点扶贫活动的工作要求，2015 年 4 月，国机集团工会处先后前往所属中机六院、中机中联，委托两家单位分别做好河南固始县、四川省广元市朝天区两个革命老区贫困村“三缺”（缺路、缺水、缺电）情况的摸底调查。工会处连同两家单位有关同志一并前往固始和朝天两地，完成调研工作的接洽。

（2）2015 年 5—6 月，中机六院、中机中联分别派出项目组深入固始、朝天贫困村，经过近两个月的现场调研，基本摸清了当地“三缺”情况，测算出工程所需资金，并在此基础上形成了贫困村“三缺”情况调研报告。工会处在调研结果的基础上，结合企业实际情况，提出了帮扶规划和建议，报集团领导及国资委扶贫办。

4. 解决贫困地区的实际问题

（1）向贫困村捐赠先进农机设备。2015 年国机集团从所属中国农机院采购价值 40 万元的“华德牧机”系列农收设备，捐赠给淮滨县周小庄村，以帮助贫困户开展农机服务业务，增加贫困户收入，推动贫困地区农业发展和社会进步。

（2）改造修缮贫困村生产用水塘。2015 年底，国机集团划拨 70 万元资金，委托中机六院设计和监督施工，对固始县 3 个贫困村的生产用水塘进行改造修缮，以解决贫困村居民的生产用水问题。

（3）帮助贫困村解决道路硬化问题。2015 年底，国机集团向朝天区拨付 70 万元资金，用于解决朝天区重点贫困村鱼鳞村的道路硬化问题，目前已完成 3.2km 山区道路的硬化。

5. 坚持开展教育扶贫

（1）“扶贫必扶智”，在国机集团推动下，所属合肥通用职业技术学院自 2004 年始每年面向固始县坚持开展助学扶贫计划，2015 年新录取 2 人，录取考生免缴学费。2012 年以来，该院招收固始籍学生共计 38 人，毕业 30 人。已毕业的 30 名固始籍学生初次就业率达 100%，不少毕业生选择返回固始县建设家乡。

（2）学院在发展学生党员、授予国家励志奖学金、院三好学生、院优秀学生奖学金时，同等条件下优先考虑固始籍学生，在推荐就业时重点推荐固始籍学生。

6. 外派干部挂职开展工作 按照中组部及有关文件要求，2015 年国机集团向四川省朝天区鱼鳞村派出中国二重的陈斌同志担任驻村第一书记，人员已于 2015 年 12 月中旬到岗。另外，国机集团从中机六院选派干部担任固始县副县长，从中国一拖选派干部担任淮滨县副县长，有关材料已报河南省组织部门，待完成审批手续后，人员将于近期到岗。挂职干部的陆续到岗，将有力推动国机集团扶贫开发工作的落实。

7. 整合利用各所属企业资源共同参与扶贫工作 2015 年，除委托中机六院、中机中联、中国一拖、中国农机院等单位协助完成部分扶贫任务外，利用年中工作会的时机，向各所属企业发出共同参与集团扶贫工作的倡议，得到各单位的积极响应。

第三篇

子公司发展概况

中国机械设备工程股份有限公司

【基本概况】

中国机械设备工程股份有限公司（简称CMEC），2011年1月18日由中国机械设备进出口总公司通过整体改制正式更名，2012年12月21日在香港上市。成立于1978年，是中国第一家大型工贸公司，由国机集团控股。

CMEC在国内设有24家下属公司，在国外及香港特别行政区设有16家下属公司，共设26家驻外代表处。

截至2015年年底，CMEC职工有3 485人，中级以上职称1 707人，其中高级职称703人。

2015年是CMEC“五年战略规划期”的关键之年，是推进发展方式转变，完成转型突破的攻坚之年。突出业务发展的保质稳定、资源的内外部整合和协同、产业链构建的创新等发展重点，向全球一流的跨国公司持续迈进。全年运营情况良好，主要经营指标保持增长。进一步健全“核心市场管理机制”，积极探索并抓住“一带一路”机会，强调“积极拓展外部合作模式，尤其是与全球领军企业的合作，从而推动产业能力的提升与业务的拓展”方向。与阿里巴巴集团合作，开展跨境电商业务。完成对机械工业勘察设计研究院的全部股权并购工作，对新增设计及咨询版块业务进行发展规划。投资业务除围绕CMEC的优势产业和区域，投资BOT项目外，新增BROT类项目发展方向，进一步拓宽融资渠道，尝试新融资模式。CMEC案例入选《中国企业海外可持续发展报告2015》。

【主要指标】

完成进出口总额21.62亿美元，其中贸易板块完成进出口总额8.24亿美元。

国际工程承包业务新成交项目23个，成交额31.81亿美元。签约待生效项目总额121.91亿美元，未完成合同量总额75.41亿美元。

工程承包业务实现营业收入137.40亿元，占公司营业收入的66.19%；实现毛利润25.44亿元，占毛利润总额的75.03%。2015年主要经济指标详见表1。

表1　中国机械设备工程股份有限公司2015年主要经济指标

项　目	2014年	2015年	同比增长（%）
资产总额（万元）	3 808 984.75	4 223 242.84	10.88
净资产（万元）	1 316 253.11	1 420 141.61	7.89
营业收入（万元）	2 378 016.89	2 075 736.40	-12.59
利润总额（万元）	276 485.59	277 676.29	0.43
技术开发投入（万元）	57 396.29	70 918.12	23.56
利税总额（万元）	279 128.58	296 757.35	6.32
全员劳动生产率〔万元 /（人·年）〕	86.65	86.96	0.36
净资产收益率（%）	16.93	15.03	减少1.90个百分点
总资产报酬率（%）	7.88	6.97	减少0.91个百分点
国有资产保值增值率（%）	117.67	115.46	减少2.21个百分点

【重大决策及重大事项】

1. 投资成立国机资本控股有限公司　7月16日，与国机集团及其若干下属公司，以及建信（北京）投资基金管理有限责任公司共同成立国机资本公司。CMEC作为发起股东参与成立国机资本，为CMEC发展投融资行业、改善资金运作及管理效率提供便利，提供长期投资回报，并积累投资管理经验。

2. 投资拉动 EPC 取得突破 12 月 21 日，CMEC 参股投资的塔尔煤电一系列项目融资协议签署。此举意味着“一带一路”旗舰项目——中巴经济走廊首个煤电一体项目落地。塔尔煤电项目是中巴经济走廊优先实施项目之一，总投资超过 20 亿美元，融资额 15 亿美元。

11 月 6 日，CMEC 与新加坡腾飞集团签署《亚洲区域产业/商业园区战略合资协议》，根据该协议双方将在全亚洲范围内就产业/商务园区的投资开发进行战略合作。

3. 基建项目稳步推进，总部综合楼项目取得突破 总部综合楼、中机院研发中心、上海中心、深圳研发中心楼和机勘院设计中心 5 个基建项目进展顺利，长沙项目竣工验收，上海项目、深圳项目封顶，北京总部综合楼的报批手续取得决定性突破，于 12 月 12 日举行启动仪式，重新开工建设。

【市场开拓】

1. 工程成套业务稳中求进，创新突破初见成效

（1）工程成套业务管理不断完善。深化制度建设。出台制度 11 个，重点面向项目前期和执行过程管理。这些制度的出台有效提炼了多年积累的项目经验，有力地保障了项目执行过程的规范性。

完善配套体系。深化公司、事业部两级监督管理体系；完善 EPC 项目全生命周期制度体系；实施评审结果闭环管理；改进佣金管理和项目考核体系；建立完善项目督查体系，持续开展对重点和中方融资项目的督查工作。

细化项目管理。加快专业化能力建设；持续推进集中采购，加强对合格供应商的动态管理，规范项目采购流程，控制采购风险，实现“阳光采购”；稳步推进项目后评价工作，不断总结项目经验。

（2）项目执行情况良好。狠抓执行，确保项目按时保质完成。在建项目超过 70 个，合同金额 151.1 亿美元，项目情况总体良好。纳米比亚 MR67 号公路沥青规格升级项目移交，并进入为期 1 年的质保期。该项目是 CMEC 在纳米比亚的首个项目，竣工较合同工期提前 99 天，受到当地政府和项目咨询工程师的充分肯定和高度评价。此外，白俄罗斯别列佐夫联合循环电站项目荣获中国建设工程鲁班奖（境外工程），这是继土耳其 EREN 2×600MW 超临界燃煤电站项目之后第二次获此殊荣。

控制节点，严格把控项目执行进度。阿根廷铁路项目、委内瑞拉中央电厂项目、塞尔维亚一期项目等稳步推进，首个风电总承包项目——巴基斯坦 Tenaga 风电项目正式开工。

善始善终，高度重视项目运营维护。积极由工程承包商向综合服务商转型，提升工程承包项目各环节价值。斯里兰卡普特拉姆燃煤电站二期项目总发电量 39.8 亿 kW·h，可利用率超过 90%，高于合同要求的 85%。

（3）市场开拓稳中有进。新签约项目主要有老挝 230kV 输变电项目、印尼南苏拉威西班塔恩 2×300MW 火电站项目、巴基斯坦卡洛特水电站项目、澳大利亚阿斯创唐纳德锆钛矿砂项目等，主要分布在亚洲、非洲，以电力能源行业为主。新生效项目主要有塞尔维亚科斯托拉茨电站二期项目、安哥拉索约联合循环电厂项目，巴基斯坦塔尔 2×330MW 燃煤电站项目和喀麦隆雅温得萨纳加水处理厂项目等。项目主要分布在非洲，其内容以电力能源行业为主。

积极响应“一带一路”“中巴经济走廊”等国家战略，做出一系列实质性布局。成立“一带一路”及重要战略市场工作小组，对各项国家战略深入研究。

全力落实成熟项目。梳理列出“三个清单”：两优项目清单、非实体经营项目清单、卖贷项目清单。分别选出 5 个项目重点推进，取得积极进展。

积极拓宽融资渠道，选择条件合适的项目重启卖方信贷融资模式。

（4）创新突破初见成效。“投资拉动 EPC”战略取得突破。参股投资的巴基斯坦塔尔煤电一体化项目，作为“中巴经济走廊”的首个煤电一体化项目，正式签署融资协议。和马尔代夫能源与环境部及国家电力公司签署马尔代夫 1.5MW 光伏电站投资项目的执行协议和购电协议。

在工业园、现代农业等“新模式、新领域”主动作为。利用新加坡区域中心，与新加坡腾飞公司签署合资协议，共同开发中国、印度、马来西亚、越南、印尼、缅甸的工业园项目，其中印度金奈工业园区项目进入可行性研究阶段。在塞尔维亚进行现代畜牧业开发，签署塞尔维亚克拉古耶瓦茨肉制品加工厂项目的MOU。

战略合作成果显现。1月，与GE签署《非洲区战略合作谅解备忘录》，随后在安哥拉索约联合循环电厂项目、肯尼亚风电项目等项目展开深入合作，取得良好成效。12月，与华能集团展开合作，双方将充分利用政府间多双边合作机制，共同开发国际市场。

（5）区域化、属地化战略深化。区域化、属地化战略是深度开发核心市场，带动周边滚动发展，培育区域竞争优势和保持长期持续发展的必然选择，意义重大，成效可期。新加坡区域中心正式运营，率先在搭建平台、整合资源方面进行了有益探索。迪拜区域中心正在稳步推进，东南亚区域贸易中心和加勒比海区域贸易区域中心也在积极筹建。属地化工作扎实开展，各项目在当地分包、采购、雇员的比重进一步加大，海外员工制度也正在积极探索。

（6）产业链不断完善。随着中机国际、机勘院等科研院所的先后并入，CMEC对项目技术和设计的管控能力进一步加强。同时，基本建立起以哈成套所和兴电国际为主的自有设备监造和现场施工监理队伍，将项目监理、监造等核心质量控制环节提升到公司层面加强监管，产业链条日趋完善。

2. 贸易与服务业务总体向好，转型升级取得进展 贸易与服务板块完成营业收入70.17亿元，同比下降5.77%。实现毛利8.47亿元，同比增长29.09%。完成进出口总额8.24亿美元，同比下降24%。

贸易服务板块业务发展总体向好，在做好风险控制的前提下，着力改变经营模式单一、产品控制力薄弱、国内外两个市场不平衡等现状，回归并立足于机械工业。积极创新经营模式，努力从产品贸易商向产品增值服务商转变，整体经营能力和盈利能力得到提升，转型升级取得进展。

（1）板块化管理成效显著，制度引导有序有力。通过修订制度、完善评审机制，提出“一站式管理模式”，建立贸易业务后评价工作机制，使贸易业务事前评审、事中执行、事后总结评价有了完整的全程管理，为贸易业务在风险管控、转变经营模式、可持续有质量发展提供有力保障。

（2）重组集成优势逐渐凸显。中设装备公司获得国家“高新技术企业”认证，坚持走专业化经营模式，在以高端铸锻件产品为核心的领域具备了自主设计、研发新产品能力，成功从纯粹的贸易商转型为贸易与产品相结合、渠道与技术相结合、开发与实业相结合的产品增值服务商。

华东事业部致力于分布式光伏电站项目、新能源产品和综合外贸服务平台项目的开发，并依托中设国联新能源投资平台，在江苏、江西、长春等地开展地面和屋顶光伏电站的投资和建设工作，累计建设规模178.66MW。

中经东源公司采用多元化经营模式，致力于东南亚尤其是泰国、老挝市场的深度开发，获得持续稳定的发展空间。

中设工程机械公司以电气设备和工程机械产品为两大核心，从传统的货物买卖向提供一站式服务贸易发展，走出自己的经营特色。

（3）实业化投资取得突破。中设装备公司通过和中信集团下属企业合作，合资组建中设华晋铸造有限公司，年内正式投入生产，解决长期困扰中设装备公司没有自己生产基地的问题；通过和江苏一丰公司合作，控股建立中设精工江苏有限公司；积极推进和重材院、江阴南工锻造在特种合金锻造项目上的合作。

（4）与地方政府合作持续深化。继续与地方政府开展深入合作，积极在国家重点发展地区寻求项目和商业机会，为区域经济发展注入新的活力。与宁夏回族自治区、焦作、驻马店等地方政府签订战略合作协议，并积极推动战略合作重点项目的实施。与宁夏国际会展有限责任公司等共同发起成立中阿博览集团，结合中国－阿拉伯国家博览会，推动宁夏会展经济及中阿间交流与合作；焦作、驻马店综合业务服务中心等项目也在持续推进。

（5）跨境供应链服务平台初步搭建。进出口贸易因互联网、电子商务的迅猛发展而发生巨大变化，通用、机电、苏州、河南等子公司顺势而为，与阿里巴巴集团展开合作，尝试开展跨境电商业务，初步搭建跨境供应链服务平台。

（6）内部协同成绩斐然。完成为期3年的“国机制造出口倍增专项工作”，累计出口金额3.29亿美元。同时，按照互惠互利、创造价值的原则，深化内部协同，提升协同质量。在阿根廷贝尔格拉诺货运铁路改造、喀麦隆雅温得萨纳加水处理厂等项目的采购环节上，与中国二重等兄弟单位展开深入合作。

（7）服务业保持行业领先。服务业务中的工程物流、展览业务发展稳定。中设商运公司积极开发外部业务；纳米比亚子公司正式运营，取得初期成效；成功研制车厢运输支架，实现海运技术突破；首次独立承运风电项目，为新市场开拓打下基础。

西麦克展览公司不断发挥主营业务优势，开启大客户定制服务，创新业务模式，深化与国机集团、CMEC 及相关企业的协同。成功承办 CMEC 印尼品牌展等重大活动，并积极助力中白工业园、印度工业园的宣传、推介。

3. 投融资业务取得进展，努力打造新优势

（1）境外投资业务取得突破。巴基斯坦塔尔煤电项目签署融资协议，并将在近期完成融资关闭，该项目开始建设。成功中标马尔代夫太阳能电站投资项目，在电力投资方面取得突破。

（2）境内投资业务初见成效。依托中设国联新能源投资平台，开展的国内光伏电站投资业务初具规模，累计投资额 14.1 亿元。此举是 CMEC 从传统火力发电领域向新能源领域延伸，业务转型升级，开拓国内电力市场的重要举措，为进入清洁能源领域创造了条件。

（3）融资多元化取得进展。立足于融资模式创新，加大与中资金融保险机构的合作力度，在传统融资模式基础上，依托巴基斯坦煤电项目在项目融资模式上实现突破。

【产权制度改革】

为完善产业链，增强设计服务的整体实力和综合竞争能力，于 9 月完成对机勘院的全部股权并购工作。机勘院具有非常强的综合实力，尤其是工程勘察、测绘和设计能力较为突出。完成收购后，将充分发挥其技术优势，有效降低工程成本、减少工程风险。

【经营管理经验】

制度建设更加规范，制（修）订 40 余项规章制度，不断提高制度的科学性、针对性和有效性，为形成衔接紧密、操作性强、管控界面清晰的制度流程体系打下良好基础。

CMEC 以合规管理为前提，结合自身经营业务特点，不断深化完善董事会制度专业化建设，使制度建设更趋专业化、多元化，形成股权层、治理层、经营层“三位一体”的良性互动关系。加大一般性授权权限和管控力度，提高一般性经营事项的审批速度。凭借优异表现，CMEC 从众多上市公司中脱颖而出，荣获 2015 中国证券金紫荆奖“最佳上市公司董事会”专项奖。

对战略进行相应的调整和修订。起动对托管企业的战略制定、业务板块的战略审核工作，确保各部门与整体战略方向的一致性、发展思路的契合性、战略举措的协同性。

重新搭建薪酬体系架构，成立薪酬政策委员会、薪酬监督委员会、薪酬绩效考核委员会等。

制定人才队伍建设规划和培训体系。

充分发挥预算的价值支撑作用，提升财务管理能力，积极为投资业务、新型业务提供财税专业支撑，规范财务基础工作，提升财务信息质量，在 2015 年度“国机集团财务信息管理先进企业”评比中获一等奖。

推进合规管理工作，强化全员合规意识，为各项业务发展持续提供优质、高效的法律服务和支撑保障。完善法律支撑保障体系和风险管理防控体系，定期监控可能面临的运营风险、资金风险、投资风险、法律风险等，全年未发生重大风险事件。

出口管制工作扎实推进，出口管制审核实现线上运行，并与中国军控和裁军协会建立合作机制。出口管制办公室获 World ECR 评选的“最佳出口内控合规团队”奖。

为加强项目现场安全管理工作，派出多个专项检查组，对哈萨克斯坦电站、土耳其电站等项目现场进行安全检查，确保安全工作落实到位。也门安全形势急剧恶化，立刻启动应急机制，第一时间作出应急防范及撤离工作部署，在多个部委及军方的通力协作下，巴吉尔水泥厂现场人员全部安全撤离。

【信息化建设】

信息化工作以企业战略落地提供支撑工具为目标，按信息化战略规划逐步推进。2015 年是信息化系统建设高峰期，针对业务诉求，从横纵两方面深化系统应用，加强信息标准化、信息安全、信息基础等方面工作力度，全面提高协同整合能力。

在系统应用方面，横向扩大信息系统在业务和管理方面的覆盖范围和应用的广度，新建集中采购系统、审计信息系统、展览客户关系系统、员工培训系统。纵向加强现有系统管理精度、应用深度、提升管理效用，完善现有系统的深化和优化，为管理和决策提供有效的支持工具。

在信息标准化方面，完成主数据管理平台搭建，实现系统间的互联互通，逐步消除信息孤岛，为下一步业务财务一体化奠定基础。在信息安全方面，完成统一用户平台的搭建，实现用户单点登录和对用户的统一和安全管理，提升办公效率，完成所有 16 个应用系统的对接。

在信息基础方面，实现无线网络用户的分类管理和安全控制。优化服务器虚拟化环境，提高服务器的使用率和降低使用成本，增强应用系统的容灾能力和应急响应能力。在持续优化电脑集中采购管理的同时，进一步加强运维外包服务管理，提升计算机类资产统一管理和维护水平。

【企业文化】

编辑完成《CMEC 不会忘记》一书，整理《CMEC 历史资料文件汇编》（1986—1997 年）。为庆祝公司成立 37 周年，组织开展“CMEC 核心价值观大讨论”“CMEC 企业文化大家谈”党团主题活动。此外，组织抗日老干部座谈会等。

举办职工运动会，并组队参加国机集团第五届职工田径运动会，荣获多项奖励。继续举办“五月杯”羽毛球、乒乓球比赛、“中设好声音”歌唱大赛、职工拔河比赛等文化体育活动。

【党建工作】

1.“三严三实”专题教育活动取得丰硕成果 各级党组织认真学习贯彻党的十八届四中、五中全会精神，以习近平总书记系列重要讲话为指导，以开展“三严三实”专题教育活动为主线，紧紧围绕经营管理中心，充分发挥党组织的政治核心和战斗堡垒作用，为各项任务完成提供坚强保障。召开中国共产党中国机械设备工程股份有限公司第一次代表大会，为加强党的建设奠定坚实基础。同时，各级组织和干部职工从讲政治的高度，认真贯彻落实中央巡视工作精神。多次召开书记办公会、党委扩大会、纪委会、专题会，深入研究巡视整改工作。同时，坚持驰而不息、立说立行，以高度的政治责任感，边研究、边整改、边落实，把中央巡视作为落实党委主体责任的重要契机，作为加强党风廉政建设的重要机遇。

2. 党的建设不断引向深入 制定《CMEC 党委关于落实党风廉政建设主体责任的意见》《CMEC 纪委关于落实党风廉政建设监督责任的意见》。同时，总结“CMEC‘3+3’党建工作法”。

3. 党风廉政建设得到加强 党委、纪委严明党的政治纪律和政治规矩，举办学习贯彻《中国共产党廉洁自律准则》《中国共产党纪律处分条例》专题讲座。同时，坚持用身边的事教育身边的人，提高广大党员、干部及员工的法纪意识，使大家避免触碰“纪律的警戒线”“法律的高压线”。

【社会责任】

CMEC 加强战略引领，不断强化社会责任沟通，持续加强社会责任能力建设，深入开展社会责任专题研究，积极塑造社会责任品牌形象，推动将社会责任理念和要求融入公司使命、运营和文化中，全面培育企业责任竞争力优势。

积极加强与各利益相关方的沟通交流，健全社会责任报告发布制度，发挥社会责任报告在提升负责任央企形象方面的作用；广泛运用各种渠道和方式，加强社会责任信息披露；组织社会责任调研、访谈等，不断增进社会各界对 CMEC 的了解和认同。

《CMEC2014 年社会责任报告》获评“金蜜蜂 2015 优秀企业社会责任报告·员工专项奖”。

在推进社会责任工作中，将加强社会责任能力建设放在重要位置，通过组织社会责任座谈会、加强社会责任交流学习，提升全员社会责任能力，为全面开展社会责任管理提供重要支撑。参与由中国社会科学院组织的中国领先企业社会责任调研工作，走访华润、中国石化、远洋地产、三星等公司，通过座谈和实地参观，深入了解调研企业社会责任履行情况，为全面提升社会责任管理水平提供借鉴。

CMEC 配合国机集团领导开展海外社会责任实践调研，完成《CMEC 海外社会责任实践调研报告—斯里兰卡篇》，并协助国机集团完成海外社会责任报告。

注重加强社会责任品牌传播，致力于塑造“CMEC”社会责任卓越品牌。在海外的社会责任实践案例被收录进《中国企业海外可持续发展报告 2015》，面向全球发布，提升 CMEC 品牌价值。

CMEC 积极参与“2015 中国对外承包工程企业社会责任绩效评价活动”，被评为领先型企业，代表中国国际承包商在履行社会责任方面的先进水平。

中工国际工程股份有限公司

【基本概况】

中工国际工程股份有限公司（简称中工国际）隶属国机集团。成立于 2001 年 5 月，并于 2006 年 6 月在深圳证券交易所挂牌上市，是中国股市实施全流通股改后第一家获准发行新股（IPO）的公司。核心业务有国际工程总承包、海内外投资和贸易，具有丰富的国际工程总承包管理经验。完成上百个大型交钥匙工程和成套设备出口项目，业务范围涉及亚洲、非洲、美洲和东欧地区，业务领域涵盖工业工程、农业工程、水务工程、电力工程、交通工程、石化工程及矿业工程等。完成的项目获得所在国家业主的广泛认可和好评。拥有广泛的信息获取渠道和高效的管理团队，拥有长期而稳定的战略合作伙伴和良好的融资能力。

【主要指标】（主要经营指标详见表 1）

表 1 中工国际工程股份有限公司 2015 年主要经济指标

项　目	2014 年	2015 年	同比增长（%）
资产总额（万元）	1 790 002.49	1 984 041.53	10.84
净资产（万元）	573 939.72	643 664.31	12.15
营业收入（万元）	953 287.75	811 994.05	-14.82
利润总额（万元）	96 815.35	109 037.62	12.62
技术开发投入（万元）	36 785.31	31 102.16	-15.45
利税总额（万元）	99 305.24	111 454.70	12.23
EVA 值（万元）	46 549.27	65 232.41	40.14
全员劳动生产率〔万元 /（人·年）〕	68.25	45.24	-33.71
净资产收益率（%）	17.36	18.79	增加 1.43 个百分点
总资产报酬率（%）	5.92	5.96	增加 0.04 个百分点
国有资产保值增值率（%）	108.35	120.65	增加 12.30 个百分点

【改革改制】

继续深化事业部改革，加强对境外机构和子公司管理工作，严格规范驻外代表处月报报送工作，各子公司月报报送系统正式上线，同时通过召开经营分析会加强运营管理。深入开展重点市场梳理、属地化专题研究，推进属地化经营。拟订《员工外聘管理办法》，为未来属地化公司人力资源管理奠定基础。

【重大决策与重大项目】

1. 中白（白俄罗斯）工业园项目取得重大进展　引进招商局集团作为战略投资方，中白合资公司的管理架构更加完善。园区与招商局集团、中国一拖、中联重科、中兴、华为、成都新筑、甘肃聚鑫、白俄纳米果胶 8 家入园企业签订了入园协议；与中国福马、中信建设、烽火通信等 20 家企业签订了入园意向协议。园区总计划投资额 1 亿美元，拟租（购）地 137hm²。中白工业园一期市政基础设施建设项目签订了 1.7 亿美元优买贷款协议，通过了中国进出口银行的项目评审并生效。3 月项目第一阶段开工，5 月 12 日完成计划形象进度。与白方就修订总统令达成初步一致意见，进一步改善园区投资环境，为吸引企业入园创造更好条件。

2015 年 5 月 12 日上午，习近平主席和夫人彭丽媛在白俄罗斯总统卢卡申科陪同下，视察中白工业园项目现场。习主席和卢卡申科总统亲切问候了参与园区基础设施建设的中白两国工人代表，共同参观了园区展板和沙盘，听取了国机集团董事长任洪斌就中白工业园发展历程、规划建设、招商引资等情况的汇报。习主席关切地询问了项目推进中的困难，并叮嘱一定要执行好项目、认真筛选入园企业，并重视园区建设中的环保问题。习主席和卢卡申科总统共同见证了园区管委会主任为7家首批入园企业颁发入园企业证书，以及14家意向入园企业向管委会递交入园意向协议文本。

中白工业园项目是丝绸之路经济带上的重要节点，其建设发展对公司在白俄罗斯，以及在中亚地区，乃至整个丝绸之路经济带的业务发展和品牌形象的树立起到至关重要的作用。

2. 沃特尔水技术股份有限公司 在新业务领域开发方面，以沃特尔公司为业务平台，大力发展水务环保产业。沃特尔正渗透技术的商业化运用逐渐铺开，使用该技术的长兴电厂项目已连续稳定运行8个月，中标多个使用正渗透技术的废水“零排放”项目；与中石化成功合作，跨入能源化工行业。沃特尔还加强科研力量，实验室技术研发实力不断增强，科研技术转化获得实效，资质提升效果显著。

3. 老挝万象新世界项目 2015年8月25日，万象新世界商业街一期成功举行开街仪式。10月完成商业街土建安装工程的竣工验收，项目整体成本控制良好。在营销方面，继续采用租售结合营销策略，取得成效。东昌酒店二期装修改造项目于1月通过竣工验收并完成项目交付。在经营方面，举行多次大型会议和展销活动，超额完成商务客户签约计划，同比增长55%。酒店平均入住率明显提升。

4. 中工投资管理有限公司 作为中工国际的资本运作和投融资平台，中工投资管理有限公司于2015年初注册成立，并进入运行。中工投资管理架构和业务流程初步搭建完成，明确了职能定位、投资方向和项目筛选标准。投资基金计划获进展顺利，与外部专业机构成立合资基金管理公司工作获公司批准；启动公司主体和债项的国际信用评级工作，为公司利用国际资本做准备。在投资项目方面，与公司多个业务部门合作，为多个EPC项目提供专业支持，推动了“三相联动”战略的实施。

【市场开拓及签约】

国际工程承包市场呈现平稳增长趋势，国家“一带一路”宏伟构想逐步深化落实，对外承包工程业务发展面临前所未有的政策机遇。然而，对外承包工程企业之间的竞争也呈白热化，专业化大型公司优势明显，给公司市场开发带来一定压力。为了把握政策机遇，实现业绩增长，深入开展政策研究及市场调研，加大市场开发力度，参与各类高访活动及高层论坛，把握机会，克服困难，推动项目签约及生效工作。新签合同额12.67亿美元，其中在伊朗、菲律宾、玻利维亚、厄瓜多尔、肯尼亚、津巴布韦、白俄罗斯等传统市场成功实现新项目合同签署，并签订多个项目的补充合同，实现项目滚动开发。此外，在多哥和印度两个新市场也签署了项目。在业务领域方面，签署了玻利维亚钾盐厂项目合同，在盐化工领域取得突破，实现了专业领域的进一步拓展。在新签项目中，合同金额超过1亿美元以上的项目4个，包括厄瓜多尔政府金融管理平台办公大楼建设项目（2.22亿美元）、中白工业园一期市政基础设施建设项目（2.21亿美元）、玻利维亚钾盐厂项目（1.78亿美元）、伊朗输变电项目（1亿美元）等。至2015年底，在手合同余额82.37亿美元，为后续业务发展奠定了坚实基础。

【产权制度改革】

为落实《国家出资企业产权登记管理暂行办法》（国资委令第29号）等文件精神，成立产权管理工作小组，专门负责产权管理工作。战略规划部是投资设立子公司及投资项目产权管理的归口部门，在完成设立子公司及项目投资公司内外相关投资审批流程后，战略规划部将占用、变动、注销产权登记的相关资料抄送财务部。财务部设专人专岗进行产权管理日常工作的落实、归档等工作，同时对国家出资企业产权登记管理系统进行日常数据更新和维护。战略规划部会同财务部定期对已有产权登记信息进行逐项核对，发现问题及时整改。

【科研成果】

获发明专利证书5件，实用新型专利证书23件，软件著作权证书8件。

【经营管理】

全球基础设施建设整体保持旺盛需求，国家“一带一路”战略持续深入推进，给海外工程承包企业带来了巨大机遇。为更好地把握市场机遇，促进项目的签约和生效，确保整体经营指标的完成，采取了以下经营管理措施：

1. 战略管理稳步落实，机构管理日益规范 召开战略质询会；对战略重点工作进行部署。组织各事业部、子公司制定子战略，谋划未来发展。召开一系列战略研讨会，围绕公司工程承包主业、投资和贸易业务的发展思路和问题进行深入研讨，明确发展思路。深入开展重点市场梳理、属地化专题研究、矿业市场和水务环保领域研究，并对同行业企业的并购案例进行综合研究，为公司发展提供思路。

2. 加强人力资源管理，打造人力资本优势 不断夯实人力资源管理体系，修订和完善八项人力资源管理制度；指导完成《中农机改革方案》；完成部分员工岗位调整和岗位工资调整；开展老挝地区人力资源管理专题调研。拟订《员工外聘管理办法》，指导部门规范用工。开展第七期“赢在中层”职业经理人和第八期项目经理培训，组织多场次专业培训，有效提升员工的国际化视野和专业技能；引进各类人才 82 名，淘汰人员 7 名。完善干部选拔任用程序，进行中高层管理人员换届竞聘。在海内外组织多场次企业文化宣传贯彻和交流活动，有效促进了员工对企业文化的理解和认同。

3. 加强项目执行管理，完善信息管理系统 实施《项目前期策划及执行监控管理办法》《项目评价管理办法》，对项目评价模型进行修编，并通过项目管理信息系统、日常评审和汇报、现场检查及“一年两次对所有在执行项目进行全面评价”等方式，加大执行项目风险监控力度。召开主题为“携手中工 共创未来”的中工国际首次合作伙伴交流大会，进一步加强公司与优质合作伙伴的关系。

4. 财务管理日趋规范，专业支持日显重要 完成“全面风险管理手册”修订；围绕股权激励目标，做好预算编制、执行、控制各环节的优化工作；继续加强境外机构财务管理，落实税务筹划方案，从风险控制、支持、服务 3 个角度大力支持项目开发。此外，财务部门新势力提升公司资产质量，清理低效无效资产，加强“两金”管控，盘活存量；加强资金管理，降低日常资金存量，调整资金产品，实现较大资金收益，实现降息不降收益的目标；落实境外项目所得税的境内抵免工作，成功收回 2013 年和 2014 年度境外已缴纳所得税 1.38 亿元。

5. 管理服务加强，业务支持完善 融资部落实“大金融”战略，根据不同地区与国别特点，创新融资解决方案，探讨多元化融资方式，对市场与项目开发起到重要支撑作用。多个大项目的融资得到落实，生效总金额近 20 亿美元，其中两优项目 2.2 亿美元、商贷项目 9.45 亿美元。并有多个重点项目签署贷款协议，融资工作取得重大进展，为公司后续发展奠定了基础。

技术支持部助力玻利维亚钾盐厂等项目开发，为重点执行项目开发和执行提供技术支持，有效把控项目技术风险。加大力度推进内部知识共享，建立文控管理系统并将所有在执行项目上线运行。6 项发明专利获得授权。11 月，公司再次获得国家高新技术企业资格。

6. 法律机制不断完善，风险管理加强 制定 5 年法制工作规划，确立公司法律工作的目标和方向。制定合同管理办法，规范公司的合同管理。法律人员参与一系列重大项目的对外合同谈判，为工程承包项目的开发和执行提供有力的专业支持，加强对诉讼和非诉争议的管理，维护公司的合法权益。对公司各类投资项目提供专业支持，加强对下属分（子）公司法律事务的管理，法律工作支持作用明显，配合保障有力。

为适应事业部改革后的管理需要，公司内控小组开展对管理制度的修订、重建工作，组织公司职能部门对《中工国际全面风险管理与内部控制手册》进行全面修订与更新，使得风控体系与业务发展联系更加契合。

7. 加强公司品牌建设，不断完善信息系统 推进品牌建设，通过样本、宣传片、对外展览等方式连续进行公司形象宣传；利用重大事件和新媒体扩大宣传效果。完善一体化平台、KOA 等系统办公模块功能，优化审批流程，提高行政办公审批效率，为业务的顺利开展提供保障。完成网络安全改造一期项目等一批信息系统项目，为完善信息安全体系奠定基础。

按时、保质保量地在深交所完成年报、中报、季报、临时报告等信息披露工作，连续 5 年获深交所信息披露考核 A 级荣誉。

【信息化建设】

全面梳理信息化相关工作并结合公司全面风险管理要求，重新整理信息化工作“风险点”，制定和修订一批信息化相关制度，确认和绘制信息化管理流程、重新编写各类文档手册和修订风险控制矩阵，加强和规范信息化项目建设，完善各项工作流程并加强信息化风险控制管理。

项目管理系统拓展项目目标管理、成本管理、采购管理功能，规范项目采购与成本管理，规避项目执行风险，开发预警功能，多项工作同步完成相关功能需求分析、设计、开发与测试工作，系统功能快速跟进并满足业务需求，加强对业务数据的监控，以及图形展示功能，直观反映项目实时情况，进一步提高审批效率。

基于规模扩大、人员增加和各类信息系统安全管理要求和需要，重新完善信息安全体系，细化和完善公司所有信息安全制度，明确安全岗位职责和工作内容，责任落实到岗到人，制定和完善各类信息系统应急响应预案和恢复机制；根据公司网络整体规划和国机集团管理要求，进行网络安全一期改造项目，完成网络结构改造，使得核心网络具有冗余功能又兼顾负载均衡；实施新的IP地址规划方案，使得地址管理更加科学规范，同时满足集团的整体管理要求；重新划分安全区域并制定安全访问规则，整体提高了公司网络结构的合理性和访问规则的安全性。

在公司所有项目上推广项目文档管理系统，配套发布《中工国际项目文档管理系统运行维护管理办法》，明确文控系统管理和使用的职责与权限，将文档管理列入项目评价体系，为业务的顺利开展提供保障。

完善公司各类信息系统的应用和功能。完成原财务系统数据整合；实施BO系统的升级工作；完善一体化平台和KOA系统各版块功能。

基于集团网站群平台，完成公司网站群项目电脑版网站全部功能迁移和手机版网站建设工作，进一步提高网站的稳定性和安全性。国机集团网站群采用国际先进的SDN加速方式，提高了全球访问公司网站速度，有助于公司在国外品牌的宣传和推广，影响潜在的客户关系。同时，手机版网站和微信关联，使得国内外关注公司的用户了解和获得公司信息更加方便快捷。

【人力资源管理】

夯实人力资源管理体系，修订和完善八项人力资源管理制度；指导完成子公司改革方案。完成部分员工岗位调整和岗位工资调整；开展老挝地区人力资源管理专题调研，为未来属地化公司人力资源管理奠定基础。拟订《员工外聘管理办法》，进一步指导部门规范用工。

开展第七期“赢在中层”职业经理人和第八期项目经理培训，组织多场次专业培训，有效提升了员工的国际化视野和专业技能。人才引进方面，共引进各类人才82名。完善干部选拔任用程序，组织中高层管理人员换届竞聘。

【企业文化建设】

加强企业文化的宣传贯彻力度，全年组织25次“勇攀高峰 赢得未来”——企业文化交流会，国内外累计400余人参加，使公司的文化理念更加深入人心，发挥了文化先行的重要作用。此外，特别注重对青年员工的人文关怀和企业文化熏陶，通过组织青年员工知识讲座、爱国参观活动、运动友谊赛、青年联谊会等一系列活动，为青年员工融入公司、贡献智慧与力量营造良好的氛围，提供了有益的指引。

【党建工作】

公司党委深入学习贯彻党的十八大及十八届三中、四中和五中全会精神，以开展“三严三实”专题教育，巩固党的群众路线教育实践活动成果和防止“四风”问题反弹为抓手，围绕“勇攀高峰年”主题，开展企业党建工作，以多种形式组织宣传教育活动，促进员工队伍建设和企业文化建设，努力将企业党建工作与经营管理工作有机结合，为公司发展服务。

1. 以开展“三严三实”教育、巩固党的群众路线教育实践活动成果为契机，开展一系列党员学习教育活动 2015年6月2日，根据中央和国机集团党委的统一部署，召开“三严三实”专题教育动员部署会，组成以党办和人力资源部有关人员参与的工作小组，在进行“三严三实”问卷调查的基础上，起草《中工国际“三严三实”专题教育工作计划》和党委书记专题党课报告。在动员会上，党委书记赵立志以《认真践行“三严三实”要求，推进落实“双百亿双十亿”战略目标实现》为题作党课报告。

动员布暑会后，公司党委按照专题教育工作计划，组织9名党员高管在所分管的单位讲党课，组织各个支部进行3个专题的学习研讨，在“七一”期间组织在京党、团员和入党积极分子观看电影《旋风九日》，组织各支部和广大党员学习“刘云山同志在省区市和部分部门单位‘三严三实’专题教育工作座谈会上的讲话”等，以多种方式实现该项工作的全覆盖。

2. 以专项检查为契机，全面梳理近年党建工作，完善一批党建工作制度 2015年10月29日，国机集团党委派检查组到中工国际就党建工作开展专项检查。公司党委以集团召开党建工作会议为契机，及时向党委委员和各党支部书记及委员传达会议精神。在此基础上，安排各支部全体党员集中学习研讨，深化各项措施，把专题教育引向深入；同时教育广大党员干部深刻理解全面从严治党的重要意义，以更加坚定的态度、更加有力的措施，推进全面从严治党，为中工国际持续健康发展提供坚强保障。通过认真自查，公司党委补充和完善24项规章制度，包括修订和完善中心组学习制度，党费收缴、使用和管理办法，文明单位创建暂行管理办法，以及关于对领导干部进行廉政约谈的暂行办法等，使公司党建工作更加制度化、规范化。

3. 开展组织建设工作，保证党的工作有效落实 一是制定和实施2015年中心组学习和民主生活会计划，落实中心组学习制度。结合党的群众路线教育实践活动和“三严三实”专题教育，召开2次专题民主生活会和2次中心组学习会议，各党支部组织1次组织生活会、3次党委会。二是5个党支部和委内瑞拉海外党小组，组织支部、入党积极分子学习“国资委纪委书记强卫东同志在在京中央企业纪委书记（纪检组长）座谈会上的讲话”，开展向全国优秀共产党员邹碧华、高德荣同志学习的活动，以及学习“全国优秀组织工作干部”卢玉宝同志先进事迹。大家结合工作畅谈感想，表示要以优秀党员为榜样，向先进模范看齐，坚定信念、敢于担当、勇于创新、乐于奉献，争当好党员、好干部，为实现公司的战略目标努力奋斗。三是加大党支部工作力度，发挥党支部的战斗堡垒作用。通过“三严三实”专题教育，进一步提高了公司党组织的影响力、凝聚力和战斗力。4名员工向党组织递交了入党申请书。

4. 多形式、多媒体加大宣传力度，树立企业党组织良好形象，营造“勇攀高峰”的文化氛围 公司党委充分利用公司内网、《国机集团报》等媒体平台，及时报道公司开展“三严三实”专题教育情况、公司党委和党支部学习习近平总书记系列重要讲话精神和党员领导干部讲党课活动。充分利用《今日中工》党建专栏营造“创先争优”文化氛围，宣传2014年度优秀共产党员、优秀党务工作者和先进党支部，起到较好的宣传效果。2015年2月和3月，公司分别获“首都文明单位标兵”“全国文明单位”称号。节日慰问老党员、老干部、伤病员工，为企业的经营管理工作和公司的健康发展凝聚力量。

5. 做好党风廉政建设和纪检监察工作 一是多次召开党委、纪委扩大会议，以及中高层人员集中学习和传达中央八项规定、反对“四风”和中央关于“三严三实”专题教育的文件精神，严格节假日消费、职务消费管理和费用标准控制。二是执行部门负责人和项目经理签署的《廉洁承诺书》规定；开展公司招投标、中标公示和半年一次的项目评价监督工作，开展问题反映线索排查、职务消费等专项治理工作。三是成立工作小组，配合中央巡视组对公司进行巡视检查工作。四是做好国机集团2015年企业效能监察立项备案工作，将玻利维亚圣布埃纳文图拉糖厂项目列为公司效能监察重点对象。

【社会责任】

在狠抓项目安全生产管理、实现环保行业突破、注重员工成长与关怀的同时，开展多种社会公益活动，为当地人民奉献“中工爱”，也为“中工梦”提供了更加广阔的舞台。

2015年2月9日，中工国际尼加拉瓜油料配送厂项目向乌戈·查韦斯小学捐赠50套课桌椅、131套学生书包文具及多种球类等体育用品。6月5日，中工国际白俄罗斯40万t纸浆厂项目组代表中工国际向项目所在地斯威特洛戈尔斯克市中心医院捐赠1套医疗设备。8月7日，中工国际缅甸代表处作为缅甸中国企业商会副会长单位和赈灾筹备委员会采购组组长单位积极响应大使馆、经商处和缅甸中国企业商会的号召，认真组织协调，2天采购价值5 800多万缅币的赈灾物品送往缅甸水灾受灾地区，并向赈灾地区捐款1 500美元。此外，代表处中缅员工自发捐款捐物合计价值200万缅币。12月16日，安哥拉库茵巴综合农场项目组代表公司向库茵巴市市政府捐赠500kg玉米种子、10t化肥和部分农机具，以支持当地农业发展。12月18日，中白合资公司总经理、白俄罗斯中资企业商会会长李海欣及15家商会企业代表参加白俄罗斯第二孤儿院慈善捐赠活动，向第二孤儿院捐赠洗衣机、电视机和桌椅等。

中工国际获得2015年中国对外承包工程企业社会责任绩效评价最高等级——“领先型企业”称号和2015中国对外承包工程企业社会责任绩效评价——最佳实践案例。

中国福马机械集团有限公司

【基本概况】

中国福马机械集团有限公司（简称中国福马），前身为林业部机械公司，成立于1979年，1998年划归国家大型企业工委，2003年由国务院国资委直接管理，2007年与国机集团重组，成为其全资子公司，公司总部位于北京市。中国福马是中国专用设备研发、制造、销售的大型企业，是中国林业机械协会的会长单位和中国工程机械工业协会副理事长单位。全资及控股子公司11家、三级企业9家，其中包括上市公司林海股份有限公司。

中国福马以林业装备、动力装备、工程与贸易为主业，业务领域涉及汽油机及配套机械、柴油机及配套机械、新能源动力及配套机械、人造板机械、造纸机械、森林种植采伐机械、机电产品贸易工程总承包等七大板块。

作为中国最大的国有林业机械制造企业和木材综合加工设备集成商，中国福马研制的中高密度纤维板、刨花板、水泥刨花板、石膏刨花板成套设备，人造板二次加工成套设备，木地板加工设备等，在原料制备、刨花制备、纤维制备、铺装、热压、砂光等关键工段、关键设备，都具有独到的技术特色和优势，处于国内行业领先水平，在市场中享有较高声誉。

中国福马是国内最大的林业机械开发制造与贸易企业和重要的动力机械制造企业，也是全国最大的摩托车发动机定点生产企业之一。通用汽柴油机、小型发电机组、摩托车发动机及摩托车、助力车、特种车辆等，在国内外用户中树立了良好的形象；草坪修剪机、割灌机、风力灭火机、油锯等营林采伐和园林机械，以及带锯条、圆锯片、锯链、导板、各种木工成型铣刀等林木工具和刃具，技术性能及质量均处于行业领先水平。

中国福马在新能源领域积累了丰富的建设利用太阳能和生物质发电工程项目的经验，在利用光伏发电的同时，与沙地治理相结合，可有效地兼顾生态效益和经济效益。

中国福马以产品出口、工程总承包等业务方式，成功进入欧洲、南美洲、非洲、东南亚等国家和地区，成为国内外客户放心的合作伙伴。

【主要指标】（主要经济指标详见表1）

表1 中国福马机械集团有限公司2015年主要经济指标

项 目	2014年	2015年	同比增长（%）
资产总额（万元）	309 221	318 702	3.07
净资产（万元）	124 267	140 500	13.06
营业收入（万元）	224 875	245 799	9.30
利润总额（万元）	2 643	2 839	7.41
技术开发投入（万元）	6 617	7 067	6.80
利税总额（万元）	8 538	9 167	7.37
EVA值（万元）	−4 642	−6 684	43.99
全员劳动生产率〔万元／（人·年）〕	12.41	12.70	2.34
净资产收益率（%）	0.81	1.46	增加0.65个百分点
总资产报酬率（%）	2.04	2.21	增加0.17个百分点
国有资产保值增值率（%）	102.56	99.69	减少2.87个百分点

【改革改制】

1. 推行事业部制 在各主要子企业中推进和完善事业部制是中国福马提高经营效率和市场响应速度，落实经营责任，激发员工干事创业的活力和激情的重要举措。事业部制培育了企业内部的市场主体，实现内部资源有效配置，在子企业显示出生机与活力。在此基础上，总部组建连续压机事业部，突出连续压机产品的战略地位；林海集团完善对事业部的管理制度，充分发挥事业部的优势，特种车辆事业部、摩托车事业部、林机通机事业部等的经营指标均有明显增长。苏福马公司砂光机事业部通过市场深耕、灵活调配，砂光机国内市场排名稳定保持第一。镇江中福马公司成立热磨机事业部，力争使大规格热磨机的市场销售有明显突破。

2. 对林海股份进行资产重组 经国机集团批准，适时启动对上市公司林海股份资产重组的相关工作。至 2015 年年底，完成预案审批公告、股票复牌等程序。审慎操作，利用好上市公司平台，提升资产质量，突出发展重点，加快发展速度，为整体上市长远发展打下坚实基础。

【重大决策与重大项目】

1. 广西得力“年产 30 万 m²8 尺（1 尺 =0.33m）中纤板连续压机生产线”项目 该项目是中国福马连续压机生产线正式进入市场和采用买方信贷融资销售模式的第一单，于 4 月完成达标达产验收，6 月交付使用。在项目实施过程中，通过制定、实施“首套连续压机合同实施方案”，质量有效提升。通过项目的实施，既为市场销售提供了支撑，又为人造板机械板块的业务模式创新摸索了一条新路，并为人造板机械的融资销售提供了可复制、可推广的经验。

2. 广东开平“年产 18 万 m² MDF 项目” 该项目为中国福马向开平五联人造板有限公司提供年产 18 万 m² MDF 项目工艺设备总包供货及安装工程服务，主要包括工艺设备的供货、生产线的性能保证和售后服务等工作。项目于 2014 年 3 月正式签约，总合同金额 13 925 万元，采取买方信贷的融资销售模式。项目主生产线设备制造基本完成，达到发货状态，10 月，开始陆续发往开平项目现场，预计 2016 年三季度实现达标达产。该项目是公司在总结得力项目销售经验的基础上，成功采取买方信贷销售的第二单，开平项目的实施将为公司积累更丰富的融资销售和项目管理经验。

3. 天津厂搬迁及异地建厂项目 制订天津厂改革调整的总体方案和搬迁计划，各项基础建设、技改项目、整体搬迁、租户清理等工作按计划实施。至 2015 年年底，完成搬迁工作，基本具备生产条件。

4. 新能源电动汽车项目 为响应国家能源战略规划要求，积极探索开发“十三五”时期的后备战略产品，成功试制两款低速电动汽车并小批量上市，为板块的持续发展展现良好前景。

【市场开拓】

1. 动力机械板块保持持续增长势头 以“新模式、新客户、新市场、新产品”为重点，继续加大自主销售力度。通过林海美国公司的运营，尝试批发商与分销商相结合的市场营销新模式，摩托车销售与 11 个省的 11 家经销商开展融资合作，全年在终端市场建成形象店 100 家；新选择澳大利亚、德国、东欧等地区的销售商，新开发 18 个新市场，林海摩托车出口韩国取得突破，全年销售超过 2 800 辆；大排量特种车辆、电动 CUV、四款林海摩托车、300m 高扬程泵、8 马力（1 马力 =735.499W）三级泵等新品批量上市；通过组织参加国内外展览会和丰富多彩的营销活动，提高产品市场知名度；开展电子商务的应用试验，加强特种车辆网站、摩托车微信公众号建设，向互联网销售延伸。以上举措的全面展开，进一步扩大了特种车辆、自主品牌摩托车、森林消防产品等的产销规模，提升了自主销售能力。

林海雅马哈保持稳定的产销规模和盈利能力，林雅 C49 摩托车实现提前 1 个月上市，并得到雅马哈高度评价，9—12 月产销超 2 万辆。

探索开发“十三五”时期的后备战略产品，试制成功两款低速电动汽车并小批量上市，为板块的持续发展展现了良好前景。

2. 人造板机械板块着力调整升级，保持稳定经营 针对产能过剩的市场形势及企业经营的困难局面，组织开展板块发展战略的内部研讨和外部咨询活动，确定近阶段的对策和主攻方向。

广西得力项目完成安装调试和达标达产验收，实现满意交付，标志着连续压机成功实现商品化。广东开平项目生产线设备制造基本完成，10 月开始陆续发往项目现场，预计 2016 年三季度实现达标达产。

在国内市场，各子企业紧贴客户、抢抓市场、拼抢合同，同时积极组织产品改进设计和制造发货，尽最大可能实现对客户的满意交付，使宝贵的合同资源转化为收入和毛利。在国际市场，运用前几年市场研究成果，重点关注和开发南亚、中东市场及集团外产品的销售，取得可喜突破和明显成效，实现人造板材、木门设备销售的良好开端。组织蔗渣板生产线安装工作，签订与迪芬巴赫主机配套的泰国项目、印尼和印度改造线等项目。

3. 工程贸易板块优化业务结构，经营规模扩大 业务对象从单一公司向光伏行业内的多家知名公司扩展，业务类型从以贸易为主向深入业务链的实质环节转变，在继续扩大经营规模的同时，逐步向把控业务关键环节、培育核心竞争力的方向迈进。

推进海外林业工程、光伏电站项目的开发，与南非国有林木公司签署合作备忘录，对南非林业项目多次深度考察，进行可行性分析；开展对中白工业园木工机械和特种车辆项目的考察调研工作，向国机集团提交了入园意向报告；与河北隆化县、曲阳县签订光伏项目开发合作协议；陕西彬县项目启动；宽城项目完成建设，2015年年底并网发电。

【科研成果】

1.“BPY74265宽幅人造板连续压机成型压制系统”获“国家重点新产品”认定 经国家科技部、环保部、商务部、质监总局联合认定，其系列产品获“国家重点新产品”认定（项目编号：2014GR364014）。

连续压机是近几十年来人造板机械的革命性突破，是当今人造板生产线的首选设备，也是人造板制造先进性的重要标志，代表着产业的发展方向。此次认定充分体现了中国福马在科技创新方面的综合实力，以及在人造板装备领域取得重要成果。

2.“人造板装备工程技术研究中心”获国家林业局批准成立 11月27日，国家林业局批复同意依托中国福马组建“人造板装备工程技术研究中心”。该中心由中国福马牵头，联合国家林业局北京林机所、东北林业大学和南京林业大学等单位共同建设和运行。中心设立由国内同行业权威专家，以及工程技术委员会和中心管理委员会，下设“新型板材制造与控制技术研究所”“材料分离技术研究所”“材料成型技术研究所”等，并配套建立相关实验室，建立1个“新技术应用创制基地”，组成“研发3+1”模式，建设形成完善的人造板生产线“装备实验创新链”。中心将围绕人造板大型成套生产线装备产品高产能、大型化、智能化、节能环保等方向，广泛开展人造板装备先进技术、工艺研究。

该中心的成立，为聚集人造板装备研发优势，加强产学研合作，提高技术创新能力提供了支撑平台，对提升中国人造板装备技术水平，推动中国人造板产业创新驱动发展具有重要的意义。

【总部转型】

总部进一步优化业务结构，加大自身能力建设和市场开拓力度，各事业本部在子公司的支持和配合下，积极争取订单，抓好发货和资金回笼，经营业绩不断提高，营业收入超过12亿元，创造了历史新高。

优化组织结构，通过组建连续压机事业部，提高了研发和营销部门的联动效率和市场响应速度，落实了经营责任，有望更快形成连续压机的综合竞争能力，实现新签连续压机合同的突破；总部各管理部门进一步增强服务意识，提升支持能力；年轻同志不断成长，正逐步挑起总部经营和管理工作的重担。

【产权制度改革】

苏州林业机械厂完成员工清退工作，以及与地方政府签订土地收储协议等主要资产处置，主要债权的清收、清算工作进入收尾阶段；按国机集团加大清理调整五层企业的要求，完成对泰州雅马哈动力有限公司非流动资产的转让工作，为2016年清算注销泰州雅马哈动力有限公司做好前期准备；启动对长期亏损企业天津林美锯业有限公司的清理工作，预计2016年完成清算注销。

【管理经验】

1. 深化战略管理和经营目标管理 一是开展人造板机械板块发展战略咨询及规划专项活动，聘请外部咨询机构启动“人造板机械板块盈利模式、业务多元化和国际化发展专项研究项目”，通过采取内外部访谈等方式，结合集团公司自身能力，提出相关建议。各子企业和部门在配合访谈工作的同时，组织内部研讨，形成自己的研讨报告。综合内外部的咨询和研讨意见，形成该板块的发展思路和调整意见，组建连续压机事业部，突出了连续压机产品的战略地位。二是组织苏福马和镇江中福马公司分别制定《扭亏增盈、调整升级三年行动计划》。三是通过引入新的理念和方法，制定并实施重点产品（业务）发展规划，坚持每半年对产品（业务）规划实施计划进行总结分析。第二批备料工段、砂光机、合金锯片、带锯条等 4 个产品规划计划编制完成。四是落实“稳增长”要求，根据经营形势的变化，及时跟踪、分析、调控，确保经营目标的实现。

2. 做好内部控制和审计工作 将内部控制建设、惩防体系建设、经营管理制度流程建设与防范风险相结合，将风险管理工作与日常经营管理相结合，制定《中国福马集团公司内部控制管理（暂行）办法》，定期报送“中国福马集团公司风险监控报表”，以及《中国福马集团公司应收账款季度分析报告》。开展对宁夏振启光伏电站项目的后评价工作，完成“物资采购管理”“应收账款管理”效能监察立项工作，并上报国机集团备案。完成对哈尔滨公司、广州公司、苏福马公司原法定代表人的离任经济责任审查，定期开展对重大和重点项目合同执行情况的监督，为生产经营工作提供有力保障。

3. 加强财务管理和资金管控 在总结集团公司全面预算工作实践经验的基础上，制定《全面预算管理办法》，按季度对全面预算执行情况进行跟踪、监控和分析，提升了全面预算管理的水平；组织主要子企业修订完善成本核算管理制度，并检查落实情况；推进财务信息化建设，完成天津圣联艾卡迪机械制造有限公司纳入财务 NC 系统和管理信息系统工作。通过统筹协调，保证集团公司总部和各子企业现金流顺畅，保障了生产经营的正常进行。

4. 创新人力资源管理工作 加强高层次人才的选聘、培养和交流，采用面向社会公开招聘的方式选聘上海公司副经理；集团公司向国资委和国机集团兄弟单位输送 3 名交流人员，接收兄弟单位 2 名交流人员。子企业 3 名干部完成交流，返回原单位工作，在干部选聘和人员上做了有益尝试。

按照集中力量对重点对象员工进行培训的指导思想，加大在线学习的推广和应用力度，制定并实施年度培训计划，集团公司全年共组织各类培训 149 班次，参训人员 1 585 人次，参训课时 13 179h，其中总部组织各类培训 11 班次，参训人员 363 人次，参训课时 3 222h。参加国机集团培训 20 次，50 人次，参训课时 1 660h。

5. 加强安全生产管理，积极推进节能减排工作 坚持年度安全生产大检查制度，对重点制造企业开展安全生产现场检查、整改，为确保安全生产稳定局面，打下坚实的基础；组织多种形式的安全生产月宣传教育活动和安全知识培训，强化员工的安全意识；在国机集团组织的考核中，集团公司保持 A 级考核结果。林海集团通过安全标准化二级考核评审。

主要制造企业实施清洁生产项目，开展“节能宣传周”活动；开展“节能从我做起”活动，从“节约用电、节约用纸、节约用油、环保出行”出发，倡导节约从点滴做起，从自身做起，提高了全体员工的节能减排意识。

【信息化建设】

在对总部和主要子公司开展信息化水平的评估基础上，制定《2015—2016 年信息化建设行动计划》，明确信息化建设的努力方向和工作重点。在 OA 系统上开发完成“经营管理报表模块”“总部合同管理模块”，提升了决策支持系统的信息化水平；改进完善 PLM 系统，实现集团公司总部与子公司苏福马公司 PDM 的异地链接。

【企业文化】

努力构建福马企业文化，形成和谐稳定工作氛围。公司党委高度重视共青团工作，坚持党建带团建，积极支持团委和各级工会、职代会等群团组织开展活动。积极组织参加国机集团第五届职工田径运动会，并获团体总分第七名，以及优秀组织奖。工会组织各直属企业举办“最美福马人”演讲比赛，其中 2 名选手获“最美国机人”演讲比赛优胜奖。总部及各直属企业组织职工运动会、五四青年节文艺演出、健步走活动、劳动竞赛、评选表彰先进、道德讲堂等丰富多彩的活动，营造积极向上氛围，增强了凝聚力和向心力。

【党建工作】

中国福马党委坚定中国特色社会主义道路自信、理论自信、制度自信，坚决贯彻执行党和国家方针政策，对企业长远发展的理想信念持之以恒，严格遵守“八项”规定，坚决纠正“四风”。扎实开展“三严三实”专题教育，落实从严治党要求。制定《中国福马集团公司落实〈中国机械工业集团有限公司贯彻落实全面从严治党要求的实施意见〉工作措施》。注重加强制度建设，抓好党建工作目标管理，使党组织工作水平不断提高，党建工作逐步走上制度化、规范化，为公司健康持续发展提供制度保障。大力促进所属企业领导干部整体素质实现新提高，加强培训，使各级领导班子的综合素质和决策能力、执行能力有了显著提高，班子集体的凝聚力、向心力和战斗力明显增强。全面实施人才可持续发展战略，不断加强后备干部队伍建设，按照1∶2的比例建立后备干部队伍，按要求对后备干部进行了年度调整，基本建立了后备干部推荐、培养、使用机制，为中国福马持续健康发展提供了组织保证。

【社会责任】

在“国机爱心日”募捐活动中，1 893人向国机爱心基金捐赠105 168元。

申请2015年上半年国机助学爱心基金4 000元，补助1个单位1人；申请2015年上半年福马疾病救助3 000元，补助2个单位3人。

中国福马所属林海集团公司员工孙明凤捐献造血干细胞。2004年，公司组织无偿献血的时候，孙明凤参加了造血干细胞采样，并有幸成为光荣的志愿者。2015年初，孙明凤的血样与重庆的10多岁的白血病患者配型成功，接到红十字会通知后，孙明凤全力说服家人支持捐献，用真情和大爱挽救了他人生命。

组织义务献血活动，总献血量9 200mL。

中国海洋航空集团有限公司

【基本概况】

中国海洋航空集团有限公司（简称中国海航）1999年9月在国家工商局登记注册，前身是海军所属的中国海洋航空公司，主营通用航空、海洋运输和国际贸易等。1999年，根据党中央关于军队不再经商办企业的决定，经国务院批准，原海军直属的3家企业、4个地区企业管理局及所属共68家企业并入中国海洋航空公司，成立中国海洋航空集团公司，由海军移交中央企业工委管理。2003年，中国海洋航空集团公司归国务院国有资产监督管理委员会管理；2007年12月，与国机集团重组，成为其全资子公司；2013年12月，中国海航本级完成公司制改制，更名为中国海洋航空集团有限公司。

公司主营业务为工程成套、国际经贸、航运航空、酒店旅游、区域开发及研发制造。总部设在北京，子公司及分支机构主要分布于中国沿海地区。在工程建设方面，大力培育发展水工工程，拥有4个总承包或专业承包一级资质，9个二级资质，集港口与航道、建筑与装饰、市政公用、设备成套等工程于一体，施工建设能力雄厚，工程管理经验丰富，以过硬的实力建设完成大批国内外港口、码头、道路、桥梁、清淤疏浚、工业与民用建筑等国家或地区的重点项目。国际经贸业务涉及工业成套设备、医疗设备、电子设备、建筑材料等领域，客户分布于50多个国家和地区。拥有外派劳务权，可向世界各国和地区外派海员、渔工及各类技术劳务人员。在航空航运方面，作为最早获得通用飞行资质的企业，中国海航参股的中国中海直有限责任公司，为海洋石油勘探开发提供直升机专业飞行服务，所属3家航运公司拥有油船和散杂货船，可承运原油、矿石、煤炭、散杂品以及各类集装箱等货物。具有区域开发的有关资质和能力，所属出租车公司、国际旅游企业及分布在沿海城市的数十家宾馆，可为社会各界提供优质服务。在研发制造方面，拥有2家制药企业，研制生产80余类中、西药品，设有企业博士后科研工作站，荣获国家高新技术企业认定；自主研发的铜铝焊接技术具有国际领先水平，并荣获“世界博览会银奖”“中国专利金奖”等奖项。

公司注重建立质量、环境、职业健康安全管理体系，陆续通过ISM规则认证，GMP认证，ISO9001、ISO14001及ISO18001等认证。截至2015年12月31日，公司有员工2 901人。

2015年，公司密切关注国内外经济形势和企业内外部环境变化，加强形势分析和战略研判，将稳增长作为工作重点，加大市场开发力度，注重防范各类风险，积极探索混合所有制改革，内外并重，改革创新，凝心聚力，攻坚克难，实现企业的平稳发展。

【主要指标】截至 2015 年 12 月 31 日，公司有资产总额 52.83 亿元，负债总额 45.55 亿元，少数股东权益 0.28 亿元，归属于母公司所有者权益 7 亿元。2014—2015 年中国海航主要经济指标见表 1。

表 1　2014—2015 年中国海航主要经济指标

项　目	2014 年	2015 年	同比增长（%）
资产总额（万元）	494 339.62	528 345.01	6.88
净资产（万元）	72 287.24	72 847.03	0.77
营业收入（万元）	356 137.99	378 880.76	6.38
利润总额（万元）	1 710.35	2 123.45	24.15
技术开发投入（万元）	1 903.26	1 900.51	-0.14
利税总额（万元）	13 774.52	13 823.55	0.36
EVA 值（万元）	-5 967.83	-6 778.43	-13.58
全员劳动生产率〔万元 /（人·年）〕	9.57	11.08	15.78
净资产收益率（%）	0.84	1.21	增加 0.37 个百分点
总资产报酬率（%）	1.59	1.41	减少 0.18 个百分点
国有资产保值增值率（%）	100.88	101.57	增加 0.69 个百分点

【重大决策】

2015 年 11 月 25 日，公司召开稳增长工作会议，落实国机集团 2015 年稳增长工作会精神，研究经营工作面临的形势和问题，把思想和行动统一到稳增长工作部署上，做好开源节流、降本增效。会后，所属企业分别制定稳增长工作目标和切实可行的措施，并加以落实。

【重大项目】

贯彻国机集团“走出去”战略会议精神，主动融入“一带一路”战略，加大海外市场开拓力度。所属中海工程建设总局年初中标“华龙一号”海外首堆巴基斯坦卡拉奇 K2/K3 核电站取排水工程，完成现场陆上勘察；2015 年 9 月 15 日，巴方 PAEC 向中海总局签发 K2/K3 取排水工程总承包项目授标意向函；2015 年底，商务合同条款洽谈顺利。

【市场开拓】

工程成套业务继续推进重点项目跟踪，工程成套事业部考察伊拉克机场项目、俄罗斯维拉港项目，参与喀麦隆水厂项目投标。中海工程建设总局全年跟踪各类工程项目 543 个，参加投标 161 次，新签订合同 124 份，合同总金额 20.21 亿元。2015 年 12 月，中海总局与中信产业基金管理公司、中建海峡发展公司组成联合体投标海西文化创意产业园项目（总额 120 亿元、投资建设合作期 10 年）中标。

【产品销售】

公司研发制造业务以发展生物医药产业为主，医药企业完成技改并全部通过行业资质认证，成立药店连锁公司，完善产业链。所属苏州天龙制药有限公司传统产品“苏春”、高附加值产品“乐珠”销售额较 2014 年增长均超 30%，带动公司利润翻番。所属今辰药业有限公司通过调整产品结构和业务模式，促使主营业务毛利率较 2014 年提高 4 个百分点。

所属青岛市海青机械总厂拓展国际市场，研发适应印度市场需求的 3003 系列平行流铜铝接头产品，同时，拓展泰国 LG 空调铜铝管市场，辐射东南亚制冷圈；新发明专利产品扩径异径铜螺纹连接管样品，通过格力公司验证，后续量产工作稳步推进。

【质量及标准】

申请专利 8 个，专利授权 6 个。全年科技活动经费支出总额 1 624.7 万元，其中研究与试验发展经费支出 1 176.7 万元。

【管理经验】

1. 经营管理方面　狠抓安全生产。落实安全生产责任制，加强安全生产培训与检查，开展“安全生产月”“安全生产万里行”活动。对处于高风险行业的所属企业及重大项目进行安全生产检查，排查处理安全隐患，确保安全运行。其中，所属中海工程建设总局中化泉州石化100万t/年乙烯项目吹沙回填工程，在国机集团安全生产互查中受到好评。中国海航全系统安全生产工作平稳，未发生安全生产事故，连续6年获得国机集团安全生产考核A级。

重视节能减排。修订印发《中国海航节能减排监督管理暂行办法》《中国海航办公区与生活区节能降耗管理办法》，并与所属企业签订年度“节能减排目标责任书”。在健全制度的同时，开展“全国节能宣传周”和全国低碳日系列活动，在国机集团节能减排工作考核中获得经营业绩考核加分。

2. 企业文化及品牌方面 围绕《中国海航企业文化建设规划》有关内容，企业文化建设以完善机制、文化传播为重点。一是明确领导机构。成立以中国海航领导班子为核心的企业文化建设领导小组，指导和把握企业文化相关工作，下设由各部门负责人组成的工作办公室，确保各部门根据职能，共同参与、协调配合。二是强化机制创新。着力于更新观念，激活企业发展的新动力。制定印发《中国海洋航空集团有限公司总部职能部门绩效考核管理暂行办法》《中国海洋航空集团有限公司总部考勤、请假管理暂行办法》等规章制度，逐步健全激励约束机制，建立适应企业发展的管理体制，激发各级干部员工的积极性和创造性。三是总部及子公司层面分别明确重点工作，将文化传播作为提升经营管理水平，推动改革发展的重要环节。四是利用新媒体平台，在企业微信公号中，通过身边的榜样、文化驿站等栏目，开展文化传播，树典型、扬正气、鼓士气。五是继续开展多种形式的文化活动，展示活力，增进沟通，提高素质，强化集体意识，提升凝聚力。举办“最美国机人”演讲，1人入选国机集团巡回演讲团队，并获得表彰；参与“绿色国机·创意大赛”活动，报送8件作品（居国机集团第一），4名个人、2个团委获奖。所属广东新海俊发展有限公司与中英保险公司团委联合举办年度“星星点灯，关爱留守儿童——用音乐撒播爱的种子”公益活动，前往当地小学互动走访慰问。此外，参加国机集团职工运动会，组织参观国家博物馆，开展集体工间操，以及举办以基本礼仪、消防安全、交通安全、安全生产等为主题的培训讲座。六是所属上海海虹今辰药业有限公司秉承“良药报天下，今辰为人民”的企业理念，以药品质量为立业之本，以诚信经营为行为准则，坚持走品牌发展之路。“今辰”商标被国家工商行政管理总局商标局认定为中国驰名商标；今辰药业中药内包组荣获中华全国总工会颁发的巾帼建功类全国最高荣誉。

【信息化建设】

在现有协同办公系统基础上进行功能模块的二次开发和优化。完成协同办公系统人事考核模块的开发和财务报表模块的调研工作。人事考核模块覆盖总部和二级子公司正职领导，通过考核流程和报表系统实现对总部职能部门人员的考核打分和结果汇总。财务报表模块覆盖总部和二级企业资产财务部门，可实现财务报表的逐级上报、汇总，及报表间联动。

【党建工作】

中国海航党委以党的十八大及其历次全会精神为指导，认真学习贯彻习近平总书记系列重要讲话精神，深入开展“三严三实”专题教育，深化推动党风廉政建设工作，进一步加强所属企业领导班子和干部队伍建设，支持和指导群团组织工作开展，积极指导妥善处理历史遗留问题，为企业的改革、发展和稳定提供坚实的政治保障。

1. 扎实开展“三严三实”专题教育 动员部署及时周密，学习教育和活动开展形式丰富多样，专题党课教育组织开展扎实有效，专题学习研讨与经营工作结合紧密，征求意见建议工作方式较多、覆盖面广，工作中注重边查边改，“三严三实”专题民主生活会扎实认真。

2. 健全制度，惩防并举，深化党风廉政建设 多措并举，强化党风廉政建设责任制贯彻落实。层层传导，开展党风廉政建设责任书签订和廉政约谈工作。采取多种方式，持续加强党风廉政建设和反腐败宣传教育。高度重视问题线索，严格按程序做好信访线索梳理和案件查办工作。聚焦和服务中心工作，扎实组织开展效能监察工作。

3. 多措并举，注重实效，加强各级领导班子和干部队伍建设 多维度考核评价，做好所属企业换届考核工作。做好教育培训工作。统筹调配干部资源，加强干部交流工作。做好领导干部报告个人有关工作。加强领导干部在企业和社会团体兼（任）职规范清理工作。

4. 支持群团组织工作，活跃职工业余文化生活，凝聚合力促进企业发展 中国海航及所属企业党委（支部）大力支持工会、团委等群团组织开展工作，通过开展文体活动、组织慰问、困难帮扶、爱心基金申报、先进人物宣传等工作，营造良好的企业文化，凝聚各方面的力量，活跃组织氛围，促进企业发展和稳定大局。工会积极组织所属企业申报国机集团爱心基金，15 人获捐助，共计 9.4 万元。

【社会责任】

1. 员工发展方面 组织 15 批 34 人次参加国机集团学习培训，组织总部和在京单位（3 场 150 人次参加）专题培训；组织专人参加国机集团在线学习系统培训，开设 2 批次 116 人在线学习账户，为员工综合素质提高和企业管理日益规范化奠定基础。

2. 抢险救援方面 2015 年 8 月 7 日，中国海航参股企业中信海直一架直升机搭载中国蓝天救援队 4 名队员及缅中友好协会秘书长飞赴缅甸参与当地水灾救援行动，直升机共飞行 24 架次共 17 小时 24 分。这是第一架在缅甸水灾参与救援的外国直升机，也是中国首次派直升机搭载救援队员在海外执行救灾任务。

2015 年 8 月 12 日，天津滨海新区爆炸事故发生后，中国海航参股的中信海直天津分公司第一时间出动直升机参与救援，进行巡视航拍任务，为救灾行动指挥决策提供实时准确、动态更新的第一手现场航拍资料。

中国地质装备集团有限公司

【基本概况】

中国地质装备集团有限公司（简称中装集团）成立于 1987 年，前身是原地质矿产部中国地质机械仪器工业公司，1999 年并入国机集团，为其所属全资子公司。作为全国最大的地质专用设备的生产企业，近些年公司始终跻身于行业技术发展的前沿，发挥着引领作用。在经济总量不断提升，经济效益不断提高的同时，公司发挥了大型国有企业应该承担的社会责任和行业主力军的作用。

产品涵盖地质勘探的主要流程，主要包括物探仪器、钻探机械、钻探工具、分析仪器等。产品的应用领域覆盖地质、冶金、有色、煤炭、石油、核工业、国防、建筑、水利水电、交通及环保等行业，总生产能力和市场占有率处于国内地质装备制造行业前列。

中装集团作为中国地质装备制造行业的龙头企业，多项产品为国内外首创。在地质机械领域，研发生产了国内首台全电驱电控岩心钻机、首台立轴式岩心钻机、首台变量泥浆泵、首台机械动力头式基础工程施工钻机；在地质仪器领域，研发生产了世界首台全自动双道氢化物发生原子荧光光度计、唯一采用直流塞曼技术背景的原子吸收分光光度计、亚洲唯一的高精度石英弹簧重力仪。磁力仪和绳索取心钻具等产品居国内领先水平。其主导产品在国内地质装备市场占主导地位，直接服务于多项国家重点建设项目。20 多项产品获国家银质奖，50 多个产品获省部级优质产品奖和科技成果奖。

近年来，公司积极拓展新的经营领域，实施“走出去”战略，发挥企业自身在行业内的优势，延伸产业链，拓展工程承包和贸易业务，构建外贸经营平台。承担 50 多项国家技术创新项目和重点新产品开发项目，有多项产品运用于国家重点建设项目中，取得了良好的经济和社会效益。

中装集团技术中心是目前中国地质装备行业唯一一家国家级企业技术中心。5 个下属企业获省级“科技创新企业”称号。中装集团与国土资源部、国家地调局及一些大专院校、科研院所，保持长期紧密的合作关系，在产品发展方向和技术创新等方面，得到了他们的大力支持和具体指导。

总部现设 7 个职能部门、1 个行业内唯一的国家级企业技术中心、1个行业协会。下属有10个全资子企业：中地装（北京）科学技术研究院（简称中研院）、张家口中地装备探矿工程机械有限公司（简称张探公司）、衡阳中地装备探矿工程机械有限公司（简称衡探公司）、重庆探矿机械厂（简称重探厂）、北京地质仪器厂（简称北仪厂）、重庆地质仪器厂（简称重仪厂）、无锡钻探工具厂有限公司（简称无锡公司）、中机高科地质装备有限公司（简称中机高科）、北京中地装机械仪器有限责任公司、北京华钻建设工程有限责任公司；有1个参股子公司：派力工程有限公司。

【主要指标】中装集团2014—2015年主要经济指标见表1。

表1 中装集团2014—2015年主要经济指标

项　目	2014年	2015年	同比增长（%）
资产总额（万元）	117 972.89	130 105.29	10.28
净资产（万元）	55 682.70	57 347.96	2.99
营业收入（万元）	64 009.55	46 804.33	-26.88
利润总额（万元）	1 604.17	1 611.44	0.45
技术开发投入（万元）	4 422.78	3 843.56	-13.10
利税总额（万元）	7 270.21	6 321.01	-13.06
EVA值（万元）	1 018.59	850.30	-16.52
全员劳动生产率〔万元/（人·年）〕	8.19	7.52	-8.18
净资产收益率（%）	2.24	2.91	增加0.67个百分点
总资产报酬率（%）	1.43	1.69	增加0.26个百分点
国有资产保值增值率（%）	102.46	102.99	增加0.53个百分点

【重大决策与重大项目】

1.重庆地质装备产业园综合项目　一是成立中机高科地质装备有限公司，全面推进项目建设。该项目取得国机集团的立项批复，并被列为重庆市区两级政府的重点项目。制订和完善项目管理各项制度和风险防范措施；完成产业园土地挂牌、摘牌工作，签订"国有建设用地使用权出让合同"；陆续启动产业园建设各类报批、报建手续，启动设计和勘察招标工作；根据市场变化，调整完善产业园建设方案。二是盘活重探厂、重仪厂的土地。两厂完成厂内土地及建筑物、居住户数等基础数据摸底；完成厂房地产估价工作；确定采取PPP合作模式与政府收储、棚户区改造相结合开发合作方式；纳入国有企业棚户区改造计划；与意向开发商初步达成合作意向。

2.张家口地质装备产业园项目　中装集团和张探公司应对保兑仓案件败诉的影响，抓住张家口成功申办冬奥会契机，对土地市场价格进行调研，重新测算土地实际收益；进一步争取市政府支持，重新启动B地块土地收储，与地方政府形成相关意向。在新厂区建设方面，对建设内容和规模进一步优化。

3.北仪厂热力地块土地盘活　一是本着经济利益最大化的指导思想，对三元热力地块各种盘活方案进行详尽测算，确定整体出租盘活方案。二是以合法合规、控制风险、争取最大效益为原则，开展项目招标工作。预计项目建成后，三产年收入将有较大幅度增加，为北仪厂的发展提供有力支撑。

【市场营销】

1.市场开拓　确定2015年为"深化改革年"，坚持"盘存量、调结构、抓改革、强主业"的工作方针，主动适应新常态。一是巩固传统市场。巩固具有盈利空间的传统优势产品，尽量减少市场下滑的影响。海光公司紧盯农村饮用水重大项目，累计签订合同总额约1.04亿元，同比增长22.3%，原子荧光传统产品的市场占有率达到30%；衡探公司加大对工勘市场的开拓力度，工勘市场销售额占比达到50%以上；张探公司参与各项竞标，累计中标金额2 930万元；重探厂对GX-50钻机进行改进，得到客户认可。二是拓展新市场。依靠新研发的电驱动、空气反循环等一系列技术领先的XD-30DB、20DB、XY-8DB钻机和电子重力仪产品，抢抓页岩气、浅层油气、水文水井、军工等新市场。衡探公司销售3台套XD-30DB和1台套XD-20DB电驱动钻机，实现销售收入1 000万元；张探公司销售2台XY-8DB型钻机；奥地公司研制的电子重力仪进入军工领域，交付10台，实现销售收入700万元。三是开拓国外市场。根据国家“一带一路”构想，跟踪中亚、西亚相关项目，扩大服务范围。召开“一带一路”发展机遇研讨会，编制“一带一路”工作实施方案。总部贸易事业部运用多语言网站，密切跟踪开发中亚、西亚客户，实现外贸销售收入2 200万元；重探厂通过建设外贸交易平台扩大国外市场份额，出口销售各型钻机50台套，实现外贸销售450万元。

2. 生产销售 3个主机企业共完成营业收入17 494.7万元，共完成利润总额384.0万元。2个仪器企业共完成营业收入16 821.7万元，共完成利润总额790.8万元。2个工具企业共完成营业收入8 743.4万元，共完成利润总额468.3万元。钻机产品共完成销售收入6 276万元。抽油杆产品共完成销售收入3 007万元。泥浆泵产品共完成销售收入4 071万元。物探仪器共完成销售收入5 034万元。分析仪器共完成销售收入8 789万元。工具产品共完成销售收入5 932万元。

【科技创新】

优化产品结构，开展技术创新，推进产品升级换代，科技成果涌现。

1. 钻探机械技术创新成效显著 一是在保持行业首发领先优势的基础上，技术中心以衡探公司和张探公司为基地，齐心协力，紧密配合，基本完成电传动顶驱式和立轴式岩心钻机的产品系列化，形成小批量生产销售产业化条件；电传动技术应用的核心电控系统的自主产业化配套在重仪厂稳步推进。二是技术中心利用集团科技发展基金为重探厂开发的XT-6R多工艺全液压钻机，完成样机试制与生产型试验，在天津国际矿业大会上获得众多意向客户的好评。

2. 分析仪器类产品系列逐步完善 海光公司加大产品梳理力度，紧抓国家政策，开发出适合在食品安全和环境保护方面应用的相关专业产品。完成液相色谱-原子荧光联用仪和双注射泵系列产品研发，LC-AFS6500实现产业化，LC-AFS95系列形态分析仪获2015年BCEIA金奖。

3. 重大科技项目稳步推进 中装集团总部和所属企业承担的4个国家“863”课题和3个国家重大科学仪器专项项目进展顺利，全部完成项目任务书规定的阶段工作任务。其中，“全数字地面重力勘探装备”项目实现突破，完成高精度地面数字重力仪的样机研制和小批量工程化样机试制，技术水平与国外同类产品相当，并通过国军标体系评价。

【改革改制】

1. 整合内部资源，推进改革方案落地 一是积极落实中央关于首都功能区定位有关措施，实施北工厂主业整合，北工厂实现“止住出血点”目标。北工厂与无锡公司落实集团战略部署，制定详尽的整合搬迁方案，较好地完成了整合工作，无锡公司正在逐步恢复生产。二是组建中地装（北京）科学技术研究院，为中装集团从制造业向制造服务业的转型升级奠定坚实基础。完成北工厂名称变更，将原北工厂和集团总部3个平台整合，组建中地装（北京）科学技术研究院，完成人员整合和搬迁工作。研究院的组建是中装集团改革发展、转型升级的需要，也是3个平台建设工作的深化，更是建立和完善与市场紧密结合的产品研发和市场开拓新机制的需要。集团正充分利用现有的人才优势和资源优势，将研究院建设成为中装集团发展的助推器和创新平台的孵化器。三是提升北仪厂海光公司和奥地公司主体地位，强化仪器制造板块管理。加强海光及奥地公司的干部管理、技术管理和科技项目管理工作。分析仪器和物探仪器两大主营产品逆势增长，全年实现销售收入10 600万元，同比增长9.6%。四是调整总部机构，精简管理人员。一方面，完成总部管理部门调整，精简总部管理机构和人员编制，重新明确部门职能和岗位职责，领导分工和部门职能更加清晰；另一方面，将总部“产品研发部钻探设备室”“贸易事业部”“工程与成套事业部”的部门职能和人员纳入研究院，形成研究院四大板块。

2. 开展混合所有制改革探索，厂办大集体改革取得阶段性进展 一是学习关于深化国有企业改革的指导意见，探索有关企业混合所有制改革工作。二是基本完成原张探厂厂办大集体改革工作。稳妥地制定原张探厂11户厂办大集体企业改革实施方案和职工安置方案，争取到国机集团改革成本支持，妥善安置654名厂办大企业职工，确保他们的社保接续，使厂办大集体职工得到实惠。

【管理经验】

1. 落实领导联系企业制度 完善领导联系企业制度，加强对重点企业调研和指导。改进调研方式，专题调研增加，意见和建议更有针对性。中装集团领导班子研究企业问题的比重加大，对调研中发现的问题持续跟踪，采取解决措施，为企业发展创造了良好条件。

2. 加强经营管理 一是层层分解落实集团经营目标，完善经营管理制度，坚持经营跟踪与分析，查找分析经营工作中存在的问题并跟踪解决。二是落实稳增长工作要求。召开稳增长工作会及时部署上级精神，开展稳增长工作调研，制定落实工作方案，确保实现稳增长工作目标。

3. 加强科技管理 一是完成中装集团“十三五科技发展规划”编制。发挥作为行业龙头企业的科技优势，聚焦产业结构调整和转型升级。二是坚持对所属企业的技术创新考核工作。根据科技工作战略重心的变化，及时调整考核评价体系。三是加大科技投入，重点研发项目取得实效。科技投入约3 600万元，中装集团与安徽313地质队联合申报的“深部矿体勘探钻探技术方法和设备研究及应用”项目获国土资源部科学技术二等奖；与勘探技术研究所联合申报的“2 000m以深全液压地质岩心钻探装备及关键器具”获国家科技进步二等奖。四是加强技术创新平台建设。完成总部4个国家级科研平台的评价、复核等工作；中机高科积极申请成立重庆市地质装备工程技术研究中心；重仪厂组建的重庆市物探技术装备工程技术研究中心通过验收。到2015年底，公司拥有省部级以上科技平台16个。

4. 加强资产财务管理 一是加强财务管理。制定下发《中装集团委派财务总监管理办法》。二是深化全面预算管理，强化所属子公司全面预算意识。三是强化资金管理。提高资金集中度，减少、清理了银行账户，降低财务费用，精简财务审批流程。四是加强对非经营性资产出租管理。为规范出租业务，制定颁布相关制度。五是严格执行筹资活动审批程序。制定《中装集团严禁担保相关规定》。

5. 加强投资管理 一是加强投资审批管理。对重庆综合项目、北仪厂海光公司投资项目进行全面可行性研究，批准2个项目的投资，为形成中装集团新的经济增长点奠定了基础。二是加强投资风险管理。严格执行国机集团和中装集团投资项目审查制度，以投资审查程序保证风险的可控性。

6. 加强融资管理 一是大力拓展融资渠道，努力降低资金成本。中装集团与华夏银行签订综合授信协议，保证了重庆地质装备产业园项目在不高于同期贷款基准利率的条件下使用银行贷款，综合授信的结构更趋合理。二是加强资金统筹调配，有效防范财务风险。

7. 加强审计稽查管理 聚焦经济责任审计和经济效益审计，重点完成任期经济责任审计3项、经济效益审计7项，提出审计意见和建议23条，对4家所属企业下达审计整改通知。进行2014年度内控体系自我评价工作，监督完成了内控缺陷的整改落实。

8. 加强法律服务 从合规性审查和防范合同风险出发，制定5年法制工作实施方案，全程指导张探公司“保兑仓”案件的处理工作，指导所属企业法律纠纷案件处理工作，加强了中装集团总部各类合同的审核工作。

9. 加强安全管理 落实安全生产责任制，逐级签订安全责任书，加强安全生产考核；制定完善安全生产计划和制度；开展“安全生产月”“安全生产大检查”活动，防范安全风险；推进安全生产达标，6家企业完成达标工作。经2015年国机集团安全考核，公司安全由B级升到A级。

10. 优化人员结构 一是制定并推进人员分流计划，多种途径分流安置人员，解决冗员突出问题。至2015年底，在岗人员同比减少430人，减少工资性支出约3 000万元。二是加强职工培训。三是开展各类人才引进。通过多渠道引进应届毕业生、骨干岗位人才共41人。四是加强对工资总额的预算管理，制定发布有关管理制度。

【信息化建设】

中装集团和所属企业克服资金短缺困难，落实“两化融合”方案。中装集团总部按季度开展“两化融合”工作检查，启动信息化发展子规划的制定，完成技术中心PDM系统培训，开展中装集团三维设计系统建设调研，为所属企业提出建设意见，优化了中装集团OA办公系统。技术中心开展智能化井场系统的研发，海光公司开展CRM系统的深化应用。

【企业文化】

发挥集团网站、OA办公平台、微信公众平台，以及《中装简报》《地质装备》杂志作用，加大宣传力度，营造积极向上的工作氛围，传递正能量。全年累计发布新闻信息260余条，编印《中装简报》10期、中装集团党代会专刊1期。依照2014年发布的中装集团《企业文化手册》内容的有关要求，进一步规范集团的标识使用，推进品牌建设；营造务实、创新、和谐、共赢的积极氛围，为中装集团的改革发展、转型升级助力。

【党建工作】

中装集团党委深入学习习近平总书记系列重要讲话精神，认真落实党风廉政建设主体责任和监督责任，加强作风建设，开展"三严三实"专题教育，发挥党组织政治核心作用，为推动中装集团的改革发展、转型升级、实现有质量增长，提供了坚强的思想政治和组织保证。

1. 认真履行从严治党责任，开展"三严三实"专题教育 在处级以上管理人员、所属企业领导班子成员中开展"三严三实"专题教育。为开展好"三严三实"专题教育，梳理"不严不实"问题，以此作为边学边查边改的基础；中装集团和所属企业党委书记结合"三严三实"专题教育要求，给党员干部上党课，点明"不严不实"在企业的具体表现和严重危害；党委中心组围绕"三严三实"开展3次集中学习；组织召开民主生活会，深入查摆"不严不实"问题，进行党性分析，严肃认真地开展批评和自我批评，达到"坚持真理、修正错误、统一意志、增进团结"的目的。通过"三严三实"专题教育，各级领导干部加强了党性修养、改进了工作作风。

2. 加强作风建设，落实党风廉政建设的主体责任和监督责任 强化中央八项规定精神的贯彻落实与监督检查，抓住重要节点，开展专项检查，对出现问题的企业有关责任人进行严肃处理。各级领导干部以身作则，带头改进工作作风，主动接受干部职工和上级组织的监督，有力地推动了工作作风的转变。各级党政主要领导担当党风廉政建设第一责任人的责任，管好班子成员，管好身边的人。

健全中装集团纪委班子，配备专职纪委书记。全面落实党风廉政建设的主体责任和监督责任，将反腐倡廉建设放在更加突出的位置，将党风廉政建设和业务工作同部署、同落实、同检查、同考核。一是落实企业领导人员廉洁自律有关规定。签订"党风廉政建设责任书"。二是在领导干部中坚持开展示范教育、警示教育和岗位廉政教育，实现廉政教育常态化，将加强作风建设作为中装集团党委中心组学习的主要内容。坚持警钟长鸣，中心组学习、干部培训、党员教育等，要求领导干部加强学习和自律。三是坚持干部述廉述职和谈话制度，中装集团主要领导与处级以上干部提醒、诫勉谈话共33人次。四是加强党风廉政制度建设，修订完善关于党风廉政建设制度。五是加大对重点案件的查处力度，认真做好中央巡视组到国机集团巡视的配合工作，按照巡视组提出的整改要求，重点落实张探公司保兑仓案件处置的各责任追究工作。十八大以来，对违规违纪的7名所属企业班子成员进行了党纪、行政处分，对4人进行了免职。

3. 加强党组织自身建设，发挥党组织政治核心作用 完善中装集团党委的领导体制。2015年9月，中装集团召开第一次党代会，选出第一届党委、纪委班子。根据党委领导体制新变化，建立健全党委会会议制度、议事决策制度等工作制度，不断加强党委的自身建设。

健全党组织有效参与决策的体制机制。根据中装集团和所属企业建立现代企业制度的实际，不断完善现代企业制度条件下发挥党组织政治核心作用的实现形式，处理好党组织与法人治理结构的关系，进一步明确党组织参与企业重大问题决策的内容、方法和途径。

坚持党管干部、党管人才的原则。主动适应现代企业制度改革的要求，坚持把党管干部原则与董事会依法选聘经营管理者，以及经营管理者依法行使用人权相结合，建立既符合现代企业制度又与中装集团实际相适应的选人用人新机制。建立对任免干部"党委酝酿并提出意见"的制度、纪委参与干部提任考核的制度，以及提任干部谈话制度等。

发挥党组织的政治优势。加强党的路线方针政策以及企业改革发展决策部署的宣传教育。密切关注党员干部的思想动态，定期开展思想状况分析和研判。围绕中装集团重大决策和部署的实施，党委主要负责人直接参与思想政治工作，把

广大党员、职工的思想和行动，统一到实现企业发展的各项任务目标上来。

4. 加强思想政治工作，确保企业稳定 提高思想政治工作的针对性和有效性，及时发现、了解，并掌握好职工的思想动态，把思想政治工作做在前面，把各种不安定因素消灭在萌芽状态。两级班子领导转变工作作风，倾听职工的呼声，随时、准确地摸清职工的思想状况，以便及时发现苗头性的问题，争取工作的主动性。对存在不稳定因素的重点企业，保持密切关注，约谈有关企业党政主要领导，听取不稳定因素汇报，及时提出要求，维护稳定；组织到重点企业调研维稳工作，要求做好重点上访人员的分包工作，对上访人员“一人一策”，主要领导亲自约谈上访人员，做好沟通、解释和疏导，并拿出解决方案，有效降低稳定风险。信访维稳遗留性问题趋向缓解，上访人数和频次比往年都有明显下降。

5. 支持群团组织工作，形成推动企业发展合力 中装集团党委高度重视群团组织工作，注意发挥他们在稳定中的作用。群团工作围绕中心服务大局，履行社会责任。工会组织国机爱心一日捐活动，开展 2 次国机集团爱心基金申报工作，中装集团和国机集团两级组织发放爱心款 71.7 万元，为 300 余人次提供帮助。在企业民主管理方面，中装集团工会完成换届改选工作，对于涉及职工利益的企业决策，认真履行民主程序。在职工活动方面，中装集团工会、团委联合组织举办公司在京单位春节联欢会、在京单位在职职工百人健步走活动，活跃了职工的文化生活。在关心退休职工生活方面，坚持春节前组织看望离退休老同志、企业困难职工，并组织了离退休老同志座谈会和离退休职工秋季参观活动。

中国机械工业建设集团有限公司

【基本概况】

中国机械工业建设集团有限公司（中国建设，SINOCONST）是中国成立最早的大型国有施工企业之一。公司注册资金 6.7 亿元，是住建部批准的工程施工总承包特级企业，拥有房屋建筑工程施工总承包特级资质、建筑行业甲级设计资质、AAA 级资信等级和商务部批准的对外经营权、对外贸易权和对外派遣劳务资质和许可证书，通过了 ISO9000 质量管理体系、ISO14001 环境管理体系、GB/T28001 职业健康安全管理体系审核认证。现有 12 家子公司、8 家控（参）股企业、若干个国内外分支机构，以及一所国家示范性工程技术学校。员工 1 万余人，其中各类专业技术人员 3 000 多人。

改革开放以来，积极面向国际市场，适时调整经营结构，全面创新管理机制，在全球 40 多个国家和地区承建一大批具有重要影响的工程建设项目，在国际工程承包与项目管理方面积累了丰富的经验，形成了为业主提供从经济技术咨询、项目规划设计、技术设备成套、项目施工管理到人才技术培训、产品达产达标的一揽子服务的竞争优势。

与国内外的科研院所、知名企业和金融机构建立了全方位、深层次的战略合作关系。以市场为导向，以创新为动力，着力提升市场营销、项目管理、技术工程和资本运营“四个能力”，重点打造电力工程、交通工程、市政环保工程、钢结构工程、工业工程和公共与民用建筑“六大业务板块”，主要经济技术指标连续多年保持持续快速增长。

项目履约情况良好。截至 2015 年底，全系统在建项目 932 个，累计完成产值 110.94 亿元。完工项目获得项目业主好评。

响应国家“一带一路”战略布局，结合公司在“一带一路”区域施工工程业绩和信息资源优势，认真研究国家相关政策和有关国家市场需求，借助国家“一路一带、亚太自贸区、京津冀协同发展、长江经济带”等国内外政策导向，草拟了“一带一路”战略构想工作思路及方案，明确集团公司紧抓国家相关政策机遇的具体措施。

【主要指标】中国建设 2014—2015 年主要经济指标见表 1。

表 1 中国建设 2014—2015 年主要经济指标

项　目	2014 年	2015 年	同比增长（%）
资产总额（万元）	592 877.75	627 144.11	5.78
净资产（万元）	89 232.15	94 481.90	5.88
营业收入（万元）	665 832.88	673 762.11	1.19
利润总额（万元）	9 650.63	11 066.32	14.67
技术开发投入（万元）	9 760.23	10 361.08	6.16
利税总额（万元）	22 720.82	23 250.96	2.33
全员劳动生产率〔万元 /（人·年）〕	12.64	12.93	0.29
净资产收益率（%）	7.16	8.37	增加 1.21 个百分点
总资产报酬率（%）	3.76	3.95	增加 0.19 个百分点
国有资产保值增值率（%）	107.14	108.82	增加 1.68 个百分点

【重大决策及重大事项】

1. 召开稳增长工作会　2015 年 11 月 20 日，“中国建设 2015 年稳增长工作会”在集团公司总部四楼会议室召开。会议由中国建设党委书记、副总经理杨建辉主持。总经理徐衍林传达国机集团稳增长工作会议精神，董事长刘敬桢就落实稳增长工作作了具体部署，副总经理杜正义从集团公司“1—10 月全系统主要指标完成情况”“2015 年全系统主要指标预计完成情况”“1—10 月事业部指标完成情况”“2015 年事业部主要指标预计完成情况”“为实现稳增长下一步拟采取的措施”五方面进行了阐述。

2. 召开员工大会，部署公司改革调整工作　2015 年 12 月 4 日，公司召开 2015 年总部员工大会，会议由中国建设党委书记杨建辉主持。会上，总经理徐衍林从“经营指标完成情况”“本部面临的困难与挑战”“事业部运营中的症状”“事业部运营改革优化”“改革优化的实施要求”等五方面作出具体阐述并对事业部改革和公司生产经营工作作了安排。

【科技创新】

1. 组建“中国建设工程研究设计院”　继收购天津市天元建筑设计有限公司，成立天津中机建设工程有限公司后，组建了“中国建设工程研究设计院”。这是公司“三五规划”期内战略发展需要，深入打造技术工程能力，实现价值链完善的又一重要举措。

2. 举办 BIM 技术培训　2015 年 3 月 11 日，公司举办了 BIM 技术专题培训。培训就旨在推动集团公司 BIM 发展，通过建设成熟可靠的 BIM 技术力量，有利于中国建设以技术展示实力，以科技提升公司形象，拓展营销渠道，优化资源配置，减少建设成本，实现公司总部与项目部集成化、动态化、可视化的管理，解决项目管理的难题。

3. 科技活动经费　保持科技创新发展投入的整体规模，依托承建的大中型重点工程项目开展技术攻关，在施工技术领域取得多项科技创新技术成果，在电站建设、高层建筑施工、化工项目、汽车工业厂房钢结构吊装、特种管道焊接等课题领域取得一批成果。公司整体科技投入比率 1.5%。

【创新成果】

公司取得 4 项实用新型专利、1 项发明专利。另有 1 项实用新型专利已受理等待授权。持续保持 3 年来都有发明专利获批。中国建设 2015 年发明专利情况见表 2。

表 2 中国建设 2015 年发明专利情况

序号	专利类型	专利名称
1	发明专利	钢结构模块多立柱对接方法
2	实用新型	浮船取水联络管的柔性安装结构
3	实用新型	建筑外墙淋水试验装置
4	实用新型	粉料投送环形风口除尘器
5	实用新型	金属管道焊缝热处理装置

施工技术研发主要集中在公司战略六大板块业务上，以攻克项目迫切需要解决的关键技

术为首要任务，以提高经济效益为重点，全面提升建设单位的技术工程能力。其中“大型工业模块安装技术”项目获中国安装协会科技进步二等奖，“大型工业功能模块中的冶金电炉安装施工技术”项目获中国安装协会科技进步奖三等奖。

继续落实建设安装工程领域的工法评选工作。完成省部级工法7项、国家级工法3项。同时，继续组织企业级工法编制与评定工作，评委会共收到7家单位申报的13项工法。通过专家组的评议与投票，最终评得企业级工法13项。

组织科技进步奖评审活动，评委会共收到5家单位申报的6项科技成果。经评审最后评出二等奖1项、三等奖5项。

出版4期“技术工程简报”，及时通报和交流国家和国机集团的科技政策、科技信息和科研技术成果、公司技术信息及重点工程技术方案等。

共收到全系统技术科技类论文投稿60余篇，经审核编辑，将其中优秀的一部分推荐至《工程建设与设计》杂志社。与《工程建设与设计》杂志社联合发行2015年增刊，为广大工程技术人员提供一个展示自己技术水平的舞台，也扩大了中国建设知名度。

【市场开拓】

多措并举开拓市场。认真研究市场形势，积极创新营销思路，引领各所属企业紧紧围绕经营目标，不断加大市场开拓力度，市场开发成效显著。持续做强优势业务板块，老客户关系不断深化，不断加强区域市场开发，完善海外市场经营布局，继续深化国机集团内部合作。

结合公司在“一带一路”区域施工工程业绩和信息资源优势，认真研究国家相关政策和有关国家市场需求，借助国家“一路一带、亚太自贸区、京津冀协同发展、长江经济带”等国内外政策导向，草拟“一带一路”战略构想工作思路及方案。同时，对全系统境外机构的运行情况开展全面调研，为加强对境外机构所在国机或地区的市场资源统筹、整合力量、发挥整体优势，并草拟了境外机构设立指导方案，支持有序开展国际市场开发。

加强对新型投融资类项目的研究与协助跟踪开发。集团总部对PPP类投融资项目进行专题资料搜集整理，支持跟踪赞比亚BOOT水泥厂、青岛蓝色硅谷、厄瓜多尔炼油厂等项目；与中国三安共同推进达州安置房建设项目；邛崃公司跟踪遂宁“海绵城市”基础设施建设项目；海南公司对“槟榔产业升级项目”进行深度分析论证。

为解决投标资源分散、信息共享困难、信息资源利用率不高等问题，在综合信息管控平台经营与项目管理模块数据基础上，设计并建成投标信息数据库。数据库整合公司资质文件、施工业绩、科技成果、历史奖项等，并能实现快速查询，有效提高了标书制作水平和效率。

全系统重点工程项目进展有序，平稳推进。印尼2×350MW电站项目1#机组实现FAC，2#锅炉爆管后的管道修复完成；印尼氧化铝项目土建主体结构全部完成；新疆庆华5 000t/d水泥项目因业主违约，进入合同移交及清算工作；烟台龙海家园项目14栋单体主体全部封顶；广州萝岗项目一期工程交付，二至四期主体封顶；越南高平钢厂项目克服前期困难，通过72小时达产达标考核，EPC工程交付在即；玻利维亚糖厂项目顺利试生产并成功出糖；白俄罗斯纸浆厂项目施工全部完成；孟加拉帕德玛水厂项目完成净水厂生产和生活临建、厂区围墙、搅拌站安装等工作；白俄罗斯吉利汽车生产线项目在中机一建和五建两家单位的合力协作下，项目有序进展，整体进度较计划提前。

【产权制度改革】

1. 按照中央国企改革的意见，加强研究与探索 公司总部选择中机五建、邛崃公司、深圳公司、德阳学校作为研究试点，与中机五建一起编制改革意向草稿；深圳公司已完成改革前的整体评估工作；对邛崃公司和德阳学校多次调研与交流，改革方向逐渐明晰；中机二建以苏州分公司为载体、开展与外部企业合作的研究试点，以风险共担、利益共享的模式瞄准工业工程、市政类的BOT、PPP项目进行重点开发；中机工程派调研组与中国三安间就适度多元化投资进行专题交流，并召开班子专题务虚会对改革投资进行研究分析。

2. 加强投资管理，确保投资收益 参加极具战略意义、前景良好的国机资本投资项目，以5 000万元的投资成为国机资本第九大股东；总部实现外部股权投资现金分红1 000万元；中机四建以开拓核电运维市场为目标、与外部投资人共同在深圳设立电力工程公司，并在大亚湾核电站中承揽业务；中国三安与 CMEC、天传所间达成投资改组其三源电气公司的意向。

【管理经验】

1. 项目管控持续加强 一是加强项目责任成本审核的深度，不断加强项目策划论证，从项目初期就重视项目成本控制工作。二是组织开展项目巡检活动，完成龙海家园、东港污水、合肥通用院 3 个在建项目的检查工作，通过检查有效贯彻集团公司的合理要求，并协助项目梳理和解决实际难题。三是深入开展项目成本监控，规范项目成本管理。对于风险大、存在融（垫）资建设项目，组织专项调查和研讨、加大监控管理力度，执行问题落实机制。

2. 财务管控不断深化 一是拓展融资渠道。截至2015年底，全系统共取得授信额度100亿元，为扩大经营规模和开展投融资业务提供了较为充足的资金保障。二是全面防控资金风险，着重从控制融资风险、加强项目资金监控、深化资金集中度管理、加强“两金”管控等方面入手，有效地防范资金风险。三是持续强化预算全过程控制，重点加强成本费用预算的执行监控和债务结构的预算管理。中机二建有效提高预算控制的准确度，在全年收入增长 10% 的前提下，预算费用开支同比整体下降 5% 左右。邛崃公司通过加强预算管理，成本费用得到很好的控制。四是税务管理卓有成效，集团公司被评为“出口退税一类企业”。中机四建制定《内部承包劳务发票管理办法》，消除内部承包人员的后顾之忧，保证了会计核算的合规性；中机设计规范工作流程，有效地避免了税务风险。五是财务信息质量明显提高，切实为集团经营管理提供更加有效的决策支持。集团公司荣获国机集团“2015 年度财务信息管理先进单位”二等奖。

3. 人力资源管理稳步提升 一是做好人才配置与储备。完成所属子公司行政领导班子的换届考核、新班子任命以及董事会监事会设立工作。二是培训工作成效显著。建立健全培训管理体系，整合培训资源、强化培训考核和效果评估，实施分层分类培训。集团公司首次组织全系统 40 余名新入职员工进行了拓展培训。三是加大公开选聘和人才交流力度，组织开展全系统公开招聘和干部交流工作，实现系统内的人才流动。

4. 法律工作水平不断提高 一是按照“法治国机”建设要求，编制完成《中国建设集团2016—2020 年法制工作实施方案》。二是运用法律思维解决生产经营中的疑难问题，打破唐山盛世汽车园项目的回款僵局，年内收回欠款项 1 000 万元；加强“保函止付”诉讼策略的研究应用，与庆华项目相关方进行博弈、积极争取权益。三是推动公司法人治理结构的规范化和境外机构设立法律尽职调查。集团公司根据管理的实际需要，对公司章程版本进行合法化、规范化梳理；重点加强对境外新设机构东道国的法律政策分析，交通工程事业部、中机一建和中机二建在境外的机构设立前期，均进行了法律尽职调查、出具了专业法律意见供投审会决策。

5. 审计工作有效开展 一是强化项目审计，对公司重点管控项目、风险项目进行有针对性的全过程审计，发现问题，分析原因，提出整改建议，规范项目管理。二是加强内部审计的服务与监督职能，开展专项审计，强化预算执行的严肃性。中机二建依据内部控制规范及公司预算管理办法，对公司预算开支的效益性开展审计，通过各项指标数据的横向、纵向比对，找出预算执行中的差异，总结差异形成的原因，提升公司的全面预算管理水平。中机一建、中国三安和中机工程把分包结算审核作为审计部门日常重点工作，维护了公司的合法利益。

6. 节能减排成效显著 全系统万元营业收入综合能耗同比下降 8.02%，二氧化硫排放量同比下降 90.87%，二氧化碳排放量同比下降 15.05%。一是加强日常监督检查，实行节能降耗信息统计公示制度；加大节能减排资金投入力度，用于支持淘汰高能耗设备和推广应用节能新技术、新工艺、新产品。二是所属企业通过企业内部简报和局域网，大力普及节能减排知识，培养广大干部职工的节能意识和环保习惯。三是推广 BIM 技术应用于工程建设方案设计与施工过程中，减少建筑全生命期的浪费，为节能减排作出了积极的贡献。

7. 高度重视，安全生产态势平稳 一是强化安全生产责任。按照“党政同责、一岗双责、失职追责”安全生产责任体系要求，及时完成对中国建设安全生产委员会的调整工作。二是开展“打非治违”专项行动。纠正各种违规违章行为，排查整治影响安全生产的事故隐患、薄弱环节和突出问题。三是强化应对境外突发事件的能力。针对中机一建刚果水厂项目营区内发生持枪抢劫事件，组织项目部加大现场安全保卫措施投入，加强营区保卫力量，开展安全教育和应急演练，增强抵御暴力抢劫事件的能力。四是推进企业安全生产标准化创建工作。推进中国建设安全生产标准化创建工作。中机重工和中机五建通过年度安全生产标准化复评审核。

【信息化建设】

1. 投入100万元打造“项目远程监控与视频会议系统” 第一批试点在中机二建、中机四建、中机五建、烟台龙海家园项目、广州萝岗项目、合肥通用院研发楼项目部署完毕，并联调成功。

2. 全系统各业务管理信息化应用不断提升 公司总部新开发了采购管理平台、升级了财务管控系统，对综合管控系统进行完善，并对使用频次较高的9项功能定制移动端页面；中机二建开发的综合数据库互联网版上线运行，数据涵盖人力资源、项目合同、物资采购，数据的实时共享更加便捷。

3. 对BIM技术的研究进一步深入 公司拟定成立BIM工作室，完成软件选型、人员培训和模型试做的工作；中机二建、中国三安、中机工程、中机钢构选择主攻的行业开展BIM技术的应用。

4. 信息化发展目标进一步明确 围绕打造“工程建造互联网”，公司信息化规划（草）编制完成；中机五建明确推进信息建设、开发上线项目管控系统的计划目标。

【企业文化】

文化战略和品牌战略在公司“三五”规划中得到重视。公司和所属单位以加强工程质量管理、塑造精品工程为抓手，通过不断提高在建工程质量，推行规范标准的企业视觉识别系统，打造“有实力、可依赖”的企业形象，推动企业文化战略和品牌战略的实施，打造中国建设的品牌形象。整合系统内部力量，充分利用公司网站、报纸等载体，加强对企业文化、品牌建设和社会责任管理的实时动态宣传，不断提高公司品牌知名度和影响力。

加强企业文化建设，为公司新常态下的有质增长激发正能量。一是为更好地展示企业文化，唱响企业主旋律，增强员工的责任感，鼓舞士气，凝聚人心，对公司司歌《中国建设之歌》进行修订。二是对公司所属项目现场临建的布置作出标准化要求，加强视觉展现的规范性和统一性管理。三是积极参加国机集团组织的“最美国机人”演讲比赛和首届漫画大赛，荣获“最美国机人”演讲比赛一等奖、包揽漫画大赛两个一等奖和一个二等奖，展现了中国建设的风采。四是组织参加集团内外的文化活动，宣传和倡导中国建设文化。五是积极配合国机集团“企业文化”调研活动，并完成有关调研专题撰写。

【党建工作】

1. 落实从严治党要求，“三严三实”教育活动扎实开展 公司领导班子先后以“严以修身、严以用权、严以律己，谋事要实、创业要实、做人要实”为主题开展专题研讨。活动坚持问题导向，狠抓整改落实，查找解决企业发展和领导干部自身存在的“不严不实”问题，以解决问题衡量和检验专题教育的实际成效，干部作风有了进一步改善。公司党委中心组、全体党员干部对“四个全面”战略布局、全面从严治党新要求有了更深理解和认识。

2. 严防“四风”反弹，党员干部作风持续转变 以开展各类专项自查为抓手，组织经常性的“回头看”，加大力度推进长期整改任务，强化工作措施，坚定不移地落实后续整改工作。通过从信念教育、长效机制、深化整改3个方面持续努力，巩固整改活动成果，防止“四风”问题变形变性、回潮反弹，党员领导干部的工作作风得到持续转变。

3. 落实“两个责任”，党风廉政建设工作卓有成效 2015年年初，中国建设党委与各党支部、中层以上干部签订“党风廉政建设责任书”“廉洁承诺书”，做好责任目标分解，强化领导干部“一岗双责”意识。制定《中国建设关于对领导干部进行廉政约谈的暂行办法》。根据“约谈办法”由董事长、党委书记、总经理、纪委书记分别对所属15家企业党政领导及集团总部6个事业部总经理共32人，进行党风廉政约谈。总部领导对干部任前进行廉洁谈话10人次。所属企业领导干部对下级领导进行廉洁谈话53人次、任前廉政谈话67人次、诫勉谈话17人次。

4. 狠抓领导班子建设，党员干部理论水平提升 中国建设党委坚持“三会合一”制度，利用每月班子例会组织党委中心组开展专题学习，做到中心组学习有计划、有记录、有提升。通过强化中心组学习的系统性和理论性，不断提升领导班子政治素质和理论素质，切实增强从严治党的责任意识，准确把握公司发展面临的形势和任务，提升领导班子成员用理论驾驭实际工作的能力。

在干部队伍建设方面，坚持党管干部、党管人才的原则。一是加大年轻干部的选拔力度，严格按组织流程重新聘任一批各职能部门和事业的领导。二是坚持干部考核工作常态化，逐步形成包括个人总结、考核谈话、员工测评、干部互评、岗位胜任能力评价在内的全面综合考核体系。

5. 夯实基层组织建设，党建工作扎实开展 召开党建工作暨宣传工作会议；定期召开党务工作专题会议，集中学习和贯彻党中央会议及习近平总书记系列重要讲话、《关于加强基层服务型党组织建设的意见》精神；加大对基层党支部工作指导，提升基层党组织工作能力，坚持“三会一课”制度，完善支部工作管理机制；发展党员5名，预备党员转正11名，党员队伍结构进一步改善。公司党委指导基层支部注重党员发展过程培养，强化对发展对象、入党积极分子的教育，严格落实党的组织生活制度，组织管理工作得到进一步规范。

6. 所属企业党组织工作情况 总部党委加大对基层党支部工作的指导，提升基层党组织的工作能力。做到组织机构健全，组织人员健全。在规定时间内积极组织换届选举，确保党内业务的有力、高效开展。各党支部采取集中学习讨论、听取专题党课、观看教育题材影片、读一本好书写一篇感想等形式，灵活开展基层党组织活动，使基层党务工作有了新载体、新活力，脱离以往枯燥乏味的说教，活动成效得到广大干部职工的肯定。

7. 创新党建工作，加强项目党组织建设 把支部建立在项目上，把党建落实在工作中。抓好对标管理，按照“一单位一亮点、一板块一典型”基本思路，分板块、分层次，打造一批由点到面到中国建设党建创新精品项目、特色项目，创品牌，出经验，出成果，推出党建创新典型经验，通过典型示范，全面提升基层组织的建设整体水平。党委围绕企业科学发展、和谐发展两大主题，结合企业点多、面广、战线长，项目周期不一，党员分散的具体情况，因地制宜，突出特色，着力加强以党的建设为核心的基层建设，打牢企业发展基石，有力地促进了企业的发展。

【社会责任】

2015年1月9日，公司开展了一年一度的“冬衣送暖”捐赠活动，组织员工向四川省阿坝州贫困山区捐赠冬衣245件。1月，集团公司号召全系统职工为所属学校2名身患重病的学生捐款共163 341元；3月5日，公司总部开展“学雷锋献爱心”活动，为扶贫基金注入捐款共41 400元；3月下旬，集团公司全系统职工捐助“一日工资”注入国机集团爱心基金共170 868元（截至6月，累计捐款375 609元）。

中国机床销售与技术服务有限公司

【基本概况】

中国机床销售与技术服务有限公司（简称中国机床销售），1983年8月由中国机床总公司申请，经机械工业部机床工具工业局批准成立。成立之初名称为“中国机床总公司销售技术服务部”，2013年12月底更名为现名。2011年6月，中国机床总公司与国机集团债务重组后，成为国机集团的全资子公司。

2011年12月27日，国机集团以《关于同意搭建机床总公司经营新平台的批复》（国机改字〔2011〕715号），同意公司成为机床公司系统新的经营平台，并将中国如意技贸中心、北京国机展览中心、北京海洲贸易有限责任公司、华嘉（北京）机床工具公司划归其所有。

【主要指标】2015年中国机床销售与技术服务有限公司主要经济指标见表1。

表 1　2015 年中国机床销售与技术服务有限公司主要经济指标

项　目	2014 年	2015 年	同比增长（%）
资产总额（万元）	180 371.79	83 738.58	-53.57
净资产（万元）	9 273.29	9 850.94	6.23
营业收入（万元）	59 055.21	130 440.58	120.88
利润总额（万元）	523.00	688.00	31.55
技术开发投入（万元）	0.00	0.00	
利税总额（万元）	1 232.00	1 704.00	31.55
EVA 值（万元）	-992.00	-763.00	-23.09
全员劳动生产率〔万元 /（人•年）〕	-29.14	-139.77	-379.65
净资产收益率（%）	3.43	6.04	增加 2.61 个百分点
总资产报酬率（%）	0.41	0.52	增加 0.11 个百分点
国有资产保值增值率（%）	103.49	106.26	增加 2.77 个百分点

【重大决策与重大项目】

销售公司于 2013 年年初与乌克兰签订通信设备成套出口项目，合同总额 30 亿元。因受到乌克兰政局持续不稳影响，经与业主方沟通，交货期调整为 2013 年至 2016 年度。2015 年度，该项目实际发货 11.35 亿元，剩余约 10 亿元发货于 2016 年执行。

【市场开拓】

1. 探索创建中国机床工具行业云平台，将市场开拓工作延伸至全球的目标市场　发挥公司在行业内的知名度、品牌影响力等优势，借力国家“一带一路”战略构想和“互联网 +”战略部署，大力提升自身经营能力，确定了向平台化发展的创新思路，即面向国际机床行业创立打造一个国家级的、权威专业性的、跨境跨界的，集信息、产品、展览、服务、销售及解决方案等为一体的行业电子商务平台 —— 中国机床工具行业云平台。

“机床云平台”是中国机床工具行业转型升级、摆脱困境、有效提高产能输出所急需的大平台。伴随平台的发展和完善，除具有“交易”功能外，“机床行业平台”的定性和宗旨决定其主要内容是：以“免费”为企业和用户服务的“行业”功能、“公益”功能和“社会”功能。公司将借助平台所汇集的功能和资源，先期在俄语区国家，最终将市场开拓的工作延伸至全球的每一个目标市场。

2. 大力推进俄罗斯市场的开拓工作　销售公司拟订以市场为契机、以展会为平台、以高端机床产品为导向，全面进入俄罗斯以汽车、冶金、电力、矿业等为主的各生产制造领域的俄罗斯市场开发战略。此举在赢得市场份额的同时，希望能够以机床产品为龙头，通过不断推进销售和售后服务渠道的建设，打造中国机械类产品出口俄罗斯市场的桥头堡，从而将更多的国产中高端机床、机电产品引入这个潜力巨大的市场。在前期取得初步成效的基础上，为加大开拓力度，提升开拓成效，决定引入跨境电子商务模式，同时加大投入，适时建立与俄方的合资企业以及机床 4S 中心，具体为：一是建立“服务贸易平台和电子商务网络”。二是创建俄罗斯机床品牌，实现本土化制造。三是推动境外经贸合作区建设。与此同时，结合国家“一带一路”战略的实施走向，通过搭建第三方贸易平台，引领国内“专、精、特”机床企业抱团进军国际机床市场。先期以俄罗斯市场作为试点，取得经验后再逐步向俄语区（独联体）国家和“一带一路”范围内的其他国家复制推广，从而提升国产机床工具产品“走出去”的速度和规模。

【产业化发展】

结合市场现状，销售公司高层认真调研与审慎研究，并结合集团公司打造机床板块战略，确定公司向实体化转型的发展思路：选择恰当的方式兼并资产优良、体量相当、生产中高端机床产品为主的机床制造企业，使之成为制造基地，并以其产品作为抓手，同时完善研发、生产、销售产业链，结合有效使用中国机床的品牌、宣传、渠道等优势资源，围绕提高产品质量，提升服务水平，促进产品销售这一核心，从而带动公司向产业化转型，拉动整体业务的提升和发展，最终解决制约企业发展的主要矛盾。

【产权制度改革】

根据《国家出资企业产权登记管理暂行办法》（国资委令第 29 号）等相关规定，产权登记工作由资产财务部管理，设专人负责。完成产权登记自查工作及产权信息资料收集工作。

【管理经验】

在营销管理方面着力从两个方面入手，努力提高自身的经营能力，确保公司持续良性发展。

1. 满足客户需求 中国机床销售目标为：满足顾客需求，增强顾客满意度，实现企业持续发展。通过明确管理职责、梳理工作流程和控制要素的方法，对组织、资源和过程进行严格管理，建立一个具有证实性、预防性、系统性和迅速反应能力，并拥有持续改进的质量保证体系。同时，要求公司全体员工认真学习《质量手册》，系统理解并严格遵照执行，从而提高了公司员工的质量意识、工作能力、个人素质和服务水平，最大限度地满足顾客的需求。

2. 满足销售团队需求 在认真听取业务团队建设方面各个岗位和部门意见的同时，从公司的整体业务统筹考虑，细化每个岗位责任内容，落实岗位责任制，签订岗位协议；加强对相关业务人员的专业知识培训。针对近两年新进公司业务人员较多的情况，加大培训力度；建立中长期人才培养计划，建立科学考核评价制度。对单一专业管理人员，通过培训、轮岗、实践等途径，逐步把他们培养成复合型人才；对中高层后备人才的培养不仅注重实地锻炼，而且为他们创造理论学习机会，以适应公司经营业务和管理工作的需要；加大对中青年干部的培养与提拔，为青年人才提供发展和锻炼的空间；充分利用薪酬分配、绩效考核、中远期激励等办法，建立完善的、能够鼓励职工多创效益、多做贡献、多拿薪金的机制，从而提高公司的凝聚力。以上举措的有效实施，为打造一支过硬的销售和管理团队创造了必要条件。

【信息化建设】

1. 信息化管理从传统的粗犷式向有国企特色的精细化管理过渡 伴随公司风险控制工作进程，全面分析原有相关制度的不足与漏洞，通过内部征询和外部调研过程，综合外资企业、民营企业及部分优秀国有企业的先进管理理念，结合自身公司文化氛围，修订并颁布《互联网使用管理办法》《IT 设备管理办法》。对于其他企业相关规定并不适用于本公司的条款，进行修改和放弃，最大限度地满足职工正常办公需求和企业管理提升的要求。

2. 掌握前沿技术 通过与国机集团同级公司相关人员、先进的外资企业管理人员、软硬件供应商等渠道，以及使用最新信息技术的“大数据”，获取行业内先进的技术资讯，学习并掌握新技术，进而探索技术应用可行性。用务实的态度去判断信息技术给企业带来的价值，规划出适合自身特点的信息化方案，既避免好高骛远，又做到不落后不保守。

3. 专职信息化工作人员与非专职信息化人才融合 每季度定期开展信息化培训工作，提高公司信息化的整体水平。通过案例与问答互动，培育非信息化工作人员对于专业知识的兴趣度，进而利用工作及非工作时间对信息技术进行学习与研究，并通过实际工作，使非专职信息化工作人员验证学习与研究成果，从而提升非专职信息化工作人员的信息技术应用与管理水平。

4. 开发信息技术为企业发展服务的附加价值 专职信息化工作人员走出去，在不断提升自身能力与价值的同时，发现和可以为企业发展带来的新机遇。凭借对新概念、新技术的理解与领悟，以前瞻性的观点与务实的理念为基础，为企业经营转型升级提供信息及信息技术支撑，为企业树立良好市场形象保驾护航。结合公司业务部门发展方向和领域，补短板、助发展，积极参与业务开拓和市场维护工作，得到广泛赞同。

5. 践行二次创业，职能部门转型升级 在互联网行业发展大潮中，转变观念，借助信息技术，收集“大数据”，分析信息数据间的关联性与矛盾性，为公司领导决策和开展业务提供有价值的参考依据。积累工作经验与数据，初步具备以信息技术为价值点的业务能力，时刻准备为开展信息技术领域业务增添核心竞争力。

【企业文化】

1. 文化培训 分批给员工进行文化建设方面的培训，使其了解集团“和”文化的内涵。通过培训，以及制定多层次的培训，使职工对于公司共同价值观有了新认识，使全体职工明确了奋斗目标。

2. 文化传播与展示 一是拓宽文化传播渠道。通过公司网站等传播渠道，及时深入地报道公司重大决策，深入开展讨论，成为机床公司主要的文化传播阵地。二是对接集团 VI。公司新办公室的装修严格按照集团 VI 要求设计；按照集团 VI 从新设计了商标；对外展览严格按照集团 VI 规定，进行整体视觉规划。

3. 专项文化建设 在安全文化方面：大力创新安全文化建设模式，营造浓厚的安全文化氛围。组织各类安全教育培训，加强突发事件应急演练，将安全文化落实到广大员工的日常工作和生活中去。在廉洁文化方面：贯彻国机集团“企业廉洁文化建设指导思想”，深化集团“廉洁从业、诚信守法、行为规范、道德高尚”的廉洁理念，引导广大员工自觉化廉于心、践廉于行。在绿色文化方面：传播绿色文化，使每位员工都能够从小事做起，最终实现公司的节能减排日标。

【财务管理】

1. 完善内控建设 开展全面风险自查，强化全面风险管控，按《内控手册》加强对合同的管理，加强对业务执行过程的监控，加强“两金”月度监控。

2. 深化全面预算管理 制定《全面预算管理办法》，加强预算执行控制，制定费用支出的相关管理办法，严格控制成本费用支出。

3. 加强资金管理 与银行展开合作，争取信用证及保函授信额度，确保经营业务需要，缓解资金压力，降低资金成本。统筹资金，加强与财务公司的理财合作，提高资金利息收益。

【审计与法务管理】

1. 完善总法律顾问制度，全面防范、控制、化解公司法律风险 在总法律顾问的带领下，落实中央企业法制工作“三年目标”，加强对经营管理中潜在法律风险的预警，有效防控法律风险，将法律审核落到实处。

2. 完善《内控手册》，风险管控能力提升 1～3 月期间，对公司 2014 年度内部控制活动进行全覆盖自我评价，对公司运行中存在的缺陷，并按要求进行整改；同时完善、修订制度，为公司的经营管理提供制度保障，提高工作效率。

3. 确定审计重点，开展专项检查并提出整改意见 对公司业务部门的市场开发基金使用情况进行审计，鼓励、支持业务部门对市场开发的步伐。同时，对市场开发基金使用情况进行管理，提高业务人员的积极性。

4. 开展形式多样的法律培训活动 持续收集公司管理系统范围内诉讼或非诉典型法律风险案例，“以案释法、以案宣法”，用通俗易懂的语言向广大职工普及法律基础知识，剖析公司业务中可能遭遇的法律陷阱，激发职工学法讲法的热情。

【人力资源管理】

1. 注重员工整体素质提升，完善招聘工作管理流程 一是拓展招聘应届毕业生工作渠道，广纳人才。从招聘管理上多下功夫。增加与高校毕业生接触的机会，主动寻找适合公司发展的人才。通过面对面的对比、筛选找到适合公司的人才；同时与高校保持良好的沟通，使高校更加深入的了解公司，能够更加快速、有效地提供与公司发展相匹配的人才。二是完善招聘工作管理流程。完善招聘管理工作，将招生、招聘工作制度化。同时，在有条件的情况下，鼓励毕业生提前实习，使用人部门和毕业生能在签订劳动合同前，了解双方的实际情况，强化招生、招聘对接工作的准确性。

2. 加大人才培养力度，加强职工素质培训 完成培训项目 8 项，培训累计人次 145 人次。随着国机集团培训中心的培训科目的不断丰富，公司参加的培训也较之上年有所增加。共参加了市场营销人员、国际贸易、国际工程、项目管理等培训班 8 个，培训 20 人次。

3. 完善公司人力资源管理制度 制定《返聘人员管理暂行办法》，对返聘人员的条件及返聘人员的待遇，进行统一规定，并且与返聘人员签订书面协议，明确协议双方的权责关系，保证返聘职工安心上岗。并在关键环节制定和完善相应的审批流程，以表格形式将有关情况信息直观呈现，提升管理工作的效率。

4. 加强“70、80 后”人才培养，以及公司领导班子后备人才建设 在人才培养方面，按照国机集团人才培养方略，选送资本运营人才、项目管理人才、市场开拓人才、高端会计人才等，共 8 人，参加国机集团的培训资源及培训。

5. 配合公司经营及业务发展，加强干部队伍建设 根据公司俄罗斯业务发展需要，成立俄罗斯代表处。为做好人员选派工作，按照干部考核程序，经与相关部门沟通，并报总经理办公会通过，最终确定俄罗斯代表处首席代表人选。4月，为配合所属如意技贸中心业务发展需要，公司领导班子决定为如意领导班子配备业务干部，以增加业务的开拓及可持续发展力量。人力资源部按照组织考察程序，做好考察酝酿、组织推荐、候选人公示、领导班子审定的各环节工作，选任一批适合如意技贸中心工作实际的年轻干部。

【社会责任】

1. 责任融入企业经营管理 推进社会责任融入公司整体战略，把节能减排、安全生产等责任指标列入公司总体战略目标，从战略高度将企业社会责任与公司战略规划紧密结合起来。梳理公司有关制度，深入推进社会责任理念与全面风险管理、安全生产、节能环保、员工关怀等方面的制度建设相结合，提升公司社会责任管理的规范化、制度化。

2. 参加社会责任活动，提升社会责任能力 近几年来，以国机集团推行的企业文化活动为契机，组织并开展“帮困助学”“爱心基金”等活动。这种活动的展开提高了公司社会责任管理能力。

3. 具体做法 一是倡导推进绿色责任。全体职工积极参与宣传活动，树立环保节俭意识，取得较好反响。二是积极实施员工关怀。公司注重人文关怀和公平正义，维护职工权益，实现职工与企业共同发展；注重职工学习与培训，促进职工能力不断提升；开展丰富多彩的文体活动，关心困难职工和离退休人员，提高员工幸福指数。积极参与国机集团组织的“国机爱心日”活动，全体在职员工于1月28日自愿捐献“一日工资”注入“爱心基金”，共有108人相应号召，共捐款15 378元。三是加强安全生产管理。高度重视隐患排查治理工作，加大监督检查力度，严格督查落实公司的安全履责情况。为提高企业安全保障能力，定期开展安全生产教育和强化培训。四是承担公益责任。投身社会公益事业，发挥自身优势，参与国机集团工会“帮困助学”活动，并为集团扶持的教育事业中的服务对象多次捐款捐物，履行社会责任。

中国重型机械有限公司

【基本概况】

中国重型机械有限公司（简称中国重机）成立于1980年9月，是以工程总承包、带资运营、贸易和服务为主营业务的工程总承包综合服务企业。业务领域覆盖冶金、矿山、交通、建材、电力、水务、环保、化工、生物能源、农产品加工及仓储等行业领域。先后承担了上海宝山钢铁（集团）公司二期、三期工程，内蒙古元宝山露天煤矿工程，秦皇岛三期煤码头工程，广州港新沙煤、矿石码头工程等一大批代表国家重大技术装备水平的大型成套项目和以美国通用汽车公司泰国、英国汽车冲压生产线，缅甸甘蔗制糖厂、铁路公路大桥、露天煤矿、燃煤电站、水电站，越南水泥厂、水电站，柬埔寨水电站、城市环网输变电工程、农村电网扩建工程，土耳其新蒸汽锅炉工程为代表的海外EPC总承包和海外BOT投资项目，为全球40多个国家和地区的建设项目提供专业化服务，完成的项目获得所在国家业主的广泛认可和好评。

截至2015年12月31日，职工人数398人。经商务部批准，在缅甸、越南、柬埔寨、塔吉克斯坦、印度尼西亚、土耳其、泰国、斯里兰卡、埃塞俄比亚、南苏丹、肯尼亚、几内亚、坦桑尼亚、老挝、孟加拉等15个国家设立了驻外代表处。

以提高经济效益、提升发展质量、增强企业实力为中心，主动适应经济发展新常态，促生效、拓市场，稳增长、求发展，全面深化管理，防控经营风险，经营逆势增长，业绩创历史新高。

2015年6月22日，柬埔寨达岱水电站BOT项目进入商业运营期，标志着中国重机实现业务转型升级的战略目标，经营发展进入海外工程承包和投资运营阶段。

【主要指标】 截至2015年年底，资产总额54.48亿元，同比增长13.57%，净资产14.42亿元，同比增长23.15%。2015年中国重型机械有限公司主要经济指标见表1。

表 1 2015 年中国重型机械有限公司主要经济指标

指标名称	2014 年	2015 年	同比增长（%）
资产总额（万元）	479 701	544 783	13.57
净资产（万元）	117 059	144 156	23.15
营业收入（万元）	86 328	160 695	86.14
利润总额（万元）	6 502	29 023	346.37
技术开发投入（万元）	1 278	2 378	86.07
利税总额（万元）	6 898	35 481	414.37
EVA 值（万元）	-1654	11 182	776.05
全员劳动生产率〔万元 /（人·年）〕	23	97	321.74
净资产收益率（%）	5.28	18	增加 12.72 个百分点
总资产报酬率（%）	1.97	7	增加 5.03 个百分点
国有资本保值增值率（%）	104.41	126	增加 21.59 个百分点

【重大决策】

召开董事会定期现场会议 3 次、非现场会议 3 次，形成董事会决议 15 项；决议事项包括：年度财务决算、干部聘任、对外投资、银行授信、担保、年中预算调整、子企业改制和海外分公司设立 8 类。

7 月 15 日，第二届董事会第四次会议决定，同意北京三联国际投资有限责任公司对国机资本公司进行股权投资，一次性投入股本金 9 000 万元，股权占比 3.8%。

【改革改制】

根据国机集团部署要求，对所属北京中重技贸开发公司、北京重矿成套设备销售中心 2 家全民所有制子企业进行公司制改制，改制后分别更名为北京海麦克机电贸易有限公司、北京重矿机械销售有限公司。

【重大项目】

柬埔寨达岱水电站 BOT 项目，6 月 22 日正式进入商业运营（运营期限 37 年）。北京三联国际投资有限责任公司和柬埔寨达岱水电有限公司加强 BOT 项目的运营管控，确保安全运行，合理安排发电计划，保障售电收入回款，加强成本管理，注重风险控制，全年结算电量 8.59 亿 kW·h，运行当年达到设计能力，创造当年运行当年达产壮举，实现售电收入折合人民币 4.16 亿元，为稳增长起到关键性作用，为公司持续稳定发展提供了有力保障。12 月 18 ～ 21 日，国务院国资委副主任孟建民到现场考察调研，对项目提前建成、如期运营给予充分肯定和高度评价。12 月 23 日，达岱水电站项目举行盛大的运营验收暨投产剪彩仪式，柬埔寨政府官员和当地群众 3 000 多人出席仪式。柬埔寨首相洪森为项目运营验收剪彩，对电站建设造福当地居民、为柬埔寨工农业生产发挥重要作用给予高度评价。

【市场营销】

坚持国内外市场并举，坚持“巩固传统市场，扩大非洲市场，布局拉美市场”的总体要求，紧跟国家“一带一路”战略的实施推进，关注中国对外经贸政策走向和国家“两优”资金投向，奋力开拓国内外市场，实现合同签约额 9.87 亿美元。

1. 老挝市场取得新的重大突破 10 月 22 日，与老挝国家电力公司签署老挝南俄 4 水电站项目 EPC 合同。该项目设计总装机容量 240MW，合同金额 7.06 亿美元，利用中国政府优惠出口买方信贷建设，是老挝国家重点工程项目之一，也是公司迄今单项工程合同额最大的 EPC 总承包工程，在老挝市场进一步树立了中国重机的企业品牌。

2. 柬埔寨市场滚动发展 深度开发柬埔寨电力市场，3 月 10 日，与柬埔寨国家电力公司签订柬埔寨国家电网 230kV 西南环网输变电工程项目（一期）合同。该项目是柬埔寨国家电网 2020 年战略规划的重要组成部分，电网涵盖柬埔寨 5 个省和首都金边市，输电线路总长 446.2km，合同金额 1.68 亿美元，利用中国政府优惠出口买方信贷资金建设，承担柬埔寨西部包括达岱水电站在内的由中国企业投资的 5 座水电站所发电力的输送，是公司在柬埔寨市场连续承担的第 6 个输变电项目。

3. 缅甸市场重新开启 缅甸市场是公司“走出去”最早的海外市场，11 月 4 日，与缅甸国家电力部签订上巴路桥水电站 EPC 项目合同。合同范围包括总装机容量为 30MW 梯级水电站的 2 个发电站及金属结构、输变电线路设计、供货、安装、调试、保运等工作，项目资金将纳入缅方向中国进出口银行申请的合作资金项下。

4. 孟加拉市场持续签约 先后签订孟加拉 AMAN 立磨项目新增煤磨、热风炉及粉煤灰系统供货，堆场网架和输送廊道钢结构设计、供货和安装指导合同，合同金额 743 万美元。10 月 24 日，签订孟加拉 AMAN 集团的第二条立磨生产线承包合同，合同金额 1 256 万美元，实现同一市场的多年持续发展。

5. 国内港口市场保持稳定 与广西北部湾港股份有限公司签订钦州保税区 12 台 41t 集装箱轮胎式龙门起重机、2 台多用途四连杆门座式起重机，以及北海铁山港 8 台 41t 集装箱轮胎式龙门起重机等共 22 台设备的 3 个合同，合同总金额 2.024 亿元，保持了在国内港机设备供货的市场份额。

6. 促生效工作取得积极进展 坚持公司领导亲自抓，组织强有力工作班子，明确职责、落实分工、定期汇报进展、专题研究问题、提出有效对策的工作机制。举全公司之力，集中优势资源，锲而不舍，盯住不放。推进柬埔寨农村电网扩建三期和四期工程、塔吉克斯坦冰晶石、氟化铝工厂和硫酸厂项目合同的最终生效和首批贷款放款到账。推进老挝 230kV 纳邦 - 南俄 1- 欣赫输变电工程合同生效，. 8 月 31 日，在国家主席习近平和老挝国家主席朱马里的共同见证下，在人民大会堂签订项目贷款协议。推进柬埔寨 230kV 西南环网输变电项目（一期）工程合同生效，经过多方不懈努力，12 月 14 日，柬埔寨财经部和中国进出口银行签订贷款协议书，取得项目当年签约、当年生效和当年执行的新突破。

7. 市场布局不断调整 瞄准“一带一路”沿线和周边重点国家市场，投入人力物力，巩固原有市场，拓展新的市场。围绕中巴经济走廊建设，在巴基斯坦市场设立开发点，并以此为依托，进一步拓展中东及中亚市场。在孟加拉市场多年实现滚动开发的基础上设立代表处，进一步深度开发政府项目。围绕蒙古国工业园区建设，积极跟踪电站项目。在坦桑尼亚设立代表处、在尼日利亚设立分公司，推进非洲的市场开发和项目进展。在拉美市场，锁定厄瓜多尔、秘鲁、阿根廷等目标市场，投入力量，设立分支机构。

【管理经验】

1. 加强战略管理 完成中国重机《2014 年度总体战略执行情况报告》《中国重机出口倍增五年规划》编制。围绕“一带一路”开展专题研究分析。加强战略调研，协助配合“国机集团国际工程承包业务发展对策研究”课题小组实地调研。持续开展战略培训及宣传贯彻工作。

2. 增强资产财务管控力度 发挥财务管控对企业价值的贡献，努力构建面向战略、面向经营的财务管理体系。推进全面预算管理，加强成本费用预算、项目利润控制管理，监督本部及下属企业预算执行情况，对经营工作中的问题、风险及时预警，通过财务信息化建设，提高公司财务信息处理效率，有效控制成本费用。强化资金管理，以营运资金为核心，加强资金管控力度，提高资金运营效率。加强资金支付、存货管理、应收账款、带息负债等资金的控制，保证资金稳定运行。积极开展降低应收账款和存货两金的工作，提高资产质量。

3. 提升人力资源管理水平 推动人才队伍建设，调整组织机构，合理人才配备，拓宽招聘渠道，全年共招聘 35 人。增强人才保障力度，提高保障水平、扩大保障范围。积极搭建人才发展平台，持续改进培训工作，全年开展 32 项培训，参训学员共 636 人次。深化干部管理工作，完成集团部署的“一报告两评议”工作。完成年度领导报告个人相关事项填报、抽查核实工作。完成公司党政领导后备干部推荐工作。

4. 强化经营管理工作 优化管理职责，加强与国机集团经营管理部的有效对接，理顺工作关系、提高管理效能。加强经营管理日常工作，按照年度经营计划，按月编制经营动态。加强合同管理，强化合同评审。加强与商务部和工程承包商会的联系，及时办理项目核准许可或变更延期，有力支持项目开发执行工作。加强项目管理，按月进行工程项目进度和费用统计分析。注重项目启动阶段的管理策划，加强关键质量控制点的管理，认真开展管理评审，提出改进措施，提高管理评审的工作效果。

5. 深化风险管理 开展年度重点风险评估，编制《2015 年度全面风险管理报告》。针对重点境外工程，制定具体项目风险事件库，完成柬埔寨金边—巴威输变电项目、柬埔寨农网二期输变电项目、塔吉克斯坦冰晶石、氟化铝工厂和硫酸厂项目、老挝纳邦－南俄 1- 欣赫输变电项目风险事件库的建立。

6. 加强法律服务 参加标书、主合同评审会议，审查公司各类经营合同，处理商业纠纷及法律诉讼。通过采取对分包方法律审核，设计公司标准合同模板，增强合同履行阶段法律风险防范。

【安全生产】

强化安全生产管理，全面落实安全生产责任。每季度定期召开安全生产工作例会，将安全生产管理纳入部门管理工作目标进行考核，与项目相关人员签订安全生产承诺书，与控股子公司签订年度安全生产责任书，对新入职安全工程师进行一对一培训。加强对施工现场的安全监控，及时全面掌握工程项目安全管理情况，每月跟踪检查，每季度进行统计分析，并对重点项目开展现场安全检查。开展“安全生产月”等专项活动。全年没有发生重伤及以上生产安全事故，连续 9 年获国机集团安全生产 A 级企业。

【信息化建设】

完成柬埔寨达岱水电站发电机组主要运行参数传回公司的监控显示系统建设。做好新 OA 平台的运行维护，新增 4 个业务流程，改版流程 10 个、优化改进流程 22 个，实现 80 个上线流程平稳运行。完成视频会议系统扩容、功能完善和推广使用。

推进项目管理信息系统建设。成立工程项目管理信息化建设领导小组，下设办公室。在大量调研的基础上，确定咨询和实施两步走方案，11 月 25 日，启动项目管理信息系统咨询工作。

【精神文明建设】

1. 传承优秀企业文化，35 周年庆典凝心聚力 以公司成立 35 周年华诞为契机，精心策划、精心组织，以“传承荣耀 再铸辉煌”为主题，召开公司成立 35 周年庆祝大会。几代重机人欢聚一堂，以简约的“家庆方式”回顾发展历史，展望美好未来，讲好重机故事，激发广大干部职工永葆踏实创业激情，坚定敢于创新勇气，坚守执着奉献精神。同时，本着贯彻中央八项规定精神和简朴、热烈、形式多样原则，开展系列庆祝活动。举办“我与重机共成长”主题征文活动，举办公司 35 周年历史回顾展览，制作《品格如海－中国重机》企业文化宣传片，开设内网庆典活动专栏，加强外网宣传，制作《传承荣耀 再铸辉煌》H5 通过微信平台传播，以及全体人员照全家福纪念等，大力传承公司优秀企业文化，展现公司 35 年转型发展 和良好企业形象。

柬埔寨首相洪森、老挝总理通辛・塔马冯、塔吉克斯坦第一副总理萨义德纷纷发来贺电，对公司积极投身基础设施建设、促进当地经济社会发展所做的努力给予高度赞赏，对公司成立 35 周年表示热烈祝贺。

2. 开展学习教育 组织党员观看历史文献纪录片《筑梦中国》，组织中层以上管理人员观看历史文献纪录片《信仰——我们的故事》、电影录像《永远的焦裕禄》《杨善洲》和中央纪委警示教育片《国门惩腐——李培英贪污受贿案警示录》。教育广大党员和各级干部，坚定理想信念、强化党性观念，增强实干精神，强化责任担当，严于律己，在公司深化改革、推动发展、管理提升、增收节支等工作中发挥示范带头作用。

3. 丰富职工生活 围绕公司中心工作和要求，组织开展丰富多彩的精神文明创建活动。工会积极参加国机集团举办的春联征集、演讲比赛和漫画征集大赛等活动。组织参加国机集团第五届职工田径运动会，获得道德风尚奖、入场式创意奖和特殊贡献奖。举办公司第二届春季职工运动会；三八妇女节前，组织女职工到百望山森林公园开展户外登山活动。继续开展各类型兴趣小组活动，丰富职工业余文化生活。持续开展送温暖活动，支持工会办好绿色蔬菜基地。

关心青年职工成长 公司党政领导参加团委举办的以“继承发扬、勇于担当”为主题的青年员工代表座谈会，面对面听取青年员工的心声，引导青年员工加强自身学习，提高能力素质、自觉传承公司优秀企业文化，立足岗位、勇于担当，把握公司快速发展的大好时机，为公司推进二次转型、实现有质量发展贡献力量。

【党建工作】

1. 开展“三严三实”专题教育，加强领导班子建设 认真开展“三严三实”专题教育。公司领导班子成员，对照“严以修身、严以用权、严以律己，谋事要实、创业要实、做人要实”要求，把开展专题教育与解决实际问题、推动公司改革发展结合起来，开展3个专题学习研讨，广泛听取意见建议，了解经营发展中的重点难点问题、职工队伍建设中的突出问题、群众关心关注的普遍问题。高质量召开专题民主生活会，激发领导干部的工作热情和进取精神，敢于负责、勇于担当，严以用权，真抓实干。在日常工作当中，领导班子把“三严三实”作为修身做人用权律己的基本遵循、干事创业的行为准则，团结带领广大职工为完成公司经营管理工作任务，为实现公司发展目标奋力拼搏。

认真抓好党委理论学习中心组学习，做到读原著、学原文、悟原理，领会核心要义和精神实质。召开以“践行‘三严三实’”为主题的专题民主生活会，深入查摆“不严不实”问题，进行党性分析，开展批评和自我批评。落实联系群众工作制度，中国重机领导加强工作调研，深入分管部门特别是基层联系点、深入市场开发和项目执行现场一线，掌握一手资料，加强对分管工作的研究和对分管部门工作的指导，对工作中出现的问题及时研究提出解决办法。

2. 加强党组织建设，做好党委、纪委换届工作和党支部换届工作 召开党员大会，选举产生公司新一届党委和纪委委员，为党委参与公司重大问题决策，充分发挥政治核心作用，为纪委充分发挥组织协调作用，落实党风廉政建设监督责任提供了组织保证。按照“支部建在连上”要求，经营工作发展到哪里，党的组织就建在哪里的原则，落实党员领导干部“一岗双责制”要求，完成党支部设置调整和换届工作。

3. 开展党员创先争优 各党支部带领广大党员立足岗位、真抓实干。组织广大党员并带动部门职工群众，学习领会陆文俊董事长、总经理在公司2014年工作总结暨表彰大会上作的工作报告精神，根据公司工作思路及年度目标任务和重点工作，结合所在部门工作任务和党员岗位工作实际提出落实措施。各支部组织在岗党员开展“承诺一句话，落实一件事”承诺践诺活动，接受职工群众的监督。

4. 加强反腐倡廉建设 落实党委党风廉政建设主体责任和纪委在反腐倡廉工作中的监督责任。通过内部刊物、内部网站、组织中层以上管理人员收看警示教育片等方式，持续开展反腐倡廉宣传教育。落实党风廉政建设责任制，公司党委与领导班子成员签订“党风廉政建设责任书”，对落实责任制情况进行全面检查并及时上报。对公司落实“八项规定”、2003年以来信访举报和案件处理、纪委成员兼职、惩防体系落实、中层管理人员任期考核、“两先”评选活动等情况进行监督检查。积极推进廉洁文化建设，为中国重机健康发展保驾护航。

【社会责任】

开展“国机爱心日”捐献“一日工资”活动，246名在职职工捐献了一日工资，汇至国机集团“爱心基金”管理委员会账户。参加柬埔寨红十字会举行的“国际红十字和红新月运动152周年纪念日”活动，并向柬埔寨红十字会捐款。在开展海外工程建设和投资运营业务中，坚持以创造经济、社会和环境综合价值为目标，注重质量安全，注重环境保护，融入当地社区，积极开展公益活动。

中国通用机械工程有限公司

【基本概况】

中国通用机械工程有限公司（简称中通公司）成立于1979年，原名中国通用机械技术设计成套公司，是原机械工业部直属专业公司之一。1991年整合为中国通用机械工程总公司，2012年公司进行改制，名称变更为中国通用机械工程有限公司。注册资本1.83亿元。是集工程承包、设备集成、技术服务和进出口贸易为一体的专业工程公司，主要在环保节能（城市污水治理、工业废水治理、湖泊水体治理、垃圾处理、粉尘处理、管网节能等）、市政基础设施建设（城市供水、城市电网改造、城市热力等）、城市轨道交通（地铁和轻轨交通）、清洁能源（火电、水电、核电辅机；太阳能发电、风力发电；输变电工程等）及其他领域（石油、化工、医药、轻纺、建材、冶金、机械、农林、地矿、冷冻空调、给排水、流体输送、节能、节水等）承揽项目。至2015年底，员工190人，专业技术人员164人。

【主要指标】

2015年，中通公司处于业务转型升级阶段，虽投入大量人力、物力，但受全球经济增速放缓的影响，海外市场开拓及国内PPP项目开展均未能取得显著效果。营业收入较上年略有增加，全年却仍是亏损。其主要原因：一是公司执行项目大多为国内项目，合同额较小、执行周期相对较长、项目毛利偏低。二是受国内外经济大环境的影响，近年签约的几个较大项目暂未生效，影响到后续利润的实现。三是在手执行项目收款拖期的情况较严重，一方面因业主款项不到位，另一方面因项目验收，审计期间较长，直接影响回款进度及项目收益的实现。主要经济指标详见表1。

表1 中国通用机械工程有限公司2015年主要经济指标

项 目	2014年	2015年	同比增长（%）
资产总额（万元）	91 103	97 910	7.47
净资产（万元）	13 391	7 022	-47.56
营业收入（万元）	40 876	42 920	5.00
利润总额（万元）	-2 808	-2 035	-27.53
利税总额（万元）	-1 469	-1 826	24.30
全员劳动生产率〔万元/（人·年）〕	1.39	-22.02	-1 684.17
净资产收益率（%）	-18.20	1.96	增加20.16个百分点
总资产报酬率（%）	-2.40	-1.37	减少1.03个百分点
国有资产保值增值率（%）	82.75	76.62	减少6.13个百分点

【重大决策】

1. 管理方面 进行职能部门的调整，并重新任免公司中层干部。一是将职能管理机构按照公司经营和管理的控制节点及现有干部的实际情况，进行部门整合，调整后的职能部门有董事会办公室、综合管理部、经营管理部、资产财务部、人力资源、党委办公室、行政管理部。二是进行中层干部的公开竞聘，并按照竞聘结果，重新任免公司中层干部。

2. 经营方面 2015年5月5日，在北京市政府推动引导下，在京的32家水处理骨干企业成立“首都水环境治理产业联盟”。中通公司为联盟8家发起成员之一，副理事长单位。为了加大对水环境治理领域的投入，经过认真调研论证，北京市政府、联盟8家发起单位、中信建投资本管理有限公司，以及其他社会资本共同建立“首都水环境治理技术创新及产业发展基金”（简称水基金）；同时，成立北京水务基金管理有限公司（简称水基金管理公司），负责水基金的管理工作。

“水基金”一期募集目标10亿元。其中，北京市财政资金2亿元、中信建投资本管理有限公司作为普通合伙人出资5 000万元、8家联盟单位（包括中通公司）作为有限合伙人各出资5 000万元、北京水务基金管理有限公司出资1 000万元、社会募集3.4亿元。认购人首期出资为认购额的50%。基金预期年化收益率8%～25%，最低保障收益率6%。该基金存续期限10年，其中投资期6年、管理及退出期4年。

水基金管理公司注册资本3 000万元，全部由股东以货币缴纳，中通公司将与其他7家联盟单位各出资120万元，各得4%股权。该股权可按市值转让，其他股东有优先购买权。

中通公司认缴水基金后，以此为平台，大力开展北京市农村污水治理业务，项目进展顺利。

【启动重组】

2016年12月4日，国机集团总经理徐建在集团总部主持召开合肥通用机械研究院与中通公司重组启动会，标志合肥通用机械研究院与中通公司重组工作正式启动。

【科技投入】

保持与各类科技机构的沟通联系，以便掌握社会与行业科技发展前沿信息。同时，继续巩固与科研企业、院所、大专院校合作交流，参与首都水环境治理产业联盟各项工作，力争打造以企业为主体、市场为导向、产学研相结合的新的技术体系。

【市场开拓】

在国内传统优势市场上保持稳定，同时继续开发打造“中通环境”品牌。

在传统市场领域，昆明市普照水质净化厂及配套管网工程项目进入全面执行阶段（该项目是昆明经济技术开发区环境综合整治项目的关键工程）。中通公司负责净水厂建设及厂外泵站和管网的机械、电气、仪表、自控、机修、化验、运输设备的供货、安装、调试及相关技术服务等工作。项目采用流程简洁、控制灵活、单元操作简单、节约用地的一体化工艺流程，系统采用最先进、集约化程度最高的污水处理工艺，出水水质将达到一级 A 标准。项目总体采用全部地下式，地面部分修建大型公园，既节约了用地，又美化了环境，是清洁城市、清洁乡村和清洁生产项目的具体实践。项目于 8 月 6 日取得预验收证书。

在打造“中通环境”平台方面，中通公司通过加入“首都水环境治理产业联盟”，赢得北京市政府、北京市水务局认可，并在其信任与支持下，进行北京市城市结合部农村地区污水治理试点工作。中通公司将以此为契机，进一步参与北京市各郊区县，乃至天津、河北地区的水环境治理工作，在环首都经济带形成规模效益。

【质量管理】

严格按照“三标一体化”管理体系进行项目管理，通过持续滚动式内审和集中式内审、管理评审，推进管理体系持续改进，保证项目质量管理工作的规范有效运行。

3—7 月，开展质量、环境和职业健康管理体系运行情况的内部审核，内审工作采取滚动式和集中式相结合的方式进行。8 月 23—25 日，接受中国船级社质量认证公司的年度监督审核。中国船级社质量认证公司分别对 3 个工程部门、5 个职能部门进行审核，本次审核未发现不符合项，顺利通过外审。

9 月，开展以质量技术和质量管理“双提高”，产品质量和服务质量“双满意”质量月主题活动，使质量意识更加深入人心。

【管理经验】

1. 经营管理 汇编规章制度，方便查询。加强职能部门在项目管理中的评审、审批功能，以期规避项目的经营风险。

2. 人力资源 根据市场的发展趋势和中通公司经营发展需求，采取送出去、请进来、网络培训、现场实践等方式，分别对中层以上干部、项目经理、一般员工有针对性地进行市场开拓、项目管理、专业技能方面的培训。组织员工培训共 729 人次，人均 3.84 次。完善人才选拔、引进、考核、激励机制，修订人力资源管理规章制度。根据公司业务发展需要，做好人力资源规划，适时采取社会招聘和接收高校毕业生等方式，配置相关专业人员，以满足公司人力资源需求。

3. 全面预算管理 编制 2015 年预算并上报集团。在预算执行工作中，为加强内部预算控制，全面实施年度公司总费用预算、部门可控费预算、工程项目预算，并通过签订目标责任书方式，将预算指标分解下达到部门，确保预算指标落地。同时，加强预算执行情况的分析检查，每季度在公司经营会议上向各部门通报完成情况数据，年底对预算指标完成情况进行考核，并与个人奖金挂钩，确保公司总费用、部门费用控制在预算范围之内。

4. 企业文化建设 从经营发展大局出发，以“踏实地、转观念、稳经营、造精品”理念，着力加强企业文化建设，培育具有积极、乐观、团结、向上的企业文化，在广大员工队伍中树立起大局意识、实干意识、市场意识、效率意识和服务意识，为企业营造了良好的经营工作氛围。11 月，以“落实规划夯基础，转型升级求发展”为主题，开展企业文化宣传教育月活动，营造积极向上的企业氛围。工会积极组织开展各种形式的文体活动，丰富员工生活，同时联合社区积极开展多项共建活动，得到街道、社区充分认可，为企业赢得多方赞誉；团委积极组织员工参加各类培训、比赛、参观等活动，以“五四”青年节为契机，开展“品书香·共分享·同成长”主题读书月活动，促使青年员工拓宽视野、愉悦身心，提升素质、铸就品格。

【信息化建设】

围绕信息化建设工作目标，做好综合信息管理系统的运行维护工作，保证公司各项业务流程的顺畅流转。完成信息管理系统升级方案的起草工作。加强信息化安全工作，强化网络行为管理及监控，以提升信息系统安全运行水平和重要信息安全保密能力，为保证公司各项工作的信息化可靠运行提供技术支持及安全保障。

【党建工作】

深入开展“三严三实”专题教育，进一步提高党员干部的思想境界，加强党的组织建设和作风建设。中通公司党委举办党员发展工作专题培训，进一步规范公司党员发展工作。坚持每季度一次的党委接待日制度，对群众提出的问题，做到件件有反馈有落实。

中通公司党委按照“党委负主体责任，纪委负监督责任”要求，严格执行党风廉政建设责任制，落实中央八项规定要求，签订“党风建设和反腐败工作责任书”“公司干部廉洁从业承诺书”，做到党建工作与业务工作同部署、同落实、同检查、同考核。履行“三重一大”决策程序，重点事项均通过集体讨论决策。同时，加强效能监察，对大宗物品设备采购进行严格审核，切实将反腐败工作与企业的经营管理工作有效结合起来。

【社会责任】

履行央企社会责任，秉承“报效国家，回报股东，惠及员工”企业宗旨，在创造经济效益的同时，取得了良好的社会效益。

义务开展北京市丰台区、石景山区河流入河排水口调研工作。对丰台区内 14 条、石景山区内 5 条河流进行勘探，完成 1 188 个排水口的踏勘工作。在样品分析测试、图件标绘之后，编写入河湖排水口调查报告，为北京市排水与再生水利用情况调查提供有力支持，为“十三五”污水处理及再生水规划制订提供科学依据。此外，还与北京市政府洽谈在水务领域的协作，参与农村污水处理工程项目，为改善北京的水环境，建设美丽北京作贡献。

中通公司团委坚持组织中国盲文图书馆志愿服务活动，2015 年累计服务 60 余小时。

中国自动化控制系统总公司

【基本概况】

中国自动化控制系统总公司（简称中国自控）成立于 1981 年，隶属国机集团，是集科技、工贸于一体的国有独资公司。凭借自身雄厚的技术研发实力、丰富的工程实践和项目管理经验，完成国内外各种项目数千项，与世界 80 多个国家和地区建立工程和贸易往来。曾荣获国务院重大办颁发的国家技术装备研制成果特等奖、突出贡献奖等，以及省、市等各级奖励与表彰。

中国自控不仅从事国内外电力、石化、冶金、轻纺、建材、交通、矿山、市政等传统行业的工程建设，还涉足节能环保、新能源信息化等新兴领域的开发建设。主要业务包括工程承包；工业自动化、建筑智能化、管理信息系统集成；机电产品的研发、制造和销售；工程项目的设计、咨询服务、软件开发、设备成套、运维服务等。

中国自控秉承“诚信、和谐、创新、发展”的企业文化理念和核心价值观，致力于为全球多门类工程领域客户提供全方位优质的服务，实现公司、合作伙伴及社会各方的多赢合作及长远发展。

【主要指标】（主要经济指标详见表 1）

表 1　中国自动化控制系统总公司 2015 年主要经济指标

项　目	2014 年	2015 年	同比增长（%）
资产总额（万元）	83 014.70	74 538.88	-10.21
净资产（万元）	22 940.16	22 535.98	-1.76
营业收入（万元）	77 273.43	85 616.22	10.79
利润总额（万元）	1 324.21	602.99	-54.46

（续）

项　目	2014 年	2015 年	同比增长（%）
技术开发投入（万元）	196.82	165.84	-15.74
利税总额（万元）	2 221.54	2 200.96	-0.93
EVA 值（万元）	-1 171.00	-278.60	（增额 892.4）
全员劳动生产率〔万元 /（人·年）〕	18.49	15.19	-17.85
净资产收益率（%）	-0.74	1.64	增加 2.38 个百分点
总资产报酬率（%）	1.67	2.34	增加 0.67 个百分点
国有资产保值增值率（%）	99.23	99.11	减少 0.12 个百分点

【改革改制】

根据国机集团《关于启动第二批所属企业改制工作的通知》，中国自控属于第二批纳入改制范围的企业，改制遇到的主要困难是办公楼仍属于国有划拨性质，而改制的前提是产权清晰。2012 年底，中国自控与北京电影机械研究所（简称电影所）、北京天元广建投资有限公司分别签订“朝阳区团结湖北路 2 号院合作改扩建综合办公楼项目协议书”“项目融资协议书”，希望彻底解决产权问题。2013 年，改扩建工程持续推进，由于开发商解决居民楼搬迁事宜受阻，使工期较原合同规定时间延误约 1 年。2014 年 3 月，开发商提出希望将合同工期继续顺延 1 年，但合作方电影所的上级单位——北京京仪集团，依据合同相关条款约定，拟终止该项目的实施。开发商希望能继续推进该项目，三方就此事还在协商中。因办公楼独立产权办理工作受阻，导致公司整体改制工作暂时搁置。

【重大决策与重大项目】

1. 重大决策　12 月，经国机集团批准，中国自控完成增资事宜，公司注册资金增至 1 亿元。

2. 重大项目进展情况　2015 年 4 月 14 日，中国自控与安徽皖能电力运营检修有限公司签署战略合作协议。根据协议，双方将在海外电厂项目的技术培训、经营管理、电厂运行、维护检修、售后服务等方面，建立战略合作伙伴关系。皖能将为中国自控提供专业的电站运行管理服务，以保证良好的运行效果，获取预期的投资效益。跟进南非铁合金项目与苏里南生物质电站项目。此次战略协议的签订，为这 2 个项目提供了强大的技术支持与运维保障。在获知这 2 个项目的基础状况后，皖能方面给出专业意见，并对南非铁合金项目的运维工作表示出高度的自信和乐观。皖能的加入将有助于项目的风险控制与资金落实。

3 月 13 日，与海地公共工程交通通信部签订海地太子港机场扩建 EPC 项目。合同金额 2.89 亿美元。工程建设内容包括：接待量 250 万人 / 年的新航站楼，1 条平行滑行道，以及货运区、停机坪、塔台、停车场、消防救援中心、海关、警局等相应机场配套设施的建设。

10 月 14 日，与泰国绿洁能源科技有限公司签订 9.9MW 垃圾发电厂工程项目。项目采用加拿大热解汽化技术新建 1 座日处理能力 500t 的生活垃圾发电厂，包含 2 套热解气化系统、2 台锅炉、2 套尾气处理系统。中国自控作为 EPC 总承包方，提供交钥匙工程。

【市场开拓】

1. 基本情况

（1）探索新业务领域和业务方式。中国自控与控股子公司中国电线电缆进出口有限公司（中缆公司）均在风电、太阳能发电等新能源领域开展项目承揽新模式尝试，积极探索 EPC+ 业务承揽模式；中缆公司还探索以 PPP 方式推进工程承包业务的开展。中自控技术公司以工业 4.0、互联网 + 为契机，提出“智慧库区”“智慧安监”构想，借以推动核心竞争力的逐步形成。

（2）加大新区域的市场开拓。公司本部建筑智能化在新区域的中标项目超过传统市场，占比 57%。中缆公司抓住“一带一路”机遇，积极推动中亚市场开发。技术公司在市场开拓中，新区域的开发达到与传统优势区域平分秋色。

（3）内部合作逐步加强。主要负责人率队走访 CMEC、中工国际、中国重型、北起院、中国电工等集团内兄弟单位，在项目信息沟通及合作上取得成效。公司系统内的协同开发也日渐向深度和广度发展，除项目执行合作外，逐步涉及市场跟踪、技术支持、协同投标等环节。

(4)采取措施加大市场开拓力度。公司本部坚持月度市场开拓例会制度，对业务部门开展一对一的市场开拓诊断，提高部门市场开拓的紧迫感，推动市场开拓有效性的提高。此外，从加大市场开拓的顶层设计入手，在修订的《经营业绩考核奖励办法》中，增设了以项目为单位核实的市场开拓奖项，一方面使部门落实对市场开拓人员的奖励提供了可能，另一方面为部门引进市场开拓人员提供了通道；并酝酿成立市场开发部，推动公司在新市场的业务拓展。中缆公司年内制定颁布《市场开发基金管理办法》，加大给予部门市场开发的扶持力度。

2. 国内市场

(1)3月，与临夏市文化广播影视局签订“临夏大剧院建筑智能化系统设计与施工一体化项目”。临夏大剧院占地面积29 700m^2，总建筑面积20 700m^2，建筑高度42m，钢筋混凝土框架结构。承包工程包括综合布线、楼宇自控等16项建筑智能化子系统。

(2)7月，中标“海口长流起步区0402、0405地块建筑智能化施工项目”“张掖市三馆建筑智能化系统设计与施工一体化项目”。中国自控将基于相关技术资料及其需求完成建筑智能化方案深化设计（包括方案设计、施工图纸设计以及综合布线系统、视频监控系统、多媒体发布系统、电子巡更系统、背景音乐系统、一卡通及停车场管理系统、机房工程、网络和电话系统等）。

(3)8月，中国自控所属中自控自动化技术有限公司（简称技术公司）同青岛港国际股份有限公司，签署“青岛港董家口港区北三突堤通用泊位工程项目装卸流程自动化控制系统”项目，合同金额870万元。工程建设1个7万吨级散粮泊位，码头依托利用现有的门座起重机作业，并建设2条卸船入仓皮带机系统、26个1万t筒仓、1座工作楼、1座汽车装车楼、1座灌包楼及其他配套设备设施。

(4)9月，中标“重庆江北国际机场东航站区及第三跑道供油工程自动控制系统项目”。第三跑道建设工程是民航局和重庆市“十二五”期间的重点建设项目。中国自控基于东航站区及第三跑道建设工程的相关技术资料及其需求完成供油工程自动控制系统的设计开发。

(5)12月，中标“广东中烟工业有限责任公司梅州卷烟厂联合工房及配套工程技术改造项目——制丝生产线集控及管控一体化系统及相关服务项目”，合同金额2 290万元。中国自控将建设一套适合生产和管理要求的制丝生产线集控及管控一体化系统，实现梅州卷烟厂高度的自动化生产和集中控制管理。

(6)12月，同中国化学工程第十四建设有限公司签订“连云港赣榆罐区一期起步工程自动控制系统”项目合同。工程包括罐区储运、消防自控系统和码头储运、消防自控系统共4大部分。

3. 国外市场

(1)3月，与海地公共工程交通通信部签订“海地太子港机场扩建EPC项目”。合同金额2.89亿美元。工程建设内容包括：接待量250万人/年的新航站楼，1条平行滑行道及货运区、停机坪、塔台、停车场、消防救援中心、海关、警局等相应机场配套设施的建设。

(2)3月，中国自控所属企业中国电缆公司与玻利维亚输电公司（简称ENDE）签订“玻利维亚Palca-Mazocruz输电线路电力钢塔”供货合同。合同总金额191万美元，公司于9月完成合同项下的全部发货工作。

(3)5月，与中国机械对外经济技术合作有限公司签订“老挝HONGSA电站项目机修车间设备采购合同”。合同系中国自控与中国机械对外经济技术合作有限公司在“老挝HONGSA电站项目化学实验室设备采购”“老挝HONGSA电站项目灯具照明设备采购”之后的第二次合作。

(4)7月，中国电缆公司与玻利维亚输电公司（简称ENDE）签订“玻利维亚ACSR PARAKEET钢芯铝绞线”“玻利维亚OPGW DDR光缆”供货合同。合同总金额分别为483万美元、179万美元。在国内供应商的积极配合下，于10月完成合同项下的全部发货工作。

(5)10月，与泰国绿洁能源科技有限公司签订“9.9MW垃圾发电厂工程项目”。项目采用加拿大热解汽化技术新建1座日处理能力500t的生活垃圾发电厂。中国自控作为EPC总承包方，提供交钥匙工程。

(6)11月，与中国电力工程有限公司签订“泰国TPI PP垃圾发电厂二期工程热控仪表成套及安装材料采购合同”。

【产权制度改革】

中国自控高度重视产权登记管理工作。一是积极配合国机集团组织开展的产权登记检查，及时纠正不合规事项，促进产权登记的规范性和完整性；二是严格执行国机集团资产评估管理制度，并履行规范的工作流程；三是认真做好产权登记网上申报工作，登录所有国有全资、国有控股及国有参股企业，及时办理变动产权登记，确保企业产权登记信息的及时性、真实性和准确性。控股子企业中国电缆工程有限公司清理所属北京中缆三希机械设备有限公司，收回投资款 187.4 万元。

【管理经验】

1. 转变观念成为行动指针 新常态下，转变观念成为干部职工的当务之急。在主要负责人的倡导下，召开两次中层以上干部参加的转变观念研讨会，职能和业务部门负责人就日常管理、业务方向、市场开拓和项目执行等进行充分研讨，取得共识。所属的中国电缆工程有限公司提出摆脱路径依赖，克服“思路守旧，方法单一”弊端，提出“以市场需求和公司规模扩大为抓手，以稳中求进和发展壮大为总基调”的发展思路。所属的中自控自动化技术公司领导班子形成顺应“两化融合”趋势共识，加大软件开发力度，使企业尽快由硬件集成为主向以软件集成为主的方向转型。

2. 全面提升经营工作能力 巩固传统优势领域，大力开拓新兴市场，努力提高新签合同额。国内市场上，坚持从系统集成商向整体解决方案提供商的转变，为业主提供专业化项目解决方案，逐步形成“精、专、特”业务板块，提高细分市场竞争力、议价能力和获利水平；国际市场上，借融资和产能输出的便利，发展及寻找 EPC/BOT 工程总承包机会，同时积极争取公司具有业务优势的专业承包项目。此外，做好项目执行中的降本增效工作，加强对分包单位和劳务人员的管理工作，实现项目管理的标准化、制度化，打造精品工程，提高企业品牌知名度。加大集团和全系统内部合作力度，利用优势互补承接和执行各类工程项目。

【资产财务管理】

1. 风险管控工作进一步加强 对重大风险类业务保持严控手段，将风险消灭在立项和投标评审环节，有效规避盲目投标、盲目签约风险。将健全组织机制、强化制度建设、落实考核问责机制等作为年度重点工作之一。完成货币资金、合同管理、工程承包项目管理、一般贸易 4 项关键业务内控指引，配备 48 个流程图，具备实际操作性。

2. 财务管理水平提高 在财务组织结构的设计上，采取矩阵式管理模式。纵向明确总部管控定位，发挥统筹管理职能；横向以财务管理职能建立资金管理、会计核算、预算管理、内部控制、信息化建设 5 个专业小组，在系统范围内选择骨干力量任专业组组长，推动专项工作开展。

（1）夯实基础工作，提高效率，降低风险。一是加强资金管理，保障资金安全运行：通过资金计划控制资金流风险，达到业务需求和资金储备的平衡，做好融资、理财预案，实现资金管理降本增效目标；二是规范会计基础核算，提高会计信息质量：组织全系统重建会计账套，实现会计科目、辅助核算统一，提高财务分析颗粒度，保持数据一致性；三是启动信息化建设工作，提高财务信息处理效率：2015 年底财金管控系统一期工程上线使用，实现资金支付审批、预算统计分析和初步合同管理功能，降低流程风险，确保数据及时性、准确性、完整性。

（2）建立全面预算体系，监督预算执行过程。建立覆盖公司全部业务的全面预算报表模型，全面预算报表模型搭建起业务维度与财务科目之间的联络，重点突出预算管理向业务活动溯源的能力，更好地发挥预算的决策支持和资源配置等功能。

3. 强化风险意识，推动内控管理工作 一是建立健全财务管理办法。制定《出口退税管理办法》《资金支付授权审批管理办法》《内部核算管理办法》《临时出国费用管理办法》《备用金管理办法》；修订《费用支出管理办法》《国内差旅费管理办法》等。二是资产财务部深入参与项目评审，从源头把控风险，加大事前风险评估力度。

【企业文化建设】

利用短信平台、网站、展板、简报等形式，加大对公司党务、政务信息公开，接受职工群众监督和评价，把群众参与作为推动文化建设的动力和压力；总公司工会落实国机集团关于以关心关爱职工切身利益为主线，打造“爱心工会”的工作要求，探索各类帮扶形式和渠道，坚持为职工办实事，开展关爱帮扶送温暖活动；为提高职工整体素质，保障职业健康，弘扬国机集团“和”文化理念，以及公司“诚信、和谐、创新、发展”的企业文化精神，党工团联合开展文体活动，包括每日工间操、每周五长走及球类运动、最美国机人演讲比赛、职工拓展比赛、国机集团第五届职工运动会，以及职业健康讲座及免费诊疗、反腐倡廉征文比赛等。

【党建工作】

中国自控党委坚持从解决思想问题入手，运用多种学习方式，以党委会、中心组学习、支部会等党内生活，组织党员干部学习习近平总书记系列重要讲话精神，领会“三严三实”基本要义；加强全系统基础党务工作的服务与指导，协调推进发展党员工作；层层签订党风廉政建设责任书，全系统自上而下签订责任书44份，做到党风廉政建设责任与企业经营发展目标责任同签订、同部署，实现党风廉政建设责任制全覆盖。

【社会责任】

将社会责任融入企业管理中，重视员工职业健康和环境建设，并建立相关管理制度。在人才制度管理方面，遵守《公司法》《劳动法》等国家法律法规，维护员工在就业、薪酬、休假、社保等方面的合法权益。在员工福利方面，中国自控工会坚持关爱特殊群体，关心职工职业健康安全，关怀困难职工，开展帮扶济困送温暖活动，并以国机集团“爱心基金”为基础逐年加大对下岗、失学、大病等困难职工的帮扶救助力度。

中国国机重工集团有限公司

【基本概况】

中国国机重工集团有限公司（简称国机重工）紧紧围绕年初确定的“一大战役、两大改革、三项调整”目标任务，以瘦身转型为主线，加法和减法并举，稳健经营。通过多元发展，拓宽业务领域，经营指标避免了断崖式下滑，生产经营保持基本平稳；瘦身工作取得显著进展，转型升级工作扎实推进，各项管理得到有效提升，风险管控继续得到加强，以新总部搬迁入住为契机，及时开展“三新”总部建设活动，取得成效。

【主要指标】

实现营业收入211 016万元，同比下降20%；实现利润总额-90 727万元，同比下降153%，扣除常林重组和处理历史遗留问题等因素，同比下降3.8%。主要经济指标详见表1。

表1　中国国机重工集团有限公司2015年度主要经济指标

项　目	2014年	2015年	同比增长（%）
资产总额（万元）	758 544.66	648 913.13	-14.45
净资产（万元）	324 128.20	189 777.60	-41.44
营业收入（万元）	264 455.95	211 016.16	-20.20
利润总额（万元）	-35 910.25	-90 727.62	-152.65
技术开发投入（万元）	10 709.87	8 440.83	-21.19
利税总额（万元）	10 345.52	7 117.85	-31.20
EVA值（万元）	-53 163.16	-76 268.77	-43.46
全员劳动生产率〔万元/（人·年）〕	2.82	-2.67	-194.68
净资产收益率（%）	-11.09	-48.11	减少37.02个百分点
总资产报酬率（%）	-2.75	-11.07	减少8.32个百分点
国有资产保值增值率（%）	87.96	88.38	增加0.42个百分点

【经营情况】

多元发展，新兴业务快速增长。工贸业务营业收入 8.2 亿元，同比增长 53.4%，在业务结构占比 36%，较上年增长 16 个百分点。工程贸易累计新签合同额 16.05 亿元，其中工程项目合同 7.23 亿元、贸易合同 8.82 亿元。总部 10—12 月新签 500 万元以上重大合同 1.01 亿元，促成生效合同 1.7 亿元。

出口倍增，海外业务逆势增长。实现国机制造出口交货值 1.43 亿美元，同比增长 82%。总部出口数据显示除平地机产品外，其余主导产品均好于行业平均水平；集团合并数据显示除装载机外，其余产品出口均好于行业平均水平，其中挖掘机出口同比实现正增长。

【改革改制】

依法依规，推进低效无效资产处置。全面梳理公司低效无效资产，制定 2015—2017 年清理整治规划。通过关停并转，3 家企业完成退出确定的目标任务，处理低效无效资产 3 700 万元，上报清产核资 4.86 亿元。

基本完成天津三厂的退出工作，累计安置职工 759 人，解决 628 人医保社保续接和 234 人内债拖欠问题，较好履行了央企的社会责任，天津基地重大历史遗留问题及重大不稳定隐患基本消除；在洛阳公司的大力支持下，较平稳地实现小挖业务整合重组；常林完成道机公司的搬迁退出。

【重大决策与项目】

完成投资 19 389 万元，其中固定资产投资 18 389 万元，同比下降 39%；长期股权投资 1 000 万元。

常林股份承担的“9 系列高性能装载机产业化项目”、鼎盛重工承担的“平地机及关键零部件扩大产能技术改造项目”通过国机集团验收。

【市场开拓】

1. 重大项目

（1）中白工业园项目。为充分发挥国机集团的品牌优势，响应国机集团“抱团取暖”号召，在中白工业园项目开工建设之初，国机重工董事长、总经理吴培国率团赴白俄罗斯考察工业园项目实况及施工设备需求情况，与中工国际达成工业园施工设备供应及服务协议。1 月 12 日，与中工国际签署产品销售合同，首批涵盖各类工程机械产品 25 台套，合同金额 1 000 多万元，3 月初运抵中白工业园施工现场。

（2）沙特起重机项目。1 月 11 日，沙特经销商 AL KIFAH 公司向国机重工下单 10 台汽车起重机（7 台 TTC070G、3 台 TTC055G），合同金额 1 700 多万元。4 月下旬，完成订单中 10 台起重机的生产及测试；5 月 5 日，启程发往沙特，7 月 27 日到达沙特，我方销售人员和售后人员到达现场为设备进行检查和调试。

（3）塔吉克斯坦腾龙项目。4 月，与塔吉克斯坦腾龙有限公司签署设备采购合同，涉及大型挖掘机、推土机和矿卡共 23 台，合同总金额 218 万美元。5 月底交付。

（4）伊朗项目。9 月 16 日，中标伊朗市政部 120 台平地机，供货合同总额超过 5 000 万元，刷新常林工程机械产品出口记录。12 月初，中标伊朗市政部 120 台滑移装载机，供货合同总额超过 1 500 万元。

（5）古巴项目。10 月，获宇通重工在古巴项目的设备供货合同。该项目设备总量共 64 台，涉及滑移装载机、挖掘装载机等产品，总价值 1 600 多万元。后期宇通重工的其他海外市场也陆续推荐并采用常林设备，双方进一步拓展了合作空间。

（6）尼日尔成套项目。11 月底，签订尼日尔大型工程承包公司设备采购合同。该项目一期涵盖工程机械 34 台（套）、车辆 64 台（套）、板房 1 套、机修设备及工具 1 批，合同总额 700 多万欧元，付款方式采用远期信用证的方式执行。该项目工程承包方为尼日尔最大的工程承包公司，承接尼日尔政府尼日尔境内 200 多公里的主干道建设工程。国机重工成套设备及服务的进入，将会在该区域产生很好的宣传效果，同时对国机重工产品进入尼日尔及周边国家主流市场产生深远影响。

（7）斯里兰卡高速公路项目。12 月，签订中建三局在斯里兰卡项目的设备供货合同。合同包括工程机械及混凝土搅拌站供应及售后服务支持。该项目产品总量 19 台，涉及平地机、压路机、搅拌站、推土机等产品，总价值 1 000 多万元。首批于 12 月 23 日和 25 日，分别于天津港和上海港顺利发运。此次合作体现了国机重工与央企强强联合的优势，对国机重工在斯里兰卡深耕市场起到积极作用，为今后出口业务的发展奠定了良好的基础。

2. 品牌推广 为扩大品牌宣传力度和效果，将国机重工微信服务号转变为订阅号，通过图文、视频、互动活动等方式，增加客户接受度。以手机报的定向推广，提高企业曝光度。坚持以展会为基础，以新媒体为导向，利用展会的高知名度充分展示国机重工优势产品，并且在展会期间隆重报道年鉴首发、四款新品发布及重要业务接待情况，通过行业媒体、微信平台、手机报等渠道进行宣传，使国机重工微信订阅号粉丝量增长1倍，为后续新媒体推广奠定了基础。

3. 渠道管理 强化渠道建设，促进资源融合。各所属企业在市场困难及资源匮乏的情况下，根据市场的竞争状况和需求特点，因时因地制定区域市场营销方案，以直销、扩大代理商、电子商务、8S店建设等方式拓展营销渠道，创新销售模式，聚焦重点市场，巩固传统市场，开拓新兴市场。

4. 海外市场开拓 修订出台《国机重工出口倍增2015—2020年发展规划》和“挖掘机、汽车起重机等重点产品出口专项激励方案”，通过提升服务、配件保障能力，以及创新业务模式，强化海外营销网络布局，出口倍增实现逆势增长。

5. 大客户工作 成立大客户部与所属企业协同推进，加强与央企大客户和国机集团兄弟企业的内部协作，与中煤、神华、中建、中电建、中铁工等大客户建立有效联系，并成功进入军方供方领域。

【科技创新】

开展“十二五”科技工作总结和“十三五”科技规划编制，召开国机重工第二届科技大会，评选产生4名首席专家、13名技术带头人和8名首席技师；完成产品升级和新产品开发项目20项，申请专利43项，获得授权专利56项，其中获授权发明专利12项，科技投入近7 000万元。人工院成功获得“工程机械节能减排共性技术研究”“基于制动能量回收的液压混合动力节能技术研究”两大国家科技支撑课题；重新取得国家工程机械检测资质。重点开展主导产品国Ⅱ转国Ⅲ产品升级和降噪技术研究工作。常林股份实施5t装载机的升级和大型轮式推土机研制工作，国重常挖对21t、30t系列产品进行了升级。洛阳公司实施LSS2102-3单钢轮机械振动压路机、LSD320H全液压单钢轮振动压路机、LDD312H-2双钢轮振动压路机升级，开展电传动推土机的研制。长起公司实施25t汽车起重机控制系统升级工作。

在新领域方面，开展环卫装备、电传动推土机、矿用非公路自卸车的研制和工业机器人的系统集成等工作。

【管理经验】

1. 战略管理方面 9月29日，启动《国机重工“十三五”发展规划》（简称“十三五”规划）编制工作。明确“瘦身转型、扭亏脱困，建成全新国机重工”总任务。分别与随州市人民政府、双良集团有限公司、江苏八达重工机械股份有限公司、泸州市兴泸污水处理有限公司、河南海力特机电制造有限公司、廊坊中建机械有限公司共6家企业和单位签订战略合作协议，扩大了国机重工外部可用资源，对各项业务开展带来更大的操作空间，为国机重工的转型发展之路提供了外部动力。

2. 经营管理方面 在承接国机集团对国机重工经营发展各项业绩考核要求的同时，组织所属企业和部门围绕国机重工年度经营战略计划，编制年度经营计划大纲及各分项业务计划，并定期就计划执行情况进行跟踪、分析和预判。建立健全以经营质量为价值导向的各层级考核分配机制，使考核更有针对性。

3. 安全生产方面 落实安全生产责任制，逐级分解落实安全生产责任；全面开展安全生产检查，加强安全生产过程控制，加快整治事故隐患，积极组织重点共性和难点问题攻关；加大安全生产宣传教育培训力度，建立安全生产事故、突发事件报告和突发事件预警机制，加强应急演练工作。获国机集团安全考核A级企业荣誉。

4. 节能减排方面 国机重工及各级企业通过完善节能减排统计监测体系，建立健全制度体系，大力推动重点环境污染隐患整治工作；推动淘汰落后产能工作，全面推行清洁生产战略，加强节能减排宣传，提高全员节能减排意识，使节能减排工作真正落地。节能减排指标中，万元产值综合能耗较上年度下降1.2%。万元营业收入综合能耗与2014年持平；二氧化硫排放量较上年下降2%；COD排放量较上年下降1.1%。

5. 财务管理方面 完善全面预算管理机制。制定集团公司的全面预算管理办法并与国机集团相关要求接轨；总部费用严格按预算执行，严肃预算执行刚性。集团公司被北京市税务局评为出口退税A类企业。根据国资委“专项资产清产核资”相关要求，完成低效无效资产的“清产核资”工作，提高了资产质量，使资产进一步优化。加强成本管理，通过严格预算管理、优化设计、价值工程等措施，大力开展降本增效工作，“三项费用”同比下降8%，管理费用同比下降7%。

6. 风险管理方面 加强“两金”管控，降低经营风险。成立国机重工压降“两金”及控制融资租赁按揭风险工作小组，督促“两金”管控；各企业制定应收账款的催收计划和措施，应收账款同比下降3.5%；存货同比下降13%，库存规模为近年来最低水平。针对新兴业务，完成工程项目风险防范体系和配套制度的制定，完善工程项目的风险防范和管控；加强对合同管理和风险防范的过程监管和问题分析，风险识别和针对性进一步提高。

7. 人力资源管理方面 稳步推进制度改革。减员分流卓有成效。2015年累计减员1 371人，在岗人员由2012年的6 858人减少至3 833人，净减员率47%。国机重工机构改革完成并运行良好，管理效率得到有效提升。职能部门由9变4，管理岗位编制同比压缩30%，减员率18%。鼎盛重工、长起公司、洛阳公司净减员率超过50%；常林股份部门数量和中层干部职数分别精简44%和33%。

【信息化建设】

国机重工与鼎盛重工通过两化融合管理体系认证，成为工信部首批试点200家企业之一；作为国机集团通用采购管理信息平台试点单位，实现集团公司采购电子化和采购管理信息化；常林股份持续强化系统对管理目标与实际运营的支撑，延伸制造过程的可视化；天工院重点打造工程机械研发能力，有效提升数字化研发能力和设计水平；洛阳公司通过PDM/CAPP/ERP系统集成；国重常挖深化MES、ERP等系统应用，重点打造工程机械精益制造能力。

【企业文化】

1. 新闻宣传 完善新闻发布平台，创新新闻报道体裁，做好专项宣传，为集团公司改革调整、扭亏脱困凝聚正能量。至12月底，《国机重工报》共发行7期44个版。多媒体信息发布平台共更新发布信息100余期。国机重工内网共发布新闻420余条，专题评论和系列报道20余篇，国机重工微博账号共发布信息近百条。国机重工作为互联网+装备制造业案例被《人民日报》专门报道。

2. 企业文化建设 制定《集团公司企业文化建设考核评价办法》，对企业文化进行定量评价和定性评价，并开展所属企业的企业文化建设年度考评工作。组织编写《国机重工年鉴》，并出版发行。制作国机重工5周年视频，组织出版国机重工5周年新闻报道集，并组织举办国机重工企业文化成果展。

【党建工作】

国机重工党建工作以深化和巩固教育实践活动成果为主线，按照中央、国机集团党委的要求，扎实开展“三严三实”专题教育活动，从严从实抓党建、从严从实促党建，为国机重工适应新常态，瘦身转型求生存，改革调整谋发展保驾护航，发挥了政治核心作用。

积极整改落实，巩固教育实践活动成果。各级党组织对照教育实践活动中查摆出的问题，对照“两方案一计划”和各项整改措施，进行全面梳理深入落实。国机重工各企业共采取338条整改措施、建章立制133项，完成率98%。

扎实开展“三严三实”专题教育活动。根据中央部署要求和国机集团党委的安排，6月2日国机重工“三严三实”专题教育活动正式启动，相继完成了宣传动员、专题党课、学习研讨、查摆问题、谈心交心、组织生活会、民主生活会等规定的关键动作。“三严三实”专题教育期间，共讲党课9场、征集意见166条、谈心谈话350余人次。“三严三实”专题教育活动巩固和深化了教育实践活动成果，有力地促进了领导干部的作风建设。

以制度为保障，加强组织建设。落实中央和国机集团党委要求，制定印发包括从严治党实施细则、落实党风廉政建设主体责任实施意见等制度，修订领导干部联系点制度等，为从严治党、思想建党、制度治党和围绕中心、服务大局，发挥党的政治核心作用奠定了基础。

【社会责任】

1. 助力灾后重建 7月21日，向在“4·25”尼泊尔地震中受到严重影响的西藏日喀则定结县陈塘镇无偿捐赠1台SINOMACH210型挖掘机，以帮助边民群众尽快恢复震后道路通畅和沿路山体加固，保障口岸建设。同时，在微信平台发起“心系藏区，爱心接力”捐赠活动，呼吁更多社会力量关注并改善藏区同胞生产生活的状况。

2. 参与社会抢险 4月，常林股份955N高原动力型装载机参与因尼泊尔地震造成的西藏道路抢修清障，为救援队伍快速抵达樟木镇提供保障。12月，常林50型装载机积极参与乌鲁木齐大暴雪后的道路清扫作业。

国机财务有限责任公司

【基本概况】

国机财务有限责任公司（简称国机财务），于2003年7月经中国银行业监督管理委员会批准成立，为非银行金融机构。公司股东为国机集团及26家集团成员单位，注册资本11亿元。经营范围包括：对成员单位办理财务和融资顾问、信用鉴证及相关的咨询、代理业务；协助成员单位实现交易款项的收付；对成员单位提供担保；办理成员单位之间的委托贷款及委托投资；对成员单位办理票据承兑与贴现；办理成员单位之间的内部转账结算及相应的结算、清算方案设计；吸收成员单位的存款；对成员单位办理贷款及融资租赁；从事同业拆借；承销成员单位的企业债券；经批准发行财务公司债券；对金融机构的股权投资；有价证券投资；成员单位产品的消费信贷、买方信贷及融资租赁。

为应对复杂严峻的经营环境，坚持“产业链金融综合服务商”的发展愿景，通过打造资金结算与管理中心、客户服务与产业链金融中心，以及投资与资产管理中心“三个中心”，努力开拓市场，经受住了市场和竞争的考验，较好地发挥了对国机集团实体经济发展的金融支持作用，全年实现营业收入76 298.10万元，利润总额31 747.90万元，经济增加值12 245万元，日均信贷规模63.94亿元，结算金额11 455亿元。

【主要指标】（主要经济指标详见表1）

表1 国机财务有限责任公司2015年主要经济指标

项 目	2014年	2015年	同比增长（%）
资产总额（万元）	1 688 116.49	1 561 759.41	-7.49
净资产（万元）	179 633.37	205 337.83	14.31
营业收入（万元）	49 401.70	76 298.10	54.44
利润总额（万元）	16 922.30	31 747.90	87.61
技术开发投入（万元）			
利税总额（万元）	19 215.44	34 768.33	80.94
EVA值（万元）	4 012.00	12 245.00	205.21
全员劳动生产率〔万元/（人·年）〕	405.77	771.41	90.11
净资产收益率（%）	8.28	12.11	增加3.83个百分点
总资产报酬率（%）	1.15	1.95	增加0.8个百分点
国有资产保值增值率（%）	128.80	117.37	减少11.43个百分点

【市场开拓与产品销售】

1. 深耕细作，稳步扩大存款规模 一是以团队化工作方式巩固和扩大与上市公司金融合作，稳步提高上市公司存款水平。通过加大业务拓展力度，量身定制金融服务方案，突破关联交易瓶颈，拓展合作的广度和深度，实现上市公司存款稳定增长。至2015年底，合作范围覆盖集团全部上市公司，上市公司存款46.96亿元，同比增长32.28%。二是打造特色化的结算服务平台，带动存款增长。通过深入研究重点存款客户各自资金运行特点、个性化需求及其特有的经营规律，针对性地开发设计期限组合定期存款产品，便于客户灵活开立和支取定期存款，为提高重点客户的存款量提供有力工具；采取加强银财、财企对账管理、优化票证管理流程等方式，强化结算业务合规管理，优化内部结算工作流程，为客户提供更方便快捷的结算服务；推进代理收款、财企直连、电子票据、票据管理等结算信息化新产品的综合运用，为客户提供高效便利的结算管理工具。三是积极开展外汇业务，进一步提升服务能力。完成外汇即期结售汇业务和跨国公司外汇资金集中运营管理资格申请，并顺利开展相关业务。为成员企业成功办理第一笔结汇业务 180 万美元，通过直接参与银行间场内交易，为其取得最优价格。至 2015 年底，开立集团及其他成员企业的跨境业务账户 11 户，外币资金集中规模首次突破 5 000 万美元，达到 5 465.82 万美元，为后续外汇业务展开奠定了良好基础。

通过不断丰富结算服务产品，提升精细化管理水平，增强结算服务能力，国机财务逐步形成了一体化的结算服务体系，有效增强客户黏性。至 2015 年底，网银开户数量 387 户，同比增长 13%；网银结算量 11 455 亿元，同比增长 64%。2015 年日均存款规模 115.32 亿元，同比增长 19.54%。

2. 产融结合，提升金融综合服务水平 围绕国机集团整体发展战略，坚持集团“产业链金融综合服务商”自身定位，深入企业经营链条开展深度合作，大力推进买方信贷、融资租赁、厂商一票通、汽车信贷等产业链金融产品综合运用，提升企业综合竞争能力，助推企业抢抓机遇、开拓市场，并充分利用同业授信资源，为成员企业提供财务公司承兑汇票、电子票据、代开银承、转开保函和信用证业务，解决银行授信不足、银行授信保证金占压过大等问题，协助成员企业顺利履行项目，有效降低财务费用。金融服务从提供单一信贷产品逐步扩展至企业经营的上下游链条，为成员企业提供全产业链综合金融解决方案，在促进成员企业的产品销售、工程项目的承接与执行，推动集团内部合作、落实集团“二次创业、转型升级”的战略部署等方面均发挥着积极作用。全年累计发放自营贷款 118.8 亿元、委托贷款 70 亿元、办理票据贴现 31.2 亿元、融资租赁 0.93 亿元、保函及各类担保 30 亿元。信贷（含贷款、贴现、融资租赁和买方信贷）日均规模 72.26 亿元，同比增长 19%。

3. 统筹管理，提高资金运营管理能力 为有效应对市场剧烈变化，对外发现机会，对内挖掘潜力，加强多种业务统筹管理，提高资金运用效率和效益。对外，在同业价格下行的大背景下，先后开展了结构性定期存款、活期稳存、质押式回购逆回购等业务，丰富了资金运用渠道；扩大授信银行范围及授信规模，取得其他财务公司 8 亿余元的授信，丰富了同业合作机构类型。在业务类型上，组合运用同业拆借、再贴现、票据转贴现等融资手段，降低融资成本率。对内，着力打造灵活而高效的资产负债管理、资产配置机制，在动态分析供需双方信息、动态资产成本收益的基础上，构建自身特色的利率定价模式，确定具有市场竞争力的利率水平，通过精细化经营，使公司各项资源得到充分利用，创造最大价值。

4. 把握机遇，发挥投资对主业支撑作用 继续强化资产配置理念，坚持分散投资的基本原则，充分抓住市场机会，积极主动选择安全性、流动性、收益性相匹配的组合产品，有计划、按步骤处置并调整在手股票，使公司整体投资风险得以释放、投资资产的安全性程度得以提高，取得较好的投资收益；同时，加强市场产品调研分析，努力发展以委托投资业务为载体的资产管理业务，以“重安全、保流动、增效益”为总体目标，不断增强资产管理能力，为成员企业提供符合不同要求的产品组合，协助客户实现资产安全、稳健地增长，充分发挥了为主业提供支撑的作用。

【管理经验】

1. 强化市场意识，顺应市场化趋势 随利率市场化进程的推进，国机财务深刻意识到仅仅依靠存贷利差将会使财务公司的盈利空间越来越狭小，发展道路也会越来越窄，只有坚定不移地沿着产业链金融综合服务商发展方向前行，才能够破解发展难题，赢得发展机会。为此国机财务通过领导示范、绩效引导等方式，引导全体人员在金融市场化过程中，持续保持创业激情，积极投入公司业务转型升级之中，着力培育“三个中心”功能。“三个中心”是国机财务对产业链金融综合服务商战略的深化和具体解读，体现了国机财务对市场化发展趋势的深刻认同。

在贯彻产业链金融综合服务商战略的过程中，努力调整业务结构，在保持传统信贷利息收入规模稳中有升的基础上，努力提高同业业务、投资业务和中间业务在收入中的比重。信贷利息收入、同业收入、投资收入和中间收入在总收入中所占的比重分别为46%、28%、21%和5%，利息收入占总收入的比重较上年同期的62%降低16%，公司业务结构转型升级的基本框架具备，为今后有质量、有效益的发展奠定了基础。

2. 坚持创新不懈怠，提升核心竞争力 将打造产业链金融作为公司提升核心竞争力的中心任务，通过深入了解企业新需求、找准产品研发方向、努力提高新产品研发能力，研发了财务公司承兑汇票、期限组合存款、融资租赁、买方信贷、厂商一票通、财企直联、电票系统、票据管理系统等产融结合的财务公司特色金融产品，并得到成员企业认可，规模不断扩大，更深入地融入成员企业的经营和产业链，为成员企业提供全链条、全方位的金融服务，使公司在为客户创造价值的同时，不断提高自身核心竞争力。

3. 强化内部控制，防范潜在风险 随着中国经济进入新常态，新形势下各类风险叠加，风险管理难度增大。通过加强风险管控，强化风险防控措施，落实主体责任，有效预防和化解公司业务的潜在风险，保证业务的稳健运行。在信贷风险方面，逐步深入调整信贷结构，使信贷业务在持续快速、协调发展的同时，保持良好质量，风险处于可控水平；在投资风险方面，把握证券市场先扬后抑带来的有利契机，调整优化投资业务结构，使风险得到有效释放；在流动性管理方面，实施积极的流动性管理政策，有效防范流动性风险，实现资金的平稳运行，提高资金使用效益；在操作风险管理方面，管理力度进一步加强，内控执行力进一步提高；在内控方面，通过强化内部审计监督，进一步提高公司业务合规管理水平。进行了常规业务审计，以及绩效、投资、创新、信息系统的专项审计，发现并督促相关部门整改落实审计意见21条，进一步提升了业务部门的合规经营意识及公司整体规范运营水平。

【信息化建设】

继续推进信息化建设工作，坚持系统优化和创新，实现信息系统对公司业务的有力支撑。在组织结构方面，新设“信息化工作小组”，完善信息科技治理结构，增强信息化建设的组织力量；在系统架构方面，进一步规范系统版本管理，以代码打包提高系统稳定性，确保系统健康良性发展；在系统功能方面，先后开发完成外汇管理系统、期限组合定期存款系统、票据管理系统与核心系统集成、短信提醒平台等，优化资金结算系统，实现对部分业务的自动化处理，进一步丰富系统功能，提高系统的可操作性和智能化，为最终用户提供更为优质的体验和服务。

【党建工作】

将学习贯彻习近平总书记系列重要讲话精神作为重要政治任务，扎实推进各项党建工作。一是按照国机集团统一部署开展“三严三实”专题教育活动，通过中心组学习、支部学习、讨论交流、撰写学习心得等形式，组织党员干部围绕“严以修身、严以律己、严以用权”，进行专题学习研讨，收到较好效果。党员干部将“三严三实”教育学习成果转化为转型升级的正能量，推进各项工作的有序开展。二是落实中央、国资委及国机集团关于党风廉政建设责任制要求，在落实党委负主体责任，纪委负监督责任的“两个责任”方面做出了积极努力，明确党总支、总支书记及其他成员，各自应承担的责任、主要任务、考核监督以及责任追究办法。通过把党风廉政建设责任制与公司经营管理体系相结合，落实“一级抓一级”“一岗双责制”。通过将党风廉政建设列入绩效考核内容，使责任制落到实处，促进了“目标责任制”“分级负责制”常态化管理。三是对党风建设和反腐败工作制度进行梳理，重新修订“三重一大”管理办法、党风廉政建设责任制考核办法、领导干部廉政约谈管理办法等，形成较为完备的制度体系，并将制度汇编成册，要求党员干部认真学习、严格执行，从制度层面为党风廉政建设打好基础。

国机汽车股份有限公司

【基本概况】

2015年是充满挑战的一年：宏观经济在“三期叠加”中进入“新常态”，全面深化改革进入关键时期；汽车市场增速回落，进口汽车市场更是骤降25%；天津港“8·12”特大爆炸事故给公司带来前所未有的压力；资本市场大幅震荡、人民币汇率剧烈波动等多重不利因素轮番来袭。在严峻的挑战面前，国机汽车股份有限公司（简称国机汽车）“稳健积极、适应变化、强化执行、转型升级，打造核心能力，促进可持续发展”，迎接挑战、勇于担当，在应对各项挑战的同时，启动“创新转型再出发”，各项工作取得良好进展。截至2015年12月31日，实现营业收入642亿元，同比减少28.98%；实现利润总额6.18亿元，同比减少45.14%；净利润3.80亿元，同比减少51.40%。

【主要指标】（主要经济指标详见表1）

表1 国机汽车股份有限公司2015年主要经济指标

项 目	2014年	2015年	同比增长（%）
资产总额（万元）	3 453 048	2 881 454	-16.55
净资产（万元）	534 854	568 769	6.34
营业收入（万元）	9 034 354	6 416 371	-28.98
利润总额（万元）	112 572	61 754	-45.14
技术开发投入（万元）	3 908	2	-99.94
利税总额（万元）	739 903	529 031	-28.50
EVA值（万元）	7 611	-22 571	-396.56
全员劳动生产率〔万元/（人·年）〕			
净资产收益率（%）	18.92	9.08	减少9.84个百分点
总资产报酬率（%）	5.91	4.53	减少1.38个百分点
国有资产保值增值率（%）	125.85	110.44	减少15.41个百分点

【重大决策】

1. 对外投资 及时调整投资战略部署，推进对外投资管理，召开4次投审会，审议10个项目，履行12项投资决策审批，实际股权（产权）投资47 081万元，完成9个投资项目；实际固定资产投资49 053万元，用于购置生产设备、运输设备、机器设备、办公设备等，投资管理工作实现提升。

2. 清理整合 对所有者权益为负值、连续3年亏损的企业实施清理整合，启动12个清理整合项目，完成3个，4个股权转让项目获得产权交易所的交易凭证，实现清理方式多元化，由以往的“关停并转”方式转变为“关停并转与清算注销、资产处置、挂牌转让、引入战略投资者相结合”的多元化方式。

【重大资本运作项目】

1. 发行公司债券 面对资本市场大幅波动，上证A股出现大幅下跌，债券市场显现“牛市”行情，抓住“股债”轮动牛市的机遇，9月1日启动20亿元5年期公司债券项目，抢抓公司债券发行有利的“时间窗口”。11月25日，正式取得证监会批复20亿元公司债券批文（用时不足3个月）。取得批文后，紧锣密鼓地筹划公司债券发行，密切关注债券市场资金面、跟踪利率走势，并进行持续分析判断，为2016年公司债券首期10亿元以3.5%的利率成功发行打下了坚实的基础。

2. 非公开发行股票 上半年，股市“改革牛”行情凸显，上市公司股权融资“井喷”。国机汽车经过历次重组后已经扫清资本市场融资障碍，上市公司融资平台作用亟待发挥。国机汽车“创新转型再出发”的产业布局亟须增量资金支持，顺应资本市场形势启动2015年非公开发行股票项目，推动公司资本运作和产业升级战略。

为抢抓股权融资有利的“时间窗口”，于8月非公开发行申报材料上报证监会，11月证监会就国机汽车非公开发行项目申报材料出具反馈意见，12月国机汽车将证监会反馈意见答复正式上报证监会，为后续项目上市做好了充分准备。

上市公司融资平台作用的发挥，将助推“产业发展与资本升级互补式”双轮驱动模式，推动国机汽车资本战略“横向延伸与纵向深化”转型升级。

3. 重大业务项目进展

（1）捷豹路虎进口汽车项目。在提升港口业务能力方面，针对港口在库车辆数量激增的情况，快速启动港区监管仓库。通过科学化的操作计划、提高操作人员效率，以及结合信息细化系统进行管控的方式，实现一套人马、多库联动操作模式，成功应对港口库存量激增的问题。在质量控制环节，除原有的车辆质损管控、现场操作人员培训考核外，新成立车辆后期跟踪小组，每日对到店车辆与经销商进行电话沟通，保证第一时间掌握车辆交接的信息，并及时处理交接环节发生的问题，提升了经销商满意度和配合度，也提升了索赔工作的时效。

（2）Tesla进口车辆物流服务项目。在完成集装箱、滚装船海运方式进口物流服务基础上，增加空运车辆的物流服务。满足Tesla多种方式进口的物流服务需求，解决Tesla展车、市场用车、新车型快速进口清关的问题，高效率、高质量的服务完美匹配Tesla销售和市场用车时效的要求。同时，专业化、高效的物流服务也赢得了Tesla物流部门的认可，并确认将每季度末原本计划上海港到港的车辆，全部转移至天津港口进口，从而确保快速通关发运，匹配Tesla季度末销售指标的任务。

（3）克莱斯勒进口汽车项目。签订进口贸易合同之“第二修改协议”，优化车辆一级批发综合服务费条款。调整港口服务结构，深化提升港口服务核心竞争力，推进公司多港口发展战略落地，在天津和上海两港整车进口全链条港口增值服务能力体系进一步巩固提升的基础上，探索广州港开展业务的可行性。实现贸易服务共赢，全年整车销售量8.5万台，荣获广汽菲亚特克莱斯勒年度JEEP经销商集团“特殊贡献奖”；克莱斯勒进口车项目继续将“批发贸易、港口服务、零售管理”三大业务串联打造成进口汽车完整业务链条，探索拓展经销商融资业务模块，探索尝试“互联网+”业务模式，坚持打造各业务板块互为支撑、互为推动的业务格局。

（4）大众进口汽车项目。继续支持进口大众对经销商的融资业务管理，完成融资批售24 553台，占批售总量的46.3%；在较高难度的销售管理模式下，完成上海大众项目批售5 403台；应进口大众要求开展试驾车管理工作，将原来1～2周的销售审核时效缩减为1个工作日；完成进口大众活动用车处理；通过严格执行先入先出批售管理，最大限度地避免出现长库龄滞销车贬值风险，港口库存从年初的3.2万台下降至年底的1.8万台；全年多次协助进口大众组织对经销商的各项培训，获得厂家和经销商的较高满意度。

（5）福特进口汽车项目。业务拓展方面，在与福特中国良好合作的基础上，成功进入福特进口车零部件供应体系，不仅增加了公司利润来源，也使双方合作又向前迈进了一大步；精细化管理方面，开发“整车业务批发系统”“进口车港口服务质量管理系统”，实现福特项目全链条业务由手工操作到系统支撑的巨大转变。

（6）中汽辉门项目。签署成立合资公司框架协议，联手打造中国汽车后市场服务连锁品牌——中汽美途。12月，中汽美途品牌在上海法兰克福展上对外发布，在行业内引起高度关注。

（7）沃尔沃进口汽车项目。把握沃尔沃中国新款车型XC90在中国上市的关键时间窗口，于6月30日成功与沃尔沃中国签订价值27 261万元，共计316台XC90整车的销售合同。

【业务拓展】

1. 汽车批发及贸易服务业务 深化战略合作伙伴关系，延伸传统服务链条，推动现有业务升级，积极推进新项目拓展。

完成捷豹路虎、克莱斯勒、进口大众、进口福特、别克昂科雷项目贸易服务合同，以及Tesla 物流服务合同的续签或延期，确保了进口汽车批发贸易服务项目的稳定发展，战略合作关系更加稳固。同时，利用信息化手段推进精细化管理，新上线的“供应链管理”业务系统（SCM）从原有的结果管理延伸至过程管理，从而实现PDI 检查、维修整备、仓储等环节的过程信息化操作与实时精准管理，显著提升车辆从入库到出库之间各服务环节效率。通过为合作伙伴提供更为优质的服务体验，进一步巩固和提升战略合作关系。

加强港口基础建设，硬件体系基础日趋完善。截至 2015 年年底，公司港口仓储面积 70 余万 m^2；天津港陆续建成自主独立设计的室内整备车间 5 个，PDI 检测线 14 条，使仓储、检测、整备全链条港口服务功能进一步提升。依托于成熟的双港运作模式，在天津港发生爆炸后公司得以迅速启动上海港服务预案，最大程度降低爆炸事故对经营活动的影响。继续践行多港口发展战略，深入挖掘各港口区位优势，在发挥天津、上海两港有效协同基础上，探索启动广州港建设前期工作，通过复制已有的商业模式及管理经验，在华南地区建立起完善的贸易服务综合平台，构建起三港联动的业务格局。

中进汽贸瞄准医护用车及高端 MPV 改装市场，拓展进口大众 T5 Caravelle 及后续车型的救护车、高端 MPV 改装业务，与大众签署为期 3 年的“救护车和高端 MPV 改装及销售批发服务协议”。中进汽贸完成从设计到网络发展等全过程的经营管理。截至 2015 年年底，项目发展 2 家救护车及 3 家高端 MPV 改装企业，近 20 家零售网络，实现 139 台改装 MPV 销售和 6 000 万元收入。

开拓新的合作伙伴，签订首批沃尔沃 XC90 分销合同并顺利实现销售。前期中标的进口大众改装车项目正式实施，该项目是对产品全生命周期、全过程经营管理的首次尝试。

2. 汽车零售服务业务 发挥“批发 + 零售”业务模式优势，充分发挥协同效益；加强集团化管控力度，促进管理水平提升。深入推进“批发 + 零售”业务模式，利用地域品牌集中优势开展包销业务，降低车辆采购成本，促进零售盈利提升；加强同品牌 4S 店的集中采购力度，进一步降低运营成本。推进 4S 店 EAS 系统建设，为集团化管控提供支撑；通过深挖业务数据提升 EAS 系统的使用价值；强化预算管理、绩效管理、成本控制，提升 4S 店综合管理水平，积极推进 4S 店从“经销商”向“服务商”的转型。

3. 汽车后市场业务 巩固传统业务优势，改革创新商业模式，迎接“互联网 + 汽车后市场”发展机遇。在汽车租赁业务领域，坚持“高端化、差异化、品牌化、网络化”战略，再次中标中央国家机关、中直机关、北京市行政单位车辆租赁定点采购项目，继华晨宝马之诺、特斯拉等高端电动汽车租赁推广基础上，再次成功与宝马中国开展宝马 i3 电动车租赁项目；国产新能源车领域，尝试与江淮汽车共同推进新能源车租售业务。顺应时代潮流，与易到、Uber 等出行平台企业开展合作，并依托新模式加快网络建设步伐，在南京、武汉、三亚、宁波等 7 个城市建立分支机构；试水共享经济，联手“微租车”启动面向天津市场的首个新能源汽车分时租赁项目，“良好微租车”APP 上线试运营。

与四维图新合资成立的北京图新智盛信息技术有限公司，与大众汽车（中国）投资有限公司正式签署二期车联网运营服务协议，初步完成前装车联网业务运营体系建设。

主营二手车业务的公司——中进真容汽车投资管理（北京）有限公司，引入车猫为战略投资者，利用多年积累的线下二手车整备维修质保经验，结合车猫线上检测认证的互联网思维，携手打造二手车“O2O”平台。

4. 加快发展战略性创新型业务，推动业务结构优化，培育企业发展新动力，打造新的利润增长点 积极探索、推进“互联网 +”战略，通过汽车垂直网站及“B2C”购物平台搭建全新整车销售渠道，与易车网合作开展长安铃木天语 SX4 和 JEEP 指南者的网上销售；在天猫商城开设“中进汽贸”汽车专营店，实现克莱斯勒 300C、大捷龙，现代途胜等车型的线上销售，并积极探索与成熟电商平台更高层面的战略合作。

下属中汽进出口公司，拓展古巴市场，签订汽车发动机、零部件及国产品牌整车出口合同，实现新产品出口开发的突破。同时，创新商业模式，与美国知名零部件企业辉门控股集团旗下的辉门汽车零部件达成战略合作，成立中汽辉门汽车技术服务（北京）有限公司，重点打造零部件品牌“中汽美途”，致力于在汽车后市场建立起以汽车维修保养为主的业务网络，以“产品＋服务”为核心，建立线上线下垂直一体化的规范生态链，为中高端品牌汽车客户提供综合维修解决方案，重塑快修连锁业态。

6月，国机汽车抢抓机遇，在天津东疆保税区成立汇益融资租赁（天津）有限公司，根据既定战略规划和业务方向，拓展融资租赁业务，开局良好，在投资当年即实现盈利。

【科研成果】

国机汽车所属中进汽贸（天津）进口汽车贸易有限公司开发“整车业务批发系统”“进口车港口服务质量管理系统”，实现福特项目全链条业务由手工操作到系统支撑的巨大转变，以及港口服务的质量精准把控和高效运作。

“进口车港口服务质量管理系统”申报两项发明专利：“一种车辆损伤检查结果记录的方法”“一种车辆损伤检查结果记录的系统”。

【“8·12爆炸事故”应对】

“8·12爆炸事故”造成国机汽车近30亿元货值的车辆受损，影响之大前所未有。大爆炸发生后，国机汽车主要领导第一时间赶往现场组织救援，随即成立专项应急工作领导小组，同时聘请专业机构协助开展相关工作。

在保监会的协调指导下，国机汽车索赔团队展开多轮艰苦谈判。12月17日，就克莱斯勒项目与保险公司达成“一揽子”解决方案，获赔金额17.3亿元。此外，进口大众和其他品牌的索赔也都得到妥善解决。因此，在国机集团2016年工作会议上，国机汽车荣获“重大事件处置奖”。

【产权制度改革】

高度重视产权管理工作，安排专人负责相关工作，出台《国有产权登记管理暂行办法》。依据《国有产权登记管理暂行办法》，并借助产权登记管理信息系统，实现产权登记的信息化、网络化和对所属企业产权状况的实施动态监管，重点关注非货币性资产评估转让等经济行为，符合条件及时进行资产评估备案，提高了产权管理工作水平。

办理产权占有登记16户、办理产权变更登记23户、办理注销产权登记3户。完成境外国有产权管理情况报告，并配合事务所完成国有产权专项审核工作，提高了产权管理工作水平。为规范资产评估管理行为，加强资产管理，出台《资产评估管理暂行办法》。配合国机集团，完成国资委资产评估管理专项检查工作。

【管理经验】

1. 业务运营管理方面

（1）强化二级企业业务管理能力。一是完善所属二级企业业务运营管理标准，做好动态管理、数据统计分析、运营评估、改善等相关工作。二级公司每月填报经营工作完成情况及月度工作计划，编制全口径经营月报。二是协助所属二级企业，分析厂家商务政策，寻找经营业务短板，督促制订相应的提升计划。同时，研究建立系统化、工具化的通用返利管理模型，以提升单店返利管理能力。三是加强国机发展下属及托管企业和国机宁兴控股企业的整车库存管理工作。截至2015年年底，各企业整车库存数量和占用资金呈明显的下降态势。

（2）加强业务单元的内部协同，效果显现。强化内部协同意识，开展“集团化作战”。

（3）提升经营质量，减少亏损企业数量。一是按照“快速、稳妥、损失最小化”原则，关闭呼和浩特盛旺4S店；平稳推进营口大众店停业等相关工作。二是完成相关企业清算、减亏工作，实现消减20%亏损企业的目标。

（4）持续做好EAS、BI系统建设与应用。一是推进EAS、BI系统升级、优化、数据维护、日清月结工作，每月编制系统运行报告。二是扩大系统应用范围，EAS系统成为各店主要的信息管理系统。三是编制《零售EAS系统经营分析报告》《零售EAS系统应用情况月报》《零售EAS系统采购事项分析报告》《零售EAS系统降成本分析报告》。四是针对二次开发需求，进一步开发系统功能，钣喷改善系统上线试运行，看板取数正确。

（5）提升零售能力。一是克莱斯勒品牌4S店从3月起与厂家开始包销合作，同时践行“批发＋零售”业务模式，提升中进汽贸在克莱斯勒经销商网络内的影响力。二是办理国机发展下属及托管企业和国机宁兴控股企业的试乘试驾车新增、更新、处置事项。按季度编制“上牌车辆资产报告”，督促各经销店对试乘试驾车辆有效管控。三是开展国机发展下属及托管企业和国机宁兴控股企业精品配件成本分析，堵塞管理漏洞。四是开展培训工作。

2. 集团化管理方面

（1）持续规范运作机制和合规管理体系，不断完善国机汽车治理结构，确保经营运作规范有序。一是发挥股东与股东大会作用。二是与控股股东实行人员、资产、财务分开，机构、业务独立，各自独立核算、独立承担责任和风险。国机汽车的重大决策均由股东大会和董事会依法做出。董事会、监事会和经理层依法独立运作，具有独立完整的业务及自主经营能力。三是完成董事会换届选举。使独立董事能更好地行使职权，确保的规范运作。四是完成监事会换届选举。公司监事认真履职监督。五是完善信息披露制度建设。六是加强制度建设。七是加强内部控制制度建设。八是对定期报告披露过程中涉及内幕信息的相关人员情况实行登记备案制度。报告期内，不存在有内幕信息知情人违规买卖公司股票的情况。

（2）夯实基础，提质增效，深化转型，持续提升集团化财务管理能力。一是发挥资本市场作用，不断优化资本结构。二是加快内部资源整合，推进低效、无效资产的处置，积极改善、提高资产质量。三是拓宽融资渠道，优化融资结构，降低融资成本，保障经营发展合理资金需求。四是深化财务创新转型，强化财务价值创造功能，实现财务创新增值。五是持续强化财务信息质量管理，提升对经营管理的支撑能力。六是不断加强财务基础管理和内控建设，完善风险防范机制，持续提升财务风险防范能力。

（3）构建有竞争力、有活力的人力资源管理支撑体系。人力资源管理加快组织发展与人才发展的转型升级。一是推动组织变革，优化公司的集团化管控体系。二是加快上下一体的制度建设。三是注重人才发展工作，完善员工职业发展通道，增加纵向发展和横向锻炼的机会。组织实施首期“高潜质后备人才培养项目”，共 70 名优秀人才进入公司第一批高潜质人才库。

（4）构建市场研究产品与推广、品牌管理与服务的能力体系。一是进一步构建市场研究产品与服务能力体系。二是品牌管理方面，不断优化总部品牌管理与服务体系。

（5）发挥审计稽核体系的监督、服务和风险管控作用。审计工作坚持“以风险管控为导向”，基本实现审计工作转型升级，实现监督、服务和增值的审计职能目标。

（6）“上下对称”强化执行，“左右协同”完善协作，综合管理工作取得进展。

【信息化建设】

2015 年是国机汽车信息系统全面推广的一年，批发业务系统、零售管理系统、人力资源管理系统、协同办公自动化系统等同步推进；提升信息安全，确保业务数据安全和系统运转正常；同时完善信息化管理体系搭建工作，实现信息化工作流程化、规范化。准确把握业务管理需求，实现管理信息系统对主营业务运营及核心管理内容的覆盖，为实现集团统一管理提供有力支撑。

批发业务板块信息化主体建设工作基本完成，所有批发品牌的日常业务均纳入系统管理。共获六项软件著作权，申报两项发明专利。零售管理系统稳步推进。全面提升零售服务板块核心竞争能力，实现零售服务板块的集团化管控。重点进行功能优化与深化应用，加强品牌化管理水平，提升单店运营能力。

OA 系统逐步推广，在分子公司深入应用，搭建国机汽车与子公司的收发文流程、并实现收发文互转，搭建子公司行政办公及业务流程 98 条，梳理确定各分子公司组织架构。同时，进行角色权限的重新定义、流程的梳理优化等系统优化完善工作，进一步优化业务流程，提升系统的易用性、安全性和全面性。

人力系统进一步进行系统在新进入国机汽车的子公司内推广使用，扩大使用范围，提高人员信息的准确性、全面性。

信息安全工作方面，提升网络安全，更新升级防病毒软件 200 个终端，提高用户终端设备安全性；增加上网行为管理策略，合理规划公司内网带宽，规范员工上网行为，确保网络办公流畅；完成对国机汽车信息安全管理办法的修订工作，进一步完善信息安全管理体系；编制《国机汽车信息安全应急响应制度》，明确机房各种突发事件及处理方式及流程；协调国内知名信息安全厂商对信息管理部全体员工进行信息安全等级保护方面的培训。

进行存储备份项目建设的初期准备工作，借鉴国机集团备份存储系统建设经验，了解国机集团备份存储系统建设步骤及规划；与国内外主流备份存储设备生产厂商进行技术交流；参与国机集团异地灾备项目建设方案讨论，并结合国机集团异地灾备项目建设方案，制定国机汽车存储备份项目建设方案。

完成各个系统运维操作细则的编制工作；完成IT基础档案归档、借出等审批登记制度的修订工作。

【党建工作】

国机汽车党委贯彻党的十八届三中、四中、五中全会精神，以习近平总书记系列重要讲话精神为指导，围绕全面从严治党主线，执行国机集团党委工作部署，统筹推进党的建设工作，为公司适应经济发展新常态、全面深化改革、实现有质量发展发挥好引领、推动、保障、监督的作用。

1. 开展“三严三实”教育，推进作风建设 “三严三实”专题教育启动后，国机汽车党委认真抓好专题教育各项工作落实，制订《国机汽车股份有限公司“三严三实”专题教育工作计划》，召开动员部署会，国机集团副总经理、国机汽车董事长丁宏祥以《严格践行“三严三实”要求，加快推进创新转型再出发》为题作专题教育动员并讲党课，党委书记以《以“三严三实”专题教育为契机推动、保障企业创新转型再出发》为题为党员领导干部作党课报告。公司党委委员、班子成员、各二级公司党委（党总支）书记或主要负责人结合自身分管工作及创新转型实际，相继在分管、联系的单位或所在支部讲专题党课。公司党委印发《关于深入学习贯彻国机汽车党委“三严三实”专题教育动员部署会议精神切实推进创新转型再出发的通知》，发出《践行“三严三实”推进创新转型》倡议书，做到学习教育与业务发展双促进。

国机汽车党委开展专题教育，注重与解决实际问题结合起来，推动国机汽车创新转型再出发。在公司党员领导干部民主生活会上，领导班子及班子成员从严从实开展批评与自我批评。所属企业中进汽贸党委、中汽进出口党委分别召开党员领导干部民主生活会。公司所属各党支部相继召开“三严三实”专题组织生活会。

2. 创新基层党建工作，夯实党建工作基础 国机汽车党委从公司改革发展大局谋划和推动党的建设，着力研究部署今后一个时期党建各项任务，努力拓展工作内容，创新工作形式。加强中心组学习，学习习近平总书记系列重要讲话精神，学习中央深改小组《关于在深化国有企业改革中坚持党的领导加强党的建设的若干意见》等，统一各级党组织和党员的思想，达成共识。加强基层党组织建设，积极做好基层党组织调整设置工作；组织入党积极分子集中培训，指导各党支部发展党员，发展党员26名。国机汽车党建工作先进事迹在国机集团党建工作会上作经验分享。举办“庆七一促转型”——庆祝建党94周年主题活动，表彰先进，组织新党员入党宣誓；开展“创新转型 青春担当”演讲比赛，推动公司创新转型再出发。制定《国机汽车股份有限公司重大问题决策规程》《国机汽车股份有限公司领导干部选拔任用工作条例》，建立与现代企业制度要求相适应的选人用人新机制；举办中层管理人员培训班和高潜质后备人才培训班，为公司全面改革发展提供有力的组织保证和人才支持。落实党委主体责任和纪委的监督责任，公司党委书记与总部各部门、子公司第一责任人签订“国机汽车股份有限公司党风建设和反腐倡廉工作责任书”，明确责任内容和工作目标，实行“一岗双责”；开展企业效能监察工作，规避风险；制订《国机汽车股份有限公司党风廉政建设责任制考核办法》等6个制度；加强信访举报和案件查处工作。同时，公司党委高标准完成中纪委第十巡视组专项巡视工作。

3. 坚持党建带群建，宣传贯彻企业文化 编撰《拥抱挑战 再续梦想》企业文化文集；举办“最美国机汽车人”演讲比赛，开展首都文明单位创建活动，公司被评为“首都文明单位”。同时，利用OA网持续更新公司党建工作、企业文化建设、基层党组织学习、工会共青团活动信息，宣传报道公司党建工作和企业文化，促进企业文化生根落地。

组织“国机爱心日”捐助活动，开展第二届员工文化节开幕式暨庆祝公司成立22周年“享奋斗·悦运动”徒步健身活动，举办员工羽毛球比赛和乒乓球比赛，举行“添书香·悦分享——员工文化节图书捐赠活动”及主题征文比赛；参加国机集团第五届职工运动会，荣获“特殊贡献奖”；组织新党员和复转军人员工代表参观《伟大胜利 历史贡献》主题展览；组织5期摄影培训班和16期瑜伽培训。在加强共青团工作方面，实现团的基层组织全覆盖；举办“最美国机汽车人”优秀青年榜样经验分享会暨“五四表彰”大会，开展爱心捐赠等特色鲜明的共青团活动。

【社会责任】

以构建具有上市公司特色的社会责任体系为

契机，明确公司社会责任管理的核心框架。发布的社会责任报告，在和讯网的评价系统中，排名第 18 位，位居行业首位。

1. 提质增效 —— 为股东创造价值回报 在公司治理方面：在加强国内外经济形势、行业与市场环境的分析研究，提高董事会决策前瞻性和科学性的同时，进一步明晰董事会、监事会和经营层职能定位，促进董事会与经营层高效衔接，通过更高效的公司治理结构和机制，保证决策的有效性和科学性，从而维护股东、员工、合作伙伴等多方利害相关者的利益。

发布《内部问责制度》《累积投票制实施细则》，修改《股东大会议事规则》《公司章程》，完善公司治理制度。依法合规完成第七届董事会、监事会的换届工作及高级管理人员的选聘工作。

在信息披露方面：积极适应监管机构职能转型，完善信息披露机制，在确保真实、准确、完整地披露各类报告，保障所有投资者能够及时、公平、公正地行使知情权的基础上，通过搭建与市场关切、公司战略相结合的主动信息披露体系，形成多元化的信息披露管理渠道。

8 月 12 日晚，天津滨海新区瑞海公司危险品仓库发生爆炸事故后，国机汽车针对在这一区域有车辆存储的仓库，分别于 8 月 14 日、18 日，12 月 22 日发出 3 份公告，一个声音传递核心信息，有序高效应对突发事件。

在投资者关系方面：以“沟通创造价值”为理念，全方位完善投资者关系工作体系，提高投资者对企业的认知度、认同度，树立企业在资本市场良好的企业形象。

密切关注市场趋势，探索有效的市值管理方式。

2. 以人为本 —— 为员工建设幸福家园 一是保护员工权益；二是促进员工发展；三是注重员工关爱；四是弘扬企业文化。

3. 和谐发展 —— 为社会践行公民责任 一是践行行业责任；二是热心公益事业。

中国汽车工业国际合作有限公司

【基本概况】

中国汽车工业国际合作有限公司（简称中汽国际）是国机集团有限全资子公司。主要从事国际展览、国际贸易、工程成套和文化传媒业务，以及与这些业务相关的实业投资。拥有 20 多个全资或控股子公司。近年连续被评为“中国会展业十大影响力会展公司”“最具影响力展览公司”，获“中国最佳出展组织奖”“中国汽车贸易最具影响力品牌”等荣誉，已经发展成为中国汽车会展界规模最大、实力最强的中央企业。

国际展览和国际贸易是中汽国际的核心主业。公司拥有 20 多年办展经验和专业的办展团队，形成国内外自主办展、代理出国展览、展览工程服务等完整的展览业务体系。在国际贸易领域，中汽国际主要从事汽车整车、零部件，以及其他机电类产品的进出口贸易，市场范围遍及亚洲、欧洲、拉丁美洲和非洲等众多国家和地区，在汽车整车出口和关键零部件进口方面具有较强的市场竞争优势。

秉承“求实创新，和谐共赢”价值理念，中汽国际致力于成为国内一流、国际知名的综合型展览贸易服务商。伴随着世界经济一体化、竞争全球化的进程，中汽国际愿与社会各界加强合作，为中国和世界经济的繁荣作出贡献。

【主要指标】

2015 年，中汽国际迎来成立 10 周年华诞。这在公司发展史上，是个十分重要的里程。经过公司全体员工的共同努力，尽管面对国内经济形势下行明显、经营环境错综复杂等不利因素，全年实现营业收入 9.1 亿元，同比降低 4.67%；实现利润总额 3 037.41 万元，同比降低 23.6%；实现经济增加值 367 万元，比集团考核目标高出 367 万元，同比增加 213 万元。主要经济指标详见表 1。

表 1　中国汽车工业国际合作有限公司 2015 年主要经济指标

项　目	2014 年	2015 年	同比增长（%）
资产总额（万元）	105 310.21	109 160.69	3.66
净资产（万元）	27 966.14	29 219.30	4.48
营业收入（万元）	95 751.07	91 283.10	-4.67
利润总额（万元）	3 975.54	3 037.41	-23.60
技术开发投入（万元）			
利税总额（万元）	5 229.90	5 415.26	3.53
全员劳动生产率〔万元 /（人·年）〕	17.14	10.84	-36.76
净资产收益率（%）	8.56	7.98	减少 0.58 个百分点
总资产报酬率（%）	3.17	3.66	增加 0.49 个百分点
国有资产保值增值率（%）	108.19	107.34	减少 0.85 个百分点

【重点经营项目】

1. 国际展览业务　展览板块实现营业收入 2.74 亿元，同比增长 51.38%；实现利润 5 617 万元，同比增长 14%。

上海汽配展首次移师国家会展中心，启用 11 个展馆，展出面积 28 万 m^2，较上届增长 27%；参展企业数及专业观众数同比分别增长 10% 和 20%；举办同期活动 53 场。这些都使本届展会成为中国汽车后市场史上盛况空前的一次盛会，成为展现行业发展现状和未来趋势的“风向标”。

作为澳门地区最大的国际性车展，澳门车展获得国际展览联盟（UFI）认证，同时被列入澳门十大国际会展品牌。第五届澳门车展展出面积 6.5 万 m^2，有来自 17 个国家和地区的 92 个主流汽车品牌及相关企业参展，中国制造馆呈现自主品牌车除内地外参展最大阵容，受到众多媒体关注。上海改装产业博览会品质得到提升，现场交易总额较上年增长 42%，参展群体更加多样化，进一步确立了汽车改装产业高端品牌展会的市场地位。

国内二、三线城市自主车展项目整体运营良好。洛阳车展实现 3 家主办单位合作办展，避免恶性竞争；柳州展、呼和浩特“一展一节”均收到良好的经济效益和社会效益；包头车展在成本控制和项目管理上下功夫，实现扭亏。

非汽车类展会郑州三磨展进一步提升展会品质，展览面积和参展商总数比上届分别增长 50% 和 20%。

出国代理展成效明显，全年完成组展面积 7 500m^2，完成出展项目 22 个（含 1 个自办展），销售收入和项目利润分别完成全年目标的 107% 和 118%。

会展工程与服务仍然保持良好的发展势头，完成春秋两季全国农机展主场运营服务，合计面积 30 多万 m^2。此外，借助主场服务商的影响力，在这个展会上承接了物流、交通、安保、导视规划方案与设计等增值服务，以及 22 个特装展台的搭建，实实在在成了主办方的“大管家”。

第 77 ～ 78 届全国汽车配件交易会如期举办，展位销售火爆，所有展位于开展前 2 个月售出，尚有数百家企业报名却未拿到展位；到场参观的国内外专业采购商 6 万余人次。第 35 届摩配会分别在重庆和郑州举行，展位数分别达到 1 700 个和 1 400 个标位；新增三轮摩托车、新能源电动车展区；特装参展企业 200 家，特装面积占总面积的 50%，突破历史纪录，无愧于“摩配行业广交会”的美誉。

2. 国际贸易业务　贸易板块实现营业收入 10.46 亿元（含平行进口车收入 6 亿元），同比增长 30.10%，实现利润 2 090 万元，同比增长 25.24%。

出口业务初步形成以整车出口为主导的外贸格局。自主品牌整车出口约 3 000 台，同比增长 7%；实现销售收入约 2.5 亿元，同比增长 10%；实现项目利润超过 1 700 万元。自主品牌车在中东、南美、东南亚、南非等地区行业知名度逐渐提升，品牌影响力进一步扩大。

代理整车进口业务主动探索新的合作模式，拓展货源渠道，加强物权监管，实现销售收入 6.02

亿元，实现部门利润 520.16 万元。

汽车油品经销业务积极应对国际原油价格巨幅波动的风险，加大销售力度，实现销售收入 1.38 亿元，实现部门利润 278.93 万元。

3. 工程成套业务 工程成套板块取得新进展，实现营业收入 1.75 亿元；实现利润 1 207 万元，同比增长 75.31%。

印度 2×350MW 电站项目步入正轨。项目团队与新业主确定项目进度，完成主机设备复查工作，组织公司和合作伙伴近 140 人到现场监管把控并进行设备安装；通过艰苦谈判，确定索赔金额 850 万美元；获得 22 个发运许可证书，累计完成设备出运 8 个批次，完成收汇 8 824 万美元，约占合同总金额的 86.7%；收回出口退税超过 955 万元。

印度 2×150MW 完成 2 号机组的大修和消缺任务，并同业主和总包商签署三方协议，确定项目收尾的相关事宜，收回合同款总额的 93.8%；NAVA1×55MW 完成机组翻新和改造，10 月成功并网发电，不仅为该项目画上了圆满句号，也为开拓改造机市场积累了宝贵经验。

4. 文化传媒业务 在围绕展览主业的协同发展方面取得较好收效，实现营业收入与上年持平；实现利润同比增长 18.47%。

5. 实业投资方面 由于原油价格下跌、产能过剩、需求不足等一系列不利因素，制造业面临巨大压力，中汽国际的实业投资以各种形式获得分红 1281 万元，同比降低 21.77%，但依然是公司重要的利润来源。

【新项目开发】

作为国机集团和广州市政府战略合作龙头项目的“2015 广州国际汽车零部件及售后市场展览会”，11 月首次在广州成功举办。展会首届面积 10 万 m^2，吸引近 2 000 家企业参展，8 万余名专业观众观展，填补了广州汽车零部件及售后服务专业展会的空白。

首次作为主办方加入中国（山东）国际汽车工业博览会暨第八届济南卡车展，在商用车展领域迈出实质性步伐；首届沈阳二手车展示交易会，以展中展的形式与沈阳国际汽博会同时开幕，这是全国首次以二手车为主题开办的专业车展。

国外出展业务在经济低迷、市场竞争格局发生变化的情况下，新开发 8 个出展项目和 1 个自办展，涉及领域除传统的汽车配件行业外，还包括新能源及环保、铁路及交通物流、工业装备领域，进一步确立了多元化的业务结构。会展工程与服务新开发重庆石油展主场服务、天津电器院的展厅设计与施工、全国农机展部分活动的策划与服务项目等。

自主品牌整车出口市场新增牙买加、菲律宾，以及科威特 3 个国家；古巴整车出口获得突破性进展，通过组织境外专业品牌推介会、增派工程师技术培训等一系列举措，新签订了采购合同。

工程成套方面，新开发或跟进埃塞俄比亚机床厂项目、江苏省地质工程有限公司工程服务项目、委内瑞拉屠宰场建造工程等新项目。

【管理经验】

1. 综合行政和后勤保障能力提升 以督办为主要抓手的综合行政管理和以服务为主要内容的后勤管理能力有了进一步提高。下发督办事项 85 项，办结 52 项，有力地促进了公司执行效能和执行效果的提升。

2. 安全生产管理落到实处 在做好常规安全管理工作外，结合公司实际情况与业务特点，围绕“综合治理、保障安全”主题，普及安全知识，开展消防演练，深入展会现场与电站项目现场进行安全生产监督检查，对公司各项工作的进展和各项任务的完成，起到了应有的保障作用。

3. 人力资源管理加强 对 6 项人事制度进行修订，并出台《中汽国际高级人员考核及薪酬管理办法》，首次对高层管理者进行考核。年底根据公司发展需要，对组织架构和员工层级设置进行微调，有序推动全员竞聘工作，一大批有能力、肯干事、年富力强的年轻干部走上更高层级岗位。

4. 新的“五年规划”编制工作全面启动 新一届领导班子调整后，极其重视公司发展战略基础研究和“五年发展规划”的制定，并由公司主要领导分管。“五年规划”的编制工作完成了内部访谈、问卷调查及统计分析，以及外部调研，各项工作按计划推进。

战略基础研究带来直接效益。结合战略基础研究工作，组织内外资源完成《洛阳国际汽车文化产业园发展规划》项目，获 200 多万元的项目利润。

5. 经营管理和法律事务管理持续加强 坚持绩效导向，激励经营实体完成保增长目标，制定《中汽国际 2015 年度稳增长突出贡献奖励方案》；完善经营业绩考核体系，修订《经营业绩考核评价规则》，并制定《市场开发基金管理办法（试行）》；探讨对全资子公司实行新的管理方式和考核方式。深入做好法律服务与法律事务管理，使法律事务全程覆盖公司的重大经营活动；制定《中汽国际2015—2019年法制工作实施方案》，努力使法律服务管理软实力形成长效化机制。认真做好合同评审，评审各类合同1 230余件，以经营效益和风险防范作为出发点和落脚点，为各项经营活动的开展提供服务，把牢关口。

6. 财务管理水平得到提高 加强财务管理制度化、流程化、信息化建设，深入推进全面预算管理，管理效果显著，“3项费用”较上年降低6.3%；强化“两金”管理和专项清理工作，年末应收账款原值与年初相比降低3 741万元，降幅17.44%；将全面风险管理与内控工作相结合，完善内控管理架构和议事规则，对“内控手册”进行全面修订。

7. 资金管理为业务开展提供保障 在盘活资金、提高资金使用率、降低财务费用方面效果显著。运用金融工具，降低流动资金贷款金额，从而降低资金使用成本；在风险控制方面，把内控和风险管理嵌入资金管理流程，对审批执行项目进行风险预测，在项目执行过程中进行现金流的跟踪管理，加强监控应收账款执行情况。流动资金贷款较上年降低近80%，财务费用较上年同期下降75.64%。

8. 公司形象宣传取得进展 力促媒体融合，着力构建新常态下公司新闻宣传“三位一体”媒体平台，着力提升内刊服务能力，在提升员工归属感、传播公司品牌形象方面发挥了积极的作用。发布网站新闻225条，出版《中汽国际》报12期，微信推送35期，并挖掘数据价值，开展资讯服务工作。

【信息化建设】

优化公司网络配置和协同办公系统；重塑公司形象，建起多媒体展示平台和搭建商服务平台；重新审视“互联网+”的发展趋向，着手开始打造“汽车大目录”基础平台。

【党建工作】

深入学习党的十八大和十八届三中全会、四中、五中全会精神，贯彻落实全面从严治党要求，构建党建工作大格局。召开党委专题会议，贯彻《全面从严治党要求的实施意见》，加强思想建设；突出抓好以党委中心组为重点的理论学习；重视基层组织建设，在重大任务中充分发挥作用，在澳门车展、上海汽车配件展和印度电站项目上建立临时党支部，把党建工作向业务一线延伸；完善党建制度建设，制定《关于深化“四风”整治、巩固和拓展党的群众路线教育实践活动成果的实施办法》《关于贯彻落实“三重一大”决策制度的实施办法》等重要制度。

中汽国际党委召开党委会议9次，认真开展“一报告两评议”工作；深入学习习近平总书记系列重要讲话精神，坚持以“严”的态度和“实”的作风，抓“三严三实”专题教育；为各级各类人员统一发放学习材料17种300余册；落实“两个责任”，抓好党风廉政建设，认真进行效能监察和内部审计工作，组织签订“党风廉政建设责任书”，挖掘警示教育资源；抓实党风廉政建设和反腐倡廉教育；重视做好群团工作，真心关爱员工、关心青年员工成长，创新老干部服务方式，为建设“幸福中汽国际”凝聚力量。

国机资产管理公司

【基本概况】

国机资产管理公司(简称国机资产)成立于2011年1月26日，定位为国机集团的资产管理平台，是以资产管理、资产运营、资产投资为核心主业，涵盖国际贸易、产权经纪等增值业务的综合性资产管理公司。全资拥有国机时代置业（北京）有限公司、江苏华隆兴机械工程有限公司、厦门华隆进出口公司、国机投资管理（上海）有限公司和华隆（香港）有限公司等多家下属企业，并参股中国光大银行股份有限公司、万向钱潮股份有限公司、福建龙溪轴承（集团）股份有限公司、国机资本控股有限公司、江苏苏美达资本控股有限公司、长春机械科学研究院有限公司等上市、非上市公司。国机资产根据国有经济结构布局战略性调整要求，围绕国机集团改革重组总体部署，坚持市场化、企业化运作原则，服务国机集团内部资源整合，有效促进资产流转和资本流动，参与新兴产业孵化培育，为国机集团实现产业结构调整、快速成长为具有国际影响力的大型企业集团做好服务。至 2015 年年底，职工 1 032 人，其中在岗职工 906 人、离退休 284 人。

【主要指标】

按照经营考核范围，完成利润总额 2 398 万元，完成集团年初考核指标 1 300 万元的 184%；总资产报酬率 1.68%，比集团考核值 1.59% 高 0.09 个百分点；成本费用利润率 12.7%，比集团考核值 7% 高 5.7 个百分点；资产负债率 54.3%，低于集团经营考核下发的 60%，优于考核指标；“两金”占流动资产比重 10.4%，优于集团经营考核值下发的 18%。主要经济指标详见表 1。

表 1　国机资产管理公司 2015 年主要经济指标

项　目	2014 年	2015 年	同比增长（%）
资产总额（万元）	358 206.25	311 506.99	-13.04
净资产（万元）	120 673.81	132 417.57	9.73
营业收入（万元）	184 992.93	240 783.80	30.16
利润总额（万元）	-2 247.18	32 834.54	1 561.14
技术开发投入（万元）			
利税总额（万元）	-420.63	34 580.00	8 321.00
EVA 值（万元）	-10 183.37	19 489.18	291.38
全员劳动生产率〔万元 /（人·年）〕	-7.95	6.99	187.92
净资产收益率（%）	-2.35	25.59	增加 27.94 个百分点
总资产报酬率（%）	1.35	10.68	增加 9.33 个百分点
国有资产保值增值率（%）	133.82	127.47	减少 6.35 个百分点

注：1. 国机资产经营考核范围为国机资产总部及实际管理公司，不包括托管的中国汽车工业进出口有限公司（简称中汽）划入资产以及中国机械对外经济技术合作有限公司（简称 CMIC）。

2. 国机集团在 2015 年将 CMIC 正式划入中国第二重型机械集团公司。2015 年末，CMIC 的资产总额为 107 416 万元，故国机资产的资产总额和国有资产保值增值率出现了下降。

【改革改制】

8 月，国机资产完善公司治理结构，召开董事会、监事会干部任职宣布大会，在 3 人董事会基础上新增 2 名外部董事，形成 5 人董事会，设立监事会。

12 月，为顺应市场、推进企业发展，国机资产对所属江苏华隆兴进出口有限公司更名为江苏华隆兴机械工程有限公司，以突出机械行业背景和背靠集团的优势。

【要事与重大决策】

3 月 30 日，公司第二届董事会第十一次会议同意投资苏美达产业投资平台项目。

4 月 9 日，公司第二届董事会第十二次会议同意参股国机资本公司。

6 月 4 日，决定对中机机械基础件成套技术有限公司实施优化调整。

6 月 12 日，公司第二届董事会第十三次会议同意投资长春机械科学研究院有限公司。

10 月 9 日，决定聘请北大纵横公司开展岗位能力测评咨询项目。

11 月 26 日，公司第三届董事会第一次会议同意修改公司章程和董事会工作制度；公司第三届董事会第一次会议同意参与常林股份增发。

【资产管理和运营】

2015 年度，没有接收无偿划拨资产。资产清理处置积极开展，资产质量不断提升。

1月，完成长沙汽电汽车零部件有限公司持有的长沙日立汽车电器有限公司40%股权的挂牌转让工作。

4月，完成对中国汽车工业进出口沈阳公司的债权回收、职工安置和100%整体产权挂牌转让。

7月，完成机翔公司持有的中经建筑安装工程有限责任公司24.25%股权的挂牌转让工作。

8月，完成持有澳华机械有限公司7.045%股权的协议转让工作。

9月，完成对重庆中汽机电进出口有限公司在职职工的安置工作；

9月，通过对所属企业的运营评价，决定对所属中机机械基础件成套技术有限公司实施优化调整，当年实现“止亏”，2016年预算盈利5万元。

11月，完成持有重庆中汽机电进出口有限公司18.34%股权的内部无偿划转工作。

12月，完成持有CMIC的100%股权无偿划转至中国二重。

【资产投资】

重视集团内部协同合作，致力于帮助集团所属科研院所和装备制造企业加快科技成果产业化和资产证券化步伐，实际投资金额7 565.86万元，投资项目2个，均为集团系统内的股权投资项目。

1. 参与长春机械院增资 以自有资金2 565.86万元参与长春机械科学研究院有限公司（简称长春机械院）增资，占长春机械院增资后总股本的12%。

2. 参与发起设立国机资本 以自有资金5 000万元参与发起设立国机资本控股有限公司（简称国机资本），股权比例2.11%。资产财务部总经理苏晔当选国机资本第一届监事会监事。

此外，另有2个项目通过投资决策，但未进入出资阶段：与江苏苏美达集团有限公司、江苏农垦集团有限公司等共同发起，设立江苏苏美达资本控股有限公司（简称苏美达资本），拟投资3 000万元，该项目取得国机集团批复；参与认购常林股份非公开发行股票，拟投资1亿元，该项目取得国机集团批复。

【重大项目及业务发展】

落实国机集团“稳增长”要求，调整业务思路，加强业务开拓，取得新亮点，确保稳增长。

1. 经营单位平稳运行 在国内外经济下行压力较大的形势下，所属企业实现利润总额1 015万元。各经营单位“多措并举”，克服困难，提升绩效：江苏华隆兴积极开拓印尼农机市场，中标2 000台插秧机和150台收割机政府采购项目，创汇790万美元；国机置业市场化接收北起院工体北路小区物业项目和中自控延静西里小区物业项目，预计每年增加收入130万元，同时贯彻精细化管理，通过置换办公地点降本增收38万元；总部贸易事业部国内投标中标233万元，较上年增长27%。

2. 挖掘资产价值，做好参股公司管理和证券资产市值管理 参股公司分红收入3 228万元；上市公司股票实施市值管理业务利润500万元，龙溪股份减持和回购利润310万元。

【管理经验】

1. 公司战略方面 3月，通过对行业、内外部环境等综合分析，修订发布公司战略，并将公司战略规划进一步分解，制定子战略和业务战略。修订版战略进一步明确“同心多元化”发展战略，强化资产管理、战略投资、人员发展与安置“三大平台”战略定位，突出国机资产的服务与创利功能。

2. 人力资源管理方面 一是夯实管理基础，提高人力资源管理水平。完成人力资源3年发展规划，总结、梳理出“六举措、十二项工作”的具体保障措施，既解决或改进现有问题，又实现规划的前瞻性、合理性和准确性，为公司发展提供助力。同时，进一步完善薪酬绩效制度体系，并在专业咨询机构的协助下，首次完成全员岗位胜任力测评，增强员工岗位危机感、能力紧迫感、价值认同感，为公司更合理的应用薪酬体系，更科学的审视人力资源队伍现状，更清楚地掌握人岗匹配程度创造了条件。二是围绕战略目标，加强公司人才队伍建设。为加强人才队伍建设，围绕公司战略目标，加大招聘力度，拓展招聘渠道，提高招聘效率，为公司打造高绩效团队提供支持和服务。同时，通过开展多层次、多角度、有针对性的专业培训，提升员工业务能力，满足工作需要。

3. 财务管理方面 一是加强制度建设，规范财务管理。围绕岗位流、信息流、资金流3条主线，制定及修订财会制度14项，进一步规范财务行为；全面梳理财务基础模板，确定8大板块38项模板，促进制度流程化、流程模块化，不断提高财务管理规范化水平。二是做好资金运筹，优化资金结构。利用上海自贸区跨境资金池载体，实现资金收益同比增长 13%；统筹兼顾市值管理、贸易业务开拓、国机资本和长春机械院等近亿元参股项目投资对资金的需求，坚持量入为出、量力而行，谋求长期动态资金平衡；全面深化与金融机构合作，初步构建以四大国有银行和国机财务公司为主、股份制商业银行为辅的银企合作框架。三是合理税收筹划，实现价值提升。充分挖掘资源，做好筹划，香港华隆股票出售利得税豁免、深圳华隆股权损失税前抵扣、万向传动轴股权换股票、成都二重中心划入、天津中汽不动产转让、二重重装债权划转等涉税筹划取得实质性进展，降低了涉税风险，实现价值提升。

【企业文化建设】

聘请北大纵横公司企业文化培训专家进行企业文化专题辅导、组织主题为“弘扬企业文化，共铸国机资产美好明天”的演讲比赛、开展员工企业文化考试、组织企业文化征文活动等，推动企业文化内涵体系的宣贯与推广，进一步提升了公司的凝聚力和向心力。

【内部控制】

开展内控评价，对体系设计合理性和运行有效性开展评价，挖掘内控缺失和管理漏洞，形成结论并做好整改，内控缺陷整改完成率 80%，对其他因涉及历史遗留问题涉及的房产，亦明确了下一步整改措施。

在内控评价的基础上，修订“内控手册”，对流程图和风险控制分析表逐一审核，确定入册 148 项，初步实现内控机制涵盖重要业务环节，与经营模式相匹配，持续发挥风险防范功用。

【安全生产】

扎实开展安全生产工作，修订《国机资产管理公司安全生产管理规定》，制定《国机资产管理公司安全生产监督检查管理办法（试行）》《国机资产管理公司安全生产会议制度》，确保安全生产管理工作机制有效运转；组织参观消防博物馆，开展火灾事故疏散逃生及应急救援演练、消防器材灭火演练；完善安全设施，更新办公区域灭火器、消防箱及应急逃生路线图等。被国机集团评为“2015 年度安全生产优秀企业”。

【党建工作】

1. 扎实开展“三严三实”专题教育 严格按照“三严三实”专题教育要求，制定详细计划，做好中心组学习、专题党课、基层党支部书记培训班等“规定动作”，又突出“自选动作”特色，组织党员签名仪式、学习身边榜样、专题征文等活动，将学习“三严三实”与企业经营发展课题、岗位工作专业探索结合起来，既丰富了“三严三实”专题教育的开展形式，又契合企业经营发展的工作目标，并为专题民主生活会的召开做好了充分的准备工作，保障了“三严三实”专题教育的顺利实施并取得成效。

2. 不断完善制度体系建设 国机资产党委认真贯彻“落实党风廉政建设责任制，党委负主体责任，纪委负监督责任”要求，制定《国机资产党委关于落实党风廉政建设主体责任措施》《国机资产纪委关于落实党风廉政建设监督责任措施》。同时，根据国机集团要求，制定《国机资产贯彻落实＜中国机械工业集团有限公司关于贯彻落实中央建立健全惩治和预防腐败体系第二个五年规划的实施意见＞实施细则》；为贯彻落实“三重一大”要求，制定《国机资产三重一大决策制度实施办法（试行）》，确保公司集体决策制度的贯彻实施，公司制度体系得到进一步完善。

3. 严格落实党风廉政建设责任制 为加强党风廉政建设和反腐倡廉工作，国机资产党委认真执行领导干部个人事项报告制度。强化责任落实，国机资产党委书记与班子成员和各所属企业负责人、各主管领导与分管部门负责人，分别签订“党风廉政建设责任书”。在领导干部任职前指派专人进行提醒谈话，在廉洁自律方面明确提出要求，并将党风廉政建设和反腐倡廉工作责任制落实情况纳入考核中，作为公司选人用人以及对领导班子总体评价、业绩评定和奖励惩处的重要依据。

【离退休人员管理服务】

1. 落实政治生活待遇 始终对涉及离退休人员待遇的国家政策变动保持高度敏感性，加强学习并积极做好第一时间贯彻落实的准备，解决老同志医疗保障和生活保障的后顾之忧。着重做好退休人员、军转干人员档案审核，以及补助款申报、离休抚恤金申报领取等工作。

2. 做好慰问走访工作 践行“创新管理、用心服务”“幸福国机、责任国机”理念，在工作中做到“五必访”：重大节日必访、患病住院必访、生活困难必访、来信来访必访、告别仪式必访，把组织的关怀和温暖送到老同志心坎上。

3. 秉承“办实事，解难事”宗旨 为困难老同志提供上门取报销单服务，并及时报销医药费；为80岁以上的老同志生日上门送上祝福；鼓励老同志关心时事政治，组织集体学习活动，并在活动中注重发挥老同志“正能量”作用；安排年度例行安排体检，确保老同志身心健康得到保障。

【社会责任】

积极履行央企社会责任，树立央企良好形象，响应国机集团号召，组织全系统职工参与“国机爱心日”捐助活动，共募集爱心基金29 374元，为社会公益贡献力量。

国机资本控股有限公司

【基本概况】

国机资本控股有限公司（简称国机资本）成立于2015年8月6日，是由国机集团联合部分所属企业及建信（北京）投资基金管理有限责任公司共19家股东单位，共同发起设立的国有控股企业，注册资本23.7亿元。国机资本主要业务范围：股权投资、项目投资、证券投资、资产受托管理；项目融资，产业基金及私募基金的筹集和管理，投资咨询与财务顾问，高新技术开发与咨询；法律法规允许公司经营的其他业务。

国机资本的成立是国机集团有效应对内外部环境变化、提高资本收益与效率、完善产业布局、优化资源配置的重要决策，是打造集团制造、工程、贸易、资本“四轮驱动”战略目标的重要举措，也是通过资本方式培育、孵化集团内外部科研成果及优质项目，进一步实现集团提质增效、转型升级的顺势之举。

【主要指标】（主要经济指标详见表1）

表1 国机资本控股有限公司2015年主要经济指标

项　目	2015年	项　目	2015年
资产总额（万元）	249 838	EVA值（万元）	-684 350
净资产（万元）	246 606	利税总额（万元）	1 832
营业收入（万元）	0	全员劳动生产率〔万元/（人·年）〕	121
利润总额（万元）	1 825	净资产收益率（%）	1.10
技术开发投入（万元）	-	总资产报酬率（%）	1.46

注：新建单位，2015年无同比增长数。

【业务布局】

至2015年12月31日，国机资本研究分析定向增发、IPO、PE、股权基金等36个投资项目，完成8个项目的投资决策，设立3家子公司，投资总额10.54亿元，投出4.19亿元，剩余资金后续陆续投出。

1. 参与证券市场投资，把握机遇争创效益 国机资本成立后，抓住A股股灾后的企稳回升机会，在严格把控风险的前提下，积极参与定向增发业务，跟踪26个项目，完成19个项目的研究分析，最终决策参与4个项目。至2015年12月31日，IPO重启后参与一次新股申购，获配3只股票，取得较好的投资收益。

2. 打造投资生态圈，在存在重大发展机遇的领域谋篇布局 国机资本在投资调研决策方面，除评估项目风险收益之外，更加重视合作伙伴是否在行业内具有重大影响力，其所处的领域未来是否有广阔的发展空间，是否与国机集团产业有合作协同的机会。与中国中车、中铁建、首钢等其他5家股东联合发起设立互联网金融公司“中企云链”，致力于以服务央企为中心的业务创新发展，旨在利用央企商业信用降低子公司资金占用和融资成本；利用大数据帮助企业向产业链纵深拓展，增强整体竞争力；通过业务合作与清华控股建立战略合作纽带关系，借助其在科技实业、知识产业和科技金融领域的经验和优势，推动双方高端技术和产业承接的融合，同时借助高校改革概念，寻找资本市场的爆发机遇；通过参与“军民融合发展基金”，抢先布局国防军改、军工集团国企改革和军民融合等国家重大战略发展领域。此外，为国机集团创造更多与军工企业合作的业务机会，推动各军工集团的先进技术储备与国机集团产业升级的需求相结合，形成产业和技术互补。

3. 发挥专业投资平台功能，助力国机集团产业发展　根据国机集团产业发展战略，国机资本作为国机集团内唯一的专业投资平台，着力于完善集团产业链，增强国机集团业务资源控制能力；着力于国机集团内部战略性新兴产业投资。至 2015 年 12 月 31 日，国机资本确定出资 3.5 亿元，参与常林股份有限公司非公开发行项目；确定出资 1 亿元，参与设立国机智能科技有限公司。

4. 搭建投融资平台，拓宽投融资渠道　设立香港子公司，搭建境外投融资平台。2015 年 12 月 30 日从商务部取得“企业境外投资证书”（境外投资证第 N1000201500624）。

设立两个基金管理公司，建立国内专业化投融资管理平台。2015 年 12 月 29 日出资 500 万元设立独资的国机（北京）投资基金管理有限责任公司，以及与建信信托各出资 150 万元联合设立国机建信（北京）投资基金管理有限责任公司。

【经营管理】

1. 搭建各项管理体系，运营管理步入正轨　至 2015 年 12 月 31 日，国机资本结合国机集团的管理要求和自身的业务特点，初步搭建起了管理体系框架，保障日常运营管理需要。综合管理建设方面，初步建立相关的行政管理和人事管理制度，基本满足了公司日常工作开展之需；财务管理建设方面，初步建立财务制度和核算办法，与财务公司及 9 家银行开展合作，为投资业务的开展提供支撑。

2. 建立风险管理体系，把控业务风险　国机资本处于高风险行业，控制风险、建立健全法人治理结构、建立有效的风险控制体系是首要任务。国机资本严格按照股东会、董事会和经理层规定的各项权责开展工作：起草投资项目管理办法；逐步建立项目储备、跟踪、调研、分析决策及投后管理等操作流程，提高投资决策的专业性和科学性；精选项目，审慎开展投资分析与评估，明确项目投资收益来源与退出通道，加强项目投后管理，不断提高自身风险防范能力。

中国农业机械化科学研究院

【基本概况】

中国农业机械化科学研究院（简称中国农机院）成立于 1956 年，2009 年进入国机集团，总部位于北京奥运村核心地区。现有从业人员 7 381 人，其中高等学历 3 781 人、研究员 287 人、副高级职称 471 人、享受政府特殊津贴专家 91 人。

中国农机院是一家多元化的综合性科技型企业，是国家首批创新型企业和高新技术企业。业务涵盖农业装备、畜牧业装备、农产品与食品加工装备、可再生能源装备、军工与特种装备、勘察设计与工程施工、信息传媒等领域。以农业装备研发和制造为主导产业，致力于提供农业生产机械化技术、产品、服务及全程解决方案。产品涵盖耕整、种植等农业机械化生产各领域各环节所需产品。系列谷物联合收割机、自走大型喷灌机等产品市场保有量或占有率较高。一批具有较高附加值的高端农业装备产品，如超高地隙自走式喷杆喷雾机、大型免耕播种机、采棉机等产品，技术水平处于国内领先水平。

建院 60 年来，累计向社会提供 9 大类 3 200 多种农机产品技术，累计获得国家级和省部级奖项 500 余项，获得国家专利 700 余项，承担国家重大科技开发项目 2 500 余项，制定行业标准 1 400 余项，科研成果广泛应用于农业经济生产中。

在 60 年发展历程中，逐步成为中国农业机械领域“技术发源地、战略策源地”，以及产品辐射中心和国际交流中心，形成了独特的产学研相结合的科技创新体系，“自主创新”成为企业的核心竞争优势。建有 1 个国家重点实验室、2 个国家工程实验室，拥有 2 个国家级工程技术中心，设有农机具、食品机械和试验机 3 个国家级质量监督检验中心，是农业装备产业技术创新战略联盟、食品装备产业技术创新战略联盟和首都生物质能产业创新战略联盟理事长单位。

转制后，不断深化体制和机制改革，坚持“科研立院、人才兴院、产业强院、文化塑院”的发展理念，实践“科技创新、领先半步”的研发战略，发挥科技领先优势，孵化培育科研制造产业群体，从传统的科研院所成功转型成为具有较强竞争力的现代科技企业，成为中国农机工业重要的科研开发与装备制造企业。至 2015 年年底，共有 7 家全资子公司、12 家控股子公司和 5 家直属单位，形成 12 个生产基地和 1 个农机物流园。

【主要指标】（主要经济指标详见表 1）

表 1 中国农业机械化科学研究院 2015 年主要经济指标

项 目	2014 年	2015 年	同比增长（%）
资产总额（万元）	819 274.74	872 105.58	6.45
净资产（万元）	252 666.80	224 589.48	-11.11
营业收入（万元）	508 130.47	503 204.96	-0.97
利润总额（万元）	9 374.63	-28 146.17	-400.24
技术开发投入（万元）	24 228.25	22 394.99	-7.57
利税总额（万元）	26 764.03	-8 778.60	-132.80
EVA 值（万元）	1 370.86	-35 387.09	-2 681.38
全员劳动生产率〔万元 /（人·年）〕	12.70	9.00	-29.13
净资产收益率（%）	1.73	-12.26	减少 13.99 个百分点
总资产报酬率（%）	3.10	-1.23	减少 4.33 个百分点
国有资产保值增值率（%）	101.35	89.14	减少 12.21 个百分点

【市场开拓、产品及发展情况】

1. 农业装备板块 现代农装科技股份有限公司提升涞水基地灌溉机械、播种机械、植保机械和特种作物收获机械 4 类产品，支持子公司发展小麦收获机、玉米收获机、马铃薯全程机械和畜牧机械等产品。启动美国盖茨基金会“埃塞俄比亚苔麸种植小型机具开发”等科技项目；“甘蔗生产全程机械化关键技术装备合作研发”等项目通过验收，“C50 型密闭式堆肥反应器”等多项成果通过鉴定；“高效节水关键技术装备产业化项目”“精量低污染大型喷雾机项目”等技改专项竣工验收。多渠道、多手段营销并举，洛阳中收借助展会接连推出机收新品引领用户；中机美诺科技股份有限公司“第六届世界马铃薯大会”推出马铃薯全程机械化促销方案；中机华丰（北京）科技有限公司凭借茅台酒糟加工有机肥模式切入酿酒业废弃物处理领域；尝试无人植保机电商销售模式并取得订单。总部销售、技术下沉工厂，促使研发、生产和市场相结合；洛阳中收机械装备有限公司、湖州安达汽车配件有限公司探索精益制造管理初见成效。

2. 畜牧业装备板块 中国农机院呼和浩特分院获批项目 13 项，项目合同金额 405 万元。授权实用新型专利 11 项，发明专利 1 项。获中华农业科技奖 1 项，发表学术论文 30 篇。由国家草原畜牧业装备技术研究中心承担的产业化项目 11 项，其中 9YFQ 型系列跨行式捡拾压捆机、9YG 系列圆捆卷捆机、9YFG-2.2 型秸秆切割揉碎方捆压捆机、9LSQ-5.3 型水平旋转搂草机、9JGL-4.0 型固定型全混日粮搅拌站等产品技术熟化，为产业化做好技术储备。加大华德牧草生产基地技术改造，购入新设备、仪器，提升基地产能和产品质量。推进信息化建设，实现无图制造。在激烈的市场竞争中，及时调整销售策略，方捆机销量保持行业领先。

新疆中收农牧机械有限公司主导产品发展围绕牛羊饲草整体解决方案，打造产业链，研发改进 C5 饲草收获机械产品；以新疆 -3 为原型，开发设计 S3C 小麦秸秆收获机，完成 3 台样机试制，经过田间阶段性试验。在两翼业务经营上，电器业务积极转型；剪毛机业务努力攻关，打造精品；对外合作注重与国机集团内部合作，发挥地域优势，努力将公司打造成集团面向西北的窗口。

3. 农产品加工和包装机械装备板块 完成挂面智能干燥生产线 14 条，确立细分行业龙头地位。牵头和参与承担国家科技支撑计划、“863”计划等 26 项。内脏同步卫检系统、胚芽米精米机、甘薯薯片油炸机、油茶果剥蒲专业设备等逐步成为主力推广产品；新增授权专利 22 项，其中发明专利 8 项；发表科技论文 14 篇，4 篇被 EI 收录。“食品装备联盟”加入“中关村联盟促进会”；完成《中国农产品加工业年鉴》出版工作；完成 23 项行业标准获工信部批准发布，以及 11 项行业标准报批工作，申报 26 项行业标准获得计划立项。

4. 军工及特种装备板块 北京金轮坤天特种机械有限公司集中科研力量，掌握行业尖端技术，开展的新产品开发和技术改进项目 13 项。QDW-03 型电动飞机牵引器完成部队试用；改性 YSZ 基和铈酸镧基热障涂层材料自研项目完成材料工艺优化、材料性能指标控制优化及涂层性能验证。开展 5 项新研项目：无杆牵引车过转向保护技术、电子束物理气相沉积用陶瓷靶材产业化项目、运挂车方案投标项目、等离子喷涂系统、玉米联合收割机秸秆还田机刀片改进。餐厨垃圾处理设备（3 项）完成航行试验并通过用户代表验收，交付部队使用。

北京天顺长城液压科技有限公司坚持精品制造，以“制造一流摊铺机，摊铺一流高速路”为理念，将服务延伸到施工工艺研究中，G1 高速等标志性工程奠定摊铺机在行业的龙头地位。SP160 摊铺机逆市增长。端伸缩熨平板进入中试阶段，将推向市场。重视现金流管理，合理匹配融资租赁业务模式，经营现金流持续改善。贷款规模从上年底的 1.05 亿元减少到不足 5 000 万元，降低融资成本和运行风险，融资结构进一步优化。

长春机械科学研究院有限公司完成 8 项具有国内领先水平的项目，其中 5 项为国内首台套（项），填补了国内空白。获发明专利授权 2 项、实用新型专利授权 8 项、软件著作权 2 项。电液伺服高频大载荷疲劳扭转试验机获中国机械工业科学技术奖三等奖。实行生产核算单元化，深挖盈利能力；推进生产计划管理，确保工期和质量符合合同要求；以 6S 与现场管理提升全员素质、改善工作环境；整合供应资源，建设采购平台，降低直接生产成本 100 余万元；严格管理存货，实现常规采购商品供应商备料。

5. 可再生能源装备板块 中机西南能源科技有限公司应对市场需求变化，及时调整经营策略，主推市场急需、合同执行期短、资金回收快的产品，抢占市场份额。承接老挝拉萨翁酒店中央空调项目、中交文莱大桥一期混凝土浇筑制冰成套设备等国外项目。基地建设内容全部完成，各主要生产线完成安装、调试并相继投入运行。自主研发的新一代冰蓄冷技术流态冰机组通过国家级鉴定。新增压力容器制造 ASME 资质、GC2 压力管道安装许可证、高低压电气产品 3C 生产许可证等。被认定为“国家高新技术企业”，被评为“重庆市工业企业 100 强”。

生物质能工程技术研究中心对小方捆打捆机和棉秆联合收割机两大主导自研产品进行技术升级，满足国家农机产品补贴要求，开发草捆田间捡拾、智能化能源灌木联合作业设备，丰富产品储备。

6. 工程勘察设计与施工板块 中机十院国际工程有限公司技术转型引领新业务，重点加强对环境工程、冷链工程，包括仓储物流和医疗工程等业务的资源整合，业务转型成效明显。工程总承包业务进一步巩固和发展，签订合同 24 193 万元。

中机三勘岩土工程有限公司加大国外项目开发力度。在完成多个国外项目的基础上，继续跟进巴基斯坦塔尔火电站桩基等 3 个项目。与中工国际、中建三局等公司建立良好关系，争取更多合作机会。建立新疆分公司，扩宽业务渠道。严格规范现有注册职业资格人员的管理，出台相应激励政策。

建工有限公司推进纵向专业资质的发展和横向专业队伍的组建等相关工作，提升公司的市场竞争力和拓展能力，审慎应对市场变化。采取措施防控风险，加大应收款回收力度，控制资金风险。完善管理体系，加强公司治理，落实安全生产主体责任，完成安全生产年度目标。

7. 信息传媒板块 致力于从内容提供商向信息服务提供商的经营转型，实施“1+3”数字化落地战略，即以数字化平台为基础，开发“互联网＋媒体”“互联网＋行业”“互联网＋服务”不同类别的新媒体产品。引进行业技术资本，合资成立北京卓远智联科技有限公司，实现“第一工程机械网”由媒体属性向平台属性转型。对未达到投资预期的3本期刊项目进行调整，终止图书出版业务，加大数字化落地和平台升级步伐。人员结构调整实施“一增一减”策略，通过外部引进、内部转化等方式，增加互联网、创意策划等转型必需人才的数量，全力支持公司数字化战略、平台升级战略的实施。同时淘汰冗员，降本增效。

8. 其他方面 行业中心技术服务中心制定国家标准10项、行业标准20项；发布农机国家标准14项、低速汽车国家标准18项、农机行业标准27项。“农业灌溉设备灌溉阀”等7项灌溉设备标准荣获“中国机械工业科学技术奖三等奖”。承担各类科技计划项目11项，其中3项通过国家验收；新增授权发明专利3项，实用新型专利2项；发表论文13篇，其中SCI收录1篇、EI收录4篇。完成国家产品质量监督检查、农机产品生产许可证审查及检验、低速汽车公告检测等政府委托的检验任务，共352家企业8 313种产品。开拓油耗、发动机和农机新产品定型检验等新业务领域，先后取得国家质检总局内燃机及工业和商用电热食品加工设备生产许可证指定检验机构、环保部非道路用发动机排气污染物达标申报检验机构、交通运输部道路运输车辆燃料消耗量检测机构授权。构建信息化管理体系，探索“互联网＋检验”检测，逐步实现行业大数据累积，形成可持续发展的信息化管理模式。

中机农业发展投资有限公司稳定园区招商和销售，提高物业充盈率，提升服务水平。完成“96656智慧物流平台”及实体物流运营体系建设，被确定为省级城乡商贸物流配送信息平台提供商；完善商用车市场服务，成为吉林省内唯一综合性卡车市场和东北地区最大的商用车交易市场；探索现代农业服务，建立合作社发展联盟和维修协会，搭建“佑农网”电商平台，以农业系统集成商的模式，为农业合作社和农民提供农机、农资等专业服务。

海外工程事业部与CMEC、中工国际等公司共同开发哈萨克斯坦、塞尔维亚等国外市场；设立驻埃塞俄比亚办事处，中标埃塞Tiret公司2 500mm瓦楞纸板项目；完成印度ECL公司“DN700-1200消失模管件工程”项目，合同额182.5万美元。通过参与国外工程项目，培育一支适应国际市场需求的管理团队。完成国家科技部、商务部委托的援外培训班项目共5批次，完成年度2批次25个中小企业外经贸发展专项资金项目申报、上年度完成情况汇总及资金拨付工作。

机电技术应用研究所完成6项国家课题验收，产生一批具有自主知识产权的创新成果，其中基于北斗的农机调度平台在洛阳中收机械装备有限公司推广使用，实现跨区作业远程调度管理。完成9项国家级课题主要研发任务，内容涉及农业装备智能化检测控制、农业物联网等相关领域。18项国家级课题按计划开展，取得多项技术突破和科研成果。获中国机械工业科学技术奖一等奖1项，1人入选北京市科技新星，2人获“杰出青年科学家来华工作计划”项目资助。发表学术论文19篇。自主开发深松质量远程监测及秸秆覆盖率监测系统，在吉林、内蒙古等省区开展应用试验示范。

农机试验站中标，成为北京市教委“开放性科学实践活动”项目资源单位，开设奶牛繁育及饲养管理等项目课程。

【重大科研项目进展】

依托联盟，组织实施的国家“863”和支撑计划3个项目进展顺利，取得预期的阶段性成效。

完成“863”计划“智能化农机技术与装备”重大项目，开展样机检测及智能化农机技术与装备集成应用示范等工作，准备课题、项目验收。

实施国家科技支撑计划“现代节能高效设施园艺装备研制与产业化示范”重大项目。开展低碳环控温室结构等关键技术研究，创新研制园艺、畜禽、水产养殖关键设备与成套设施，大幅度降低能耗和生产运行成本，提高土地产出率、劳动生产率和农产品质量。

启动实施国家科技支撑计划“农产品产地商品化处理关键技术与装备”重点项目。开展特色瓜果保质节能贮藏等技术装备研发，在特色果菜干燥过程废热等低品位能源的增焓利用等关键技术研究方面取得阶段性进展。

【科研成果、产业化发展】

以增强自主和集成创新能力、不断提升产品技术的核心竞争力为目标，科研创新、产业技术研发能力持续增强，科研管理与服务水平和效能进一步提升，科研平台和条件建设取得突出成效，行业服务与战略引领能力持续增强。科技投入 2.2 亿元，其中研发费用 1.4 亿元；在执行项目 133 项，新启动项目 27 项，结题验收项目 74 项；取得鉴定科技成果 9 项；授权专利 71 项，其中发明专利 15 项；获省部科技奖 6 项，其中一等奖 1 项；制（修）订标准 66 项，其中国家标准 23 项。

加强产业化能力建设，将具备转化条件的新成果、新技术和新产品及时推向企业和市场，使部分高科技产品形成一定的批量生产能力，推进科研成果的辐射和扩散，实现良好的经济效益和社会效益。重点推进深松机械与监测、智能杂草识别等智能农机技术先进技术的开发与应用。收获机械等产品覆盖江苏、安徽、湖北、湖南、河南、山东、新疆、内蒙古、吉林、辽宁和黑龙江等省区。为黑龙江、新疆、辽宁、陕西、内蒙古、山东、湖北和贵州等省市区企业用户提供多种类的田间作业等技术和装备服务，推动当地企业的升级和产品更新换代，成为技术与市场、技术与企业、技术与生产、技术与农民的纽带与桥梁。

【经营管理】

1. 规划投资方面 落实集团农业装备板块整体思路，制定现代农装业务重组和资产质量优化方案，推进安达汽配股权提升和中机北方剥离工作；探索以长春机械院“新三板”挂牌和国外工程事业部公司化改制为目标的混合所有制、职工持股改革；新设立卓远智联、中机儒拉玛特、中冷冷链技术研究院等新公司，完成中机能源、长春机械院、中机检测、中机建工和呼和浩特分院的增资；低效无效资产和五级企业清理调整取得实质性进展，完成吉林华联股权无偿划转，达成并实施中机通辽项目退出方案，及时调整科美新公司清理方案，相关工作有序推进。

2. 经营和财务管理方面 完善指标管理，增加资产质量、两金、现金流量等指标分析；修订经营合同管理办法，加强重大合同审查及备案工作。继续执行国机集团财务成熟度提升计划；强化资金使用风险管理，继续推行全级次资金集中管理，资金集中率月均 40% 以上；组织企业开展应收账款、存货的月度监控，进行两金专项清理；实行院属企业产权登记工作全流程网上申报。

3. 内部审计和法律事务方面 财务审计与管理审计并重，把内审工作的重点放在促进管理、强化内部控制、防范风险上，进行任期经济责任审计、固定资产投资专项审计和内部控制、制度执行、安全生产等方面的效能监察审计。完善法律事务管理的相关流程，修订并起草相关规章制度。法律顾问参与重大决策的法律审核工作，为合同管理、重大境内外投资合作、资产并购等项目提供法律支持，为日常法律事务解惑释疑，处理涉诉事件。积极进行普法宣传。

【科技创新】

加强市场供给侧研究，开展顶层设计，统筹谋划“十三五”。组织行业开展农业领域先进装备制造和食品装备前沿技术预测、科技发展战略研究，凝练提出未来 5 ～ 15 年农机和食品机械行业“基础技术研究、共性关键技术与产品开发、技术集成与应用”的重点领域、技术方向和主要任务。开展顶层设计，统筹谋划“十三五”战略布局，完成“智能农机装备”“现代食品加工及粮食收储运技术与装备”“十三五”国家重点研发计划重点专项。

以重大技术创新项目为牵引，提升产品的信息化、智能化高新技术。依托国家“863”计划、国家科技支撑计划重点项目的实施，围绕农业装备、畜牧业装备、农产品与食品加工装备及可再生能源装备等业务领域，重点开展高速栽插、精密播种、智能精选、设施养殖、品质检测、冰晶预冷、节能干燥和家禽自动屠宰等实用化技术的研究。

深化技术升级换代，推进产业转型升级和结构调整。强化自主研发项目规划与立项，瞄准技术发展的前沿和具有市场前景的重点方向设立研究课题，承担的科技计划项目任务与产业发展紧密结合，推进新技术与产品升级开发。申报国家发改委产业振兴项目，重点提升谷物联合收割机研发与检测能力，强化 6 行自走式采棉机及采棉头关键技术产业化。

【国际科技合作】

成功申报立项国际科技合作项目 5 项，其中中加（拿大）“基于壳仁分离技术的亚麻籽生物活性成分联合研究及设备开发”完成结题验收。项目授权实用新型专利1项，申请发明专利1项；发表论文9篇，其中SCI收录3篇、EI收录2篇；培养博士研究生1名、硕士研究生7名。中澳（大利亚）“玉米规模化制种关键技术装备合作研发”、中美（国）“酿酒葡萄生产机械化关键技术装备合作研发”、中美（国）“激光光谱小麦品质信息智能在线获取技术合作研发”、中美（国）“联合收割机智能监控系统的合作研发”4项正在执行。

执行对发展中国家科技援助项目包括：中瓦（努阿图）“瓦努阿图肉牛饲养技术科技示范园”立项，获得国家专项资金277万元；中智（利）“智利海产品真空冷冻干燥技术研究与推广应用”、中埃（塞俄比亚）“埃塞俄比亚苔麸小型机械化发展项目”2项正在执行。

【信息化建设】

经过4期的ERP系统建设，初步完成以OA系统、ERP系统、全面预算系统等为基础的信息化集团管控平台。召开“中国农机院装备制造企业ERP生产计划与管理培训班”，对ERP运行情况进行分析并针对院属9家一体化装备制造企业开展培训，解决很多困扰企业的疑难问题。

OA系统作为院属单位共用平台，除完成中国农机院和下属企业之间的上传下达和业务往来外，通过构建下属单位门户、建设各单位自有频道、流程的方式，有效推动OA在下属企业中的应用，为8个院属单位实现OA系统子门户。业务流程审批数量较上年度同比增长52.7%，全院办公自动化进入快车道。

推动下属企业信息化工作，洛阳中收机械装备有限公司移动化MES和经销商管理、远程维修专家系统，完成方案的策划、选型，进入实施阶段；行业技术服务中心行业中心质检综合业务系统完成系统规划和技术方案选型；北京卓众出版有限公司数字化平台建设一期工作完成；中国农机院呼和浩特分院产业化生产基地华德牧草入选国家工业和信息化部办公厅两化融合管理体系贯标试点企业名单。

【党建工作】

落实上级部署要求，开展“三严三实”专题教育各项工作。一是制定专题教育工作方案，制定《中国农机院“三严三实”专题教育工作计划》，下发调查问卷106份调研，完成《中国农机院“三严三实”专题教育摸底调查情况的报告》。上线“三严三实专题网页”，发布信息85条。二是召开动员大会，开展3次专题研讨，分别组织召开“严以修身”“严以律己”“严以用权”专题学习研讨会。三是召开专题民主生活会和组织生活会，梳理汇总群众有关意见建议；制定院领导班子专题民主生活会工作方案；抓好对基层民主生活会和组织生活的督促指导，确保各项工作落实到位。在此基础上，认真抓好整改落实各项工作。

落实从严治党要求，做好党务各项工作。一是抓好基层党组织建设，加强党务干部培训工作，推动基层组织开展形式多样的主题活动。二是对新发展党员进行总量调控，下发《关于印发2015年在京所属企业发展党员计划的通知》，加强过程管控，规范发展流程，突出从严要求，确保党员发展工作规范有序进行，年度发展党员20名。开展基层党务干部培训活动，院属京内外50余名党务干部参加培训。三是完善党建工作制度体系，起草《中国农机院党委关于落实党风廉政建设主体责任的意见（试行）》《中国农机院贯彻落实全面从严治党要求的实施意见》。开展领导干部廉政约谈、党风廉政专题教育、落实党风廉政建设责任制情况梳理工作等，做好落实党风廉政建设主体责任相关工作。

组织开展与8家所属单位青年员工的座谈交流活动，开展全系统1 160名青年员工代表的思想动态调研工作，形成《青年员工思想动态现状分析》调研报告，以及《中国农机院中青年员工思想动态调查问卷结果汇总分析》。

【社会责任】

参与社会公益，主动承担社会责任，促进地区事业发展，被北京奥运村街道授予“公益服务标兵单位”。

继续承担科技部、商务部委托的发展中国家农机援外培训班，举办“2015年发展中国家农业工程与农产品加工新技术培训班”等5次各类培训项目，加强中国同各受援国的沟通与交流，为促进双方的友好合作奠定坚实的基础。

连续3年荣膺国机集团节能减排优秀企业称号，连续3年完成北京市朝阳区发改委要求的各项指标。机电技术应用研究所开发1KPZ-250型开沟铺管机等系列装备，在东营市改良盐碱地 3 万余亩（1 亩 =666.7m^2），在此基础上，通过研发和集成智能农机等先进技术装备，实现水、肥、种、药等的精准投入，对提高农资利用率、减少土壤和地下水污染、提高粮食产量和品质具有重要意义。

中国中元国际工程有限公司

【基本概况】

中国中元国际工程有限公司（简称中国中元）是以中元国际工程设计研究院（原机械工业部设计研究总院）为核心，与中国机械工业电脑应用技术开发公司和机械工业规划研究院联合重组的集工程咨询、工程设计、工程总承包、项目管理、设备成套和技工贸为一体的工程公司。具有甲级工程设计综合资质、房屋建筑工程施工总承包壹级资质，以及对外承包工程资格证书及其相关资质，可以承接全行业、各等级的工程设计业务和从事工程设计资质标准划分的建筑、机械等 21 个行业的工程总承包、项目管理等业务及境外工程承包等业务，以及房屋建筑工程壹级资质范围内的施工总承包、工程总承包和项目管理业务。具有城乡规划、建设监理、工程咨询、工程造价咨询甲级资质；具有压力管道设计资格；具有独立的进出口经营贸易权等资质证书。

现拥有 30 多个专业类别的工程技术人员 2 400 多人，各学科博士、硕士等 500 余人，各类注册工程师 600 余人。在北京、海南、厦门、上海、长春、南京等地设有 10 个二级法人单位，在深圳、吉林、昆明、四川、塔吉克斯坦、乌兹别克斯坦等地设有分公司。

秉承“质量是生命，精心设计、创优工程、诚信服务，保护环境、珍爱生命，是我们对顾客、社会、员工始终不渝的承诺”的管理方针，质量、环境、职业健康安全管理体系健全，数十年来一直跻身于全国勘察设计综合实力、工程承包和项目管理百强单位的行列。

【主要指标】（主要经济指标详见表 1）

表 1 中国中元国际工程有限公司 2015 年主要经济指标

项 目	2014 年	2015 年	同比增长（%）
资产总额（万元）	187 915.72	198 702.26	5.74
净资产（万元）	88 345.83	93 459.12	5.79
营业收入（万元）	223 020.40	218 980.41	-1.81
利润总额（万元）	10 177.59	10 825.93	6.37
技术开发投入（万元）	18 336.46	18 594.83	1.41
利税总额（万元）	22 090.73	21 056.31	-4.68
EVA 值（万元）	8 885.68	9 281.84	4.45
全员劳动生产率〔万元 /（人 · 年）〕	27.00	26.34	-2.44
净资产收益率（%）	9.84	10.01	增加 0.17 个百分点
总资产报酬率（%）	5.71	5.75	增加 0.04 个百分点
国有资产保值增值率（%）	115.77	109.23	减少 6.54 个百分点

【改革改制】

根据国机集团战略发展要求及国机资本控股有限公司（简称国机资本）的经营发展框架方案，为深化公司产融结合，优化资源配置，开展多元化经营，促进中国中元转型升级，不断增强中国中元核心竞争力与持续发展能力，经国机集团批准中国中元出资成为国机资本的股东之一，中国中元持股比例 1.27%。

中元国际（长春）高新建筑设计研究院有限公司(简称中元长春)自成立以来，每年业绩一直保持平稳增长态势。为促进中元长春更好发展，经中元长春股东大会研究，公司审查通过，国机集团批准，同意中元长春将可分配利润中的 600 万元转增为中元长春的注册资本金。

【重大决策与重大项目】

1. 重大决策 着力打造潜力大的区域市场，将区域市场的整体开发作为一项重点开拓工作。在长江经济带发展战略的指导下，中国中元在泸州先后承担了泸州市装备制造业发展规划、四川医科大学附属医院门（急）诊综合大楼、四川医科大学西南健康城一期、国机重工西南（泸州）产业园 EPC 总承包项目和泸州军民合用机场迁建工程新航站楼设计项目。泸州已经成为中国中元开拓西南市场的重要基地。上半年，中国中元领导率队与泸州市领导交流座谈，并签署“战略合作协议”。

2. 重大项目进展 中国金融期货交易所（中金所）技术研发基地项目是中国中元在重要行业高等级数据中心领域的又一重要成果。中国金融期货交易所规划建设高等级、高标准（满足国家 GB50174—2008 中 A 类机房标准，并参照 Tier-IV 标准）的数据中心。项目总用地面积 5.38 万 m^2。

中国医学科学院北区建设工程位于风景秀丽的百望山畔，总建筑面积 14.9 万 m^2，该工程被列为国家卫计委十大工程之首。

北京新机场能源中心建成后区域能源综合利用率将不低于 70%，可再生能源利用率将不低于 10%，清洁能源利用率将达到 100%，能源中心建设可达到工业建筑绿色三星水平。北京新机场作为辐射全球的大型国际枢纽机场，为推进京津冀一体化发展起到了促进作用。

柬埔寨国家体育场项目是中国政府迄今对外援助规模最大、等级最高的体育场。项目位于金边市内洞里萨河与湄公河交汇的三角洲之上国家体育公园之内。体育场占地面积约 14.2 公顷，规模为 6 万座国家级体育场，建筑面积约 8 万 m^2。设计方案的整体造型像一艘帆船，连接着中柬友谊。

咸阳市第一人民医院改扩建项目是为了改善市民的就医环境，配合国家健康养老的政策，在保留在建病房楼和 1 栋教学楼的前提下，进行“一城四中心”概念性规划设计，包括医疗中心、老年养护中心、培训中心和健管中心。项目规划总建筑面积约 30 万 m^2，设计医院床位 1 700 床（含已有 1 200 床），新建养老床位 800 床。

宜昌市中心人民医院综合楼项目整体设计是对现有医疗资源进行整合，充分利用现有医院场地及新增用地空间，通过对原有设施的整合优化，完美阐释了在复杂地形环境中高端医疗建筑的特色，为城市打造出一个设施一流、技术一流、管理一流、服务一流的与国际医院接轨的现代化三甲医院。

北京大学人民医院项目周边环境复杂，设计中采用大量数值模拟、定量分析，包括噪声模拟优化建筑形态，减弱环境干扰；设置大型下沉绿化庭院及天井，结合自然舒展的建筑布局，最大限度地引导自然通风及采光、绿色节能。整体设计完美阐释了新时代高端医疗建筑的特色，为城市呈现一个具有现代化医疗理念的综合医院形象。

海航中心一期项目是继海口塔项目之后，中国中元在超高层领域开拓的又一力作。该项目总建筑面积约 66 万 m^2。海航中心一期与海口塔建成后将形成壮观的超高层建筑群，成为该地区的核心地标。

广西文化艺术中心文化产业配套工程项目定位文化创意产业，结合艺术中心三大演出厅，令艺术观演与文化体验行为达成时间、空间、功能的互融，形成全天候的、不落幕的文化艺术交流舞台。主要功能包含小型多功能展演厅，文化创意类综合商业，精品主题酒店，创意办公的写字楼、SOHO 等设施。

泸州军民合用机场迁建工程新航站楼设计项目含新建机场空侧站坪规划、航站楼建筑设计及站前广场设计，航站楼建筑面积 3 万 m^2，年旅客吞吐量为 269 万人次，高峰小时人数为 1 238 人。设计方案立足于机场发展规律，以长远眼光打造一个可生长、可持续发展的现代化机场。

金融街·重庆金融中心项目总建筑面积约 23 万 m^2，由 4 栋塔楼组成，高度为 102 ～ 154 m，为典型的滨江坡地超高层建筑。该项目荣获第十二届中国土木工程詹天佑奖。

内江市第一人民医院儿科综合楼建设项目及

内江第一人民医院全科医生临床培养基地建设项目，建筑面积 4.02 万 m^2，地下部分连为一体，地上部分根据建筑布置分为全科医生临床培养基地、儿科门诊医技综合楼及急诊住院楼（儿科）。全科医生临床培养基地建设项目 8 600 m^2，包括临床技能模拟培训中心、教学用房、学员宿舍。项目建成后将缓解医院业务用房严重不足等问题，满足当地人民群众日益增加的医疗服务需求。

海东市三级综合医院项目 EPC 总承包项目是海东市第一大民心工程，也是中国中元近年签约的最大的医院 EPC 总承包工程。该项目总建筑面积 12.48 万 m^2。

承接山东沂水、山东诸城、海阳、临朐等光伏并网发电项目 EPC 工程。项目建成后，产生的电量遵循“自发自用，余电上网”原则，除满足工厂自身用电需求，剩余部分可出售并网。据估算仅山东沂水、山东诸城 2 个项目的年并网发电总量约为 4 500 万 kW 时，年可节约标煤 1.5 万 t。

承接的乌兹别克斯坦库库姆巴依泵共有两级泵站。一级泵站新设 7 台泵站机组，每台机组功率为 1 000kW，每台泵的扬程为 102m，流量为 0.76m^3/s。二级泵站新设 4 台机组，机组功率分别为 75kW 和 160kW。科尼美赫泵站新设 8 台泵站机组，每台机组功率 1250kW，泵的扬程为 30m，流量 3m^3/s。这两个泵站项目为利用上海合作组织经费的项目，均为农业灌溉泵站，项目建成后，将改善农业灌溉现状，惠及广大民众。

承接的喀什综合保税区启动区工程于 1 月 8 日通过由海关总署、国家发展改革委、财政部、国土资源部等 10 部委联合验收组的验收；4 月 10 日、17 日综合保税区启动区工程一标段、二标段工程通过工程竣工验收；4 月 20 日喀什综合保税区封关运营。喀什综合保税区是南疆首个综合保税区。

承接的泸州医学院附属医院门（急）诊综合大楼及全科医生临床培养基地（EPC）工程，总建筑面积 4.5 万 m^2。项目于 7 月 21 日竣工验收并投入使用。泸州医学院附属医院（2015 年 5 月更名为四川医科大学附属第一医院）位于川、滇、黔、渝三省一市结合部，是集医疗、教学、科研、预防和康复为一体的大型综合三级甲等医院，服务人口达 2 000 多万。

【市场开拓】

1. 紧扣国家战略，对内加强区域市场开拓，对外尝试“走出去” 把握“一带一路”发展机遇，在中白工业园区陆续完成选址报告、项目建议书、可行性研究报告、总体规划、一期城市设计、招商展示中心及商务服务中心单体设计、中白商贸物流园概念规划等任务，以及中白工业园系列规划与建筑设计。作为中白工业园的启动建设项目，中国中元中标中白商贸物流园首发区项目，物流园首发区的建设对全区的建设将起到引领和示范作用。同时，联合投标中标了白俄罗斯明斯克市多功能综合体项目。

在塔吉克斯坦、乌兹别克斯坦等中亚国家设立分公司、办事处等机构，并成功开展多项 EPC 总承包业务。开展各类援外任务，并取得较好的业绩。中标柬埔寨综合体育中心项目，成为境外设计业务领域的又一重大突破。

2. 紧扣国家产业政策，加强新领域开拓 在医疗领域，中国中元成为国内唯一可以提供医疗建筑全过程服务的专业机构。大力发展医养结合的医疗养老业务板块。完成的武汉市社会福利综合大楼项目，荣获中国建筑学会 2015 年全国人居经典建筑金奖。主办“首届国际医疗养老创新发展与建筑设计高峰论坛”，与业界一起积极发展和提高全民保障的社会水平。

北京新机场作为辐射全球的大型国际枢纽机场，为推进京津冀一体化发展起到了促进作用。成功中标北京新机场能源中心工程设计和北京新机场航站楼行李系统工程。

承接了山东沂水、诸城、海阳等光伏并网发电项目 EPC 工程。据估算仅山东沂水、诸城 2 个项目的年并网发电总量约为 4 500 万 kW·h，相当于年节约标准煤 1.5 万 t。

在工业设计领域挖掘新的发展方向。先后承担多项高等级生物安全试验室项目。竣工验收并投入使用的中科院武汉 P4 试验室项目，填补了中国在高等级生物安全试验室建设的空白。

3. 紧扣市场脉搏，打造高端产品 完成具有代表性的“海口塔”项目的全部设计工作。海口塔项目高 428m，通过技术攻关，攻克多道技术难题。该项目是公司在超高层技术领域的代表性作品。

设计，并于 2015 年竣工验收使用的万达西双版纳“傣秀”秀场项目和正在建设中的万达青岛东方影城项目都具有世界一流水平的综合演艺设施。这些项目的实施标志着中国中元在高端演艺旅游建筑设计市场具备了较强的市场竞争力。公司承担的新世界广场系列项目，涵盖国内高端品牌酒店、商业设施，为国内商业性综合体建筑的示范性作品。

【科研成果】（有关情况详见表2、表3、表4）

表2　中国中元国际工程有限公司2015年主持、参与制订的标准

序号	标准名称	标准编号	发布日期	实施日期
1	电子工业防微振工程技术规范	GB 51076—2015	2014. 12. 31	2015. 09. 01
2	绿色医院建筑评价标准	GB/T 51153—2015	2015. 12. 05	2016. 08. 01

表3　中国中元国际工程有限公司2015年完成的课题研究

序号	课题号	课题名称	委托单位（省部级以上）	结题时间
1	2012EG119154	大型枢纽机场行李处理系统验收检测方法研究	国家科技部	2015. 11
2	SINOMACH06 科 79 号	自动旋转货架系统	中国机械工业集团有限公司	2015. 01
3	SINOMACH 10 科 164 号	三维参数化辅助航空行李处理系统设计及仿真优化平台	中国机械工业集团有限公司	2015. 12

表4　中国中元国际工程有限公司2015年完成的著作

著作名称	作者姓名	出版社名	出版日期
原声追逐—音乐厅与歌剧院声学设计	法国蒂塞尔声学股份有限公司、中国中元国际工程有限公司	中国建筑工业出版社	2015. 11

【管理经验】

经营管理方面　强化考核工作，紧跟市场动态。根据市场状况，结合以利润为中心的新考核办法，紧抓考核工作的动态控制和实时控制，增加过程考核，由过去的年中考核和全年考核，调整为“年中考核＋月度考核和全年考核”的形式。从8月起，对公司本部生产部门实施月度考核，将每月部门工资与考核结果实时挂钩。公司全面掌握部门生产情况，并在第一时间进行各项生产经营部署。

加强质量管控，提升产品价值。各项设计、工程业务流程全面标准化、规范化，加强各级评审制度，严控产品质量。针对住建部推出的“建筑工程五方责任主体项目负责人质量终身责任制”，制定相应的落实措施。明确各级人员的岗位职责和管理流程。开展全业务的质量剖析活动，全员加强质量意识，提升技术水平。

严抓安全生产工作，全面加强风险管控。按照国机集团统一部署，加大安全教育和培训力度，通过交通安全培训、境外安全应急培训、安全生产知识培训、安全生产消防应急演练、施工项目安全生产检查等具体工作，提高安全保障能力，有效防范和坚决遏制安全事故的发生。安全生产工作保持平稳态势。再度荣获“国机集团安全生产优秀企业”称号。

成立法律事务部，对中国中元的各项经营活动进行法律风险的管控。对各类法律法规进行梳理，对全体员工进行法律风险与法律知识教育。资产财务部每月发布财务报告，对于各类财务与经营风险予以提示与控制。工程管理部加强签约项目合同审批，加强工程在实施项目跟踪、检查和管理力度。在审计方面，对公司内部控制体系进行评价，形成评价报告。对所属二级法人单位任期经济责任审计意见落实情况实施跟踪检查，督促整改落实。对公司高风险业务进行自查。公司提升整体管控能力，将内控建设作为公司推动管理的常态化工作。

【信息化建设】

按照“统一规划、分步实施”原则，主要围绕两方面开展。一是网络基础设施改造及信息机房建设，新建机房面积 140 m^2，规划机柜 24 组，实现了机房内部环境、动力参数的集中监控及远程网络管理；网络设施改造完成后，实现“主干万兆、桌面前兆、无线覆盖、双核冗余”的主体架构。二是持续推进综合管理信息平台建设，开发完成公司主营业务咨询管理系统，以及决策支持系统，完善了信息平台的覆盖广度和支持深度。

【党建工作】

把握全面从严治党主线，推进公司党建工作，提升公司党建工作科学化水平，为推动公司有质发展提供坚强有力的政治保证和组织保证。

1. 加强基层党组织建设 召开中国共产党中国中元国际工程有限公司第一次代表大会，选举产生第一届委员会和纪律检查委员会，并对公司今后一个时期的党建工作进行部署。

2. 开展“三严三实”专题教育 制订计划，党委书记讲授专题党课，召开公司领导班子专题民主生活会。执行中央八项规定精神，持之以恒整治“四风”。

3. 加强党风廉政建设和反腐败工作 落实国机集团 2015 年反腐倡廉建设工作会议精神，落实“两个责任”，在中国中元各级党组织中全面设立纪律检查委员。签订“廉政建设责任书”，强化责任目标和责任事项落实。

4. 发扬民主，依靠职工群众 召开中国中元职代会，对中国中元工作总结和部署，以及对经营招待费支出情况进行审议。对征集的职工意见建议汇总梳理，分别提交给相关部门进行研究处理。开展征集“职工合理化建议”活动，为实现公司战略目标献计献策。

5. 关爱职工，构建和谐 春节前，给予中国中元困难在职员工和离退休职工困难补贴。走访慰问老干部、老党员、统战人士，送去组织的关怀。

北京起重运输机械设计研究院

【基本概况】

北京起重运输机械设计研究院（简称北起院）成立于 1958 年，经过半个多世纪的发展，由原机械工业部直属的国家起重运输机械行业技术归口研究所发展成为集科研、设计、生产制造、安装调试、工程承包、检验检测、咨询监理服务为一体的国有科技型企业，隶属国机集团。

现有职工 500 余人。具有起重运输机械、索道、矿用机械 3 个特种设备检验检测资质证书，具有 ISO9001、14001、18001 体系认证证书，具有索道前期咨询、项目管理咨询证书，拥有国内唯一的索道工程甲级设计资质证书。具有客运索道、自动化物流仓储、起重机械、散料运输等四大工程业务板块，并提供液力液压技术产品和设备监理监造服务，承包建设的各类工程近 2 000 项，获 300 余项国家及省部级科技成果奖。是中国起重运输机械行业综合技术实力最强的企业之一。

承担国际标准化组织起重机技术委员会（ISO/TC96）主席工作，拥有博士后科研工作站、机械工业物料搬运工程技术研究中心等国家及省部级研发平台。设有国家起重运输机械质量监督检验中心等 3 个国家级检验中心。主办《起重运输机械》行业核心学术期刊。

全国起重机械、连续搬运机械、物流仓储设备、工业车辆等 4 个标准化技术委员会秘书处，中国索道协会、中国机械工程学会物流工程分会、中国工程机械工业协会工业车辆分会、中国重型机械工业协会物流与仓储机械分会、桥式起重机专业委员会等 5 个国家行业协会、学会秘书处设在北起院，为中国物料搬运机械行业的技术进步发挥着重要作用。

【主要指标】（主要经济指标详见表 1）

表 1　北京起重运输机械设计研究院 2015 年主要经济指标

项　目	2014 年	2015 年	同比增长（%）
资产总额（万元）	92 567.40	99 743.89	7.75
净资产（万元）	22 940.70	25 176.45	9.75
营业收入（万元）	53 925.48	56 207.03	4.23
利润总额（万元）	5 215.96	5 751.03	10.26
技术开发投入（万元）	3 197.27	4 727.85	47.87
利税总额（万元）	8 389.33	8 691.91	3.61
EVA 值（万元）	3 081.40	3 746.38	21.58
全员劳动生产率〔万元 /（人·年）〕	31.68	36.22	14.33
净资产收益率（%）	19.75	19.90	增加 0.15 个百分点
总资产报酬率（%）	6.01	5.98	减少 0.03 个百分点
国有资产保值增值率（%）	121.24	117.92	减少 3.32 个百分点

【改革改制】

1．深化体制改革　一是成立散料运输工程中心。为配合北起院战略发展需要，将资源整合，统一调动，统筹协调，于 2015 年 3 月组建散料运输工程中心，此举有利于把控散料运输行业全局，规划其未来发展；方便其灵活自主地适应市场及工程项目专业化运作。二是改革科技创新体制。结合发展需求，整合创新资源，提高科技创新能力，在原技术中心和科技信息部的基础上，组建研发中心，为提高科技创新能力和企业核心竞争力提供有效保障。

2．研究探索院改制工作　4 月，北起院领导带队到国机集团，就改制一事向集团资本运营部进行汇报。下半年主动与中介机构、金融机构、投资公司等进行沟通交流，或借鉴他们的经验与做法，或与他们合作，推动改革改制工作。

3. 推动混合所有制改革　在国机集团组织下，开展前期论证，推动混合所有制改革。

【重大决策与重大项目】

1. 重大决策　一是参与国机集团倡导的重大股权投资。北起院办公会同意出资 3 000 万元入股国机资本公司。二是与四川甘孜藏族自治州签署战略合作协议。为推进在中国西南地区的战略布局，开拓索道及其他产品市场，10 月 19 日，与四川甘孜州人民政府在四川省成都市举行战略合作协议签署仪式。双方在“互惠互利、稳定持久、优质高效”原则上，针对甘孜州旅游及客运架空索道的建设方面开展全面合作。三是制定北起院 2016—2020 战略发展规划。协同“外脑”——知本咨询公司开展战略规划制定工作，明确自身战略定位、发展方向和实现路径，形成《北京起重运输机械设计研究院 2016—2020 年战略规划报告》等工作成果。组织多场全院范围的战略规划宣讲会，在全院职工中引起强烈的共鸣，自上而下统一思想、认识，效果显著。成立战略规划落地专项小组，研究院战略规划落地实施方案。2015 年作为五年战略规划的储备年，为确保战略规划有效落地，完成职能部门职责调整及部分组织机构的优化设置。四是北起百莱玛公司发展研究。3 月，完成收购北起百莱玛公司全部股权事项及有关工商手续，使百莱玛公司成为其全资子公司。此举有利于完善北起院索道关键零部件的生产制造及资质平台、研发平台、展示平台、检测平台的建设，解决持续发展的瓶颈。确定“一个基地，四个平台”的公司定位：以索道产业为主、起重机械为辅的制造基地，是其资质平台、研发平台、展示平台、检测平台。为北起百莱玛公司任命新的总经理，重新组建管理团队，加强技术改造，力争使北起百莱玛公司成为新的经济增长点。为使公司能够更好地发展，体现与北起院的关系及产品范围，重新在市场上占有一席之地，北起百莱玛公司于 12 月 29 日更名为“北起院装备制造（北京）有限公司”（简称北起装备）。

2. 重大项目进展　万龙雪场高速 3、4、5 索道项目。该项目是北起院为张家口万龙滑雪场设计的第三、第四、第五条脱挂索道。其中，高

3m，形式为 8 人吊厢式索道，采用下站驱动、上站液压张紧布置，最高运行速度 6m/s，单向运量 2 400 人 /h。泰安市索道安装公司于 8 月 1 日进场安装，至 12 月 31 日，4 个线路支架和上站钢结构安装完毕。计划 2016 年全部安装调试完毕。

山西长治壶关八泉峡景区 8 人脱挂吊厢索道项目。该项目线路总长 2 800 多米，带中间转角站，折角 56.95°，最高运行速度 5m/s，单向运量 1 000 人 /h，索道在险峻的太行山峡谷中穿行，采用国产水平行进吊厢，电动升降站台，配套六段水平救护索道。

华新昭通垃圾抓斗起重机项目。该项目是为华新水泥集团公司设计、制造、安装、调试的又一项目，包括 2 台 16t 半自动控制垃圾抓斗桥式起重机和 2 台 11t 半自动控制垃圾抓斗桥式起重机，共 4 台半自动控制垃圾抓斗桥式起重机的交钥匙工程。华新环境工程有限公司垃圾吊所采用的新技术达到国内垃圾抓斗起重机领域领先技术水平，在垃圾抓斗起重机投标中普遍采用，大大提高了北起院垃圾抓斗起重机的中标率，极大地促进了中国垃圾抓斗起重机行业技术进步。

桂林三金药业中药城新建成品自动码垛及自动化立体仓库工程。该项目占地面积 7 000 余平方米，设备总投资 3 000 余万元。为此，北起院成立专项小组，从 2014 年 2 月 28 日货架进场，到货架、堆垛机、托盘输送机、箱线、机械手等设备完成安装调试，精心组织施工过程，专心推进设备调试，耐心进行人员培训。5 月，桂林三金西瓜霜含片、桂林三金片、蛤蚧定喘胶囊等主要品种投产后，码垛系统机械手入库量达到 7 000 件 / 天。原料、辅料、包材入库量达到 200 盘 / 天。

【市场开拓】

为加大市场开拓力度，研究国家经济“新常态”发展策略，通过出台鼓励市场经营政策、出口倍增工作、加强集团内部合作等措施，加大市场开拓力度，对新签合同额稳定增长、再创佳绩起到促进作用。

1. 出台鼓励市场经营政策 出台《市场开发基金暂行办法》《市场经营奖励规定》，鼓励开发市场新业务、促进国内外业务开展、加强院内各业务板块间的合作，实现“全院经营、全员参与”。

2. 出口倍增工作 在国机集团开展的推进出口倍增系列活动中，借助集团搭建的平台，与兄弟工贸公司建立紧密联系，经过沟通和协调，中工国际成套一部与北起院就在印度市场推广索道系统达成合作意向。

3. 加强集团内部合作 为拓宽市场信息渠道，增强市场经营力度，互享集团兄弟单位的资源优势，加大与国机集团内部合作力度。与长沙八院、中国自动化控制系统总公司、中国联合工程公司进行互访，就如何增强合作、资源互补及拓展海外市场进行交流。成功与中国电器研究院签署合同，实现首次合作。

【产品销售与签约】

主动适应国家经济增速变缓新常态，以国机集团“稳增长”要求为基本目标，积极寻求对策，攻坚克难，做到难中求稳，稳中求进。实现新签合同额10.15亿元，其中工程承包（含产品销售类）新签合同额 9.505 5 亿元（详见表 2）。

表 2　北京起重运输机械设计研究院 2015 年经营业绩分布情况

部　门	合同额（万元）		占全院比率（%）	同比增长（%）
	2014 年	2015 年		
索道经营部	24 043.08	44 893.31	44.23	86.72
物流仓储工程中心（市场）	39 196.80	24 318.13	23.96	-37.96
起重经营部	15 456.03	22 084.74	21.76	42.89
散料运输工程中心（市场）	509.32	3 277.57	3.23	543.52
产品业务部	501.35	480.98	0.47	-4.06
合　计	79 706.58	95 054.73	93.65	19.26

【科技研发】

围绕“坚持核心技术的开发”指导思想，开展科技创新工作。

1. 科技创新成果 获上级科技奖励5项，其中中国机械工业集团科学技术奖2项、中国机械工业科学技术奖2项、北京市东城区科学技术奖1项。完成的国家首批智能制造装备发展专项“青岛华仁药业三期项目包装车间自动码垛及自动仓储设备系统”项目，获2015年度中国机械工业集团科学技术奖特等奖，该项目申报了2016年度国家科技进步奖。

2. 加强科研平台建设 经人力资源社会保障部、全国博士后管理委员会批准，设立博士后科研工作站。丰富科技创新体系，同时为人才引进、培养和技术研发提供支撑和保障。依托北起院建设的“机械工业物料搬运工程技术研究中心”“机械工业起重机械轻量化技术重点实验室”“北京市自动化物流装备工程技术研究中心”建设和运行顺利，其中“北京市自动化物流装备工程技术研究中心”通过北京市科委年度审查。

3. 完善创新激励机制 推出研发绩效考核办法，激励研发人员积极开展科研工作，为北起院的科技创新工作提供良好环境。

4. 设立院科技发展基金，加强科技创新投入 北起院科技发展基金的设立是北起院2015年度科技创新工作的重要举措之一，也是落实“创新驱动发展”的具体措施。颁布《北京起重运输机械设计研究院科技发展基金管理办法》，发布年度基金项目申报指南，完成项目评审和任务书的签订。在新环境下，打造国家级、省部级、集团、院级科研项目计划体系，分层次开展行业共性技术、前瞻性技术及应用技术的研究，形成“生产一代、储备一代、预研一代”的良性循环。

5. 知识产权工作取得新进展 通过相关管理办法、激励措施，引导、鼓励广大科技人员在研发过程中注重专利、软件著作权的申请，特别是发明专利的申报。同时，开展相关培训工作，指导广大技术人员进行知识产权申报。申报专利18项，其中5项发明专利，获得实用新型专利9项、外观设计2项，申报并获得软件著作权2项，知识产权相关政策初见成效。

6. 加强科研立项及计划管理 申报并获批国家科技支撑计划项目4项，其中作为承担单位1项、参加单位3项，获得国拨科研经费788万元。在进行科研项目27项，其中，国家科技支撑计划项目5项、科技部科研院所专项3项、北京市重大专项1项、国机集团科技发展基金项目3项、北起院科研基金项目12项、其他类科研项目3项。这些科研项目按计划实施，可以有效支撑北起院科技创新工作和保障核心技术持续研发。

【产业化发展】

成立专项工作小组，依托承担的北京市重大专项“高速大运量脱挂式客运索道规模制造关键技术研究”项目，研究探索“索道产业化”“北起百莱玛公司发展”。不定期召开协调工作会，以索道产业化为主线，配合完成北京市科委课题，重点对北起百莱玛公司发展和索道产业化建设工作进行研究。

“高速大运量脱挂式客运索道规模制造关键技术研究”项目进展顺利，取得良好的成果，进入连续试生产阶段。该项目的顺利实施，极大地提升了北起院脱挂索道的产业化能力。

【管理经验】

1. 内部控制体系建设与完善 为完善和优化内部控制，建立统一、规范、有效运行，并满足相关法律法规要求的内部控制体系，结合生产经营业务的特点，按照“必要、可行、实用、有效”原则，编制《北起院内部控制手册》框架。

2. 推进三体系管理 拟定北起院年度质量目标及EO目标，与有关部门充分沟通将目标分解，分别于3月底、4月初对全北起院发布，并要求相关部门对实施计划进行备案。对质量管理体系程序文件中“合格供方评定表”“合格供方复评表”进行修改，优化程序流程，加强对供方的管理。根据院质量管理体系评审会议要求，按计划完成质量手册和程序文件的改版工作，全面优化质量管理体系，并于7月15日实施。通过华信技术检验有限公司对院最高管理层、各职能部门及各项目执行部门的三体系监督审核，取得认证证书。

3. 加强降本增效力度 一是加强采购管理，建立价格体系。实施《工程项目采购管理暂行办法》，明确职责，优化采购流程。组织对部分电气设备集中采购定价招标工作，降低采购成本，提高项目利润。组织各项目执行部门进行价格体系梳理，稳步推进价格体系建立工作。二是执行新版《业务部门考核分配管理办法》。强调对业务部门的经营收入、全成本支出进行精细化管理，加大以利润为中心的考核，在提高效率、扩大规模、控制成本、加强管理等方面起到显著的引领作用。

4. 加强项目管理 加强对项目立项的规范管理；完成合格供方的复评工作和新增供方的评定工作；加强项目进度管理，统计各部门在运作项目进度；召开“项目运作工作交流会”，增强工程执行部门间的沟通交流。通过上述工作的进行，提高效率、协调各方，加强了工程项目管理。

5. 加强人力资源管理 一是做好绩效考核、薪酬管理体系方案设计。二是进一步落实干部交流机制。三是提高招聘质量。四是完善职工取得职业资格机制。五是人才培养成果显现。11 月，北起院物流仓储工程中心总经理陈涤新被聘任为中国机械工业集团有限公司首席专家。9 月，索检中心主任张强被国务院安全生产委员会办公室、国务院安全生产委员会专家咨询委员会聘为“国务院安委会专家咨询委员会特种设备专业委员会”专家。

6. 推进资质升级 获得中华人民共和国住房和城乡建设部颁发的“工程设计市政行业（载人索道）专业甲级资质证书”。获得“市政行业（载人索道）专业甲级图纸报审专用章”，索道土建基础图纸出图得到国家认可，使其土建基础图纸出图更加规范化。成功将“工程项目管理资格”丙级资格升级成乙级资格；乙级资格服务范围增加“工程设计”“工程项目管理（全过程策划和准备阶段管理）”2 项内容；新增加工程咨询单位资格证书“评估咨询”丙级资格。

【科技创新】

根据“将坚持核心技术研发作为重点工作”要求，成立科技创新专项工作小组，制定并部署科技创新计划。3 月启动技术发展方向研究工作，形成院技术发展指南。

【安全生产】

与 25 个部门签订年度“安全生产责任书”；召开安全生产专题会议，推进和落实安全生产工作，对北起院安全生产委员会和安全生产办公室进行相应的调整；举办新《安全生产法》专题培训；开展“加强安全法治、保障安全生产”主题安全生产月活动；增强工程项目安全生产管理力度；修订现场应急处置方案。多措并举，全面提升安全生产管理，在集团安全生产考核中获得 A 级好成绩。

【信息化建设】

新信息系统一期工程如期开展。完成人力资源部、综合管理部、资产财务部、市场发展部和运营管理部的管理流程梳理、再造和信息化实施。在新信息系统上线运行过程中，针对出现的问题，认真进行讨论与改进，研判需求分析，梳理、明确流程节点，要求软件公司进行改进和完善，以达到最终目标。

【企业文化与品牌宣传】

确定北起院愿景“智能搬运时代的引领者”、使命“搬动世界 传递真情”、核心价值观“明德、汇智、致勤、尚和”，完善企业文化体系。成立企业文化建设领导小组及工作小组，从领导体制和工作机制上保障企业文化传播工作的顺利开展。领导小组审批通过《北起院企业文化传播计划实施方案》。

在品牌宣传方面，为更好地打造企业形象，对北起院宣传片进行升级改版，提高品牌张力与市场拓展力；为配合品牌建设和宣传，设计制作综合样本；启动微网站建设工作，于 12 月正式上线。

【党建工作】

扎实开展党的群众路线教育实践活动，认真开展“三严三实”专题教育，密切联系群众，不断改进工作作风，创新党建工作，加强领导班子作风建设，加强党风廉政建设，推进基层党支部建设和精神文明建设，为构筑和谐北起院、完成北起院工作目标和任务提供精神动力和组织保障。

8 月，召开中共北京起重运输机械设计研究院第二次代表大会，以差额选举、无记名投票的方式选举产生中共北起院第二届委员会和纪律检查委员会。

【社会责任】

1. 开展爱心捐款活动 开展“国机爱心日”捐助活动和向北起院互助帮困基金捐款活动，有 358 名职工向“国机集团爱心基金”捐助“一日工资”，捐助金额共 52 857 元，该款项全额上交国机集团；有394名职工向北起院“互助帮困基金”捐款，捐款金额共64 130元。

2．开展互助帮困慰问及送温暖工作 春节期间，北起院领导带队慰问老领导、老专家、离休干部、老党员、病困职工等65人，向其中51人发放慰问金共56 500元；全年累计到家为18名85岁离退休职工送去生日祝福。通过这些活动，为构建和谐企业打下良好基础。

中国第二重型机械集团公司

【基本概况】

中国第二重型机械集团公司（简称中国二重）始建于1958年，是中国最大的重大技术装备研制基地之一，是关系国家安全、关系国民经济命脉的基础性及战略性企业。2013年，经国务院批准，与国机集团实施联合重组，成为国机集团全资子企业。重组后，依托国机集团国家级研究院所和海外服务机构，以及国际市场营销网络，形成强大的产品研发、制造能力和工程总包、系统集成能力，以及贸易与服务能力，成为中国高端重型装备企业。旗下有国家级技术中心、工程实验室和博士后工作站，有以当今世界最大的800MN模锻压机、160MN自由锻压机为代表的生产设备6 600余台，具备一次性冶炼1 000t钢水、浇注600t钢锭、产出550t成品铸件及400t成品锻件的能力，可按国际、国内标准及不同等级、规格和用户需求提供冶金成套设备、核电、水电、火电成套铸锻件，以及重型压力容器、大型传动件、大型航空模锻件等重大技术装备制造服务。

50多年来，中国二重为冶金、矿山、能源、交通、汽车、石油化工、航空航天等国民经济各部门和国防建设提供了重大技术装备，积淀了深厚的技术实力和服务经验，在国家重大技术装备国产化的进程中发挥了不可替代的重要作用。

中国二重着力走有质量、有效益、可持续的发展道路，大力开拓市场，加快产品结构调整，增强自主创新能力，提升企业管理水平，为振兴民族装备制造业，推进中国从装备制造大国走向装备制造强国不懈努力。

中国二重的使命是致力于将人类科学技术最新思想和成果熔铸于企业永无止境的创造中，以卓越的产品和服务满足国民经济发展和国防建设的需要，为中国二重员工提供个人发展的良好空间；愿景是装备中国、创造卓越；精神是诚信、创新、坚毅、感恩；品质是坚韧不拔的意志、海纳百川的胸怀、雷厉风行的作风、卓越超凡的品格；战略目标是建设世界著名的铸锻钢基地、建设世界知名的成套装备基地、建设世界知名的大型模锻件产品制造基地，以及建设世界知名的大型石化、核电设备制造基地。

联合重组以来，中国二重建立分工落实机制，扎实推进实施各项重点工作。

【主要指标】

2015年，中国二重实现营业收入50.06亿元，企业运行保持总体平稳，经济运行质量触底回升，为全面扭亏脱困奠定了坚实基础，转入振兴发展的新阶段。完成以宝钢湛江2 250粗轧区设备、燕钢1 580热连轧设备、CAP1400核电发电机转子等为代表的一批重大技术装备的研制任务；完成中海油惠州项目等29台压力容器的制造任务；核电铸锻件向更高领域迈进，常规电站铸锻件向精深加工拓展。实施燃煤锅炉改天然气锅炉等节能环保项目，加强冷却循环水设施的运行管理，进一步减少污染物排放，提高水资源使用效率。通过环境管理体系换证审核，全年未发生重伤及以上安全事故。主要经济指标详见表1。

表 1 中国第二重型机械集团公司 2015 年主要经济指标

项 目	2014 年	2015 年	同比增长（%）及注释
资产总额（万元）	1 912 711	1 845 781	-3.50
净资产（万元）	-606 651	140 057	123.09
营业收入（万元）	567 450	500 667	-11.77
利润总额（万元）	-835 289	-4 952	99.41
技术开发投入（万元）	14 713	22 786	54.87
利税总额（万元）	-817 919	7 886	100.96
EVA 值（万元）	-836 893	-242 518	71.02
全员劳动生产率〔万元 /（人·年）〕	-34.81	-13.41	21.40
净资产收益率（%）			（因 2015 年净利润、平均净资产均为负，不具有可比性）
总资产报酬率（%）	-34.48	4.97	增加 39.45 个百分点
国有资产保值增值率（%）	-332.48	158.46	增加 490.94 个百分点

【企业改革】

扎实推进实施扭亏脱困方案，成功实施企业债务重整，妥善化解债务危机，有效改善了企业资产质量；进一步完善公司治理结构，组建中国二重新班子，召开第十二次党代会；围绕“做精做强主业”的改革方向，重新构建独立面向市场的各经营主体；围绕打造工程总包和国际贸易平台，实施中国机械对外经济技术合作有限公司（CMIC）与进出口公司整合；围绕做活做优辅业改革方向，推进辅业子公司改制工作；深化人力资源优化改革，多途径实施人员分流，在岗职工人数下降至 7 700 人左右；稳步推进社会职能剥离，职工生活区供电、有线电视网络业务完成移交。

【科技创新与新产品开发】

强化研发体系建设，加快产品结构转型升级，针对高端大型铸锻件、核电装备等业务板块，以及轨道交通及煤清洁高效利用等新兴领域，下达研发项目 51 项，国家拨付资金项目 15 项。国内首支 CAP1400 核电转轴成功交货，620℃超超临界汽缸实现批量订货，多种型号航空模锻件研制成功。申请专利 32 项，办理专利授权 29 项。“800MN 大型模锻压机研制”项目荣获四川省科技进步奖一等奖，《大型先进压水堆核电核岛主设备超大型锻件研制及工程应用》获中国机械工业科技进步特等奖。

【技改投资】

进一步建立完善投资审查委员会及专家组工作机制，完成“第三代核电研发采购投资”等 5 个投资项目的评审；重点实施 7 500t 筒节轧机、200MN 压机等固定资产投资急需项目，完成 800MN 压机等项目验收；加快推进重大资产盘活，对低效、无效资产进行清理和处置；全年重点设备完好率 95% 以上。

【企业管理】

制定扭亏脱困管理提升工作计划及实施方案。加强全面风险管理，对运营风险、廉洁风险等实施重点管控；加大竞争性选拔干部力度，实施中层干部全员竞聘上岗和试用期考核；完善产品质量奖惩机制，狠抓质量提升；制定“工程技术、操作、管理”3 支队伍培养激励政策，完善员工职业晋升通道；推进精益成本核算、采购管理平台等信息化项目建设。

【社会责任】

大力推进精准扶贫、精准脱贫工作，为对口扶贫的四川省广元市朝天区鱼洞乡鱼鳞村选派驻村第一书记，为四川省中江县集凤镇石垭子村改善旅游设施和留守儿童的学习条件。

中国一拖集团有限公司

【基本概况】

中国一拖集团有限公司（简称中国一拖）作为中国农机行业重点骨干企业，已形成以农业机械制造为核心，同时经营动力机械、零部件等多元产品的大型装备制造企业集团。农业机械业务具有国内最完整的拖拉机产品系列，拥有国际先进、国内领先的具有自主知识产权的产品技术。累计向社会提供331万台拖拉机和245万台动力机械，为中国“三农”建设作出了积极贡献。第一拖拉机股份有限公司是中国一拖最大的控股子公司，分别在香港联交所和上海证交所上市，是中国唯一拥有“A+H”上市平台的农机企业。

“十二五”期间，抓住国家支持“三农”发展的政策机遇，大力实施“聚核铸强”战略，战略发展布局趋于完善、产品研发及制造技术持续提升、业务结构逐步优化、国际化经营取得突破，企业的综合竞争实力显著增强，“东方红”大中型拖拉机在国内市场始终保持行业领先优势。

新常态下，贯彻创新、协调、绿色、开放、共享“五大发展理念”，坚持“聚核铸强、创新驱动、发展成套”的战略发展思路，保持核心业务领先优势，发展农业装备成套产品，创新业务发展模式，为用户提供最有价值的农业装备成套解决方案，全力抢占经济发展新常态中的战略制高点，努力成为卓越的全球农业装备供应商。

【主要指标】（主要经济指标详见表1）

表1　中国一拖集团有限公司2015年主要经济指标

项　目	2014年	2015年	同比增长（%）
资产总额（万元）	1 532 565	1 556 781	1.58
净资产（万元）	697 150	702 448	0.76
营业总收入（万元）	1 071 093	1 152 050	7.56
利润总额（万元）	8 235	20 164	144.85
EVA值（万元）	-7 442	2 877	138.66
技术开发投入（万元）	42 583	41 484	-2.58
利税总额（万元）	28 448	39 128	37.54
全员劳动生产率〔万元/（人·年）〕	10.20	11.76	15.29
净资产收益率（%）	-1.20	2.08	提高3.28个百分点
总资产报酬率（%）	1.76	2.38	提高0.62个百分点
国有资产保值增值率（%）	98.97	102.15	提高3.18个百分点

【改革改制】

1. 中国一拖集团（洛阳）车辆有限公司重组　依托中国一拖汽车业务资源，通过引进民营资本，走混合所有制经济的发展之路。中国一拖和江苏卡威汽车工业集团有限公司（简称江苏卡威）实施战略合作，发展皮卡业务，双方共同对中国一拖集团（洛阳）车辆有限公司实施增资，中国一拖增资1 999万元，江苏卡威增资3 000万元。增资完成后更名为中国一拖卡威（洛阳）车辆有限公司，注册资本变更为5 000万元，中国一拖持股40%，江苏卡威持股60%。

2. 洛阳一拖机动车驾驶员培训学校有限公司股权重组　为理顺管理关系，促进驾校业务发展，中国一拖所属一拖（洛阳）物流有限公司收购中国一拖所持洛阳一拖机动车驾驶员培训学校有限公司77%股权，从而使中国一拖将非主业股权转由合适的子公司进行经营管理。

3. 公司原行政车队资产整合 为盘活低效资产，提高使用效率，中国一拖以原行政车队资产对物流公司增资，同时自然人股东以现金同比例对物流公司增资，增资完成后股权比例不变。车队资产由物流公司根据市场需求发展客运业务，可有助于资产利用效率的提高，同时进一步丰富物流公司的业务线。

【重大决策】

紧跟“一带一路”国家战略，促进国机集团“再造海外新国机”战略落地，在“中白工业园”设立中国一拖东欧研发中心。5 月 12 日，在国家主席习近平和白俄罗斯总统卢卡申科的共同见证下，中国一拖作为“中白工业园”首批入园企业，接受了由工业园管委会颁发的入园证书。该中心将成为技术开发、市场进入的桥头堡，对于企业开拓中东欧市场具有重要意义。项目总投资 540 万美元。建设内容包括数据网络系统、产品性能分析集成优化及评估系统、电控系统开发平台 3 个方面。预计 2020 年，完成软硬件环境建设，形成完备的研发能力。

为完善和提升重型拖拉机、大功率非道路柴油机产品关键部件、节能减排电控技术等试验检测能力，更好地满足国家强制性政策要求，加快突破发达国家技术壁垒，中国一拖决定实施“洛阳拖拉机研究所有限公司重点产品试验检测平台项目”。该项目成功申报“2015 国家产业振兴和技术改造专项”，并获中央专项资金 1 584 万元。项目总投资 5 381 万元，项目建成后，将为中国一拖提供更为全面的技术和产品支持，为进一步增强主导产品市场竞争力打下基础。完成重型拖拉机动力换挡传动系试验台、拖拉机电控系统标定试验台、发动机高压共轨试验台；节能减排试验室升级完成，设备进入调试阶段。

为应对法院对一拖（洛阳）里科汽车有限公司部分资产的拍卖，以减少损失、争取利益，保证利益最大化，以不超过 7 726 万元的交易价格通过法院拍卖程序购置一拖（洛阳）里科汽车有限公司 111.888m^2(168 亩) 土地及建筑面积 62 024m^2 房屋。按国家相关规定及司法程序完成拍卖，获得土地及相关房屋，并及时变更产权登记，同时加强后续土地规划使用，确保实现预期投资目标。

【重大项目】

1. 新型轮式拖拉机核心能力提升项目 总投资 59 630 万元，建成达产后可形成年产 200 马力以上新型动力换挡轮式拖拉机 1 000 台的生产能力。截至 2015 年底，设备全部到货进行安装调试。项目于 2016 年 6 月建成，等待验收。

2. 铸造系统绿色科技升级改造项目 调整后总投资 26 571 万元，建成达产后，与原产能一起形成年产高品质铸件 15 万 t 能力。截至 2015 年底，完成 KW 生产线及静压生产线冲天炉改造为中频电炉；KW 生产线及清理系统升级改造；新建新产品试制工段; 新建消失模生产线等内容。

3. 锻造曲轴机加工生产线项目 总投资 14 902 万元，建成达产后，可形成年产 5 万根曲轴的数控柔性机加工生产能力。至 2015 年底，项目建成投产，并通过河南省工业结构调整办公室组织的竣工验收。

4. 技术中心提升自主研发能力项目 总投资 21 052 万元，建成达产后，每年可为企业创造约 25 亿元的产值，创造利税约 5 亿元。至 2015 年底，项目全部建成，并通过国机集团组织的竣工验收。

【市场开拓】

1. 国内市场开拓方面 适应经济发展新常态和行业发展新特征，分析市场形势，调整营销策略，采取多种措施，满足用户需求，提高经济运行质量。在拖拉机业务方面，按“千方百计增加产品销量、持续提升市场占有率”销售目标，合理调整渠道布局，优化产品组合，以需求引导、产品更新、引领升级为推动，不断扩大市场领先优势。在主导产品大中轮拖保持行业第一的位置的同时，具有完全自主知识产权的动力换挡系列拖拉机销售近 3 400 台 , 同比增长 6.3 倍，引领中国拖拉机产业升级和产业结构调整步伐。

2. 国际市场开拓方面 加大国际重点区域市场调研，制定差异化营销策略，强化渠道布局建设，推进项目销售，国际化经营能力不断提升。实现出口额 9 368 万美元，同比增长 64%；实现大中拖出口 2 432 台，同比增长 11.3%。完成古巴糖工业部 587 台和 333 台两个批次大中轮拖产品的生产组织、订单履行及产品交付工作，按期履约。同时，对古巴技术人员在洛阳进行 2 批次为期各 10 天的拖拉机操作、维修、保养等业务培训，进一步密切了双方的合作，为丰富合作内容、拓展合作领域打下了较好的基础。

【产品销售】

大中型拖拉机销售7.74万台，同比增长4.18%，市场占有率第一名。其中：大轮拖累计销售41 531台，同比增长23.48%，市场占有率31.05%，同比增长0.6个百分点。在大轮拖中，100马力以上累计销售23 634台，同比增长45.03%，市场占有率34.68%，同比下降0.14个百分点；中轮拖累计销售35 477台，同比减少11.47%，市场占有率20.41%，同比下降0.56个百分点。柴油机产品实现销售17.7万台，同比增长12.6%，继续保持国内配套非道路领域的领先优势。

【合作共赢】

与美国西南研究院就非道路型柴油机电控燃油喷射系统研究项目、与奥地利AVL李斯特公司就拖拉机动力换档传动系研发项目等方面，继续开展国际合作。

为加快车桥业务发展，引进先进技术，支撑拖拉机产品技术升级，所属一拖股份公司以其车桥业务与全球传动系领域的领军企业德国ZF Friedrichshafen AG进行战略合作，共同成立合资公司采埃孚一拖（洛阳）车桥有限公司，为进一步丰富公司车桥产品系列、提高产品品质和技术水平打下基础。年初合资公司正式投入运行。

【科技创新】

1. 重点研发项目稳步推进 完成LF1004/1104动力换挡系列拖拉机、水田履带拖拉机、无级变速拖拉机等产品开发工作；完成了LF1304/1604/1804动力换挡及LX2604拖拉机设计、试制、台架试验及田间试验等工作；根据市场反馈动力换挡产品的相关信息，加快了产品适应性改进；实施了国三柴油机切换、产品降噪降油耗技术改进等工作。

2. 积极推进重点技改项目 发挥工艺制造能力提升的支撑作用。完成新型轮式拖拉机核心能力提升项目中的热处理厂新建车间建设以及三装厂、齿轮厂的设备安装调试工作，进一步提高大轮拖产品的核心竞争力和领先地位。完成大功率柴油机（二期）项目中车间的基础设施建设，以及部分设备安装调试、验收工作。实施铸造系统绿色科技升级改造项目中的旧砂再生系统建设施工，以及技术中心提升自主研发能力项目竣工验收等工作。同时，与中电国际合作建设完成6MW分布式光伏发电项目，实现节能减排及新能源技术在企业的有效应用。

【科研成果】

1. 在成果鉴定方面 东方红-LF1504轮式拖拉机、东方红-MG754S/MG804S水田型拖拉机、非道路国Ⅲ柴油机EGR系统等项目，通过河南省科学技术厅组织的成果鉴定，其中达到国际先进水平1项、国内领先水平2项。

2. 在项目获奖方面 中国一拖获得省部级科技进步奖5项。其中，“LX2004/LX2204轮式拖拉机”“大变径轴类零件感应淬火关键技术的创新研究”分别获得河南省科学技术进步奖三等奖；“东方红-LY1004/LY1104/LY1100轮式拖拉机”“快速铸造成套技术开发及集成应用”分别获得中国机械工业集团科学技术奖三等奖；“《农业拖拉机通用技术条件（GB/T 15370.1～.5）》系列标准”获得中国机械工业科学技术奖三等奖。

3. 在标准制定方面 主持制定国家标准4项，主持修订国家标准6项、行业标准2项；申请专利151项（发明专利40项），授权专利156项（发明专利12项）。

【产业化发展】

新产品产值38.7亿元，新产品销售收入41.8亿元，企业科技成果95%以上得到应用。这主要得益于具有完全自主知识产权的动力换挡拖拉机、东方红-LY1004/LY1104/LY1100轮式拖拉机，以及配套国Ⅲ柴油机的主机产品批量上市。

【产权制度改革】

制定《中国一拖集团有限公司长期股权投资后评价管理办法》（一拖资产〔2010〕187号），首次筛选2012—2014年间实施的10个股权投资项目，开展股权投资后评价工作。随着该项工作不断深入实施，为后续加强和改进股权投资管理，提高投资决策水平和投资效益将产生积极作用。

【管理经验】

1. 战略管理 制订“十三五”发展规划，自9月初启动“十三五”规划制订工作以来，采取多轮“自上而下、自下而上”的W型组织方法，分层面、分阶段推进规划制订。在制订过程中，重点把握战略意图的传达与承接，加强规划过程中的研讨与评审，以明确战略任务为切入点，努力提高规划的可实施性，为确保公司“十三五”发展任务目标的落地提供了战略保障。

2. 质量管理 以提升产品市场竞争力为目的，持续推动技术和质量标准升级；加大品质提升工作力度，职能部门协同推进落实质量体系有效性；以快速解决市场反映突出的质量问题为着力点，以动力换挡拖拉机质量控制为重点，主导产品质量稳步提高。全年实现主导产品综合外赔率同比下降幅度 8.98%，其中中国一拖主导产品大轮拖外赔率同比降幅 13.62%、柴油机外赔率同比降幅 15.48%、综合质量外部损失率同比下降幅度 8.9%。

3. 财务管理 一是结合各单位不同经营特点，优化预算编制模型，强化业务预算目标分解与合理性审核工作，更好地促进业务预算与财务预算的有效衔接。二是积极应对货币市场变化，通过拓宽融资渠道、争取低成本融资、运用金融工具降低财务费用、建立境内外资金联通平台等方式，年末中国一拖合并口径融资成本率为 2.42%（剔除汇兑损益影响后），同比降低 1.04 个百分点。三是成本优化工作以建立长效机制、解决成本管理突出问题为重点，大力压缩非生产性支出，全年通过成本优化实现降本增效 1.4 亿元。

4. 采购管理 通过持续开展供应商队伍优化、类别集中整合、采购成本再评估、采购价格合理性监控评价、推进采购成本优化等措施，全年实现采购降本率 4.15%，较目标值高出 2.65 个百分点。

5. 生产管理 控制存货规模，突出存货管理的针对性。各单位对维修备件和工装等使用周期较长存货进行合理甄别，重点推进对长账龄存货的处置，年末公司存货总量 15.5 亿元，较年初下降 9.5%，减少 1.6 亿元。同时，继续“抱团取暖”，全年内部交易额累计 33.2 亿元，同比增加 4.6 亿元；全年回收 168 种外委零部件（工序），涉及金额 6 332 万元。

6. 人力资源管理 一是完成中国一拖组织机构调整与优化工作。二是分类制定绩效管理办法，提高绩效管理的针对性。通过激励约束机制牵引作用的发挥，全年从业人员劳动生产率同比提升 21.4%。三是制定《关于人力资源结构调整优化的指导意见》，并推进建立内部人员余缺调剂激励约束机制，根据生产任务量的变化，及时开展人员总量动态调控。四是不断加强人才队伍建设，组织评选第三届多通道专业职务人员 355 人，组织立项攻关 439 项；选拔国机首席专家 1 人、首席技师 2 人、国机专业骨干 14 人，以及 70、80 人才 8 名，进一步完善了人才梯队建设。五是加大对领导人员、后备干部、新入职大学生、职能系统的培训力度，全年开展项目培训 60 期，涉及 4 000 余人次。

【信息化建设】

瞄准信息技术发展应用趋势，加快研发、采购、制造、营销、服务等方面的“两化深度融合”。在电子商务平台建设方面，完成公司电子商务基本布局，成功实现“东方红 e 购商城”上线运行，构建了主机产品互联网与实体经营线上、线下相互融合的电子商务模式。阿里巴巴网“东方红”配件和淘宝网“东方红”文化用品销售顺利上线，在线浏览量和网上销售量持续提升。

持续推动信息系统深化应用，支撑企业各项经营管理工作有效开展。推进 ERP 系统深化应用，完成配件中心 ERP 建设，实现配件中心各项业务运营切换至 ERP 系统，规范配件营销业务信息化管理；实施采购管控二期信息化应用，强化采购成本、供货比例、采购金额等统计分析应用；拓展经销商档案平台、CRM 等系统应用，为中国一拖营销上平台提供进一步支撑；完善 MES 实施规划及系统应用；实现投资项目管理、固定资产管理上线试运行；完成治安保卫、领导人员管理等系统开发实施及全面应用。此外，探索并应用互联网反拍招标模式开展物资招标采购工作，进一步降低了采购成本，取得较好的应用效果。

【企业文化建设】

1. 制定企业文化“十三五”规划 规划明确了未来五年公司企业文化建设的方向和目标任务。

2. 以活动为载体，推进职业化员工队伍建设 进一步规范职业化员工评选流程，定期召开优秀职业化员工推介评选会，评选出季度优秀职业化员工 40 名。

3. 以大赛为载体，深入推进文化理念落地 策划企业文化典型案例大赛，对各单位参赛的 47 个案例进行初选、挖掘及整理，通过各参赛单位现场陈述、专家点评，评选出获奖案例 12 个，增强了广大员工对中国一拖文化理念的认同。

【党建工作】

1. 形势任务教育形式多样 中国一拖党委通过编发《学习与宣传》、开辟专题专栏等方式，宣传公司年度工作会精神，统一员工的思想认识。所属单位党组织围绕年度目标任务，创新教育形式，增强形势任务教育的针对性。铸造公司党委开展形势目标教育宣讲会，采取现场互动问答的形式，让员工参与其中，做到知形势、明任务。营销中心党委通过宣讲会、宣传栏、内刊、微信等形式，激发员工开拓市场的热情。

2. 建厂 60 周年系列活动凝心聚力 2015 年是中国一拖建厂 60 周年，策划开展了“继承传统，担当未来”主题活动、生存基因文化论坛、客户体验月、纪念雕塑《红》揭幕等系列活动，以及“讲好一拖故事”系列活动。组织 5 名选手参加“最美国机人”演讲比赛决赛，获得优异成绩，受到全国总工会和国机集团领导的高度称赞。

3. 党建政研会作用有效发挥 围绕企业中心工作，积极开展理论与实践问题研究。中国一拖党建政研会完成 12 个重点研究课题，各会员单位完成 16 个研究课题。

【社会责任】

1. 开展帮扶救助送温暖活动 开展“国机爱心日”活动，为国机爱心基金捐款 61.12 万元；规范困难职工帮扶救助程序，加大救助力度，两级帮扶组织为 1 447 位困难职工及家属发放救助金 169.78 万元；慰问职工收入较低单位 8 个，发放救助配套资金 13.5 万元。

2. 发挥职工服务体系作用 引进社会服务功能，为 1 400 多位职工办理工会会员服务卡；探索扶贫新路子，履行社会责任，帮助栾川县纸房村销售爱心粉条 75 000 斤、豆腐 68 875 斤。

3. 坚持开展贫困职工子女助学关爱活动 为 184 名新入职大学生发放棉被；举办“东方红”儿女感恩系列活动，为 358 名考上大学的职工子女发放“东方红伴你成长”拉杆箱；为 48 名孕产女职工提供生育关怀；组织 2014 年度劳动模范、优秀党员、先进职工等共 289 人进行荣誉休养；组织为 272 名公司以上级劳动模范和 4 200 余名女职工进行健康体检。

江苏苏美达集团有限公司

【基本概况】

江苏苏美达集团有限公司（简称苏美达集团）成长和崛起于中国改革开放和全球经济一体化进程之中，经过近 40 年的发展，已成为专注于贸易与服务、工程承包、投资发展三大领域的国际化、多元化现代制造服务业集团。其中，贸易与服务领域包括进出口、国内贸易、自主品牌、综合解决方案和金融服务等；工程承包包括环境工程、能源工程、船舶工程等；投资发展包括战略投资、产业投资、项目投资和财务投资等。围绕三大领域的发展，苏美达集团一方面通过持续投入和建设，不断增强在市场营销、技术研发、生产制造、品牌建设、投融资运作等方面的核心能力，拥有全球化营销网络、自主研发中心、测试中心、核心产品制造工厂；另一方面，着力打造贸易、实业、技术，以及投融资相结合的卓越人才队伍，创新推动公司治理、体制机制、组织架构、管理体系、企业文化和信息系统再造，构筑企业有质量、可持续发展的牢固根基。

秉承“融汇全球资源，共享人类文明”使命，创新超越，行稳致远，苏美达集团致力于成为世界一流企业。

【主要指标】（主要经济指标详见表 1）

表 1 江苏苏美达集团有限公司 2015 年主要经济指标

项 目	2014 年	2015 年	同比增长（%）
资产总额（万元）	1 916 926.26	2 736 558.76	42.75
净资产（万元）	366 726.21	444 155.43	21.11
营业收入（万元）	3 939 124.84	4 059 477.93	3.05

（续）

项　目	2014 年	2015 年	同比增长（%）
利润总额（万元）	123 739.71	133 204.07	7.65
技术开发投入（万元）	15 146.87	24 330.77	60.63
利税总额（万元）	188 762.26	209 736.60	11.11
EVA 值（万元）	78 351.04	82 489.48	5.28
全员劳动生产率〔万元 /（人・年）〕	11.16	11.02	-1.30
净资产收益率（%）	26.49	25.86	减少 2.4 个百分点
总资产报酬率（%）	8.34	6.43	减少 22.9 个百分点
国有资产保值增值率（%）	118.77	119.13	减少 0.3 个百分点

【改革改制】

面对持续严峻的内外部经济形势，为推动企业提质增效、转型升级、创新发展，围绕“价值创造型”总部建设，推进组织与人事改革。

1. 盘活人力资源队伍　在相关岗位实施交流轮岗制度，在竞争和比较中识人、用人，解决组织中存在的忙闲不等、苦乐不均、人员搭配及干部结构不合理的状况，让肯干事的有岗位、能干事的有舞台、干成事的有地位，形成人尽其才、才尽其用、能上能下、激励竞争、充满活力的用人机制。

2. 深化以价值为中心的分配和绩效考核体系　开展岗位评估、胜任力模型建设，建立岗位价值体系，建立市场化薪酬、分配和考核机制，更好适应市场化竞争。贯彻以“能力、态度、业绩”为核心内容的绩效考核制度，严格将分配与岗位价值、绩效挂钩，分出高低，拉开差距，牢固建立“以奋斗者为本，一切向奋斗者倾斜”的绩效文化。

3. 强化专业人才队伍建设　引进和打造一批“独当一面、激活一片”的中坚力量，提升集团总部在投资、法务、战略、经营等关键领域的组织能力。依托“苏美达培训学院”，聚焦关键人力资源，强化投入，建设一批“精品课程”，助力人才成长和发展。

【重大决策】

1. 成立苏美达北美动力公司（Firman Power Equipment Inc.）　7 月，该公司在美国亚利桑那州菲尼克斯成立，标志着苏美达集团旗下自主品牌“FIRMAN”在北美市场的品牌化销售迈出了坚实的一步。依托专业的本土化销售、设计和售后体系，结合自身在动力产品领域多年的研发和制造积淀，迅速拓宽北美市场销售渠道，提升品牌知名度。

2. 成立苏美达北美车轮公司（Paragon Luxury Wheels Inc.）　5 月，该公司在美国北卡罗来纳州的格林斯伯勒市正式成立。通过本土化的销售模式和售后服务，结合自主设计，向美国汽车改装市场提供优质的铝合金轮毂产品。北美车轮公司推出 2 个产品品牌（ROSSO、KRONIK），凭借严谨的制造技术、个性的外观设计、上乘的产品品质和周到的服务态度，已在美国市场初步形成了良好口碑。

3. 德隆汽车部件股份有限公司新三板挂牌　11 月，苏美达集团下属江苏苏美达德隆汽车部件股份有限公司（简称德隆公司），在北京举行挂牌仪式。德隆公司主要生产车门铰链、拉杆、悬浮件、轮毂等汽车零部件，为奔驰、大众等大型整车厂商的优质供应商，通过高新技术企业认定。新三板挂牌对于德隆公司提升融资能力和规范性发展具有重要意义，也是苏美达集团整合内部汽车配件资源，部署新一轮产业再造计划的重要举措。

【重大项目】

1. 安徽宿州 40MW 光伏并网发电项目　该项目为国家电价上网补贴项目，总投资 3.363 6 亿元，占地面积约 666 000m^2(1 000 亩)，总容量 40MW。项目 25 年年均发电量 4 119 万度。每年可节约标准煤 15 214.5t，同时将减少多种有害气体和废气排放，其中减少二氧化硫排放量 1 307t，减少二氧化氮排放量约 123t，每年可减少温室气体二氧化碳的排放量 3.29 万 t。

2. 安徽肥东 40MW 光伏并网发电项目　该项目为国家电价上网补贴项目，总投资 4.091 8 亿元，占地面积约 932 400m^2(1 400 亩)，总容量 40MW。

项目25年年均发电量为4 031.8万kW·h。每年可节约标准煤15 214.5t，同时将减少多种有害气体和废气排放，其中减少二氧化硫排放量约1 307t，减少二氧化氮排放量约123t，每年可减少温室气体二氧化碳的排放量约3.29万t。

3. 榆林一期50MW光伏并网发电项目 该项目为国家电价上网补贴项目，总投资约5.275亿元，占地面积约1 600亩(1 065 600m^2)，总容量50MW。项目25年年均发电量7 295.65万kW·h。每年可节约标准煤19 019t，同时将减少多种有害气体和废气排放，其中减少二氧化硫排放量约1 633t，减少二氧化氮排放量约154t，每年可减少温室气体二氧化碳的排放量约4.98万t。

4. 韩国15 000t甲板货船租售项目 该项目采用租售模式签约2艘韩国15 000t甲板货船。作为海洋装备的制造和出口大国，韩国存在一个专业从事甲板重货运输的细分市场，业务稳定，相对主流航运市场波动较小，在当前造船市场极度低迷的行情下受到各家船企争抢。该项目的成功签约确保了苏美达集团在韩国甲板重货运输船市场上的份额。

5.64 000t散货船交船 该项目为苏美达集团和新扬子船厂为韩国船东建造的第一艘82 000t散货船，于6月29日签字交船。该船是苏美达集团和新扬子船厂作为共同卖方，为韩国船东建造的3艘系列船中的第1艘。该船为上海船舶研究设计院设计的新一代节能环保Kamsarmax型散货船。在设计上实现了煤炭、谷物、铁矿石等多种散装货物的装载，运输效率和通用性得以提升。该船型还可以降低波浪阻力和风压阻力，提高了油耗效率，并采用多项最新的节能减排措施，因而广受国内外船东好评。

6. 哥斯达黎加卡奇水电站4号机组扩建项目 该项目总投资1.8亿美元，由中美洲经济一体化银行（BCIE）提供贷款融资，苏美达集团负责为新的第四号机组（40MW）提供全套水轮发电机组设备，并进行安装、调试、试验和试运行的监督与指导。该项目是中资公司在哥斯达黎加签约的第一个水电项目，5月29日举行发电仪式。该项目的成功发电，提升了苏美达集团海外工程在当地的品牌形象，对于推动苏美达海外工程业务的发展具有重要意义。

7. 中标交通银行项目 陆续中标扬州交行等项目，项目总额约2 200万元。其中，扬州交行项目是该行继武汉、南宁之后，在国内布局的第三个全球金融业务处理中心，也是目前交通银行在江苏地区建立的最大的数据处理中心；贵州交行项目建成后将是贵阳第一个超高层写字楼集群。苏美达集团为项目提供的1 800kW等FIRMAN柴油发电机组全部选用世界知名品牌PERKINS、MTU发动机作为动力引擎，匹配高效的利莱森玛发电机，低噪音、低排放、运行稳定。

8. 中标苏州中心广场项目 该项目总金额约1 058万元，占地面积约16.7万m^2，位于苏州市域中CBD核心，总建筑面积约113万m^2，集购物中心、办公楼、服务型公寓、酒店于一体，是华东地区首座引领城市发展与革新的超大型城市共生体。该项目主要分为"能源中心""星级酒店"两部分，苏美达FIRMAN为"能源中心"提供3台并联使用的2 500kV·A、10kV发电机组，为"星级酒店"提供1台2 270kV·A、400V发电机组。

9. 中标宁波东部新城中国银行项目 该项目总金额约555万元。宁波东部新城集行政、金融、商业、休闲、文化、居住功能于一身，项目总用地约1.12hm^2，总投资约16.8亿元，建筑高度约250m，是宁波市地标性超高层建筑，项目建成后将成为宁波市的"产业金融中心""金融创新中心"。

10. 江苏苏美达创星纺织品有限公司项目 该项目是通过淘宝网招投标方式收购建立的，是苏美达集团的一次成功尝试。该项目占地182亩（121 212m^2），改造生产厂房面积约35 000m^2，投资过亿元。一期招收职工450人，下设2个生产板块，生产家纺制成品和羽绒原料。为了在最短时间将创星厂建设成为一家现代化的标杆工厂，具备现代化家纺制造企业的先进水平，承接国际品牌订单，工厂引进了先进的自动化流水线吊挂设备，自动剪裁设备，以及为了实现生产快速、高效而定制的科学流程。

11. 河南永城服装项目 8月，苏美达集团入驻河南省永城市产业集聚区服装项目签约。该项目是苏美达集团纺织服装板块扎根中西部的标志性项目，对纺织服装产业的转型升级具有重大战略意义。项目达到设计规模后，将辐射周边地区卫星工厂，带动新增2 000人就业。该项目将打造成为永城高端服装制造业第一品牌，管理先进的标杆企业。

12. 缅甸二期项目 按照国机集团提出的“再造海外新国机”战略部署，积极“走出去”，加快将供应链向海外转移，一方面推进缅甸二期服装生产基地建设，另一方面加快推进越南、孟加拉供应链建设，提升对客户的吸引力和竞争力。未来 2 ～ 3 年，将形成以缅甸自有实业群为核心，遍布柬埔寨、越南、孟加拉等国的生产采购网络，整合东南亚产业工人、成本和欧美关税优惠等优势，构建苏美达集团全球竞争新优势。

13. 济南历下区校服政府采购项目 6 月，苏美达集团旗下伊顿纪德品牌再次成功拿下具有广泛影响的大型政府统一招标采购项目 —— 济南历下区中小学生校服招标项目。

【市场营销】

坚持“贸工技金”相结合的发展战略，以贸易为龙头，努力打造贸易竞争新优势，不断加强市场营销工作，推动业务持续健康发展。

1. 国际市场开拓 动力工具板块把国际化品牌打造作为重点突破的领域，潜心经营，在欧美主流市场推动“坚持严格筛选产品和渠道、严格规范品牌营销规则、严格执行操作方法”原则，签约欧洲和北美公关公司，建立六国语言网站，对 G-FORCE 和 YARDFORCE 等自有品牌进行广泛宣传，并在瑞典冰球联赛中投放广告，强化自有品牌发展。利用潜心 4 年研发成功的割草机器人系列产品定位高端专业市场，主打自主品牌，产品和渠道的高端也促进了品牌的高端，提升了苏美达品牌的高端形象和市场竞争力，对 DIY 市场其他产品的销售也发挥了促进作用。品牌割草机器人在北欧市场占有率 10%，以经销商的形式在欧洲多个国家实现品牌推广。

新能源板块 辉伦品牌成为澳大利亚车队一级赞助商，闪耀在被国际汽车运动联合会定为国际四大汽车运动赛事的 V8 超级房车赛上，彰显了辉伦在澳洲的品牌影响力，促使潜在客户对产品从“感兴趣”到“下订单”，“秀肌肉”“展风采”，提升了行业影响力，获取了业务机会。海外新能源创新业务模式，在新兴市场推进工程总包加融资的业务模式，充分调动团队，依托海外平台，协同作战，在关键市场重点突破，培育出多个亿元级、千万元级的大客户群体，有力支撑起公司的整体业务。根据彭博社权威统计，辉伦品牌组件出货量不仅取得在英国市场名列第一，在澳洲排名第三的好成绩，还取代京瓷公司，打进日本市场前十强，进入第一阵营。

钢铁、建材等产品 出口业务紧跟国家“一带一路”战略，推进国际化区域发展步伐，致力于打通上游资源渠道、中游区域市场和下游最终客户等供应链各环节，发挥苏美达集团在国际化市场拓展方面的商务、物流与金融优势，实现中国资源与世界市场的无缝对接。出口钢材产品超 6 亿美元 150 万 t，木制品等建材超 1 亿美元，位居非钢铁生产企业出口规模全国第二。

2. 开拓国内市场 机电设备进口和大宗商品国内贸易推进“一湾（渤海湾）、两角（长三角、珠三角）、三区（东南区、西南区、中南区）”的国内区域发展战略，在上海、天津、北京、厦门、广州、成都等地成立多家区域性子公司，并坚持属地化运营思路，招纳当地贤才、拓展属地区域业务，为实现存量业务优化和增量业务发展提供了强劲动力。苏美达集团钢铁产品国内贸易、机电产品进口贸易均在全国具有极佳的市场美誉度和行业领先的市场地位。

国内新能源 深耕江苏、山东、安徽等成熟市场，推动分布式项目开发，并拓展陕西、宁夏、新疆等新业务区域，形成整体业务布局由东部沿海地区逐步向内陆扩展，由单一的光伏发电项目向农业大棚、渔光互补、荒山综合治理等多重收益的项目转型，完成总规模 1.1GW 在手项目的优选开发，并筹集运作 40 亿元的资金，累计并网规模 500MW。同时，电站运维能力得到长足发展，自主运维的光伏电站 28 个，建立起一支 150 人的运维团队，不仅能实现自有电站的专业化运维，确保发电收益最大化。

自主品牌国内贸易业务 伊顿纪德与 66 个中国知名品牌荣耀登陆纽约时代广场。10 月 2 日，纽约时代广场再次迎来“中国主题日”。苏美达集团旗下伊顿纪德品牌与华为、海尔、格力、TCL、蒙牛等 66 个中国品牌，选择在纽约时代广场、世界的十字路口，以中英 2 种版本发布企业形象片，彰显品牌实力和愿景，并为中国品牌融入世界，服务世界摇旗呐喊。作为江苏唯一受邀的服装品牌，伊顿纪德第二次登上时代广场的大屏幕。作为服装品牌，伊顿纪德另辟蹊径，以校服行业为主业，几年时间就成功服务了上海、重庆、江苏、浙江、山东、辽宁、新疆、内蒙古、北京等 30 个省级行政区域的 2 000 多所学校。

企业销售额和产量在中国校服行业排名第一。

【科技创新】

坚持市场化研发导向，全力推进自主研发体系建设，推动科技成果转化。全年获授权专利19项，其中发明专利12项，在专利水平和市场融合度上有所提升。

动力工具产业海内外团队联合研发的无刷电动机清洗机项目获得UL颁发的全球首张认证证书，这是由北美公司牵头主导，英国团队设计配合，中国团队完成成果转化，代表清洗机行业的国际最高水平，已经推向市场。同时，120V的直流园林产品，则是由英国公司主导，美国公司和中国总部配合共同开发。整合各海外公司资源，让“多国部队”式的合作研发，成为新常态。

新能源板块除了黑硅电池的产业化，还跟华为合作，重点推进了智能光伏电站生命周期管理云平台等项目的研发，目标是实现“互联网+光伏”效应，为行业提供投资管理、监控运营、资产评价等多项服务，也为进一步建立大数据资源，进而和互联网金融对接搭建平台。无论是核心产品开发，还是云平台的研发，都将使苏美达集团在光伏产业中具备更强的核心竞争力，并储备可以应对未来市场变化的可持续发展能力。

【管理经验】

1. 投资管理 优化投资类项目评审决策机制，推动评估工作更加科学化、市场化和规范化。鉴于对苏美达集团新能源业务发展模式和计划的认可，以及投资管理体系的规范性，国机集团授权苏美达集团董事会就2015—2016年光伏电站投资及转让进行自主审批。

2. 财务管理 以“零风险，低成本，高收益”为目标，着力推进融资渠道、结构、模式创新。发展直接融资，获发行14亿元中票授权，首批发行3亿元，是苏美达集团在资本市场首次重大融资行为。获中诚信“AA+”评级，在江苏外贸行业尚属首次。充分发挥境外融资平台功能，借助香港、北美公司，不断提升授信额度，进一步发挥了海外融资平台对业务发展的支持功能。

3. 风险管理 推动苏美达集团和业务子公司之间两级风控平台建设，分层、分类、集中开展风控管理，以平台力量抵御系统风险。向业务子公司派出法务管理人员，参与全业务流程风险控制、制度建设、交易架构设计、法律尽职调查以及合同审查等，有力夯实了苏美达集团整体风险管理水平。

4. 精益管理 引进国外一流咨询机构，开展面向整个实业板块的“精益生产”工程。通过持续改进，试点生产线在生产效率、正品率等关键指标上获得显著提升，全年累计实现综合降成本1 130万元。精益理念、精益方法，以及精益文化在实业板块、整个集团渗透和覆盖，苏美达集团获“南京市市长质量奖”。

【信息化建设】

全面推进贸易平台、工程承包平台、金融平台及综合事务平台的建设工作，推进出口管理系统改版及海外贸易系统建设，德国、英国、澳洲等海外公司相继上线运行，提升了业务响应能力，提高了苏美达集团信息化建设的整体水平。

【企业文化建设】

开展企业文化专项提升工作，对现有文化体系进行动态丰富和补充，以员工喜闻乐见的方式，传理念、播思想、沐文化。举行第五届职工运动会，承办“苏美达杯”国机集团篮球邀请赛，以顽强的意志品质和高超的竞技水平勇夺国机集团第五届职工运动会和篮球邀请赛“双冠军”，集中展示企业风貌和员工风采。开展“自强·感恩”主题活动，为员工和子女搭建沟通交流的桥梁，倡导和传递“学会自强、懂得感恩”的优秀理念。精心打造青年员工公寓，关爱青年员工，彰显“家”的温暖。认真履行企业社会责任，广泛开展挂钩帮扶、捐资助学、扶贫济困等工作，努力提升企业社会形象。

【党建工作】

苏美达集团党委突出有质量发展主题，贯穿从严治党主线，强化思想引领，加强作风改进，推动集团各项事业健康发展。认清政治大形势和经济大逻辑，明确发展方向和工作重点。扎实开展“三严三实”专题教育，发扬苏美达集团“严”的传统和“实”的文化，使“三严三实”成为党员干部修身做人用权律己的基本遵循、干事创业的行为准则。强化干部工作在党建工作中的核心地位，改进干部选任工作，完善网上测评系统，加强年度考核工作，推动党管干部原则在企业的有效落实。加强基层党组织建设，及时调整组织架构，推进学习型组织建设，强化党员教育管理，提升整体素质和工作水平。落实“两个责任”要求，推进党风建设和反腐倡廉工作。以预防和教育为重点，举行廉洁从业专题辅导报告，开展警示教育活动，强化廉洁从业意识，提高拒腐防变能力。强化监督管理，开展党员干部报告个人有关事项工作，对拟提任干部坚持“凡提必核”，有效防止“带病提拔”，筑牢教育、制度、监督3道防线，营造风清气正的从业环境。

中国浦发机械工业股份有限公司

【基本概况】

1992年10月，机械电子工业部响应中央号召，在“部市共建，开发浦东”的大背景下，与上海市成立中国浦发机械工业股份有限公司（简称中国浦发）。1997年，隶属国机集团。

依托上海的区位优势，发挥在机械行业中的影响，经过创业、调整、恢复、转型4个不同时期20余年的辛勤耕耘，实现总公司、子公司同步协调发展的多元结构模式。确立了以设计带动工程总承包和以技术研发带动产业发展的工程业务、以机电产品进出口和原材料采购物流服务为主的贸易业务、以工业园区和商业房地产开发为主的房地产业务等3项业务板块。初步形成工程业务为支撑、贸易业务为后盾、房地产业务为基石的企业发展定位。

近年来，按“改革创新为驱动，调整转型为抓手，包容发展为目标”指导思想，创新进取，能力提升，业务转型。正以股东权益、企业效益和职工利益最大化为目标，努力打造集技术、工程、贸易、投资为一体的综合性服务公司。

【主要指标】中国浦发2014—2015年主要经济指标见表1。

表1　中国浦发2014—2015年主要经济指标

项　目	2014年	2015年	同比增长（%）
资产总额（万元）	1 629 351	1 713 235	5.15
净资产（万元）	133 416	157 202	17.83
营业收入（万元）	665 756	894 204	34.31
利润总额（万元）	29 536	41 982	42.14
技术开发投入（万元）	17 994	20 185	12.18
利税总额（万元）	41 823	58 232	39.23
EVA值（万元）	25 728	29 266	13.75
全员劳动生产率〔万元/（人·年）〕	37	42	13.51
净资产收益率（%）	19.36	25.19	增加5.83个百分点
总资产报酬率（%）	3.83	4.29	增加0.46个百分点
国有资产保值增值率（%）	88.66	117.22	增加28.56个百分点

【改革改制】

为加快转型发展，实现“二次创业”，在把握国家宏观经济形势和发展趋势的前提下，严控经营风险，加大新兴业务的开拓力度，在工程业务重点向新能源领域转型取得初步成效的基础上，稳步推进贸易业务的结构调整，实现贸易业务子公司化。在充分调研和深入学习政策法规的基础上，拟定贸易业务子公司化实施方案和人员安置方案。该方案以实现业务平稳转移、员工合法权益保护和个人长远发展的统一为目标，充分照顾员工实际情况，平稳过渡，确保中国浦发贸易业务的转型发展取得成效。

【重大项目】

“杭州研发基地项目”主体工程、主要设备、内装饰等工程基本完成。

安钢 4#23 500Nm^3/h 空分工程项目正在储罐内筒壁安装；管道支架施工和氧气、空压、消防等配管配线施工。

巴基斯坦燃煤电站项目于 2015 年 6 月 5 日开始吊装 1# 锅炉钢架，计划 2016 年投产。

青岛润亿清洁能源项目煤机发电区 1#、2#、0#、3# 机组相继并网成功。

四川南充化工园区热电中心项目 2 台机组全部具备并网发电条件。

枣庄八一热电公司煤矸石综合利用热电工程 EPC 项目开始打桩、土方开挖等工作。

【市场开拓】

抓住国家积极推进新能源项目建设的机遇，探索新能源发电市场，新能源项目合同签约金额弥补了火电工程市场萎缩的局面。此外，由于全国的基建投资规模受控，中国浦发与之相关的空分、天然气液化板块也深受影响，该两类项目的利润也几乎降到了靠近赢亏的临界点，风险极大。鉴于此情况，中国浦发在 3 年前就开始加大了在相关环保项目上的投入，在保持原有“污水处理”技术先进性的同时，扩展了“废气处理”（含脱硫脱硝）技术的应用，使业务量及知名度在浙江省内排名靠前。

【重大项目签约】

新签合同额 119 亿元，其中工程业务新签合同 103 亿元，新签的主要项目：南召中机国能电力有限公司 160MW 分布式光伏发电项目，眉山市城市生活垃圾焚烧发电环保项目，枣庄八一热电公司煤矸石综合利用热电工程 EPC 总承包，巴基斯坦萨巴电力公司 134MW 油炉改 CFB 炉工程，张家口下花园亿泰生态能源有限公司 235MWp 光伏发电项目，浙江新安化工集团股份有限公司建德热电厂马目热电项目循环流化床锅炉烟气深度治理大气污染物超低排放改造脱硫、脱硝、除尘工程 EPC 总承包项目，富阳市新登污水处理二期工程设备采购（第二标段）项目，无锡惠山运营项目。

【科技创新】

专利申报工作再创佳绩，公司全系统单位共获得授权专利证书 55 项，较 2014 年增加 12 项，全部为实用新型专利。

金昌迪生金川区 100MWp 光伏发电工程荣获 2015 年度甘肃省建设工程飞天奖。

铜仁大龙煤电锰一体化循环经济工业园热电联产动力车间工程荣获 2015 年度上海市优秀工程咨询成果二等奖。

【产权改革】

加强对产权的有效管理，加大对部分资产的处置力度，完成对下属子企业上海吉润置业有限公司 50% 股权的转让并收回全部转让款；中国长江磨床进出口有限公司转让事项取得实质性进展，从而得以梳理并精简公司产权结构，加速资金回笼，降低融资规模，缓解资金周转压力，稳定公司现金流。同时，建立起“归属清晰、权责明确、保护严格、流转舒畅”的现代产权管理工作思路，对中国浦发本部及所属子公司的产权信息重新做了登记，为转型发展和合理科学管理国有产权奠定基础。

【管理经验】

在经营管理方面有 9 条经验：

（1）不断促进财务管理水平提升 从组织结构分工优化入手提高管理水平；进一步加强“两金”的跟踪和管控；编制《内部控制管理手册》，并严格执行。

（2）梳理管理流程，完善制度体系建设 对制度进行梳理和修订，对所有环节的制度进行重新梳理和修订。

（3）安全管理继续常抓不懈 保持良好的安全生产态势，安全生产工作在国机集团继续保持“A 级”的考评成绩。

（4）做实资产管理 对实物资产进行全面核查，修改完善实物资产管理办法和 OA 流程；按照国机集团要求，重点做好不良资产台账更新及跟踪工作。

（5）人力资源管理继续加强 前移所属企业工资总额控制工作；组织开展年度员工培训和职称评审工作；空分公司总经理助理公开竞聘，取得良好效果；贸易业务子公司化调整较好地实现了工作平稳交接。

（6）发挥审计监察重要作用 开展对相关涉诉案件及重要业务的专项审计检查，对中国浦发重点工作开展监察督办，牵头开展公司内控自评价工作。

（7）提升科技、质量管理工作水平 43 项相关专利获国机集团奖励，完成年度节能减排目标值评估工作，保持海关 A 类管理企业资格，中国空分取得化工石化医药行业甲级资质。

【信息化建设】

进行基础设施和系统管理的优化配置，通过上海市信息安全测评认证中心的外部评审，对公司网络策略进行全面规范化调整。

【法律事务】

工作重心从被动应对向主动防范风险转移，法律服务融入公司日常管理和经营；强化公司制度建设；继续进行普法宣传和法务培训。

【企业文化】

推进企业文化建设工作，通过《中国浦发报》、公司外网等平台，加强企业宣传工作，提升公司对外形象。同时，制定企业文化管理和评价制度、印制《企业员工手册》，使得公司的企业文化建设制度化、规范化。

【党建工作】

中国浦发党委深入学习贯彻党的十八大、十八届历次全会精神，深入贯彻习近平总书记系列重要讲话精神，认真落实上级党组织各项工作部署，紧密围绕公司“凝心聚力，扎实推进各项工作，确保完成年度各项目标”主线开展工作。一是中国浦发党委认真开展“三严三实”专题教育，突出问题导向，开展调查问卷，广泛征求党员群众意见；组织党员干部集中学习培训6次；领导班子针对不严不实7个问题，认真对照检查，开展批评与自我批评。专题教育使得党员干部的工作作风进一步改进，党建工作责任制得到较好落实。二是通过完善干部选拔任用机制，修订《中国浦发干部管理办法》，在空分公司开展总经理助理公开竞聘等工作，推进公司干部管理科学化、制度化、规范化。三是进一步夯实组织建设基础，与各级党组织签订“党风廉政建设责任书”“党建工作目标责任书”，进一步明确工作目标，落实工作责任。努力使各级党组织成为推动公司跨越式发展的组织者、推动者和实践者。四是坚持党建先行，加强党对工会、共青团工作的领导，通过组织开展职工运动会、歌咏大会、帮困慰问等活动，增强企业的凝聚力，促进员工身心健康。五是认真落实“三重一大”集体决策，在资产处置、股权转让、股权划转、对外投资、子公司层级提升、选拔聘用干部和总部贸易业务子公司化改革等重大事项，全部严格按照制度规定进行集体审议，确保公司重大决策合法合规。六是通过多途径、多方式，加强党风党纪教育和廉政教育，强化制度建设，为推进中国浦发党风廉政建设和反腐倡廉工作作出积极努力。

【社会责任】

中国浦发所属中机国能电力工程有限公司（中机电力）在提供电力服务的同时，十分注重环境保护及社会经济效益。在“一带一路”可持续发展的国家战略背景下，中机电力调整市场战略部署，大力拓展新能源市场。总承包的张家口下花园235MWp光伏发电项目，作为北京张家口联合申办2022年冬季奥林匹克运动会迎宾光伏廊道项目之一，在输送绿色电力的同时更具备了重要的示范意义；山东成武太普农光互补40MWp光伏发电项目，利用光伏板下遮阴环境，种植耐阴经济作物；吉林明大20MWp分布式光伏大棚发电工程项目，利用兔舍间空地开展分布式光伏发电工程建设。这两个项目对提高土地使用率和立体化增值、发展高效农畜业、优化能源结构、实现节能减排具有重要的示范与推动作用。

中国浦发及各所属企业长期以来肩负央企社会责任，促进办学，回馈社会。2015年9月，中国浦发所属中机电力援建的重庆市丰都县三合街道中机阳光希望小学竣工，这是中机电力成功援建的第二所希望小学。12月，中机电力签署援建协议，将捐助30万元援建河南省濮阳县柳屯镇中机阳光希望小学。在援建新的希望小学同时，中机电力持续开展对已建成希望小学的后续援助，通过持续的援助，进一步完善学校的硬件设施。通过沟通了解已援建学校后续需求，援助重庆丰都中机阳光希望小学7.5万元以修建食堂，援助已建成的甘肃山丹中机阳光希望小学购置新的桌椅。

中国浦发所属上海浦景化工技术股份有限公司继续在南开大学等4所高校设立“飞扬奖学金”，全年共为进步学子发放奖学金25万元。同时，继续组织员工定期向捐赠的两所“飞扬希望小学”送去各种学习和生活用品；所属中国空分工程有限公司继续在浙江大学设立“中国空分”奖学金，向16名学生共颁发5万元奖学金。

国机精工有限公司

【基本概况】

国机精工有限公司（简称国机精工）是国机集团在所属中国机械工业国际合作有限公司（简称中机合作）、郑州磨料磨具磨削研究所有限公司（简称三磨所）等磨料磨具业务资源的基础上，以重组白鸽磨料磨具有限公司（简称白鸽公司）、贵州达众第七砂轮有限责任公司（简称达众七砂）为契机而设立的工磨具业务发展平台，成立于 2013 年 9 月。

组建国机精工是国机集团的重要举措。国机集团对国机精工的发展要求：进一步贯彻落实集团发展战略，优化集团磨料磨具业务板块的资源配置，提升集团在研磨产业领域的核心竞争力和国际影响力，打造“国内领先、国际知名”的工磨具企业集团。总部设在郑州“新材料产业集聚区”。公司注册资本 5 000 万元，拥有总资产 25.65 亿元，净资产 12.23 亿元，从业人员 2 100 多人。具有普通磨料、普通磨具、涂附磨具、超硬材料及制品、行业专用设备与检测仪器等产品的研发、生产、销售，以及磨料磨具检测、标准、计量和信息等行业服务工作和进出口业务，产品及产业链条较为完整。超硬材料制品技术水平处于国内领先水平，是国内生产能力最大的综合性磨料磨具制造企业，业务遍及世界 60 多个国家与地区。

2015 年是国机精工发展的第一个计划年度。国机精工积极推进战略格局展开，优化资源整合利用，完善内部协调机制，在市场开拓、平台构建、队伍建设、管理提升等方面，合力同行应对挑战，深化融合着力提升，取得了较好成效。

【主要指标】国机精工 2014—2015 年主要经济指标见表 1。

表 1　国机精工 2014—2015 年主要经济指标

项　目	2014 年	2015 年	同比增长（%）
资产总额（万元）	95 226	104 238	9.46
净资产（万元）	58 932	64 040	8.67
营业收入（万元）	52 485	71 668	36.55
利润总额（万元）	3 825	4 824	26.12
技术开发投入（万元）	4 307	4 094	-4.95
利税总额（万元）	6 845	8 689	26.94
EVA 值（万元）	1 234	2 453	98.78
全员劳动生产率〔万元 /（人・年）〕	22	24	9.09
净资产收益率（%）	5.49	6.97	增长 1.48 百分点
总资产报酬率（%）	4.88	5.68	增长 0.8 百分点
国有资产保值增值率（%）	105.73	106.79	增长 1.06 百分点

【企业改革】

发挥聚合优势，优化资源配置，再造专业化流程，推进业务高效集成，引导产业链价值创造。通过深入调研和研究、论证，扩展转型升级发展思路，完成综合服务平台设计和基本构建工作。以“开放倒逼结构调整、转型升级，提升国际化发展的能力与水平”为指导思想，探索构建国机精工外贸平台，制定整合提升实施方案，以中机合作为主体，完成外贸业务资源整合，提高了主营产品外销收入的规模和效益；按照统分结合、协同互锁、重构体系、创新业态等原则，构建集中统一的营销平台，制定、发布营销平台建设实施方案，成立营销中心；以降本增效、开放发展、提高市场竞争力为宗旨，搭建采购物流平台，明确业务流程和管控模式。

《国机集团关于同意将中磨公司和郑州三磨所100%股权无偿划转给国机精工的通知》（国机资〔2014〕229号）决定，将持有的中机合作与三磨所100%股权无偿划转给国机精工有限公司。截至2015年底，股权划转工作完成。

【重大决策】

为企业未来发展奠定思想基础、形成方向指引、设计战略蓝图。把握新常态下宏观经济发展"速度变化、结构优化、动力转换"的本质特征，围绕"结构调整、转型升级"主线，研究解决企业发展面临的一系列突出矛盾和问题，修订完善国机精工"十三五"规划。在战略目标上，咬定"国内领先，国际知名"成长目标，制定赶超路线图；在经营方针上，突出体现以提高企业发展质量和效益为中心的价值取向；在业务布局上，明确提出"做强主业，四轮驱动"的总体思路；在结构优化升级上，系统明晰"六个转型"方法路径；在组织与资源保障上，坚定实施战略绩效闭环管理卓越运营能力体系建设。

从支撑国机精工发展战略、总体目标以及形成核心竞争优势的高度出发，明确科技创新的发展思路、发展目标、重点任务，为公司战略落地提供技术支撑，制定"国机精工三年科技发展规划"，从而初步构建国机精工整体发展战略体系。另外，根据国机精工"战略与运营管控"功能定位，制定与完善战略规划、人力资源、财务与审计等管理制度，努力形成企业管理的基础制度框架。

【重大项目】

2013年，在荥阳新材料产业集聚区规划建设"国机精工产业园"，规划占地面积约67万m^2，截至2015年底，技术中心大楼成为国机精工及其驻郑所属企业办公大楼，检测中心是国家级技术中心。技术及检测中心大楼封顶，土建工程基本完成。厂区公共配套及道路管网设计完毕，进入招标阶段。固结及涂附厂房建设，于2015年4月30日发布招标公告，确定了施工单位，该项目11月20日开工。

2015年3月17日，贵阳市国资委与国机精工签订《关于推进达众公司三砂、六砂、七砂优化重组工作备忘录》；完成七砂有效资产的核查工作；组织对贵阳基地产业规划进行专家评审；确定重组资产范围，进行资产辨识，对土地进行勘界，为股权划转做准备。

4月，白鸽公司与郑州投资控股有限公司、河南国创文化发展有限公司签订《白鸽磨料磨具有限公司搬迁协议》。

香港子公司设立项目：编制国机精工设立香港子公司项目申报资料、项目申请报告、可行性研究报告等；完成国机精工内部审批决策手续，2015年11月19日上报国机集团，完成在国机集团的备案；12月30日完成在国家商务部的备案。

电子商务投资项目：完成爱锐网的估值和谈判，股权结构方案设置；2015年10月30日，与爱锐网签署合作项目谅解备忘录；完成"目标公司"的尽职调查、审计和评估。

伊川合作项目：组织对伊川磨料基地进行调研；2015年11月30日，签订变电站项目合作备忘录，并进行尽职调查；12月8日，与伊川县政府签订战略合作框架协议。

申购常林股份项目：编制项目申报资料，按照内部决策流程完成内部审批；2015年11月26日上报国机集团；12月1日，国机集团批准并回复。

启动综合服务平台建设。以中机合作为主体，启动实施外贸业务资源整合，探索构建国机精工外贸平台；按照统分结合、协同互锁、重构体系、创新业态等原则，构建集中统一的营销平台，成立营销中心；以降本增效、开放发展、提高市场竞争力为宗旨，搭建采购物流平台，启动运营；注重开放寻源，通过重组整合搭建了电子商务平台。

【科技项目】

2015年9月30日，由三磨所申报的"超硬材料磨具国家重点实验室"获科技部批准建设，这标志着在国家级科研平台建设方面实现了重大突破。

12月7日，由三磨所承担，湖南大学、北京第二机床厂有限公司和上海机床有限公司参与的2010年国家科技重大专项"120～200m/s高速/超高速磨削用陶瓷CBN砂轮"课题，在湖北省襄阳市神龙汽车有限公司通过工信部的组织验收。其中，曲轴加工用高速/超高速陶瓷结合剂

CBN 砂轮的制造技术达到国际先进水平，打破了国外垄断。

工信部科技重大专项课题“汽车齿轮高效精密磨削砂轮/工艺的应用示范”立项实施。国机精工作为参加单位承担的“高档数控机床与基础制造装备”重大专项 2015 年立项课题：汽车齿轮高效精密磨削砂轮 / 工艺的应用示范（2015ZX04003006）立项。该项目实施周期 3 年。总预算 6 682 万元，该课题国机精工获批国拨经费 471 万元。

国家科技支撑计划课题“高速高精度精密超硬材料磨具关键技术研究与应用”立项实施。国机精工所属企业三磨所承担的国家科技支撑计划课题“高速高精度精密超硬材料磨具关键技术研究与应用”立项实施。该项目实施周期 3 年，总预算 1 830 万元，其中国拨资金 725 万元。该课题通过研究开发应用于汽车发动机和内燃机关键零部件、半导体芯片封装精密加工用系列高速高效精密超硬磨具产业化关键瓶颈技术，研制出凸轮轴/曲轴加工用新型陶瓷结合剂 CBN 砂轮、燃油喷射系统关键零部件（喷油嘴）加工用陶瓷结合剂内圆磨砂轮和半导体芯片封装切割用高速高效金属结合剂超薄砂轮系列产品，并实现产业化。产品使用性能达到国外同类产品水平，替代国外进口。

河南省重大科技专项项目“高速高效精密超硬材料磨具关键技术研发及产业化”进入关键技术开发与成果转化阶段。该项目实施周期 3 年，总预算 2 006 万元，河南省财政拨款 300 万元。2015 年为技术开发阶段与成果转化阶段。

河南省国际合作重大专项项目“大直径高速高效数控磨削重负荷砂轮”进入关键技术开发与成果转化阶段。该项目实施周期 3 年，总预算 1 850 万元，河南省财政拨款 500 万元。2015 年为技术开发阶段与成果转化阶段。

【市场营销】

（1）挖掘市场潜力，寻求新的经济增长点 研发与制造板块，加大市场洞察力度，分析研究行业发展趋势，抓住产品重点应用领域的行业发展机遇，结合自身技术研发优势，利用产品优势期，配置资源，快速占领市场。在 LED、电子信息、汽车制造、家电、工具、轴承、机械加工、太阳能和风能等行业现有客户的基础上，加大对符合国家产业发展政策、前景广阔的新兴市场的培育力度，积极推广适应市场需求的高端产品，前瞻性地进行产品布局。

贸易服务板块，围绕结构调整、转型升级主线，在连续 3 年磨料业务大幅下滑的形势下，着力开拓工程配套项目与两面市场开发项目（以出口带动内销），顺应国家“一带一路”战略和国内外形势变化，坚定业务方向及模式的转型和提升，在夯实磨料磨具业务的基础上，探索国际工程配套业务。截至 2015 年底，新开拓业务占主营业务比重超过 40%，取得良好效果。

（2）响应国家“一带一路”战略，借力集团出口倍增计划，拓展海外市场 中机合作与 CMIC 合作古巴镍厂升级改造工程，取得各个职能环节的支持文件，正在完善具体工程细节；与中机六院合作白俄罗斯工程机械厂搬迁升级工程，和新建 6 万 t 铸造厂工程，与业主签订 MOU；与中机六院合作伊朗工业窑炉工程及市政污水处理厂工程，签署战略合作框架协议；协助 CMEC 推进南美地区基础设施工程工作，与 CMEC 签署战略合作框架协议，与业主签订合作 MOU。

（3）规范国机精工内部业务协同，加强与国机集团所属企业的内部合作 制定《国机精工有限公司内部业务协同管理办法》，规范国机精工内部业务协同流程，引导、激励所属企业加大内部业务协同。积极推进中机合作、三磨所、白鸽公司、达众七砂等所属企业之间以及上下游之间的内部合作，有效地发挥了协同效应。同时，寻求与国机集团内部苏美达集团、国机重工、成都工具所等兄弟单位开展合作，共同开发国内外市场，获得了贸易额与市场开拓的双提升。国机精工内部业务协同实现营业收入 6 000 余万元（不含中机合作的海外工程成套业务）。

（4）创新商业模式，推动两面市场业务开拓 基于两面市场理论，国机精工提出加强两面市场业务开拓，做“供应商的供应商”，做“客户的客户”，通过市场洞察和客户分析，公司及所属企业与苏美达辉伦公司、河南新大新公司和博德公司等就材料供应形成合作，实现营业收入 20 735 万元。与苏美达新能源公司签署分布式太阳能电站合作协议，与天威新能源公司签署硅片加工合作协议。

（5）加强品牌建设，实施品牌经营 强化品牌管理，制定《国机精工品牌管理制度》，规范国机精工及所属企业的品牌管理，实施多品牌管理模式。

研发制造板块通过不断地科技创新和技术革新以保证产品性能的稳定，通过5S现场管理和精细管理以保证产品质量的稳定性，提升企业品牌形象；同时，进一步加大品牌宣传力度，利用展览会、商品交易会、研讨会以及各种媒介和宣传渠道进行品牌宣传与推介，严格贯彻公司“管理保证品质，创新提升品质，品质取信用户”的质量方针，以优异的产品性价比获得市场的认可。

中机合作根据公司战略发展规划，更新VI系统，提升公司的品牌形象。确定新的VI标识，包括公司中英文简称、公司logo、司旗、铭牌和背景墙等。在各种会议、商务洽谈、培训、协会杂志、行业杂志、集团黄页以及网站、邮箱中均使用完整规范的新品牌形象标识。并通过网站、行业、大型展会等渠道进行发布与推广。

【管理经验】

（1）经营管理 运用战略绩效闭环管理办法和工具，推动国机精工卓越运营能力体系建设。积极导入战略绩效闭环管理先进理念和方法，通过有效开展市场洞察与差距分析、创新焦点、业务设计、运营体系设计4个阶段工作，完成了战略目标可行性论证以及目标导向的业务运营体系设计，具体项目在强化市场论证、形成关差闭环、实现业务突破方面取得较大成效，骨干人员在思想观念、精神风貌、专业知识、管理技能上取得较大提升。打造卓越运营能力体系，试点实施战略绩效闭环管理方法，为全面推进战略绩效闭环管理体系建设，找到了“引导观念转换、推动管理转型、实施流程再造”的牵引机制。运用战略绩效闭环管理方法工具，组织编制2016年度业务计划，持续论证年度业务计划的可信性，跟踪关差执行情况，完善经济运行分析和运营过程管理，提升经营管理能力，保障公司年度经营目标的实现。

白鸽公司重组工作按照国机集团与郑州市政府、荥阳市政府及郑投控股签订的合作协议，积极协调资金、迁建进度、资产划转审计等工作，截至2015年底，完成资产划转审计工作。三砂、六砂、七砂重组工作上半年完成三砂、六砂的资产摸底调查及有效资产的核查工作。完成七砂有效资产的核查工作；组织对贵阳基地产业规划进行专家评审；协调重组相关事宜，国机精工布置工作如期完成。达众七砂托管组和经营班子在国机精工、工商公司和贵阳市各级政府相关部门的关心、支持、帮助下，生产经营工作稳步推进并取得较好的经营成果。白鸽公司实现营业收入1.64亿元，比上年下降12.30%；利润504亿元，比上年增长20.57%；职工人均年收入38 796元，比上年增长12.96%。

（2）预算管理 加强全面预算管理，属企业按照国机精工战略规划，制定业务计划，编写预算情况，通过董事会审批，分解指标，并定期分析预算执行情况，对预算执行偏差较大的项目及时向董事会汇报，加强预算执行效果；在所属企业持续推动全面预算管理，三磨所、中机合作加强预算管理，细化预算指标，健全责任体制，在托管企业白鸽公司推行全面预算管理，每月定期展开预算分析大会；在达众七砂推行预算管理，加强预算管理；坚持贯彻全面预算管理的理念，通过调研，制定国机精工层面的全面预算管理实施方案。

（3）人力资源管理 对人力资源队伍及管理体系进行现状与行业标杆和战略要求之间的差距分析，提出以“高绩效”文化为核心的与“价值管理”深度融合的人力资源发展战略规划；明确人力资源发展目标，确定精工及所属企业近几年的人才结构调整主要任务；明确国机精工应建立基于胜任能力的多通道职业发展体系、招聘选拔体系、培训开发体系、薪资激励体系、绩效管理体系、人力资源管控模式，并提出2016—2018年人力资源工作的关键任务。建立研发人员的任职资格模型标准：对任职资格模型的建立方法进行讲解，组织三磨所研发和人事人员起草任职资格模型标准的初稿。

（4）质量管理 组织所属企业编制《2015—2017质量效率提升规划》。规划3年内进行产品质量和制造效率提升的指导思想、整体目标、主要任务和重点工作。

【安全生产】

调整国机精工安全生产委员会和安全生产办公室组成，制定年度安全生产工作计划和投入计划，编制《安全生产管理办法》《安全生产责任目标考核办法》等基本管理制度，建立国机精工所属企业备案和报送等基本信息传递流程，完善国机精工应急管理体系，修订国机精工生产安全应急预案和收集所属企业应急预案，梳理应急预案体系。与所属企业安全生产、消防、员工培训等管理部门配合、沟通，完成安全生产和节能减排管理工作，落实国机集团布置的安全生产工作要求。

【信息化建设】

以提高运营管理效率为根本，继续促进集约协同、加快融合发展、增强运营管控，推进信息化平台建设，在信息化一期建设项目上线的基础上，合同管理信息化、人力资源信息化二期项目相继上线运行；制定《信息化建设项目管理办法》。搭建精工信息化人力资源管理平台，通过系统固化人力资源管理体系，实现人力资源管理内部各项核心职能应用领域的协同、人力资源管理与其他各职能业务之间的协同和实现国机精工集团内部各单位之间的人力资源业务协同。同时，开展供应链、生产项目工作，项目计划升级供应链管理系统，完善内部供销管理体系，以及集团内公司间供销协同。

【企业文化建设】

重视企业文化建设，以国机集团“和”文化为统领，秉承国机集团“合力同行，创新共赢”核心价值观，以规章制度、机制体制、学习培训、作风建设、绩效考核、干部选拔任用、宣传教育，以及丰富多彩的文化活动引领广大干部职工团结包容、爱岗敬业、改革创新、积极向上、奋发有为、责任担当，把企业精神与员工的实际发展愿景相结合，使之成为企业与员工的共同价值观，把企业文化打造成企业核心竞争力的重要组成部分。

发挥工青妇等群团组织的联系和服务作用，稳定队伍，凝聚人心，营造和谐发展环境。在文化活动开展方面，结合国机集团年度活动安排，组织国机精工“最美国机人”演讲及征文比赛。另外，通过组织选拔、教练指导，组成国机集团田径运动会国机精工代表队，并获优秀组织奖荣誉称号，这是国机精工成立后第一次参加国机集团的大型活动，展示了公司员工良好的精神风貌。

【党建工作】

（1）学习方面 学习习近平总书记系列重要讲话精神，统一思想认识，增强政治定力。统一为领导干部购买《习近平谈治国理政》《习近平关于党风廉政建设和反腐败斗争论述摘编》等书籍；通过邀请知名专家授课、观看教育视频、缅怀革命先烈“重温誓词、集中宣誓”等方式，加强党员教育；利用党委中心组扩大会议形式，组织国机精工外贸平台、营销平台建设实施方案研讨会和国机精工2016年年度业务计划落地可行性论证模板研讨会，为国机精工改革创新、转型升级出谋划策，增强做实做强的信心和决心。

（2）深入开展“三严三实”专题教育方面 自2015年6月开始，按照上级要求，在公司和所属企业领导班子成员及精工总部中层以上干部中开展“三严三实”专题教育。对照“三严三实”专题教育要求，通过自学、研讨会、民主生活会等方式主动学习理论知识，查找突出问题，深刻剖析问题实质、原因和努力方向，制定《国机精工“三严三实”教育整改方案》。通过定期检查，及时了解情况，有效传导压力，激发动力。把开展“三严三实”与保证企业发展的各项工作结合起来，做到专题教育与日常工作有机融合，激发党员干部的工作热情和进取精神，推动公司改革发展。

（3）健全机构建章立制方面 召开国机精工第一次党员代表大会，选举产生中共国机精工第一届委员会、纪律检查委员会；郑州各所属企业党组织、工会转隶国机精工，由国机精工统一对外。在制度建设方面，出台《国机精工干部管理办法》《领导班子和领导干部综合考核评价暂行办法》《党建工作制度》《新闻宣传管理办法》等管理制度。

（4）在党风廉政建设和反腐败工作方面 落实党风廉政建设责任制，与各所属企业签订党风廉政建设责任书，对企业落实党风廉政建设责任制情况进行监督检查和综合考评；要求中层及以上干部签订廉洁承诺书，使党风廉政建设落到实处。在党员思想教育培养方面，组织广大党员干部学习中纪委网站“学思践悟”栏目“推动国有企业从严治党”系列文章，学习新修订的《中国共产党廉洁自律准则》《中国共产党纪律处分条例》等内容，并邀请知名党建专家教授讲解新时期全面治党的重要意义和措施。在效能监察方面，继续开展领导干部离任审计制度，发现问题及时整改；对领导干部个人事项报告进行审查，发现问题及时提醒谈话；开展效能监察，重点对工程项目、所属企业负责人履职待遇、业务支出情况和房租收入等进行监督和审查，发现问题，出具整改通知书，并对整改的情况进行再落实；针对国机集团和国机精工收到的问题线索，认真进行落实和查处。

【社会责任】

以绿色环保为己任，全面完成国机集团和地方政府下达的节能减排目标和任务，倡导、践行低排放、低污染、低能耗，为绿色国机贡献力量。构建和谐企业。坚持以人为本，通过改革发展，努力提高企业经济效益，努力增加员工收入，国机精工从业人员人均收入同比提高 23%。同时，重视和保护职工的合法权益，严格执行用工政策，在资源整合、产品结构、生产组织方式调整中妥善安置分流人员，积极协调劳动关系，维护职工的切身利益。参与社会公益事业。组织所属中机合作、三磨所、白鸽公司开展公益捐助活动，员工踊跃捐献，共捐献棉衣、棉被 2 000 余件；参加国机集团"爱心捐款日"等爱心、公益活动。

中国联合工程公司

【基本概况】

中国联合工程公司隶属国机集团（简称中国联合），现有员工 6 000 多人，专业技术人员占 95%以上。设有工业工程、已用工程、能源工程、工业装备、规划市政、工程建设、 国际业务等业务板块。设计了以上海电气、东方电气和哈尔滨电气三大动力基地为代表的一大批国家装备制造业骨干企业，设计和建设了 300 多座电厂、数以千计的标志性民用建筑。为国内首批获得工程设计综合甲级资质的企业，服务方式从工程设计向前后延伸到工程建设全过程，在继续做精做强设计咨询业务的同时，积极开拓工程总承包和项目管理业务，大力提升 EPC 能力，积极参与国际竞争。

遵循"与顾客共同创造价值"经营理念，完成 20 000 多项大中型工程；主编、参编国家、地方和行业标准、规范 100 余项；获得国家科技进步奖 28 项、国家级各类工程技术奖 100 多项、各类省部级奖 1 000 多项。连年被授予"重合同守信用企业"称号，获得 AAA 企业信用评定等级。具有强大的综合优势，"竭诚为国内外业主提供各类工程建设全方位、全过程服务"是其宗旨。

【主要指标】（主要经济指标详见表 1）

表 1　中国联合工程公司 2015 年主要经济指标

项　目	2014 年	2015 年	同比增长（%）
资产总额（万元）	880 315.50	951 557.72	8.09
净资产（万元）	135 902.69	155 762.91	14.61
营业收入（万元）	554 644.57	606 052.78	9.27
利润总额（万元）	27 116.41	33 194.64	22.42
技术开发投入（万元）	17 680.65	19 064.97	7.83
利税总额（万元）	31 271.48	37 342.96	19.42
EVA 值（万元）	30 911.68	37 534.44	21.42
全员劳动生产率〔万元 /（人·年）〕	21.58	19.45	-2.13
净资产收益率（%）	19.54	19.12	减少 0.41 个百分点
总资产报酬率（%）	3.24	3.69	增加 0.45 个百分点
国有资产保值增值率（%）	119.91	121.39	增加 1.48 个百分点

【企业改革】

开展体制改革和机制创新，整合资源，规范运作，加大创新力度和科技投入，逐步形成具有核心竞争力的特色业务，在国内做好区域市场经营布局的同时，开拓国际业务，向以设计为龙头的工程总承包业务转型。成立总工程师办公室。

【重大决策】

1月4日，召开党委会，讨论通过党委组织机构设置和人事任免。撤销中共中国联合工程公司直属委员会和中共中国联合工程公司直属纪律检查委员会，成立中国联合党委工作部；撤销党委宣传部，原党委宣传部职责并入党委工作部。

1月16日，召开党政联席会，讨论确定哥伦比亚G3.2安装分包商事宜。

2月2日，召开党政联席会，讨论通过九堡文体中心自行施工的请示报告。

3月6日，召开工作会，讨论通过《党风廉政建设制度汇编》等13个新制度以及相关文件；讨论通过中国联合党委2014年工作总结、2015年工作计划；讨论通过公司2014年总结、2015年工作安排。

4月3日，召开党委会，讨论通过国机资本公司入股事宜。

6月1日，召开党委会，讨论通过《非生产性接待管理暂行办法》等暂行办法；讨论通过中联西北院转让陕西中机岩土公司股权。

7月3日，召开党委会，讨论通过成立中国联合总工程师办公室事宜。

7月3日，召开党政联席会，通过“石桥家属区空置住房处置方案”。

8月10日，召开党委会，讨论通过中联西北院增加科技办公楼投资的情况说明。

8月10日，召开党政联席会，讨论通过运动馆运动器械、家具、窗帘采购项目决标事宜。

9月6日，召开党政联席会，讨论通过关于以直接委托方式向北新房屋公司采购集成房屋的请示。

11月2日，召开党政联席会，讨论通过关于降低生产部门上缴比例事宜。

12月25日，召开党政联席会，讨论通过公司本部“十三五”发展规划、人力资源部发展规划、科技发展规划、资质发展规划和信息化发展规划。

12月25日，召开党政联席会，讨论通过德清地理信息创业园项目实施方案；讨论通过公司本部2016年度管理经费预算和生产发展基金预算。

【重大项目】

12个项目列入公司重大项目，2015年进展情况如下：

1. 哥伦比亚GECELCA 3号燃煤发电站项目 通过72小时考核，9月17日零时G3项目在当地部门注册发电，正式列入国家电网运行电厂计划。6个月的培训移交期于9月17日开始。完成了项目的试车、调试、尾项处理及资料汇总、移交工作。

2. 哥伦比亚GECELCA 3-2号燃煤发电站项目 锅炉钢结构安装完毕。

3. 安索阿特吉州西蒙玻利瓦尔市及新埃斯帕塔州马里尼奥市波拉马尔4512套住宅市政规划及基础设施建设项目 马岛地块现场施工临时设施施工完毕，地质详勘报告交设计院。巴塞罗那地块由于不具备交付条件，项目没有实质性开始。

4. 神华集团公司榆神工业区清水煤化学工业园动力供应与高纯洁净气体项目 锅炉及汽轮机（三炉两机）试车、系统调试工作完成，项目整体移交业主。

5. 内蒙古中煤蒙大新能源化工有限公司年产50万t塑料项目公用工程Ⅱ（自备热电站）装置工程 1～3#锅炉于9月完成调试工作交付业主投用，1～2#汽轮发电机完成冲转工作；项目剩余资料移交及竣工结算工作。

6. 中安联合煤化有限责任公司煤制170万t/a甲醇及转化烯烃项目动力中心工程设计采购EPC总承包项目 4台锅炉水压试验完成，具备筑炉条件。由于业主原因，项目于10月份暂停施工。

7. 山西潞安矿业（集团）有限责任公司高硫煤清洁利用油化电热一体化示范项目热电装置EPC总承包项目 1、2#锅炉交付运行，3#锅炉酸洗和调试工作完成；汽轮发电机基础完成；项目由于业主环评问题于9月10日全面停工。

8. 神华宁煤400万t/a煤炭间接液化项目 为EP项目，设计及采购工作完成。

9. 德清联创新建芯片科技大楼项目 12月完成竣工验收交付业主。

10. 永嘉县行政中心建设及附属工程项目 11月完成，并交付业主。

11. 九堡文体中心项目 桩基施工完成。

12. 象山影视基地二期项目 主体结构封顶，进入装修阶段。

【市场开拓】

适应新常态，迎接新挑战，依靠能力提升和资源整合，推进转型升级，谋求内涵式发展。

1. 做精做强设计咨询业务

（1）工业工程。中国联合本部工业一院、工业二院、工业三院、工业和物流院通过调整内部组织机构等措施，着重提高方案竞标能力，不断拓宽业务面；开拓京津冀、中西部、东三省等区域，做好业务布局，成功经营了双星集团全球研发中心项目、宁波方太厨具公司第二工业园建设项目、南都电源临平二期项目、辽宁电机集团高效电机制造园、香飘飘食品液体奶茶项目、海虹控股良渚大学科技园项目、广东风华高新电子工业园项目；签订广西北流龙翔投资公司、杭州交联物流公司设计等项目。承接了沈鼓主泵试验台项目、辽宁忠旺特种车辆制造公司工程总承包等有影响力合同，技术优势转化为市场优势。大力推广绿色、节能等部门特色业务，采用 BIM 等三维、仿真设计提升设计能力，开拓智能生产线、制造执行系统等业务新领域，完成顺丰电商产业园义乌综合服务中心和江西昌兴航空装备公司项目的 BIM 设计任务。

中机中联综合院通过行业分析，以开放的经营态度，实时调整经营策略。设计咨询除稳住传统主行业外，主动到投资活跃的地区和行业开拓市场。成功签约上海瓦锡兰合资项目等。在物流行业方面，与多家物流集团签订战略合作协议，合同额同比大幅增长，保持强有力的竞争优势。利用军工保密资质及过往业绩，成功经营西部通用航空产业城项目、中广核先进燃料实验中心可研及 EPC 项目，在军工、航空航天及核工业领域打开了新局面。

中联西北院工业工程板块注重内部资源的整合优化，新组建工业工程总公司，巩固在输变电装备等行业的竞争优势，重点拓展光伏发电、脱硫脱硝、污泥处理等朝阳产业。签约西电常变特高压变压器及电抗器技改项目等特色项目。其中，承担设计的西电常变特高压变压器及电抗器技改项目为世界最高电压试验等级项目，主推 ±1100kV 换流变压器等国际高端产品，一举跻身国际一流的特高压变压器及电抗器整体工厂设计团队行列。

（2）民用工程。中国联合本部建工一院、二院、四院、五院、六院通过引进团队、转变业务结构、招聘短缺专业有经验的负责人、加大与兄弟部门的专业优势互补、明确部门经营方向和工作目标等措施，发挥综合实力强的优势，积极开展经营，强化建筑专业设计能力和龙头作用，鼓励方案原创，专业化、特色化逐步形成，部门核心竞争力得到进一步培育。

各部门主动转变业务结构，相继承接了万科·大都会等项目作为储备。承接浙师大特教综合楼工程、浙江传媒学院下沙校区功能规划项目。完成安吉·竹博雅苑、贵州瓮安县文艺中心项目等。

原创能力显著提高，生产模式由施工图为主改善为施工图和方案原创齐头并进的有利局面。前期工作、初设、施工图均衡，工种配合顺畅，逐步形成了同步设计的良性状态。

幕墙院依托建筑设计优势，相继承接了余政 06 号地块项目幕墙工程等项目。照明院加强内部合作，相继承接了浙江省测绘与地理信息局等项目，在办公空间等领域都有新建树。

民用工程板块（二）继续做强建工三院和审图公司的同时，整合上海、宁波、厦门各分院，形成上海、杭州“双核驱动”，四地五院“联合共进”的扩展态势。初步形成人通、会通、信息通及平行化工作模式的“三通一平”整合模式。建工三院肩挑各分院方案创作、技术支持、经营协助等重任，引入新鲜的设计与经营团队，在逆境中强势进取。投标屡有成功，创新开展与工程 EPC 结合的工作模式，在未来科技城国会中心、中国海影城等大型城市综合体及综合园区等项目上均有收获。在“甲方思维”上下功夫，龙湖、富力、绿地及合景泰富等成为长期固定客户。

上海院、宁波院、厦门院相继完成龙柏中学宿舍楼施工图设计、宝山罗店镇住宅等项目总体设计和施工图设计，承接了金地宁波长丰地块等项目，有效促进了中联建筑在外地分院的持续发展。

中机中联建筑公司一业为主，多业并举的格局初步形成，果断调整组建四大业务板块：综合设计板块、地产设计板块、技术咨询板块和工程管理板块。加强板块内以及板块间的协同，引导项目资源和人力资源合理流动，防止资源内耗。修订《中机建筑经营激励绩效管理暂行办法》。成都公司经过 10 余轮概念方案比选，成功拿下乐山高新区农科园和鸿通集团项目。着手筹建 BIM 小组，推进标准化设计的相关工作，全力协助项目管理部办理入川备案证续期手续。

中联西北院民用建筑板块继续强化核心部门的引领作用，求精做专，持续锻造各生产单元的专业特色，在绿色建筑等领域打造具有行业话语权和品牌影响力的精英团队。应邀在全国医院建设大会上作主旨发言；放下身段主动寻访县级医院，并有效实现医疗建筑设计总包模式，成为区域医疗建筑标准的权威制定者和流程设计专家。签订西安赛格广场等一大批经典项目。

（3）能源与环境工程。中国联合能源工程公司加强技术储备，积极开拓煤气化、清洁能源和零排放等新领域，成功承接奉化华联生物能源发电 EPC 示范工程。开拓海外市场。发挥设计龙头作用，严格采购把关，加强现场施工的安全、质量、工期及投资管理。中化泉州石化动力站等 EPC 项目按约定结算；中安联合动力站 EPC 项目完成 70% 的工程量。神华榆林、中煤蒙大 EPC 项目稳步推进。

原电力院重组为新电力设计院、新能源设计院和电力工程公司后，及时把传统电站设计咨询业务的经营重点转向新能源、清洁能源、国际业务和传统中小热电项目技改上，承接大批项目。鼓励经营人员适时向业主宣传 EPC 和 EP 工程项目承包理念，尽最大努力争取项目 EPC 和 EP 等业务，成功承接萧山东垃圾 EP 等项目。当哥伦比亚 G3.2 项目设计、审图工作因标准不一致遇到困难时，及时组织 30 余人的设计团队奔赴现场，开展突击设计，加快审图工作。

中联西北院能源电力板块注重发挥在城镇热源厂建设中的技术优势，在新能源、余热发电和分布式能源等方面取得突破。签约西安汴京工业园集中供热工程等省市重点民生工程，启动水煤浆锅炉及煤粉锅炉在县域集中供热工程中应用的设计工作，首次将热源厂施工图设计通过 BIM 技术实现，受到业主的充分肯定。绿色环保态势喜人，绿色建筑咨询与标识认证、工业废水处理等业务捷报频传，设计的西安中航汉胜航空电力公司 (AUAE) 研发基地荣获美国 LEED-NC 金级认证；签约韩城西昝工业园污水处理站 EPC 总包项目，持续巩固在工业废水处理领域的竞争优势。

（4）规划市政工程。中国联合本部规划市政板块保持增长势头。市政环保业务有了重大突破，城市规划、道路桥梁与风景园林三大业务精诚合作，各具特色，同步发展。多规融合的优势特色继续得到政府及市场认可。培育特色技术，承接乡镇污水处理厂、垃圾填埋场等项目，为改善城乡居民环境、提高生活品质发挥作用。加强专业合作，四大专业人员层次基本形成，进一步巩固了综合技术优势。

南京院和景观建筑院主动融入公司文化，参与市场竞争，增加了业务触角。

原机勘院浙江分公司整体团队融入公司本部，成为“勘察设计研究院”，开展与岩土工程勘察相关的各类业务，取得工程勘察专业类（岩土工程）乙级资质；协助完成杭州国联检测技术有限公司投资主体转移的相关证书变更工作。

中机中联市政业务围绕“重庆两江开投”等高端、重点客户开展经营工作。传统道路设计经营业务保持基本稳定。参与重庆主城区白居寺投标工作，成功签订宝山嘉陵江跨江大桥前期咨询与后期审图任务。咨询、评估、规划和风景园林业务保持平稳发展，在经营海绵城市设计新领域方面取得进展。创新生产组织模式，部分部门组建“总师团队、主设团队、辅设团队”，以及后期服务团队，明确各团队的总体责任、专业责任及连带责任，提升了生产能力。

中联西北院规划市政板块以新型城镇化建设为契机，加强与省市建设规划行政主管部门的沟通联系，形成规划与市政“双轮驱动”协同发展。签约凤县滨江景观带等一批规划和市政类项目，在道路、桥梁、隧道、地下管网等城市基础设施建设方面占有一席之地。

2. 做大做好工程总承包和国际业务

（1）工程总承包。中国联合本部工程一公司成功签订“良渚街道杜甫农民多高层公寓工程总承包”等项目；通过“菜单式多元化服务”理念的经营，突破行业与技术壁垒，成功承接浙江广电象山影视基地二期新建项目。工程二公司在巩固德清总承包市场和义乌代建市场的同时，积极开拓衢州等市场，配合浙江省住建厅的工程总承包试点工作。工程三公司承接杭州市主城区首个 EPC 总承包项目——江干区九堡中心单元文体中心项目，稳步实施在手项目。监理公司积极抢抓政府项目，承接杭师大仓前校区 B1 区块、援坦桑尼亚中国图书馆等项目；形成具有设计院背景特色的监理企业风格，实施浙江音乐学院、阿里巴巴软件生产基地二期等重大项目；完成援科特迪瓦文化宫改造工程等援外项目。

城建院提供“全产品线”分析与决策服务，提高项目签约的成功率。全力跟踪江干区采荷实验学校等项目。咨询公司成功开拓电网行业及湖南市场等咨询业务；稳固与浙江大华智联有限公司等合作关系；为公司海外 EPC 项目提供造价咨询和控制专业服务。

中机中联强化总承包项目的经营及管理，合同额取得实质性突破。新签合同同比增长 176%。另有多个项目中标，进入工程总承包合同洽谈阶段，为朝着工程公司转型过渡奠定了良好基础。为做真做实工程总承包，制定《施工技术、安全方案管理办法》。建筑公司组建以工程部和咨询造价所构成的工程管理板块，总包业务成长快。综合院在总承包业务方面，签约中广核燃料试验中心等 EPC 项目。市政环保院传统水处理工程承包业务得以保持，项目优质度提高。签订碧水源污水处理设备等总包工程，总包项目进展顺利，并积极探索 PPP 模式。国际工程部在完成全国极具影响力的云端廊桥 EPC 工程总承包项目后，借其影响力，又成功经营中华华丹 • 国坛酒庄旅游综合体工程等项目。积极开拓重庆铁山坪等项目，力争把旅游产业总包作为国际部一个经营战略方向。

中联西北院工程建设板块注重发挥咨询设计龙头作用和华建工程建设总公司的区域品牌优势，承揽了中华好玩城等省市重点项目。监理的铜川照金红色旅游名镇荣获全国“市政金杯示范工程”，延生观 • 化女泉项目部荣获全国“青年安全生产示范岗”，连续稳居全国完成工程项目管理合同额前 50 强，巩固和提升“华建品牌”在文物遗址开发与保护、省市重点工程实施中的区域标兵地位。承揽单笔合同额最高的 4.6 亿元的靖边智光新能源 50map 光伏发电项目成功并网发电，总包的西安国际陆港第一幼儿园按期交付使用。相继签订西安国际陆港兰家小学等 10 个总包项目。

（2）装备工程总承包。中国联合本部装备公司积极转型升级，培育新的经济增长点，保持稳中有增的态势。环保业务稳步发展。成功开拓废水处理业务，承接了浦江水晶产业园区污废水处理及中水回用 EPC 项目，实现零突破；榆林开发区热电公司脱硫脱硝综合治理项目、昆山热电公司循环流化床脱硫脱硝项目实施良好。工业炉业务逆境求稳。福建鼎信镍业公司步进式底式加热炉群进入试生产阶段。浙江久立特公司核电蒸发器立体库系统工件热处理技术目前尚属国内外首创，正处于开发设计阶段。大冶特钢调质生产线机械设备进场安装。涂装业务不断创新技术，完成的东莞中集公司 KTL 涂装生产线引领着行业发展方向。与艾森曼（上海）公司合作承接哈尔滨福特轿车前处理涂装生产线，实现迈进汽车整车涂装市场的梦想。非标业务持续创效。沈鼓 CAP1400 试验台钢结构项目是国内最先进、国产化程度最高的核电主泵试验台，安装完毕。查特深冷工程有限公司 VT 生产线项目为目前 LNG 气瓶生产厂家中最先进、自动化程度最高的生产线，项目的现场安装工作基本结束。铸造业务在签订多个永康市企业铸造车间整治提升方案编制项目的基础上，开启总承包项目的承接。

中机中联综合院在设备承包方面，保持韧劲，签约美克 FA 柔性涂饰线等项目，成功打开设备市场新局面，逐渐步入良性循环。

（3）国际业务。中国联合本部海外工程公司紧紧围绕哥伦比亚项目 G3、G3.2 项目的实施重点，推进工作。3 月 23 日，G3 机组首次并网成功；9 月 12 日，机组完成 72 小时满负荷运行可靠性考核试验，平均负荷和热耗达到合同指标，环境排放指标达到法定要求；9 月 17 日，机组进入商业运行。G3.2 项目顽强推进。

北京国际业务部全力开展委内瑞拉住房项目的实施工作，使得项目有条不紊地向前积极推进。此外，深耕南美市场，以委内瑞拉为核心辐射其他周边国家，积极跟踪其他可行的国际 EPC 工程项目。

国际工程公司克服困难，推进印尼 Solo RUM 公司热电厂项目的实施，费用控制较好。印尼 Sulut 电站项目进入收尾阶段。

中机中联国际工程部坚持发展国际工程 EPC 总承包道路。通过国机集团内部合作，承担了赤道几内亚、几内亚、塞内加尔、尼日尔项目。投入超百万资金，自主经营伊朗 ABFA 项目技术方案得到业主确认。马来西亚 Seagate 投标阶段获业主认可，沙巴医院项目进入最后报价及合同实质性阶段。此外，在东南亚市场、非洲市场、伊朗市场，均建立了比较完善、有实力、可依赖、可合作的代理渠道，国外总包工程势头较好。

【产权制度改革】

逐一完成产权新增、变动、注销等工作。其中，根据国机集团批复，将所属的机械工业勘察设计研究院有限公司出售给中国机械设备工程股份有限公司，同时将机械工业勘察设计研究院有限公司所属的杭州国联检测有限公司无偿划拨至该公司。

【管理经验】

1. 持续提高职能管理能力，增强公司文化软实力 制定中国联合“十三五”发展规划。根据“制度建设年”要求，重新修订完善规章制度，编制相应的工作流程，组织规章制度知识竞赛。成立文明办公监督员队伍，推行办公环境5S管理工作。组织公司各类重要会议和协议签订仪式，接待公司重要客人63批次。中机中联管理部门的职能职责外延在逐步扩大，管理工作更加精细化，转变工作作风，改变以往的被动服务为主动服务，深入一线了解需求，主动配合前方经营，为生产经营发挥保障作用。中联西北院以“对标管理提升年”“标准化建设年”为契机，制定《对标管理提升暂行办法》《标准化建设实施方案》，调整职能管理和辅助生产部门的机构设置，公示办事业务流程。

中国联合三地三院利用各种媒介，宣传先进人物和事迹，宣传重大项目。创作新版宣传片、宣传册和宣传PPT，服务生产经营，全新改版门户网站，开通官方微信公众号。做好行业和当地协会的联络工作。积极参加各类企业荣誉评选活动，公司在美国《工程新闻记录》（ENR）和中国《建筑时报》2015年中国工程设计企业60强排名中再次位列第10位，在全国设计勘察企业设计收入前50名中列第16位，在工程项目管理完成合同额前94名中列第17位，在工程总承包完成合同额前157名中列第34位。

2. 大力开发人力资源，努力建设高素质员工队伍 完善中国联合领导定点联系重点院校机制，建立校企合作长效机制。全年新进应届大学毕业生150人，引进社会招聘人才193人。开展对海外板块所需人才的内部招募工作。选择倍智和北森2家知名公司为公司量身设计人才测评问卷。组织各职能管理部门共同编写并发布职能管理部门各岗位的《岗位说明书》和《岗位工作标准》，试行年度薪酬考核与创新性工作挂钩机制。继续开展公司管干部述职考评工作。

制定“十三五”人力资源规划，组织各类培训153场4 116人次。为15个专业技术委员会配备青年秘书。做好项目关键岗位人员的资格认定工作。推荐、申报国家、行业、省、市、区等各类专家、人才17项，共67人次。完成各类注册考试报名354人次、各类执业资格注册255人次、各类注册继续教育112人次。共有549人取得高一级专业技术职务任职资格。

中机中联建立新的生产组织模式，搭建合理的人才梯队，修订《薪酬职位管理办法》《绩效工资分配办法》。为配合新的《薪酬职位管理办法》施行，制定《设计岗位资格考核认定办法》。通过严格控制进人等方式，逐渐降低劳务派遣人员比例和公司总人数，提高全员劳动生产率，确保骨干员工的收益和公司长远发展。举行审定人员等培训。

中联西北院获批陕西省研究生联合培养示范工作站和华中师范大学、中国青年政治学院毕业生就业基地。制定《公司人员结构调整转型方案》。加强干部考核管理，强化干部员工绩效考核。

3. 完善资本运作，提高财务管理水平 配合杭州市国税局的专项检查，避免公司税务处罚和相关风险，并争取到将公司退税分类调整为A类企业。新增对国机资本公司的股权投资2 000万元。

制订14项财务管理制度，参与业务部门涉及融资、垫资项目的前期沟通和洽谈，提供办理各类保险的咨询、比价等。新设资金管理团队，推出限时办结制度，兑现青年员工购房贷款利息补贴。建立岗位轮换与“带培”机制，换岗率超过30%。选取2个代表性项目开展全面预算管理试点工作。在省发改委“企业招投标信用评估”中，公司再次被评为3A企业。

中机中联和中联西北院致力于优化资本结构，提高资本的运作效率，有效运用银行综合授信，保持合理的资产负债率，确保资金安全可靠，降低企业财务风险。协调统筹银行承兑汇票，提高资金使用效率。中机中联还开通银行承兑电票功能，有效提升承兑汇票的真实、安全、便捷、到期提醒、实时到账，规避多手背书环节的退票风险。全面实行财务预算动态管理，将风险消灭在萌芽中。

4. 注重技术创新，培育企业核心竞争力 编写“十三五”科技规划，制定《特色技术和业务开发奖励基金管理办法》。通过高新技术企业资格的重新认定，并连年获得省高新技术百强企业荣誉称号。开展技术培训和交流 55 场。组织对外申报各类工程技术奖项 73 项，共获得外部各类工程技术奖等 59 项。申请专利 31 项，获得授权知识产权 26 项。主编、参编国家标准、行业标准 18 项。组织科研、业务建设及知识中心课题立项 73 项，年终结题 67 项。CAP1400 核电主泵试验装置获浙江省重大科技专项。

设立“总师办”，开展施工图产品飞行抽查，对 218 个项目的施工图外审意见进行统计、分析。开展“质量月”活动。完成 28.7 万张馆藏图纸数字化加工工作。配合信息化中心对公司档案管理建设进行分析建模、运行测试及功能完善；联合文印中心，对出图试行盖章、扫描、归档一体化管理模式。初步完成美标体系及中国国标英文版翻译系统的建设，基本满足了公司民用、能源板块对美标的需求。

中机中联调整科技研发思路，科研课题投入更加注重实效性、前瞻性。BIM 云项目等重点科研业务建设稳步推进。中机建筑大厦总包管理 BIM 云平台试运行。申报省部级奖项 17 项，获奖 11 项。申请 35 项专利，授权专利 28 项。通过重庆市科委认定重庆市高新技术产品 2 项。

中联西北院“绿色 3D 打印在建筑中的个性化服务及应用”等 3 个项目获批陕西省科技计划项目，绿色建筑研究创新团队、馆藏遗址文物保护与环境适宜性技术研究创新团队获批陕西省重点科技创新团队。落实《西安市农村住宅设计图集》标准 1 项，1 人荣获陕西省青年科技奖。第四次斩获陕西省技术交易工作先进单位。入选西安市 2015 年小巨人领军企业培育计划。获批专利 10 项，获省部级各类科研成果奖 12 项。《电镀废水深度处理资源化利用》入选国家《节水治污技术名录》。《煤制甲醇废水深度处理资源化利用》等 3 个项目被评为西安市“职工经济技术创新优秀成果”。新认定陕西省及西安市名牌产品各 1 个，斩获第四届创新创业大赛（陕西赛区）亚军。自主研发的“烟蒂垃圾资源化作油田酸化缓蚀剂和遮阳布纺丝原液”收到国外公司的技术和投资咨询。“无汽蚀低噪音的凝汽器抽真空节能装置”和“低能耗凝汽器变频真空系统”在市场推广。“内腔电镀连续生产设备”投入使用。出台《客户回访暂行管理办法》及《客户投诉暂行管理办法》，设立 24 小时客户投诉热线，回访重点工程项目 30 个，持续打造维系客户的情感纽带。

5. 高度重视质量、环境和职业健康安全管理 组织各相关部门、各项目部签订“项目安全生产责任书”和“项目管理岗位安全生产责任书”，完成施工总承包项目安全管理规章制度的编制。审批公司施工总承包项目施工方案，组织人员赴公司重点项目现场检查，及时发布月度《重大项目监控报告》，组织压力管道换证审查，开展质量安全进度检查 48 项次，针对性地提出 286 条重点意见，并督促落实整改。

完成“境外工程项目进度、质量、安全管控节点研究”课题，及时发布境外风险预警信息，2 次对哥伦比亚 G3、G3.2 项目现场进行质量、安全和进度检查。开展“安全生产月”活动和“六打六治”安全专项整治活动，确保万无一失。举办安全经理及安全管理员培训及考试。完成公司安全生产许可证换证工作。获得国机集团安全生产 A 级（优秀）；工程二公司伍凯获省总工会“安康杯”安全生产先进个人荣誉。

中机中联为适应建设工程五方责任制和注册师执业制，贯彻落实项目负责人质量终身责任制，明确各类注册师的责权利，出台《贯彻项目负责人质量终身制加强设计质量管理的规定》和《关于注册工程师执业管理的规定》；为降低设计项目的违规风险，编制《国家规范强制性条文汇总和注释编制》和《控制性详细规划设计深度规定（试行）》；为使质量管理程序更适应各特色专业的实际，编制造价、景观、环境、规划等特色专业的质量管理程序文件“设计记录”等。

中联西北院开展覆盖全公司设计部门的设计质量自查工作，制定《技术标准化建设实施方案》，完成《各专业制图标准》（初稿）。三级分解签订“项目安全生产责任书”，开展安全生产大检查，做到了安全生产零事故。

6. 加强生产经营管理，为生产部门提供有力支撑 分解下达生产经营指标，并积极检查、推进。及时完成月度生产统计信息的编制。创新方法对全年收款额进行预测并编制预测报告。规范合同管理，做好重大项目投标文件和合同会议评审组织工作。对新项目进行技术、质量、安全交底，提出创新性、前瞻性建议。制定《工程总承包项目计奖收入考核办法》。

编制中国联合本部“十三五”资质规划，完

成公司勘察资质换证和增项工作，取得工程勘察专业类（岩土工程）乙级证书，完成公司工程招标代理机构资格乙级证书延续和换证工作，完成机械二院设计证书延续和换证工作，完成国联节能技术有限公司的浙江省民用建筑节能评估机构备案证书换证工作，完成压力管道设计许可证延续换证工作。完成中国联合监理资质初始申报、工程造价咨询证书的延续换证工作，修订、印发《关于异地项目备案工作原则的说明》。完成公司异地的备案工作或延续备案工作。完成杭州国联检测技术有限公司工商变更。协助厦门分院在浙江省工商局、杭州市工商局办理工商变更事宜。完成公司作为勘察设计企业、建筑业企业、招标代理企业、工程造价咨询企业和机械二院及施工图核审公司年报统计工作。申报“中央外经贸发展专项资金支持国际服务外包业务和技术出口”项目，争取外部资金，申报“杭州知名品牌”。开展顾客满意度调查测评工作，完成年度顾客满意度测评报告。

修订《经营生产管理办法》，制定《市场开拓扶持基金管理办法》。完成规划甲级资质等资质的更换与延续。新增消防安全评估临时二级资质、消防设施维护保养检测临时二级资质；电子通信广电行业（电子工程）乙级升甲级。确保相关业务的准入资格，为新领域的拓宽奠定了基础。

中联西北院抓住国家“一带一路”战略和西安建设“丝绸之路经济带新起点”机遇，扎根西安、辐射陕西、拓展西部，坚持以大带小、以强携弱、强化板块作用的总体思路，战略合作再结硕果。与陕西嘉酞轩置业公司签署战略合作框架协议，共同成立西安院子研究中心，合力研究中国传统式庭院和自然山水园林景观。与曲江建设集团等大型企业、地方政府签署战略合作协议。新兴业务孵化起步。绿建认证、县级医院、中小学校等公共建筑项目呈现良好的增长态势；高压试验系统设计、光伏发电、污水处理、热能工程、工程总包等新业务正在加快孕育并不断破茧而出，新的增长动力正在加快形成并不断蓄积力量。有力推动了生产经营工作的持续稳定发展。

【采购管理和审计法律监督】

加强采购经理培训和廉政教育。对中国联合重要物资进行集中采购。配合完成集团对公司内控情况的评价检查、国机研发中心大楼建设项目以及专项科研基金项目的审计工作。对工程类的预算项目，采取聘用外部专家参与审核，提高审核质量。完成对总承包项目应收账款清理等专项审计；对哥伦比亚 G3、G3.2、山西潞安等重点项目的财务收支、合同执行进行跟踪审计，对长江动力试验站项目进行完工效益审计等。在二级部门管理审计时，重点关注重大合同的执行风险，加强风险信息收集和了解，及时进行风险提示。组织项目承接风险评估 12 项，涉及金额 110 亿余元。防范法律风险，审查公司各类合同、招标文件、保函等 2 000 余份，涉及合同金额 40 多亿元；协同各生产部门催收项目应收账款，制发催款函、律师函合计 30 余份；协同有关部门积极应对和处理法律纠纷，维护公司合法权益。落实《公司“六五”法制宣传教育规划》，编制《公司法制工作规划方案（2015—2019 年）》。

中机中联和中联西北院严格采购管理，制定《工程项目采购管理办法》等，重大事项风险评估机制常态化，加强总承包项目全过程风险评估和审查，确保项目安全。

【信息化建设】

制定“十三五”信息化建设规划。启动总承包项目管理信息系统建设。完成协同办公系统清理工作，帮助各部门进行流程开发和优化，提高办公系统的效率。开发财务票据出入管理等业务模块。完成各类信息资源的分配与管理工作，将视频会议系统延伸至各外地分院、子公司，并使用视频设备对公司本部大会和集团视频会议进行直播与转播。在海外部署上网认证管理设备、文件服务器等设备，重点支持哥伦比亚项目部等提升海外现场的 IT 环境。进行数字化三维设计平台的选型工作。配合工业院对 Mes、数字化工厂等内容进行了调研。

完善信息化工作相关标准和管理规范，提升公司信息系统安全控制体系运行水平，制定正版软件使用目标。对照岗位标准对信息化从业人员进行技术培训，部门转型和创新工作取得实质进展，对外承接聚光科技的弱电设计项目，依托自身技术力量完成公司 BIM 云实验平台的搭建。

中机中联信息化建设合作开发项目经过多轮竞争性谈判，确定项目的合作开发单位。综合管理系统、财务管理系统、设计管理系统、经营管理系统进入测试阶段。人力资源系统中的人力资源数据完成。完成网络带宽扩容等。中联西北院加大综合信息管理平台建设力度，重点建立和完善了二维协同设计、移动办公和数字图书馆。

【后勤服务】

后勤公司围绕服务做文章，制定后勤服务指南和员工行为规范。与职校联合，创新培养专门人员，优化队伍结构，并向市财政局申请实习生培训费用。牢固树立安全第一思想，电梯等安全设备严格年检年审，组织消防培训，做好抗台等自然灾害工作。做好安全保卫工作，维护公司良好秩序。美化工作环境，做好会务、接待配合工作。做好医疗保健、员工体检、疾病预防控制和计划生育工作。

员工食堂严把采购关，与杭州生态农业公司合作建立蔬菜基地，对粮油等食品采购采取集中招标。文印部新增施工现场送图纸服务。采用计算机记录工作量加质量考核计奖办法。制订公司运动馆管理办法。新租赁单身公寓 91 套。完成石桥原办公楼、宁波院原办公楼的出租等工作。

中机中联在保障员工日常基本利益基础上，经过近 3 个月的时间，对 B 座大楼卫生间进行全面整改装修，解决了多年来通风效果差、环境恶劣的问题。

中国汽车工业工程有限公司

【基本概况】

中国汽车工业工程有限公司（简称中汽工程）于 2005 年 10 月 28 日成立，是由国机集团所属的四院、五院合并重组的国际型工程公司，总部在天津。拥有国家 40 余种资质证书，其中甲级资质证书近 30 个，是中国机械行业规模最大、拥有甲级资质最多的公司，是中国第一批通过 ISO9001 质量管理体系认证、拥有开展国外经济技术合作业务的公司，是国际 FIDIC 成员单位。现有职工 3 838 人，其中教授级高工 76 人、高级工程师 440 人、工程师 506 人、助理工程师 346 人；并拥有一批高素质的管理人才。

业务以汽车工程项目设计和承包为主，承担国机集团打造汽车板块、为“造车人”服务的重要业务之一。中汽工程以汽车生产工艺及专用生产装备的承包为核心竞争力，承担着汽车工程及其他机械、医药、电子、民用等项目的规划设计、工程总承包，具备从咨询、设计到制造、安装、调试、陪产服务等完善的技术服务产业链业务。近年来，承接了奔驰、沃尔沃、捷豹、福特、通用、宝马、戴克等合资企业，以及福田、江淮、长安、中华、东南、中国重汽、陕西重汽等各大汽车集团（公司）的设计和总承包任务，并走出国门，承接印度、越南等国家的汽车工程设计和总承包任务，是改革开放后中国首家承担国外汽车生产线总承包并获成功的公司。

秉承“为顾客创造价值”发展理念，致力于“更高的追求，更好的生活”企业愿景，中汽工程将全力打造机械工厂建设新理念，把高质低价、绿色节能的科学发展观贯穿工程建设全过程，朝着国际知名的工程系统服务商品牌和业务发展目标迈进。

【主要指标】

实现新签合同额 71.4 亿元，同比增长 38.64%；实现收费总额 56.1 亿元，同比增长 5.65%。主要经济指标详见表 1。

表 1　中国汽车工业工程有限公司 2015 年主要经济指标

项　目	2014 年	2015 年	同比增长（%）
资产总额（万元）	586 697	791 949	34.98
净资产（万元）	166 263	196 719	18.32
营业收入（万元）	410 785	548 710	33.58
利润总额（万元）	23 093	25 738	11.44
技术开发投入（万元）	19 364	26 913	38.98

（续）

项　目	2014 年	2015 年	同比增长（%）
利税总额（万元）	49 429	49 939	1.03
EVA 值（万元）	26 802	41 342	54.25
全员劳动生产率〔万元 /（人·年）〕	27.30	28.10	3.00
净资产收益率（%）	15.47	11.04	减少 4.4 个百分点
总资产报酬率（%）	4.20	3.77	减少 0.4 个百分点
国有资产保值增值率（%）	126.04	112.61	减少 13.4 个百分点

【重大项目】

1.SGMW 宝骏二期涂装车间 M+E+U1 项目　4 月 6 日设备进场施工，10 月 8 日电泳投槽，11 月 2 日（仅用时 7 个月）达到批量生产要求，比合同工期提前 2 个多月，创造 60JPH 涂装项目施工新纪录。至 2016 年 1 月 29 日，涂装车间累计生产合格车 50 558 台。经济或社会效益：该项目严格遵循美国通用汽车公司的 BOP（全球制造体系和标准）要求，采用国际水平的 3C1B 工艺，突出安全、绿色、低碳、环保、节能、高效；并采用多种达到国际先进水平的技术：新型 IMC 输送链、内外喷机器人及涂胶机器人、新型文丘里、空调送风循环利用等，展示了公司在涂装界的顶级水平。

2. 上汽大通涂装车间总包项目　设计为 18 万辆 / 年，2 月 8 日土建正式开工，8 月 15 日设备进场。截至 2016 年 3 月 18 日，完成工艺设备联机调试，并具备化学品清洗及投槽条件，再次刷新“大通速度”。经济或社会效益：车间的整体质量达到国内领先水平，在行业内具有绝对优势。

3. 北京奔驰 MRAII 项目　为北京奔驰 MRA 二期项目，设计产能 30JPH，生产奔驰新型 SUV 车型 CLC 和新 E 级车。共承揽 5 个合同，范围涵盖焊装车间钢结构、焊装车间输送系统、连廊输送系统、总装车间空中输送系统与总装车间地面输送系统。本项目完全遵循 Daimler 的最新 Integra 4 标准和 Daimler 德国项目管理要求，进行项目设计、施工及调试。横跨 MRA 一期、MRA 二期、立体库、焊装、涂装及总装六大车间，接口复杂。3 月 23 日进入 ET 阶段，第一辆车生产顺利进行；10 月 15 日开始量产，所有奔驰轿车在中国的生产都在中汽公司承接的总装线上进行。

该项目为中汽工程继北京奔驰 MRA 一期项目和 NGCC 项目之后，从北京奔驰承揽的又一个执行 Daimler 高标准的项目。

4. 上海通用汽车凯迪拉克项目　凯迪拉克工厂总装车间机运系统主要包括 BDC、内饰线、底盘线、终装线、门线、发动机线及物流线，各机运线体采用静音高效的设计方案，其中内饰线采用电动升降大滑板、底盘线采用国际领先的 EMS+VAC、终装线采用环形板链，同时在底盘线和发动机线设置同步带，所有线体充分考虑多种复杂车型混线生产的线平衡，具备可同时生产中高级豪华轿车、SUV、新能源车混线生产能力，柔性强、效率高。

5. 深圳比亚迪总装车间项目　设计产能 40JBH，并预留 60JBH 拓展接口，满足比亚迪公司 S6、S7、唐、e6 等多款型、跨平台、传统燃油车与新能源车兼容生产的高度柔性化要求，并预留了 S9 和 ST 等规划车型，有效工位 124 个，含 PBS 线、内饰线、底盘线和最终线 4 个有机单元。仅用 103 天完成全线贯通及首台车成功下线，创造了比亚迪速度和中汽速度，首车下线也标志着项目开启了调试收尾、节拍验证、连锁互锁和产量爬坡的序幕。

【市场营销】

在各工程院所及各营销部的努力争取下，继续承接高端品牌汽车集团和老客户项目，坚持专业化管理运作模式，持续优化组织结构，不断适应市场营销、市场开拓、生产、开发等需要。面对资源需求的更大挑战，积极调配部门内部资源，保证了众多项目的按时交付。成立海外市场部，主导开拓海外市场，配合完成海外项目，初见成效。重视装备研发，以技术领跑为目标开展诸多卓有成效的工作，实现创新突破。

【科技创新】

以推动价值竞争落地措施为中心，以推动设

计水平、减少设计差错为工作重点，以强化规范化、标准化、电子化为管理手段，以过程监控、检查整改为落脚点，开展智能物流、振动技术、能源管控、能耗收集对比等新技术的研究和探索，在技术管理、质量监控、施工管理、档案管理4个方面进行了完善、细化。优化公司级评审制度，落实了具体责任到项目主管领导、设总、院所（长）和主审人，补充完善了评审程序。继续推动工程设计水平以能耗指标评价为导向的工作原则，提高能耗计算的准确度，控制能耗限额。搭建知识管理框架，逐步完善知识管理体系，完成前期设计、初步设计、环评报告、勘察报告、设计交流资料和计算书等文件的归档，将项目管理中的知识、技术、经验、教训等进行收集归档。组织公司技术开发和业务建设课题的申报、评审、检查和成果验收工作，共立项技术开发课题14项、业务建设课题141项。加强设计评审，评审项目数量逐年增多，评审效果明显。

【科研成果】

获得行业以上奖励9项。其中《高效智能绿色汽车涂装系统工程技术研究及应用》获2015年国机集团科学技术奖一等奖，同时《燃气粘土废砂再生系统》获该奖项的三等奖；《广州汽车集团股份有限公司自主品牌乘用车产能（20万辆／年）扩建项目申请报告》获全国优秀工程咨询成果奖三等奖；《杭州长江汽车有限公司年产2万辆纯电动新能源客车项目申请报告》获2015年度机械工业优秀咨询成果奖一等奖等。组织专利申报工作，共申报专利54项，其中发明专利14项；获得专利授权18项，其中发明专利9项。

【管理经验】

1. 经营管理方面 业务规划等战略和管理转型深化，持续推动创新和资源建设，确保可持续发展。为适应董事会领导下的公司治理结构，按照专业化工程公司的模式，对中汽工程组织结构和作业流程进行优化调整，完成集中资源管理下的专业化工程公司布局，初步建立责权明晰、管理科学的公司运营体制。加快发展各专业工程院所，强化领导力提升，充分发挥各级领导干部的管理作用，使管理更加科学化。

2. 生产保证方面 实现生产管理体系数据化、流程化，提高生产效率。通过对生产组织各环节严格有效的控制和管理，确保各项工程设计任务的有序实施和有效完成，为中汽工程各项经济指标和设计生产任务的顺利完成提供了保障。设计流程采取闭环控制，实现在线查阅发图状态。生产情况实行动态管理及提供月、季动态报告，保证人力资源合理调配和使用，为市场营销提供决策依据。组织生产例会、设计策划会议等，及时协助解决生产过程中的问题，确保设计按进度计划完成。实现人工干预项目评审，根据项目的实施进展和具体情况，计划在进度制定时直接将评审流程嵌入进度计划。实现二级机构合同和收费管理均录入OA系统。

3. 总承包管理方面 继续开展总承包管理能力提升活动，总承包现场形象基本规范、统一，项目经理队伍的整体水平进一步提高，通过专业作业标准建设完善了总承包项目管理标准体系，项目量化管理、统一采购管理逐步深入，项目管理信息化水平得以提高。自主完成总承包项目采购和合同管理的软件编制及测试工作，使得公司采购管理更加规范，信息传递更加便捷，数据和知识得以共享，管理过程清晰透明。提高项目税务管理水平，制定《总承包项目平衡纳税管理办法》，使纳税平衡工作规范化、常态化，编制《总承包项目平衡纳税工作细则》。通过人员的分层次使用、重点培养，进一步提高项目经理队伍的整体水平；组织参加全国工程建设总承包项目经理培训，并选派优秀项目管理人参加PMP培训。

4. 人力资源管理方面 人力资源体系建设持续深入，获“中国人力资源开发与管理最佳创新奖”。成功获批天津市“千企万人支持计划”，为公司高端人才的引进和政策津贴支持争取到了入场券。干部选拔考核趋于系统化，采用任期内年度考核、任期综合评估及员工推荐相结合的方法，对30个部门97名中层干部进行换届考核，重点突出干部年轻化导向，为科学选拔新一届中层干部提供了坚实有力的数据和依据。深化校企合作，被列为“天津市高校研究生教育校外创新实践基地”。应届毕业生的招聘从总量优化向结构优化调整，各知名高校毕业生的招录人数比率、专业分布比率综合平衡互为补充，共引进127名应届毕业生。人才培养突出思想引领和重点深化，启动中高层实效管理外派培训，加大中基层职业化培养力度，同步举办中汽工程第三期英语夜校培训班和沈阳宝马现场英语能力提高班，协同相关部门组织首次“首席专家大讲堂”、新员工入职培训和注册继续教育培训。人力资源制度建设应时改进，制定《外事工作管理规定及审批办法》，修订《公司管理部门岗位说明书》和《公司人才引进管理办法》。

5. 资产财务及审计管理方面 继续抓基础工作，完善财务核算工作，同时注重财务管理职能的提升，加强财务分析、成本核算等职能，并完善差旅费管理办法，出台资金管理办法等文件。继续加强银企合作，保证公司运营资金运转流畅，增大银行授信额，累计取得“双免”条件下的银行授信 30 亿元。利用银行授信开具各类银行保函、银行承兑汇票、信用证，有效缓解了资金压力，满足了采购进口设备资金需求。加强税收管理，规避税务风险，完成天津市税务局对企业的纳税辅导及国税稽查局对公司四院的税务稽查。按全方位规范化发展要求，进行岗位轮换，加强对财务人员的培养锻炼。派驻海外项目会计，将核算工作延伸到前端，为海外项目开展积累了宝贵经验，并为海外项目的发展提供强有力的支持，有效保障了海外资金的安全。

对中汽工程内部合同、文件等进行分析、预测，评估风险可能带来的法律后果，形成风险评估报告及内控评价报告。收集整理有关建设工程设计、建造、购销、承揽等方面的现行法律法规，制定公司建设工程设计、施工、购销合同范本。处理诉讼与非诉讼案件 14 起，提供法律咨询 326 件。参与 8 个项目的合同评审会及合同审查工作，对条款进行把关，维护公司的合法权益。

【信息化建设】

推动信息化建设，提高中汽工程信息化水平。资源中心系统总体运行平稳良好，全面实现图纸电子化归档和调配。完成虚拟桌面改造扩容，扩容后的虚拟桌面承担起公司三维设计的培训、设计任务，大幅提升了稳定性。同时，提供了许多强大的功能，能够完全支撑现有员工的三维设计工作，解决了硬件采购成本高、利用率低和维护工作量大等问题。实施账户统一管理系统，完成信息化平台、RTX、邮件、资源管理中心、VPN 系统的单点登陆。计算机集成应用系统完成新增模型 770 个，与上年度同期相比增加 50%。

【企业文化建设】

1. 组织 10 周年系列活动 提前 3 个月筹备策划方案。活动内容包括拍摄制作中汽工程 10 周年纪念宣传视频、员工客户祝福视频、10 年杰出贡献奖表彰视频，设计制作经营画册，改版网站，开展庆祝中汽工程成立 10 周年征文活动，收集整理 10 年大事记，举行庆祝中汽工程成立 10 周年庆典暨特殊贡献员工表彰大会，以及举行公司中北涂装试验制造基地落成典礼和“面向智能制造之装配、焊接、物流技术”“高效智能绿色 —— 中国涂装之路”两大论坛。

系列迎庆活动弘扬了中汽工程优秀企业文化，激励员工奋发向上为公司再立新功。活动对外起到了宣传、交流、提升品牌的目的。

2. 完成《企业文化手册》修订，重新编制《新员工入司指南》 结合“三严三实”专题教育活动，进一步宣传倡导企业文化作风内涵，切实改进党员领导干部和广大党员的工作、学习和生活作风。开展企业文化评估工作，建立公司企业文化内部评估体系，通过开展座谈、调查、总结等自评工作，全面总结中汽工程成立 10 年来企业文化建设的成果与经验，完成公司企业文化建设工作自评报告。强化公司系统服务商品牌建设，加强企业品牌宣传推广工作，完成北京、上海等地有影响的汽车技术与装备 AMTS 等社会展览活动。利用大众传媒宣传公司在工程建设领域的项目业绩、内部生产、技术、管理创新和体制创新等方面取得的成绩，向《国机集团报》、天津市科技党建网投稿宣传企业文化与品牌。加强公司 VI 视觉识别和形象工程建设，认真做好 VI 品牌的日常服务和维护工作，适时更新公司办公大楼展厅布置及公共区域的形象策划布置，形成了浓厚优良的企业文化氛围和环境。完成企业社会责任的调查及总结上报工作。

3. 进入 100 强 荣获“天津企业 100 强”“服务业企业 80 强”称号，进一步提升了中汽工程品牌的社会影响力，对公司创新驱动、转型发展和推动价值竞争具有重要的意义。

【党建工作】

1. 开展“三严三实”教育 根据中央统一部署，按照国机集团党委的部署要求，公司从 5 月底开始组织开展“三严三实”专题教育，活动收到良好实效。各级党组织和广大党员参加了活动。活动中，中汽工程领导班子围绕“严以修身、严以用权、严以律己，谋事要实、创业要实、做人要实”要求，认真对照党章要求和《中国共产党廉洁自律准则》等党内规定，结合习近平总书记系列重要讲话精神，联系中汽工程“致力成为国际知名工程系统服务商”的战略部署，查摆问题，着力解决“不严不实”问题。中汽工程党委进一步落实全面从严治党要求，落实党风廉政建设主体责任；党委书记带头讲党课，带领班子成员开展专题学习研讨，深入基层开展调研工作，广泛征求职工意见和建议，认真开好专题民主生活会，努力营造积极向上、干事创业、风清气正的政治生态，推动中汽工程各项工作再上新台阶。

2. 贯彻党的十八届三中、四中、五中全会精神，开展创先争优活动 积极组织党委中心组学习，结合中汽工程党政班子联席会议、领导干部民主生活会和“三严三实”专题教育，全年进行4次中心组学习。强化党员干部培训，落实党风廉政建设责任制和廉洁承诺制度，加强领导干部廉洁自律和作风建设。完成年度创先争优活动工作交流和党内评选表彰工作，做好党员教育和组织发展工作。

加强对团员青年的培养、教育和引导，发挥团组织在青年职工和中汽工程之间的桥梁作用，引导培养年轻员工服务企业、成长成才。以五四青年节为契机，开展“首席专家——新分享”讲座，助力青年员工树立正确的人生观和价值观。开展“暖冬行动，爱心传递”公益义捐活动，并前往四川彝族贫困山区进行宣传，积极承担企业社会责任。团委获“天津市青年文明号”，同时公司蒲公英志愿者获“天津市优秀志愿服务团队”荣誉。

进一步增强民主参与、民主管理意识，落实中汽工程集体劳动合同的签署，以及企业工资集体协商工作，被评为“天津市科技系统工资集体协商先进单位”。组织推动以“创名牌、提效益”为重点的劳动竞赛。鼓励职工岗位建功，用评先工作引领企业新气象。全年公司获得的荣誉有：阮兵同志被评为“全国劳动模范”、工艺工程院获天津市科技系统“五一”劳动奖章、周蓉获“天津市三八红旗手”荣誉称号、张继军获天津市科技系统“五一”劳动奖章等。成立阮兵劳模工作室，将其在宝马项目中积累的工作经验、方法和先进技术，依托工作室平台，发挥劳模的示范和引领作用，将劳模精神和品牌效应不断放大。建立科技职工之家，完善工会工作运行机制和工作方式。重视离退休职工管理工作、老干部的春节走访慰问工作和纪念抗战胜利70周年慰问工作。

机械工业第六设计研究院有限公司

【基本概况】

机械工业第六设计研究院有限公司（简称中机六院）创建于1951年，拥有工程设计综合甲级资质，为国家大型综合设计研究院，隶属国机集团。至2015年年底，在职员工近3 000人，其中中国工程院院士1人、中国工程设计大师1人、英国皇家特许建筑设备注册工程师协会荣誉资深会员1人、享受政府特殊津贴专家24人、研究员级高级工程师111人、高级工程师562人、各类国家注册工程师867人次。

60余年来，完成大中型工程项目20 000余项，主编、参编国家和行业标准、规范32项；荣获国家科技发明奖二等奖1项、中国土木工程创新最高奖詹天佑奖1项、鲁班奖12项、国家科技进步奖及优秀工程设计25项、省部级奖300余项；获得国家授权专利54项，其中发明专利7项；软件著作权登记47项。

拥有国家住房和城乡建设部颁发的工程设计综合甲级资质、工程监理综合资质、房屋建筑工程施工总承包一级资质、工程造价咨询甲级资质、建筑智能化工程设计与施工一级资质；国家发改委颁发的工程咨询甲级资质；国家商务部颁发的对外工程承包经营资格证书及援外设计、援外监理等资格；质量技术监督局颁发的压力容器、压力管道设计许可证；城市规划、机电设备安装等资质。可承接工程设计全部21个行业和8个专项资质范围内的所有工程咨询、设计、工程总承包、项目管理和工程监理业务。

中机六院是国内机床工具、烟草、民用建筑、铸造、无机非金属材料、煤矿机械、重型机械、风电机械、轨道交通装备、石化机械等行业和领域的设计强院，在信息智能化、绿色工业建筑、大型工厂和园区规划、企业生产流程再造、高难度结构、暖通空调、工业除尘、市政和环境工程等方面，具有国内一流的工程技术。

中机六院秉承“务实创新，拼搏共赢”的企业精神，竭力“打造中国著名的国际化工程服务公司”，为国内外客户提供工程建设领域的全过程、全方位服务，为社会、客户、员工创造更大价值。

【主要指标】（主要经济指标详见表 1）

表 1 机械工业第六设计研究院有限公司 2015 年主要经济指标

项 目	2014 年	2015 年	同比增长（%）
资产总额（万元）	104 726.61	108 954.06	4.04
净资产（万元）	67 692.11	74 834.71	10.55
营业收入（万元）	111 560.62	106 599.61	-4.45
利润总额（万元）	8 239.69	10 390.49	26.10
技术开发投入（万元）	16 660.00 13	15 266.55	-8.36
利税总额（万元）	9 264.54	15 062.64	13.93
EVA 值（万元）	19.60	11 880.00	28.23
全员劳动生产率〔万元 /（人·年）〕	10.23	17.47	-10.87
净资产收益率（%）	7.74	12.66	增加 2.43 个百分点
总资产报酬率（%）	110.31	9.99	增加 2.25 个百分点
国有资产保值增值率（%）		113.33	增加 2.71 个百分点

【改革改制】

1. 完善现代企业制度，规范企业治理结构 成立董事会战略管理委员会、审计与风险管理委员会；编制《机械工业第六设计研究院有限公司董事会战略管理委员会议事规则》《机械工业第六设计研究院有限公司董事会审计与风险管理委员会议事规则》《机械工业第六设计研究院有限公司董事会秘书工作制度》《机械工业第六设计研究院有限公司监事会工作制度》，推进现代企业制度建设，规范企业治理结构。

2. 加强战略引领，引领发展方向 制定企业战略规划，发布《机械工业第六设计研究院有限公司战略管理办法》。加强战略规划落地，以战略规划为依据起草年度工作计划，组织年度工作计划的分解、检查，促进年度计划全面完成。

3. 专业化运营初见成效 整合工业业务、工程监理、总承包业务、国际业务，优化配置技术、市场、人才和创新资源。成立工程管理中心，统筹管理工程总承包类业务，开展非实体经营工作，组织投资大中型项目和承接大型工程总承包类项目的实施。试点推行工程院领导下的工程所按细分业务市场独立运行核算，提高资源利用率，培养员工的成本节约意识，提高工作效率。

4. 完善财务制度，推进财务信息化 加强内控、严防风险，推进财务制度建设，制定《工程所独立核算信息化管理》《承包项目独立核算的信息化管理》《公司与生产部门两级分配实施办法》《关于分、子公司财务工作分类管理的规定》等规章制度 18 项。完善其他应收款、应收账款、承包预付账款等财务信息管理系统，完成“财企直联”、外出经营证明开具管理系统的开发，财务信息化建设持续推进，财务管理效率不断提高。

【企业文化建设】

制定《企业文化建设发展规划》《企业文化管理办法》，贯彻企业文化理念，明确企业文化管理机构，规范员工日常行为，加强标识的规范使用，完善企业文化制度管理，推进企业文化建设，提升企业形象。同时，加大宣传力度。开通微信公众号，丰富宣传方式，提升宣传工作水平。以《中机六院·通讯》《国机集团报》和门户网站、国资委网站、国机集团微信平台、国机集团英文杂志等为媒介积极推进宣传工作。

【优化人力资源】

编制《机械工业第六设计研究院有限公司高层次人才引进培养管理办法》，修订《机械工业第六设计研究院有限公司招聘管理办法》，积极引进外部人才；制定《机械工业第六设计研究院有限公司员工内部跨部门流动管理办法》，优化内部人力资源配置；制定《生产部门工资总额发放办法》《生产部门劳务费发放管理办法》《职能管理部门绩效工资发放指导意见》，增强各生产部门人工成本控制意识；制定《2015 年各岗位、岗级及薪酬标准》，降低岗位工资比重，提高绩效工资比重，充分调动员工工作积极性；制定《关于对领导干部进行提醒、函询和诫勉的管理办法》，加强领导干部的监督管理，促进干部健康成长；组织建筑学专业骨干攻读湖南大学建筑学专业在职研究生，提升核心人才素质。

【重大决策与重大项目】

中机六院高科技信息园项目取得投资项目备案确认书、建设用地规划许可证、国有土地使用证、建设项目涉及国家安全事项审批告知书、防空地下室设计条件审核意见书、郑州市建设工程项目绿化设计方案审验证明等，完成现场架空高压线路迁移、施工通道开通、施工临时用电安装、地质勘察、场地东侧地表以下垃圾外运等工作，正在进行文物勘探和发掘工作。

3 月 13—14 日，中机六院第十届职工代表大会第三次会议暨第十一届工会会员代表大会第三次会议召开。

7 月，以 2 000 万元实缴出资认购国机资本控股有限公司的股东权益。

10 月 30 日，国机集团任命黄国甫、孟庆利、刘健灵、樊高定、徐光辉为中机六院董事会董事；免去谢东钢中机六院董事职务，任命皮安荣为中机六院监事；免去黄国甫中机六院总经理职务；免去鲁光耀中机六院财务总监职务。12 月 4 日，中机六院董事会选举产生新一届领导班子，黄国甫任董事长，毛卫东任副总经理（主持经理层工作），孟庆利、李国顺、张清宽、俞玮、周永刚、吴旭东、张红发 7 人任副总经理。

【市场营销】

1. 经营范围 主营对外派遣工程勘察、咨询、设计、规划、规划服务、项目管理、监理劳务人员，国（境）内工程勘察设计、咨询、规划、规划服务、项目管理、总承包、监理，国（境）外工程勘察设计、咨询、规划、规划服务、项目管理、总承包、监理及项目所需设备材料出口，建筑智能化工程的设计与施工，机电设备安装工程的设计与施工，建筑信息模型的应用与培训，设备、材料购销，自有杂志的出版与发行，设计和制作印刷品广告，利用自有杂志发布广告。兼营综合技术开发、转让、服务，产品开发，研发销售，工程文印制图。

2. 市场开拓情况 签订合同总额 14.62 亿元，其中设计咨询类合同 11.41 亿元、承包类合同 5.4 亿元。市场开拓成效突出。把握新常态，坚持战略引领，坚持市场导向，坚持转型提升，坚持结构优化，立足工业、民用、市政三大行业高端市场，推动设计咨询、监管理、总承包三大主业协调发展，实现省内、省外、国际三大市场多点开花，着力打造“全业务链一体化发展”“一站式服务能力”，确保业务平稳健康增长。主营业务稳步发展：①工业业务把握“供给侧结构性改革”机遇，围绕“两化融合”“高端装备”“智能制造”，加快工业业务转型升级，大力开拓数字化车间、数字化工厂等业务，承接了贵安新区富士康第四代绿色产业园、河南省弗雷森农业装备生产基地、昆明机床数控重型精密机床制造及铸造基地、河南德威电缆新园区、南阳防爆集团大型防爆电机专业化生产中心等重要项目。②民用业务把握市场需求，拓展医疗建筑、教育建筑、大型公共建筑、物流工程、养老建筑、棚户区改造、城中村改造、撤村并城等市场，承接了原阳县人民医院等 5 所院校建设 EPC 工程等重要项目。③市政业务抢抓国家大力推进城市基础设施建设的机遇，拓展市政道路、景观、给排水、污水处理等业务，承接了郑州市 107 辅道快速化工程项目的监理等重要项目。

新兴业务快速拓展。坚持多轮驱动，在保持主营业务平稳发展的同时，加快开拓新兴业务，向业务链前后端延伸，拓展价值链条，开辟新的发展增长点。①智能与信息化业务方面拓展智能与信息化业务，发展基于 BIM 的数字化业务，承接了哈尔滨万达城主题公园项目弱电智能化等项目。②咨询业务加快拓展绿色咨询、贯标咨询服务，承接了西安交大济源科技园专家公寓绿色建筑咨询服务等项目。③投资及总承包（PPP）业务努力把握国家 PPP 发展趋势，加快提升投融资及总承包能力，稳健拓展投资 EPC 业务，开拓了平舆小清河景观综合治理工程。

【科研成果及产业化发展】

1. 编制“十三五”科技发展规划与科研课题管理规定 编制中机六院“十三五”科技发展规划，颁布《关于〈工程技术进步与创新研发课题管理办法〉的补充规定》，不再限制科研课题申报时间，条件成熟的课题可以随时申报。申报生产部门层面课题63项，合并成13个高新备案课题；公司层面课题11项。对11项公司层面课题首次试行合同制管理。

2. 搭建科技创新平台，为科技创新提供基础支撑 博士后科研工作站开始运行管理，1名博士后进站开展研究工作。申报博士后科研基金项目1项。

积极申报国家级科研平台，组织申报的“绿色建筑信息模型化国家地方联合共建实验室”获国家发改委批复建设。联合河南省土木建筑学会共建河南省成品住房研究中心研发基地。

3. 重新认定高新技术企业 完成高新技术企业重新认定，为享受企业所得税政策优惠提供支持。证书编号：GR201541000157，到期日2018年8月3日。对2014年的高新备案课题进行研发项目鉴定工作，申报27项，鉴定通过20项，为享受研发费用加计扣除税收优惠提供支持。

4. 承担国家科技专项课题 承担的国家发改委、工信部、财政部首批智能制造装备发展专项“树脂切割片及钹形砂轮数字化车间和智能物流系统智能化成套装备”项目通过国家三部委验收，专项资助资金尾款300万元获得拨付。承担郑州市、中原区科技专项“装备制造业数字化工厂集成应用”“基于信息模型的可视化绿色建筑评价系统研究”“数字化工厂的焊烟治理与通风优化设计研究”“物联网在绿色智能楼控中的应用”研发工作。组织申报工信部2015年智能制造试点示范专项科技专项1项：“固结磨具数字化工厂智能制造项目”。组织申报工信部工业转型升级资金绿色制造工程项目1项：“白鸽磨料磨具有限公司搬迁新建－转型升级绿色制造项目”。

5. 承担国家（行业）标准的制定工作 参与制定行业标准3项，国家标准（图集）7项。其中《制造工业工程设计信息模型应用标准》是制造工业工程设计领域的第一部信息模型应用标准，将对我国制造工业工程设计信息模型应用技术的推广和使用、绿色工厂设计、全生命周期数字工厂设计技术水平的提升起到巨大的推动作用。

6. 知识产权管理 重视加强科研成果的转化和保护，积极申报国家专利、软件著作权登记、科研成果登记。申报专利22项，其中发明专利6项；获国家授权专利27项，其中发明专利4项、软件著作权登记21项。获郑州市专利资助专项资金6.28万元、国机集团专利科技资助5.3万元。

【产权管理】

投资国机资本控股有限公司2 000万元，持有0.84%股份。4月，中机六院第一届董事会八次会议表决通过《关于出资认购国机资本有限公司股东权益的决定》，8月完成投资款支付。

完成中机六院改制土地产权过户事宜。6月23日，与郑州市国土资源局签订“国有建设用地使用权出让合同”，并充分利用政策实现土地出让金优惠600余万元，7月16日完成土地出让金1 125.42万元缴纳，12月1日取得新土地证。

做好“中字头”更名工作。6月，在国家工商行政管理总局完成新公司名称“中国陆源国际工程有限公司”预核准；8月，中国浦发完成对长江磨床的股权收购，实现100%控股；中国浦发正在实施对长江磨床的清算工作。

成立平舆县小清河景观综合治理项目PPP公司，投资600万元，持有10%股份。

根据《国机集团关于将科技发展基金和市场开拓基金转为对企业投资的通知》（国机资函〔2015〕167号）要求，将2010—2015年国机集团对中机六院拨付的科技发展基金和市场开拓基金584.63万元转为实收资本，作为集团对中机六院的追加投资。

【管理经验】

1. 经营管理方面

（1）优化资源配置，稳步推进中心制运营。优化调整组织架构和管理职能，加强董事会决策管理，推进现代企业制度建设，为中机六院战略目标的实现提供组织保障。为保障战略落地，推进专业化运营、转型升级，成立工程管理中心、工业工程中心、民用工程中心和市政工程中心。

（2）完善经营考核制度，推进经营平台建设。完善经营人员考核办法，探索经营激励制度创新，调动经营人员积极性和主动性。加强经营管理服务平台建设，提高对各业务板块、工程院（所）经营工作的服务、指导和管控能力；做好经营资源库、方案库、业绩库等平台建设工作，提高资源利用效率；加强并规范学、协会工作管理，充分利用学、协会平台，搜集市场信息，加强沟通交流，提高行业影响力；完善协同经营制度，构建经营协同平台，共享整体资源。

（3）加大经营力度，确保平稳增长。优化调整组织架构，按细分市场划分核算单位，完善以业务板块为主、综合经营部支持的非实体经营机制，调动经营积极性；认真分析、科学研判市场形势，主动适应新常态下增速降低、产业结构调整带来的市场需求变化，合理制订经营策略，抢抓细分市场，集中力量，重点跟踪。

（4）强化经营协同，凝心聚力开拓市场。通过业务板块整合，整合优化市场经营资源，凝聚合力，开拓行业、区域或业务市场。完善经营协同机制，修订、完善经营协同管理相关制度，调动工程院（所）协同经营的积极性和主动性。让技术研发工作和技术研发人员更贴近市场、贴近一线，优化体制机制，调动技术研发人员开拓市场的积极性和主动性，实现技术和经营的协同融合。

巩固传统工业、民用、工程管理类业务市场地位，推进传统业务市场升级；积极推进咨询、市政、工程总承包、国际工程等新型业务的开拓。

（5）开展对外合作，拓展业务范围。利用中机六院的品牌、资质、资本、客户资源等综合优势，加强和外部战略合作伙伴的协同合作，共同开发市场，共享产业价值链，实现互利共赢。结合业务发展方向，有重点、有针对性地与国内外高端咨询设计机构、地方政府、金融机构等开展合作，快速提升业务水平、搭建业务拓展平台。

2. 全面预算管理方面 制定《预算管理办法》。在促进预算执行控制方面主要抓 4 个关键环节：

（1）做好合同额、收入额预算目标的分解、下达，使计划指标分解到位。

（2）完善预算管理，强化预算执行的过程控制。召开经营生产质量月会议。通过各工程所独立核算信息化逐步规范深入，网上电子报销系统向分（子）机构推广和电子报销系统与 NC 系统实时对接，最终实现预算和实际发生数据实时查询、对比、控制，真正做到预算管理、财务分析、成本管理全过程控制。

（3）指标完成与薪酬挂钩，使计划指标考核到位。制定《生产部门工资发放管理办法》《劳务费发放管理办法》，将各生产部门指标完成与薪酬挂钩、严格兑现，提高员工的积极性。

（4）加强财务管理，严格控制成本支出。一是日常财务管理制度化；二是日常财务管理信息化。

3．加强成本费用控制 发布《机械工业第六设计研究院有限公司集中采购管理办法（试行）》《机械工业第六设计研究院有限公司车辆管理办法》《机械工业第六设计研究院有限公司专职司机管理办法》《机械工业第六设计研究院有限公司办公电话使用和通信费用管理办法》等管理办法，扩大物品集中采购范围，明确采购管理领导机构、监督机构、执行机构及采购实施方式，办公用品、车辆维修服务、服务器、计算机、软件的采购等均通过招标确定。运营费用同比明显下降。公务车费、业务招待费、办公费、修理费比上年同期下降 1 800 多万元。实施工程院领导下的工程所独立核算运行模式，准确、及时核算各工程所的收入和成本，通过 EEP 平台信息化管理实现全过程有效监管，工程所账面没有资金结余不能对外结算支付，内部资金拆借实行有偿融资管理，各工程所成本意识显著增强。加强内部控制建设，规范相关业务流程，有效管控成本。

【信息化建设】

1. 编制两化融合实施建议 组织编制《中机六院两化融合实施建议》。

2. 梳理各部门业务流程，以信息化手段持续提升管理水平 生产运行部与各职能管理部门共同梳理现有业务流程，形成信息化需求报告，分批提交第七工程院进行开发，全年完成各类系统开发任务 48 项。

3. 全面取消硫酸图，推进蓝图打印归档 完成设计图文件印章、签名电子化和 DWG 文件转换 TIF 格式技术研发，在所有项目上推广使用蓝图归档打印系统，同时蓝图归档能够方便地切换成白图，也为未来实行“蓝转白”及无纸化交付奠定基础。

4. 加强信息安全投入，加强访问控制 持续加强信息安全投入，采购部署域控服务器 1 台，实现网络安全日常监测，包括上网行为管理和入侵监测等。升级亿塞通文档加密系统 150 点，新购 50 点，确保新搭建的 BIM 设计平台的信息安全。企业内部全面禁止个人无线 WIFI，实行认证开通，统一管理。采取多种手段从物理安全、网络安全、主机安全、数据安全、应用安全和安全保障制度建设等方面入手齐抓共管，夯实安全壁垒。

【人力资源管理】

1. 调整工资结构，体现多劳多得 调整工资结构，进一步降低岗位工资比重，提高效益工资比重，充分调动员工工作积极性，真正体现多劳多得。

2. 改进竞争上岗机制，充分挖掘员工潜力 设置岗位、岗级体系，按照公平、合理和向一线倾斜的原则，对岗位、岗级及薪酬标准进行调整。

3. 加强干部队伍建设，推进干部队伍分层分级管理 严格执行中层干部晋升条件，切实履行中层干部提拔程序。对中层干部实行分层分级管理，明确集团聘干部、公司聘干部和部门聘干部的责权利关系，理顺各类人才晋升通道。

4. 强调高端引领，狠抓高层次人才队伍建设 制定《高层次人才引进培养管理办法》，加大对各部门引进培养设计大师、行业领军人等高层次人才的奖励支持力度，力争在高层次人才引进培养上有所突破。

5. 激发人力资源活力，推进员工内部流动常态化 制定《机械工业第六设计研究院有限公司员工公司内部跨部门流动管理办法》，促进人力资源在企业范围内常态化流动，激发员工二次创业热情。

6. 修订完善招聘条件 发布《2016 年招聘管理办法》，以各高校专业强弱作为招聘依据。明确劳务派遣、子公司聘员工转正条件及程序，提高各类员工工作积极性。

7. 调整考核要素，完善考核办法 修订完善《各部门第一负责人绩效考核办法》。职能管理部门第一负责人增加年度工作计划考核维度，增加被考核人述职等考核形式。

8. 加强培训，提高领导干部队伍素质 加强内部培训师资队伍建设，逐步构建适应企业发展需要的培训体系。与咨询公司合作举办团队建设相关培训，着重提升领导干部团队建设、管理能力和综合素质。

【企业文化建设】

编制《企业文化管理办法》，起草《企业文化建设发展规划》，进一步规范企业文化建设的管理工作。按照《企业形象识别系统规范手册》要求，对郑州地区办公场所进行全面清查，并要求厦门、天津、重庆等地办公场所及各施工现场规范企业标识的使用，统一企业形象标识，强化企业形象。

【党建工作】

1. 严格落实责任，推进党风廉政建设责任制 中机六院党委制定《党风廉政建设责任制实施办法》，党风廉政建设工作实行党委统一领导，党政齐抓共管，纪委组织协调，部门各负其责，谁主管、谁负责，一级抓一级，层层抓落实。

2. 严格监督检查，深入推进执纪问责 明确纪委监督检查内容；明确基层党组织纪检委员监督检查内容；明确“一案双查”要求。

3. 严格基层组织建设，深入推进规范化管理 严格党组织委员的选拔、任用和培训；推进基层党组织活动的开展；加强党建工作制度建设，进一步加强党建工作，落实党委主体责任和纪委监督责任。

4. 严格党内监督，深入推进党员思想素质提升 开展“三严三实”专题教育；加强党员义务履行的检查，增强党性意识；认真开展民主评议党员活动。

【社会责任】

牢记服务社会责任。一方面积极推广绿色、节能技术，为社会贡献一批绿色建筑，荣获“2015年度中国低碳环保推广标杆企业”；另一方面致力于公益性项目建设，派考察组前往信阳市固始县，会同当地有关人员，针对大别山连片特困地区固始县 146 个贫困村，统计缺路、缺水、缺电情况，测算资金需求，编制固始县农村地区“三缺”情况调研报告及整体帮扶项目“三年规划”。

向国机集团爱心基金捐款 234 552 元，诠释中机六院人对社会责任的理解和担当，向更多需要帮助的兄弟单位员工奉献爱心。

沈阳仪表科学研究院有限公司

【基本概况】

沈阳仪表科学研究院有限公司（原名“沈阳仪表科学研究院”，简称沈阳仪表院）始建于1961年，1999年7月1日转制为企业。从2003年开始，先后重组杭州照相机械研究所、秦皇岛视听机械研究所和沈阳真空技术研究所，现隶属于国机集团。2013年1月25日完成改制。现拥有3个国家级质检中心、1个部级质检中心、2个国家级标准化技术委员会、2个省部级标准化技术委员会、1个国家级工程中心——传感器国家工程研究中心、2个省级企业技术中心、1个部级工程研究中心。是中国仪器仪表学会仪表元件学会、仪表工艺学会、中国仪器仪表行业协会传感器分会的行业领军企业。

截至2015年年底，员工878人，其中教授级高工38人、高级工程师88人、享受国务院政府津贴8人、高层次科技人才7人（国机集团高层次科技人才5人、院级高层次科技人才4人）。外聘两院院士2人、外聘专家2人、外聘海外专家1人。拥有2个全资子公司、3个研究所、1个检验所。建立了全国性营销网络，产品广泛应用于航天、石化、冶金、供热、供电、水电、煤炭、轻工、建筑、制药等行业，部分产品远销国外。

科研开发实力逐步增强，共完成科研项目1 773项，获国家、部、省、市等奖励393项。获授权专利320项，其中发明专利61项；主持和参与制（修）订国家和行业标准401项，其中国家标准86项。作为重点协作配套单位，研制生产多项军工产品，成功应用于“高新工程”“神州”“天宫”系列载人航天，以及“嫦娥”系列卫星等重点工程。

【主要指标】（主要经济指标详见表1）

表1 沈阳仪表科学研究院有限公司2015年主要经济指标

项　目	2014年	2015年	同比增长（%）
资产总额（万元）	80 381.51	78 341.26	-2.54
净资产（万元）	24 168.72	25 119.62	3.93
营业收入（万元）	32 407.46	31 128.88	-3.95
利润总额（万元）	605.29	674.05	11.36
技术开发投入（万元）	3 160.80	3 582.62	13.35
利税总额（万元）	2 776.59	2 937.96	5.81
全员劳动生产率〔万元/（人·年）〕	12.45	12.52	0.56
净资产收益率（%）	2.48	3.04	增加0.56个百分点
总资产报酬率（%）	1.59	1.57	减少0.02个百分点
国有资本保值增值率（%）	103.29	105.11	增加2.82个百分点

【重大决策及重大事项】

在国家“一带一路”战略和集团“再造海外新国机”策略的指导下，积极开发国外市场。拓展集团内部合作，紧密跟踪具体项目。实施“顶层设计、分层沟通、技术先行、团队营销”营销理念，打造具有竞争力的销售团队，成功中标集团内部仪表成套合同，合同金额共计1 900余万元。

实施品牌战略，重视品牌战略的实施细节，提高品牌的知名度。沈阳仪表院“汇博”商标被评为“辽宁省著名商标”“沈阳市著名商标”，连续11年被辽宁省、沈阳市工商局评为守合同重信用单位；“汇博”牌产品被沈阳市人民政府评为沈阳名牌产品称号。

东阳传感器产业园项目建设正式启动。

“汇博”装备产业园一期工程竣工，下属公司“汇博”热能完成搬迁浑南产业园工作。完成固定资产投资 3 158 万元，为全部主业投资。其中，新增装备类投资 1 908 万元，续建项目投资 1 250 万元；自有资金 1 908 万元、贷款资金 130 万元、其他资金 1 120 万元。产业园项目累计支出 2 256 万元。总投资 17 361 万元（包括土地款 5 585 万元）。

国机集团对沈阳仪表院行政领导班子进行了换届考核，调整了领导班子及成员。

【科技创新】

坚持技术创新驱动产业发展战略，努力实现智能仪表与高端装备全产业链协同创新。借助国机集团平台优势，与西电集团进行业务深度对接合作，为电力系统提供波纹补偿器产品配套和生产设计服务。

自主研发的 1 100kV 特高压组合电器用温度补偿器是国内首家设计生产制造的产品，与世界先进技术水平同步。1 500 磅级核级仪表阀用波纹管成功替代进口。金属波纹管产业化能力得到显著提升。“重大装备用金属波纹管技术研究与产业化”首获辽宁省企业重大研发成果奖（辽宁省产业化项目最高奖励）；“核电站及特高压输变电工程用金属波纹管产业化”获沈阳市科技振兴奖（沈阳市最高级别科技奖励）。研制的生物医学精密光电子滤光器件获 2015 中国仪器仪表学会科学技术优秀产品奖；成功进入文保领域，申报获批国家文物局的高光谱文物成像项目，开展高光谱成像技术研究。科技成果奖励情况详见表 2。

表 2 沈阳仪表科学研究院有限公司 2015 年科技成果奖励

序号	奖励名称	申报项目	获奖情况
1	集团科学技术奖	电厂在线监测仪表与系统关键技术及应用	二等奖
2	中国机械工业科学技术奖（联合会）	大型空冷散热器全自动清洗系统	三等奖
3		MEMS 硅基压力传感器系列国家标准	二等奖
4	辽宁省科技进步奖	12in 全自动划片工艺设备	三等奖
5		GIS 波纹管补偿器性能评价平台	三等奖
6	辽宁省企业重大研发成果奖	重大装备用金属波纹管技术研究与产业化	获奖
7	沈阳市科技振兴奖	核电站及特高压输变电工程用金属波纹管产业化	获奖
8	沈阳市科技进步奖	电站空冷机组全自动清洗系统	二等奖
9		IC 光刻及曝光应用紫外光学薄膜器件	二等奖
10		旋转补偿器评价技术及检测装备研究	三等奖
11	中国仪器仪表学会科学技术奖	生物医学精密光电子滤光器件	优秀产品奖

【市场开拓】

加强市场策划与行动计划，推进两级营销组织协同开辟市场。在院级层面设立周、月、季经营工作例会制度，加强对市场营销活动的调研、布局、策划、实施。建立详细的市场跟踪统计分析制度，统计分析每月拜访客户数、收集项目信息数、跟踪项目情况、投标数、中标数、中标率、未中标原因等内容，对激发市场活跃度起到推动作用。

位移产品市场得到拓展，研发无人机用位移传感器以及汽车传感器，方向角度传感器完成样机电路部分研制工作，节气门角度传感器完成结构设计，具备签订产品合同的技术基础。开展针对照相手机成像性能的测评工作，引发媒体及公众对于手机拍照性能的关注。开发无人机市场，迅速搭建以培训、销售和服务为基础的无人机 5S 基地。开拓如电极雾化制粉设备等新装备市场，深化与中科院沈阳金属研究所、中国核动力研究设计院、中核北方核燃料元件有限公司等重点用户的合作。

【产权制度改革】

根据《企业国有产权转让管理暂行办法》（国资委、财政部令第 3 号）等有关规定，将应办理产权登记的全部办理了相应产权登记，2015 年内无变化。

【主要管理经验】

1. 全面预算管理方面 沈阳仪表院本部及所属子企业全级次纳入全面预算管理，依据自身情况编制下年度全面预算，并结合国机集团预算管理工作安排，年中进行相应调整，年终依据年初预算及年中调整预算进行考核。

2. 人力资源管理方面 按照集团要求，完成后备干部选拔推荐工作；按照院里要求，完成部门后备干部的选拔推荐工作；协助汇博热能公司完成 1 名总经理助理的公开竞聘工作；本着服务于本院 / 部门的发展需要，积极寻求集团支持，选派 3 名年轻干部在集团内所属企业锻炼交流。

3. 自主创新及科技投入方面 沈阳仪表院沈阳市院士专家工作站挂牌成立。聘请中国工程院刘人怀院士团队为沈阳仪表院院士专家工作站驻站院士团队。以产学研用合作为纽带，以增强自主创新能力为目标，以市场化运作、平等互利为原则，借助聘请院士及院士团队的智慧，帮助解决技术创新和战略发展中的问题，促进科技创新能力提升和科技成果转化，增强整体核心技术能力，获沈阳市院士专家工作站补助经费 3 万元。组建成立传感器应用技术研究所，以军品研发和配套、集团内部合作为市场切入点，开展传感器应用技术研究，提升核心技术能力和效益。完善工程专业技术人员科技成果评定、考核激励管理，完成 3 项科技管理体系文件制（修）订工作。完成《沈阳仪表科学研究院有限公司专利及软件著作权管理暂行办法》（沈仪院〔2015〕24 号）研究制定和发布，完成沈仪院（〔2015〕78 号）《沈阳仪表科学研究院有限公司工程专业技术人员聘期科研任务及考核管理办法》文件修订和发布工作，制定《沈阳仪表科学研究院有限公司研发活动成果评审认定暂行办法》。

4. 产业链与客户管理方面 完成钢材采购 237 笔，累计金额 2 745 万元；审核完成电子元器件采购 270 笔，合计金额 940 余万元；完成科研生产设备等招标采购 16 台（套），中标金额 632.45 万元；完成办公设备采购 62 台（套），合同金额 25.65 万元。通过与相关单位深入洽谈，累计节省资金约 319 万元。

【安全生产】

与国机集团公司签订“安全生产责任书”。制定《沈阳仪表科学研究院有限公司生产现场安全标识使用规定》《沈阳仪表科学研究院有限公司安全生产目标管理制度》，发布“沈阳仪表科学研究院有限公司生产及办公活动场所危险源一览表”，修订《沈阳仪表科学研究院有限公司安全生产管理办法》。对《沈阳仪表科学研究院有限公司安全生产管理制度》进行全面修订。

每季度进行一次定期安全综合性大检查，对危险性较大的项目或作业点进行专项检查，加强日常巡查，对安全隐患整改不落实的，按规定进行处罚或要求停工整顿。要求各单位对危险源进行辨识，加强对重大危险源检测、监控和管理。加强安全生产现场检查的记录管理。

【信息化建设】

以提高管理、经营水平，提高创新能力为目标，进一步完善网络系统，确保各系统运行畅通，通过搭建、深入使用各种业务系统，不断提升设计水平和创新能力，并逐步增强管理与业务活动的信息化水平，充分发挥信息资源在管理、经营活动中的效能。

1. 持续推进设计、分析软件的使用，提升设计能力和研发水平 对现有三维设计软件、专业分析软件的使用情况进行跟踪，推进设计、分析软件的深入使用，实现产品设计数据的有效管理。进一步提升设计能力和研发水平。

2. 加强信息安全建设 按照三级企业保密要求，严格执行各项信息公布审批手续，做好各种软件、硬件信息保密措施，确保信息安全。

3. 网络畅通、系统安全 各信息系统运行平稳，OA 平台截至 12 月 28 日，共使用 OA 网络寻呼 3 万余次，使用的流程共 1 501 条。对 OA 系统进行 4 次维护，确保全院各种流程流畅运行。国机集团视频会议系统线路每季度检查，全年召开视频会议 20 余次。

4.“沈阳仪表院合同管理系统”上线应用 开发“沈阳仪表院合同管理系统”，该系统可监控合同信息、发货情况及收款情况，为领导决策，提供合同的详细数据。

【企业文化】

被评为全国石油和化工行业文化建设先进单位。

树立“发展是第一要务，稳定是第一责任；发展是业绩，稳定也是业绩”的工作理念。把安全稳定工作纳入干部考核体系，实行安全稳定工作一票否决制。开展矛盾纠纷排查和处理工作，及时化解影响企业稳定的矛盾和问题。同时，积极开展建设职工之家、送温暖活动。走访慰问职工20多人，有40多人次得到院工会的救济。

加强企业文化建设，确立“以人为本，合力同行，崇尚科技，创新共赢”企业核心价值观。在深度融合集团“和”文化的基础上，打造具有科研院所自身特色的企业文化；加强文化载体建设，通过报刊、网站、OA系统等媒体宣传企业文化；通过关爱困难职工、创造良好工作环境、履行社会责任，践行企业文化；通过品牌建设和对外交流、展览等方式，推广企业产业及文化品牌，树立企业良好形象。

【党建工作】

1. 增强班子的合力和战斗力 起草《党委议事规则》，做到参与决策、带头执行、有效监督。发挥党组织政治核心作用，保证监督党和国家方针、政策在全院正确贯彻执行；重视领导班子民主生活会，组织班子成员认真查找不足，通过开展批评与自我批评，增强团结，统一思想。在工作中坚持以大局为重，团结一致，协调工作，支持公司经理依法开展工作。

引导中层干部树立科学的发展观和正确的政绩观，认真做好三所所级领导和院中层以上干部的考核工作。6名干部提拔、调整，都履行了程序。

2. 开展“三严三实”主题教育活动 安排6项内容：动员部署、书记讲党课、召开党建工作会、专题学习研讨、召开专题民主生活会和组织生活会、建章立制整改落实。根据《国机集团党委关于开展“三严三实”专题教育摸底调查的通知》（国机党工〔2015〕7号）文件要求，以发放无记名调查问卷形式广泛征求党员干部职工的意见和建议。召开领导班子民主生活会。领导班子及成员开展批评与自我批评，并根据意见内容，制定整改措施。召开2015年党建工作会，落实“三严三实”要求，把全面从严治党的战略思想落实到仪表院党的建设中。

3. 创新开展党建工作，发挥组织保障促发展作用 以“创新党日活动、共产党员工程”为载体，有效推动党员创先争优。院党委继续开展创新党日、共产党员工程活动，各支部积极响应，结合主题，申报7项“共产党员工程”，其中1项作为示范项目被批准为“沈阳教科系统共产党员工程项目”。努力把党员培养成生产经营的能手、创新创业的模范、提高效益的标兵。发展党员5人，2名党员骨干得到提拔任用。

坚持党内评先表彰活动，为全院党员学先进、赶先进、做贡献、当表率搭建平台，提高党建工作的感染力和吸引力。评出先进党支部3个、优秀共产党员8人、优秀党务工作者5人。

【社会责任】

1. 通过科技创新，促进行业技术进步 获得多项科技成果，其中获各级政府科技奖励11项（省部级以上8项）；申请专利48项，获批29项，多项关键技术得到重大突破。沈阳仪表院的科技发展为国家科技进步作出了重要贡献。

2. 严格执行《中华人民共和国劳动法》 加强员工权益保护，维护职工的合法权益；通过岗位培训及专业知识讲座等形式，提高职工素质，促进员工职业发展；通过开展丰富多彩的文体活动，丰富职工文化生活；帮扶关爱困难员工，增强企业凝聚力，营造和谐工作环境。

3. 强化安全生产管理 完善安全应急预案、营造安全文化，为职工提供安全舒适的工作环境。

4. 依法经营 未出现违背国家法律法规的行为，未出现违纪、腐败等现象。

5. 重视参与社会公益事业 参与扶贫捐赠及社区建设等社会公益事业，企业在地方的形象良好。

合肥通用机械研究院

【基本概况】

合肥通用机械研究院（简称合肥通用院），1999年转制为科技型企业，同年加入国机集团。主要从事石化、国防军工等行业通用机械及化工设备的设计、开发、研制等，研发领域覆盖压力容器与管道、流体机械等。近年来，围绕建设“国际著名、国内一流的现代化科技型上市企业”的发展战略，坚持有质量的增长，在改革发展、技术创新等方面取得良好的成绩。连续7年被评为“国机集团先进单位”。2015年荣获国机集团“质量奖”。

合肥通用院是国家创新型企业和国家技术创新示范企业，是国家压力容器与管道安全工程技术研究中心、压缩机技术国家重点实验室的依托单位，是国家国际科技合作基地（国际联合研究中心）、国家级企业技术中心、国家中小企业公共服务示范平台，是国家级“极端环境重大承压设备设计制造与维护技术创新战略联盟”的牵头单位，是全国科技服务业行业试点单位；有3个国家质检中心、1个国际标委会和10个全国标委会、20多个省部级科研与检测平台，以及可独立招生的博士后科研工作站和企业院士工作站。

建院60年来，合肥通用院取得各类科研成果3 000余项，获国家科技进步奖30余项、省部级科技进步奖400余项。创造了化肥、化工、石化等领域重大工程装备的多个“中国第一”。近年来，立足国家战略和行业需求，为西气东输、千万吨炼油、百万吨乙烯、国家战略油储备等国家重大工程建设提供了一批长寿命、高可靠性的关键设备，解决了诸多行业共性和关键技术难题。主持和参与制修订了1 000余项国家和行业技术标准，引导我国通用机械相关行业的技术进步。

现有职工近1 500人，其中具有高级职称的300余人，具有博士、硕士学位的330余人。在职职工中当选中国工程院院士1名，入选国家首批“万人计划”第一批科技创新领军人才1名、国家“千人计划”引进特聘专家1名、“新世纪百千万人才工程”国家级人选9名、国机集团首席专家3名，享受国务院津贴40名、安徽省政府津贴23名；获得中国青年科技奖、香港“何梁何利基金科学与技术创新奖”、全国优秀科技工作者、“三八”红旗手等奖项。形成若干支具有国际先进水平、居于国内领先地位的技术创新团队，入选国家重点领域创新团队1支、安徽省“115”产业创新团队3支，荣获安徽省十大优秀“115”产业创新团队2支。

【主要指标】（主要经济指标详见表1）

表1 2015年合肥通用机械研究院主要经济指标

项　目	2014年	2015年	同比增长（%）
资产总额（万元）	244 376	259 381（270 546）	6.1（10.71）
净资产（万元）	144 499	163 335（143 005）	13.0（-1.03）
营业收入（万元）	134 037	147 280（179 956）	9.9（34.26）
利润总额（万元）	26 151	26 574（23 505）	1.6（-10.12）
技术开发投入（万元）	13 072	14 508（14 726）	11.0（12.65）
利税总额（万元）	31 389	33 057（31 594）	5.3（0.65）
EVA值（万元）	25 279	23 578（21 783）	-6.7（-13.83）
全员劳动生产率（万元/人·年）	38.95	40.17（34.46）	增加1.22（减少4.49）个百分点
净资产收益率（%）	16.67	14.70（14.68）	减少1.97（1.99）个百分点
总资产报酬率（%）	10.56	10.60（8.86）	增加0.04（减少1.7）个百分点
资本保值增值率（%）	118.3	118.07（121.63）	减少0.23（增加3.33）个百分点

注：括号中的数据为“含国通”的数据。

【改革改制】

1. 完成重组上市 环境公司与上市公司“国通管业”重组工作通过中国证监会评审，7 月 27 日收到中国证监会的批复(证监许可〔015〕21733 号)《关于核准安徽国通高新管业股份有限公司向合肥通用机械研究院发行股份购买资产的批复》。重组完成后，及时完成合肥通用环境控制技术有限责任公司（简称环境公司）的工商变更工作，于 9 月份完成增发股份的股权登记。至此，合肥通用院重组国通管业的工作取得成功，合肥通用院持有国通管业的股份由 11.89% 提高至 36.82%。“安徽国通高新管业股份有限公司”更名为“国机通用机械科技股份有限公司”。

2. 谋划特种设备检验的业务布局 积极谋划检验检测业务的战略布局，与中国石化相关了公司成立以特种设备检验为主营业务的合资公司，巩固和发展特种设备检验业务。与燕山石化成立合资公司并已运行，同时与其他石化企业的检验机构接触与洽谈。这项工作的开展，对拓展特种设备检验业务、提升合肥通用院在行业中的影响力具有非常积极的意义。

3. 接受托管中国通用机械工程有限公司 按照国机集团的部署，托管中国通用机械工程有限公司。

【重大决策】

1.“三重一大”决策制度完善及执行情况 坚持重大决策、重要人事任免、重大项目安排和大额度资金运作事项集体研究决定制度。全年召开院务会、党政联席会议、党委会 58 次。

2. 完善民主决策制度 完成第八届职工代表大会的换届工作，召开职代会 4 次，讨论重大事项议题 13 个，充分发挥了职代会民主参与管理和维护职工权益的作用。继续搭建广泛沟通平台，发挥工会、团委、离退办等群团组织的作用，通过召开专家座谈会、老干部座谈会、青年职工座谈会，听取各方面意见和建议，畅通意见建议渠道，为民主决策提供参考。

3. 完善监督程序，加大决策监督 建立党务公开制度，加强党内监督，成立纪检办公室，协助党委加强党风廉政建设和执纪监督工作。实行党务公开，接受党员群众的监督；完善定期向职代会报告情况制度，接受职工代表质询和监督；通过各种会议通报情况，设立院领导信箱等接受群众意见建议。

4. 完善责任追究制度，强化决策执行力 严格按照决策权限和程序决策，积极推进各项制度进展，对执行不力的向中层干部会或职代会通报，对造成损失或不良影响的责任人予以责任追究。

【重大投资项目进展情况】

1. 投资项目 继续加大院区环境的基建整修力度，推进研发中心项目建设，申报并完成规划、消防、人防、节能等建设报建手续，完成规划、施工、人防等相关的许可申办工作，完成研发中心大楼基坑支护工程，主体工程完成了地下室工程的浇筑和地下室防水工程施工。

2. 科研项目 获批立项课题 25 项，其中国家级 11 项、省部级 14 项。承担的项目进展顺利，部分代表性项目进展情况如下：

（1）国家重大仪器设备开发专项“极端环境承压设备安全性能测试仪研发、应用与产业化”具备结题验收条件。项目面向石油化工、煤化工、航空航天、电力、核能等国家重要领域，围绕承压设备所处的高温、腐蚀等极端环境，开展多种气氛环境高温蠕变疲劳性能测试仪的研发，首次研制 4 台（套）由结构独特的机电伺服加载机构、超高温与多种气氛环境装置(氢气、氩气、水蒸气、真空)组成的蠕变疲劳性能测试仪，填补了国内空白，提升了我国极端环境承压设备的设计与制造能力，同时为相关理论模型的试验验证、极端服役环境下失效机理的研究、材料性能数据库的建立，乃至新材料的开发提供了不可或缺的工具。项目牵头单位和合作单位在现有的产业化能力基础上，通过本项目研究拓展产品种类、添置必要的生产设施，基本完成了产业化基地的建设。

（2）国家工信部海洋工程装备科研项目“海水混合冷剂换热器”启动实施。浮式液化天然气 (FLNG) 技术用于海上天然气开发，能显著简化海上气田的开发过程，为深海（300m 以上）大型气田和海上边际气田的开发提供新的技术支撑。项目获得海水－混合冷剂换热器设计、制造、检验等关键技术，完成样机研制和工程应用研究，实现海水－混合冷剂换热器国产化，为中国南海大型气田开发建设所需的年产量 200 万～ 300 万 t LNG-FPSO 装置的工程化建设奠定基础，提升了中国海洋工程装备的自主创新能力。

（3）国家“973”计划项目“高端压缩机组高效可靠与智能化基础研究”进展顺利。该项目针对国家发展高端能源装备的战略部署，立足于国际压缩机技术前沿，开展高端压缩机组高效可靠的基础理论与方法研究。设计搭建压缩机关键部件温度场、力场、化学场等多场共同作用下的性能测试系统、离心压缩机气流激励与扩稳试验平台，深入研究基于主动控制的叶轮抽吸扩稳方法和往复压缩机流量自适应无级调控技术、多场共同作用下压缩机关键零部件的载荷分布规律和失效劣化机理，突破压缩机基于寿命的设计制造与在役延寿关键技术，拓宽压缩机高效稳定运行边界，修订完善现有国家行业技术标准，从而为实现压缩机组在宽工况范围内的高效稳定运行、提高中国高端压缩机组设计制造水平提供基础理论和方法支撑。

（4）国家“863”计划“材料结构一体化及非传统制造工艺及装备”项目正式启动。该项目共设 2 个课题，针对中国航空航天制造行业发展新型结构材料先进制造技术需求，以复合结构材料精密切割、特种耐高温结构材料高效加工、弱刚度复合结构材料高质切削为研究对象，开展超高压水射流加工装备与工艺技术、超声切削关键技术与装备设计制造等关键技术研究，预期开发出复合及特种耐高温材料超高压水射流加工装备和弱刚度复合材料超声切削装备，实现在企业示范应用并制订相关工艺规范。项目的实施对突破中国航空航天制造业加工技术瓶颈，加速先进制造技术装备与工艺升级进程，提升中国高端装备制造业国际竞争力具有重要意义。

【市场营销】

1. 工程承包与设备成套业务 在环保设备与成套工程领域，积极拓展污水处理与泵站设备成套工程，新签合同 1.2 亿元；在分离机专业领域，实现由单机向项目成套转型，承担“盐湖卤水提取千吨级高纯氯化锂项目”，新增合同额 3 000 多万元；凭借对科普展品的设计概念、制造工艺、艺术和内容等方面的创新，保持行业的领先地位；实验室工程与设备领域业务平稳发展。

2. 技术服务 在检验检测业务方面，合肥通用机电产品检测院和合肥通用机械研究院特种设备检验站两个子公司承担的检测检验业务保持平稳增长的好势头，利润 2 亿多元。

3. 产品生产销售 流体机械类产品种类包括：压缩机、化工泵、特种风机、高压水射流设备、特种阀门、过滤与分离机械、机械密封、非金属材料配件、压缩机阀片等。生产销售额与上年同比稳中有升。

【科技创新】

1. 技术研发 获各类省部级科技成果奖励 15 项，其中省级科技进步一、二、三等奖各 1 项，省部级社会力量奖一等奖 2 项、二等奖 3 项、三等奖 5 项、提名奖 1 项，安徽省专利优秀奖 1 项。获合肥市科学技术杰出贡献奖 1 项、合肥市绿色建筑优秀设计奖 1 项。“重型压力容器轻量化设计制造关键技术及工程应用”项目获安徽省科技进步奖一等奖；“离心铸造高温炉管质量评价与控制关键技术”项目获中国机械工业集团公司科学技术进步奖一等奖。申请专利 81 项，获得授权专利 41 项，获得软件著作权 3 项。主持或参加编制的标准 167 项、行业标准 107 项；获得批准发布的国家标准有 14 项，全部由合肥通用院主持编写，获得批准发布的行业标准有 45 项。被国家工信部和财政部认定为“国家技术创新示范企业”，合肥通用院和环境公司双双入选安徽省发明专利百强。

2. 项目申报 申请国家和省部级各类科研项目 31 项。新增获批立项课题 25 项。新增科研课题向新的技术领域延伸，开始了海洋工程装备的技术研究（海水－冷剂换热器等）、复合材料及其加工制造技术的研究，对特殊领域的机器人开始给予关注。国家发改委能源局能源自主创新和能源装备专项“过程工业装置强化传热与节能技术创新及服务能力建设”项目，将大大增强通用院各类传热技术研发和制冷空调设备能效测试评价的手段，提升合肥通用院在海洋、新能源和节能等新兴技术领域的技术服务能力。

3. 平台建设 申报的国家第二批科技服务行业试点通过评审；筹建的“通用机械复合材料技术重点实验室”被安徽省科技厅批准为省级重点实验室；申报的“安徽省通用机械行业（压力容器和流体机械）技术中心”获安徽省经信委认定。

科研平台运行良好，成绩突出。“安徽压力容器与管道安全技术省级实验室”“合肥压缩机技术省级实验室”在安徽省科技厅组织的绩效考核中成绩为优秀，并将得到安徽省为期 3 年的持续支持；“安徽省制冷空调工程技术研究中心”“机械工业制冷空调工程技术研究中心”分别在安徽省科技厅和中国机械工业联合会组织的运行评估中获得优秀，“机械工业传热强化与节能重点实验室”运行评价良好。

【主要管理经验】

1. 科技创新管理方面 一是把握和定位好科研发展方向，关注国家和行业需求，积极参与国家和行业科技规划、指南的编制，承担国家科研任务。二是充分发挥各类平台的作用，持续支持各类平台的建设，提高水平。三是关注基础技术、应用技术、产品与装备全链条的研究，在已聚焦的领域不断延伸，向深度和广度拓展，形成竞争优势。四是加大研发投入，不断获得科研成果。积极争取纵向研发经费支持并增加自身的研发投入，更加关注成果的质量。五是探索科技创新和商业模式的融合，加强从供给侧思维，关注资源和创新这些供给侧的要素，通过产品与技术创新来提升供给侧服务品质，探索通过商业模式创新推动供给侧发展方式的转变，从而推动经济的增长。

2. 人力资源管理方面 一是继续加强技术领军人才的培育。1 人当选中国工程院院士，2 人入选国机集团首席专家，3 人入选国家百千万人才工程并获得“有突出贡献中青年专家”称号。二是继续重视青年工程师的培养。邀请国内外知名专家学者来院举行学术讲座；邀请中国特检系统及我院的部分资深专家为压力容器相关专业的青年技术人员进行法规、标准和技术培训；为 35 岁以下优秀工程技术人员设立院青年基金支持项目 4 项，组织对立项的 31 项院青年基金项目进行验收评估；对 34 名青年工程技术人员开展为期 14 天的创新方法培训，有 31 人获得创新工程师认证。三是加大科技人才的培养和引进力度。全年从 985、211 高校招收毕业生 49 名；博士后科研工作站独立招收进站博士后 1 名，出站 4 名，在站博士后 6 名；引进高级管理人才 1 名、安徽省“百人计划”科技人才 1 名。四是注重管理干部的培养，组织管理干部赴国际知名大学接受先进的科技创新、成果转化、跨国并购与管理变革等方面的培训；派遣青年干部到地方挂职；选派青年管理干部参加各类专业培训，提升业务能力。五是以人为本，关心关注员工发展，建立较为完备的选人用人制度，并根据不同类型的人员，建立选人用人的具体操作流程；逐步建立和完善相对完善的培训体系，促进能力提升；通过不断完善管理，在制度和机制上保障员工职业发展的路径通畅。

3. 风险防范 一是完善各类风险防范制度，制定完善了财务、法律、安全和档案等各类管理制度 15 项，以防控经营风险为主线、强化内部控制，进一步完善内部控制实施细则，防范投资风险。二是强化依法合规经营，避免经营风险。加强法律培训、完善管理制度、明确具体责任、加强合同审查，全年共发送律师函 22 份，涉及金额 2 500 余万元，保证了企业债权的持续有效；通过诉讼和妥善处理 11 起涉案件纠纷，完成结案 4 起，避免或挽回损失约 1 200 万元；在投标及合同评审过程中，对重要合同和投标项目实现法律审查的全覆盖。三是加强应收账款管控。至 2015 年年底，应收账款净值占总资产比重比年初减少 11.3%。

【和谐幸福院所建设】

建立和完善职工工资福利增长机制，在合肥通用院加快发展的同时，不断提高员工收入和福利水平，上调职工基本工资标准，同时也提高了社保和住房公积金的缴费基数。

继续完善职工医疗帮困机制，完善基本医疗保险、大病医疗保险、医疗补贴、住院医疗补贴、特殊医疗困难补贴和特殊困难补贴为一体的医疗帮困体系，全年发放职工困难补助、职工医疗补助、特殊困难医疗补助等 20 余万元。

设立通用院爱心基金专户，向因特殊原因造成家庭生活困难的职工发放慰问金；建立爱心救助体系，积极参加国机集团爱心日活动，帮助生大病的职工申请国机集团爱心基金补助。

搭建各种沟通平台，以离退休老同志、青年和专家座谈会等多种形式，加强同各个群体人员的沟通交流，充分听取意见建议，解决职工实际问题。

发挥职工代表大会民主管理作用，讨论通过或决定一系列重要规章制度和事项。

提高职工身体健康水平，举办健康知识讲座，组织全院职工的健康体检；开展各种文体活动 10 余次，丰富职工的精神文化生活，促进职工的身心健康。

落实国办发〔2015〕3 号文件，及时向转制前离退休老同志传达文件精神及合肥通用院执行情况，并于 2015 年 7 月底全部落实到位，增加转制前离退休同志的收入；继续关注离退休同志的退休生活，了解他们的合理诉求，帮助他们解决实际困难。

【党建工作】

1. 学习十八大以来中央会议和习近平总书记重要系列讲话精神 院党委把学习贯彻党的文件和习近平总书记重要系列讲话精神当作头等重要的政治工作来抓，以多种形式开展学习贯彻活动，共组织各类学习活动 24 次，拧紧思想“总开关”，严守党的政治纪律和政治规矩，学会用马列主义基本原理来破解难题。

2. 开展“三严三实”专题教育 专题教育活动坚持领导带头、从严从实、抓好学习教育、突出问题导，贯彻“对党忠诚、个人干净、敢于担当”的要求，有效解决了“不严不实”问题，改进了作风，得到了职工群众的肯定。一是上好党课。党委书记亲自对全院专题教育活动进行动员并作题为《认真践行“三严三实”，做一个让党放心、群众满意的好干部》的党课报告。二是丰富教育形式。活动中，合肥通用院党委分两批组织中层及以上干部参加“三严三实”专题教育培训班；邀请中央财经大学教授作题为《科学决策和领导艺术》主题培训。三是深入调查，汇总情况，形成对合肥通用院领导班子 7 个方面的意见建议。四是聚焦问题立行立改。党委书记专门召开有关会议，就征求到的意见建议逐条沟通、交流核实；院党政领导班子狠抓问题整改。五是召开高质量的专题民主生活会。在专题民主生活会上，参会的 15 名领导干部通过自我批评检查，提出问题共 57 条，相互批评提出的意见建议 202 条，起到了相互教育、互动交流的效果，达到了触动灵魂、增进团结的目的。

3. 继续加强组织建设 一是完成两委换届工作。二是加强组织建设。严肃基层党内生活，16 个基层党支部按照合肥通用院党委部署召开专题组织生活会，发现和集中解决存在的问题；积极发展新党员，发展 10 名预备党员，13 名预备党员转正。三是继续发挥党委对干部的管理职能。在干部的民主推荐、群众测评各项工作中，加强党的领导；在干部的选拔任命上发挥党委的主导作用；认真开展干部的年度考核和任期考评。

4. 加强党风廉政建设，落实两个责任 一是强化党委主体责任，发挥党委的领导作用。组织大家学习习近平总书记在十八届中央纪委五次全会上的重要讲话；及时传达国机集团董事长任洪斌、党委书记石柯在国机集团反腐倡廉建设工作会上的讲话精神，以及纪委书记王克伟所作纪委工作报告内容；召开反腐倡廉建设工作会议；按照党委的统一安排，院领导班子成员分别与全院中层以上干部、关键部门和关键岗位人员 120 余人进行约谈。二是用制度约束来促进反腐倡廉。院党委制定《中共合肥通用机械研究院党委关于学习贯彻〈中国共产党廉洁自律准则〉和〈中国共产党纪律处分条例〉的通知》，下发《中国共产党廉洁自律准则》《中国共产党纪律处分条例》，要求各党支部组织党员同志认真学习、贯彻执行。三是落实纪委的监督责任。成立纪检办公室，协助党委加强党风廉政建设和执纪监督工作；通过加强法律法规宣传来进行警示教育，持续开展党的纪律教育和思想道德教育；与中层以上干部签订“廉洁承诺书”，对新提拔的 22 名中层干部均进行任前廉洁谈话；严厉查处违法违纪违规行为，保持高压势态，全年查处违纪违规案件 2 件，3 名有关人员受到党纪处理；对中央巡视组移交的信访件认真开展调查，及时成立调查组，在规定时间完成调查工作并上报集团纪委。

【社会责任】

1. 科技服务于过程工业安全 继续发挥在特种设备安全诊断、事故分析，以及通用机电产品检测检验等方面的技术优势，承担大量安全事故分析处理和机电产品检测任务，为保障我国重大承压设备的安全运行和提升通用机电产品质量保驾护航。同时，依托合肥通用院国家压力容器与管道安全工程技术研究中心设立的“面向过程工业安全的通用机械与承压设备行业的科技服务业试点”获批成为全国 22 家第二批科技部科技服务业行业试点单位之一，为推动我国过程工业领域的通用机械和承压设备设计制造和在役安全保障服务业发展、探索科技服务业发展的新路径和新模式提供了一个新的平台。

2. 立足国家需求，解决国家关键技术问题 围绕大型石化、核电、海洋工程等领域通用机械装备技术国家目标和行业与市场需求，积极承担国家、行业和大型企业集团重大科研项目，立足于解决国家层面上的关键技术难题。全年完成 14 项科研项目的验收；新立项纵向科研项目 25 项。依托新承担的重大项目，在高端装备制造、工业物联网、新材料等方面取得新突破。

3. 为“十三五”科技规划编制献言献策 围绕“中国制造 2025”的战略目标，通过集团公司、地方主管部门、行业协会等渠道，提出“十三五”重点研发任务，积极为通用机械相关技术领域“十三五”科技发展规划编制献计献策。

4. 选派干部支援地方经济建设 选派 1 名中层干部到淮北市杜集区担任科技副区长，促进科研院所服务地方经济；受国务院国资委选派，1 名工程技术人员参加“第十六批博士服务团”支援西部，到新疆工作；受省委组织部选派，通用院通用学院 1 名中层干部作为第六批驻村扶贫干部到安徽界首市任寨乡杨庄村担任第一书记。

甘肃蓝科石化高新装备股份有限公司

【基本概况】

甘肃蓝科石化高新装备股份有限公司（简称蓝科高新）是国有控股、产权多元化的现代高科技企业集团，是中国装备制造业颇有影响和业绩骄人的公司之一，是中国石油石化装备的开拓者，是中国海洋与沙漠石油的先驱。50多年来，蓝科高新为国家贡献科技成果1 044项。目前，拥有授权专利377项。

拥有国家主管部门颁发的A1/A2/A3/SAD级特种设备（压力容器）设计许可证和A1/A2/A3级特种设备（压力容器）制造许可证、GB/GC类特种设备（压力管道）设计许可证、ASME制造许可证及U型和U2型钢印证书、美国石油学会（API）4F/7K/8A证书、乙级工程设计和工程咨询证、“三位一体”管理体系（质量、环境、职业健康安全）认证证书、国家安全生产标准化二级企业证书（机械）、武器装备科研生产单位三级保密资格证书等重要资格证书28项。2012年10月，被工业和信息化部、财政部列为“国家技术创新示范企业”。2013年11月，被国家发改委、科技部、财政部、海关总署、国家税务总局认定为“国家企业技术中心”。

长期为国家编制有关石油机械工业的发展规划，从“六五”到“十三五”时期为国家编制重大规划46项。由蓝科高新主持和组织编制的经国家批准的石油化工设备行业国家和行业标准80余类416余项。由蓝科高新主办的全国中文核心期刊《石油矿场机械》《石油化工设备》（系美国工程信息公司数据库收录期刊）受到业内人士青睐，被认为是行业技术发展的“见证者”。

国家石油钻采炼油化工设备质量监督检测中心、中国石化总公司兰州设备失效分析与预防研究中心、机械工业石油钻采设备质量监督检测中心、机械工业换热器产品质量监督检测中心、机械工业传热节能工程技术中心、全国带泵罐车定点卸液监控信息公共服务平台、省级兰州传热与节能工程技术研究中心均设在蓝科高新。

2015年，蓝科高新坚持跨越发展规划，实施多元经营战略，开拓新兴市场。20次和19人次分别受到国机集团、甘肃省、上海市以及中国石油等有关单位的表彰奖励。在国机集团年度安全生产责任目标完成情况考核中达到B级。万元以上损失的项目和设备事故为零；重大工伤和死亡率为零。公司被国机集团评为2014年度“节能减排优秀企业”。

截至2015年底，员工1 400多人，其中各类专业技术人员665人。

【主要指标】（主要经济指标详见表1）

表1　甘肃蓝科石化高新装备股份有限公司2015年主要经济指标

项　目	2014年	2015年	同比增长(%)
资产总额（万元）	282 492.07	284 858.94	0.84
净资产（万元）	193 586.93	196 521.52	1.52
营业收入（万元）	86 467.10	73 521.32	-14.97
利润总额（万元）	6 550.84	5 071.61	-22.58
技术开发投入（万元）	3 529.33	2 551.28	-27.71
利税总额（万元）	10 057.68	8 355.41	-16.93
全员劳动生产率〔万元/（人·年）〕	19.72	17.65	-10.50
净资产收益率（%）	3.03	2.29	减少24.42个百分点
总资产报酬率（%）	3.14	2.48	减少21.02个百分点
国有资产保值增值率（%）	103.22	102.31	减少0.88个百分点

【产业化基地建设】

8 月 29 日，上海研发中心（蓝科高新上海三期后续工程项目）正式投入使用。

上海基地石油钻采 / 炼油化工设备实验室项目建设初具规模，成为华东地区规模最大、功能齐全、检验检测水平最高的现代化综合性石油钻采 / 炼油化工设备实验室，也将以赶超国际著名传热研究中心 —— 美国传热研究公司（HTRI）、英国传热及流体流动学会（HTFS）为目标，在换热器领域形成与 HTRI 和 HTFS 三足鼎立的局面。

循环换热分离器制造中的关键设备 —— 循环换热分离器激光切专机、激光焊机全面投入使用；自主开发研制的大型板片焊缝气密试验机、可拆式板式换热器组装生产线全面投入使用；公司重点投资项目铝扁管挤压机设备完成主机安装；蒸发结晶实验室建设项目获得上海市经信委批准。

【重大决策】

1. 蓝科高新股东减持、增持公司股票

（1）蓝科高新股东减持公司股票。4 月 28 日至 6 月 8 日，海油工程通过上海证交所，以二级市场交易方式减持本公司股份 392 万股，占公司总股本的 1.10%。本次减持前，海油工程持有本公司股份 2 302.14 万股，占本公司总股本 6.49%。本次减持后，海油工程持有公司股份 1 910.14 万股，占本公司总股本的 5.39%。

（2）蓝科高新股东增持公司股票。针对国内异常波动的股市行情，国机集团高度重视，积极履行社会责任，采取多种措施，稳定所属上市公司股票价格，为企业发展营造良好的市场环境。7 月 9 日，控股股东国机集团和公司股东海油工程承诺，自 2015 年 7 月 11 日公告之日起 6 个月内增持公司股票。同时，公司支持并鼓励公司董事（独立董事除外）、监事及高级管理人员在公司股票出现大幅下跌时，通过增持公司股票等方式稳定公司股价。8 月 26 日，海油工程通过招商证券定向资管的方式，增持公司股份 940 000 股，占公司总股本的 0.27%。同时，国机集团和海油工程承诺，在增持期间及法定期限内不减持所持有的公司股份。

2. 做好年度利润分配 7 月 15 日，完成以派发现金红利方式的 2014 年度利润分配工作。本次分配以蓝科高新总股本 354 528 198 股为基数，向全体股东每股派发现金红利 0.050（含税），合格境外机构投资者（QFII）0.04 5 元；香港联交所投资者 0.04 5 元，共计派发现金红利总额为 17 726 409.90 元（含税）。受到中国证监会甘肃证监局的高度肯定，也得到广大投资者特别是中小股东的一致好评。

3. 使用部分闲置募集资金暂时补充流动资金 就公司使用部分闲置资金暂时补充流动资金事项接受华融证券专项核查，并提交保荐意见。

【重大项目】

适应新常态以及市场开发多元化的需要，探索新的经营模式，设立中纺新乡绿色纤维科技股份有限公司、上海蓝海科盛石油设备有限责任公司和上海蓝海科创检测有限责任公司。

承担的国家“863 计划”海洋技术领域深水油气勘探开发技术与装备重大项目，经 3 年的联合攻关，制造出深水分离器试验样机，形成“深水高外压交变载荷承压结构分析与测试方法”“深水分离器设计与制造推荐做法”两套推荐方法，提出“分离器水下控制与运行监测”等技术，建立了产学研结合的研发创新团队，初步建成深水分离器研发制造和测试基地，为实现深水分离器国产化奠定了基础。该项目申请国家专利 14 项，获得授权 10 项。

具有自主知识产权的目前中国最大换热面积 13 000m^2 大型板壳式换热器，在中国石油云南石化公司 1 000 万 t/a 炼油项目连续重整 —— 芳烃联合装置现场完成安装。

具有自主知识产权的国产首台液化天然气（LNG）开架式海水汽化器（ORV）通过出厂验收，并在中国石化北海液化天然气有限公司完成现场安装调试。

为内蒙古哈伦能源集团阿拉善左旗巴彦浩特 2×330MW 热电联产电站设计制造的空冷岛项目，至 2015 年底，尚在制造安装过程中。

为神华宁夏煤业集团公司 400 万 t/a 煤炭间接液化项目和内蒙古伊泰公司开发研制的国内首台循环换热分离器，通过出厂鉴定，其技术水平达到国际同类先进产品水平，并填补了国内空白。4 台产品有 2 台发货并开始现场安装。

中标中国石油辽河油田钻采工艺研究院先导试验 / 中试基地 —— 稠油热采综合试验平台项目，保持了蓝科高新在国内试验室项目中的市场占有率，奠定了龙头企业地位。

包括山西煤层气液化天然气（LNG）球罐和山东东营液化天然气（LNG）球罐合同在内，公司液化天然气（LNG）球罐承接合同创历史新高，超过 4 000 万元。

在重型冶金装备方面，与台湾中鸿高铁集团签订 1 套矫直机合同，继续巩固蓝科高新在台湾地区的市场。

完成中国海洋石油黄岩 14-1、平黄二期、渤中 13-1 等项目燃料气缓冲罐成橇、燃气滤器成橇、换热器等产品的供货。

稳定中国石化元坝气田、普光气田市场，总计提供气田集输产品 118 台（套），合同额超过 2.2 亿元，使蓝科高新在高压、高含硫化氢、二氧化碳湿酸性环境工况下设备的设计、制造、供货在行业内占据主要地位。

开发研制的中国科学院上海高等研究院 20kW 气液换热器试验台进入试验、验收阶段，为蓝科高新向这一业务领域进军迈出坚实步伐。

首次采用 ASME U2 标准设计制造的尼加拉瓜米拉玛尔油料分配厂 3 台球罐现场安装项目全部竣工。

【安全生产】

完成产品 890.5 台，产品总重量 20 007.85t。全面完成神华宁煤集团 100 台干空冷器生产任务，这是蓝科高新首次承接完成的煤化工项目最大规模的干空冷器制造项目。按期完成中国石化元坝气田 8 台硫冷器的制造，实现硫冷器国产化的目标。首次完成 5 台不锈钢球罐的制造，为公司开拓不锈钢球罐市场奠定了坚实基础。首次为中国石油技术开发公司哈萨克斯坦项目制造的 3 台黄铜管束，进展顺利。顺利完成国内首批 4 台循环换热分离器的制造，实现同类产品国产化目标，为公司进入煤化工市场奠定了基础；全年完成 240 台（含 55 台军工配套产品）可拆板式换热器产品的制造，创同类产品年度制造数量之最，成为公司经营业绩的一个新亮点。完成巴基斯坦、加蓬、伊拉克、刚果（布）、南苏丹、伊朗等国家有关项目总计 47 台 ASME 产品的制造。

【市场营销】

营业收入出现一定程度的下滑。在国内市场持续走低的状况下，进入煤化工和煤制油市场，并稳固了中国石油、中国石化和中国海洋石油所属塔里木、昆明、绵阳、普光、元坝、渤海、东海、南海等市场；检验检测市场新增东营、延长、海南、广西、天津、云南、贵州、安庆等。

通过国机集团内部合作平台、行业有关单位和地方政府部门合作平台，与石油钻采等领域建立战略合作关系。军工民用配套系列产品异军突起，为海军新型舰船等开发研制了新一代高科技产品，并且通过热工、冲击试验，合同额创历史新高。国际市场出口合同实现 8 830 万元；分别与中国机械设备工程股份有限公司等合作，在继续维护伊朗、伊拉克、苏丹、南苏丹等传统国外市场的同时，业务逐步扩展到刚果（布）、埃塞俄比亚、加蓬、巴西等国家。

【科技创新】

1. 科技创新情况 完成国家“十三五”重点研发项目——化工高盐废水综合处理与资源化利用工艺研究及成套设备研制与应用、大型液化天然气 (LNG) 气化装置研制的编制。参与编制国机集团“十三五”科技发展规划、“十三五”规划石化工程专项——液化天然气工程及其各工艺过程工程项目。国产首台超大型板壳式换热器研制项目被列入“2015 年甘肃省第二批科技计划（重大专项计划）”。承担的“异构化装置超大型板壳式换热器的研制应用”项目通过专家鉴定，鉴定结果为“国际领先”。“天然气净化装置尾气焚烧余热回收装置研制”设计方案通过专家审查。由上海蓝滨承担的上海市高新技术产业化重大专项——海洋石油大型油气水处理系统装置的研制及产业化项目通过验收。组合式高效蒸发空冷器等重点项目的开发研制进展顺利。完成首钢京唐冲渣水余热回收采用宽通道焊接板式结构样机机组设计。完成伊朗 PGSOC 硫黄回收装置反应器及余热锅炉系统等工程项目的施工图设计和设备选型。山东英轩废糖水换热采用无触点焊接板换新结构等项目研制进展顺利。重点开发研制了钻柱自动化排放等 5 项课题。成功自主开发研制了全液压四辊卷板机。完成 RZ4-300H 和 RZM-200H 新板型等的开发和模具设计。开发研制了用于酶法生物制胶的明胶单级 MVR 板式蒸发成套装置，其所采用的工艺技术方案为国内首创，填补了 MVR 技术在明胶生产过程中的使用空白。开发研制的用于农药废液 MVR 管式蒸发、结晶成套装置得到成功应用，解决了用户目前废水零排放的环保问题。开发研制用于高浓度果脯糖浆、麦草浆废液浓缩的 MVR 板式蒸发成套装置，投入工业应用。与中国纺织科学研究院合作，开发研制了用于绿色纤维纺织品甲基吗啉提取液的大蒸发量的多级、单级 MVR 蒸发装置。

2. 政府资助项目、科技发展基金项目等情况 申报的化工高盐废水综合处理与资源化利用工艺研究及成套设备研制等 8 个项目获得立项，获得各类补助资金 375 万元。国机集团科技发展基金资助项目 —— 高效旋流橇装分离器研制项目进入实施阶段。完成公司 BF05 板式升膜蒸发器、LNG 大型储罐的设计开发两项基金项目的验收，完成板式换热器板片冷冲压形成马氏体含量探究等 4 项基金项目的申报评审；完成正在执行的 15 个基金项目的年度检查。与中国石化中原油田共同申报国家“十三五”课题，负责“高含硫气田关键设备研发”中的 2 项子课题申报（正式立项）。负责编制的甘肃省地方标准《在用冶金废弃渣包检验规程》获得立项。

3. 专利、标准情况 申报专利 43 项，获得授权专利 63 项。主持修订国家标准 1 项，主持修订行业标准 4 项，主持制定行业标准 2 项，申请标准立项 14 项。员工在国内外学术刊物和专业会议上发表论文 51 篇。

4. 科研成果情况 “炼油厂焦炭塔应力分析及剩余寿命评估”获甘肃省科技进步奖三等奖。“热交换器及传热元件性能测试方法”获中国机械工业科学技术奖二等奖。“钻仪器 / 定向工具水平实钻及循环试验系统研制”获国机集团科学技术奖二等奖。“焊板式热交换器技术标准研究及其制订”获上海市标准化优秀学术成果奖二等奖。

同时，蓝科高新也表彰了一大批优秀科技成果。

【管理经验】

1. 经营管理方面 安排专人负责对用户有关项目进行跟踪和分析，通过系统综合分析，将公司具有技术竞争优势的项目入选名单，并持续开展业务沟通和技术交流；而对技术含量低、附加值低的项目则予以剔除。

采取项目跟踪制，通过对有关项目的科学分析和合理划分，再安排相关技术人员和经营人员同被跟踪项目负责人员进行项目评估和技术交流，以减少项目的“流失率”。

面对严峻经营形势，挖掘市场潜力，通过另辟蹊径，重点开辟了球罐、检验检测市场和军工民用配套产品市场，在一定程度上遏止了经营合同的下滑。

除继续开展主营业务外，努力扩大业务范围，分别与国内有关单位签署了战略合作协议，逐步将业务陆续扩大到建筑材料机械装备、船舶高端装备等领域，并根据技术储备和技术延伸，重点培育和发展环保设备等系统集成设计工作等项目，逐步向小型工程化发展。

坚持“东进西出”“借船出海”的海外市场经营方针，通过中国石油等单位，凭借公司专有技术和特色产品的支撑，重点开发“一带一路”沿线国家和地区石油石化及其他领域市场，扩大国外市场份额。同时，打破部门界限，形成合力，重点开发巴基斯坦、埃塞俄比亚、苏丹、南苏丹、巴西、哥伦比亚、委内瑞拉、萨尔瓦多等国家有关公司和项目潜在市场。

2. 科技管理方面 实施《中国制造 2025 年》，提升开发研究和生产制造水平，主要表现在重点开发研究新技术、新工艺和新产品。在重点推进具有自主知识产权的闭式循环水冷却器和循环换热分离器的开发研究同时，分别在有关行业和领域推广高压空冷器等专有产品和特色技术工业应用。

深化新技术、新工艺和新产品的开发研究，重点做好国家 863 计划 —— 水下分离器关键技术研究项目关键实施阶段的工作，推进深海海底采油技术及装备的开发研究，开发用于绿色纤维纺织品提取液的大蒸发量板式多效蒸发和板式蒸发装置（MVR）；通过板式蒸发装置技术，重点对废水蒸发后的二次蒸汽冷凝水进行去除酚、醛、氨氮、砷等微量介质的工艺技术攻关；全面完成公司基金项目 —— 海水淡化项目样机的调试工作，争取实现现场带料试验。

3. 财务管理方面 完善成本核算流程，逐步做到细化项目管理，优化新产品研发项目核算流程，强化研发费归集工作；组织财务人员加强专业知识的培训和学习，提高财务管理水平；完善统计制度，提高统计质量，做好统计基础工作；做好应收账款催收工作，应收账款清收工作取得较大进展；将财务评价标准涉及的十大领域进行分解落实，使蓝科高新实际财务管理运行水平得以提高；借助信息化手段，完善预算编制方法，并开发运用适合公司财务管理的软件系统；财务成本核算较 2014 年有所改善，并将成本核算人员管理工作向前延伸至公司生产计划一线，跟踪生产进度，逐步实现成本精细化管理，做到账务与生产无缝对接；积极办理税收优惠政策。

4. 安全生产管理方面 坚持“安全第一、预防为主、综合治理”方针，落实安全生产责任制，层层签订“安全生产责任书”，生产作业人员签订“安全承诺书”，做到安全生产责任逐级落实；安全生产条件不断改善，确保公司员工人身安全和公司财产安全。加大安全生产监督检查力度，促进安全生产管理水平提升。继续在生产一线推进“6S”管理，在生产现场全面进行定制管理，“现场管理规范化、日常工作部署化、物资摆放标识化、厂区管理整洁化、人员素养整齐化、安全管理常态化”的管理规范正在有序形成。在兰州、上海两地组织实施消防演练等活动。公司设备和仪器仪表完好率95%以上，特种设备年检合格，运行正常；各种污染物排放达标；全年未发生一般级及以上生产安全事故、重大特种设备事故、重大火灾事故、重大爆炸事故及重大环境污染事故发生。全面完成安全生产责任目标，获考核A级（优秀）。

5. 综合管理方面 制定规章制度13部，修订规章制度7部。正在实行和试行的规章制度184部。引进、录用各类专业技术人员19人，截至2015年底，各类专业技术人员665人。生产一线的66名派遣员工被转录为公司员工。加大员工培训工作。修改完善并实施的绩效考核办法。调整技术质量部内设机构，使之更加适应公司技术、工艺、质量检验和保证工作发展需要。开展2015年合格供应方评审工作，417家单位进入公司合格供应方名单，保证了公司物资采购的质量。法律事务工作顺利进行，处理各类经济纠纷8起，组织开展合同法培训，出具律师函20余份，制定《蓝科高新2015—2019年法制工作实施方案》。继续为职工办理团体补充医疗保险，为女员工办理妇科疾病保险，为常出差人员办理航空水路陆路交通意外伤害保险，为派遣人员和外聘人员办理意外伤害及意外医疗保险，为现场服务人员和一线员工办理意外伤害、意外医疗保险。落实内部安全保卫工作责任制，坚持社会治安综合治理和创建平安企业相结合，明确要害部位负责人和要害部位保卫责任人制度，实行要害部位及公司区域夜间值班巡逻制度，全年未发生重特大刑事案件和失窃案件。

6. 投资者管理方面 信息披露工作及时完整。参加“甘肃辖区上市公司2015年投资者网上集体接待日活动”，现场回答投资者关注和提出的问题50多个。接待证券机构及投资者考察，及时澄清和解答投资者关注的有关问题，稳定了与投资者的关系。

【工会工作】

1. 维护职工权益，履行工会职责 调解职工争议，为工伤职工依法落实待遇。注重发挥职工代表作用，随时接受职工建议和意见，动员职工献计献策，关注一线职工关心的热点、难点问题，积极组织职工和职工代表开展合理化建议活动，集中民智，群策群力，促进企业发展。工会代表职工与公司签订“蓝科高新集体合同”“蓝科高新工资专项集体协议”“蓝科高新劳动安全卫生专项集体合同”。

2. 开展班组长培训活动 推荐5名一线班组长参加第四期中央企业班组长岗位管理能力资格认证远程培训；推荐4名一线优秀班组长参加国机集团工会举办的两期中央企业优秀班组长在京培训班，取得良好的效果。

3. 开展岗位技能练兵 参加地方工会举办的职业技能竞赛，1人被评为2014年度“上海市青年岗位能手”，2人获得上海市班组长岗位资格培训证书。

【企业文化建设】

开展“中国制造2025”专题讲座、“安全生产月”“安全生产万里行”活动、“创建学习型组织，争做知识型职工”活动等。开放上海基地活动中心，为职工提供健身强体、丰富业余生活的场所。完成上海蓝滨三期研发中心灯光亮化工程项目，成为上海市金山区吕巷镇一道靓丽的风景。《蓝科高新报》就公司科技、经营、生产重点项目，以及“三严三实”专题教育活动、新《安全生产法》、“一带一路”战略构想、《中国制造2025》、反腐倡廉、劳动模范先进事迹等，进行重点宣传。

【党建工作】

学习贯彻习近平总书记系列重要讲话精神，全面落实从严治党要求，各级党组织、全体共产党员在加强思想建设、组织建设、作风建设、反腐倡廉建设和制度建设方面开展了富有实效的工作，为推动蓝科高新改革发展提供了坚强的政治保证和组织保证。

1. 扎实开展“三严三实”专题教育 把组织和开展好“三严三实”专题教育作为一项重要的政治任务，认真制定工作计划，全面进行动员部署，扎实推进教育活动。活动开展期间，蓝科高新董事长、党委书记为全体党员上党课，总经理、党委副书记在中心组研讨时上党课；4次组织党委中心组集中学习，4次参加国机集团组织的党委书记和党委工作部门负责人研讨会。蓝科高新领导班子成员以普通党员身份参加所在党支部学习交流；召开领导班子专题民主生活会，10个党支部分别召开组织生活会。

2. 完成公司党委、纪委换届选举 7月3日，蓝科高新第二次党员大会召开。大会提出今后五年党委工作目标和任务，选举产生蓝科高新第二届党委和第二届纪委，党委、纪委班子补充了年轻骨干人员。

3. 召开领导班子专题民主生活会 会议以“不严不实”问题为着力点和突破口制订方案，明确主题，从深化学习研讨成果、广泛征求意见建议、深入开展谈心谈话、撰写发言提纲4个方面做好会议准备工作；会上，以开展批评与自我批评、相互点评形式，摆问题、查根源、定措施，取得实实在在的效果。在会前征求意见建议环节中，公司收到职工群众“意见表”64份，召开领导班子听取职工意见座谈会5次，参加座谈的党员群众110人，征求到的群众意见进行梳理后，汇总总结出比较集中的意见和建议共15条，结合民主生活会上查摆出来的问题，提出7个方面整改任务，并逐项整改。

4. 从严管理各级领导干部队伍 一是落实党管干部原则，明确党委在选人用人方面的主要职责。二是完成2014年“一报告两评议”工作。三是开展持有因私出国（境）证照专项治理工作。四是开展所属10个党支部全体支部委员参加的“中国共产党发展党员工作细则”专项培训学习。

5. 完善党建工作制度 严格执行有关党的组织建设等方面的制度规定，完善蓝科高新《党委中心组学习制度》等党内制度，严格落实从严治党责任，严肃党内政治生活，严明党的纪律。

6. 强化廉政建设主体责任和监督责任 认真履行党风廉政建设主体责任，严格落实党风廉政建设和反腐倡廉工作责任制，执行中央“八项规定”，加强党风党纪教育、法制教育和廉政教育，持续提高反腐倡廉、企业风险防范和内部控制、预防各种风险的能力，为蓝科高新快速发展和有质量的增长做出了积极的努力；不定期发送手机反腐倡廉警语警言，签订“廉政责任书”，设立举报电话和举报电子邮箱。

7. 积极发挥群团组织作用 在公司党委领导下，工会、共青团、女工委员会等群团组织，继续在民主管理、文化建设、创新创效、社会责任、职工关爱等方面积极开展工作。

【社会责任】

认真负责地履行社会责任，坚持每年以派发现金红利方式进行利润分配，受到中国证监会甘肃证监局的高度肯定，也得到广大投资者特别是中小股东的一致好评。

依法履行纳税义务，保持兰州安宁、上海金山重点纳税单位荣誉；响应国机集团“国机爱心日”活动号召，组织爱心捐款活动，918名职工爱心捐款63 300元，全部汇入国机集团爱心基金；帮扶干部进村入户，安排9个扶贫项目，提供扶贫资金15万元，使乡村贫困面貌得到明显改善。蓝科高新获“民心奖”，蓝科高新帮扶工作组组长朱万茂获“标兵奖”。上海蓝滨组织42名职工参加金山区组织的献血活动，为社会奉献一片爱心；开展“节能宣传周”活动，以及针对节能减排工作的“小革新”“小发明”等活动取得明显实效；蓝科高新定向班72名实习生提前一个多月进入实习岗位，为突击实施巴彦浩特2×330MW热电联产电站空冷岛项目做出突出贡献；完成兰州敦煌路和王家堡2个住宅小区楼道粉刷等工作，使公司职工生活环境得到较大改善。

洛阳轴研科技股份有限公司

【基本概况】

洛阳轴研科技股份有限公司（简称轴研科技）是由原洛阳轴承研究所作为主发起人于2001年发起设立的股份制企业，2005年在深交所挂牌上市，股票代码为002046，是国机集团所属的控股上市公司。

轴研科技重点为国民经济和国防建设关键主机研制高性能轴承产品，批量生产内径0.6mm至外径6.8m的各种类型的轴承产品和组件。主要业务为精密及特种轴承等领域。总资产22亿元，拥有1个国家级研发中心、5个产业基地。具有先进的轴承制造装备和国际一流的测试仪器，在高精度、高可靠性轴承及相关零部件制造、检测与试验方面具有雄厚的实力。在轴承基础理论等方面保持着领先地位。设有国家滚动轴承产业技术创新战略联盟等科技机构，是中国轴承工业科技型领军企业。是中国航天航空领域的主要配套单位，圆满完成了中国航天发展史上具有里程碑意义的“东方红”系列人造地球卫星，“神舟一号”到“神舟十号”系列载人飞船，“嫦娥”探月工程，“神舟”与“天宫”交会对接的轴承及组件的配套任务。也是国内外数控机床、船舶重工、汽车及风电等行业重要零部件的供应商。

【主要指标】（主要经济指标详见表1）

表1 洛阳轴研科技股份有限公司2015年主要经济指标

项 目	2014年	2015年	同比增长（%）
资产总额（万元）	228 697	224 269	-1.94
净资产（万元）	138 077	121 892	-11.72
营业收入（万元）	51 262	42 440	-17.21
利润总额（万元）	2 225	-20 020	-999.78
技术开发投入（万元）	6 782	7 168	5.69
利税总额（万元）	6 249	-15 304	-344.90
全员劳动生产率［万元/（人·年）］	14.86	11.22	-24.50
净资产收益率（%）	1.45	-13.75	减少15.20个百分点
总资产报酬率（%）	1.88	-7.76	减少9.64个百分点
国有资产保值增值率（%）	128.81	88.45	减少31.33个百分点

【自主创新】

安排科研项目43项，其中国家级科研项目11项、省市级项目2项、国机集团专项1项和公司基金项目29项。获授权专利85件（详见表2）。主持、参与制修订标准17项，其中国家标准10项、行业标准7项。科技投入7 168万元，其中研究开发投入4 881万元。

表2 洛阳轴研科技股份有限公司2015年授权专利

序号	专利名称	专利号	申请类别	授权公告日
1	由醚酐型聚酰亚胺模塑粉复合材料制作保持架坯料的方法	201310059168.5	发明	2015.01.28
2	一种滚动轴承保持架及滚动轴承	201420460013.2	实用新型	2015.01.28

（续）

序号	专利名称	专利号	申请类别	授权公告日
3	薄壁外圈压装阻尼环的方法	201210438955.6	发明	2015.02.11
4	一种高速圆柱滚子轴承保持架	201420206507.8	实用新型	2015.02.11
5	一种用于全相位型斜撑式超越离合器的波形带	201420504528.8	实用新型	2015.02.18
6	一种防止轴承内圈打滑的结构	201420000194.0	实用新型	2015.02.25
7	一种防止外圈打滑的轴承结构	201420000199.3	实用新型	2015.02.25
8	超越离合器用分离型波形带	201310000753.8	发明	2015.03.25
9	一种用于大型转盘轴承的磁力节圆找正棒	201420552369.9	实用新型	2015.03.25
10	一种带刻度的轴承零件分选工作台	201420459706.X	实用新型	2015.04.01
11	一种用于同步带传动的转盘轴承结构	201420605088.5	实用新型	2015.04.08
12	球轴承装配中钢球的简易填充方法	201210435641.0	发明	2015.04.08
13	聚酰亚胺添加纳米铜和聚四氟乙烯制作保持架管坯的方法	201210439088.8	发明	2015.04.08
14	一种推力球轴承及其保持架	201210010473.0	发明	2015.04.15
15	一种滚柱式双向超越离合器	201310002241.5	发明	2015.04.29
16	由偏心中圈构成的双排双列空心圆柱滚子轴承	201310002091.8	发明	2015.04.29
17	全陶瓷轴承及其制造方法、基本结构参数的确定方法	201310107918.1	发明	2015.04.29
18	一种动量轮	201210095095.0	发明	2015.05.13
19	一种弹性轴承	201310079712.2	发明	2015.05.13
20	在电磁无心轴承磨床上对偏心套的磨削加工方法	201310002660.9	发明	2015.05.20
21	薄壁套圈外径公差和椭圆度的测量方法	201310008974.X	发明	2015.06.03
22	在轴承专用磨床上实现无磁类套圈磨削的加工方法	201210503304.0	发明	2015.06.17
23	以可熔性聚酰亚胺模塑粉为基材制作保持架管坯的方法	201210439052.X	发明	2015.06.17
24	芳纶增强聚四氟乙烯保持架的加工方法	201310000455.9	发明	2015.06.17
25	一种消除组配角接触球轴承高速运转所产生轴向热膨胀的方法	201310090641.6	发明	2015.06.17
26	一种用废弃轴承制作的摩托车纪念模型	201420807235.7	实用新型	2015.06.17
27	圆柱滚子轴承的简易装配方法	201210438913.2	发明	2015.06.24
28	一种球阀两端面对称度的测量方法	201310040196.2	发明	2015.06.24
29	一种低速圆度仪的数据采集处理系统	201520029798.2	实用新型	2015.06.24
30	满装球轴承	201110408626.2	发明	2015.06.24
31	一种冷挤压装置及冷挤压装置的凹模、凸模	201110408628.1	发明	2015.07.15
32	一种圆锥滚子轴承用保持架及使用该保持架的轴承	201210010646.9	发明	2015.07.15
33	高速轴承试验机	201210103079.1	发明	2015.07.15
34	用于轴承轴向凸出量检测的匀速转动及轴向力控制方法	201310079666.6	发明	2015.08.05
35	一种带V形缺口回转件转动角度的信号采集方法	201310099287.3	发明	2015.08.05
36	一种用于外滚道磨床的修整器及修整砂轮外轮廓的方法	201310149776.5	发明	2015.08.05
37	一种具有互换性且无需安装配合公差的推力圆柱滚子轴承	201310131300.9	发明	2015.08.05
38	内圈圆锥状滚道与大挡边之夹角的检测判断方法	201310088735.X	发明	2015.08.12
39	一种轴承封存用低温防锈油及生产工艺	201310236006.4	发明	2015.08.12

（续）

序号	专利名称	专利号	申请类别	授权公告日
40	通过能耗系数来评价轴承自身能耗的方法	201210281088.X	发明	2015.08.12
41	一种轴承架及使用该轴承架的轴承存放装置	201110438619.7	发明	2015.08.12
42	一种内圈具有V型带槽的转盘轴承	201310148420.X	发明	2015.08.12
43	一种保持架兜孔为斜面的两对称兜孔中心径尺寸检测方法	201310131311.7	发明	2015.08.12
44	一种轴承轴向游隙的测量方法	201310131294.7	发明	2015.09.02
45	一种便于更换的Y型骨架密封圈	201310148402.1	发明	2015.09.02
46	轴承用通气栓及高铁轴承	201310083330.7	发明	2015.09.09
47	RomaxCloud专业轴承设计与分析软件	2015SR234811	软件著作权	2015.10.19
48	一种高速转子及使用该转子的控制力矩陀螺	201210000872.9	发明	2015.10.21
49	模拟气象卫星扫描机构中角接触球轴承的动态检测方法	201310097058.8	发明	2015.10.21
50	连续递增轴向力下微型轴承轴向位移的刚度曲线测试方法	201310484343.5	发明	2015.10.21
51	轴承内圈高速旋转时的内圈多点温度测试方法	201010516918.3	发明	2015.10.21
52	轴承套圈内孔为圆锥孔的全参数测量系统及方法	201210007681.5	发明	2015.11.04
53	并联双驱动单输出的集成传动联接方法	201210478238.6	发明	2015.11.04
54	一种交叉磁悬浮轴承	201520409387.6	实用新型	2015.11.04
55	一种用于转盘轴承的壁厚测量装置	201520548209.1	实用新型	2015.11.04
56	一种磁悬浮转台轴承	201520409647.X	实用新型	2015.11.04
57	一种综合式液力变矩器用单向超越离合器	201520410060.0	实用新型	2015.11.11
58	一种卡车轮毂轴承的密封结构	201520410119.6	实用新型	2015.11.11
59	一种凸轮型楔块单向超越离合器	201520418175.4	实用新型	2015.11.11
60	一种用于超越离合器波形带的舌间距测量装置	201520409748.7	实用新型	2015.11.11
61	满装型楔块式超越离合器快速装配工装	201520409388.0	实用新型	2015.11.11
62	一种无保持架结构的滚柱式超越离合器	201520409956.7	实用新型	2015.11.11
63	一种水能机用离合器	201520409835.2	实用新型	2015.11.11
64	一种高承载能力的调心滚子轴承	201520547788.8	实用新型	2015.11.11
65	一种用于球轴承双半铆接保持架加工的模具	201520547936.6	实用新型	2015.11.11
66	一种用于加工薄壁轴承套圈的夹具工装	201520547937.0	实用新型	2015.11.11
67	数控车床用自动上料机构	201520547874.9	实用新型	2015.11.11
68	一种用于轴承套圈磨床加工的辅助夹具	201520548225.0	实用新型	2015.11.11
69	一种电磁无心磨床用扇形磁极爪块	201520548059.4	实用新型	2015.11.11
70	大型数控立式磨床磁盘驱动电机座	201520546964.6	实用新型	2015.11.11
71	观瞄系统用四点接触球转盘轴承	201520409721.8	实用新型	2015.11.11
72	一种剖分轴承保持架	201520547970.3	实用新型	2015.11.11
73	一种合成液压支架液压液缓蚀剂的配置方法	201310698029.7	发明	2015.11.18
74	一种快速拆分两面密封双列圆锥滚子轴承上密封罩的方法	201310448100.6	发明	2015.11.18
75	一种回转体转动时的角位移监测控制方法	201310079671.7	发明	2015.11.18
76	一种中大型轴承套圈在立靠状态下的旋转退磁方法	201310422336.2	发明	2015.11.18

（续）

序号	专 利 名 称	专利号	申请类别	授权公告日
77	多孔聚酰亚胺复合保持架管坯预加热限位压制工艺	201310480892.5	发明	2015.11.18
78	一种交叉自润滑轴承	201520409674.7	实用新型	2015.11.18
79	一种多功能退磁装置	201520546965.0	实用新型	2015.11.18
80	一种柱销式圆柱滚子壁厚差的简易测量方法	201310131807.4	发明	2015.11.18
81	动量轮壳体密封焊接方法及实施该方法的焊接装置	201210001209.0	发明	2015.12.02
82	一种保持架及保持架组件及轴承	201520542918.9	实用新型	2015.12.09
83	一种用于机械手手臂关节的轴承	201520547017.9	实用新型	2015.12.09
84	一种实现轴承高速大载荷试验的机构	201310480891.0	发明	2015.12.23
85	一种使用软工程塑料保持架的深沟球轴承的装配方法	201410177884.8	发明	2015.12.30

申报国家“863”专项“机器人用精密轴承研制及示范应用”，并收到首批国家拨付经费；“高速铁路及轨道交通车辆轴承可靠性试验技术研究”项目获河南省创新人才计划项目和洛阳市重大科技专项资助；申报的“核反应堆燃料装卸系统支撑轴承开发研制”项目荣获中国机械工业科学技术进步奖二等奖，“天文望远镜用高精度低摩擦力矩转盘轴承的研制”荣获中国机械工业科学技术进步奖三等奖，“氮化硅陶瓷滚子制造技术研究”荣获中国机械工业集团科学技术奖三等奖。

通过科研项目的攻关与创新，在半球空气轴承、陀螺力矩低噪声轴承、双列无磁薄壁轴承和火箭发动机低温高速轴承等产品和技术上取得重要突破，其中半球空气轴承的研究通过项目验收。

完成河南省轴承共性技术院士工作站、机床主轴单元工程技术研究中心、省级技术中心等创新平台的年度评估。轴研科技组建的河南省高性能轴承技术重点实验室通过验收，可以面向社会开放运营。

【市场开发与品牌建设】

1. 创新市场开拓机制 成立销售公司，整合精密轴承、主轴销售力量。强化经营统计报表分析，督促市场开发进度。建立客户信息共享制度，充分挖掘市场需求。每月对销售人员的绩效进行考评，对销售标兵予以表彰奖励。

2. 努力开发大客户 国内开发 6 家大客户，国外市场开发 4 家大客户。

3. 不断培育新业务 与国内某公司签订战略合作协议，共同推进铁路轴承市场的开发；光伏行业硅片切割机用轴承实现进口替代；为国内多家企业开发多种型号的机器人用轴承。

4. 承接特种轴承新产品研制任务 紧跟各主机的发展需求，以技术服务为切入点，加大军品市场开发力度。军工生产经营保持稳定发展的良好局面。

安排参加 4 个国内展览会和 2 个国外展览会，涉及军工、机床、轨道交通、光伏等行业，有力地推动了公司品牌及主导产品的传播。

在 11 种平面媒体上进行公司形象及产品广告宣传。

参加由河南省工业和信息化委员会主办，河南省品牌促进会承办的第三届全国优秀品牌故事演讲比赛（郑州赛区），荣获“优秀品牌故事组织奖”；《“ZYS”太空大营救》《“ZYS”技术揭秘三峡工程 9 • 3 重大事故》荣获“优秀品牌故事优秀奖”。

【产业链与客户管理】

对产业链条进行拓展延伸，从单纯的机械行业拓展到医疗、石油、光伏等相关领域，从单纯的产品销售到具有高附加值的服务销售，从单个产品销售发展为配套单元销售。精密轴承开发多种型号的机器人用轴承，多家工业机器人生产厂家在试用公司产品，电主轴稳步进入铜管旋辗加工行业、军工精密零部件等领域。

在客户管理上，实行大客户备案制，安排专人跟踪服务。对授权经销商实施信用管理政策。根据经销商近 3 年的销售额及公司回款要求，确定每家经销商的信用额度，并在财务系统中进行设置。

【开展现代制造服务业】

成立现代制造服务业中心，制订《关于加快

现代制造服务业发展的实施意见》，明确开展制造服务业的指导思想、保障措施等内容。

轴研科技作为主办方，在洛阳会展中心举办“首届中国国际轴承技术与服务展览会”。展会以“创新驱动发展，智慧引领未来”为主题，参展面积 12 000m^2，参展商 122 家，参观专业观众 3 000 余人次。展会同期技术活动包括：第八届中国轴承论坛、全国轴承行业第二届检查工大赛、专利技术推介暨科技成果发布会、企业产品发布及技术交流会、人才交流供需见面会、中国轴承技术发展史及“十二五”科技攻关项目展示、中国轴承技术文献汇展等。

成立轴研科技产业联盟。联盟首批成员单位 10 家，轴研科技为联盟理事长单位。轴研科技产业联盟旨在建立一个以企业为主体、市场为导向、“产、研、用”相结合的产业协作和经营组织，联盟以企业的发展需求和各方的共同利益为基础，以企业产品转型升级、产业及市场互补、提升技术创新能力和经济技术水平为目标，实现联盟企业产能合作、资源统筹、优势互补、平台共享、协同发展。轴研科技将探索通过产业联盟开展品牌拓展工作，将公司非核心业务的产品通过产业联盟进行生产，为客户提供整套解决方案。

检测中心为轴研科技和行业具体产品质量问题进行检测、分析、技术评价，尝试提供打包式综合服务，为轴承企业提供一揽子检测、质量控制服务。行业工作部秉承“搭建合作桥梁、传播行业信息、推动技术进步、服务轴研科技”宗旨，在做好公司内部服务的同时，开展大量的行业服务工作。中轴协技术委员会秘书处、标委会秘书处利用各种形式组织行业活动，出版发行多种杂志及专业书籍，提供技术咨询服务，推进行业技术进步。

【质量管理】

产品质量稳定，未发生重大产品质量事故和用户投诉，质量管理体系持续有效运行。开展各种形式的质量改进活动和质量攻关项目，强化过程质量监控，提升产品质量。

1. 开展全面质量改进工作 4 月，组织精密部、主轴部和重大型轴承部对产品实现的各个过程进行全面梳理，针对薄弱环节，制定改进措施 36 项。

2. 组织各部门开展 QC 小组活动 围绕部门的经营、管理目标和现场存在的问题，8 个部门共确定 36 项 QC 小组活动，内容涉及技术攻关、工艺改进、设计、加工方法创新、模具改进等方面。QC 小组活动有效地提升了产品质量和生产效率。

3. 完善质量管理规章制度 根据轴研科技组织结构的调整以及质量体系认证范围的扩大，修订《质量手册》；制定《外贸产品质量控制办法》，规范外贸产品出、入库流程，规定外贸产品出、入库质量确认要求；编写《军品用金属原材料采购、领用补充规定》，规范军品用金属原材料采购、领用流程。

【安全生产】

安全生产形势平稳。二季度发生 2 起轻伤安全生产事故，受伤害人员属劳务派遣公司人员，造成直接经济损失约 10 000 元。没有发生重伤及以上人身伤害事故，没有发生职业病及职业中毒，没有发生损害企业形象的其他事故或事件。

培训并考核合格新员工 27 名，包括 4 名新进技术人员及 23 名操作工人。结合公司技术工人的技术培训，进行操作工人年度安全教育培训，参加培训人员 200 余人。各类特种设备作业人员取证及复审培训 27 人次。

开展“安全生产月”活动。围绕“加强安全法治、保障安全生产”活动主题，开展安全生产宣传教育、警示教育、安全文化周、应急演练周活动共 4 个阶段的 13 项活动，活动中举办教育与培训 3 场，安全管理咨询活动 2 场；“安康杯”答题竞赛 800 余人次；警示教育电影 2 场。购置 400 余块警示标志和告知卡，对现场的目视化管理进行规范。

利用轴研科技内部刊物《轴研动态》《轴研科技报》，积极宣传安全生产管理知识，及时发布公司安全生产管理动态，发表安全生产各类内容稿件 18 篇，安全专版 2 期次，同时在各个产业园设置安全生产宣传专栏。

根据轴研科技的安全检查制度及工作计划，开展 4 次公司级安全综合大检查，对公司 4 个生产区域进行检查；开展 5 次安全专项检查，分别于 3 月、6 月进行 2 次危险源（点）专项检查，6 月进行职业病危害场所专项检查，7 月对特种作业人员持证情况进行专项检查，8 月份进行危险化学品专项检查。

共排查出各类安全生产事故隐患 118 项，完成整改 117 项；各生产单位共排查出各类安全生产事故隐患 215 项，整改率 99.53%。下发事故隐患限期整改通知单 48 份，整改验收 47 份。

【节能减排】

加强危险废物规范化管理工作，开展专项治理：投入 10 万余元，分别在第一产业园、第二产业园新建 $80m^2$、$116m^2$ 的危险废物暂存仓库，暂存仓库均采取“三防措施”（防扬散、防流失、防渗漏），建设泄漏液体收集设施；严格实施分类收集、分区贮存；设置危险废物识别警示标志；专门制作危险废物标签，粘贴在贮存容器和包装物上，以注明所贮存危险废物的类别、危害性及开始贮存时间等内容；建立健全危险废物出入库台账、危险废物管理台账等。

【全面预算管理】

完善轴研科技预算考核指标体系，从增长、盈利和风险 3 个维度进行考核。在收入、利润及回款三大指标基础之上，新增人均销售收入、存货周转率和总资产收益率，强化对劳动生产率、经营效率及资产运营效益的考核。

制定预算管理组织制度、会议制度、编制制度、分析制度、评价制度，完善预算管理制度体系，为全面预算管理的推行提供了制度保障。

改进绩效管理体系，由以前的年后算总账，转变为月度考核，强调事中控制，实现责权利的结合，激发部门活力。

每月召开预算分析会，引导子单位开展经营分析、查找预算偏差，制定纠偏措施，真正实现以预算指导经营。

【人力资源管理】

1. 加强轴研科技工资总额预算管理工作 制订《工资总额考核发放管理办法》，每个月对公司各个部门、子公司进行人员分析、工资总额考核，每月效益工资按上月经济指标考核情况部分兑现。

2. 加强干部队伍建设 开展职能部门负责人及部分事业部负责人岗位竞聘工作。公司干部平均年龄 45.5 岁，干部队伍年轻化步伐加快。为了做好干部的选拔和培养，制定《公司中层领导后备干部选拔管理办法》。

3. 规范员工培训工作 为提高培训质量和水平，制定《员工教育培训管理办法》。完成培训 56 项，共培训 1 013 人次。

【信息化建设】

自主开发《轴研科技》报稿件管理软件，建成全国轴承标委会网站，升级致远 A6 的 OA 办公自动化系统，新启动轨道交通部和中小型轴承事业部的 ERP 系统建设。

完成信息技术室和特轴部 2 个机房的升级改造工作，更换公司防火墙软硬件系统，提升公司网络安全。

对新购置的曙光服务器进行安装调试，把原来的服务器部署为备份系统。

对现有网络设备、线路和服务器加强维护，并对新增站点和网络不到位地方进行整改和布线，保证网络畅通。

【法律事务管理】

在完善法律审核机制方面，基本实现“制定或修改重要规章制度的法律审核率”“合同的法律审核率”“重大决策事项的法律审核”目标。通过法律审核把关，参与风险尽职调查、意向接触、关键问题谈判和法律文本的起草签署，将法律审核把关环节纳入业务流程和工作程序中，坚持原则，严把法律风险关，切实保障公司的合法权益，取得一定成效。

起草《法定代表人委托公司高级管理人员授权代理签订合同的通知》《总经理委托公司有关管理人员授权代理签订合同的通知》《招标管理暂行办法和招标管理暂行办法实施细则》。加强法律事务管理制度建设，完善法律事务体系。

把知识产权管理、保护作为重要工作。至 2015 年底，公司国内注册商标 21 件、境外国际注册商标 180 件。对土耳其一家企业抢注的“ZYS”商标，提出异议后获得胜诉，核准注册成功。完成公司“ZYS”“轴研科技”持续作为河南省著名商标的申报工作。

建立以预防法律纠纷为主的工作方式，实现由被动处理纠纷向主动预防纠纷转变的法律管理体系，定期对公司系统内发生的典型法律纠纷案件进行认真排查和总结，将事后补救的经验教训作为加强事前防范的基础和前提。几年来，未发生过被诉讼或被仲裁的案件。

【企业文化建设】

轴研科技党委高度重视企业文化建设和宣传教育工作，围绕企业文化建设开展大量工作。组织公司部分领导干部和员工参加洛阳市委党校举办的十八届四中全会精神宣讲活动；征集廉政箴言并汇编成册、制成廉政座牌，时刻提醒大家绷紧“廉政弦”；组织参加国机集团首届漫画大赛，向集团推荐3幅参赛作品；组织获得洛阳市劳模称号的2人参加国机集团“最美国机人”演讲比赛；组织公司中层以上领导干部学习《习近平关于党风廉政建设和反腐败斗争论述摘编》《十八大以来廉政新规》《习近平谈治国理政》《中国共产党廉洁自律准则》《中国共产党纪律处分条例》《中共中央关于国民经济和社会发展第十三个五年规划的建议》等；在公司领导干部中开展学习马海明、王茹、姚世民先进事迹活动。开展年度反腐倡廉建设论文征集活动，推荐8篇论文参加国机集团反腐倡廉建设优秀论文评选活动；组织部分党支部书记到洛阳市博物馆参观抗战胜利图片展；召开深入学习十八届五中全会精神辅导报告会。

制作“十八届四中全会精神宣传”“三严三实宣传”“纪念中国人民抗日战争暨世界反法西斯战争胜利70周年宣传”“中国共产党廉洁自律准则宣传”“十八届五中全会精神宣传”等主题展板和橱窗9期。

【党建工作】

1. 加强党的建设 党委结合轴研科技经营发展的新形势、新任务，推进党建工作，健全党建相关制度，完善基层组织体系，提高基层党建工作程序化、规范化水平。

党委制定《洛阳轴研科技股份有限公司党风廉政建设责任制考核办法》《洛阳轴研科技股份有限公司贯彻落实全面从严治党要求的实施意见》。对公司出台的党风廉政建设相关制度进行梳理，通过OA公布《公司党风廉政建设相关制度汇编》。

党委根据公司机构变动情况，对基层党组织设置进行调整，组织和指导新成立的党支部和支部委员变化的党支部开展换届选举工作。

严格坚持党员发展标准，实行总量调控，优化党员队伍结构。共审核入党积极分子培养考察对象信息6人次、预审4人次，发展预备党员3人、预备党员转正4人。

2. 重视推优评优工作 6月，开展党员先进申报评选工作，于7月1日印发《公司党委关于表彰2014年度先进基层党组织、优秀共产党员、优秀党务工作者的决定》，对2个先进集体、10名优秀共产党员、3名优秀党务工作者予以表彰和奖励，并将先进集体和个人照片制作宣传展板，出版《轴研动态》“七一专刊”。

【社会责任】

开展“心连心、面对面，服务职工在基层”系列活动，开展“国机一日捐”“洛阳市一日捐”“爱心救助”“爱心助学”“帮扶送温暖”等活动。对考上大学的职工子女21人发放助学金。金秋“爱心助学”活动累计开展10年，受助家庭及职工100余户。

完成“排放污染物许可证”换证工作。4月10日，经河南省环保厅专家进行现场核查评审，实地查看污染物存放、处置及环保设施运行情况，最终确认公司的排放总量控制指标。经网上公示后，4月28日取得“排放污染物许可证”。

天津电气科学研究院有限公司

【基本概况】

天津电气科学研究院有限公司（简称天津电气院）以转型升级为战略目标，推进“一三三一”战略实施，专注于为工业领域提供“核心产品+系统集成+超值服务”的卓越电气控制系统解决方案的愿景，以“引领技术，创新服务，创造价值”为使命，帮助工业企业提高产品质量、生产效率、节能降耗，助力客户转型升级。2015年，天津电气院以新产业基地作为“新起点”，引航“新梦想”，实现利润总额同比增长近20%。天津电气院正发挥着“创新成长、合力共享”价值观的巨大能量，以创新、创业的饱满热情在转型升级的大道上奋进。

【主要指标】（主要经济指标详见表1）

表 1 天津电气科学研究院有限公司 2015 年主要经济指标

项 目	2014 年	2015 年	同比增长（%）
资产总额（万元）	102 423.37	110 330.65	7.72
净资产（万元）	47 492.46	49 855.12	4.97
营业收入（万元）	30 094.76	34 614.13	15.02
利润总额（万元）	1 130.23	1 511.12	33.70
技术开发投入（万元）	2 437.68	2 803.74	15.02
利税总额（万元）	3 439.07	3 506.41	1.96
EVA 值（万元）	385.99	649.29	68.21
全员劳动生产率〔万元 /（人·年）〕	14.68	15.42	5.04
净资产收益率（%）	2.43	2.48	增加 0.05 个百分点
总资产报酬率（%）	1.41	2.06	增加 0.65 个百分点
国有资产保值增值率（%）	102.45	102.41	减少 0.04 个百分点

【重大决策】

1. 新产业基地开启发展新空间 公司位于天津未来科技城的产业基地正式投入使用，极大地改善了生产经营办公环境，提升了企业形象，为企业发展提供了广阔空间，为企业产业化产品（光伏逆变器、变频器、高端智能配电等）提供了巨大发展潜力，为企业大力发展新能源和节能装备领域产业化产品，以及拓展系统集成工程新兴领域，使产业化产品与系统工程形成相互支撑、相互促进，提供了整体支持。

2. 举办主题活动 在新产业基地举办“新起点 新机遇 新梦想”活动。国机集团副总经理曾祥东、科技发展部部长赵兵，以及天津滨海高新区管委会主任倪祥玉出席并参加活动。邀请到合作伙伴、重要客户、行业组织等相关代表 100 多人参加。活动同时举办“智·造未来”高端论坛，领导、嘉宾、重要客户、合作伙伴及企业职工汇聚一堂，共谋发展，“智·造未来”。

【重大项目】

1. 山东泗水 10.2MW 光伏发电项目 该项目位于山东泗水县高峪镇尧山村，属于山地光伏发电项目，整个电站项目规划 20MW。针对项目的特殊性，在实现经济效益的同时，公司创新设计“集装箱 + 多路 MPPT 智能汇流箱 10.2MW”方案，并于 2015 年初实现所有设备一次并网成功。该项目时间紧、任务急，从方案确定、设备升级、产品中试、国网认证到生产调试，全部任务于 4 个月内完成，实现一次性顺利并网并稳定可靠地持续发电，得到了客户的高度评价。

2. 俄罗斯 1 450mm 六辊单机架可逆冷轧机电气控制系统 该项目为生产线总包项目，基于该生产线工艺特殊性，天津电气院制定了整流电源 + 逆变器 + 制动单元的公共直流母线控制方案，配合 4 台主机交流电动机、4 台左右卷取机和 1 台开卷交流电动机，采用自主研发的 TAC1 系列逆变器 20 台（套），实现了冷轧机全交流传动控制要求。该项目实现了天津电气院自主研发的 TAC1 系列产品在国外市场上的首次大规模应用。

3. 明泰铝业 3300/2800 双机架热轧机组电气控制系统 该项目为包含传动自动化、电动机、仪表及变压器总承包的工程项目。项目主轧机控制采用 SL150 交 - 交变频调速控制系统，充分展现了天津电气院在大功率交 - 交变频领域的雄厚实力。全线的交流变频调速设备均使用公司自行研制的 TAC1 系列产品，是公司自主研发产品的又一次大规模应用。

4. 广东信发 550mm 可逆二十辊轧机控制系统 该项目为天津电气院承接的第一条完整 20 辊轧机控制系统，也是公司精密合金高精度轧机控制系统的产业化科技创新成果的成功推广。该项目运用 AGC 控制、辊系计算、板型调整等高精度控制技术，提高了系统控制精度和系统完整性，该项目带产品成品厚度到达 0.074mm，使其具备了进入高端国内外市场的竞争力，为客户带来了显著的经济效益。

5. 检测业务获得 ASTA 资质认证 ASTA 认证体系主要应用于电力输送、安装和配电行业，标贴有 ASTA 标志的产品代表了安全可靠和更强市场竞争力，成为产品符合国际要求的有力证明，在全球市场拥有广泛的接受度。

天津电气院下属检测业务板块天传电控设备检测有限公司通过 ASTA 资质认证，充分体现了公司的检测体系管理和试验室测试能力水平获得高度认可。

【科技创新】

1. 科技成果转化实现创新解决方案 加大自主创新投入，促进成果转化，掌握多项关键技术，丰富创新系统解决方案，助力转型升级。

在重型装备领域，持续开展冷热连轧二级自动化控制技术研究，自主开发出多机架冷连轧 AGC 系统，形成一套完整的全网络化、全数字化、先进可靠的 AGC 自动化控制系统，成功用于无锡中彩集团四机架冷轧控制系统。

在能源电气领域，形成 600kW 紧凑型光伏逆变器、集装箱式逆变房等多项成果；研发推出结构更紧凑、外形更美观的 ZXD 系列直流调速装置；以性能优良的水轮机调压阀，替代施工周期长、风险大、投资巨大的调压井，为电站提供优化安全节能环保型系统解决方案。该系统解决方案已应用于 46 家水电站，具有良好的推广与市场应用前景、显著的社会与经济效益。

在智能装备领域，成功研制航空发电机综合测试系统，测试精度达国际领先水平，成果应用于中航工业曙光公司国产大飞机 C919 测试系统。

在工业企业生产信息管理领域，采用物联网和大数据分析技术，融入精益生产管理思想，实现生产区域从原材料至成品全过程的数据分析及工艺优化，促进用户生产管理技术和效率的提升，提高产品质量和制造的敏捷性。

在技术服务领域，企业开展多项检测试验方法研究，其中“大电流传感器的校准规范”正在申报国家规范。

变频技术与产品作为企业的传统优势，继续开展前沿技术研究与系列产品优化设计，并在电力电子装置实时控制系统开发平台等共性技术与平台研究方面，逐步完善了集成产品研发模式，有助于大幅缩短企业新技术新产品开发周期，提高产品质量。

2. 科技成果硕果累累 获科学技术奖 5 项。其中，与华中科技大学等单位联合申报的“特大型水轮机控制系统关键技术、成套装备与产业化”项目，荣获 2015 年国家科技进步奖二等奖。该项目有效解决了调速器行业的技术难题，引领国际先进水平。

电气传动国家工程研究中心通过 2015 年国家发改委第五次评审，总成绩 83.7 分，全国排名第 11，天津市排名第 1。

专利申请共 53 项，其中发明专利 19 项、软件著作权登记 6 项。全年授权国家专利 43 项，授权量同比增长 50%，其中发明专利 3 项，累计有效发明专利 19 项，累计有效专利 150 件。

【深化改革】

1. 平衡计分卡战略推动项目 为加强战略管理，推进战略落地实施，推进战略管理与绩效薪酬体系的协调、统一，形成战略规划、战略实施、战略监控和战略调整的闭环计划，企业启动平衡计分卡战略推动项目，利用平衡计分卡的手段，绘制战略地图，建设指标体系，推动战略落地实施。完成天津电气院战略地图绘制并展开宣传贯彻工作，同时开展各业务板块战略地图绘制，将战略层层推进，最终落实到每一位员工。

2. 干部队伍年轻化 10 月，完成中层干部换届工作，对组织机构进行扁平化调整，激发经营活力，提升管理效率。经过本次干部换届，副经理级以上干部平均年龄下降 4 岁，一批“80 后骨干”走上部门负责人岗位，承担发展责任。

3. 转型升级初见成效 在冶金等传统行业形势持续低迷的大环境下，承接合同额 4.41 亿元，实际同比增长 1.37%；实现营业收入 3.46 亿元，同比增长 15.02%；利润总额 1 511.12 万元，同比增长 33.70%。

检测业务抓住低压成套设备标准换版时机扩大市场份额，收入同比增长 60%；新能源业务凭借创新解决方案和技术领先性优势实现产值翻番；水电等海外业务实现有效拓展；“集装箱 + 多路 MPPT 智能汇流箱”光伏电站、航空发电机综合测试系统、精密合金高精度轧机控制系统等一批创新解决方案涌现，助力转型升级。

【管理经验】

1. 市场与品牌管理 周密部署，开拓市场，打造一流品牌。坚持技术创新，坚持快速响应，抢占新能源市场。新能源公司以“集装箱 + 多路 MPPT 智能汇流箱”解决方案赢得了与阳光、华为的光伏逆变器同场竞技，山东泗水 10.2MW 光伏发电项目一次并网成功，引领行业山地电站技术发展。TPV1-500-N30 光伏逆变器通过中国效率认证，效率 98.43%，在集中式逆变器中位列全国第 1 名。

开拓海外市场，谋求国际化发展。响应“一带一路”国家战略，拓展海外市场。中标巴基斯坦 2 个水电站设备成套项目，与中国一重等组成联合体签订印度尼西亚 1 780mm 不锈钢热连轧项目电气传动合同，合作中标俄罗斯 1 450mm 六辊单机架可逆冷轧机项目生产线电气总包等。

加大市场拓展，保持稳定增长。系统工程一公司通过提升技术水平、拓展业务链条，在冶金行业持续低迷的不利环境下，努力稳增长，承接鼎信印度尼西亚 1 780mm 热连轧电气传动系统、唐山东海 1 450mm 热连轧传动系统、安钢 1 550mm 镀锌线等项目；系统工程二公司集中精力把优势业务做大，承接了四方所牵引试验台改造，中国北方车辆研究所转向泵 / 马达试验台等项目，实现了系统解决方案和产品业务的良好拓展。

加强品牌营销建设，促进市场拓展。在新产业基地举办主题经营活动，重点发布产品及系统解决方案，展示提供整体方案的能力；参加上海工博会、中国光伏四新展、上海 SNEC 太阳能光伏展等展会；通过经营视频、企业宣传 PPT、经营样册、网站及微信公众平台等实行品牌统一规范化管理，展现“天津电气院”品牌魅力，打造一流口碑。

2. 战略管理 启动实施平衡计分卡战略推动项目，成立平衡计分卡战略推动项目工作组，进行项目的规划、组织和推动；成立战略地图工作编制小组，有效推进企业战略地图、各业务单元战略地图的编制。项目以战略地图的形式更加清晰地描述战略，并制定相应的可量化指标与行动方案，使战略与绩效薪酬体系相结合，有力促进战略落地。该项目通过前期宣传、战略地图培训、现状评估，绘制公司整体战略地图层层递进的开展战略落地实施，并同步展开各板块战略地图的绘制与指标分解工作。

3. 薪酬体系管理 进一步优化薪酬管理细则，全部部门进入试运行阶段；普及平衡计分卡的应用；通过内部调配 22 人、招聘等方式满足用人需求，获批天津市就业见习基地；建立企业培训体系，开发 6 门内部课程，建立员工培训档案；完成企业领导班子换届工作，根据战略地图的指引，进行相应的组织机构调整并完成了中层干部换届考核聘任。新的中层干部中，更加体现了年轻化和知识化，一批 80 后高学历人员走上部门主要负责人岗位。

4. 质量管理 从质量管理体系建设、质量检验标准与规范、供应商管理、精品建设和持续改进等方向着手，引导全体员工特别是一线员工积极参与企业质量管理，全面提升员工质量意识，产品交检一次合格率有较大提高，客户满意度也有所提升，公司质量总体水平在稳定提高。

5. 财务管理 与金融机构密切联系，开拓授信渠道，新增 1.1 亿元授信。同时，加强财务流程管理和信息化建设，细化核算流程，推动和加强“两金”管理，建立财务风险管控机制，细化预算管理制度并有效运行，实现分企业财务预算管理，向工程项目预算管理推进。

【党建工作】

天津电气院党委深入贯彻习近平总书记系列重要讲话精神，发挥政治核心作用，践行“两个责任”，坚持聚焦经营发展的中心工作，组织开展党委换届选举；重视发展党员工作；结合“三严三实”专题教育活动，着力做好学党章、重温入党誓词、庆“七一”等工作，开好专题民主生活会并抓好反馈问题的整改落实。全年未发生党员和党员干部违纪违法现象，保证了正常经营发展秩序。

【企业文化建设】

开展形式多样的文体活动，丰富员工业余文化生活；通过班组建设、技能人才培养等，促进员工队伍建设；走访、慰问离退休干部职工等，通过各种途径为他们排忧解难。同时，借助 OA“企业文化”讨论区，发布引发员工思考和学习、弘扬传播正能量的文章，宣传企业核心价值观、使命、战略愿景，在互动讨论和交流中营造积极向上、充满活力的企业文化氛围。

【社会责任】

1. 大力倡导节能减排，打造“绿色企业” 节能减排工作继续遵循并完善统计监测、管理和考核三大体系制度建设，完成 2015 年度节能减排量化考核指标。整体迁入产业基地，淘汰大量高耗能、老旧机加工设备，新增设备选型将“能耗”作为重点考核指标。采暖期间，指派专人负责燃气取暖设施的定时启闭。将节能减排意识落实在生产各个细节中，在照明、供水、用车等环节，专人负责，将落实节能减排做到位。

2. 体面工作，幸福生活 倡导“体面工作、幸福生活”理念，为职工营造丰富多彩的业余生活，开展形式多样的问题活动，促进职工身心健康。相继举办趣味运动会、各种球类比赛、演讲比赛，以及团组织各项活动。领导和职工同场竞技、同台表演，让每一位参与者在紧张繁忙的工作之余既得到锻炼、陶冶情操，也增进友谊，提升幸福感与归属感。公司整体搬迁至产业基地后，为提高职工饮食环境，重新调整伙食委员会成员，加大检查力度，及时反馈意见建议，并整改落实，确保职工权益。

中国电器科学研究院有限公司

【基本概况】

中国电器科学研究院有限公司（简称中国电器院）隶属于国机集团，前身是广州电器科学研究所，1999年改制为企业，2010年改制重组更名为“中国电器科学研究院有限公司”，2011年重组合并兰州电源车辆研究所有限公司。现已成为集科研开发、国家检测和科技产业为一体的国家级创新型企业，战略布局华东、华南、华中、西北等处，在检测认证、励磁设备、电池检测设备、成套试验装备、新型环保材料生产等领域处于国际先进水平。

【主要指标】（主要经济指标详见表1）

表1 中国电器科学研究院有限公司2015年主要经济指标

项　目	2014年	2015年	同比增长（%）
资产总额（万元）	166 164	174 409	4.96
净资产（万元）	70 194	74 658	6.36
营业收入（万元）	155 225	164 764	6.15
利润总额（万元）	8 226	8 498	3.30
技术开发投入（万元）	9 300	9 808	5.46
利税总额（万元）	12 273	17 036	38.81
EVA值（万元）	9 753	10 336	5.98
全员劳动生产率〔万元/（人·年）〕	24.67	27.46	11.30
净资产收益率（%）	10.42	11.00	增加0.58个百分点
总资产报酬率（%）	4.17	5.00	增加0.83个百分点
国有资产保值增值率（%）	112.12	110.00	减少2.12个百分点

【改革改制】

为激发企业活力，提高公司治理水平，实现企业可持续增长，多方位、多渠道了解混合所有制的优势及相关政策，积极探索与自身发展相适应的改制方案。在“大众创业、万众创新”的大环境下，在新的具有一定风险的业务领域，策划3个节能环保方面的孵化项目，拟以独立法人或模拟公司形式，由公司和员工共同出资进行创业孵化。其基本原则是“风险共担、利益共享”，尝试将员工和公司变为利益共同体，激励员工创新创业。项目呈报国机集团。

【重大决策与重大项目】

中国电器院下属擎天材料公司为解决聚酯树脂业务产能受限、环保要求等赖以发展的基础问题，经过2年多的实地考察，拟选址东莞立沙岛，投资2.4亿元建设擎天聚酯树脂生产基地。第三方中介机构已出具“可行性研究报告”，项目已上报国机集团审批。下属成套公司为完善业务产业链，突破发展瓶颈，经过多方考察、调研及对比，认为安徽伟嘉装备技术有限公司与成套公司业务有很强的契合度和互补性，并在技术研发、管理团队等方面优势突出。出资约 700 万元并购伟嘉公司。该项目已向国机集团报批。

【市场开拓】

主营业务分两块：检测认证和科技产业。其中，科技产业包括三方面：电气设备、成套工程、化工材料。

1. 检测板块 家电方面：通过采购商、零售商以及工商、电商平台抽查等“市场抓手”，提升客户的转换成本；大家电和压缩机保持稳定，小家电受到一定冲击，家电强制性检测业务总的市场占有率维持国内第一位。电气附件方面：利用标准委员会、行业协会等优势强化与行业大客户的合作，联合其他机构持续做好上级主管部门公司的公关工作，10 月国家认监委以发文及纪要的形式明确零部件认证互认要求。相关检测业务市场占有率仍保持国内第一位，零部件认证互认将为今后的业务发展带来机会。汽车方面：加大销售力量投入，逐个挖掘大车厂潜力；与吉利公司的合作获得突破；获得 GM 新的 VOC 认可；获得大众新的认可；利用电商渠道扩大销售；与整车厂合作利用新建的 10M 暗室，开展整车无线电干扰试验，汽车整体业务有所增长。汽车类产品检验的市场占有率在华南地区排名前五位。

2. 科技产业板块 电气设备方面：电控励磁产品在水电市场占有率较高，稳居国内第一位；在火电市场占有率偏低。电池检测设备属于新能源锂离子电池行业。国内雾霾天气加重燃油汽车的污染促进中国电动汽车行业快速发展，市场潜力巨大。中国电器院经营主要围绕国内外大型高端的客户，在高端充放电设备中位于前两名，市场占有率约为 40%。借助国家清洁能源产业发展政策，电池设备检测业务成功进入比亚迪集团，完成四期、五期、六期动力电池化成分容设备合同共 6 042 万元，奠定中国电器院在比亚迪动力电池生产设备的坚实基础。与浙江谷神签订全自动物流方案合同额 2 350 万元，这是公司独立承接的首条全自动线，具有非常重要意义，是后续产品重点发展的方向。成套设备方面：完成埃及冰箱总承包项目设备发运及现场验收等工作，后续的冰箱产品模具及零部件订单确认。出口的设备和产品在专业技术水平、服务质量和可靠性方面得到客户认可，在冰箱产品成功合作的基础上该客户又陆续合作了烤炉、空调及小家电等项目，订单总金额超过 2 500 万元。该项目投产，为当地创造 500 个就业岗位。埃及 LED 灯生产工厂总承包项目，对后续类似的 LED 灯工厂总承包有着非常好的示范作用。阿尔及利亚冰箱冷柜洗衣机整厂总承包项目，合同金额 262 万美元。越南五十铃电泳线，合同金额 1 668 万元，是中国电器院在越南接到的第一条汽车涂装生产线。该生产线从加工、设备运输、现场施工、调试安装全部由公司承包，为今后承接类似项目积累了宝贵经验，为该类项目的市场开拓奠定了坚实的基础。中国北方车辆研究所降水模拟试验单元项目，合同金额 923.5 万元，该项目的成功签订标志着公司产品正式进入军工行业。通过项目实施过程的各种试验、理论计算和设计分析，预计中国电器院在环境模拟技术方面将会得到较大提升。150kW 电站车及配套网络项目，合同额 1 573.434 万元；75kW 电站车及配套网络项目，合同额 1 508.8 万元。

材料方面：粉末涂料年度排名稳定在行业第六位，聚酯树脂稳定在行业第 4 位，油漆业务逐步扩展。聚酯树脂材料多家同行企业相继扩产放量，同行间竞争更加激烈。聚酯树脂进入艾仕得公司的备选供应商行列，与立邦、圣联达、德福生建立合作关系。新产品方面有针对性地推广高清木纹转印树脂，并为个别客户提供专供产品，月销售量 400 多 t，成为中国电器院主流产品之一。粉末涂料类产品在空调行业需求下滑严重；汽车轮毂粉与上年同比略有增加；建材、IT 行业刚刚起步，形成规模发展还需时日。水性金属漆销售日趋稳定，水性卷材涂料由于是新产品，推广速度比较慢；塑胶漆销售额继续低迷。

【产业化发展】

1. 动力电池后处理自动化物流系统关键技术研究（实施时间：2014—2015 年） 项目主要研究适应于自动物流线的电池充放电装置，研制自动堆垛机装置、电池托盘自动输送线、OCV/IMP 测试装置、电池等级分选装置，设计任务调度系统，实现数据管理，满足全自动物流系统生产的要求，建成动力电池后处理自动化物流系统示范线，现处于市场推广阶段。该项目市场前景可观，具有良好的经济效益。预计投入市场后售价约 3 000 万元，毛利率约 20%，若研制成功并产业化可在一年内实现至少 1 套的产能规模，预计 5 年销售量可达 10 套，实现产值超过 3 亿元。项目申请了发明专利 2 件，实用新型专利 2 件，软件登记 1 件。

2. 大功率直接并网双向电源的研制（实施时间：2015—2016 年） 目前国内电池检测设备因为技术和成本因素多采用将电池能量通过电阻放电的方式消耗，造成极大的能源消耗。规模较大的电池生产厂家，电池化成消耗的电能费用可占到生产成本的 20% ～ 30%。因此，电池放电能量再利用成为电池生产企业迫切需要解决的问题。大功率直接并网双向电源通过 PWM 变流技术，将动力电池检测系统化成过程中的能量送回电网，进行电能的循环利用，解决了在电池化成过程中，多次充放电造成的大量能源浪费等问题，具有减少交流侧谐波、提高功率因数等优点。大功率直接并网双向电源是大容量动力电池大规模应用必须的生产设备，既符合电动汽车产业广阔的发展前景，又为生产厂家节电节能，同时也满足国家节能减排的要求。该设备的研制具有非常好的推广应用价值和市场前景。

项目完成对 30kW 风冷试验样机的主回路参数设计、主回路元器件选型、硬件设计、电气设计、结构设计及样机制造。实现 10kW、20kW、30kW 功率等级的逆变工作运行。

3.EHP-512CD-5A 节能型充放电电源的研制（实施时间：2014—2015 年） 随着节能概念的逐渐倡导，客户对设备电流、电压高精度、高稳定性，对设备针床温度场分布均匀性和散热结构提出了高要求。项目开发主要用于以托盘针床式方式生产的圆柱形锂离子电池化成、检测、分容等二次电池自动检测系统。该项目整机系统可以提供高精度、高稳定性、高充放电效率、低纹波的具有电网能量回馈功能的恒流恒压源和计算机控制的自动针床机械装置对电池进行充放电，对电池电压、电流、容量等多项参数进行检测汇总，并可进行性能、寿命试验，监控软件提供电池化成分容过程中各个流程的曲线数据方便对电池性能进行分析；系统采用两层托盘式针床结构，每层可检测 256 个电池，全套设备可检测 512 个电池。系统基于局域网平台，可实现数据共享。

项目按照预期实现产业量化，产量超过 200 台，创造产值超过 1 000 万元。设备在批量运行中，其高精度、高稳定性、高效率等特性，得到杭州南都、赛恩斯、辽宁立源、东莞力朗等客户认可和高度评价。

4. 电动汽车及零部件检测评价技术研究、能力建设及推广应用（实施时间：2012—2015 年） 项目建成的电动汽车及零部件测试公共服务平台涵盖电动汽车整车及其零部件的电磁兼容 EMC 检测、动力电池检测、驱动电动机及控制系统检测、汽车电子电器安全与性能检测、充电系统检测、环境适应性检测等领域，可为企业提供多种检测技术及产品质量控制方案。另外，通过研究电动汽车及汽车零部件国内外法规、标准和市场准入要求等，实现电动汽车零部件检测评价的国际合作及检测结果国际互认等，为本地企业提供国际市场准入的通行证，为企业提供汽车零部件的国际项目评价服务。面向社会提供电动汽车及零部件检测技术服务 780 批次，取得良好的经济效益和社会效益。

5. 基于国际标准的家用制冷产品高端试验装备研发和应用（实施时间：2013—2015 年） 项目研究了空调器非稳态测试过程的热量动态投入/移除控制方法、低温工况载冷剂特性实时测量计算和修正方法、平衡环境型房间量热计内室工况控制等技术，并采用“变频控制/定频热气旁通＋热回收＋空气热湿控制”及水冷量分量装置的综合节能技术方案，研制出符合欧盟标准的平衡环境型房间量热计、空调器舒适性评价试验室、符合北美标准的具备季节能效测试功能的空调器焓差试验室，实现了在试验室内可模拟降雪、降雨、日照和吹风等功能，并且运行能耗明显降低，达到节能效果。签订销售合同 1.08 亿元，在行业中推广应用，用户反映良好，经济效益与社会效益显著。项目获国家发明专利 1 件、实用新型专利 7 件、软件著作权 9 项，参与制定 DB44/T1224—2013《房间空气调节器环境舒适性技术要求》技术标准。项目成果通过专家鉴定，项目整体技术达到国际先进水平。

6. 工程机械粉末涂料用聚酯树脂（实施时间：2015 年） 项目针对工程机械结构件用粉末涂料技术特点，以及市场上现有粉末涂料产品起“霜”造成涂层外观下降的现象，研究多元醇单体、多元酸单体、促进剂、酸值和固化工艺对粉末涂料低温固化性能的影响，制备一种既具有良好装饰性和耐候性，又可低温固化的粉末涂料用聚酯树脂，解决常规粉末涂料应用于工程机械结构件固化不完全、装饰效果差、耐候性差的难题。其综合性能优于国际知名品牌同类产品，填补市场空白，促进粉末涂料在工程机械领域应用，市场前景较好。项目申请中国发明专利 1 件。截至 2015 年 10 月底，该项目产品实现销售收入 1 016 万元，净利润 142 万元，经济效益突出，市场前景较好。

7. 基于光伏系统的晶硅组件环境试验技术研究及应用(实施时间：2014—2015 年) 项目在琼海（湿热）、新疆吐鲁番（干热）和广州（亚湿热）试验场分别搭建由不同类型组件组成的 10kW 小型并网光伏系统，形成户外试验服务能力；与中国质量认证中心合作建设拉萨（高原）、海拉尔（寒冷）试验站；形成光伏系统光电转换性能的计算和关键参数检测方法；联合邦讯公司合作开发一套光伏组件在实际服役状态下的环境参数和电气参数监测软件，可以同时监测太阳分光谱辐射度、环境温湿度、风速风向、降水量以及组件表面温度、光伏系统直流侧和交流侧的电气参数。

项目建立一种可模拟中国典型湿热气候环境的光伏组件实验室加速试验方法，编制能源局行业标准 1 份；参与国家光伏产品领跑者计划，主导制订 CQC92-462217-2015《光伏背板材料“领跑者”环境耐久性评价实施细则》，编制 CQC3324-2015《光伏背板材料耐久性试验要求》，作为中国质量认证中心的自愿性认证业务已经发布实施。项目申请中国发明专利 2 件，并获授权中国发明专利 2 件，发表论文 4 篇。建设后的拉萨（高原）、海拉尔（寒冷）试验站将挂牌成为国家能源局归口管理的国家重点实验室的户外实证试验场，市场前景良好。

【科研成果】

推进科技研发与科技产业主业相融合，将科技研发方向与政府支持、市场潜在需求和主营业务发展相结合，探索公益性研发事业的出路，寻求公司盈利目标和承担社会责任的平衡，获得政府资助的科研经费总额持续回升，与公司自筹资金相结合有力推动公司主业研发进展。科技活动经费支出共 1.59 亿元，共组织开展院内科技研发项目 176 项，其中新增科技项目 100 项。

继续推进科技成果创新，形成一批重要科技成果，成果转化率 75%。申请专利 66 项，其中发明专利 32 项，获授权专利 64 项、发明专利 18 项；取得软件著作权 14 项；发表论文 114 篇；获得省部级以上科技奖励 5 项。

【产权制度改革】

根据国机集团继续推进资产质量优化提升专项工作的要求，2013 年全面启动公司及所属企业资产清查工作，2015 年进一步采取有效的清理和处置措施，深入推进资产质量优化工作，相关工作取得明显成效。截至 2015 年末，公司不存在四级及以下层级子企业，不存在长期未纳入合并范围的待清理子企业，也不存在已吊销企业法人营业执照的企业。

【管理经验】

建立重大合同评审制度，通过 NC 合同审核，对合同严格管控。建立合同履行跟踪制度，对 100 万元以上的合同，清楚掌握每个执行节点，了解执行情况。

对签订的重大合同（机械制造类：单个合同签订金额≥ 500 万元；材料化工类：单个客户年供货≥ 300 万元）的执行情况进行调查，并形成报告，及时解决合同执行过程中出现的问题，防范逾期账款、合同系统风险的发生。

在新 OA 平台建立重大合同评审流程，确保合同在签约前经营、法律和财务条款完整，降低风险。

制定《中国电器科学研究院有限公司非正常账款管理办法》，强化公司账款管理，明确账款管理责任，减少坏账损失。

【企业文化建设】

秉承以人为本、幸福电器院的发展理念，落实以党建带群团建设要求，发挥工会、共青团等组织的作用，推进以“和”“实”为基础的企业文化建设。在中国电器院内培养创新文化，营造“大众创业，万众创新”良好氛围，改革创新机制，激发员工创新潜能，助推公司实现新的腾飞。

开展职工喜闻乐见的各类活动，举办职工系列运动会，进行篮球等 9 项比赛项目。组织员工参加国机集团第五届职工田径运动会和国机集团“苏美达杯”篮球邀请赛。

关爱员工，对困难职工进行帮扶。在员工中弘扬“感恩回报”理念，传递爱心正能量。

【信息化建设】

以业务发展和管理提升需求驱动，推进信息化建设。

1. 应用推广移动办公，提升审批效率和信息服务水平 主要包括：普及手机端OA应用，打造移动办公平台；建立OA专业门户，为各专业提供信息服务平台和知识共享平台，打造综合信息平台；试行“桌面云”系统，用户可在任一办公地点登录远程桌面，为PC端用户提供移动办公条件。

2. 完善业务系统、做好数据挖掘，提升决策支持和服务能力 主要包括：完成认证系统开发交付和检测系统验收，认证、检测系统覆盖威凯9成以上业务，显著提升主营业务信息化水平；加大NC系统的报表开发和部分功能优化，满足各口径管理、统计和决策支持需求；完成赊销款管理系统开发交付，促进赊销款管理水平提升。

3. 完善信息化体系建设 主要包括：制（修）订《IT运维管理办法》《计算机网络使用行为规范》信息化应急预案等；推进建立微信企业号，做好相关系统对接。

4. 优化流程和系统应用，促进降本增效 主要包括：视频会议系统推广应用显著降低会议成本，2015年度使用视频会议50次，参会人员约1500人次，节约差旅开支约30万元（不含时间成本）；推广OA系统使用，扩大办公审批与沟通覆盖面，年度审批流程、同时在线用户数同比增加50%，报表数量同比增加4倍，移动用户数占比上升至25%（近500人，同比增加约25%），显著提升审批效率和管理支持能力。

【党建工作】

扎实开展“三严三实”专题教育，持续深入推进作风建设，使党员干部形成锐意进取、敢于担当、率先垂范、真抓实干的新作风，打造对党忠诚、个人干净、敢于担当的干部队伍，不断推进中国电器院的改革发展。

认真落实党委的主体责任和纪委的监督责任，学习贯彻中央精神，加强思想理论武装。组织开展中国电器院转型升级战略大讨论等活动，教育引导党员干部主动围绕经济发展新常态、公司战略布局和改革发展政策，出主意、想办法、明方向、谋发展，进一步坚定做强做优国有企业的信心决心，将中央和上级党组织的战略决策部署转化为企业深化改革发展，实施创新驱动发展战略，加快“国际化”“工程总成集成”战略的具体行动。

推进基层党建工作创新，做好新形势下宣传工作。从公司改革发展大局来谋划和推进党的建设，创新工作形式，强化党的组织建设，充分发挥党组织的政治核心和战斗堡垒作用。

【社会责任】

1. 加强企业自身建设，切实履行经济发展责任 面对激烈的市场竞争，积极响应国机集团“二次创业”号召，以业务国际化和转型升级为主要抓手，加强科技创新步伐，务实推进企业管理提升活动，经营工作稳中有进。

2. 加大对市场潜力大和高端产品的研发力度 加强科研平台建设，推动标准化工作。主持制定国家标准3项、地方标准3项，参与制定地方标准8项。

3. 倡导绿色发展，践行节能减排 加大相关产业的技术改造、技术提升和节能新产品、新措施的资金投入，全年实现万元产值（现价）综合能耗（标准煤）0.013 4t/万元，万元营业收入（现价）综合能耗（标准煤）0.033 3t/万元，化学需氧量（COD）排放量2.41t。

4. 开展家电知识科普活动 践行和谐社会发展要求，为群众普及家电安全知识，积极开展形式多样的家电知识科普活动，同周边社区群众形成良好互动。组织广州市海珠区科普活动日和嘉兴市南湖区质量教育实践活动；在广州中小学校教室中提供照明检测服务，为学校教室照明改造提供专业数据支撑。

广州机械科学研究院有限公司

【基本概况】

广州机械科学研究院有限公司（简称广州机械院）始建于1959年，是原机械工业部直属综合性一类研究机构、国家机械行业技术归口单位之一，是国家首批91家创新型企业之一、三级军工保密资格单位、国家火炬计划重点高新技术企业、广东省专利试点企业、全国机械行业文明单位、广东省高新技术企业。设有博士后科研工作站，“广研”商标荣获广东省和广州市著名商标称号。先后承担大批各级科技攻关项目，取得1 000多项科研成果，其中67项填补国内空白、38项替代进口、2项填补国际空白，为国家机械装备核心部件国产化作出了重大贡献。

广州机械院主要从事机械基础技术、基础材料、基础元件领域的高新技术和产品的研发，在智能装备、液压、光机电一体化、密封、润滑、汽车零部件检测、设备润滑状态监测等方面的研究水平居国内先进水平。致力于研究和发展面向行业需求的工业机器人本体技术和应用技术，以及智能装备等自动化生产线，为工业客户提供系统的解决方案。在技术研发方面，拥有国家橡塑密封工程技术研究中心、国家汽车零部件技术研究开发平台（广州）等10多个高端研发平台；在科技合作方面，联合工信部电子五所与中科院广州分院，承建了由工信部、中科院、国机集团和广州市政府四方联合共建的中国(广州)智能装备研究院，参与建设“中国-以色列机器人研究院”“广州中以机器人与智能制造产业基地”；在检测技术方面，拥有国家发改委立项成立的“国家机器人检测与评定中心(广州)”（简称国评中心），国家认可实验室“广州机械科学研究院检测实验室”，以及机械工业汽车零部件产品质量监督检测中心(广州)等认证检测平台；在产品制造方面，投资收购并控股组建的广州启帆工业机器人有限公司，机器人本体的市场占有率国内排名前三甲；在行业服务方面，组建了广东省院士工作站，牵头组建了“广州工业机器人制造和应用产业联盟”并担任常务副理事长兼秘书长单位。

近年来，广州机械院以开拓创新为动力，以技术研发为基础，以市场需求为导向，以行业合作为手段，大力开拓工业机器人产业，积极开展机器人研发制造、智能设备检测与行业技术服务。作为行业领航者的广州机械院，为助推传统制造业“机器换人”，促进智能产业在珠三角集聚以及服务传统产业转型升级，作出了重要的贡献。

2015年12月25日，由国机集团和广州市政府共同投资组建的国机智能科技有限公司揭牌成立。国机智能公司以广州机械院为主体，注册资本10亿元，主要从事机器人、智能装备及关键零部件的技术研究与开发、生产制造、检测咨询服务。国机集团将优化配置和有效利用国内的智能装备板块资源及相关业务，并整合到国机智能公司这一智能装备产业的专属平台上，把国机智能公司打造成为国机集团智能装备研发制造的旗舰企业和国内智能机器人行业的领军企业，促进我国机器人及智能装备产业做强做大，推动国家制造业创新中心的建设，引领华南地区乃至全国制造业的转型升级。

【主要指标】

实现营业收入9.48亿元，经济增加值（EVA）完成4 872万元，流动资产周转率1.14，技术投入比12.46%。主要经济指标情况详见表1。

表1 广州机械科学研究院有限公司2015年主要经济指标

项 目	2014年	2015年	同比增长（%）
资产总额（万元）	142 784	145 210	1.70
净资产（万元）	41 707	45 159	8.28
营业收入（万元）	111 763	94 815	-15.16

（续）

项　目	2014 年	2015 年	同比增长（%）
利润总额（万元）	3 385	3 785	11.82
技术开发投入（万元）	6 303	6 981	10.76
利税总额（万元）	8 294	7 432	-10.39
EVA 值（万元）	4 750	4 872	2.57
全员劳动生产率〔万元 /（人·年）〕	19	18	-5.27
净资产收益率（%）	6.08	8.88	增加 2.8 个百分点
总资产报酬率（%）	5.47	5.77	增加 0.3 个百分点
国有资产保值增值率（%）	105.92	109.86	增加 3.94 个百分点

注：主要经济指标含北京中汽零公司。

【改革改制】

为抢占智能装备机器人产业高地，推动国机集团内的智能装备研发、制造能源整合，国机集团与广州市政府共同投资组建国机智能科技有限公司，以广州机械科学研究院为主体，于 2015 年 12 月 25 日揭牌成立，注册资本 10 亿元。

国机智能致力于机器人、智能装备及关键零部件的技术研究与开发、生产制造、检测咨询服务，重点研发制造面向行业需求的工业机器人本体技术与产品，以及智能装备等自动化生产线，为工业客户提供系统的解决方案。

【重大决策与重大项目】

作出“以智能产业、检测产业为战略核心业务，关注新兴业务，实现各业务的协同经营和可持续发展；通过资本运作，整合内外部资源，实现企业跨越式发展；推进业务单元业务重组、独立法人改制、混合所有制改革和上市，打造资本运作平台；调整公司总部组织结构，强化总部核心能力建设；业务单元实行聚焦策略、创新业务模式、开展集成服务、实现规模化生产”的总体发展战略。

国机智能承建国家发改委立项的“国家机器人检测与评定中心 (广州)”，将其建成具有国际一流水平的机器人产品检测、标准认证、技术咨询的行业公共服务平台；联合工信部电子五所与中科院广州分院，承建由工信部、中科院、国机集团和广州市政府四方联合共建的中国 (广州) 智能装备研究院，将打造成集研发、设计、检测、生产为一体，面向智能装备产业链的科研服务机构；12 月 25 日，国机集团与广州市政府共同投资组建的国机智能科技有限公司揭牌。

【市场营销】

1. 加强开发　面对传统行业市场需求持续低迷，公司各产业围绕“稳增长”要求，加大新行业新市场开发力度：

（1）密封所积极开发风电、盾构等新行业市场，风电密封件产品年销售收入自 2013 年以来保持年均 20% 的增长率。密封胶产业聚焦家电行业，并以美的电器为龙头，拓展大烤箱、抽油烟机独家供应，开拓一重量级客户 —— 方太集团。家电新行业实现回款 700 万元，同比增长 20%。

（2）设备润滑与检测产业加大咨询营销、会议营销推广力度，在设备润滑管理咨询基础上，开发设备震动管理咨询业务，成功举办“第四届中国企业润滑管理高峰论坛暨可靠性工厂展”，全年实现营业收入同比增长 13%。

（3）中汽零公司围绕大型商务车物流业，以及各类汽配城的经营管理模式，着眼“互联网 + 汽车后市场”巨大潜力，成立中汽供应链有限公司，与江西天成国际汽配城经营管理有限公司洽谈合作，致力于打造汽车产业的 O2O、P2P、P2C 等商业平台，从而推动互联网由消费领域向生产领域拓展，加速提升产业发展水平，增强行业创新能力。

2. 塑造品牌　将提升智能产业品牌知名度为工作重点，积极拓展品牌宣传平台，推广微信等新媒体应用，在公司官微基础上，各产业陆续上线“广研密封”“启帆机器人”等微信公众号，扩大品牌宣传面，增加客户获取公司产品和技术服务资讯的渠道；积极组织参加智能装备展和智能产业发展论坛，并在集中展示中国高精尖技术的第十七届深圳高交会上，展示了公司智能制造和智能检测的最新产品和应用系统，吸引了包括中国工程院院长周济、广东省省长朱小丹在内的众多领导驻足观看，有力地推广了广州机械院智能产业品牌。

【重大项目进展】

1.“国家机器人检测与评定中心（广州）”项目 该项目为国家和企业共同创立的集机器人产品及部件认证、检测、校准、标准化工作、技术咨询、合作交流、信息服务等为一体的社会第三方服务机构。“国评中心”总部设在上海，在广州、重庆、沈阳等地设立3个分中心。广州机械院总投资1.2亿元，配备专业技术团队，建设机器人整机、零部件及专项三大类14个试验室，检测能力覆盖检测标准40多个，检测项目410余项。并具备产品认证、标准研究、合作交流、培训咨询、期刊信息服务等公共服务能力。建设目标：

（1）成为引领国内机器人检测技术和能力的龙头检测机构，服务模式与国际接轨，检测服务能力、装备和相关技术研发达到国际先进水平。

（2）按最新的国内、国际相关标准，覆盖机器人整机、核心部件90%以上的检测项目，并按标准进行检测。

（3）成为国内外机器人产品质量的市场准入检测、认证的主要承担单位。

（4）承担国家机器人检测标准的制定，并为行业提供标准化服务，争取成为国家机器人标准化的归口管理机构。

（5）成为全国性的机器人检测、认证、技术、服务的行业组织和机构的依托单位。

（6）拥有先进、齐全的检测设备，相关技术和经验储备，成为机器人相关企业新产品开发研制的公共研发支撑平台。

2.“具有快速换线功能的智能型冲压机器人研制与产业化”项目 项目总投资1 600万元。针对冲压行业自动化和智能化的需求，攻克高速机器人系统设计与性能优化、多机器人协调运动和基于现场总线的生产控制系统等关键技术；研制基于冲压生产系统的工作平台、多系列多型号的冲压机器人和快速换线系统，实现1h内换线生产，节省70%的人工成本；项目形成发明专利3项，实现1～2套示范应用，并实现产业化，为行业内相关自动化改造提供通用的解决方案，提高行业的竞争力。该项目立足于现实的大量冲床的自动化改造需求，市场前景广阔。形成的通用性技术能够推广到其他行业，促进我国制造业的转型升级，提高批次生产质量和稳定性，改善劳动环境，提升劳动效率和经济效益，并且缓解社会劳动力不足的压力。

3.“面向数控机床与机器人集成一体化技术的研究”项目 项目总投资1 000万元。针对数控机床加工成套自动化和智能化的需求，攻克机器人制造单元设备布局优化、生产线夹具柔性化、机床夹具可重构模块化等关键技术，研发机器人制造单元控制系统和分布式数控机床系统，实现数控机床与智能机器人集成一体化，为行业内相关自动化改造提供通用的解决方案，提高行业竞争力。该项目立足于现实的大量数控机床的自动化改造需求，市场前景广阔。

4.“大型数控冲压装备橡塑密封件关键技术研究及应用”课题 课题投资1 282万元。主要开展面向汽车自动冲压生产线及大型冲压锻造机床等大型数控冲压设备用橡塑密封元件的技术研究与应用。通过该课题，公司在大型汽车冲压生产线用密封圈的关键技术，特别是在可靠性测试与验证技术方面，取得实质进步。在大型冲压锻造设备用橡塑密封方面，开发了成套密封产品。课题成果，均得到良好的推广应用，并在承担单位内形成了产业化示范基地。

5.“高端橡塑密封元件研发检测服务平台”项目 项目将投入6 000万元。平台建成后可满足行业服务需求。第一期建设以10t以上大中型挖掘机高压往复液压缸为研究对象，开展往复密封原理及高压液压缸密封系统可靠性设计技术研究等，形成往复式高压液压缸密封元件的研发检测服务能力，为高压液压缸密封元件的研究、生产和应用单位提供支持。

6.“机械装备润滑磨损在线监测系统的研制”项目 项目设计开发一套多信源润滑磨损在线监测传感器，实现在用润滑油液黏度、水分、污染度、介电常数及磨损等多信息的集成式在线检测；通过在线与离线油液监测数据的对比分析，以及销盘模拟台架试验，研究机械装备的润滑磨损机理，建立在线监测的知识库和报警界限值；开发的“机械装备润滑磨损在线监测系统”，实现设备故障诊断的初步专家诊断。获授权发明专利2件，受理发明专利1件，授权实用新型专利2件，受理实用新型专利1件；登记软件著作权2项；发表学术论文8篇。

该项目为中国重点企业，如广汽本田有限公司、中石化广州分公司、黄埔造船厂、广州市地下铁道总公司等大型企业提高综合竞争力，提供着可靠的服务保障。

7.“大型风力发电装备关键密封件产业化”项目 项目重点研究6MW以下大型风力发电机组的关键密封技术难题，开发国内最大的油封模拟试验台架，开展密封系统的可靠性评价和寿命评估，发明了国际领先的耐低温、长时间耐候密封材料、减磨降损动密封材料，以及夹织物增强耐候橡胶密封材料及工艺。研制出双唇双剖分自锁式轴承端面密封、方便安装的可切口油封，保障风力发电机组年工作时间达到6 000h以上的国际先进标准，解决了风机密封的就地安装及维修拆卸难题。

8.“广东省工业摩擦学企业重点实验室”项目 实验室以提高企业自主创新能力为宗旨，主要从事工业摩擦学范畴中的密封摩擦学、润滑摩擦学和摩擦学系统监测领域的应用基础及应用开发技术研究，关键技术和共性技术研究，不断增强企业科技持续创新能力和科学技术储备；组织重要技术标准的研究制定，推动行业的技术创新和进步；培养、稳定和聚集一批优秀的高科技人才，成为代表广东省学术水平、技术水平、试验水平和科技管理水平的科技创新基地。

9.“国家橡塑密封工程技术研究中心”项目 该项目以国家发展规划为指引，以市场需求为导向，面向国家重点产业、重大工程、重大装备的技术需求，充分发挥依托单位的人才、技术和管理优势，以橡塑密封行业的关键、共性技术和工程技术为主要研究内容，促进成果的转化和推广应用，逐步将中心建设成为5个基地：技术研发创新基地；工程化转化基地；检测和标准化制定基地；工程技术孵化和辐射、技术交流与合作基地；人才培养基地。

中心服务平台的成立，有助于中国系统地开展对于密封机理的研究和完善等一系列工程技术的研究和推广，有助于提升中国密封行业技术水平、促进中国装备制造业的技术进步、增强中国装备制造业的竞争力。

10.“大型风电场智能化状态监控与运维调度系统研究及示范”项目 通过风电设备的实时状态统一集中监控及故障预测技术研究等，开发大型风电场智能化状态监控与运维调度系统。该系统连续无故障时间可达5万h，电气参数与振动特征值实时监测响应时间1s，故障诊断时间＜10s。该维护系统在50MW级风电场示范，考核时间不低于90天，异常报警率为100%，故障诊断正确率大于90%，使风电场的可靠运行小时数在原基础上提高5%。

【科技创新】

不断加大创新投入，增强创新能力，持续涌现创新成果，促进了各产业的转型升级。

1. 自主创新成果涌现 完成的“大型及行走式工程机械关键密封技术研究”技术成果荣获2015年度中国机械工业科学技术奖三等奖。旋转轴用高性能密封件、煤矿液压支架高性能关键密封、大型水轮发电机组关键密封件等产品获得广东省高新技术产品认定。

申请专利21件，其中发明专利13件，实用新型8件；获授权专利15件，其中发明专利7件，实用新型专利8件；登记软件著作权2件；发表论文44篇，其中EI收录1篇，SCI收录1篇。承担3项国标、行标制（修）订任务。

行业服务平台建设取得新进展。获国家发改委批准筹建“国家机器人检测与评定中心”（广州）；与工业和信息化部电子第五研究所、广州中国科学院沈阳自动化研究所分所联合筹建中国（广州）智能装备研究院，开展机器人、机器人关键零部件及机器人集成应用技术研究，以推动共性技术研究成果的快速转化、辐射及示范应用；与广州中以智慧产业投资有限公司和以色列机器人研究院合作成立中以机器人研究院，引进以色列机器人高端研发人才，联合培养自主创新人才，开展适合中国市场的机器人和国内急需的机器人关键技术研究；广东省院士专家工作站、广东省工业摩擦学企业重点实验室、广州市橡塑密封工程技术研究中心等顺利通过验收；国家橡塑密封工程技术研究中心已竣工等待验收。

2. 科技投入持续增长 通过积极争取政府资助、横向委托，增加自身投入等多种途径和方式，累计投入科技创新资金超过7 700万元，大大地改善了研发、检测、中试及产业化条件。

在国家支持和引导创新要素向企业集聚的背

景下，加快内外科技创新资源的聚集，承担国家、省、市等重大重点创新项目 20 项，累计获得立项资金 13 095.81 万元；组织立项院基金项目 29 项；通过科研项目带动，攻克一批关键技术，打破了行业的技术瓶颈，形成一批创新成果。

3. 创新科研管理模式 完善科技管理相关制度，重点发挥科技资源的优化配置，加强科技资源导向作用。在院基金项目中设立事前立项事后补贴专项，以激发各部门科技创新的积极性和主动性，有效提高科研经费的使用效益；优化公司科技经费管理流程，逐步推进科研经费使用的负责人制；优化并实施科研项目津贴补助、专利、标准等成果的奖励制度；完善科研管理培训机制，开展多场培训工作，内容涉及技术资料撰写等多方面。

4. 产学研助力技术创新 与华南理工大学、华中科技大学、广东粤电湛江风力发电公司、广东电网有限公司广东电力科学研究院合作，承接国家科技支撑计划“大型风电场智能化状态监控与运维调度系统研究及示范”，促进检测产业从离线检测向在线、智能检测方向发展。与华南理工大学合作承担 2 项智能制造领域的广东省重大科技专项，提升了智能产业知名度和影响力。在与清华大学、三一重工合作的基础上，申请并承担国家工信部工业转型升级强基工程专项“高端橡塑密封元件研发检测服务平台”，开展橡塑密封可靠性技术的系统、深入的研究，形成突破性、创新性的成果并向行业开放、辐射。

【产业化发展】

筹建的国家机器人检测与评定中心（广州）获国家发改委立项支持，具体建设内容包括机器人整机等测试实验室。

联合工信部、国机集团、中科院、广州市政府筹建的中国（广州）智能装备研究院，于 2015 年 6 月 28 日正式成立并落户广州科学城，打造集研发、设计、检测、生产为一体，面向智能装备产业链的公共服务机构。

国机智能与广州市开发区管委会、广州中以智慧产业投资有限公司、广州金融控股集团有限公司、以色列机器人研究院合作建设“中以机器人研究院”；积极参加中国机器人产业联盟活动，支持和推进广州机器人产业联盟建设；永和经济区田园路生产基地正式启用，为启帆产业化进程推进提供强力保障；加快茅岗院区智能产业园规划和一期工程建设，计划以工业机器人和智能装备为核心，打造集制造、贸易、融资、总部经济、研发孵化等核心于一体的产城融合区；加强启帆公司设计开发、信息化等核心能力建设，研制、生产各类三轴至六轴的机器人本体，机器人本体销量位于本土品牌全国第二；加强集团与公司内部协作，传统产业“搭上智能产业快车”，协同创新取得实质性成果，推动并服务集团内各制造企业“机器换人”。

【管理经验】

1. 持续推进全面预算管理 通过实施全面预算管理，提高资金预算，降低融资成本，减少坏账损失，使企业的预算管理水平进一步提升。

2. 持续推进内控体系建设 结合广州机械院的治理结构，在公司董事会下设财经委员会，由财务总监担任该专门委员会主任，负责公司风险策略及风险管控措施的指导及审查工作，发挥财务负责人在风险管控中的作用；在内控体系建设过程中在财经委下设专家组和秘书机构，负责公司风险管理具体工作组织、落实及考核工作，审计监察中心负责公司风险管理的检查及反馈工作，各职能部门及业务部门具体承担风险管理的责任落实工作。

健全风险监控管理体系。出台《全面风险报告管理要求》，建立重大风险事项上报机制，明确报告内容、审批流程和报告时间。风险管理报告制度的建立，加强了风险监控预警，便于第一时间发现风险，开展风险的应对工作，并将风险化解于萌芽阶段。

3. 持续推进精益管理 子公司广州启帆机器人有限公司推行并获得 ISO 9001 质量管理体系认证，标志着公司实现质量管理体系在所属产业、子公司的全面覆盖，并按照质量管理体系审核计划通过 ISO 9001：2008、GJB 9001B—2009、ISO/TS 16949：2009 体系监督审核。

为推动全员参与质量管理，营造浓郁的质量文化氛围，公司组织开展质量知识考试等丰富多彩的活动和质量专题培训。通过成立改善课题小组，全年开展 10 次专项焦点改善课题研究，其中中机实业公司 QC 改善课题“提高销售前 10 名产品一次交验合格率”获广州市黄埔区优秀 QC 改善小组课题称号。

贯彻“持续改进，快速反应，精益求精，顾客满意”质量方针，将现场质量异常会诊等精益质量工具融入质量管理的过程中，以加强产品制造过程监管，提升产品品质，降低质量成本损失。产品交货准时率：民品 96.31%、军品 100%；产品严重质量投诉次数：民品 3 次、军品 0 次。

4. 健全法律事务管理流程 严格和规范合同管理行为，促进经营活动的顺利进行和经营目标的全面实现。开展有针对性法律合规专题培训 4 次，因针对性强，取得良好效果。在为业务部门经营活动提供法律服务过程中，明确各相关部门的职责；参与多起应收货款的催收工作，协助业务部门回款 200 余万元。

5. 持续推进人力资源管理 人力资源部围绕公司机构和职能调整以及降本增效的工作要求，重新完善和优化了《2015 年各部门绩效考核办法》，重点对职能部门的绩效考核进行了进一步明确和细化，强化了职能部门的“价值创造”指标，清晰了能力态度的定性标准。结合集团培训体系的辐射和带动作用，逐步建立并进一步规范员工综合教育和培训模式。

人力资源部在年初广州机械院各部门中层副职竞聘调整的基础上，重新提出公司中层干部后备遴选管理和跟踪考核、培养的基本思路，拟定部分新任中层干部的教育培训计划，并制定新一轮干部选拔竞聘的考察、测评方案。此外，人力资源部积极参与部门调整方案和人员分流安置措施的制订和实施，提出参考建议并提供政策法规方面的指导，规避法律纠纷和经济风险，确保公司生产经营活动有序开展。

6. 持续推进全面信息化建设 一是 BI 系统继续深化应用，全力支撑业务决策。实现 BI 采购与库存模块 2 个主题建设；以财务和销售数据为基础建立地图展现形式，部分报表可进行下钻细化数据分析。二是“两化融合”贯标。建立公司“两化融合”管理体系。三是开展电子图书馆建设。四是加强信息基础建设，大力提升保障能力，完成信息安全的一期建设内容，包括桌面管理系统、桌面防病毒系统、ISO 27001 安全体系初步基础建设等。

7. 强化安全生产保障能力建设 坚持“安全第一，预防为主，综合治理”方针，加强安全生产保障能力建设；安全生产管理规章制度、安全生产责任制得到进一步健全和贯彻落实，职业健康安全管理体系运行平稳；安全生产标准化建设工作持续改进，加强危化品管理；安全生产管理人员的专业技术水平持续提升，安全生产检查中发现的隐患得到有效整改；报告年度内无职业病、重伤等事件发生；建设项目安全，特种设备和特种设备安全附件检测合格率 100%；新工人三级安全教育培训率 100%；事故隐患整改率 100%；特殊工种持证上岗率 100%；接触有毒有害人员职业病体检率 100%；有毒有害岗位监测率 100%。存在的问题是少数员工安全意识不强，不穿戴劳保用品作业。

8. 坚持科学发展促进节能减排 强化全员节能意识，深入开展节能减排工作：按制度法规要求做好危险废弃物的集中储存和转移工作，组织开展对院区污染物排放监测工作，杜绝经营中的环境风险和政策风险；开展“全国节能宣传周和全国低碳日”活动；对所属的中机公司润滑油厂锅炉进行节能改造，从而达到节能降耗效果；完成广东省环境污染责任保险投保工作，为企业的健康发展增加了一份保障。

【党建工作】

广州机械院党委以全面落实党的群众路线教育实践活动问题整改和持续深入推进企业“先锋文化”建设为抓手，进一步强化党委的政治核心作用、党支部的战斗堡垒作用和党员、干部的先锋模范作用。

1. 丰富学习教育手段，强化学习教育成效 完善“三会一课”要求，完善日常监督检查安排，强化学习交流要求；组织策划和开展落实好党员民主评议、“七一”党建日等活动，提升党员干部的党员自觉意识、责任意识和使命感。

2. 完善党建制度和流程，强化支部党建力度 以广州机械院年初组织架构调整为契机，完成党支部的重新设置和调整，补充完善支部书记和委员的配置，强化支部书记的主体责任，强化支部委员的上岗培训和能力提升工作；建立健全支部党建工作制度和流程，做好公司支部党建工作指引和支部党建工作考评办法的修订发布工作；规范党员培养和发展手续。全年发展党员 10 人。

3. 落实群众路线活动问题整改，强化党组织凝聚力 结合“三严三实”专题教育，查问题，抓整改，正风纪，强化党员领导干部的宗旨意识、群众观念。

4. 抓好党风廉政建设，提升党组织战斗力 落实党管干部的要求，建立干部能上能下的用人机制；修订完善公司领导干部《廉政责任制》，进一步明确各级党员领导干部的党风廉政责任要求；推进“廉洁承诺”活动，落实《三重一大管理办法》，严格管控领导干部职务消费和行为规范。

5. 打造创先争优品牌，强化“先锋文化”影响力 开展“党员先锋岗”创建活动。同时开展“青年文明号”“青年安全生产示范”“青年岗位能手”创建评比活动。

【文化建设】

积极落实员工关心关爱活动。全年通过公司爱心基金和工会慰问基金，资助帮扶病痛困难职工 60 多人次 14 余万元，探视慰问在职和离退休员工 100 多人次，发放慰问金、慰问品 10 万多元。积极申请集团和广东省直工会爱心帮扶资金，获批 2 万多元。开展员工技能比武和岗位争先活动，开展安全质量、制度流程、岗位实操等各类知识竞赛和技能比武 10 多场次。推进文体俱乐部建设，组建网球俱乐部，并尝试组建徒步健身俱乐部。组织参加集团和广东省直的运动会和各类赛事，组织开展对外联谊交流活动。

【社会责任】

响应国机集团和广东省委的号召和安排，积极承担企业应尽的社会责任。组织参与国机集团爱心基金募捐活动，年初发动全体员工捐款 5 万余元；组织参加广东省“扶贫济困日”活动，捐款 20 万元。同时，按照广东省委省政府部署，认真做好三年一轮的广东省“规划到户责任到人”扶贫开发工作。截至 2015 年年底，自筹投入资金 32 万余元，协调引入政府资金 510 万元多，建立农业合作社 2 个，扶贫工作得到广大村民的肯定和赞许。

济南铸造锻压机械研究所有限公司

【基本概况】

济南铸造锻压机械研究所有限公司（简称济南铸锻所）前身为济南铸造锻压机械研究所，始建于 1956 年，是原机械工业部直属专业从事铸造机械、锻压机械、液压技术等多专业综合性应用技术研究、开发和行业归口管理的国家一类科研机构。

1999 年 7 月，根据国务院对国家所属 242 家首批重点科研院所改革方案，转制为科技型企业，成为国机集团成员企业。2009 年 12 月，由国机集团和宝钢集团有限公司、中国重型机械研究院股份公司、中国浦发机械工业股份有限公司、中机中联工程有限公司共同发起，以增资扩股方式，改制为各方共同持股的有限责任公司——济南铸造锻压机械研究所有限公司。

拥有一批享受国务院特殊津贴的专家和学科带头人。主要从事铸造机械及铸造工程机械化、自动化成套技术及装备等，产品主要应用于汽车、钢铁、电力、船舶、能源、航空航天、军工等领域，技术水平国内领先，部分产品达到或接近国际水平。

承担着国家铸锻机械行业技术组织和技术服务工作，包括国家铸造锻压机械质量监督检验中心、国际铸造机械技术委员会（ISO）、全国铸造机械标准化技术委员会、全国锻压机械标准化技术委员会、中国机床工具工业协会铸造机械分会、中国机床工具工业协会锻压机械分会，以及中国机械工程学会塑性工程分会锻压设备学术委员会、国家数控成形冲压装备产业技术创新战略联盟等行业机构，并面向国内外公开出版发行《中国铸造装备与技术》《锻压装备与制造技术》等科技核心期刊。

济南铸锻所是中国铸锻机械行业协会理事长单位，承担着中国铸锻机械行业科技发展规划编制、“高端数控机床与基础制造装备”国家重大专项、全国铸锻机械行业标准规划等有关工作。以其深厚的历史积淀和行业背景、卓越的专业人才队伍、雄厚的技术实力，培育和推动着中国铸造锻压机械行业的发展。累计完成国家和省市等科技项目 3 200 余项，其中科研与新产品开发项目 1 600 多项，获国家批准专利 160 余项，有 180 多项成果获得国家和省部级科技进步奖或发明奖，为汽车、钢铁、电力、船舶、能源、航空航天、军工等行业提供大量高端数控铸锻机械产品。

创新管理，行稳致远。济南铸锻所秉承“为顾客创造价值，为卓越不懈追求”经营理念，竭诚为国内外新老用户提供铸造机械、数控锻压机械和板材加工领域完整的解决方案及成套加工装备。

【主要指标】（主要经济指标详见表1）

表1　济南铸造锻压机械研究所有限公司2015年主要经济指标

指标名称	2014年	2015年	同比增长（%）
资产总额（万元）	86 966	81 180	-6.65
净资产（万元）	1 544	-6 793	-539.96
营业收入（万元）	31 429	24 528	-21.96
利税总额（万元）	-7 078	-6 691	
利润总额（万元）	-8 738	-8 288	
技术开发投入（万元）	3 465	4 714	36.05
全员劳动生产率〔万元/（人·年）〕	4	3.07	15.00
总资产报酬率（%）	-6.66	-6.75	降低0.09个百分点
净资产收益率（%）	-163.25	121.32	增加284.57个百分点
国有资本保值增值率（%）	16.94	-440	减少456.94个百分点

【重大决策】

1月8日，通过国家安全生产标准化二级企业延期复检评审。

3月5日，召开2015年反腐倡廉建设工作会议，传达“国机集团反腐倡廉建设工作会”“中央第十巡视组专项巡视国机集团工作动员会”精神，签订“党风廉政建设和反腐倡廉工作责任书”。会上开展了2015年“一报告两评议”工作和杜绝“小金库”知识培训专题讲座。

3月28日，召开二届四次职工代表大会。审议通过《适度规模、创新管理，众志成城、行稳致远，全面完成全年各项指标任务》工作报告、《2014年度财务情况报告》《2014年度业务招待费使用情况报告》。会上与各产业、业务部门签署“2015年度经营目标责任书”。

4月28日，召开2015年第一次股东会、第二届董事会七次会议、第二届监事会第四次会议。审议并通过《董事会工作报告》《监事会工作报告》《2014年财务决算报告》《2015年财务预算报告》《2014年利润分配方案》。

7月1日，济南铸锻所党委紧密结合“三严三实”活动主题，召开庆“七一”暨“先优”表彰座谈会。大会对先进党支部、优秀共产党员和优秀党务工作者进行了表彰；围绕“三严三实”专题教育，就如何解决好工作中存在的不严不实问题展开了座谈。

10月20日，与德国DATA M公司举行卡车纵梁3D辊弯成形技术合作启动仪式。

10月29日，依托济南铸锻所组建的“机械工业高端数控锻压装备工程技术研究中心”建设项目通过验收。

12月5日，召开中共济南铸造锻压机械研究所有限公司第一届委员会委员大会。审议通过《围绕中心，服务大局，凝心聚力，促进发展》党委工作报告、《落实“两个责任”严格执纪问责、扎实推进公司党风廉政建设和反腐败工作》纪委工作报告和《党费收缴、使用、管理情况》报告。选举产生刘家旭等7人为中共济南铸造锻压机械研究所有限公司第一届委员会委员；选举产生丁涛等5人为中共济南铸造锻压机械研究所有限公司第一届纪律检查委员会委员。

【科技创新】

1. 科技成果　取得科技奖励10项，其中中国专利优秀奖1项、省部级科技进步奖5项、其他奖励4项。“一种‘U’形梁折弯装置”发明专利荣获第十七届中国专利优秀奖；“SP型高性能数控伺服转塔冲床”项目获2015年度山东省机械工业科技进步一等奖，“CL612Ai型石油管材高效激光切割加工单元”项目获2015年度山东省机械工业科技进步三等奖。主持制定的国家标准 GB 27607—2011《机械压力机 安全技术要求》GB/T 28689—2012《高效转子混砂机技术条件》获 2015 年度中国机械工业科技进步奖二等奖、三等奖；参与制定的 GB/T 25717—2010《镁合金热室压铸机》国家标准获 2015 年度中国机械工业科技进步三等奖。

“CLR0418 宽幅面交换台式激光切割机”获 2015 年度激光行业“荣格技术创新奖”；“高端金属板材成形装备创新团队”获得济南市优秀创新团队奖。

2. 专利情况 申报专利 32 项，其中发明专利9项。授权专利35项，其中授权发明专利10项、实用新型专利 25 项。

3. 科技成果鉴定 “ZS-JG31-500 高速高精度铜饼落料压机自动化生产线”“YJ46D-150 型汽车模锻件整形数控高效液压机”“SL4-1600 型闭式四点智能多连杆深拉深机械压力机”3 项产品通过省级科技成果鉴定，技术水平达到国际同类产品先进水平。

“ZS-JL36C-500Q 型数控开卷校平落料压力机自动化生产线”“ZS-JL36C-1600Q 型数控高速级进模压力机生产线”2 项产品被认定为江苏省高新技术产品。

4. 国家重大科研项目情况 完成国家科技重大专项课题验收工作 6 项。其中，主承担“数控高速冲压设备可靠性增长技术”“大型数控径-轴向辗环机”通过终验收；参与承担的“精密锻轧成套新技术”“数控机床与基础制造装备基础及关键技术标准研究”课题通过任务验收工作；“超高强度汽车结构件热冲压技术和装备生产线”“高档数控锻压设备专用数控系统开发与应用”课题完成任务预验收工作。作为课题组长单位承担的国家科技支撑计划“节能型直线电磁压力机关键技术研发及产业化”课题通过终验收。另外，牵头承担的“铸件砂型近净成形成套装备”“轿车铝合金缸盖缸体低压铸造成套设备”课题，以及参与承担的“3 000kN 宽台面超精密高速压力机”课题启动验收工作。

5. 科技创新平台建设 成立“机械工业高端数控锻压装备工程技术研究中心”。10 月 29 日，依托济南铸锻所组建的“机械工业高端数控锻压装备工程技术研究中心”建设项目，在济南通过中国机械工业联合会组织的验收工作。工程中心建设总投资 7 663 万元，完成虚拟仪、激光干涉仪、落地镗铣床等 108 台（套）试验仪器、设备的建设，自制 4 种可靠性试验平台，新增建筑面积 18 014m^2。项目建设期内承担国家、地方和企业的科研项目 247 项，其中国家级项目 16 项；获省部级科技奖43项，授权专利115项；制（修）订国家及行业标准 29 项；为行业服务的工程项目 420 项。通过对汽车纵梁加工工艺与装备、激光加工技术与设备、开卷校平剪切技术与设备等的研究及成果转化，带动行业的技术进步，提高了行业的自主创新能力。

开展 ISO 铸造机械技术委员会创建工作。作为行业归口单位，向国家标准委提出组建 ISO 铸造机械技术委员会设想，得到国家标准委和国机集团领导及科技管理部门的大力支持。ISO/TC306 的工作范围涉及铸造机械及其配套设备的标准化，秘书处设在济南铸锻所。

3 月，成立以董事长张波为组长的申报工作组，走访部分国内承担 ISO 秘书处单位，了解 ISO/TC 的申报程序和工作内容，为下一步工作的开展奠定基础。同时，走出国门，与德国、英国、日本、韩国、印度、保加利亚等 10 多个国家和世界铸造组织等有关组织进行交流，将中国的提案向他们进行通报，争取到了上述国家和组织的积极响应，纷纷表示支持中国提案。国家标准委于 12 月 1 日向 ISO 秘书处提交。ISO 秘书处根据 ISO 工作程序，将中国提案向 ISO 所有成员国开放投票，该提案通过 ISO 全体成员的第一轮投票，这是中国第一个自主提出并承担秘书处的主机行业 ISO 技术委员会，也是国机集团迄今为止首个 ISO/TC。

【市场开拓】

签订经营合同较上年下降 14%，实现销售收入较上年下降 18%。对外出口情况低迷，合同数量少，主要市场仍在亚洲。

受国际国内经济形势影响，机床工具市场仍处延续整体回落态势，国内市场需求减缓，济南铸锻所产品合同订单严重不足，信息量较少，销售规模过小。同类产品与国外相比，仍然处于中低端水平，国外产品在质量、成本、性能、可靠性等方面处于明显优势。

机械行业持续低迷了 4 年，“一带一路”战略为机械产业开拓国际市场营造了良好机遇。加强与国机集团所属工贸公司的沟通与交流，合理利用对外销售渠道，从产品外销开始，在实现已有产品的对外销售的同时，发挥双方各自的资源优势，共同寻求开发适销对路的新产品，再逐步由产品销售过渡到公司间的合作，为公司的转型升级和增长找到一条发展新路，实现“走出去”，从而赢得转机。

【质量及标准】

1. 产品评比情况 在《锻压世界》官方微信平台举办的“2015年最受欢迎的转塔冲床品牌”投票活动中，“捷迈机械”被推选为国内最受欢迎转塔冲床品牌。

2. 国家标准制、修订及实施情况 制（修）订标准57项，其中国家标准1项、行业标准56项；主承担制（修）订标准19项。

【管理经验】

1. 经营管理方面 通过重组与调整组织机构，对内部业务按照产品全价值链逐步实现全过程管理。对业务管理，采取以“定规则、抓执行、严考核”为准绳，以“计划、质量、成本”为核心内容，开展生产三级网络管理，构建以“公开、公平、公正”为原则的“阳光采购平台”，对产品质量实行“卡死两头、管住过程”，对产品成本推行目标成本管理，对重大经营项目采取专项跟踪检查，从而达到降低公司运营风险。

2. 人力资源管理 一是深化薪酬管理力度。建立各部门薪酬管理账户，根据考核结果按季度核算各部门薪酬额度，为加强工资总额控制，出台《关于发布产业公司生产一线员工薪酬总额核算暂行办法的通知》，打破平均分配、干多干少一样多的现象，体现薪酬公平、激励的作用，提高员工积极性。二是加强培训。组织各种培训共33次，参加培训人员346人次；申报3个在线学习课程班，运用互联网、多媒体及移动通信等技术，通过计算机或智能移动终端平台学习方式，提高公司员工素质，增强员工职业技能，提高工作效率及质量，优化知识结构，为公司战略发展做好智能储备。三是合理设置内部机构，定岗定编。压缩一般管理人员和后勤辅助人员数量，调整公司职能管理部门机构设置与职能范围，将原有15个管理部门精简为6个。制定《中层干部管理办法》《管理部门调整中层干部退出工作岗位实施办法》，符合条件的中层干部申请退出了工作岗位。

3. 财务管理方面 一是强化期间费用控制，促进降本增效。制定《期间费用控制方案》，严格资金预算审批；对产业、业务部门建立费用评价体系，设定年度期间费用控制目标，重点控制差旅费、招待费等主要费用，按月评价控制情况，加大了费用管控力度，并取得较好效果。二是建立财务信息及时反馈机制，预警生产经营风险。按时向公司经营层提供主要经营指标周完成报表、主要经营指标月度完成报表，按季度组织产业、业务部门召开财务例会，从内部风险控制的角度，预警生产经营中的重要重大风险，从财务专业角度，分析风险成因，提出防范和规避风险的建议。

4. 法制建设方面 一是法律事务管理制度建设。建立完整的制度体系，制定法律风险管理规定、诉讼案件管理规定、内部普法宣传规定、法律档案管理规定、法律事务咨询制度、合同审查制度、重大法律纠纷案件管理办法，使法律事务工作做到制度化和规范化管理。二是法律事务管理体系建设。济南铸锻所设有法律事务处，配备专业法务人员，制定完整规章制度体系，形成以制度建设为基础，以业务流程管理为核心，以风险管控为重点，以非诉与诉讼管理相结合的法律事务管理体系，在公司各项业务活动中发挥了重要作用。

【信息化建设】

着重开展以提高业务管理系统应用水平，促进业务管理水平提升等系列工作。包括：ERP系统版本升级、账套数据升级、服务器系统及客户端的重新安装，权限调整、主要业务流程通过ERP系统落地实现了流程的固化，对新设部门起到了规范业务的积极作用；开展网上报销系统的调研、方案制订与实施工作；配合公司机构调整，对OA系统组织架构进行大幅度重新调整与完善，优化和固化管理审批流程，充分发挥OA系统在提高协同办公效率，实现管理信息化、规范化，提升管理水平等方面的重要作用。

【企业文化建设】

1. 加强企业文化与品牌建设 对公司企业文化价值理念进行重新梳理，进一步明确公司愿景、使命、核心价值观及其释义，初步确定公司的企业文化体系。完成公司新版宣传片和多项产品宣传片的制作工作，在拓展潜在市场，进一步提升公司形象，扩大品牌与产业（产品）的知名度和影响力等方面收到较好效果。

2. 开展文体活动 通过组织青年员工联谊会、足球友谊赛、秋季运动会等一系列活动，增进集体凝聚力，促进企业文化建设。

【党建工作】

济南铸锻所党委坚持以党的十八大和十八届四中、五中全会精神为指导，贯彻党的群众教育路线实践活动和“三严三实”专题教育有关精神。紧紧围绕公司发展战略目标，努力加强各级党组织建设，不断增强党建工作的活力和实效，为公司科学健康、和谐稳定、可持续发展提供强有力的组织保证和精神动力，提升了企业综合实力和核心竞争力。

深入贯彻党的十八大和十八届四中、五中全会精神和习近平总书记系列重要讲话精神，公司党委制定《济南铸锻所 2015 年中心组理论学习安排意见》，继续解放思想，深化理论武装，把理论学习贯穿于公司经济发展和经营生产各个环节，以学习的新成效促进公司领导干部思想作风、工作作风、领导作风和生活作风的根本改变，为推动公司健康稳定发展提供强有力的精神动力和智力支撑。

1. 开展“三严三实”专题教育活动 5 月 28 日，召开“三严三实”专题教育动员部署会，党委书记刘家旭作题为《认真践行“三严三实”要求，加强党员干部作风建设》的专题党课。专题教育活动中，以企业生产经营情况为出发点，以“三严三实”为标准，把党建工作融入经营工作，以坚不可摧的党建队伍，为企业各项生产经营工作有序开展保驾护航。

2. 加强党风廉政建设 党委召开反腐倡廉建设工作会，传达“国机集团反腐倡廉建设工作会”“中央第十巡视组专项巡视国机集团工作动员会”会议精神。党政领导班子成员和所属部门负责人逐人签订“党风廉政建设和反腐倡廉工作责任书”，确保企业廉洁从业各项工作取得实效。

3. 完成党委纪委换届选举工作 12 月 5 日，召开党委、纪委换届大会，选举产生新一届党委委员、纪委委员。换届工作的圆满完成，对增强党委的基层组织建设和发挥党组织政治核心作用的意义重大。

【社会责任】

牢记承担的使命与责任，在加快企业改革发展的同时，积极履行应尽的社会职责。

1. 支持和参与慈善公益事业 2 月，组织广大员工参与“国机爱心日”捐款活动，共募集捐款 60 275 元。春节期间，工会开展“送温暖”活动，为经济相对贫困的 5 名职工每人发放 1 000 元救助金，送去节日的祝福和关怀。

2. 推进节能减排工作 坚持以科学发展观为指导，制订工作制度，强化措施，狠抓落实。通过对公务用车实行统一管理，严格控制办公用品消耗，充分利用 OA 系统强大功能逐步实现无纸化办公，优化水、电、暖节能措施，强化生产管理与设备改造，加强宣传等措施，增强员工节能减排工作的责任感和使命感。

重庆材料研究院有限公司

【基本概况】

重庆材料研究院有限公司（简称重材院）创建于 1961 年，是原机械工业部直属一类研究所，1999 年转制隶属国机集团。是中国专门从事功能材料共性基础技术、工程化技术研究与产业化开发的综合性研究机构，经国家批准建立了“材料物理与化学”博士学位授予点、博士后科研工作站、国家仪表功能材料工程技术研究中心、全国仪表功能材料标准化技术委员会和“院士工作站”。是全国仪表功能材料行业自律性组织和学术、技术组织的挂靠单位。主办的《功能材料》中文核心期刊（EI 收录）、《功能材料信息》技术期刊、“中国功能材料网”网站和“中国功能材料及其应用”大型系列学术会议是中国功能材料领域具有较高权威性和品牌地位的核心服务平台。保持了 ISO 9001 质量管理体系认证和 GJB 9001A、GJB/Z9001A 军工质量管理体系认证注册资格，通过了武器装备科研生产单位保密资格审查认证及武器装备科研生产许可审查。

建院50多年来，形成了金属功能材料及制品、贵金属材料及制品、测温材料、元件及装置、传感器敏感材料及元件、难熔金属材料、特种陶瓷材料及制品、磁性材料及器件等6条中试工艺生产线。测温材料、特种合金、工程仪表三大优势专业领域在国内处于领先地位。共取得科技成果近1 000项，获得国家级奖励12项，部、省级科技成果奖200余项，这些成果广泛应用于机械、汽车、电子、能源、石化、冶金、轻工、舰船、航空、航天与国防军工等领域，为国家一系列重点工程、重大设备和军工提供关键材料与元件，贡献卓越。

【主要指标】

重材院资产总额8.14亿元，全年营业收入6.29亿元，利润总额553万元。主要经济指标详见表1。

表1　重庆材料研究院有限公司2015年主要经济指标

项　目	2014年	2015年	同比增长（%）
资产总额（万元）	71 974	81 360	13.04
净资产（万元）	34 255	34 973	2.10
营业收入（万元）	47 015	62 868	33.72
利润总额（万元）	-1 890	553	129.26
技术开发投入（万元）	3 178	6 969	119.29
利税总额（万元）	-704	1 328	288.64
EVA值（万元）	-3 086	-692	77.58
全员劳动生产率〔万元/（人·年）〕	9.53	14.42	51.31
净资产收益率（%）	-4.67	1.81	增加6.48个百分点
总资产报酬率（%）	-0.01	3.31	增加3.32个百分点
国有资产保值增值率（%）	95.43	101.82	增加6.39个百分点

【重大决策及重大事项】

努力实现传统业务拓展和升级，大力发展对外检测产业，于2015年3月召开检测工作专题研讨会，分析研究公司在检测工作方面的现状和优势，谋划统筹布局；研究开拓检测市场措施，在保障内部检测的情况下，做好对外检测市场的平台搭建和业务开拓工作。在做好对内检测工作的同时，对外检测完成86.7万元，使检测发展成为企业新的经济增长点。

清理不良资产。清算了控股子公司——重庆科跃金属材料有限公司，重材院收回办公用房800m²，用于出租，每年可收回租金33万元左右。

【科技创新】

继续加大科技投入和研发能力，申报科研项目33项，签约16项，在研科技项目80项，科研项目结题27项；批准拨款金额3 283万元，到款3 690万元；获科技奖励3项、专利29项。

2015年7月，召开科研技术平台建设专题研讨会，提出将平台建设与国家战略相结合，提升管理水平，落实平台应用，培养高端技术人才，用机制创新、制度创新等措施推动技术创新平台建设，使公司科技研发与创新平台建设两促进，两结合。

在研科技项目进展总体顺利。国家科技支撑计划课题“基于大型压水堆的核级测温材料及应用技术研究”通过国家科技部组织的中期检查，“863”计划课题“含硫油气工程用高性能铁镍基耐蚀合金及产业化关键技术”完成项目目标任务和课题预验收。在研民品配套科研项目方面，“NCK20TA高温合金”通过中航工业组织的专家鉴定，可批量装机应用；“耐高温无机绝缘电缆”提交全部合格样品；“尾焰测温钨铼偶丝及补偿线”获得用户报告；“磁致伸缩探测器研制”获国防重大装备选型；GH2132异形扁丝通过用户单位组织的装机考核，获得用户报告；“压力传感器用恒弹性合金研究”虽然项目拖期，但提交样品用户加工正常。半环状加热器、高温高压耐辐照供电组件、控制棒驱动机构铠装绕组线等一批重点横向项目也突破了关键技术，按期交付样品。

完成各类科技项目外部结题26项，涉及国拨经费近4 000万元。其中，公司承担的“十二五”国家科技支撑计划课题“基于磁流变技术的车辆振动控制系统”“铂族金属电子信息功能材料产业化技术开发”均通过科技部验收；科技部科研院所专项资金项目“核场用磁致伸缩位移传感技术研究”“海洋（深海）电液控制阀用高性能耐腐蚀软磁合金”等如期完成验收。遗留的中央资本经营预算重大技术创新项目向国机集团上报了验收报告。民品配套科研项目“高纯净度不锈轴承钢的研制”“释放弹簧研制”通过验收。参加研制的配套科研项目“新型触点材料”“无磁双列薄壁轴承”通过外部验收。一批市级科技项目相继通过市科委验收。

【市场开拓】

从军工、核电、能源等领域的高管理要求入手，进一步完善产品管理体系，从管理角度夯实品牌价值。注重完善资质认证，提升品牌认知度。产品质量与服务水平不断提升，获得良好的市场口碑。在市场整体表现低迷的情况下，分析市场的波动趋势，努力稳定弱势行业的市场占有率，并大力开拓强势行业市场，实现核电产品签约超过4 000万元，成为强劲的增长点。同时，航天航空市场签约金额也突破历史新高。在为国家高端产业发展作出贡献的同时，提升了品牌的含金量。

【产权制度改革】

全面贯彻落实国机集团产权管理精神，遵循依法合规、市场机制的工作理念，把握推动流转、防止流失、优化配置、提升价值的工作定位，坚持制度化、程序化、信息化、规范化的工作方法，在加强产权管理、汇集监管合力、优化产权配置、服务改制大局等方面取得新成绩。一是产权管理工作体系进一步完善，为企业发展夯实了基础。二是通过不断完善产权管理制度，转变产权管理工作方式，加强国有资产产权管理，推进产权集中统一监管，产权管理工作不断强化，推动国有资产管理上新水平。三是努力建立合理产权结构、提升管理水平，优化产权配置、推进合理布局，增强资本运作能力，实现稳中求进，推动全面发展。

【主要管理经验】

1. 全面预算管理方面 根据市场和生产经营情况详细预测，客观、合理地制定2015年预算表，下达各部门预算指标并严格执行，基本完成国机集团下达的预算指标任务，外协加工费同比下降39%，提高了企业的管理水平和经营效益。

2. 人力资源管理方面 更加注重团队建设，特别关注核心员工和高端人才的培养。建立以9个专业创新技术团队为核心，融合管理团队、营销团队、操作骨干团队的整体团队理念和运行机制。人力资源建设将培训重点放在军工核电项目管理、实验室管理、技能操作、营销和高端人才建设上，培训员工1 005人次。将绩效目标进行调整和完善，划分为核心指标和辅助指标，使考核更有重点性和针对性。完善人力资源数据库信息和职工电子档案，通过补充数据库信息，为职工晋升、评优推荐等提供了客观依据。

3. 产业链与客户管理方面 密切关注市场动向，积极研判市场。在各高端行业频频出手。重材院涉及产品门类多，客户群体广泛，管理难度与任务量较大。现有客户2 000余家，通过常规产品供给、产品加工、新品开发、技术服务等差异化战略，满足了不同客户的个性化需求，从而提升了公司盈利能力。致力于与高端大客户建立稳定的供应合作关系，在一定程度上放弃不稳定的小的市场订单，将精力集中在各领域高端市场需要的资质建设上，成为很多世界知名的油服公司、能源公司、国内的龙头型企业的高端产品指定供应商。大客户维持率保持100%，新开发多家大客户，与阿尔斯通、二重等企业成为合作伙伴。客户满意度在90%以上，与客户形成了“合力同行，互利共赢”的良好局面。

4. 质量管理方面 加大产品品质管控，成立质量管理部，强化产品品质和质量体系管控。修改完善《质量手册》，制定《2015年质量计划》，及时跟踪CNAS相关规范和准则，查新和评审16项检测标准，对作业指导书、检测报告、原始记录、档案资料、样品定置、设备标识等进行全面清理、规范和创新。开展实验室质量体系全要素内审，接收CNAS、计量审查等外方审核12次，制定纠正预防措施51项，完成46项。重点监控45项军工和核电合同，接受用户验收20次，顺利交付合同19个。收到用户反馈的质量信息86项，其中产品和服务质量问题38项，涉及合同金额186.6万元，比上年下降10%；产品返退率0.26%，比上年下降48%，制定纠正预防措施20项。向100家重要客户发放顾客满意度调查表，回收率100%，满意指数92.35，产品质量和服务得到绝大多数用户认可。

5. 安全生产方面 更加注重完善和提高职工安全生产环境和整洁规范的工作环境。除自上而下对安全生产责任进行分解落实外，首次推行员工安全生产承诺制度，374名员工向公司提交安全承诺书，对遵守公司安全管理规章制度作出承诺。将从事生产性业务的两家子公司纳入安全管理范围，明确所属企业的安全管理责任，并对其进行了相应的安全检查和考核。

通过各项管理，企业基础安全生产管理水平稳步提升，为员工提供了安全、整洁、规范的工作环境。推进安全台账管理，建立安全管理制度、安全管理规程、安全管理人员、特种设备、应急预案等10类安全管理台账。组织安全大检查24次，排查现场问题和隐患109项，安全隐患整改完成率100%。开展安全教育培训12项，参加培训602人次，人均1.49次。组织应急演练4次，89人参加演练。完成职业卫生现场监测和职业健康监护体检工作。制定职工食堂管理整改方案，并开展职工满意度调查，平均满意度90%。

6.节能减排方面 2015年4月，召开降本增效专项研讨会，提出更换节电变压器、实行避峰用电，降低外协生产、严控管理费用、减少存货，以及制定《应收账款管理办法》等切实可行的具体措施，并在年度内定期通报落实情况，积极推进企业降本增效工作。将研发中心（行政楼）1 250kVA变压器换成500kVA变压器，25 000kN快锻液压机暂停2台(800kW)高压电动机和暂停1台4t/h电渣炉(1 200kVA)特种变压器。在不影响生产的情况下，每月可节省基本电费合计7.15万元。全年节省基本电费85.8万元。

【信息化建设】

注重信息化水平建设，以信息化促进管理水平提升。2015年5月召开信息化工作专项研讨会。会议针对公司信息化建设水平和工作需要，提出了引进专业人才，加大必要投入，将生产管理、科技项目管理等纳入信息化整体建设范围中，以提高企业管理效益的总体目标。会议还提出了制定企业信息化发展3年行动计划要求，旨在按照分步和分级的方式，梳理好公司信息化发展需求，努力提升企业信息化水平。

完成服务器虚拟化实施和官方网站改版工作。于9月开始实施服务器虚拟化项目。建成的虚拟化平台采用微软Hyper-v技术，支撑30～50台虚拟主机的运行，满足公司在未来3～5年内对服务器资源的需求，且该平台可通过增加服务器或内存等设备实现扩展。11月完成官方网站的改版工作，提升了网站的功能性和美观性。

【企业文化】

注重企业文化建设，通过党政工团的组织领导作用，打造企业“合力同行，创新共赢”的价值理念和共同目标。党委通过组织开展“三严三实”专题教育、党员大会、党建知识竞赛、参观革命纪念馆、支部组织活动、领导班子民主生活会等工作，加强党员干部队伍的思想建设和作风建设。工会组织开展了职工运动会、篮球、乒乓球等比赛活动。公司团委组织青年职工开展“CC好声音”、青年职工座谈会等活动。活动的开展，使企业文化内化于心，外化于形。

【党建工作】

按照中央从严治党的要求，以及国机集团和上级党委的整体部署，重材院党委制定了《重材院从严治党实施方案》并认真落实。召开1次党建工作专题会议，专题研究部署公司党建工作。召开4次党委会、6次党政联席会，传达中央和国机集团的一系列重要精神。修订三重一大、政治学习、民主监督、党委会和党政联席会、中心组学习等文件，加强和完善了党建工作制度。

重材院党委根据中央开展“三严三实”专题教育的要求和国机集团“三严三实”专题教育的整体部署，制定《重材院三严三实专题教育工作计划》，于2015年5月29日组织党政领导班子、中层以上干部约29人召开重材院“三严三实”专题教育动员部署会。组织中心组成员开展“严以修身、严以律己、严以用权”3次专题研讨会。公司领导班子成员分别在党员大会、中心组学习和联系支部上专题党课。12月30日，公司党委组织召开“三严三实”领导班子专题民主生活会。7个基层党支部严格按照公司党委要求积极组织开展“三严三实”活动，各支部均组织开展2次以上的“三严三实”专题学习，召开“三严三实”组织生活会。

【社会责任】

重视与尊重企业与员工在劳动关系中的权利和义务，督促在依法参加员工基本医疗保险的基础上，为在职和离退休职工购买补充医疗保险，为在职女职工办理女职工专项保险，在保障和维护员工的合法权益上起到积极作用。工会组织职工参加“国机爱心日”活动，共向国机爱心基金募集爱心善款28 050元。履行国有企业社会责任，除对本单位老弱病残送关爱外，对库区移民贫困县重庆市巫山县给予支持，自2009年开始每年为巫山县捐赠5万元扶贫建设财物，支持巫山县发展。

成都工具研究所有限公司

【基本概况】

成都工具研究所有限公司（简称工具所）1956年创建于北京，1965年迁至成都。1998年经国家科技部批准，成为“国家精密工具工程技术研究中心”“国家工具生产力促进中心”的依托组件单位。1999年转制为科技型企业，进入国机集团。

工具所是中国工具行业技术归口单位，担负着全国工具行业发展规划、全国刀具、量具、量仪产品质量监督检验认证工作，负责起草制定全国刀具、量具、量仪产品标准，设有全国刀具、量具、量仪产品质量检验国家认证实验室和全国刀具标准化委员会、全国量具量仪标准化委员会；是中国机械工业金属切削刀具技术协会、中国机床工具工业协会工具分会、中国仪器仪表学会机械量测试分会等行业社会团体组织挂靠单位；并出版有国家一级综合性技术刊物《工具技术》。

主要从事精密切削刀具、精密测量仪器和表面改性技术三大类机械产品共性技术研究及其高新技术产品的开发与生产，形成以硬质合金石油管螺纹梳刀为主导，并逐步发展了轴承刀具、超硬刀具、数控刀具、深孔加工刀具、汽车刀具、精密复杂硬质合金成形刀具、配套刀具、齿轮测量仪器、主动量仪、激光干涉仪、工具专机以及PVD、CVD、PCVD涂层技术服务、第二代QPQ盐浴复合处理技术与装备等多种产品并存的产业结构。这些产品和技术均拥有自主创新的核心技术，从科研开发、新材料、新工艺、专用装备、市场等方面形成了完整体系。

【主要指标】

新常态下，竞争不断加剧。上游石油行业和钢铁行业市场短期内未见好转，开工不足，一些客户相继压缩产能，减少库存，采购量大幅缩减，市场需求严重不足。面对严峻形势，工具所积极调整产业结构，努力转变发展方式，千方百计整合优势资源，全力推进传统产业稳步发展，倾力发展新产品。2015年工具所实现营业收入9 089万元，利润总额 -2 521万元。主要经济指标详见表1。

表1　成都工具研究所有限公司2015年主要经济指标

项　目	2014年	2015年	同比增长（%）
资产总额（万元）	36171.24	31 294	-13.48
净资产（万元）	24 921.66	22 417	-10.05
营业收入（万元）	11 117.78	9 089	-18.25
利润总额（万元）	62.42	-2 521	-4 166.13
技术开发投入（万元）	2 568.94	2 917	13.55
利税总额（万元）	1 257.05	-1 575	-225.30
EVA值（万元）	-1 239.56	-3 700	198.39
全员劳动生产率〔万元 /（人·年）〕	12.07	6	-50.00
净资产收益率（%）	0.26	-10.48	减少10.74个百分点
总资产报酬率（%）	0.55	-7.04	减少7.59个百分点
国有资本保值增值率（%）	100.25	90.04	减少10.21个百分点

【重大决策】

坚持“三重一大”事项集体商议决定，明确决策范围、决策程序、强化监督检查。全年召开党委会 8 次、党政联席会 18 次。根据《公司法》和公司《章程》，召开股东大会 2 次，审议通过并形成有关决议。

工具所根据项目组的实际运行情况，10 月把精密制造装备项目组整体并入设备动力部，涂层技术研发部拆分为物理涂层研发部和化学涂层中心，其他项目组继续保留；鼓励只要有合适的项目，条件成熟、利于发展的就可以成立项目组。各项目组采用承包方式经营，实行人财物等方面的全成本独立核算，充分调动业务骨干的积极性。部分项目组已打开了局面，经济效益大为好转，为项目组进一步实施承包式自主经营提供了支撑。

【科技创新】

推进科研及技术创新工作，全年申请 9 项专利，其中 4 项发明专利、5 项实用新型专利；授权 8 项专利，2 项发明，6 项实用新型；完成成果鉴定 3 项：“汽车发动机高效加工系列刀具的研发”“镍铬合金耐蚀油井管专用螺纹刀具的开发”“深层 QPQ 奥氏体氮碳共渗与氧化工艺的研究与开发”。各类课题国拨资金到账总额 1 369 万元，全年科技活动经费投入 2 917 万元。充分利用行业优势，积极进行刀具相关标准的制（修）订工作，全年主持或参与制（修）订国家、行业、企业标准 15 项，完成 7 项标准的立项。

通过重大专项的实施，完成复杂数控刀具新材料、涂层技术、刀具设计制造与应用技术、工具关键技术与共性技术、切削数据库服务等复杂数控刀具创新能力平台 5 个方面的建设任务。建立高速切削安全评价、工具系统接口检测、切削监控评定、加工表面质量评价、切削性能及可靠性评价等体系及检测技术基础数据共享平台。专利获得情况详见表 2。

表 2　成都工具研究有限公司 2015 年专利获得情况

序号	名 称	专利号	类 型	授权日
1	稀土改性 WC-Co 类硬质合金刀具材料	201310401973.1	发明专利	2015.10.28
2	TiCN 基金属陶瓷	201310429367.0	发明专利	2015.10.28
3	可转位圆周刃仿形铣刀	ZL201420598289.7	实用新型专利	2015.04.29
4	可转位螺旋刃仿形铣	ZL201420598353.1	实用新型专利	2015.04.29
5	V 形双面多齿螺纹刀具	ZL201520045717.8	实用新型专利	2015.07.01
6	大尺寸复杂轮槽成形强力切削刀具	ZL201520049597.9	实用新型专利	2015.07.01
7	皮带轮楔槽加工刀具	201520045661.6	实用新型专利	2015.7.29
8	盘状中小模数机夹可转位齿轮铣刀	201520045860.7	实用新型专利	2015.7.29

【行业工作】

检测所完成检验业务 90 个单元（项），完成 23 项标准的立项工作（刀具 15 项、量具量仪 8 项）。进行 19 项刀具、量具标准制（修）订工作（刀具 14 项、量具量仪 5 项），均通过会议审查。

完成《工具技术》月刊、《工具展望》双月刊编辑出版任务。建立工具技术公众微信号，安排专人负责网络及新媒体的工作，完成纸媒、网络和微信同步发送行业信息。经过积极运作，工具技术公众微信已成为行业主流公众微信平台之一。

【机构改革】

从 2013 年开始，在公司内试行项目组专项考核激励机制，经过两年多的运行，基本达到目的。2015 年 10 月，把精密制造装备项目组整体并入设备动力部，涂层技术研发部拆分为物理涂层研发部和化学涂层中心，其他项目组保留。并鼓励有合适的项目，且条件成熟、利于发展的就可以成立项目组。

【管理经验】

1. 经营管理　受全球经济形势影响，国内机械制造行业经济下行趋势明显。与公司紧密相关的石油和天然气开采业，主营收入同比减少约

30%、利润同比减少约 67%。就公司而言，下降明显的是梳刀产品，同比减少 20.33%，孔加工刀具减少 33.3%，公司的其他产品下滑幅度较小或基本持平，有所增加的是 QPQ 产业。

在海外市场方面，除 8 月参加“2015 年印度新德里机床工具展”外，还 3 次赴印度各地，做市场和具体客户的销售、技术推广工作。逐步建立同俄罗斯市场、中东市场、东南亚市场及东欧市场的联系，外贸工作有较大起色，销售额 258 万元，增长 41.6%。印度、俄罗斯及东南亚市场后期增长看好。

在市场营销方面，加大市场宣传力度。除每年参加“中国国际机床工具展览会（CIMES2015)”等展会外，增加了重点行业展会和专项展会的参与力度。公司作为展会主办方之一，举办了“2015 年切削工具及装备展览会”。进行了网络推广和电商销售的初步尝试。

2. 财务管理 完成财务成熟度自评工作和集团内控审计工作，并完善了部分内控制度。建立“两金”工作制度，开展专项工作，解决部分历史遗留资产，核实资产，为企业发展做好了减负工作。加强全面风险管理工作，将风险管理融入各业务管理中。并在“两金管理办法”中明确风险事项的收集、评价、报告时效。在年度内通过发询证函、催款函等措施核实应收账款，尽可能规避风险，应收账款和存货均下降约 22%。加强资金预算管理，在全公司范围内开展资金使用预算管理，并结合上年度制定的资金收支平衡方法，在不影响公司正常运行的情况下，尽可能地减少银行贷款。

3. 人力资源管理 深化“以提高人均产值和人均利润，实现有质量发展”的战略方针为基础，继续按照不断优化配置的方针开展工作，在岗人数由 498 人减少至 456 人。

参加集团组织的各类培训，提升干部团队的管理能力。根据企业发展的需要开展各类培训，有 6 人通过高级技师考试；组织参加检测标准培训、财务人员继续教育培训、统计人员继续教育培训、维修电工特种作业操作证考取培训，以及劳动法、企业经营中的法律思维培训、工伤案件若干规定和《安全生产法》培训，法律顾问考试培训等。通过这些培训，更新和拓展了人员知识，提升员工队伍的理论水平、操作技能和文化素质，朝着人才强企的战略目标前进。

制定并实施《关于因公出国（境）人员和邀请外国人员来华事项的暂行管理办法》。

4. 生产与安全管理 自实行以销定产的管理模式以来，结合 ERP 管理系统的不断完善，生产的计划性不断提升、占用成本不断降低。同时，对公司原材料、在制品、成品进行全面盘点，共计盘点 11 519 批次。通过库存数据的夯实，摸清了公司库存构成，为公司经营提供了可靠的数据支撑。

在安全生产方面，公司与各二级安全生产主体签订“安全生产双向承诺书”，高风险生产部门内部签订“安全生产责任书”，落实安全生产“党政同责、一岗双责”。无安全生产伤亡事故、无火灾消防事故，无环境污染事故。

5. 质量管理 推进质量管理体系运行，提升质量管理工作能力和水平。通过 ISO 9001 质量管理体系认证换证评审，并取得新证书。通过开展质量月活动及其他专项活动，增强全员质量意识。通过“创新平台”“检测分析平台”等国家重大专项课题的实施，投入 1000 多万元质量分析检验装备，提升了公司科研开发和质量检测及保证能力。

加强新产品开发管理及工艺改进工作，增强市场竞争能力。修订《新产品开发管理办法》，新产品立项 9 项，硬质合金毛坯实现 85.48% 的所产化率，涂层所产化率提升 20% 以上，完成“大刀片毛坯变形问题的解决”等质量改进项目 6 项。

【信息化建设】

优化与完善 ERP 系统，扩大 ERP 系统覆盖面。增加客户信用额度管理，不同信用级别的客户设置不同信用额度，以防范经营风险。在提高系统覆盖面的同时，优化与完善 ERP 系统。

对工业品的互联网销售进行探索，打造“中国工具集市”网站，在阿里巴巴国际网站丰富完善内容，尝试百度推广和阿里巴巴国内商铺运行，在提升公司形象、宣传公司产品、小量销售方面起到了积极作用。

【企业文化建设】

在国机集团“和”文化建设和“二次创业”“海外再造一个新国机”的战略引领下，从高处着眼、实处着手，以融入中心、凝聚员工为主题，以战略宣讲、IV 规范、制度激励、多元活动为载体，探索新形势下企业文化、品牌建设的新模式，力求让企业文化落地。

将企业文化融入战略认同。工具所董事长作为战略主讲人，在职代会、产业部门会议上，多次进行战略宣讲，用实际数据从职工人数、人均产值、人均利润、净资产收益率、成本核算等方面与同行企业进行对比说明，就如何突破改进作出深度分析，并提出重点产品重大技术突破、为用户提供成套解决方案、紧盯市场搞科研、差异化营销服务等具体要求，进一步阐明“我们的现状、我们的目标、我们该做什么、我们该怎么做、做了会得到什么”，进一步分解战略、统一思想、明确目标、推动工作。

将企业文化融入群团关怀。为使“以人为本”的企业文化落到实处，积极发挥党工团群团组织优势：一方面推进所务公开民主管理，坚持签订“集体合同”“工资协商协定”，维护员工合法权益，坚持倾听员工诉求，对薪酬制度改革等热点难点问题予以解决；一方面扩大对员工关爱帮扶的覆盖面，对困难党员、困难员工、患病员工进行慰问帮助，为员工进行健康体检、为女员工购买特殊疾病互助保险、为家庭低收入职工子女发放助学金、为重疾员工发放医疗报销补贴。

将企业文化融入教育引领。为突出“干事、干净”廉洁理念，组织中层以上干部签订“廉洁从业责任书”“党风廉政责任书”，参观锦江监狱开展现场警示教育，节假日发送廉政短信，进行实时提醒。为融入中心提升技能，组织“成套方案设计大赛”“PPT 制作暨演讲赛”“外出参培人员经验分享会”。组织观看“踏实前行实现梦想——任洪斌董事长对话青年求知会”、开展“点赞身边人传递正能量”演讲赛和青年电商运营分享会等，以活动为载体，以参与为互动，举青年之智聚青年之力。

【党建工作】

工具所党委以“三严三实”专题教育活动为切入点，围绕中心开展党建工作，做到支部有活动、党员有行动、工作有推动。

1. 加强学习引领 做好政治理论学习、中央精神解读，开好“三严三实”专题学习及讨论、过好民主生活会和组织生活会，及时学习新修订的《中国共产党廉洁自律准则》《中国共产党纪律处分条例》，不断加强对党员的教育管理。

2. 狠抓制度建设 在现有“三重一大”、中心组学习、“三会一课”等制度的基础上，根据“中央八项规定”和加强党风廉政建设等系列规章制度，制定工具所改进作风措施，以及企业负责人履职待遇、业务支出管理等暂行办法，严明工作纪律。

3. 落实两个责任 坚决落实党委主体责任、纪委监督责任，签订“2015 年度党风廉政建设责任书”36 份，党委委员与主管部门负责人廉政约谈 26 人次，纪委书记与新任职干部廉洁谈话 10 人次，形成廉洁提醒常态化；组织中层以上干部赴四川省法纪教育基地开展现场警示教育 1 次，节假日发送廉洁短信 110 人次；加强对重点领域、关键岗位、重要环节的管控，对公司重要设备采购管理开展效能监察。

4. 融入群团建设 坚持党建带群团建设，积极发挥工会、共青团群团组织优势，开展新春游园等系列职工喜闻乐见的活动，将“融入中心、服务职工”做在实处；完成“集体合同”签订；引导职工由“和他人比”转向“和岗位要求比”，开展职工技能比武大赛；组织公司领导与青年骨干座谈畅谈倾听诉求；做好成都市和国机集团的各项推优工作；关心关注群众合理诉求；做好困难党员、困难职工、住院职工的慰问帮助工作等，切实为企业的发展凝聚起党员群众的合力和动力。

【社会责任】

对内强化管理提升、降本增效、产品技术创新，努力提质增效，提升企业竞争力和员工满意度；对外正面引导，积极履行社会职责，开展重走北川地震遗址活动，为理塘县希望小学捐赠，做好“国机爱心日捐助”爱心传递，履行国机人的责任与担当。

中国重型机械研究院股份公司

【基本概况】

中国重型机械研究院股份公司（简称中国重型院）创建于1956年，1999年转制为科技型企业，隶属国机集团。

主营业务涵盖：采矿、钢铁冶炼、二次精炼、连续铸造、板（带箔）管（棒）型材轧制、精整处理、金属锻造／挤压、拉伸塑性成形、工业烟气净化回收、油页岩炼油与油气输送等所需各种大型、高端工艺装备的研发设计、成套和工程承包，并承担规划、信息、质检和工程监理等行业技术工作。

成立以来，取得1 100多项科研成果，有300多项荣获国家级、省部级奖励，2 000多台（套）大型成套差异化、个性化、精细化、智能化的先进技术装备成功应用于国内外冶金等企业。具有国家发改委颁发的建筑、钢铁、市政公用工程（燃气热力）工程咨询甲级资质，以及建设部颁发的建筑工程设计甲级资质、冶金和市政公用燃气工程设计乙级资质。

下设15个专业研究所、7个子公司、2个中试工厂、4个分院。2015年年末在岗员工889人，科研人员占员工总数的70%以上，其中有中国工程院院士1人、“百千万人才工程”人选3人、全国优秀科技工作者2人、全国工程科技领域突出贡献者杰出工程师1人、享受国务院政府特殊津贴专家15人、博士后3人、在站博士后2人。

面对国内外经济持续下行、钢铁行业主业全面亏损、冶金装备行业市场需求萎缩、竞争白热化的外部形势，立足本业，强化科研创新，加大市场营销，重视复合型人才培养，努力探索和创新商业模式，加大风险管控力度。尽管年度新签合同额、营业收入等指标有所下降，但相对同行业，基本实现总体平稳、风险可控的发展目标。

【主要指标】

营业收入10.68亿元，同比下降25.51%，经济增加值-799.35万元，经济增加值等指标比上年下降幅度较大，主要由于近几年签订合同数量及质量下降，产品价格持续走低，成本不断上涨，导致营业收入和毛利率均呈下降走势。主要经济指标详见表1。

表1　中国重型机械研究院股份有限公司2015年主要经济指标

项　目	2014年	2015年	同比增长（%）
资产总额（万元）	376 236.49	373 706.36	-0.67
净资产（万元）	116 427.87	118 306.10	1.61
营业收入（万元）	143 431.86	106 837.90	-25.51
利润总额（万元）	4 018.41	4 064.82	1.15
技术开发投入（万元）	17 906.58	11 549.18	-35.50
利税总额（万元）	13 736.44	10 104.96	-26.44
EVA值（万元）	1 896.16	-799.35	-142.16
全员劳动生产率〔万元／（人·年）〕	26.88	26.16	-2.68
净资产收益率（%）	3.75	2.93	减少0.82个百分点
总资产报酬率（%）	1.07	1.09	增加0.02个百分点
国有资产保值增值率（%）	104.49	102.76	减少1.73个百分点

【重大决策及重大项目】

1．现金投资国机资本 2015年，国机集团筹备设立国机资本控股有限公司，中国重型院经过详细论证，董事会审议通过现金投资国机资本1亿元，投资占比4.22%。

2．新区建设有序推进 与西安市国土资源局签订“国有建设用地使用权出让合同”，取得新区的土地权属；完成各部门对新区建设的需求调研；签订设计、勘察及新区建设项目管理等招标合同等。新区建设完成投资额10 167.45万元（含土地）。

【科技创新】

注重科研投入，在高端装备制造、战略性新兴产业技术领域开展科研开发和前瞻性储备科研课题。获批国家、省市、国机集团、区科技计划项目20项，获政府及上级主管部门拨款合同额共6 157万元；此外，针对各专业发展战略，自定科研课题7项，投入资金702万元。获国家知识产权局授予“国家知识产权优势企业”荣誉，荣获“陕西省创新方法应用标杆企业”称号。

1．科技奖励及鉴定 荣获各类科技成果奖励10项，其中与西南铝业（集团）有限责任公司、中信重工机械股份有限公司、重庆大学等8家单位共同完成的“12 000t航空铝合金厚板张力拉伸装备研制与应用”科研成果获国家科技进步二等奖。完成科技成果鉴定和验收项目10项。申请专利275件，授权专利172件。其中，发明专利64件；申报软件著作权3件，授权2件。

2．新产品及新工艺研究 研发国产首台（套）大型成套装备6项。①宝钢C162超高钢切边处理设备，解决当前世界最高强度汽车用冷轧马氏体钢板进行切边处理的重大技术难题。②大型铝扁管挤压生产线27MN卧式挤压机，为国内首条大型铝扁管专用挤压生产线。③超大型径轴向数控轧环装备及工艺研发与应用项目研发的多项技术、环件成形精度都达到国际先进水平。④核电用大直径薄壁硬铝合金管材精整工艺及装备研究与应用，总体技术处于国际先进水平，所矫直管材的直线度比国际先进水平提高40%。⑤高性能难变形工模具钢板高效精密矫直工艺及装备的研究与应用，开发适用于不同材质的高性能工模具板材的矫直工艺，实现难变形工模具板材的高效精密的矫正。⑥LG15～40GHLL型高速冷轧管机组，国内开发的首条全自动无缝管生产线，提出“机器换人”的新理念。

新技术、新产品应用4项。①连铸设备参数化设计研究，使连铸设备设计实现模块化、标准化、系列化，提高设计效率与设计准确率。②国内首套全自动生产ϕ30～ϕ63mm不锈钢无缝核电管等设备，可实现连续装料、伺服控制、连续轧制等先进工艺。③真空精炼用干式真空抽气试验系统试验研究，针对炼钢企业节能减排、提升钢材质量、提高钢铁冶炼技术的专项研究，研发的真空发生装置，具有起动快、噪声低、没有污染、操作灵活，零部件通用性强等优势。④高精度面板智能化冷连轧生产线，应用自主研发的多项智能控制系统，提升机组生产效率、提高产品质量、降低能源和资源的消耗。

3．创新平台产学研用合作 结合现有的创新平台，在多项重大项目中与国内知名高校和大型企业广泛合作，分别与燕山大学、重庆大学、西安交通大学和中南大学等在多专业领域联合创新攻关。

基于高品质特殊钢特超厚板连铸技术及创新平台建成的中间包、结晶器水模试验台和仿真实验室，在高品质特殊钢特超厚板连铸技术领域与包头联方高新技术有限责任公司、重庆大学、钢铁研究总院等单位展开合作，在“特厚板铸坯二冷区传热特性试验平台及数值仿真研究”“矩形坯连铸机二次冷却技术研究”“智能化铸坯质量在线判定系统研究”等一系列科研项目中取得突破。至2015年年底，完成3个项目的中间包流场试验和仿真模拟分析，并为用户提供了完整的试验和仿真计算报告。

金属挤压与锻造装备技术国家重点实验室在自主研发的5MN卧式正反向双动挤压机的基础上，进行一系列挤压新工艺探索性试验，完成系列铝合金板材的挤压试验、铝基陶瓷增强材料系列试验，以及ϕ40mm棒料的挤压试验。协同西北工业大学高温合金挤压工艺探索试验，配合兰州理工大学难变形合金挤压试验准备工作。

金属挤压/模锻设备与工艺创新能力平台由中国重型院作为责任单位，联合中国第二重型机械集团（德阳）重型装备股份有限公司、上海重型机器厂有限公司、西安交通大学和重庆大学共同承担。该项目建立的25 MN双动反向挤压生产线、800MN模锻压机等工艺试验平台、精细化智能控制系统和挤压/模锻设备液压试验阀台及伺服控制系统等设备，于2015年12月通过工信部验收。

围绕煤炭及油页岩行业发展，实现资源转化，提高煤炭利用价值，自筹资金建设陕西煤焦化和油页岩工程技术试验检测中心，搭建起中国重型院现代煤化工新工艺技术及装备研发的技术平台，逐步形成独具特色的煤炭热解专有技术体系，提升行业影响力。该检测中心已建设完成，进入试验阶段。

2015年3月，中国重型院“冶金重型技术装备国际技术转移中心”列为陕西省科技厅国际科技合作基地。该技术转移中心在为用户提供冶金装备、重型锻造/挤压装备、轧制精整装备、环污治理与节能装备及其配套产品的技术贸易的同时，在“12 000t航空铝合金厚板张力拉伸装备研制与应用”“高品质特殊钢特超厚板坯连铸技术及创新平台建设”等项目上，与国外高等学校、研究机构和生产企业开展科技合作，主要针对发展中国家有关行业、产业发展需要，瞄准重型机械装备前沿技术和发展趋势，以核心技术、关键设备为内容，进行技术转移。

4. 学术交流 积极参加（举办）专题讲座，以及学术交流会议。邀请天津力神电池股份有限公司专家作题为《超级电容器在冶金行业中的应用》的学术报告；邀请法国Transvalor公司产品开发专家Richard Ducloux博士就连铸和锻造过程数值模拟软件做培训讲座；邀请西安交通大学教授赵升吨作《制造强国的发展模式探讨》专题讲座；邀请西安中星测控有限公司董事长谷荣祥作《物联网在冶金重型机械领域的应用展望》专题讲座等。通过学术交流活动，使技术人员了解相关领域技术发展最新动态，开阔视野，拓展思路，为科研创新奠定良好基础。

【市场营销】

坚持技术引领拓市场，精细服务赢客户。签约大型成套装备合同6项，合同总额11.85亿元。市场营销具有4个新特点：

1. 推广新产品、新技术，拓展新领域，寻找新客户 冶金装备专业与燕钢签订2台双流板坯连铸机合同；板带精整装备专业与包钢签订4条冷轧重卷机组合同，均是中国重型院2015年开发的重要新用户。炉外精炼装备专业签订山钢3套210tRH精炼项目，该项目真空系统采用干式机械式真空泵用于大型炼钢项目，为中国重型院首创。板带轧制装备专业签订瑞丰950mm酸轧合同、阳光1 250mm五机架连轧机合同和鼎信两套850mm不锈钢二十辊冷轧机组，其中950mm酸轧机组是中国重型院成功进入酸轧领域的第一条生产线，标志着中国重型院板带轧制装备专业成功拓展到酸连轧机组领域；在多辊轧机方面签订的850mm不锈钢二十辊冷轧机组，是中国重型院承接的首条不锈钢二十辊冷轧机组，对中国重型院在多辊及不锈钢轧制领域的技术提升和市场开拓具有重要意义。

2. 加强与民营企业合作 在严峻的市场环境下，民营企业凭借市场响应迅速、生产成本控制严格、技术水平持续进步、设备连续运转率高、人力投入少等特点，保持着较快发展。强化项目后期服务，赢得客户信任。主营业务民营企业合同260项，合同额占比42.55%。

3. 紧盯技术改造、紧抓备件签约 加大对现有用户的回访力度，对正在运行的设备提供服务，宣传新技术、新工艺，紧盯投产设备的升级换代和技术改造。全年签订技术改造项目30项，合同金额约4 737万元。随着中国重型院外供设备量的增长，备件的供应逐渐成为中国重型院延伸服务的一项重要工作，一方面宣传国产替代进口备件，一方面抓好备件的签约。签订备件约200项，合同额约7 273万元。

4. 开拓国际市场 打造国际市场营销团队，着手制作海外项目合同范本框架，主动走出去，寻找合作伙伴。对伊朗市场进行专项调研，前往土耳其进行用户拜访和市场调研，参加“泰国国际管材展”，参加赴越南商务考察对接活动。同时，加强与国际中间商、国机集团所属国际贸易公司合作。与中国重型机械有限公司、中国机械设备工程股份有限公司、中国成套工程有限公司3家公司签订战略合作框架协议。跟踪海外项目13项，签订出口项目5项，合同额1 646.487 3万元。

【管理经验】

1. 经营管理 推行“以客户为中心”营销理念，完善销售流程，加强经营管理。树立“SINO-HEAVYMACH”品牌，以“做一个项目赢取一片市场”为目标。按行业生产流程对中国重型院专业进行板块划分，做到小联合大组合。内部强化团队营销理念，强调销售人员与技术人员在营销时的分工和配合。加强风险评估，强调对新用户、重大项目和新商业模式项目在充分调研的基础上，进行项目前风险评估，防范合同风险。加强供应商管理，供应商管理模块投入使用，实现对供应商资质的动态管理。制定《海外项目佣金管理制度》，规范在佣金使用方面的经济活动，防控项目佣金使用风险。

2．科研管理 制定《中国重型机械研究院股份公司创新方法推广应用奖励实施办法（暂行）》，贯彻《科研工作管理制度》《中国重型机械研究院股份公司专利奖励条例》《中国重型机械研究院股份公司青年科技创新奖奖励办法（试行）》等管理制度，营造创新氛围，调动员工的积极性和创造性，促进创新方法应用成果更快更好地得到应用与推广。对科研项目实施节点精细化管控，实施申报—立项—实施—验收—考评全过程控制，使项目进度符合计划，资金使用符合预算，项目验收按期完成。落实《企业知识产权管理规范》，按照标准建立知识产权工作的规范体系，强化知识产权创造、运用、管理和保护。

3．质量管理 质量管理与三合一管理体系持续有效，质量、环境和职业健康安全管理体系通过2015年中国质量认证中心审核，获得认证资格。根据国机集团要求，建设内部控制体系，开展自我评价，及时发现问题。对各级管理体系采用过程监督检查方法，定期定时不定项对项目合同执行过程体系文件、工厂产品检验记录等抽查、检查，确保管理体系有效运行。按照国家质量监督检验检疫总局、国机集团关于开展“质量月”活动的通知要求，开展一系列活动，包括邀请质量专家作关于《先进质量方法及管理体系标准》专题讲座、到相关单位进行学习、开展管理体系标准答题及知识竞赛活动等。

4．人力资源管理 重视员工个性化发展，实行集约化和差异化相结合的管理方式，满足不同层次员工需求。围绕中国重型院发展战略，着重培养、引进高层次科技创新人才，以及对外贸易复合型和商务复合型人才。开展各式培训600余人次，主要包括营销知识培训、创新技能培训、质量培训、安全培训、各类注册资质培训、技术晋级和特殊工种培训等。

【信息化建设】

确保网络安全，将院CAD内网与Internet外网实现物理隔离，CAD局域网保证院科研设计、图档管理、转换、归档、传输等安全进行。引进电子图文档数据加密软件、升级防病毒安全软件赛门铁克服务，保证信息安全。推进2D/3D机械设计平台的统一，对院CAD内网进行二次开发升级，对院OA网络虚拟化升级改造，确保信息安全。在无锡分院建成计算机工作站，提高分院信息化水平。在财务信息化方面，自主开发完成“财务信息化和分析系统”。该系统实施后可实现建造合同核算及项目执行情况分析的自动化处理，有效提高财务核算效率和财务预警能力。

【企业文化】

将企业文化建设纳入日常党建、团建等工作中，围绕经营、科研、生产等工作，通过多种形式的企业文化主题活动，践行“溯源、惟新、尚德、大成”企业文化精神。在市场持续下行的严峻形势面前，将“创新”更深入的融入企业文化中，进一步明确技术创新是企业生存之源；制度、文化创新激发工作热情、凝聚团队战斗力；生存模式创新将在一片“泥泞”的市场中开辟新路、占领先机。

开展羽毛球、篮球、排球等体育活动；分别组队参加国机集团第五届职工运动会、西安市机冶建材工会羽毛球赛等上级工会组织的各项文体活动；组织4名选手参加国机集团“最美国机人”演讲比赛。活跃员工业余文化生活，增强凝聚力和团队意识，增进企业间的沟通和交流。

活跃青年文化生活，为青年成才搭建平台。院领导为青年员工讲授题为《创新·创造·创业》的专题讲座；组织新老员工座谈，传承企业文化。为纪念中国人民抗日战争暨世界反法西斯战争胜利70周年，组织青年员工参观西安事变纪念馆，激发爱国情怀。举办“书香年华，智享人生”青春读书季系列活动，营造重视读书、崇尚读书的良好氛围。通过QQ群、微信平台等网络平台，宣传青年员工的精神文明建设，凝聚青春正能量。

【党建工作】

2015年，中国重型院共有25个党支部，2个党总支，党员总数663人。发展党员5人，预备党员转正6名。组织27名支部（总支）书记学习、培训2次。院党委、纪委落实中央“两个责任”，推进党风廉政建设，制定《中国重型院党委关于落实党风廉政建设主体责任的意见（试行）》《中国重型院纪委关于落实党风廉政建设监督责任的实施意见（试行）》；下发《贯彻落实全面从严治党要求的实施意见》。制定《中国重型院关于贯彻落实中央建立健全惩治和预防腐败体系第二个五年工作规划的实施意见》，按照《中国重型院党风廉政建设责任制实施办法》，2015 年与 67 名中层以上干部签订“2015 年党风建设与反腐倡廉工作责任书”“干部廉洁承诺书”，与 264 名重点岗位人员签订“2015 年重点岗位廉洁工作责任书”“重点岗位廉洁承诺书”，使责任制与承诺制向基层辐射，形成“闭环”。开展“三严三实”专题教育，做到“三严三实”教育与日常工作两手抓、两促进，不断把专题教育引向深入。

【社会责任】

组织员工响应国机集团“爱心一日捐”活动，捐款 67 294 元。切实履行企业社会责任，做好“精准扶贫”，2015 年 10 月，院党委书记、工会主席等一行深入对口扶贫的紫阳县双安镇白马村走访慰问，赠送价值 1.6 万元的计算机 4 台，慰问困难村民并送上慰问金，将财政配套的 8 万元专项扶贫款，用于帮助贫困户购买鸡苗，推广“林下鸡”“竹下鸡”养殖，增加农民收入。针对紫阳县盛产富硒茶这一优势，在扶贫计划以外，购买帮扶村 10 万余元茶叶作为防暑降温品。

苏州电加工机床研究所有限公司

【基本概况】

苏州电加工机床研究所有限公司（简称苏州电加工）创建于 1958 年，原隶属于机械工业部，1999 年 7 月转企改制，进入国机集团。

苏州电加工具有所有电加工核心技术的研发能力，是国内电加工行业中综合实力最强的研发机构，是国家认定的高新技术企业和江苏省首批科技创新型企业。主要从事电加工，以及特种加工技术与装备的研发、生产和销售，技术及产品主要应用于航天、航空、军工、汽车、精密模具、能源装备、电子通信、钢材生产等重要制造领域。是中国特种加工行业归口所，是中国特种加工行业的研发、信息和服务中心。中国机械工程学会特种加工分会、中国机床工具工业协会特种加工机床分会、全国特种加工机床标准化技术委员会、中国模具工业协会技术委员会、机械工业电加工机床产品质量监督检测中心、机械工业电加工工程技术中心和重点实验室等行业组织及机构均设立或挂靠在该所。苏州电加工拥有包括享受国务院特殊津贴专家、中国机械工业集团有限公司高层次科技专家在内的一流的专业技术队伍，现有职工 110 人，各类专业技术人员占职工总数 70%。

【主要指标】

苏州电加工 2015 年营业收入 2 959 万元，其中主营业务收入 2 788 万元，其他业务收入 171 万元；营业成本 1 382 万元，其中主营业务成本 1 320 万元，其他业务成本 62 万元。完成技术研发投入 1 790 万元，同比增长 29.24%。主要指标完成情况详见表 1。

表 1　苏州电加工机床研究所有限公司 2015 年主要经济指标

项　目	2014 年	2015 年	同比增长（%）
资产总额（万元）	11 416	11 132	-2.49
净资产（万元）	7 682	7 594	-1.15
营业收入（万元）	3 795	2 959	-22.03
利润总额（万元）	512	7	-98.63
技术开发投入（万元）	1 385	1 790	29.24
利税总额（万元）	902	456	-49.45
EVA 值（万元）	521.27	153	-70.63
全员劳动生产率〔万元 /（人·年）〕	20.15	14.39	-28.59

（续）

项　目	2014 年	2015 年	同比增长（%）
净资产收益率（%）	6.27	0.24	减少 6.03 个百分点
总资产报酬率（%）	4.79	0.22	减少 4.57 个百分点
国有资产保值增值率（%）	109.46	100.24	减少 9.22 个百分点

【重大项目】

1. 继续牵头实施 2014 年度国家科技重大专项 “精密、高效、数控单向走丝电火花线切割机床”课题分 3 个研究方向：一是高效数控单向走丝电火花线切割机床；二是七轴联动数控电火花高速小孔加工机床；三是新一代飞机钛合金格栅网板数控电火花高效加工技术及专用机床。共有“产、学、研、用”8 家单位参与课题研发，课题总经费预算 2 300 万元，其中中央财政资金 1 160.11 万元、自筹资金 1 139.89 万元。

2. 继续参与实施“863”计划 “航空发动机零件微小群孔制造装备研究及应用示范”课题责任单位是武汉华工激光工程有限责任公司，联合单位有：苏州电加工机床研究所有限公司、贵州黎阳航空动力有限公司。苏州电加工主要承担任务，①“柔性化电火花电解复合加工装备的关键技术研究及系统集成”子课题的研发和任务，②“航空发动机关键零件微小群孔复合加工工艺研究”子课题涉及的电火花电解复合小孔加工部分的工艺研究。

3. 继续参与国家科技重大专项 “基于开放式数控系统二次开发平台的航天领域专用数控系统开发”课题责任单位是北京航天数控系统有限公司，联合单位有苏州电加工机床研究所有限公司、华中科技大学。苏州电加工负责“电加工关键技术及工艺数据库与数控系统集成开发”任务的研发。该任务获国拨经费 155 万元支持。

【科技创新】

承担 3 项纵向科研项目、3 项自主立项课题和 6 项横向项目研发。申报发明专利 1 项、实用新型专利 1 项，获实用新型专利 1 项，获软件著作权 1 项，另有 2 项发明专利正在申报中。获国机集团科学技术奖二等奖 1 项。科技投入 1 790 万元。

1. 着力开发新产品，不断形成新的增长点 组织进行“三头四工位数控电火花微孔加工技术及装备”研发，该技术是苏州电加工原创技术，装备已提供给用户实际应用；完成“数控圆盘工作台四工位喷嘴旋转放电加工专机”研发，其成果交付用户，该设备为国内首台套产品；研发的航天设备制造专用的“特殊材料高效数控放电铣削加工技术及设备”，解决了关键制造业难加工材料的加工难题；开展“小型轮胎模数控电火花加工设备”技术升级研究，提升了轮胎模具花纹块加工的整体性能，增强了市场竞争力；完成“聚晶刀具电火花磨削加工技术及设备”研究，成果已提供给用户实际应用。

2. 完成国家科技重大专项“精密、高效、数控单向走丝电火花线切割机床”3 台样机的研制 3 台样机分别是：高效数控单向走丝电火花线切割机床、七轴联动数控电火花高速小孔加工机床、新一代飞机钛合金格栅网板数控电火花高效加工技术及专用机床。突破了 ϕ0.02mm 超细丝切割、孔的穿透智能检测及出入口适应控制、专用防腐高精度 AB 轴数控转台，基于 Windos 操作平台的电火花高速小孔加工、七轴数控专用数控系统等关键技术，提升了苏州电加工核心竞争力与可持续发展能力，进一步凸现苏州电加工在特殊难加工材料、复杂形面、微精结构加工方面的优势和发展前景。

3. 配合完成 4 种电加工机床的工艺试验、数据库构建及相应试验平台建设 “高档数控机床与基础制造装备”国家科技重大专项“基于开放式数控系统二次开发平台的航天领域专用数控系统开发”项目，以国产数控系统为基础，开展航天领域专用数控系统加工工艺与特殊运动控制技术研究，开发面向航天特殊应用的专用数控系统。苏州电加工作为子项目参加单位参与课题研究，配合责任单位完成了 4 种电加工机床的工艺试验、数据库构建，以及相应试验平台建设。

4. 承担的国家“863”计划项目课题结硕果 国家“863”计划项目“柔性电解电火花复合加工装备的关键技术研究及系统集成”课题完成样机主机、脉冲电源、电气控制系统的设计及生产制造及联机调试，并针对电火花电解复合加工进行大量工艺试验，基本达到项目的指标要求。

5. 自立主项研发出成果 自立主项研发的“无电阻电火花成形加工脉冲电源”“基于MCU的电火花伺服控制和脉冲电源适应控制技术”“新型往复走丝电火花线切割机”“单向走丝电火花线切割表面粗糙度提升”等项目，获得有效进展。

【市场营销】

修订《2015年苏州电加工机床研究所有限公司营销责任制》，增加苏州电加工产品软件著作权在销售环节的激励机制，增加软件退税收入。结合主要细分市场客户的特点，一方面加强新客户的开拓，保持老客户的紧密接洽，全力搜寻市场需求信息，力争获得较多的市场份额；另一方面继续通过展会、广告等有选择地做好产品宣传，特别是加强网络宣传，让主要产品能在百度、搜狗等主要搜索引擎上第一页面出现，使客户方便、快捷地找到“苏州电加工”。

在市场开发活动中，为客户提供专业系统的解决方案，做好售前技术服务。如：针对航空发动机叶片气膜孔加工越来越高的要求，组织精兵强将，集中攻关，在极短的时间内拿出样机，取得认可和好评，继而获得订单。同时，也为后续在整个航空发动机企业界赢得市场份额打下基础。

【管理经验】

1. 人力资源管理方面 依托国机集团培训中心平台，推荐专业技术人员、营销人员、管理人员参加国机集团高层次科技人才培训、“70、80”英才培训、营销人员培训、中青年干部培训和领导干部培训等。加强新进人才培养，与新引进的研究生签订为期3年的人才目标责任书，实行一对一定向培养、定向考核。同时，抓住国家重大课题实施的机会，给年轻技术骨干压担子，让其担任项目负责人，参加学术交流会，在实际工作中锻炼成长。

2. 质量管理方面 强化抓质量管理的执行力。制定《关于严格执行产品质量管理制度，进一步提升产品质量的规定》，对部分产品的检验调试细则做了细化修订，严格按《产品调试细则》进行机床的装配调试。同时，建立产品制造过程质量巡查制度，实行产品质量的动态监管，依据《电加工机床制造通用技术条件》，每天对在制品、生产现场进行巡视检查，发现问题立即开出整改单，责成主体部门限期整改，从而加大质量管理的执行力度，质量管理制度得到较好的落地。

坚持做好产品调试、维修服务的监管工作，严格审查调试和维修记录，每个季度对售后产品的质量状况进行汇总分析。坚持做好产品的售前、售中及售后服务，拓展产品质量的外延和内涵，提升产品的整体质量，全年数控机床整机一次调试合格率98%、导电材料电加工产品检验批次合格率100%、客户满意率92.2%。

【党建工作】

根据中央全面从严治党要求，苏州电加工党委制定从严治党实施办法和“任务表”，把全面从严治党要求落实到每个支部、每个党员，党组织的引领示范作用得到进一步发挥。开展“三严三实”专题教育，党委书记为中层以上干部上专题党课，党委中心组安排3次专题学习研讨，领导班子召开“三严三实”专题民主生活会，深入查找“不严不实”问题，开展批评与自我批评，剖析问题产生根源，制订整改落实措施，达到了“团结—批评—团结”的目的，党建工作推动、保障中心工作的作用得到全面提升。

【社会责任】

为航天、航空等行业研制专用设备，解决特殊材料零件加工难题，既支撑了业务，又为国防装备发展作出了特殊贡献。

积极研发高效节能、绿色环保的技术和装备，在产品设计、制造各个环节，采用优化设计、减轻设备重量、提高设备可靠性等技术手段，实现节能、节材。为汽车发动机实施更严格的排放标准提供节能关键电加工的装备，为国家环境保护事业作贡献。

认真履行促进电加工行业技术进步、推动电加工行业持续发展的社会责任。完成2项电加工行业标准的制定，组织形式多样的学术交流活动，第16届全国特种加工学术会议参会500人，学术气氛浓厚。开展中国国际机床展览会特种加工机床评选活动、电加工机床达标认定产品活动，编写《特种加工技术路线图》，召开电加工行业企业负责人座谈会。编辑出版《电加工与模具》杂志，为电加工行业发展作出了积极贡献。

全体职工继续参加国机集团“爱心一日募捐”活动，向集团爱心基金捐出自己的一日工资。

桂林电器科学研究院有限公司

【基本概况】

桂林电器科学研究院有限公司（简称桂林电科院）前身为第一机械工业部电器科学研究院，1954年在北京成立，1970年搬迁桂林，1999年7月转制为科技型企业，2013年1月完成改制，成立桂林电器科学研究院有限公司，注册资本27 829.56万元，现为国机集团所属企业。经过专业与产业重组，已发展成为以电触头材料、电工塑料、双向拉伸聚酰亚胺薄膜、薄膜成套装备、特种电动机为主导产品的高科技型企业。2015年年底从业人员688人，其中专业技术人员384名、工人304人；公司占地面积38万 m^2，建筑面积23万 m^2。

桂林电科院经营范围：新型电工材料（包括触头材料、绝缘材料、磁性材料、薄膜材料、电工塑料等）；特种电动机及电动轮毂；电子束装置及真空加热炉；机电一体化设备及模具设计制造；变压器；电工材料产品检测及仪器制造；期刊出版及行业技术培训；相关专业的技术咨询、服务。

桂林电科院拥有国家级“电工材料行业生产力促进中心”、国家认可检测实验室和“博士后科研工作站”；设有“广西院士工作站”“广西电器产业工程院”“广西电工材料工程技术研究中心”等省级科研开发平台，被广西壮族自治区认定为“高新技术企业”“广西创新型企业”“企业技术中心”，是中国电工合金、薄膜成套装备、绝缘材料重要的研发和生产基地。

【主要指标】

2015年，桂林电科院资产总额78 226.33万元，同比增长4.90%。实现销售收入49 720.88万元，同比下降7.87%，实现利润总额1 593.26万元，同比增长8.00%。国有资产保值增值率为102.51万元，同比减少2.39个百分点。主要经济指标详见表1。

表1　桂林电器科学院有限公司2015年主要经济指标

项　目	2014年	2015年	同比增长（%）
资产总额（万元）	74 569.00	78 226.33	4.90
净资产（万元）	44 060.10	56 752.63	28.81
营业收入（万元）	53 968.65	49 720.88	-7.87
利润总额（万元）	1 475.26	1 593.26	8.00
技术开发投入（万元）	3 475.62	3 431.69	-1.26
利税总额（万元）	3 310.45	3 130.66	-5.43
EVA值（万元）	606.98	817.90	34.75
全员劳动生产率〔万元/（人·年）〕	14.66	14.24	-2.86
净资产收益率（%）	2.39	2.45	增加0.06个百分点
总资产报酬率（%）	2.28	2.09	减少0.19个百分点
国有资产保值增值率（%）	104.90	102.51	减少2.39个百分点

【重大决策】

根据2014年12月31日股东会会议审议批准的《桂林电器科学研究院有限公司增资扩股方案（2014）》，桂林电科院于2015年3月19日完成工商变更登记工作。增资扩股后，注册资本由原来的22 000万元变更为27 829.56万元，国机集团的股权比例由原来的70.05%变更为76.32%，中机六院的股权比例由原来的18.43%变更为14.57%，中国重型院的股权比例由原来的11.52%变更为9.11%。

【重大项目】

电工电子新材料产业基地建设项目完成245.52亩（163 516.32m^2）土地购置的全部手续；3万m^{2}低压元件厂房竣工验收，移交下属公司桂林金格电工电子材料科技有限公司管理；完成2.5万m^{2}薄膜厂房的主项工程，厂房通过初步验收，进入1.6m薄膜生产线安装阶段；其他生产辅助用房、办公楼及公用工程均按计划推进；累计完成1.2m聚酰亚胺薄膜生产线等298台/套生产设备购置；全年完成投资6 571万元，累计完成投资29 012万元。

【科技创新】

1. 科研管理工作进一步加强 申报科技项目9项，新增科研项目立项16项，在研科技项目36项，鉴定/验收项目22项，其中“节能型3.3m幅宽双轴定向聚乙烯薄膜生产线研制”“高弥散性银镍电触头材料产业化技术研究”项目技术水平被鉴定为国内领先。全年完成制（修）订标准42项，国家标准《电气用压纸板和薄纸板》获中国机械工业科学技术奖二等奖。

知识产权管理方面：提交专利申请23件；获授权专利30件，其中发明专利23件、实用新型专利7件，发明专利授权数比往年有较大提升。至2015年12月，拥有有效专利104件，其中发明专利54件、实用新型专利50件。年内共公开发表论文36篇，其中中文核心期刊10篇。8人被纳入广西“十百千知识产权（专利）人才”，2人被评为“企业知识产权中青年专家”。推进公司知识产权管理体系贯标工作。

修订发布《科研项目管理规定》《科研项目验收细则》《科研项目经费管理规定》等系列科研项目管理制度，将项目管理的重心由以前的面向验收结果评价转移到面向立项和过程管理，突出项目策划和过程管理的重要性，确保项目立项紧跟市场需求和技术变化。项目实施过程中，多次组织研发团队和应用部门之间进行技术沟通和交流，加强对项目过程进度的跟进和监督，降低研发投入的风险。此外，编制完成桂林电科院“十三五”科技发展规划。

加强技术研发队伍建设，引进海外专家朱凌云担任桂林电科院副总工程师兼研发中心主任；聘任中南大学博士生导师刘心宇教授为技术专家；聘任中国科学院杨世勇教授为《绝缘材料》杂志主编。同时，开展技术人员培训，组织各类科技培训800余人次。

2. 全面开展科研技术工作 “聚酰亚胺薄膜爽滑抗静电性能研究”项目试制的PI薄膜性能参数得到下游客户认可，为桂林电科院PI薄膜产业化进程打下坚实基础；“黑色亚光聚酰亚胺薄膜的研究与制备”项目筛选出的配方为下一步生产线试制奠定了基础；“化学共沉积法银氧化锡触头材料制备工艺研究”项目，课题产品销量1.5t，销售收入500多万元；“高弥散性银镍电触头材料产业化技术研究”项目技术被鉴定为具有国际先进水平，实现产业化。此外，相继开展了锂离子动力电池、新型$AgSnO_2(10)Bi_2O_3(8)$触头材料等项目预研工作。

3. 试验能力和检测能力提升 技改项目“薄膜试验平台建设”的子项目“电池隔膜中试试验平台建设”投入使用，保证了锂电池隔膜相关项目的顺利进行，也为开展电池隔膜的进一步研究奠定了基础；开展对现有电性能试验设备的升级改造，修复废弃的12套负载装置，进行智能化触器型试验设备和继电器电性能试验装置的开发工作，设备升级改造完成并全部投入运行后，每年将节省近百万元试验费用，触头材料应用研究分析能力将得到提升；检测中心通过新增设备、实验室改造等措施进一步提升综合检测能力，填补了特定测量能力的空白，完善了薄膜超净检测等能力和条件。

4. 申报各级平台建设项目 广西壮族自治区科技厅纵向平台建设项目“模具行业技术转移服务体系建设”获得批准；参与申报“创新驿站广西工作站点（桂林）技术服务能力提升”；开展“国家双轴定向拉伸塑料薄膜生产成套装备工程技术研究中心（暂名）”筹建的前期准备工作；完成广西壮族自治区工业和信息化委员会“技术中心创新能力建设一期项目”，并获补助经费120万元。此外，大力推进和提升“广西电器产业工程院”“广西电工材料工程技术研究中心”“桂林电工材料工程技术研究中心”“中国创新驿站广西站点”“国家科技转移示范机构”等平台建设。

【市场营销】

1. 电工材料 营销策略是维护现有用户并对现有用户进行新产品推广，寻找新的市场需求和开发新用户，从而增加销售收入并扩大同类产品市场占有率；将中高端用户作为主要目标市场，及时了解跨国企业需求动向，适时调整研发方向；加强对重点用户的回访与沟通，提高服务的主动性，提高用户的满意度。组建重点市场推广工作项目组，增加与重点客户的联系，收集大量生产数据，搭建精细化成本核算框架，通过开展技改、内部立项工作，有力促进工艺技术发展，其中焊接生产效率极大提升，超过了主要竞争对手。

2. 薄膜生产线成套装备 进一步加强同国内代理商的合作，实施走出去战略，在国外树立桂林电科院品牌。在国际市场和国外旧线改造市场发力，并取得突破成绩：签订印度拉膜机生产线改造项目合同1个，境外旧线改造项目合同1个。此外，“双向拉伸塑料薄膜（PI、PET、PP）生产线”“锂电池隔膜生产线”被国家工业和信息化部收录入国家首台（套）重大技术装备推广目录，这既是对桂林电科院技术水平的肯定，也为海外市场的推广增加了筹码。

3. 特种电动机 主要通过网络营销宣传，争取军工产品新项目配套。新开发的1家军工用户，成为军工电动机的新增长点；新开发的1个印度用户开始小批量订货，同时与另1个印度公司协商代理事宜。

4. 质量检测 检测业务将工作重点向新产品、新领域，以及新检测方法方面倾斜，增加制件及非常规产品的检测及配套设备的升级改造工作，成功拓展日精株式会社、合肥ABB、国防科技大学等20多家国内外高端知名企业的检测业务，以检测报告作为宣传载体邀请国际知名高端客户到公司参观、调研，扩大公司的知名度。通过实施技改促进检测能力整体提升。

5. 行业服务 开展标准制（修）订工作，争取经费253万元；召开标准工作会议20多次；参与模具国际标准化工作，争取到ISO/TC 29/SC8第31届年会在中国桂林召开；新发展地方鉴定点2家，组织开展鉴定工作90多批次，鉴定收入增长19%；撰写行业分析报告24篇；《绝缘材料》由双月刊改为月刊，论文刊登量增加20%，3本期刊平均收稿量增加7.4%，但平均基金论文比有所下降。

【质量管理】

按GB/T 19001标准建立质量管理体系实施全面质量管理，建立并实施20多个程序文件，各个生产工序还建立并实施较完备的作业指导书、操作规程等作业文件，使整个生产过程处于动态管理之中。同时，配有专职人员监督，以保证产品质量的稳步提高。组织实施全公司管理体系内部审核，审核查出一般不符合项15项，无严重不符合项，提出建议项13项。根据上年度质量目标的完成情况、产品结构的变化等，本着持续改进的理念，新增及提高了部分质量目标。质量管理体系所有的目标指标均达到要求。

【深化改革】

1. 推进战略管理，制定五年发展规划 一是制定《战略管理办法》，并经董事会批准发布。二是为进一步明确发展方向及思路，开展建院以来首次“对未来5年发展专题研讨”（分产业部门、研发中心、职能管理3个专题进行），制定《桂林电器科学研究院有限公司2016—2020年发展规划（草案）》。

2. 优化人力资源管理 一是全面推行绩效管理，制定《研发中心研发人员薪酬分配方案（试行）》《特种薄膜部销售部工资总额激励分配方案》《全员营销非广告业务人承揽广告奖励办法》《拓展职业等级鉴定业务奖励办法》《职能管理部门年度考核评分规则》等薪酬管理方案，建立不同部门、岗位的考核机制和奖励机制；制定并下发《职能管理部门年度考核评分规则》，将任务分解从部门开始逐步向部门领导、员工考核传递。二是重视后备人才培养工作，通过培训、社会实践活动、公开竞聘等形式，为年轻人才提供更多发展平台：2015年后备人才第一期培训班23人完成培养任务按期结业，选送15名次后备干部参加“清华总裁班”等培训，开展2次部门负责人岗位公开竞聘。二是创新培训工作，探索利用在线学习平台开展培训，制定公司《在线学习管理办法》，并组织80人在线学习团队，全年培训员工7 736人次。

【管理经验】

1. 进一步加强财务管控能力 一是解决NC磨合期问题。NC项目正式运行，系统一期基本达到原设计要求，改变了公司原始仓库管理和采购管理状态，并实现业务和财务的资源共享，使基础管理工作上了一个新台阶。二是首次印发《内控手册》。《内控手册》涉及所有的部门、业务节点和流程，通过全面梳理流程，找风险点，对公司的经营风险管控起到促进作用。三是成本核算和会计核算均有进步，优化成本核算科目，着重清理、完善项目结题工作，使核算工作更合理；会计核算进一步细化，采购的收付款核算按合同进行，财务管理水平逐步提高。四是争取到商业银行授信额度 8.4 亿元，为新产业园建设做好资金准备。

2. 安全生产管理成效显著 高度重视安全工作，逐级建立完善安全生产管理体系；定期组织检查整改和培训；及时修订相关管理规定；通过安全演练和安全培训，持续强化广大员工的安全理念；加强职业病防控，委托专业机构对存在职业病危害因素的作业点进行检测，组织 285 人参加职业病体检。安全生产未发生重大责任事故，连续 5 年在国机集团安全生产考核中被评为“优秀”。

3. 物流系统建设日趋成熟 物流中心通过制（修）订相关制度进一步规范管理，通过开展培训提高人员素质，通过调整供货渠道进一步降低采购成本。积极配合 NC 系统上线验证，对所用业务模块进行全面测试，参与系统优化，并编制系统二次开发建议报告。固化普通采购、工程外包、进口贸易、运输等合同模板，明显提高了合同审查工作效率和文本规范性。集中合同原件及账目管理，定期向采购员催票，有效降低了发票滞回、不回的现象。物流中心全年完成采购额 7 300 万元，相当于上年的 1.5 倍。

4. 信息化建设持续深入 一是持续优化 NC 系统，推广系统应用。用友 NC-ERP 系统是公司信息管理历史上一次性投资最大的信息化项目，经过多个阶段的组织实施，于 2015 年 6 月完成项目验收。在此期间，组织项目进展工作会 7 次，方案落实协调会 55 次，培训 27 次，将各业务环节的各管控点一一实现到系统中。二是发挥“公司智库”作用，建好新产业园区智能化工程。低压厂房通过调整技术方案，智能化工程造价从最初的 702 万元降至 498 万元。

5. 条件保障工作提升 一是完成 137 套房改房的分配工作，完成 2006 年房改房 78 户土地证办理及发放工作，完成集资房车库分配工作，对集资房装修实施有效监督管理。二是完成会议中心园林绿化工程及室内装修工程。三是做好食堂承包管理及食品安全的监管。四是做好环境绿化、卫生、离退休人员、计生、车位及租用管理等工作，全年安全供电 680 万 kW·h、供水 6 万 t。五是完成维修项目 54 项。

【企业文化与精神文明建设】

充分利用企业内刊、宣传橱窗、公司网站、OA 平台等阵地对企业文化进行全方位宣传，扩大了公司的知名度、美誉度；制作有统一 LOGO 的新信笺、笔记本；编制《公司成立 60 周年纪念册》、整理公司 60 年大事记，集中展示公司 60 年来的发展历程、荣誉成果等；组织选手参加集团“最美国机人”演讲比赛并获奖；开展警民共建、学雷锋便民服务、植树造林、无偿献血、城乡清洁、文明交通、援建西腰银桥小学相关事务及职工捐书助学工作。

开展纪念抗战胜利 70 周年系列活动，开展瞻仰三将军、八百壮士墓和参观李宗仁官邸活动，举办纪念抗战胜利 70 周年暨国庆 66 周年诗歌朗诵比赛；开展迎新春游艺活动、“三八”妇女节女职工气排球比赛、“走进产业园”徒步活动、羽毛球比赛、首届气排球联赛、趣味体育比赛等活动，助推公司事业健康发展。

【党建工作】

1. 深入开展“三严三实”教育活动，对整改落实情况进行“回头看” 开展“三严三实”问题摸底工作，收集企业亟待解决的“不严不实”问题；党委书记带头讲专题党课，指出“不严不实”在本单位的具体表现和严重危害，明确践行“三严三实”的实践要求；结合企业实际，开展“三严三实”专题学习研讨；围绕践行“三严三实”主题，召开党员领导干部年度民主生活会和组织生活会。以“三严三实”为标尺，对照教育实践活动中查摆出的问题，对照“两方案一计划”，对整改落实的进展、效果和存在问题进行全面、深入的“回头看”，巩固扩大教育实践活动成果，持续深入推进作风建设。

2. 抓好干部、人才队伍建设 一是规范干部提拔及任用管理。对领导干部进行提醒、函询和诫勉，上报“领导干部报告个人有关事项报告”30 人次，其中国机集团管理的所属企业领导班子成员报告 4 人次；关心爱护干部，注重平时教育培养。二是深入开展青年后备人才培训与培养工作，全年后备人才参加各类培训32人次，其中参加集团英才工程外训5人次，第一期后备人才培训班结业。

3．加强党的组织建设，发挥基层党组织的战斗堡垒作用 一是成立党委办公室，与综合管理部合署办公，强化党的组织机构和人员配备，保证基层党组织正常高效开展工作。二是充分发挥基层党组织的战斗堡垒作用，各基层党组织以《支部工作考核办法》为准绳，以科研生产经营为中心创造性地开展党建工作，全体党员攻坚克难，率先垂范。

4．加强党风廉政建设，确保公司持续健康发展 落实党风廉政建设责任制。按“一岗双责”要求，自觉把党风廉政建设和反腐败工作与经营管理、安全生产责任指标紧密结合，深入落实中央“八项规定”和反对“四风”工作。业务招待费与上年同比下降明显；领导干部的职务消费大大低于国机集团标准并有一定比例降低；新产业园区建设项目按规定超过100万限额的均采用招投标方式，对预决算进行内部审计或第三方审计，节约基本建设资金791.39万元。加强制度建设，从源头上防止腐败。通过废、改、立机制，制（修）订17项管理制度，内容涵盖投资、法务、行政、人力资源、科技经营、安全生产、条件保障等业务领域，建立健全一系列管理制度。开展全院范围内的“小金库”清理、业务招待费审计、“三重一大”制度执行等专项检查活动，对群众信访举报的内容及时给予核实和提醒谈话，监督领导干部权力运用和规章制度落实，规范和督促领导干部正确履职尽责，维护制度的严肃性和权威性。

2016

中国机械工业集团年鉴

CHINA NATIONAL MACHINERY INDUSTRY CORPORATION YEARBOOK

第四篇

规章制度选编

中国机械工业集团有限公司
教育培训工作管理办法

第一章 总 则

第一条 为进一步加强中国机械工业集团有限公司（以下简称国机集团）教育培训管理工作，快速适应国机集团发展战略对干部职工素质的要求，努力建设“学习型组织”，促进培训工作的科学化、规范化、制度化，特制定本办法。

第二条 本办法适用于国机集团总部组织实施的干部职工教育培训。主要培训对象包括：

1. 所属企业领导班子成员；

2. 集团人才队伍建设中“重大人才专项”选定人员；

3. 集团总部员工；

4. 根据实际需要确定的其他人员。

第二章 培训目标和要求

第三条 国机集团教育培训的目标是：根据国机集团的发展需要，有计划地提高干部职工的理论素养、思想品德与知识技能，充分发挥干部职工的潜在能力，使干部职工具备与国机集团发展相适应的素质和能力。

第四条 国机集团教育培训的原则是：组织选派与个人申请相结合；普遍提高与重点培养相结合；企业发展与人才成长相结合。

第五条 国机集团教育培训主要采用“培训+研讨”的模式进行，针对培训对象，综合利用讲授式、研究式、案例式、模拟式、体验式等方式开展教学活动，提高培训质量。

第六条 教育培训项目根据主题应安排一定比例的内训课程，由集团确定的内部讲师授课。

第七条 所属企业领导班子成员和总部处长以上干部原则上每三年应参加集团总部组织的脱产培训（含组织调训）累计不少于21天或126学时。

第三章 培训类型和方式

第八条 干部职工参加培训分为入职培训、任职培训、干部轮训和专业培训等。

1. 入职培训，是指对经招聘考试新录用进入国机集团总部人员的培训。通过培训，使新录用人员了解国机集团的工作性质、特点和规章制度，初步掌握即将从事工作所需的基本知识、工作程序和工作方法等。

2. 任职培训，是指对新任总部正副部长（主任）、处长职务，以及新进入所属企业领导班子的人员，按照职位要求进行的培训。任职培训在到职前或到职后进行，但最迟在到职后一年内完成。

3. 干部轮训，是指对集团管理干部更新知识或学习特定内容的培训。

4. 专业培训，是指根据专项工作需要，对干部职工进行的专门业务知识方面的培训，其目的是使干部职工具备拟从事的专门业务工作所需的知识、能力和工作方法，从而能够胜任专项工作。

第九条 国机集团组织培训的方式包括组织调训、项目培训、网络教育、名师讲堂、境外学习等。

1. 组织调训，是指集团组织人事部门根据工作需要从各单位选定干部送到中央党校、国家行政学院以及指定干部学院进行的培训。

2. 项目培训，是指根据人才规划和实际工作需要，由集团培训中心等职能部门按培训主题对培训对象进行集中办班的学习研讨。

3. 网络教育，是指利用互联网技术，通过学员点击集团统一组织的网上课件来完成的课程学习。

4. 名师讲堂，是指集团组织的、邀请对培训主题有独特见解和影响力的名家大师进行启发式演讲的培训。

5. 境外学习，是指集团按照国家有关规定组织学员赴境外开展的培训交流活动。

第四章　培训的职责和分工

第十条　培训中心为国机集团教育培训工作的归口管理部门，其职责是：

1. 负责制订集团公司教育培训工作规划，编制年度培训工作计划，并组织实施；

2. 负责建立集团公司教育培训体系，包括师资体系、课程体系、评估体系等，并制定相关管理制度；

3. 负责重点培训项目的具体组织实施；

4. 负责集团总部职工教育经费统筹规划和归口管理。

第十一条　人力资源部（党委组织部）作为集团管理干部的归口部门，负责干部的组织调训，参与干部轮训方案设计及组织实施工作。

第十二条　总部其他相关部门按业务分工负责培训需求的调查分析，提出培训项目，按计划组织策划和实施。

第五章　培训的组织和实施

第十三条　集团总部各部门应根据业务需要，结合年度重点工作，于每年年初提出本年度拟组织的培训项目，填写《国机集团年度培训项目申请表》（格式见附件 1），经国机集团主管领导审批后，列入年度教育培训计划，由培训中心汇总印发执行。

第十四条　纳入年度教育培训计划的项目由承办部门负责策划和实施，对外委托培训机构组织实施的项目，预算超过 10 万元人民币的，根据集团有关规定应进行招标。

第十五条　培训机构或主讲老师选定后，承办部门应积极与其沟通，组织有针对性的需求摸底，编制《国机集团培训项目实施方案》（格式见附件 2），报承办部门主管领导批准后实施。

第十六条　培训项目实施要严格按照确定的方案进行，实施过程中发现的问题要及时采取措施进行调整，保证培训效果。

第十七条　培训结束时，承办部门应组织学员填写《国机集团培训项目评估表》（格式见附件 3），对培训项目进行评估，作为下一步教育培训项目继续实施或调整的依据。

第十八条　培训项目结束后，承办部门要组织学员结合学习内容和工作实际撰写学习心得体会，并挑选比较有代表性的登入国机集团 OA 网上学习园地，供大家分享。

第十九条　培训费用报销前，承办部门要对培训项目进行总结，并形成书面报告，并会同下列资料提交培训中心进行归档。

——培训项目招投标文件及评审会议纪要；

——主管领导批准的培训方案签报（含培训方案）；

——培训合同及合同评审表；

——学员报到签字表；

——培训手册；

——教学讲义或材料；

——学员学习心得体会；

——培训项目评估表。

第二十条　集团总部员工根据年度教育培训计划参加外部培训，应根据培训通知和部门领导批示参加培训。培训结束后，提交培训工作总结或学习心得体会后方可报销。

第六章　培训的经费和审批

第二十一条　教育培训经费列入集团总部年度预算，在职工教育经费中列支。

第二十二条　列入年度教育培训计划的项目，培训费用在预算范围内的，由承办部门领导审核后，提交预算归口部门培训中心领导审批；经费超出预算的，须报请国机集团主管领导批准。

第二十三条　由集团总部统一组织、安排的国内培训，培训费从集团总部职工教育经费中支出，培训期间所发生的食宿费及差旅费由学员所在单位报销；由国机集团统一组织、安排的国外培训，费用分摊后，由学员所在单位报销。

第七章　附　则

第二十四条　国机集团所属企业的教育培训工作原则上由各企业结合本单位实际自行组织安排。所属企业可参照本办法制定相关制度并做好教育培训工作。

第二十五条　本办法自发布之日起实施。原

《中国机械工业集团有限公司教育培训管理办法》（国机人〔2013〕260 号）同时废止。

第二十六条 本办法由国机集团培训中心负责解释。

中国机械工业集团有限公司采购管理暂行办法

第一章 总 则

第一条 为规范中国机械工业集团有限公司（以下简称“国机集团”或“集团公司”）各级所属企业采购管理行为，提升国机集团采购管理水平，促进实现降本增效，维护集团公司整体利益，根据有关法律法规，结合集团公司采购管理现状，特制定本办法。

第二条 本办法适用于国机集团全资、控股子公司（以下简称“所属企业”）的采购管理工作。

第三条 国机集团采购管理工作的基本思路：

（一）管理制度化：采购计划、招标、采购过程管理、供应商管理、专家管理、合同管理等各项采购相关工作均需建立符合企业生产经营实际运行特点的管理制度，建立和完善采购管理体系。

（二）制度流程化：各项采购管理制度需完善相应的工作流程和审批流程，明确和落实各流程环节相关人员权力和责任，实现采购管理的精细化。

（二）流程信息化：通过信息化的手段，实现上述管理制度流程的上网操作，促进采购工作的公开透明、全程在案、永久追溯，逐步提升上网采购率，实现采购工作的“管理集中”。

（四）采购集约化：以集团所属二级企业为主，通过多种方式，逐步实现对同类物资 / 服务的集中采购，不断提升集中采购率，从而达到降本增效的管理目标；鼓励有条件的所属企业发展成为面向全集团范围的专项物资采购平台；鼓励各所属企业采购集团内部企业的产品和服务，促进集团内部协同。

第四条 国机集团采购管理工作的基本原则：

（一）公开、公平、公正，诚实信用的原则。

（二）合法、合规、合理，务实有效的原则。

（三）集约、受控、竞争，择优选商的原则。

（四）上网、集中、信息化，循序渐进的原则。

第二章 采购管理体系与职责

第五条 国机集团采购管理实行统一领导、分级负责、分类管理、集分结合的管理体制。

第六条 国机集团经营发展部是集团公司采购管理的统一归口部门，主要负责：

（一）贯彻落实国家有关采购管理的法律法规、国资委和国机集团采购管理工作的有关要求。

（二）制定和修订国机集团采购管理相关制度。

（三）指导国机集团所属企业采购管理工作。

（四）对所属企业采购管理工作进行监督检查和考核评价。

（五）负责国机集团范围内的采购分类编码、采购数据统计分析、供应商管理、专家管理以及集团整体的集中采购等具体采购管理事宜。

（六）协调处理国机集团范围内采购管理工作有关问题。

第七条 国机集团各所属企业应当明确本企业采购工作归口管理部门及其职能，并落实相应采购管理职责，包括：

（一）负责制定和修订本企业范围内采购管理有关制度。

（二）负责本企业采购管理工作的监督检查和考核评价。

（三）负责本企业范围内的采购管理信息化建设，推行上网采购，提升上网采购率。

（四）负责组织落实本企业范围内的集中采购、上网采购、招标管理、供应商管理、专家管理、合同管理等具体采购事宜。

（五）根据国机集团要求，完成与采购工作相关的物资/服务统计数据和相应文件材料的报送等工作。

第三章　采购管理工作范围

第八条　本办法中的采购工作包括以下范围：

（一）国机集团所属企业各类投资项目建设中所涉及的采购，包括工程项目勘察设计、工程建设及与之有关的投融资、项目前期评估咨询等各类服务，其他各类固定资产采购等。

（二）研发制造类业务所需要的各类原辅材料采购、零部件采购、外协 / 外购等。

（三）工程承包类业务的设计、设备、土建、安装以及工程所需其他服务和原材料的采购及分包等。

（四）商贸类业务的货源采购等。

（五）企业经营发展过程中所需的各类服务采购，包括社会服务、金融服务、科技服务、商业服务等。

（六）其他零星采购，如办公用品、劳保用品、耗材采购等。

第九条　采购管理的具体工作内容包括采购计划管理、采购过程（采购价格、成本、质量等）管理、招标管理、供应商管理、专家管理、合同管理、信息化建设、集中采购管理、数据统计分析及报送等。

第四章　采购管理制度建设

第十条　国机集团所属企业应当结合各自生产经营和业务实际特点，建立相应的采购计划管理制度，特别是对于实行集中采购的物资/服务，更需制订周密的采购计划，确保生产经营正常运行。

第十一条　采购过程（采购价格、成本、质量等）管理是采购管理的重要组成部分，应当结合不同类别的业务，确定选取招标（包括公开招标和邀请招标）、询价、竞争性谈判、单一来源等不同类别的采购方式，并规定每种采购方式的工作流程和审批流程，对企业常用采购方式须建立完善的内控制度，确保采购过程的公正合理、全程记录、永久追溯。

第十二条　各所属企业需建立和完善相应的招标管理制度，设置招标领导小组或类似机构，并结合相关业务类别，规范招标流程和审批流程。对按照相关法律法规和集团公司有关规定对必须进行招标的采购业务进行招标采购。

第十三条　国机集团对供应商实行分级分类管理。各级所属企业负责制定本企业范围内供应商管理制度，规定供应商的注册、审核、复审、绩效评价、不良行为处理等具体事项；下级企业可以向上级企业推荐合格供应商或提交不良供应商名单。

第十四条　国机集团对评审专家实行分级分类管理。各级所属企业负责本企业评审专家的评定、考核、不当行为处理等具体管理事项；下级企业可以向上级企业推荐优秀评审专家或举报评审专家不当行为。

第十五条　各级所属企业应在本企业范围内建立相应的采购合同管理制度，设定合同模版并原则上使用。规定合同审批流程，合同审批过程中应通过风险管控环节专项审核。各级企业要做好采购合同的归档、评价等工作，对合同实行闭环管理。

第五章　集中采购管理和信息化建设

第十六条　强调采购工作的“管理集中”，不断提升上网采购率和适当的集中采购率，是国机集团采购管理的核心工作。各所属企业要以此为中心，结合现有条件，建设和完善采购管理信息系统，实现采购管理工作的集约管控、全程记录、永久追溯。上网采购率、集中采购率、公开采购率定义分别为：

（一）上网采购率

凡是通过集团总部或集团所属二级企业采购管理信息系统（包括经过集团二级所属企业认可、并报集团公司备案的、具有采购管理功能模块的业务管理系统）完成的采购，以及通过公用、大型电子商务平台完成的采购，能够实现采购业

务流程的公开透明、全程受控、永久追溯的采购工作任务，均视为上网采购。

$$某所属企业上网采购率=\frac{上网采购总金额}{同期采购总金额}\times 100\%$$

（二）集中采购率

集中采购强调采购管理集中，分为以下三类：

1. 由集团公司总部统一组织的集中采购；

2. 由集团所属二级企业统一组织的集中采购；

3. 符合前述公开透明、全程受控、永久追溯的原则，能够实现采购管理的集中，采购业务流程规范，采购资料记录完备，经集团二级所属企业认可，并报集团公司备案的采购。

上述三项采购金额之和为集中采购金额。

$$某企业集中采购率=\frac{集中采购金额}{同期采购总金额}\times 100\%$$

除上述集中采购以外的其他采购行为，视为自行采购。

（三）公开采购率

凡采购人以采购公告方式，邀请不特定的潜在供应商参与采购项目的方式，均为公开采购，具体包括：

1. 公开招标；

2. 通过集团公司通采平台对外发布的采购公告；

3. 通过企业自有的、对注册供应商公开的采购管理信息系统对外发布的采购公告。

$$某所属企业公开采购率=\frac{公开采购总金额}{同期采购总金额}\times 100\%$$

第十七条 经国家有关法律法规认定的涉密采购工作任务，依据有关涉密规定办理，经企业正式认定且集团公司认可的商业秘密所涉及的采购工作任务，可在一定范围内公开，并通过适当方式保护商业秘密。

第六章 采购管理工作统计报告

第十八条 国机集团将建立统一的采购分类编码框架规则，各所属企业采购管理信息化建设中的具体编码既可以依据集团公司的编码规则建立，也可自行建立，但须与集团公司统一采购分类编码建立相应的映射关系，以保障有关采购数据的统计、报送与分析。

第十九条 各所属企业需加强对各自采购管理信息数据的统计分析，形成逐级统一汇总上报制度；并按照集团公司的统一要求，按时报送相应的采购管理数据材料。同时确保统计数据的完整、准确、真实。

第二十条 所属企业应当将采购管理工作计划、重大举措、取得的成效等，以定期报告的形式报送集团公司经营发展部。

第七章 采购管理的考核与奖惩

第二十一条 国机集团将所属企业采购管理工作纳入企业负责人经营业绩考核体系，作为对所属企业负责人经营业绩考核的重要内容，按照年度进行考核。主要考核指标包括上网采购率、集中采购率、公开采购率、企业管理制度建设等，具体考核内容及考核办法另行制定。

第八章 附 则

第二十二条 本办法由国机集团经营发展部负责解释，自发布之日起施行。

中国机械工业集团有限公司
采购管理考核监督暂行办法

第一章 总 则

第一条 为落实《中国机械工业集团有限公司采购管理暂行办法》（以下简称《采购管理办法》），依据《中国机械工业集团有限公司全资、控股企业主要负责人经营业绩考核暂行办法》（国机经〔2015〕140号）相关规定，督促所属企业不断改进和提升采购管理水平，促进实现降本增效，建立有效的激励约束机制，特制定本办法。

第二条　本办法是中国机械工业集团有限公司（以下简称“国机集团”或“集团公司”）考核评价、监督检查所属企业采购管理工作的主要依据，本办法适用于国机集团各级全资、控股子公司（以下简称“所属企业”）。

第三条　国机集团采购管理的考核监督工作在国机集团统一领导下，由国机集团经营发展部具体负责组织实施。

第二章　考核监督的基本原则

第四条　国机集团对所属企业采购管理工作实行统一考核、分类指导、重点监管、动态监控的原则：

（一）所属企业全部统一纳入考核评价体系。

（二）按照所属企业的业务特点分类，在具体的集采管理、上网采购、数据统计报送等方面，有针对性进行监督检查和考核评价。

（三）对于业务量大、采购额高及对集团公司整体采购管理工作情况有重要影响的企业实行重点监管。

（四）主要考核指标值，包括上网采购率、集中采购率和公开采购率以及国资委确定的其他相应指标的具体考核数值，将依据国资委相关要求，结合企业现有工作基础、信息化建设进程和业务发展需要，有针对性地进行动态调整和监控。

第三章　考核监督的主要内容

第五条　考核监督主要包括管理类指标和量化类指标两大类。

（一）管理类指标包括采购管理体制、机制建设，以及向集团公司报送数据统计材料的准确、及时、完备性等。

（二）量化类指标包括三项：上网采购率、集中采购率、公开采购率。

第六条　考核评价主要内容。

（一）采购管理体制（10分）

1. 采购管理是否对企业全体范围内的各类采购事项全面覆盖（5分）（参见《采购管理办法》）第八条）；

2. 对于各类采购工作，有无明确的采购管理主管领导，以及相应的采购责任管理部门（3分）；

3. 是否设立招标领导小组或类似机构，统一领导招标工作（2分）。

（二）采购管理机制（20分）

1. 建立完备的采购管理制度体系，在采购计划、采购过程（采购价格、成本、质量等）、招标管理、供应商管理、专家管理、合同管理等方面均有相应的管理制度和规范的采购审批流程，纪检、审计等部门介入采购管理流程并起到监督作用（8分）；

2. 采购管理流程通过信息化系统实现全程受控、公开透明，相关采购管理制度实现流程化、信息化。采购部门与需求、生产建设、使用等相关单位有效协同，形成相互制衡、相互协调的工作机制。采购方式充分引入竞争，采购行为依法合规（8分）；

3. 建立完善的采购管理考核机制，有可量化的考核目标值，明确相关人员的考核目标责任，并与相关部门及个人绩效相挂钩（4分）。

（三）上网采购率、集中采购率、公开采购率（60分）

1. 上网采购率，基本分20分，某所属企业上网采购率得分为

$$\frac{\text{企业年度实际上网采购率}}{\text{同期集团公司下达的上网采购率目标值}}\times 20\text{（分）}$$

2. 集中采购率，基本分20分，某所属企业集中采购率得分为

$$\frac{\text{企业年度实际集中采购率}}{\text{同期集团公司下达的集中采购率目标值}}\times 20\text{（分）}$$

3. 公开采购率，基本分20分，某所属企业公开采购率得分为

$$\frac{\text{企业年度实际公开采购率}}{\text{同期集团公司下达的公开采购率目标值}}\times 20\text{（分）}$$

（四）向集团公司报送数据材料（10分）

按照集团公司的统一要求，按期报送采购管理工作计划、工作总结，以及各项采购物资、服务情况等，并保证数据的准确性、完备性（10分）。

第四章　考核监督方法

第七条　集团公司将通过现场调研、监督、对所属企业报送材料进行抽查等方式，督促所属企业不断提升采购管理水平，促进降本增效。检

查内容包括上述管理体制、机制，各项规章制度建设及执行、信息化建设、上网采购和集中采购等有关情况。

第八条 集团公司还将组织所属企业相互学习和经验交流，取长补短，促进共同提高。

第九条 集团公司将通过年度考核的方式，按照前述内容对所属企业采购管理工作进行考核评价，考核评价结果将在国机集团内发布，对优秀企业给予表彰，对不合格企业进行通报。

第十条 所属企业采购管理年度考核评价结果分为如下等级：

A 级：90 分（含，下同）以上；

B 级：80 ～ 89 分；

C 级：60 ～ 79 分；

D 级：59 分以下。

第五章 考核评价程序

第十一条 所属企业年度采购管理工作考核按照下列程序进行：

（一）每年度初，集团公司根据各所属企业采购管理工作实际水平和不同业务类别，结合国资委和集团公司有关采购管理工作的要求，按照同一类别、同一尺度的原则，确定所属企业的上网采购率、集中采购率和公开采购率考核目标值，并以正式通知或者《采购管理目标责任书》的形式下达。

（二）每年度结束，各所属企业要在上报集团公司采购管理相关数据、报告材料的基础上，对上网采购率、集中采购率和公开采购率考核目标值完成情况，管理目标完成情况进行总结分析，形成《采购管理总结分析报告》，并将报告报送国机集团经营发展部。

（三）国机集团组成采购管理考核评价工作组，通过审核所属企业《采购管理总结分析报告》，结合日常管理过程中的现场监督检查等结果，按照计分标准，对所属企业考核评价。

第六章 奖惩措施

第十二条 采购管理考核评价等级与所属企业负责人经营业绩考核挂钩：

考核评价结果达到 A 级，在经营业绩考核中给予加分 3 分；达到 B 级，在经营业绩考核中给予加分 2 分；达到 C 级，经营业绩考核中不加分，不扣分；考核评价结果为 D 级的，在经营业绩考核中扣减 2 分。

第十三条 采购管理工作相关数据材料严重不实，弄虚作假的，采购管理考核结果直接按 D 级处理。

第七章 附 则

第十四条 本办法由国机集团经营发展部负责解释，自 2016 年 1 月 1 日起施行。

中国机械工业集团有限公司
工程类项目非实体经营管理办法

第一章 总 则

第一条 工程类非实体经营是指利用和发挥集团公司整体优势，以集团名义或集团所属企业与集团组建联合体对外承揽工程项目的经营活动。

第二条 集团总部经营发展部负责非实体经营业务的组织、协调、管理和监督。

第二章 业务范围和经营模式

第三条 工程类非实体经营业务的范围：大型成套机电设备出口和对外工程承包业务，包括 BOO、BOT 等投资类工程业务；工业园区及区域性开发项目、依托对外工程承包优势的自然资源投资开发业务等。

第四条 工程类非实体经营业务的实施主体为集团所属企业，由集团与实施主体共同开发，由实施主体企业承包经营、自负盈亏。集团对非实体经营项目进程全过程监控，并根据项目情况委派咨询监理，监督项目的执行。

第三章 项目的立项管理

第五条 集团总部经营发展部将根据企业上报的项目情况，对项目进行综合分析和筛选，对具备条件的项目填写项目立项表，由集团主管领导审批立项。

第六条 项目立项审批通过后，集团经营发展部书面通知并允许相关企业人员以集团名义继续跟踪项目。各相关企业应对项目进展情况及时与集团经营发展部沟通，对重要、重大事项须经集团同意并认可工作方案后企业方可实施。

第四章 项目的评审管理

第七条 工程类非实体经营项目应在发出或签订任何具有法律约束力的承诺前进行严格的评审以防范和掌控风险。评审工作在所属企业和集团总部两个层级进行，所属企业要认真负责地对纳入非实体经营业务的项目进行评审并提交评审报告，在此基础上，集团总部再进行评审，必要时也可进行联合评审。

第八条 评审分为项目投标报价评审、项目签约评审及项目生效评审。原则上所有项目都要进行投标报价评审和签约评审。项目签约后，业主、价格、资金等情况发生重大变动及国际政治、经济环境发生重大变化或者签约超过 6 个月仍无法生效的，在开立预付款保函、履约保函或办理其他关键生效事项前须进行项目生效评审。项目生效后，在执行过程中如遇价格、主要技术要求、工期等重大变更的，须视同新的签约，在签署变更文件之前，按签约评审要求办理变更评审。

第九条 集团总部的评审由经营发展部、法律事务部、资产财务部和项目专家组成的评审组进行评审，形成统一评审意见后报集团主管领导审批。涉及投资的非实体经营项目，集团资本运营部参加项目相关评审。

第五章 项目的签约管理

第十条 项目评审通过后，由集团公司法定代表人授权，由集团总部人员或相关所属企业人员签署非实体经营项目对外合同或变更 / 补充合同。

第十一条 根据工程类非实体经营项目的实际需要，非实体经营项目合同的各种保函需要集团开具的，由集团资产财务部负责按照集团相关规定办理。

第六章 项目的执行管理

第十二条 项目执行实行项目经理负责制。由集团和相关企业共同组建集团名义的项目部，采用国际通行的项目管理技术和方法对非实体经营项目进行管理。项目经理、副经理、现场经理、总工程师等项目重要岗位人员，由相关所属企业提出人选，经集团公司审查，由集团公司主管领导批准任命。财务经理由相关所属企业或资产财务部提出人选，由集团公司主管领导和总会计师批准任命。为加强项目队伍建设，项目人员可由集团从各子公司抽调。

第十三条 对外已签约的工程类非实体经营项目，由相关企业提交项目策划书，对项目的执行进行整体策划。项目策划书的内容包括项目的基本情况、项目机构设置、进度计划、现金流计划、质量、安全、验收要求、主要分包商的选择、风险分析和控制措施、成本效益分析与控制等实施方案。策划书由所属企业领导审查批准后提交集团经营发展部，由集团经营发展部报集团公司主管领导核准。

第十四条 在项目策划书的基础上，集团与相关企业共同确定并签署项目执行合同，明确规定相关企业的责任、权利、义务、价格、资金使用、支付方式等。

第十五条 集团可根据项目情况，签订咨询监理合同，向项目派出监理，参与项目管理。

第十六条 参与工程类非实体经营业务的相关企业要认真负责地开展工作，建立健全相应的规章制度，支持项目经理开展工作。

第十七条 各相关企业按照自身对海外工程项目的管理制度对非实体项目进行日常的监督管

理，相关所属企业主要领导对非实体经营项目工作总体负责。

第十八条 集团总部对非实体项目进行全过程监控。非实体经营项目纳入国机集团政策性海外工程项目管理范围，依据《国机集团政策性海外工程项目管理办法》进行监控管理。

第十九条 根据项目业务情况，需要在海外设立项目办事机构的，以负责项目承包执行的相关所属企业为主设立并管理，在集团公司授权范围内以集团名义开展工作。

第二十条 非实体项目的项目机构要按月及时提交项目月报及集团要求的其他文件，并随时对项目执行过程中的重大事件进行报告。

第七章 利润与薪酬奖励

第二十一条 非实体经营项目的利润原则上按一定比例以总包形式在集团公司与所属企业之间分配。具体的管理费和利润提取金额、提取方法及资金的拨付方法在集团与所属企业的项目执行协议中进行规定。

第二十二条 项目人员的薪酬奖励依据非实体经营项目执行的主体企业的薪酬奖励办法实施，承担项目总包责任的主体企业在核定奖励时，以整个项目总体利润为奖励计算基数，以确保项目团队的积极性和主动性。

第八章 项目完工管理

第二十三条 非实体项目完工后，项目团队要向集团经营发展部提交项目总结及相关文件。由集团审计部进行项目竣工审计。

第二十四条 非实体经营项目的项目文件要在项目完工后，按照集团经营发展部的要求，由所属企业的项目团队负责整体提交集团存档。

第九章 附 则

第二十五条 本实施细则自发布之日起开始执行，由集团经营发展部负责解释。

中国机械工业集团有限公司
政策性融资海外工程项目监督管理办法
（试行）

第一章 总 则

第一条 为了进一步加强集团公司对所属企业参与执行的政策性融资海外工程项目的管理，对此类项目从签约到执行过程中的实施情况进行及时有效监控，更好地防范风险，特制订本办法。

第二条 政策性融资海外工程项目是指采用我国政府及政策性金融机构或基金等进行融资实施的海外工程项目及在对外关系中具有重大意义的海外融资工程项目。

第三条 政策性融资海外工程项目的归口管理部门在集团经营发展部。

第二章 报告制度

第四条 集团公司所属企业应将政策性融资海外工程项目的相关材料按照本办法第五条、第六条的规定从签约之日起按不同的进展阶段，分别在每年1月、4月、7月、10月的第 周报送集团经营发展部。

第五条 对处于已签约待生效阶段或已生效执行阶段的政策性融资海外工程项目所属企业要分别按附表1、附表2填报。

第六条 对已生效执行的政策性融资海外工程项目除填报附表2外，所属企业还须同时报送项目执行情况的文字报告，重点内容包括项目进展的全面情况，特别是质量、进度、安全和分包商管理等方面的有关内容。

第三章　监督检查与整改落实

第七条　各企业要重视本企业政策性融资海外工程项目的管理，对此类项目所附加的特殊风险要采取更加严格的防控措施。在企业内部形成严密的机制和制度，并定期开展自查和及时整改工作，特别在质量、进度、安全和分包商管理等方面。要明确责任人，及时化解、整改和消除风险隐患，不积累重大、敏感问题，不留问题“死角”。

第八条　集团公司对集团所属企业的政策性融资海外工程项目采取日常报备监管与巡视检查相结合的方式进行监督。集团总部将对重点项目组织专家进行走访、检查，形成季度巡检报告，反馈整改意见。

第九条　对专家组发现问题的项目，由集团总部发出提醒函，各企业要根据专家意见进行整改，并将整改方案和整改情况及时报集团经营发展部。

第十条　集团经营发展部负责监督整改措施的落实情况，并对项目进展进行动态监控，并在项目整改落实后，由集团经营发展部及专家组对整改情况做出评价报告。

第四章　处罚措施

第十一条　对于出现较大风险、整改效果不好或整改措施不力的企业，特别是对引起我驻外使（领）馆关注，并向国内政府机构反映问题的项目，集团将以正式约谈相关企业主要负责人的方式进行问责。如整改仍不见成效的，集团将书面通报，并向集团总经理办公会报告，根据集团总经理办公会的决定做出处罚决定，并追究企业主要负责人的责任。

第十二条　对于发生重大风险和损失，处理不力或失职的企业，集团公司将对企业主要负责人给予更为严厉的问责、通报批评、警告直至撤职。

第五章　附　则

第十三条　本办法由集团经营发展部负责解释。

第十四条　本办法自颁布之日起实施。

中国机械工业集团有限公司安全生产管理办法
（2015 年修订）

第一章　总　则

第一条　为深入贯彻落实科学发展观，坚持以人为本，牢固树立安全发展的理念，坚持“安全第一、预防为主、综合治理”的方针，坚持依法依规生产经营，进一步加强中国机械工业集团有限公司（以下简称国机集团）安全生产工作，履行国有资产出资人安全生产监管职责，落实企业安全生产主体责任，规范安全生产管理，健全规章制度，改善安全生产条件，推进安全生产标准化建设，夯实安全生产基础，建立安全生产长效机制，提高安全生产水平，预防和减少生产安全事故，保障集团职工和社会公众生命财产安全，结合国机集团生产经营特点，制定本办法。

本办法的制订依据下列国家法律法规：《中华人民共和国安全生产法》（主席令第十三号）、《中华人民共和国职业病防治法 》（主席令第五十二号）、《国务院关于进一步加强企业安全生产工作的通知》（国发〔2010〕23 号）、《企业安全生产责任体系五落实五到位规定》（安监总办〔2015〕27 号）、《中央企业安全生产监督管理暂行办法》（国资委令第 21 号）、《中央企业安全生产禁令》（国资委令第 24 号）、《国务院安委会关于深入开展企业安全生产标准化建设的指导意见》（安委〔2011〕4 号）、《中央企业应急管理暂行办法》（国资委令第 31 号）、

《境外中资企业机构和人员安全管理规定》（商合发〔2010〕313 号）、《企业安全生产费用提取和使用管理办法》（财企〔2012〕16 号）、《关于开展重大危险源监督管理工作的指导意见》（安监管协调字〔2004〕56 号）、《危险化学品重大危险源监督管理暂行规定》（国家安全监管总局令第 40 号）、《安全生产事故隐患排查治理暂行规定》（国家安全监管总局令第 16 号）、《国务院安委会办公室关于大力推进安全生产文化建设的指导意见》（安委办〔2012〕34 号）、《关于开展安全文化建设示范企业创建活动的指导意见》（安监总政法〔2010〕5 号）、《生产安全事故应急预案管理办法》（国家安全监管总局令第 17 号）、《生产安全事故信息报告和处置办法》（国家安全监管总局令第 21 号）等。

第二条 本办法适用于国机集团所属全部独资和控股公司、院、所（以下统称所属企业）。

第三条 所属企业依法接受所在地安全生产监督管理部门的监督管理。国机集团按照国有资产出资人的职责，对所属企业的安全生产工作履行以下监管职责：

1. 要求、指导和督促所属企业贯彻落实国家安全生产方针政策及有关法律法规、标准等。

2. 与所属企业总经理和党委书记签订《安全生产责任书》，督促所属企业落实安全生产责任制、做到安全生产责任体系五落实五到位，对企业安全生产责任目标的完成情况予以监督和考核。

3. 要求、指导和督促所属企业建立健全安全生产管理体系，包括组织体系、制度体系、责任体系、诚信体系、风险控制体系、教育和培训体系、监督保证体系等。

4. 要求、指导和督促所属企业健全完善严格的企业安全生产规章制度和操作规程，坚持不安全不生产。

5. 组织开展对所属企业安全生产检查、督查和互查，督促企业落实各项安全防范和隐患治理措施；确保必要的安全生产投入。

6. 组织对所属企业主要负责人、分管安全生产工作负责人、安全生产管理人员进行安全生产培训和交流。

7. 组织所属企业制定并实施本企业生产安全事故及境外突发事件应急预案。监督所属企业及时、如实报告生产安全事故及境外突发事件；参与所属企业较大及以上事故的调查，负责监督落实事故责任追究的有关规定。

8. 按照国家有关部门要求，发布境外预警通知。

9. 督促所属企业做好统筹规划，把安全生产纳入中长期发展规划，保障职工健康与安全，切实履行社会责任。

10. 督促存在职业危害的所属企业建立、健全职业病防治责任制，加强对职业病防治的管理，提高职业病防治水平，为职工创造符合国家职业卫生标准和卫生要求的工作环境和条件，并采取措施保障职工获得职业卫生保护。

11. 引导所属企业开展安全文化建设示范(标杆)企业创建活动，促进企业落实安全生产主体责任、提高全员安全意识和防范技能，提高预防安全事故事件、控制安全风险的能力。

第四条 国机集团对所属企业安全生产按主营业务（工程承包、生产制造及其他）进行管理，同时依据安全生产风险程度、企业经营规模和在职职工人数等为标准，对所属企业分类（见附件一），并实行动态管理，每两年调整一次。

第二章 安全生产工作责任

第五条 所属企业是本企业安全生产的责任主体，必须贯彻落实国家安全生产方针政策及有关法律法规、标准，必须落实“党政同责”要求，董事长、党组织书记、总经理对本企业安全生产工作共同承担领导责任；必须落实安全生产“一岗双责”，所有领导班子成员对分管范围内安全生产工作承担相应职责；必须落实安全生产组织领导机构，成立安全生产委员会，由董事长或总经理担任主任；必须落实安全管理力量，依法设置安全生产管理机构，配齐配强注册安全工程师等专业安全管理人员；必须落实安全生产报告制度，定期向董事会、业绩考核部门报告安全生产情况，并向社会公示；必须做到安全责任到位、安全投入到位、安全培训到位、安全管理到位、应急救援到位。要按照企业安全生产责任体系“五落实五到位”的规定，逐级建立健全安全生产责任制，逐级建立健全安全生产双向承诺制度。安全生产责任制应当明确各岗位的责任人员、责任范围和考核标准等内容。所属企业应当建立相应的机制，加强对安全生产责任制落实情况的监督考核，保证安全生产责任制的落实。

第六条 所属企业应当按照以下规定建立以企业主要负责人为核心的安全生产领导负责制。

1. 企业主要负责人是本企业安全生产第一责任人，对本企业安全生产工作负总责，应当全面履行《中华人民共和国安全生产法》等法律规定的职责。

2. 企业分管安全生产工作的负责人对本企业安全生产工作负综合管理领导责任，负责协助主要负责人落实各项安全生产法律法规、标准，统筹协调和综合管理本企业安全生产工作。

3. 企业分管生产的负责人对本企业安全生产工作负重要领导责任，负责统筹组织本企业生产过程中各项安全生产制度和措施的落实，完善安全生产条件。

4. 企业其他负责人对其分管范围内的安全生产工作负领导责任，负责按照分工抓好分管范围内的安全生产工作。

第七条 所属企业应按以下要求建立健全本企业安全生产组织机构并明确具体工作职责，包括：

1. 安全生产工作领导机构。负责统一领导本企业的安全生产工作，研究决策本企业安全生产重大事项。该领导机构负责人由企业主要负责人担任，其成员应包括工会组织代表。该领导机构应当建立工作制度和例会制度。

2. 安全生产工作监督管理机构。负责本企业安全生产工作的日常综合管理和监督，并对其他部门安全生产管理工作进行综合协调和监督。第一类企业应设置安全生产总监；第一类和第二类企业应设置独立的安全生产管理部门。

3. 安全生产应急指挥机构。负责指挥和组织生产安全事故及突发事件的应急处置。应急指挥机构总指挥由企业主要负责人或分管安全生产工作的负责人担任。

第八条 所属企业应当明确本企业各职能部门的具体安全生产管理职责，各职能部门应当将安全生产管理职责具体分解落实到相应岗位。

第九条 所属企业专（兼）职安全生产管理人员的任职资格和配备数量，应当符合国家和行业有关规定；国家和行业没有明确规定的，应当根据本企业生产经营内容和性质、管理范围、管理跨度等因素自行配齐配足。安全监管等级为第一类至第四类企业应当配备专职安全生产管理人员，其中，第一类和第二类企业专职安全生产管理人员应不少于 2 人。

所属企业安全生产管理部门工作人员应当在 2016 年底前达到以注册安全工程师为主体，其中第一、二、三、四类企业安全生产管理岗位人员应取得注册安全工程师资格。所属企业应鼓励和支持各级安全生产管理人员通过培训取得注册安全工程师资格，提高安全管理人员素质。

第十条 所属企业工会依法对本企业安全生产、职业健康和劳动保护工作进行民主监督，维护职工合法权益，有权对建设项目“三同时”（安全设施和职业病防护设施与主体工程同时设计、同时施工、同时投入生产和使用）情况进行监督，提出意见。

第十一条 所属企业应当对其独资及控股企业（包括境外企业）、国机集团委托其进行管理的企业（以下简称托管企业）履行如下安全生产监督管理责任，包括：

1. 监督管理独资及控股企业、托管企业安全生产条件具备情况；安全生产监督管理组织机构设置情况；安全生产责任制建立及落实情况；安全生产规章制度和操作规程制定及执行情况；安全生产教育和培训情况；安全生产投入、检查和隐患排查治理情况；安全生产应急管理情况；及时、如实报告安全事故事件情况。

2. 对境内独资和控股企业以及托管企业，应当将其纳入本企业安全生产管理体系，对其项目建设、收购、并购、转让、运行、停产等影响安全生产的重大事项实行报批制度，严格安全生产的检查、考核、奖惩和责任追究。

3. 对境外独资和控股企业、境外工程承包项目、办事处等境外机构的安全生产工作负有直接管理责任，应当按照境外机构所在国有关要求对境外企业安全生产风险进行评估，保证为境外机构提供必需的安全投入，并与境外机构签订安全生产责任书，履行安全生产监管职责，并为派出人员办理意外伤害保险。

对于在香港特别行政区、澳门特别行政区和台湾地区境外机构，参照上述方式进行管理。

第十二条 所属企业对其境内外总承包项目的安全生产工作负有总包管理责任，应将总承包项目纳入本企业安全生产管理体系，并负责监督、指导、检查分包方的安全管理工作。境外工程总承包企业，应对分包单位境外安全教育和培训工作负总责。

第三章 安全生产工作内容

第十三条 所属企业应制定中长期安全生产发展规划，并将其纳入本企业总体发展战略规划，实现安全生产和企业发展的同步规划、同步实施和同步发展。

第十四条 所属企业应按照国家有关法律、法规的规定和集团公司有关要求在本企业开展以下安全生产基础性工作：

1. 具备国家有关法律、法规和国家及行业标准规定的安全生产条件，依法取得相关的生产经营资格、安全生产许可和安全管理体系认证等。

2. 结合本企业行业特点和实际情况，逐级建立健全安全生产责任制，覆盖本企业全体员工和岗位、全部生产和管理过程，落实安全生产“一岗双责”制度。

3. 按照本办法第七条规定建立健全本企业安全生产组织机构，并按照国家、行业和集团公司有关要求配备专（兼）职安全生产管理人员。企业主要负责人、分管安全生产负责人、安全生产总监和其他安全生产管理人员应当接受安全培训，取得相应的培训合格证书，具备与本企业所从事的生产经营活动相适应的安全生产知识和管理能力。

4. 建立安全生产管理规章、制度、标准、规范等。包括（不限于）：

（1）基本规章制度：

● 安全生产责任制度。

● 安全生产会议制度。

● 安全生产考核奖惩制度。

● 安全生产检查制度。

● 安全生产投入制度。

● 安全生产教育培训制度。

● 安全生产事故隐患排查治理和建档监控制度。

● 重大危险源管理和监控制度（如涉及）。

● 有限空间作业安全管理制度（如涉及）。

● 新建、改建、扩建项目“三同时”制度。

● 建设项目职业卫生“三同时”管理制度。

● 消防、安保管理制度。

● 交通安全管理制度。

● 生产安全事故应急预案管理制度。

● 相关方安全管理制度。

● 领导干部值班制度。

● 生产安全事故及突发事件报告和调查处理制度。

● 安全生产档案管理制度。

● 下属全资及控股企业、托管企业安全生产管理制度（如涉及）。

● 工作场所职业健康管理制度（如涉及）。

● 派出人员行为守则（如涉及）。

（2）工程总承包企业还应建立：

● 工程总承包项目安全生产管理办法。

● 安全防护用品配备管理办法。

● 工程现场车辆安全管理办法。

（3）生产制造企业还应建立：

● 安全生产五同时管理制度。

● 安全技术措施项目管理规定。

● 职业病防治管理办法（如涉及）。

● 特种设备安全管理办法。

● 易燃易爆、危险化学品管理办法（如涉及）。

● 班组安全管理办法。

● 特种作业人员管理办法。

● 安全防护用品配备管理办法。

● 厂内车辆安全管理办法。

5. 工程总承包企业应建立并持续改进职业健康安全管理体系。生产制造等工贸行业（领域）企业、建筑施工企业应全面开展安全生产标准化建设，并按照国家时限要求，通过达标认证工作。

6. 所属企业应健全完善安全生产应急管理体系，包括：应急管理组织体系、应急预案体系、应急管理制度体系、应急培训演练体系、应急队伍建设体系、应急保障体系等。加强应急预案的编制、评审和培训，定期进行演练，特别是重大危险源专项应急预案和现场处置方案的演练，加强应急救援队伍的建设、应急物资和装备的落实，提高有效应对各类生产安全事故和突发事件的应急管理能力。

应急预案应全面覆盖本企业生产经营活动所涉及到的生产安全事故和突发事件，形成综合应急预案、专项应急预案和现场处置方案预案体系，并与当地政府应急预案以及国机集团的相关应急预案保持衔接。

企业应建立完善安全生产动态监控及预警预

报体系。发现事故征兆要立即发布预警信息，落实防范和应急处置措施。

7. 所属企业应按照规定提取和使用安全生产费用，保证满足安全生产条件所必须的资金投入，保证安全生产投入的有效实施。其中，建设工程施工、机械制造、交通运输等企业应按照国家和行业有关规定标准，足额提取安全生产费用并在成本中列支，专门用于完善和改进企业或者项目安全生产条件的资金。工程总承包企业应严格执行国家和行业安全投入规定，足额支付安全生产费用并监督施工分包方的安全生产费用投入。

8. 所属企业应依照法律法规要求，严格遵守国家职业卫生标准，落实职业病预防措施，从源头上控制和消除职业病危害。

9. 所属企业应切实加强企业安全文化建设，促进企业安全管理工作规范化、制度化和科学化，推动企业安全生产主体责任落实到位，夯实安全生产基层基础工作。逐步实现以文化促管理，以管理促安全，以安全促发展，打造本质安全型企业，实现安全发展、和谐发展。

第十五条 所属企业应开展以下日常性工作：

1. 根据国家、行业和国机集团有关部署要求，结合本企业实际情况，制定年度安全生产工作计划，确定本年度安全生产工作目标和具体措施。

2. 根据安全生产工作计划，制订年度安全生产投入计划，明确费用投入的项目内容、额度、完成时限、责任部门和责任人等。

年度安全生产投入预算应涵盖安全生产条件提高与改善、安全设施和设备、安全生产检查及隐患排查治理、安全生产宣传教育和培训、劳动防护用品、安全会议、应急救援器材和物资、安全生产奖励以及其他安全生产工作所需费用。

对于年度安全生产投入预算，应组织有效地实施和检查，并在年终工作总结中对投入情况和实施效果进行总结。

3. 定期召开安全生产工作会议，研究本企业安全生产重大事项，部署安全生产工作。

4. 根据年度安全生产工作目标，逐级签订安全生产责任书，将安全生产工作目标和责任层层分解到所有下属企业、部门、岗位和个人。

5. 对与本企业生产经营活动相关的生产经营资格、安全生产许可和专业管理体系进行检查审验，确保合格有效。

6. 对安全生产组织机构设置、职责分工、人员配备情况进行检查，并根据实际情况及时进行调整，保证安全生产工作有效开展。

7. 按照国家和行业有关规定，结合本企业工作实际需要，及时为本企业从业人员和相关人员办理工伤社会保险、意外伤害保险等安全保险。定期安排有毒有害工种人员，进行职业病检查。

8. 每年对危险源进行动态辨识和风险评估，并实行分级监控。如涉及重大危险源，应按照《关于开展重大危险源监督管理工作的指导意见》等国家及行业要求登记建档，进行定期检测、评估、监控，并制定应急预案，告知从业人员和相关人员在紧急情况下应当采取的应急措施。

企业应当按照国家有关规定将本企业重大危险源及有关安全措施、应急措施报有关地方政府安全生产监督管理部门和有关部门备案。

9. 检查本企业的安全生产状况和职业卫生状况，加强对生产现场和存在职业病危害场所的监督检查。严禁超能力、超强度、超定员组织生产；制止和纠正违章指挥、强令冒险作业、违反操作规程的行为；严禁违反程序擅自压缩工期、改变技术方案和工艺流程；严禁使用未经检验合格、无安全保障的特种设备。经常性开展安全隐患排查，提出改进安全生产管理的建议；对排查出的事故隐患，要立即组织整改；其中对于重大事故隐患，应视具体情况可采取全部或局部停产停业，并应立即制定整改方案，切实做到整改措施、责任、资金、时限和预案“五到位”。建立以安全生产专业人员为主导的隐患整改效果评价制度，确保整改到位。在事故隐患治理过程中，应当采取相应的安全防范措施，防止事故发生。

10. 对从业人员进行安全生产教育和培训，保证从业人员具备必要的安全生产知识，熟悉有关安全生产规章制度和安全操作规程，掌握本岗位的安全操作技能，了解事故应急处理措施，知悉自身在安全生产方面的权利和义务。未经安全生产教育和培训合格的从业人员，不得上岗作业。

企业特种作业人员必须按照国家有关规定经专门的安全作业培训，取得相应资格，确保持证上岗。

企业使用被派遣劳动者的，应当将被派遣劳动者纳入本企业从业人员统一管理，对被派遣劳动者进行岗位安全操作规程和安全操作技能的教育和培训。

对派出人员在出国前应进行必要的安全生产知识、技能、派往国法律法规、风俗习惯和应急处置等方面培训。未经安全培训的人员一律不得派出。

企业应当建立安全生产教育和培训档案，如实记录安全生产教育和培训的时间、内容、参加人员以及考核结果等情况。

11. 加强对与本企业生产经营活动相关的自然灾害、公共卫生、公共安全以及境外相关情况的跟踪和监控，按照有关政府部门和国机集团的要求或根据本企业工作实际需要，及时发布预警信息，制定相应的预防措施和应急预案，防止和减少突发事件对生产经营活动以及职工健康安全造成不利影响。

在国家重大活动、重要节假日期间，应提前对安全生产有关工作做妥善安排，由领导干部带班值班。

12. 发生生产安全事故或突发事件，应立即启动相应应急预案，采取有效措施，组织抢救，防止事故（事件）扩大，减少人员伤亡和财产损失，并按有关规定及时向相关部门和国机集团进行报告；境外机构发生安全事故或突发事件，应立即向我驻外使领馆报告，在使领馆指导下妥善处置。在应急处置工作结束后，应按照“四不放过”原则对事故或事件进行调查处理，并及时总结经验教训，采取针对性措施，预防同类事故或事件的发生。生产安全事故及突发事件的调查处理结果应及时报国机集团备案。

13. 所属企业应自觉接受工会和职工对事故防范和整改措施落实情况等进行监督，鼓励职工对生产安全事故隐患、违反安全生产和职业病防治法律法规、侵犯员工合法权益、违章指挥、冒险作业等行为进行监督和举报，并对有关举报进行认真受理和调查处理。对发现、排除和举报事故隐患的有功人员，应当给予一定的物质奖励和表彰。

14. 所属企业应认真履行本办法第十一条规定的职责，结合实际情况并参照本办法有关内容，加强对下属企业安全生产工作的监督管理和检查，并对下属企业进行安全生产工作业绩考核和奖惩。

15. 在项目、场所、设备发包或者出租等涉及外部单位或个人的生产经营活动中，必须加强对承包方和承租方营业范围、专业资质、安全资格和专业技能的审查，不得将项目、场所、设备发包或出租给不具备安全生产条件或者相应资质的单位或者个人，并应通过与承包、承租单位或者个人签订专门的安全生产管理协议或在承包、租赁合同中约定各自的安全生产管理职责，明确双方安全生产责任，同时指定安全管理人员履行安全生产监督检查职责，对承包或承租单位的安全生产工作进行统一协调和管理。

16. 所属企业应不断完善安全生产考核和奖惩机制，严格安全生产业绩考核，加大安全生产奖励和处罚力度，严肃查处生产安全责任事故，严格追究事故责任人的责任。

17. 所属企业应倡导安全文化，传播安全理念，加强安全管理，营造安全文化氛围，开展以关心、理解、尊重、爱护职工作为基本出发点的安全文化建设工作。

第四章　安全生产工作报告制度

第十六条　所属企业应按以下要求在国机集团安全生产管理系统上向国机集团安全生产部报送有关报表和资料，包括：

1. 每年1月10日前，报送企业上年度《安全生产工作总结》、本年度《安全生产工作计划》、《年度安全生产数据指标统计表》、上年度《企业职工生产安全伤亡事故季（年度）报表》和《境外突发事件伤亡事故季（年度）报表》。

2. 每年12月5日前，报送本企业考核年度（上年12月1日至本年11月30日）《安全生产责任目标完成情况自查报告》、10—11月《企业职工生产安全伤亡事故季报表》和《境外突发事件伤亡事故季（年度）报表》。

3. 每年1月5日、4月5日、7月5日和10月5日（遇法定节假日向后顺延至第一个工作日）前，报送本企业上季度《安全生产工作简报》《企业职工生产安全伤亡事故季（年度）报表》《境外突发事件伤亡事故季（年度）报表》《交通运输等重点行业领域企业和单位安全生产隐患排查治理情况季度统计表》《境外工程项目劳务人员使用情况统计表》《境外劳务合作项目劳务人员使用情况统计表》。

4. 每年 3 月 10 日前，报送《安全生产管理机构和人员统计表》《年度注册安全工程师管理部门及注册安全工程师备案信息登记表》。《安全生产组织机构备案表》在初次报送备案后，如对安全生产管理机构设置、职责分工及人员配备等进行调整时，在调整工作完成后 20 个工作日内重新报送备案。

5. 对重大危险源申报表和相关应急预案，在向当地政府安全生产监管部门和其他有关主管部门申报后 15 日内报国机集团安全生产部备案。

6. 对于生产安全事故综合应急预案和专项应急预案，在发布后 15 日内填报《生产经营单位生产安全事故应急预案备案申请表》进行备案。

7. 在安全生产中长期规划发布后 15 日内报国机集团安全生产部备案。

8. 发生生产安全事故或突发事件后，按国机集团有关规定（见附件二）及时报告国机集团安全生产部和有关方面。

9. 生产安全事故调查报告及追责处理文件、突发事件处置总结报告，在收到调查报告或应急处置结束后的 10 日内报国机集团安全生产部备案。

10. 如存在或者发生职业危害的企业，每年在向当地安全生产监管部门申报《职业病危害项目申报表》的同时报国机集团安全生产部备案。

11. 国机集团要求报送的其他文件和材料。

第五章　国机集团的安全生产监督管理

第十七条　国机集团每年组织并开展对所属企业及其下属企业的安全生产工作进行监督检查及工作经验交流或互查活动。重点检查本办法第二章、第三章和第四章规定内容的落实情况，针对存在的问题提出整改意见和要求。

第十八条　国机集团根据所属企业及其下属企业安全生产工作存在问题的严重程度，对所属企业进行适当处罚。

第十九条　对所属企业发生的生产安全事故和突发事件，国机集团视具体情况可以派出工作人员进行工作督查。对较大及以上生产安全事故，国机集团派出工作人员配合相关部门或调查组开展事故调查，并负责落实或监督对事故有关责任企业和责任人的处理。

第二十条　国机集团对年度内出现较大及以上生产安全事故的所属企业主要负责人进行诫勉谈话，对企业予以通报批评。

第二十一条　国机集团对所属企业安全生产方面的举报进行分析处理，必要时组织调查核实，对负有责任的有关人员将依管理权限进行处理。

第六章　安全生产业绩考核与奖惩

第二十二条　国机集团每年对所属企业安全生产责任目标完成情况进行考核，主要考核所属企业事故控制指标和安全生产管理工作指标完成情况，并将安全生产责任目标考核结果与所属企业负责人年度经营业绩目标考核挂钩。

第二十三条　国机集团对年度安全生产责任目标考核结果为优秀的企业及为安全生产工作做出突出成绩的个人给予表彰奖励。

第二十四条　所属企业负责人年度经营考核中因安全生产责任目标考核结果为不合格的，所属企业不得参加国机集团当年度先进单位的评选。

第七章　附　则

第二十五条　本办法由国机集团安全生产部负责解释，有关内容如与国家法律、法规冲突，以国家法律、法规规定为准。

第二十六条　本办法自印发之日起施行。

附件一：

所属企业安全生产监管分类表

主营业务 类别	工 程 承 包	产 品 制 造	其他
第一类	中国机械工业建设集团有限公司、中国海洋航空集团公司	中国第二重型机械集团公司、中国一拖集团有限公司	

（续）

类别＼主营业务	工程承包	产品制造	其他
第二类	中国机械设备工程股份有限公司、中工国际工程股份有限公司	中国福马机械集团有限公司、中国地质装备集团有限公司、中国农业机械化科学研究院、江苏苏美达集团有限公司、中国国机重工集团有限公司	国机汽车股份有限公司
第三类	中国联合工程公司、中国重型机械研究院股份公司、中国重型机械有限公司、中国中元国际工程有限公司、中国汽车工业工程有限公司、机械工业第六设计研究院有限公司、中国浦发机械工业股份有限公司	中国电器科学研究院有限公司、甘肃蓝科石化高新装备股份有限公司、合肥通用机械研究院、广州机械科学研究院有限公司、济南铸造锻压机械研究所有限公司、沈阳仪表科学研究院有限公司、重庆材料研究院有限公司	
第四类	中国自动化控制系统总公司、中国通用机械工程有限公司、北京起重运输机械设计研究院	洛阳轴研科技股份有限公司、桂林电器科学研究院有限公司、天津电气传动设计研究所有限公司、成都工具研究所有限公司、国机精工有限公司、苏州电加工机床研究所有限公司	中国机床总公司、中国汽车工业国际合作有限公司
第五类			国机财务有限责任公司、国机集团科学技术研究院有限公司、国机资产管理公司、国机资本控股有限公司

附件二：

生产安全事故/境外安全突发事件报告程序及要求

一、生产安全事故报告

1. 所属企业境内发生生产安全事故或者较大涉险事故后，事故现场有关人员应当立即向本企业负责人报告；企业负责人接到报告后，应当于1小时内向事故发生地县级以上人民政府安全生产监督管理部门报告，同时向上一级单位负责人报告；以后逐级报告至国机集团安全生产部，且每级时间间隔不得超过2小时。对于较大及以上生产安全事故，事故单位还应在1小时内向事故发生地省级安全生产监督管理部门和国机集团安全生产部报告，国机集团安全生产部接到报告后，应立即向国资委报告。

2. 境内由于生产安全事故引发的特别重大、重大突发公共事件，国机集团安全生产部接到报告后，应当立即向国资委报告。

3. 所属企业境外发生生产安全死亡事故、交通安全死亡事故等（包括分包方死亡事故），事故现场有关人员应当立即向本企业负责人和我国驻外使（领）馆报告，本企业负责人接到报告后，应当于1小时内向上一级单位负责人报告；以后逐级报告至国机集团安全生产部，且每级时间间隔不得超过2小时。其中，国机集团安全生产部接到境外生产安全死亡事故报告后，应立即向国资委报告。

4. 在所属企业管理的区域内发生生产安全事故，所属企业作为业主、总承包商或者分包商，应当按第1条的规定报告。

5. 报告方式和报告内容：先用电话快报，随后补报书面报告。

电话报告应当包括下列内容：事故发生单位的名称、地址、事故类型；事故发生的时间、地点；事故已经造成或者可能造成的伤亡人数（包括下落不明、涉险的人数）。

境内生产安全事故书面报告见附表。

境外生产安全事故书面报告以文件方式报告，应当包括下列内容：一是对外总承包单位、项目名称、规模、所在国家及地点、业主、事故单位、合同签订日期、生效日期、合同金额、项目进展、现场人数等项目基本情况；二是事故发生的时间、地点以及事故现场情况，事故的简要经过（包括抢救、救治情况），事故已经造成或者可能造成的伤亡人数（包括下落不明、涉险的人数）和初步估计的直接经济损失；三是事故发生后，向我国使领馆、业主、上级单位等有关方面报告情况；四是已经采取的主要措施，启动应急预案情况；五是其他应当报告的情况。

6. 事故信息报告后出现新情况的，负责事故报告的企业应当依照第 1 条、第 3 条的规定及时续报。较大涉险事故、一般事故、较大事故每日至少续报 1 次；重大事故、特别重大事故每日至少续报 2 次。

自事故发生之日起 30 日内（道路交通、火灾事故自发生之日起 7 日内），事故造成的伤亡人数发生变化的，应于当日续报。

二、境外安全突发事件报告

所属企业发生境外安全突发事件后，事件企业应立即向当地警方报警；1 小时内向事件发生所在国政府相关部门、我国驻外使（领）馆、项目相关方报告，在使领馆指导下妥善处置；4 小时内向国机集团安全生产部报告。报告内容包括：对外总承包单位、项目名称、规模、所在国家和地址、业主、事故单位、合同签订日期、生效日期、合同金额、项目进展、现场人数等项目基本情况；事件发生的时间、地点及现场情况；事件简要经过及原因的初步判断；事件已经造成或可能造成的伤亡人数（包括失踪人数），人员姓名、性别、年龄、国内居住地；初步估计的直接经济损失；已经采取的措施；其他应该报告的内容。国机集团安全生产部接到报告后，应立即向国资委、外交部、商务部等部门报告。

安全事件报告后出现伤亡人数增加等新情况的，事件企业应当立即向我国驻外使（领）馆等有关方面续报，并在 2 小时内向国机集团安全生产部续报。

启动了企业境外突发事件应急预案的安全事件，在企业应急处置完成之后的 10 个工作日内，企业应当将应急处置总结报告及企业应急处置有关文件报送国机集团安全生产部。

附表：

国机集团境内生产安全事故快报

企业名称：

<table>
<tr><td>事故时间</td><td colspan="3">年　月　日　时　分</td><td colspan="2">事故地点</td><td></td></tr>
<tr><td>事故单位</td><td colspan="6"></td></tr>
<tr><td rowspan="2">事故现场
负责人</td><td>姓名</td><td></td><td rowspan="2">事故单位
负责人</td><td colspan="2">姓名</td><td></td></tr>
<tr><td>电话</td><td></td><td colspan="2">电话</td><td></td></tr>
<tr><td colspan="2">事故已死亡（失踪）
人数</td><td>死亡：
失踪：</td><td colspan="3">事故重伤
人数</td><td></td></tr>
<tr><td colspan="7">一、事故简要经过

二、事故现场情况及救援采取的主要措施

三、其他情况</td></tr>
</table>

中国机械工业集团有限公司
标准制（修）订工作资助实施办法

第一章 总 则

第一条 为鼓励中国机械工业集团有限公司（以下简称国机集团）所属企业制（修）订国际、国家和行业标准，提高企业的可持续发展能力，推进标准战略的实施，最终提升国机集团核心竞争力，对集团标准制（修）订工作给予资助，特制定本办法。

第二条 标准资助资金（以下简称标准资金）主要用于资助国机集团所属企业承担国际、国家和行业标准的制（修）订工作。

第三条 国机集团科技发展部为标准资金申报的受理部门。

第四条 标准资金的使用和管理坚持“诚实申请、公正受理、综合评分、规范管理、专款专用”的原则。

第五条 本办法适用于国机集团所属全资和控股企业。

第二章 资金来源及额度审批

第六条 标准资金来源：每年由国机集团提取一定的资金作为标准资金。

第七条 标准资金额度审批：国机集团总经理办公会负责审定批准标准资金的使用额度、年度使用方案、资助的标准项目、资助方式和资助额度等重要事项。

第八条 对上一年度正式颁布，经总经理办公会审定批准予以资助的国际、国家和行业标准，资助资金总额一次批准并核拨。

第三章 标准资金的使用范围

第九条 标准资金用于标准制（修）订及相关工作。标准资金的使用范围包括：

（一）标准的前期论证及预研；

（二）国际标准和国外先进标准的购置、翻译和跟踪采用；

（三）标准的起草、征求意见、试验验证等；

（四）标准样品的制作；

（五）标准的技术审查、审批、发布和公告；

（六）标准文本的印制和信息发布；

（七）标准的宣传、推广和英文版翻译；

（八）标准复审；

（九）标准备案；

（十）与标准制（修）订直接相关的其他工作。

第十条 标准资助的开支项目包括资料费、设备费、试验验证费、差旅费、会议费、劳务费、标准审查费、专家咨询费、公告费、印刷费、宣传推广费、其他费用等。各项具体开支如下：

（一）资料费：制（修）订标准过程中需要支出的书刊、资料、复印等费用以及购置的国际标准、国外先进标准和目录等文本或软件资料等必须支出的费用。

（二）设备费：制（修）订标准过程中购置或租赁试验仪器设备而发生的费用。

（三）试验验证费：制（修）订标准中必须进行的试验、验证所发生的能源、材料、低值易损耗品的购置费用及测试费用。

（四）差旅费：制（修）订标准过程（包括技术审查、技术协调和审核、复审）中，按规定支出的交通费、住宿费、伙食补助费、公杂费等费用。

（五）会议费：制（修）订标准过程中为了进行论证、研讨、协调而召开有关会议，按规定开支的房租费、伙食补助费、会议场地和仪器设备租用费、会议文件资料印刷费等。

（六）劳务费：按规定支付给参加标准的起草、汇总整理、审核、翻译等方面的人员的劳务性费用，劳务费不得支付给参与标准资助及其项目管理的相关工作人员。

（七）标准审查费、专家咨询费：标准草案提交标准化委员会审查或支付给临时聘请专家的咨询费用，其中专家咨询费不得支付给参与标准资助及其项目管理的相关工作人员。

（八）公告费、印刷费：标准审批完成后进行公告和印制时所发生的费用。

（九）宣传推广费：对涉及面广、影响较大的标准，为推动其实施所发生的费用。

（十）其他费用：指与标准制（修）订直接相关的，除上述支出以外的其他支出。

第四章　资助对象及申报条件

第十一条　标准资金的资助对象为：国机集团所属企业制（修）订的，并且是上一年度正式批准发布或实施的国际、国家、行业标准和关系集团核心技术提升的重要标准项目（包括军用标准、国家一级工程建设工法、国家建筑标准设计图集）。

第十二条　地方标准和企业标准，原则上根据市场需要自筹资金，吸引企业资助，标准资金不予资助。

第十三条　申请企业应具备的条件：

（一）在标准制（修）订工作中承担主编或参编排序前五名的企业；

（二）有完善的财务管理制度，健全的财务管理机构。

第五章　评分标准

第十四条　标准资金资助评分标准：对集团所属企业承担制（修）订工作的标准，综合考虑数量、级别、影响范围和工作量等因素按各单位综合评分给予资助，国家一级工程建设工法按批复项数给予资助。

综合评分计算方法：每项标准按其所属的标准分级、分类、制修订情况、单位承担角色、标准工作量，即可得出该项标准的综合得分，将单位所有标准的综合得分相加，即为单位标准化工作综合得分。

综合评分公式：$Q=\sum_{i=1}^{N}Q_i$

式中：Q —单位综合得分；

N —单位标准总数；

Q_i—单项标准综合得分。

$Q_i = q_1 \times q_2 \times q_3 \times q_4 + q_5$

式中：q_1—标准分级综合评分系数；

q_2—标准分类综合评分系数；

q_3—制（修）订情况综合评分系数；

q_4—承担角色综合评分系数；

q_5—标准工作量综合评分系数。

具体资助综合评分系数如下：

表 1　产品标准综合评分系数标准

分级、分类及编制情况		综合评分系数	备注
分级 q_1	国际标准	1.2 ～ 1.5	视参与程度和重要程度定
	国家标准	1.0	
	行业标准	0.7	
分类 q_2	通用标准	1.0	
	整机标准	0.7	
	零部件标准	0.5	
制（修）订情况 q_3	制订标准	1.0	
	修订标准	0.5	
承担角色 q_4	主编单位	1.0	
	参编单位	0.1 ～ 0.5	视参与程度和重要程度定
q_5	标准工作量	0.1/ 万字	每万字增加 0.1

表 2　工程建设标准综合评分系数标准

分级、分类及编制情况		综合评分系数	备 注
分级 q_1	国际标准	1.2 ～ 1.5	视参与程度和重要程度定
	国家标准	1.0	
	行业标准	0.7	
分类 q_2	综合标准	1.0	
	专业基础标准	0.7	
	通用标准	0.5	
	专用标准	0.3	
制（修）订情况 q_3	制订标准	1.0	
	修订标准	0.5	
承担角色 q_4	主编单位	1.0	
	参编单位	0.1 ～ 0.5	视参与程度和重要程度定
q_5	标准工作量	0.1/ 万字	标准每万字增加 0.1

表 3　建筑标准设计图集综合评分系数标准

分级、分类及编制情况		综合评分系数	备 注
分类 q2	综合类建筑标准设计图集	1.0	
	专业基础类建筑标准设计图集	0.7	
	通用类建筑标准设计图集	0.5	
	专用类建筑标准设计图集	0.3	
制（修）订情况 q3	制订建筑标准设计图集	1.0	
	修订建筑标准设计图集	0.5	
q5	建筑标准设计图集工作量	0.01/ 页	建筑标准设计图集每页增加 0.01

表 4　工程建设工法资助标准

资助类别	级别和等级	资助金额（元）	备注
工程建设工法	国家一级工法	2 000	

第六章　申报与审批

第十五条　标准资金申请应以国机集团所属全资或控股二级企业为单位进行申报（二级以下企业申请时需根据隶属关系通过相应二级企业审核后上报）。

第十六条　凡申报标准资金的所属企业需要在国机集团信息集成管理平台科技管理信息系统（以下简称信息平台）中进行申报（在线申报操作手册与信息平台同时发布），并同时提交以下书面材料：

（一）国机集团标准资助资金申请表（在信息平台中提交资助申请后，从系统中直接打印，见附件）。

（二）附件材料：

（1）所报标准正式出版物的封面、前言（包括编制单位和主要起草人）和标准出版情况描述页（包括标准字数、页数）的复印件。

（2）工程建设工法的批复文件或证书复印件。

第十七条　每年 6 月 1 日之前申报上一年度已颁布的标准、工法。

第十八条　企业应在信息平台中如实填报标

准资金申报信息，申报信息要清楚、齐全，出现数据不全、信息错误的，标准资金受理部门可不予受理。书面申请表和附件材料需加盖企业公章，申报企业对其真实性负责。

第十九条 初审合格的资助项目，由集团科技发展部进行统计汇总、综合评分，并报集团总经理办公会审定批准。

第二十条 初审不合格的资助项目，由集团科技发展部向申请企业发出不受理的通知，并说明理由。

第二十一条 国机集团资产财务部负责获批标准项目资助资金的下拨及会计核算，科技发展部负责拨款手续的办理及相关管理工作。

第七章 附 则

第二十二条 本办法由国机集团科技发展部负责解释。

第二十三条 本办法自发布之日起执行。原《中国机械工业集团有限公司标准制修订工作资助实施办法（试行）》（国机科〔2010〕165 号）同时废止。

附件：国机集团标准资助资金申请表

中国机械工业集团有限公司境外安全突发事件专项应急预案(2015 年修订)

1 总则

1.1 目的

为提高中国机械工业集团有限公司（以下简称国机集团）境外项目（包括工程项目、劳务派出项目）、境外机构、人员防范和应对境外安全突发事件的能力，建立快速高效应急处置机制，最大限度地减少损失，最大限度地减小境外安全突发事件所引起的社会影响，保障人员的生命财产安全，规范境外安全突发事件的应急处置工作，特编制本预案。

1.2 编制依据

1.2.1《中华人民共和国突发事件应对法》

1.2.2《国家突发公共事件总体应急预案》

1.2.3《对外承包工程管理条例》

1.2.4《中央企业应急管理暂行办法》（国资委令第 31 号）

1.2.5《关于加强中央企业应对境外突发事件工作的指导意见》（国资发规划〔2013〕42 号）

1.2.6《国资委应对中央企业境外突发事件工作规则》（国资厅发外事〔2006〕47 号）

1.2.7 商务部、外交部、发展改革委、公安部、国资委、安全监管总局、全国工商联关于印发《境外中资企业机构和人员安全管理规定》的通知（商合发〔2010〕313 号）

1.2.8 商务部、外交部、住房城乡建设部、卫生计生委、国资委、安全监管总局关于印发《对外投资合作境外安全事件应急响应和处置规定》的通知（商合发〔2013〕242 号）

1.2.9《中国机械工业集团有限公司生产安全事故及境外突发事件综合应急预案》(SINOMACH-IERP-A/0-2015)

1.2.10《中国机械工业集团有限公司境外机构和人员公共安全管理规定》（国机安〔2013〕472 号）

1.3 术语定义

境外安全突发事件：是指境外发生的对国机集团境外项目、境外机构、人员生命和财产安全构成威胁或造成损失的事件，包括战争、政变、恐怖袭击、绑架、治安犯罪、自然灾害、生产安全事故、公共卫生事件及群体性事件等。

1.4 适用范围

1.4.1 本预案适用于国机集团境外项目、境外机构、人员突遇境外安全突发事件，对我方人员造成或可能造成危害的应急处置工作。

1.4.2 所属企业应按照本预案的基本原则建立和完善本单位境外安全突发事件专项应急预案。

1.4.3 除境外项目、境外机构外，由国机集团及所属企业组织的境外活动（如商务谈判、展览、检查、培训等）遇到境外安全突发事件时，执行本预案。

1.4.4 预案启动的基本条件：

（1）国机集团应急指挥中心要求启动时；

（2）各派出单位请求启动时；

（3）国家及有关政府部门启动应急预案时；

（4）国家及有关政府部门要求启动预案时；

（5）境外应急处置工作组认为需要启动时。

1.5 工作原则

（1）以人为本，预防为主。将最大限度保证境外人员安全作为应对境外突发事件工作的出发点和落脚点；坚持预防为主，风险防范与应急处置并重，努力从源头减少境外突发事件的发生；加强对境外安全突发事件的防控和监督管理，完善境外安全突发事件风险防范体系，提高境外安全突发事件防范和处理能力，提高国际化经营能力和水平。做好预防、预测、预警和预报工作，做好常态下的风险评估、物资储备、队伍建设、完善装备、预案演练等工作。

（2）统一领导，分级负责。境外安全突发事件应在我国驻外使（领）馆指导下进行处置。各派出单位应在国机集团统一领导和集团应急指挥中心统一协调下，建立健全境外安全突发事件应急管理机制。各派出单位按照各自的职责和权限，负责组织、指导归口管理的境外项目、机构、人员的应急管理和应急处置工作。

（3）快速反应，协同应对。境外安全突发事件本着“谁总包谁负责”“谁派出谁负责”的原则，各派出单位主要负责人是境外安全管理的第一负责人，要确保境外突发事件发生时领导到位、指挥有力、组织有序、措施得当。境外安全突发事件现场应急处置应在我驻外使（领）馆的领导和指导下开展工作，争取所在国政府、当地警察局、军队、业主方等各方的支持和协助，立足于境外项目、机构视情况灵活应变。要依靠国家、社会和第三方力量，全力把境外安全突发事件人员伤亡降到最低。

（4）协调指导，资源共享。各派出单位负责统一与我驻外使（领）馆的联系，协调、指导、督促落实各项安全防范措施和应急救援处置。集团总部负责组织协调有关央企、集团所属企业在各境外项目、机构间应急资源共享、联合互救等沟通服务工作，主动与商务部、外交部、国资委、安全监管总局等相关政府部门建立沟通、报告、联络机制，确保及时应对和处置境外安全突发事件。

1.6 目标

规避危害，尽速做到生命保全和资产完整。有效控制涉及我方的事态发展，减少境外安全突发事件对人员的伤害及负面影响。

2 危险因素与风险分析

2.1 国机集团境外项目、境外机构分布地域广，其中一些国家和地区存在不同程度的不安全因素，如恐怖组织、种族和宗教冲突、政局动荡、社会治安犯罪等风险，容易发生社会安全类事件。

2.2 境外项目劳资双方因经济矛盾、工伤事故、交通意外等问题产生纠纷，因处置不当，造成矛盾激化，容易发生劳务人员集体上访或静坐、示威、游行等群体性事件。

2.3 境外一些项目地处热带地区，极端恶劣天气和地震灾害、海啸灾害风险较大，容易发生自然灾害类事件。

2.4 境外一些项目处在疫情高发国家，因预防不当，可能发生鼠疫、霍乱、疟疾等公共卫生事件以及食物中毒事件。

2.5 境外项目生产过程控制不严格，因为人的不安全行为、物的不安全状态、管理缺陷等发生生产安全事故。

2.6 境外工程施工地点偏僻，境外工作压力大，周期长，作业人员易身心疲惫，应变反应能力不高。

2.7 作业人员与当地居民语言沟通不便，自我安全防范和自我保护意识较差，遇到突发紧急事件缺乏应对经验。

3 预防与预警

3.1 预警

各级单位针对各种可能发生的境外安全突发事件，完善预测预警机制，建立预测预警系统，开展风险分析，做到早发现、早报告、早处置。

3.1.1 根据有关国家（地区）政局形势、治安状况、公共卫生及自然灾害和涉及我方人员、机构情况等四个方面的“指标迹象”对境外安全突发事件进行预测分析，对可能发生和可以预警的境外安全突发事件进行预警。

3.1.2 预警级别依据境外安全突发事件可能造成的危害程度、紧急程度和发展势态，划分为四级：Ⅰ级（特别严重）、Ⅱ级（严重）、Ⅲ级（较重）和Ⅳ级（一般），依次用红色、橙色、黄色和蓝色表示。

（1）红色等级：政局动荡，已引发大规模社会动乱、武装冲突；情报显示境外安全突发事件威胁逼近，或将发生恐怖袭击；已发生大规模自然灾害、事故灾难或公共卫生等突发事件，且政府处置能力较弱；针对我人员和机构的武装袭击、绑架等恶性事件已多次发生并极有可能再次发生；中国政府发出相关警告。

（2）橙色等级：政局动荡，有引发大规模社会动乱、武装冲突的现实可能性；社会治安状况恶化，犯罪活动猖獗；局部地区存在发生大规模自然灾害、事故灾难或公共卫生等突发事件的现实可能性，且政府处置能力较弱；针对我人员和机构的武装袭击、绑架等恶性事件曾经发生并有可能再次发生；中国政府发出相关警告。

（3）黄色等级：政局不稳，出现社会动乱、武装冲突迹象；社会治安状况差；局部地区发生自然灾害、事故灾难或公共卫生等突发事件的可能性增大，且政府处置能力较弱；针对我人员和机构的武装袭击、绑架等恶性事件有可能发生；中国政府发出相关警告。

（4）蓝色等级：政局基本稳定，社会治安状况较好；政府有较好应对自然灾害、事故灾难或公共卫生等突发事件的处置能力；针对我人员和机构的恶性事件较少，但存在发生涉及我人员和机构突发事件的可能性。

3.1.3 当“指标迹象”达到相应警报级别时，派出单位要及时向境外项目、机构、人员发布相应等级（红色、橙色、黄色、蓝色）的预警通知。

3.2 预防

3.2.1 境外新设机构、新上项目和正在执行的项目必须进行安全风险评估。评估内容包括但不限于：所在国家（地区）的政治局势，如政局动荡、武装政变、军事冲突等；社会稳定性，如恐怖活动、武装袭击、绑架劫持、刑事犯罪、民风及当地社会因利益、宗教习俗和禁忌导致冲突等；自然灾害情况，如地震、洪汛灾害、台风、飓风、海啸等；公共卫生状况，如重大传染病疫情、群体性不明原因疾病等。

3.2.2 境外安全风险评估实行动态管理。各派出单位的安全生产管理部门对正在执行的项目安全状况实施动态评估，对评估结果进行分析研判，并及时向本单位主管领导提出建议，对相关项目采取“撤、减、缓”或其他措施。同时要将评估结果及时上报国机集团安全生产部。

（1）对处于红色等级国家（地区）的项目随时跟踪并上报有关信息，必要时实行每日“零报告”制度。

（2）对处于橙色等级国家（地区）的项目，至少每季度对安全状况评估一次。

（3）对处于黄色、蓝色等级国家（地区）至少每年对安全状况评估一次。

4 风险防范

4.1 境外新项目签约时，应在合同条款中明确安全保卫的责任和义务。由对方负责的，须明确安全保卫力量配备数量、进场时间、人员构成和执行能力的要求等；由我方负责的，应在满足安全保障的前提下，认真测算安全保卫费用支出并纳入项目成本；由双方共同负责的，应明确责任划分；实行分包的项目，必须严格规范分包合同，明确总分包方应承担的境外安全管理责任，同时将境外分包商队伍的安全管理纳入我方一体化管理体系。

4.2 境外项目、机构应建立完整的境外安全制度，包括境外安全管理规定、境外安全成本预算、境外安全突发事件应急处置预案等，并根据情况变化及时修订和完善应急处置预案，定期进行应急演练。

4.3 境外机构和项目驻地设置时，应对周边社会、自然安全状况进行深入调查，选择安全区域，设置安全营房，配备必要的安全保卫设施，并可根据当地安全形势雇佣当地保安或武装人员，以增强安全防护能力。应设置安全警报信号标志、集合点等。加强人员管理，建立和执行严格的外出（离开工地、宿营地）的请销假制度。

4.4 相关部门、各派出单位应多渠道收集安全信息，及时研判可能危及我项目、机构和人员的安全风险，发现异常即时发出预警。

（1）国机集团安全生产部负责与国家有关部门的联系，及时获取和发布涉及我在外项目、机构和人员的安全信息，提醒并督促相关单位、项目、机构立即启动应急机制，迅速采取安全防范措施。

（2）境外项目、机构应掌握所辖人员情况，及时到驻外使（领）馆经商处备案，定期汇报业务开展情况和有关工作，并接受驻外使（领）馆的指导和管理。随时了解和掌握驻在国（地区）的安全形势，及时实施安全防范措施和应急处置。

（3）境外项目、机构和人员要加强与当地政府、社会团体、当地民众及其有关方面的联系，多渠道获得安全信息，发现异常立即启动应急机制并及时报告。同时应加强与当地警察、保卫、应急救援机构的联络和协调，保证及时获得安全信息和采取相应措施。

4.5 境外项目、机构和人员应严格遵守驻在国（地区）法律法规，尊重当地风俗习惯，履行社会责任，创造和谐友好环境。

4.6 各派出单位要加强外派人员的安全教育和应急培训，增强员工的安全意识和自我防范意识，提高灵活应变能力和防卫自救能力。

4.7 各派出单位要统一组织为所有赴境外人员投保人身意外伤害等保险。

4.8 外派劳务单位应与外派人员签订境外工作协议，其中除明确外派任务、岗位、期限、待遇等内容外，应规定单位与个人在境外安全保障（如保险）及伤亡善后处理等方面的责任和义务。

4.9 在高风险国家和地区开展项目、设立机构前，应聘请专业安全机构进行安全风险评估。派出单位要根据安全风险评估报告细化境外安保方案，最大程度降低境外安全风险。

5 组织机构及职责

5.1 境外应急处置工作组

5.1.1 境外应急处置工作组组成

组长由国机集团分管安全生产工作的副总经理担任，副组长由安全生产部部长担任，成员由集团安全生产部、办公厅、经营发展部、资产财务部、法律事务部、党委工作部、董事会办公室等部门负责人和工作人员组成；或由组长根据具体应急工作需要，指定上述部分部门负责人和工作人员组成。境外应急处置工作组下设通讯联络小组、应急救援小组、新闻发布小组、后勤保障小组、预案管理小组。

5.1.2 境外应急处置工作组职责

（1）负责领导境外安全突发事件应急体系的建设，配置必要的应急资源。

（2）在本应急预案启动的情况下，负责对境外安全突发事件的应急进行统一指挥，控制事故或事件蔓延和扩大。

（3）督促境外安全突发事件发生单位启动应急预案并实施救援。

（4）根据实际需要，组织协调相关力量对境外安全突发事件单位进行支援和协助。

（5）跟踪并报告境外安全突发事件应急工作进展。

（6）对境外安全突发事件应急工作进行督查和指导。

（7）通报、发布境外安全突发事件应急工作信息。

（8）对境外安全突发事件单位的善后处理、生产生活秩序恢复等工作进行监督指导。

（9）对境外安全突发事件应急工作进行总结。

（10）根据实际工作需要，及时调整补充境外应急处置工作组人员及各应急小组人员组成。

（11）组织国机集团境外安全突发事件专项应急预案的编写、评审、修订、发布和演练。

（12）制订应急培训计划，组织对国机集团境外安全应急处置工作组及各应急小组人员进行培训。

5.2 通讯联络小组

5.2.1 组成

通讯联络小组由国机集团安全生产部、经营发展部人员组成。

5.2.2 职责

（1）保证境外应急处置工作组信息的联络畅通。

（2）负责对政府相关部门沟通联络事宜。

（3）应急值守。

5.3 应急救援小组

5.3.1 组成

应急救援小组由办公厅、安全生产部、经营发展部、法律事务部等部门人员及技术专家组成。

5.3.2 职责

（1）制定境外安全突发事件应急处置方案。

（2）根据境外应急处置工作组委派，参与突发事件单位现场应急救援工作，并及时向境外应急处置工作组报告突发事件处理情况。

（3）指导和协助突发事件单位处理因境外安全突发事件引起的丧葬、医疗、慰问、赔偿等善后事宜。

（4）指导和协助突发事件单位做好境外涉险人员家属的安抚工作。

5.4 新闻发布小组

5.4.1 组成

新闻发布小组由党委工作部、董事会办公室、安全生产部等有关人员组成。

5.4.2 职责

（1）负责向新闻媒体通报境外安全突发事件信息。

（2）负责统一协调突发事件单位的新闻发布工作。

5.5 后勤保障小组

5.5.1 组成

后勤保障小组由办公厅、资产财务部、法律事务部等部门人员组成。

5.5.2 职责

（1）负责应急救援物资、设备设施、防护用品等的供应。

（2）负责应急救援资金的筹措。

（3）负责应急救援人员出国手续的办理。

（4）负责境外资产保全工作的实施和指导。

5.6 预案管理小组

5.6.1 组成

预案管理小组由安全生产部人员组成。

5.6.2 职责

（1）负责组织境外安全突发事件专项应急预案的编写、发布、评审、修订、发放和演练。

（2）负责制定境外安全突发事件应急培训计划，组织对境外应急处置工作组及各应急小组人员进行培训。

6 信息报告

6.1 境外安全形势发生异常时，境外项目、机构应及时向我驻外使（领）馆报告。

6.2 境外安全突发事件发生后，境外项目、机构应第一时间向我驻外使（领）馆和本企业报告情况，并在驻外使（领）馆的指导下做好现场处置工作。

6.2.1 境外项目、机构要及时做好事发现场处置工作，及时救助伤员，向当地警方报警。

6.2.2 境外项目和机构要了解并准确报告突发事件详情，首次报告应包括：

（1）事件涉及单位或项目情况；

（2）事件发生的时间、地点及现场情况；

（3）事件简要经过及原因的初步判断；

（4）事件已经造成或可能造成的伤亡人数（包括失踪人数），人员姓名、国籍、国内联系单位、家属联系方式，初步估计的直接经济损失；

（5）已经采取的措施；

（6）其他应该报告的内容。

6.2.3 突发事件跟踪报告应按照国家有关部委及国机集团应急处置工作组关于报告内容、频次、时限、渠道的具体要求，及时准确报告动态情况。

6.3 国机集团总部、各派出单位应按照《中国机械工业集团有限公司生产安全事故及境外突发事件综合应急预案》的相关条款规定向有关单位和政府部门进行报告。

（1）发生境外安全突发事件并且情况紧急时，应选择最直接、最快捷的程序和方式报告，减少中间环节，以免贻误应急处置时机。

（2）所有境外项目、机构的人员都应备有载明应急联络通信信息的紧急联络卡。

6.4 国机集团应急指挥中心值班人员接到报警后，立即报告通讯联络小组组长，通讯联络小组组长立即报告集团境外应急处置工作组组长。境外应急处置工作组组长根据报警情况，判别应急响应级别。

7 应急处置

7.1 境外安全突发事件分级

按照境外安全突发事件造成的死亡人数或失踪人数、经济损失、产生的政治和社会影响等将境外安全突发事件分为重大境外安全突发事件（Ⅰ级突发事件）和一般境外安全突发事件（Ⅱ级突发事件）两级。

7.1.1 符合下列条件之一的，为Ⅰ级突发事件：

（1）一次造成 3 人及以上死亡或失踪，或 10 人及以上重伤的；

（2）造成或可能造成 1 000 万元美元以上损失的；

（3）不符合上述（1）或（2），但具有重大政治和社会影响的；

（4）驻在国发生政治动乱、军事冲突、恐怖袭击、自然灾害或公共卫生事件，需要组织紧急撤离我驻外机构和人员的。

7.1.2 符合下列条件之一的，为Ⅱ级突发事件：

（1）一次造成 1 ～ 2 人死亡或失踪，或 10 人以下重伤的；

（2）造成或可能造成 1 000 万美元以下财产损失的；

（3）具有一定政治、社会影响且容易控制的；

（4）驻在国发生政治动乱、军事冲突、恐怖袭击、自然灾害或公共卫生事件，需要引起密切关注但暂不需要组织撤离的；

（5）财产遭盗窃、劫持或他人强占的等。

7.2 分级响应

境外安全突发事件按其可控性、严重程度和影响范围等因素，应急处置分为两级处置。

7.2.1 判别属于Ⅰ级突发事件，并满足预案启动条件的，境外应急处置工作组组长宣布启动本应急预案，同时上报相关政府部门。

7.2.2 判别属于Ⅱ级突发事件的，由通讯联络小组通知突发事件单位启动本单位应急预案，进行应急处置。并及时向国机集团安全生产部报告应急处置情况和处置结果。

7.2.3 判别属于Ⅰ级突发事件，但是不满足启动本预案条件的，由通讯联络小组通知突发事件单位启动本单位应急预案，进行应急处置。国机集团安全生产部做好应急准备工作，监控突发事件单位应急处置进展情况，当突发事件恶化升级，要立即启动本应急预案。

7.3 处置程序

7.3.1 组织协调

（1）境外应急处置工作组组长宣布启动本预案后，由通讯联络小组组长通知境外应急处置工作组人员和各应急小组人员立即到位。

（2）根据突发事件情况，应急救援小组要立即组织制定应急处置方案，报境外应急处置工作组组长批准后，立即实施。

（3）根据突发事件情况，如需突发事件单位设立现场应急工作组的，由通讯联络小组通知事件单位成立现场应急工作组。现场应急工作组应设立组长，实行组长负责制。组长由承担境外应急救援工作的主要负责人担任。在现场应急工作组组长没有到达事故现场之前，由突发事件单位在事件现场的最高职务者暂时履行组长职责。

（4）根据境外应急处置工作组的统一部署，应急救援小组立即做好赴突发事件现场开展相关工作的准备。

7.3.2 信息报告

（1）在突发事件应急处理过程中，突发事件单位每天至少向国机集团境外应急处置工作组书面报告一次，突发事件突然发生变化或恶化升级，须即时报告。报告内容以事件处置情况为主。通讯联络小组须在要求的时限内向国资委报告，并抄报外交部、商务部等国家政府部门。

（2）事件终止后，突发事件单位在应急工作结束后的 5 个工作日内向国机集团境外应急处置工作组书面报告应急处置情况总结；通讯联络小组在 10 个工作日内向政府相关部门进行总结报告。

7.3.3 信息发布

（1）新闻发布小组根据政府相关部门指令，进行突发事件信息发布。

（2）突发事件信息属地发布，由境外项目请示当地使领馆以及国机集团境外应急处置工作组后再进行发布。

7.3.4 现场救援

（1）根据突发事件现场应急救援情况，境外应急处置工作组可视需要派出应急救援小组到达事故现场，协助现场应急工作组开展应急救援工作，并及时向境外应急处置工作组汇报工作情况。

（2）应急救援小组到达突发事件现场后，应在现场应急工作组组长的统一指挥下，开展应急救援工作。

（3）如发生需要境外项目现场人员全部撤离的突发事件，后勤保障小组要指导和协助突发事件单位做好资产保全工作（如项目现场材料机具、设备设施、技术档案资料、财务资料等的收集整理和处置等、知会业主办理相关合同手续等）。并协助突发事件单位做好保险索赔工作。

（4）突发事件单位在实施现场救援期间，要做好涉险人员家属的安抚工作。确保现场救援工作不因家属原因而影响进程。

7.3.5 善后处理

（1）涉险人员伤势稳定或顺利营救后，需安排回国休养，进行必要的心理治疗。

（2）对应急处置中死亡的涉险人员，应急救援小组协调相关企业和现场应急工作组，做好遗体护送、追悼及家属的安抚、赔偿工作。

（3）在国家有关部门的领导下，应急救援小组指导突发事件单位做好人员安置、损失评估、赔偿、奖励等后续事宜。

（4）突发事件单位及项目现场，在能够确保工作人员安全的情况下，宜尽速复工。并将现场恢复情况报告国机集团境外应急处置工作组。

7.4 应急结束

当突发事件得到控制，涉险人员全部得到妥善安置或事件现场已经恢复后，由国机集团境外应急处置工作组组长宣布应急救援工作结束。

8. 应急物资与保障

（1）后勤保障小组要根据应急需要，提供资金保障。

（2）后勤保障小组要做好撤离回国人员的接送和安置工作。

（3）要完善应急管理技术支持系统（对讲机、电话、卫星电话、手机、警报器、广播器材、电脑网络等）。

与本应急预案相关的各项资源保障措施由境外应急处置工作组各应急小组制定并实施。

9. 应急预案评审修订与实施

9.1 应急预案的评审修订

按照国机集团综合应急预案相应条款的规定对本预案进行评审和修订。

9.2 应急预案实施

本应急预案于 2015 年 10 月 22 日发布，于发布之日起正式实施。

中国机械工业集团有限公司
全资、控股企业领导干部管理办法

第一章　总　则

第一条　为加强中国机械工业集团有限公司（以下简称国机集团）全资、控股企业领导干部管理工作，不断推进国机集团领导干部管理工作的科学化、制度化、规范化水平，推动以“政治素质好、经营业绩好、团结协作好、作风形象好”为目标的领导班子建设，建设一支信念坚定、勤勉务实、敢于担当、廉洁守信的高素质领导干部队伍，根据国家有关文件精神，结合国机集团实际情况，制定本办法。

第二条　本办法适用于国机集团全资企业和控股企业。

第三条　本办法所指的企业领导干部：

一、全资企业的董事长、副董事长、董事，监事会主席、监事，总经理、副总经理，院（所）长、副院（所）长，党委书记、党委副书记、党委常委、纪委书记，财务总监等企业领导人员。

二、控股企业的董事长、副董事长、董事，监事会主席、监事，总经理、副总经理，党委书记、党委副书记、党委常委、纪委书记，财务总监等企业领导人员。

外部董事、职工董事、职工监事除外。

第四条　控股企业中的上市公司或全资、控股企业中建立规范法人治理结构的，且外部董事在董事会中超过半数运行规范的企业，国机集团对董事长、副董事长、董事、监事会主席、监事、总经理提出选派建议，商股东会或董事会确认。经国机集团批准，副总经理、财务总监，可授权董事会进行选拔、任免，实行任前沟通和任后备案。被授权董事会选拔经理班子副职干部时，任职条件、职数、年龄、期限等应符合国机集团管理规定。

其他经考核认定董事会建设科学规范的企业，经国机集团研究后可授权董事会选拔经理层副职。

第五条　企业领导干部选任坚持以下原则：

一、党管干部的原则；

二、德才兼备，以德为先，注重实绩的原则；

三、民主、公开、公平、竞争、择优的原则；

四、权利与责任义务统一、激励与监督约束并重原则；

五、依法管理的原则。

第二章　任职条件

第六条　企业领导干部应具备的基本条件：

一、具有较高的政治素质，严格执行党的路线方针政策和民主集中制原则，全心全意依靠职工群众办企业，维护企业和谐稳定，具有搞好国有企业的强烈事业心和责任感，认真履行经济责任、政治责任和社会责任；

二、具有良好的职业素养，遵纪守法，勤勉尽责，团结合作，廉洁从业，作风形象和职业信誉好；

三、具有较突出的工作业绩，具有履行岗位职责所必需的政策理论水平、决策判断能力、经营管理能力、沟通协调能力、处理复杂问题和突发事件能力，开拓创新精神和市场竞争意识强；

四、具有履行岗位职责所必需的专业知识，熟悉国家宏观经济政策及相关法律法规，熟悉国内外市场和相关行业情况；

五、具有良好的心理素质和能够正常履行职责的身体素质。

第七条　企业领导干部应具备的任职资格：

一、具有累计十年以上企业工作经历或者与企业经营管理业务、党群工作相关的经历；

二、提拔担任企业领导正职的，应当具有同层级副职两年以上工作经历，未满两年的应当具备同层级副职和下一层级正职累计五年以上的工作经历；提拔担任副职的，应当具有下一层级正职三年以上工作经历，未满三年的应当具备下一层级正职和下一层级副职累计五年以上的工作经历；

三、具有大学本科以上文化程度；

四、初次任职的副职一般应当具有在下一层级两个或以上岗位任职的经历。

担任党内领导职务的，还应当符合党章及有关规定的要求。

担任财务总监的，还应当具有注册会计师、注册内部审计师等职业资格，或者具有高级会计师、高级审计师等专业职称；从事财务会计或者审计工作时间累计不少于八年。

第八条　特别优秀的或者工作特殊需要的人才，可以适当放宽任职资格条件。

第九条　实行企业领导干部职位禁入制度，严格按照《中华人民共和国公司法》《中华人民共和国企业国有资产法》和党纪政纪有关规定执行。

第三章　职数和任期

第十条　根据企业实际情况，合理确定董事会、经理班子、党委职数。

董事会职数为五人至十三人，设董事长一人，可以设副董事长一人至二人。

设立董事会的全资、控股企业经理班子职数根据公司章程确定，为四人至七人。未设立董事会的全资、控股企业经理班子职数为五人至八人。

企业党委常委职数为五人至九人；设书记一人，可以设副书记一人至二人，设纪委书记一人。

由于党政交叉任职的，不占相应职数。

挂职交流干部不纳入领导班子职数范围。

职数配置总体原则：不涉及重组的企业领导班子成员总数不超过九人；涉及重组企业的领导班子职数可根据实际情况适当突破，但班子总人数不超过十一人。

第十一条　全资、控股企业领导干部实行任期制。

一、设立董事会的企业，董事任期由公司章程规定，每届任期不得超过三年；经理层任期由董事会确定，每届任期三年；

二、未设立董事会的企业，经理层每届任期三年；

三、企业党委，每届任期四年。

任期届满，经考核合格的可以连任。

第四章　选拔任用

第十二条　企业领导干部的选拔任用，采用组织选拔、公开招聘、竞争上岗等相结合的方式。

第十三条　任用企业领导干部，可以采取委任制、聘任制、选任制。

一、对董事会成员实行委任制、聘任制或者选任制；

二、对设立董事会的企业经理班子成员实行聘任制，经理班子人选经组织考察、按照管理权限审批或者备案同意后，由董事会决定聘任；

三、对未设立董事会的企业经理班子成员实行委任制或者聘任制；

四、对党委（党组）班子成员按照党章和中央有关规定实行选任制或者委任制。

第十四条 企业领导干部换届期间组织选拔一般应当经过下列程序：

一、沟通酝酿，形成工作方案；

二、通过民主推荐等方式确定考察对象；

三、组织考察；

四、征求有关方面意见；

五、综合分析，提出任用建议；

六、讨论决定；

七、涉及提任人选公示（公示期不少于五个工作日）；

八、依照法律、《党章》和有关规定任职。

以上程序的牵头组织工作主要由国机集团人力资源部（党委组织部）负责，其中，纪委书记人选的沟通酝酿、提名和组织考察由国机集团纪律检查委员会会同国机集团人力资源部（党委组织部）组织实施。

一般情况下，企业提任领导干部应由企业党政领导班子根据国机集团人力资源部（党委组织部）反馈的民主推荐情况，充分酝酿提出考察建议人选。或者由国机集团人力资源部（党委组织部）根据后备干部、关键岗位继任人才情况和测评、民主推荐情况，经研究，并请示国机集团主管领导、主要领导确定考察对象。

个别特殊需要的领导干部考察人选，可以由企业党政班子根据企业年度考核推荐情况直接向国机集团推荐，经国机集团人力资源部（党委组织部）、主管领导、主要领导同意后作为考察对象。

涉及对外重组企业，按上级有关要求，根据实际情况执行。

第十五条 企业领导干部公开招聘和竞争上岗一般应当经过下列程序：

一、面向社会公布招聘职位、职位职责、任职条件及有关要求；

二、报名与资格审查；

三、知识、能力、素质、心理健康等方面的测试；

四、根据测试结果确定考察对象；

五、组织考察或者通过其他适当方式了解人选情况；

六、征求有关方面意见；

七、综合分析，提出任用建议；

八、讨论决定；

九、公示（公示期不少于五个工作日）；

十、依照法律、《党章》和有关规定任职。

第十六条 在选拔任用企业领导干部的考察环节，重视听取职工代表的意见，将民主推荐与平时考核、一贯表现和人岗相适等情况综合考虑，充分酝酿。

第十七条 有下列情形之一的，不得列为考察对象：

一、群众公认度不高的；

二、有跑官、拉票行为的；

三、配偶已移居国（境）外；或者没有配偶，子女均已移居国（境）外的；

四、受到组织处理或者党纪政纪处分影响使用的；

五、其他原因不宜提拔的。

第十八条 实行任职谈话制度。对决定任用的干部，由国机集团领导或指定专人同本人谈话，肯定成绩，指出不足，提出要求和需要注意的问题。

第十九条 企业领导职务的任职时间，按照下列时间计算：

一、由国机集团直接委任或聘任的，自国机集团决定之日起计算；

二、由国机集团推荐或批准，需要经过选举、决定产生的，自选举、决定产生之日起计算。

第二十条 对通过公开招聘、竞争上岗等方式担任全资、控股企业领导干部的，实行任职试用期制度，试用期为一年。试用期满后，经考核胜任试任职务的，正式任职，其试用期计入任职时间；不胜任的，免去试任职务。

第二十一条 企业领导干部在所任职企业出资的企业（包括全资、控股和参股企业）、其他企事业单位、社会团体或者中介机构兼职的，须按照管理权限向国机集团任前备案。未经同意，企业领导干部不得在所任职企业出资企业、其他企事业单位、社会团体或者中介机构兼职。

第五章 考核评价

第二十二条 对企业领导班子和领导干部的考核评价分为年度考核评价、任期考核评价、届中考核评价和专项考核评价。

年度考核评价重点考核企业年度经营业绩完成情况。

任期考核评价是对任期内企业的经营管理、资产负债、制度建设、企业员工的收入福利、领导班子的运行效果、班子成员的实际表现等进行全方位的考核评价。

届中考核评价是根据企业当期生产经营实际情况，在领导班子任期中期进行的全面考核评价。

专项考核评价是根据领导干部到龄、个别提任等情况，针对具体人、具体事项进行的考核评价。

第二十三条 对领导班子突出考核评价其政治素质、经营业绩、团结协作、作风形象等方面的情况。对领导干部主要考核评价其素质、能力、业绩和廉洁从业等方面的情况。

第二十四条 考核评价企业领导班子和领导干部，采取定量考核与定性评价相结合的方式，实行分层分类考核评价，综合运用民主测评、个别谈话、调查核实、综合分析等方法进行。

第二十五条 企业领导班子任期考核评价结果分为优秀、良好、一般、较差，企业领导干部考核评价结果分为优秀、称职、基本称职、不称职。

第二十六条 考核评价结果作为企业领导班子调整和领导干部培养、使用、奖惩的重要依据。

第六章 激励监督

第二十七条 严格执行《中国机械工业集团有限公司企业负责人薪酬管理暂行办法》和《中国机械工业集团有限公司企业负责人实施中长期激励暂行办法》，建立健全以考核评价为基础，与岗位职责和工作业绩挂钩，短期激励与中长期激励、精神激励与物质激励相结合的企业领导干部激励机制。

第二十八条 企业领导干部应当认真履行岗位职责，依法经营，廉洁从业，切实维护国家、出资人、企业的利益和职工的合法权益。企业领导干部要按照《国有企业领导人员廉洁从业若干规定》，严格自律。企业领导干部中的中共党员，要按照《中国共产党党内监督条例（试行）》等有关规定，自觉接受党组织和党员的监督。

第二十九条 加强对企业领导干部选拔任用工作的监督，在企业人事安排过程中，纪委从初始酝酿阶段就参与研究并实行全程监督。

规范企业领导干部任前廉政审核，组织人事部门应当就考察对象的党风廉政情况征求纪委意见，纪委应当就重要岗位拟任人选和拟提拔人选书面反馈党风廉政情况意见。

国机集团人力资源部（党委组织部）和纪律检查办公室（监察室）应当加强对企业领导干部的日常监督管理，坚持以预防为主、事前监督为主，通过考核评价、提醒、函询、诫勉等方式实施。

第三十条 企业领导干部在离任、任期届满时，依照有关规定由国机集团审计部门负责组成审计组进行经济责任审计。必要时，依照有关规定进行届中经济责任审计。

第三十一条 加强职工民主监督。发挥职工代表大会、工会的作用，坚持职工代表对企业领导干部的民主评议制度。做好“一报告两评议”工作，组织干部职工对干部选拔任用工作和新选拔任用的干部进行民主评议。

第三十二条 实行企业领导干部报告个人有关事项制度。企业领导干部要依照《关于领导干部报告个人有关事项的规定》，按照管理权限向国机集团人力资源部（党委组织部）报告个人有关事项。

对拟提拔的考察对象，应当查阅个人有关事项报告情况并进行重点查核，根据查核结果和有关规定进行相应处理，对存在影响使用问题的将取消任用资格。

第三十三条 实行企业领导干部任职回避制度。属夫妻关系、直系血亲关系、三代以内旁系血亲以及近姻亲关系的，不得在同一企业同时担任领导职务，不得在同一企业担任双方直接隶属于同一领导人员的职务或者有直接上下级领导关系的职务，也不得在其中一方担任领导职务的企业从事组织人事、纪检监察、审计、财务工作。

第三十四条 实行企业领导干部选拔任用工作回避制度。

党委及其组织人事部门讨论干部任免，涉及与会人员本人及其亲属的，本人必须回避。干部考察组成员在干部考察工作中涉及其亲属的，本人必须回避。

第三十五条 实行企业领导干部选拔任用工作纪实制度。

选拔任用企业领导干部，要严格按照干部管理权限和有关规定进行纪实，使干部的选任过程可追溯、可倒查。要对动议、民主推荐、考察、讨论决定、任职等各个环节如实记录，有关资料将作为选人用人工作监督检查和责任追究的重要依据。

第三十六条 建立企业领导干部责任追究制度。企业领导干部有下列情形之一的，按照管理权限和有关法律法规给予经济处罚、组织处理、党纪政纪处分；涉及犯罪的，依法移送司法机关处理：

一、接受不正当利益，或者利用职权谋取私利的；

二、泄露企业商业秘密，损害企业合法权益的；

三、违反财政金融制度或者国家有关政策规定的；

四、违反企业规章制度、工作程序或者办事规则，给企业造成重大损失的；

五、因经营决策失误造成企业重大损失的；

六、因管理不善造成国有资产严重流失的；

七、因用人失察、失误造成恶劣影响或者重大损失的；

八、对安全、质量、环保等重大及以上责任事故和重大群体性事件负有领导责任的；

九、对董事会决议违反法律法规、公司章程规定，或者明显损害国家、出资人、企业的利益和职工合法权益，董事本人表决时未投反对票的；

十、其他应当追究责任的情形。

第七章　职业发展

第三十七条 适应企业领导干部成长规律，结合企业实际，加强领导干部理论学习和业务培训。实行分类培训、综合培养，重点提高企业领导干部的学习能力、领导能力、经营管理能力和创新能力。企业领导干部在任命前应参加过国机集团组织的相关培训，未参加过相关培训的在任职后一年内必须参加相关培训，任期内必须参加国机集团组织的领导干部轮训。

第三十八条 鼓励和支持企业领导干部开展有利于职业发展的在职自学和自主选学。

第三十九条 建立企业领导干部学习培训档案，将学习培训情况作为考核评价企业领导干部的重要内容。

第四十条 完善企业领导干部交流制度，根据工作需要及任期工作考核情况，可有选择地进行干部交流。

第四十一条 关注主动愿意在条件艰苦、工作困难企业工作并且得到干部职工广泛认可的优秀人才。

第八章　退　出

第四十二条 健全企业领导干部退出机制，完善企业领导干部免职、撤职、辞职、退休制度。

第四十三条 企业领导干部有下列情形之一的，一般予以免职或者撤职：

一、在任期考核评价中考核评价结果为不称职或连续两次考核评价结果为基本称职的；

二、因严重违纪违法被追究责任的；

三、因健康原因长期不能坚持正常工作的；

四、达到任职年龄界限或者退休年龄界限的；

五、因工作需要或者其他原因应当免职的（如：申请脱产学习或病休，时间在一年以上的；企业因关闭、破产，或因股权转让、重组、改制等原因导致股权发生转移的）。

第四十四条 企业领导干部应当全面落实国有资产保值增值责任，出现下列情形之一的，应当及时予以调整：

一、任期内未实现国有资产保值增值，且无重大客观原因的；

二、连续两年未完成国机集团下达的经营业绩考核目标或连续当期经营性亏损，且无重大客观原因的；

三、因企业会计信息严重失真或者提供虚假信息导致经营业绩考核结果严重不实的。

第四十五条 对无正当理由拒不服从组织调动或者交流决定的，依照法律及有关规定予以免职或者降职使用。

第四十六条 实行企业领导干部辞职制度。辞职包括因公辞职、自愿辞职、引咎辞职和责令辞职。

因公辞职是指企业领导干部因工作需要变动职务，依照法律或者有关规定辞去现任职务；

自愿辞职是指企业领导干部因个人或者其他原因，自行提出辞去现任职务；

引咎辞职是指企业领导干部因工作严重失

误、失职造成重大损失或者恶劣影响，或者对重大事故负有重要领导责任等，不宜再担任现职，由本人主动提出辞去现任职务；

责令辞职是指企业领导干部应当引咎辞职或者因其他原因不再适合担任现职，本人未提出辞职的，通过一定程序责令其辞去现任职务。

第四十七条 企业领导干部有下列情形之一的，不得提出辞职：

一、在涉及国家安全、重要机密等特殊岗位任职且不满解密期限的；

二、重要项目或者重要任务尚未完成，而且必须由本人继续完成的；

三、其他原因不能立即辞职的。

第四十八条 企业领导干部自愿辞职未经批准，不得擅离职守。对擅离职守的，视情节轻重予以相应处理；造成严重后果的，依法追究其责任。

第四十九条 企业领导干部达到规定的退休年龄，应当退休并及时办理退休手续。男年满60周岁退休，女正职年满60周岁退休，副职年满55周岁退休。与国机集团重组的外部企业领导干部按相关决议执行。

企业领导干部退休后，不得在原任职企业及所出资的企业担任任何领导职务；离职或者退休后三年内，不得在与原任职企业有业务关系的私营企业、外资企业和中介机构担任职务、投资入股，或者在上述企业或者机构从事、代理与原任职企业经营业务相关的经营活动。因工作需要在其他企业担任职务的，应当事先征得本人所在单位党委同意后按照管理权限报批。

为完善企业领导班子结构，加强干部队伍梯队建设，根据工作需要，对于距离法定退休年龄不满三年且业绩突出的领导干部，如提前退出领导岗位，可安排从事专项工作，享受原岗位职务待遇。

第五十条 企业领导干部离职或者退休后，继续对原任职企业的商业秘密和核心技术负有保密责任和义务，保密期限按照国家和原任职企业的规定执行。

第九章 附 则

第五十一条 本办法由国机集团人力资源部（党委组织部）负责解释。

第五十二条 本办法自印发之日起执行，之前已颁布规定与本办法不一致的，以本办法为准。原《中国机械工业集团有限公司全资、控股企业领导干部管理办法》（国机人（2014）243号）文件同时废止。

中国机械工业集团有限公司
装备制造业务暂行管理办法

第一章 总 则

第一条 为进一步贯彻落实中国机械工业集团有限公司（以下简称国机集团）的发展战略，加强对集团装备制造业务的管理与服务，加快装备制造业务转型升级、深化改革步伐，推进装备制造业与现代服务业融合、传统产业与信息技术融合，逐步向自动化、数字化、信息化、智能化、网络化和服务化的方向迈进，打造具有核心优势的高附加值产品，进一步提升装备制造业务的市场竞争能力，实现有质量的增长，结合《中国制造2025》和《中国机械工业集团有限公司章程》等有关文件规定及国机集团对装备制造业务管理的职能要求，制订本办法。

第二条 本办法所称装备制造业务的管理，是指在对装备制造产业政策和行业发展趋势研究分析的基础上，对集团装备制造业务的发展进行指导和管理，积极参与集团装备制造企业的战略规划、重大资产重组、改革振兴、扭亏脱困等重要事项，对装备制造业务经济运行情况进行定期分析，跟踪落实集团各项决策的实施情况，统筹协调装备制造企业相关事项，为装备制造企业做好各项协调服务与监督管理工作。

第三条 本办法适用于国机集团装备制造板块的相关企业。

第二章 管理方式与职责

第四条 国机集团装备制造部作为集团装备制造业务的对口管理部门，负责对集团所属装备制造企业的业务实施归口管理。

第五条 及时跟踪国内外装备制造产业发展的动态，加强与行业协会的信息交流，认真做好集团装备制造板块产业政策和行业信息的收集、分析与沟通，定期编制并发布国机集团装备制造资讯。

第六条 为确保集团装备制造业务的发展战略与集团整体战略保持一致，加快推进集团装备制造产业战略规划的研究、制定和组织实施，参与审议集团装备制造企业的战略规划、产品规划和市场策略的制定与实施。

第七条 认真做好集团装备制造企业经营情况的研究分析，及时掌握集团装备制造业务的发展现状，统计汇总相关业务数据，定期编制国机集团装备制造板块经济运行动态，为集团领导决策提供依据。

第八条 结合集团装备制造企业的发展现状和所处行业的发展趋势，协助装备制造企业制定符合自身实际的重大资产重组、转型升级、改革振兴、扭亏脱困等实施方案，并做好方案的跟踪、督促与协调服务工作。

第九条 积极推进集团装备制造企业的转型升级和商业模式创新，结合《中国制造2025》，逐步引导集团装备制造企业大力推动重点领域突破发展，深入推进装备制造业结构调整，促进生产型制造向服务型制造转变，培育发展战略新兴产业，进一步提升装备制造业务的核心竞争能力。

第十条 深入集团装备制造企业开展专项调研，了解企业经济运行、所处行业发展形势、存在的主要问题等方面的情况，协调集团相关职能部门，为企业解决实际问题，服务企业发展。

第十一条 组织集团装备制造板块内部或与集团内部其他板块企业的经济运行分析会及各类专题讨论会，加强企业之间的信息沟通与经验交流。

第十二条 对集团装备制造企业经营业务进行协调与管理，组织集团装备制造企业之间或与集团其他企业开展内部合作，并积极推进与集团外其他企业的业务合作。

第十三条 认真贯彻落实集团对装备制造企业的各项要求，参与组织审议装备制造企业年度经营计划、预算和决算方案，督促集团装备制造企业增强风险意识，从经营、财务、投资、法律、安全等各个层面，健全风险管理制度，优化风险管理流程，确保企业健康发展。

第十四条 配合集团人力资源部（党委组织部），参与集团装备制造企业领导班子换届考核工作。

第十五条 负责协调集团总部各相关部门关于集团装备制造企业上报事项的推进，负责集团相关部门提出的管理改革意见在集团装备制造企业的落实。

第三章 附 则

第十六条 本办法由国机集团装备制造部负责解释。

第十七条 本办法经国机集团批准，自发布之日起实施，国机集团原有有关制度与本办法相抵触的，按本办法执行。

附：国机集团装备制造板块归口管理企业名单

1. 中国第二重型机械集团公司
2. 中国一拖集团有限公司
3. 中国国机重工集团有限公司
4. 中国福马机械集团有限公司
5. 中国地质装备集团有限公司

中国机械工业集团有限公司所属企业纪委书记、副书记及监察机构正职提名考察办法（试行）

第一条 为贯彻落实党的十八届三中全会关于“各级纪委书记、副书记提名和考察以上级纪委会同组织部门为主”的要求，规范中国机械工业集团有限公司（以下简称“集团公司”）全资、控股企业（以下统称“所属企业”）纪委书记、副书记及监察机构正职的提名和考察工作，根据《中央企业纪委书记、副书记提名考察办法（试行）》、《中央企业纪委副书记、监察机构正职提名考察操作指引》等制定本办法。

第二条 拓宽选人视野和渠道，集团公司所属企业纪委书记、副书记及监察机构正职人选要敢于监督、善于监督，可以从纪检监察系统内和纪检监察系统外提名，注重从履行党风廉政建设主体责任、监督责任表现突出的优秀干部中选拔。纪委书记、副书记人选应当具备《中国共产党章程》规定的党的领导干部的基本条件。

第三条 集团公司纪委会同集团公司党委组织部、所属企业党委等有关方面，掌握所属企业纪委书记、副书记备用人选，为提名提供人员储备。

第四条 所属企业纪委书记的提名和考察，以集团公司纪委会同集团公司党委组织部为主，按照以下程序办理：

（一）人选

（1）由集团公司纪委会同集团公司党委组织部提出；

（2）集团公司党委组织部就人选听取所属企业党委意见。

（二）考察

由集团公司纪委会同集团公司党委组织部，根据集团公司有关企业领导干部管理规定进行。

第五条 所属企业纪委副书记的提名和考察，按照以下程序办理：

（一）提名

（1）由集团公司纪委听取企业党委、纪委意见后提出；

（2）企业党委经与集团公司纪委充分沟通后，可以向集团公司纪委书面提出提名人选建议，说明提名理由，并附相关人选的干部任免审批表、现实表现材料、党风廉政鉴定材料、干部基本信息表（中央纪委组织部提供样式）、领导干部个人有关事项报告及核查结果。

（二）考察

（1）由集团公司纪委参照集团公司有关企业领导干部管理规定进行，企业党委配合；

（2）考察组在认真、全面考察的基础上，形成考察意见，撰写考察报告。

（三）提出任用意见

集团公司纪委讨论研究考察意见，形成任用意见，以书面形式通知企业党委。企业收到通知后，召开党委会研究，办理任免手续，任免文件报集团公司纪委备案。

第六条 所属企业监察机构正职的提名和考察，按照以下程序办理：

（一）提名

企业党委、纪委提出人选，在考察前与集团公司纪委沟通。沟通同意后，由企业党委向集团公司纪委报送书面请示。请示格式及所附材料同企业纪委副书记提名的有关要求。

（二）考察

提名人选经集团公司纪委同意后，企业党委组织考察工作，集团公司纪委派员参加。

（三）提出任用意见

企业党委根据考察情况，以书面形式向集团公司纪委提出任用建议（包括请示、有关人选考察材料和干部任免审批表、党风廉政情况、会议纪要等）；集团公司纪委书面回复意见，企业党委收到回复意见后履行任免程序，任免文件报集团公司纪委备案。

第七条 所属企业纪委换届时，纪委书记、副书记人选的产生，适用本办法的规定。

第八条 所属企业纪委副书记、监察机构正职的免职，需事先与集团公司纪委沟通。沟通同意后，企业党委报送书面请示，说明免职理由，附干部任免审批表，集团公司纪委以书面形式回复有关意见。

第九条 所属企业纪委书记、副书记以外纪检监察人员的选拔任用，由企业同级纪委提出意见。所属企业的下属企业纪委书记、副书记的提名考察参照执行本办法。

第十条 本办法自发布之日起实施。

第五篇

荣誉汇编

2015年全国及省部级，中央企业和国机集团先进集体及先进个人

中国机械工业集团有限公司主要排名及荣誉

一、主要排名

1. 综合排名

世界500强企业第293位

中国企业500强第56位

2. 机械行业排名

中国机械工业100强第1位

3. 对外贸易和服务

中国对外贸易企业500强第14位

4. 汽车贸易和服务

中国最大的汽车贸易和服务商

5. 机械工业进出口贸易

中国机械工业最大的进出口贸易企业

6. 国机工程承包排名

ENR“全球250家最大国际工程承包商”第23位

ENR“国际工程设计企业225强”第58位

二、主要荣誉

全国企业文化顶层设计与基层践行优秀单位

“十二五”企业文化建设优秀单位

中国对外承包工程企业社会责任绩效评价最高等级奖项

2015年度优秀企业社会责任报告奖

2015“金蜜蜂企业社会责任·中国榜”，获“金蜜蜂企业”

全国及省部级，中央企业和国机集团先进集体及先进个人

一、全国先进集体

1. 全国文明单位

中工国际工程股份有限公司

中国第二重型机械集团公司

2. 全国五一巾帼标兵岗

中国成套工程有限公司农业工程与贸易项目部

3. 全国青年文明号

中国二重铸锻公司炼钢车间80t电炉班组

今辰药业有限公司中药内包组

中国联合工程公司电力工程设计研究院热机设计室

4. 全国青年安全生产示范岗

中国起重运输机械设计研究院有限公司起重工程部

中国机械设备工程股份有限公司机械工业勘察设计研究院有限公司测量监测公司

5. 全国模范职工之家

中国机械设备工程股份有限公司机勘院工会

6.“龙图杯”全国BIM大赛设计类一等奖

中国汽车工业工程有限公司

二、全国先进个人

1. 全国五一劳动模范

漆小虎　中国第二重型机械集团公司

高中汉　中国一拖集团有限公司

张　日　中国中元国际工程有限公司

郭伟华　中国联合工程公司

阮　兵　中国汽车工业工程有限公司

2. 全国优秀共青团员

范玉龙　中国一拖集团有限公司第一拖拉机股份有限公司第三装配厂产品研发部专业技术人员

3. 全国优秀共青团干部

秦　虎　中国联合工程公司中联西北工程设计研究院有限公司综合管理部部长、团委书记

三、中央企业先进集体

1. 中央企业五四红旗团委

中机国际工程设计研究院有限责任公司团委

中国电器科学研究院有限公司团委

2. 中央企业五四红旗团支部

中国第二重型机械集团公司万航模锻有限责任公司模锻厂团支部

中国联合工程公司第二工业工程设计研究院团支部

3. 中央企业青年文明号

中国一拖集团有限公司洛阳拖拉机研究所有限公司电控系统研发组

中国机械工业建设集团有限公司德阳安装技师学院学生工作部

中国汽车工业工程有限公司工艺工程院

机械工业第六设计研究院有限公司烟草工程所

四、中央企业先进个人

1. 中央企业优秀共青团干部

王　刚　中国机械设备工程股份有限公司机勘院

夏婉莹　中国通用机械工程有限公司团委书记

马　超　北京起重运输机械设计研究院团委书记

2. 中央企业优秀共青团员

康铁森　中国一拖集团有限公司团委

刘　广　中工国际工程股份有限公司成套工程二部

王　翔　国机汽车股份有限公司北京国机隆盛汽车有限公司机修组

田　凯　天津电气科学研究院有限公司研发中心系统研发部

3. 中央企业青年岗位能手

赵　博　中国农业机械化科学研究院机电技术应用研究所研究室

杨佑刚　中国第二重型机械集团公司铸锻公司炼钢车间

周　静　江苏苏美达成套设备工程有限公司

潘建华　合肥通用机械研究院

五、省部级先进集体

1. 河南省工人先锋号集体

中国一拖集团有限公司洛阳福莱格车身有限公司冲压工部

2. 首都文明单位

中工国际工程股份有限公司

国机汽车股份有限公司

3. 陕西省青年文明号

中国重型机械研究院股份公司板带精整与处理研究所

中国联合工程公司中联西北工程设计研究院有限公司华创所

4. 河南省青年文明号

中国一拖集团有限公司（洛阳）福莱格车身有限公司技术中心

5. 天津市青年文明号

中国汽车工业工程有限公司团委

6. 四川省五四红旗团委

中国二重铸锻公司团委

7. 江苏省五四红旗团委

苏美达国际技术贸易有限公司团委

8. 全国汽车行业五四红旗团委

中国进口汽车贸易有限公司团委

9. 四川省五四红旗团支部

中国二重检测中心仪表计量团支部

中国二重万航公司模锻厂团支部

10. 江苏省共青团工作先进单位

江苏苏美达集团有限公司团委

11. 上海市青年五四奖章集体

中国浦发所属中机国能电力工程有限公司土建青年突击队

12. 江苏省模范职工之家

13. 河南省住房和城乡建设系统五四红旗团委

机械工业第六设计研究院有限公司团委

苏美达国际技术贸易有限公司分工会

14. 河南省厂务公开民主管理十大标兵单位

中国一拖集团有限公司

15. 江苏省两化融合转型升级示范企业

江苏林海动力机械集团有限公司

16. “全国优秀施工企业”

中海工程建设总局

17.2013—2014 年度守合同重信用企业

江苏林海动力机械集团有限公司

18. 社会责任绩效评价“领先型”企业

中工国际工程股份有限公司

19. 第五届中国证券金紫荆奖“最佳上市公司董事会”奖

中工国际工程股份有限公司

20. 中共河南省住房和城乡建设系统五好党委

中共机械工业第六设计研究院有限公司党委

21. 中共河南省住房和城乡建设系统五好党总支

中共机械工业第六设计研究院有限公司管理服务党总支、厦门院党总支、第三工程院党总支、监理公司党总支

22. 中共河南省住房和城乡建设系统五好党支部

中共机械工业第六设计研究院有限公司第二工程院党总支第一党支部、第三工程院党总支第三党支部、第四工程院党总支第一党支部、第五工程院党总支第一党支部、第六工程院党总支第三党支部、第七工程院党总支第二党支部、第八工程院党总支第二党支部、监理公司党总支第三党支部、厦门院党总支第一党支部、管理服务党总支第一党支部

23. 重庆科委系统先进党支部

重庆材料研究院有限公司第一党支部

24. 天津市优秀志愿服务团队

中国汽车工业工程有限公司团委

25. 河南省住房和城乡建设系统先进工会

机械工业第六设计研究院有限公司工会

26. 重庆市工贸行业安全生产先进集体

重庆材料研究院有限公司

27. 甘肃省“双联”行动先进单位“明星奖”

甘肃兰科石化高新装备股份有限公司

28. 最受投资者尊重的上市公司百强奖

中工国际工程股份有限公司

六、省部级先进个人

1. 四川省优秀共产党员

白树华　中国第二重型机械集团公司

2. 重庆市科委系统优秀共产党员

黄雅丽　重庆材料研究院有限公司

3. 河南省住房和城乡建设系统优秀共产党员

高　亮　白　涛　郭快乐　韩　璐　张海清　李小波　李　斌　郭芳慧　薛　峰　王　更　刘金鹏　陈　永　林仲禹　毛卫东　李国顺　张清宽　潘　帅　牛志龙　机械工业第六设计研究院有限公司

4. 重庆市科委系统优秀党务工作者

洛文波　重庆材料研究院有限公司

5. 河南省住房和城乡建设系统优秀党务工作者

孟　钰　陈智勇　姜学新　机械工业第六设计研究院有限公司

6. 河南省五一劳动奖章获得者

雷　军　中国一拖集团有限公司工会

7. 天津市五一劳动奖章获得者

王春武　天津电气科学研究院有限公司

8. 湖南省劳动模范

袁凯南　中国机械设备工程股份有限公司

9. 上海市劳动模范

葛　松　甘肃兰科石化高新装备股份有限公司

梁天生　中国浦发机械工业股份有限公司

10. 四川省劳动模范

龙小平　中国第二重型机械集团公司铸造公司

谢明强　成都工具研究所有限公司

11. 上海市三八红旗手

常春梅　甘肃兰科石化高新装备股份有限公司

12. 天津市三八红旗手

周　蓉　中国汽车工业工程有限公司

13. 四川优秀共青团干部

柳玉晗　中国第二重型机械集团公司

14. 浙江省直机关优秀共青团干部

梅紫薇　中国联合工程公司团委

15. 河南省直机关模范共青团干部

周灵芝　机械工业第六设计研究院有限公司

16. 四川省优秀共青团员

邹忠华　陈鲜文　中国第二重型机械集团公司

17. 河南省优秀共青团员

范玉龙　中国一拖团委

李　翔　中国第二重型机械集团公司核电石化事业部

18. 浙江省优秀共青团员

陈姗姗　中国联合工程公司团委

19. 河南省直机关优秀共青团员

陈　翔　熊新宇　机械工业第六设计研究院有限公司

20. 陕西科技系统优秀共青团员

贾尚武　中国重型机械研究院股份公司

21. 江苏省共青团工作先进工作者

杨　勇　江苏苏美达集团有限公司

22. 陕西青年五四奖章

田　伟　中国联合工程公司中联西北工程设计研究院有限公司工程技术研究中心、环境工程公司

23. 河南省青年岗位能手

李勇涛　闫兴军　中国一拖集团有限公司团委

24. 江苏省（杰出）青年岗位能手

陈　超　江苏苏美达机电有限公司

25. 上海市青年岗位能手

叶邦林　甘肃兰科石化高新装备股份有限公司

26. 陕西科技系统青年创新创效活动先进个人

商亚丹 中国重型机械研究院股份公司

27. 浙江省安全生产“安康杯”先进个人

伍 凯 中国联合工程公司团委

28. 上海市农民工先进个人

吴 伟 甘肃兰科石化高新装备股份有限公司

29. 河南省住房和城乡建设系统优秀工会工作者

周灵芝 韩 冬 曹振华 薛 军 张 果
欧阳壮志 陈利双 胡晓辉 刘 亮 张 俊
陈桂琴 孙志维 刘 欢 孟 钰 杨志远
牛向阳 高利永 陈役军 机械工业第六设计研究院有限公司

30. 河南省住房和城乡建设系统工会积极分子

熊新宇 刘 杰 刘鑫璐 郑鹏程 周 翔
陈 翔 陈 鹏 魏代俊 宋金旭 张银锁
张彦斌 祁永斌 陈 翔 邢江伟 王靖宇
倪玮琳 王 茜 杨敏敏 王艺璇 马 东
张 龙 王珺黎 沈中华 李 辉 李丽萍
赵 影 毛建羽 左大林 王 英 王玮斌
孙骁杰 李 阳 毛朝亮 李 亨 菅文广
陈光光 机械工业第六设计研究院有限公司

31. 陕西省发明协会“发明创业奖”特等奖

任 彤 中国重型机械研究院股份公司

32. 甘肃省“双联”行动先进个人“标兵奖”

朱万茂 甘肃兰科石化高新装备股份有限公司

33. 机械工业质检机构 2014—2015 年度先进个人

李 苏 甘肃兰科石化高新装备股份有限公司

七、国机集团先进单位、先进个人及单项奖，以及科研领军人物

（一）先进集体

1. 先进单位

中国机械设备工程股份有限公司
江苏苏美达集团有限公司
中工国际工程股份有限公司
中国联合工程公司
中国汽车工业工程有限公司
合肥通用机械研究院 (中国通用院)
国机财务有限责任公司
中国重型机械有限公司
中国浦发机械工业股份有限公司

2. 先进集体

中国机械设备工程股份有限公司白俄罗斯别列佐夫电站和卢克木里电站项目部

中工国际工程股份有限公司委内瑞拉比西亚联合循环电站及配套输变电项目组

中国福马机械集团有限公司江苏林海动力机械集团公司特种车辆事业部技术开发部

中国海洋航空集团有限公司苏州天龙制药有限公司生产部灌装组

中国机械工业建设集团有限公司中国机械工业机械工程有限公司青岛模块建造项目部

国机汽车股份有限公司中国进口汽车贸易有限公司

中国汽车工业国际合作有限公司国际展览三部

中国农业机械化科学研究院北京金轮坤天特种机械有限公司表面工程技术项目组

中国中元国际工程有限公司民用建筑设计研究院建筑工程三所

北京起重运输机械设计研究院起重工程事业部

中国第二重型机械集团公司（德阳）重型装备股份有限公司核容事业部核电容器厂

中国一拖集团有限公司技术中心电控系统软硬件开发团队

江苏苏美达集团有限公司江苏苏美达成套设备工程有限公司成套工程部

国机精工有限公司郑州磨料磨具磨削研究所有限公司制品九部

中国联合工程公司中机建筑设计工程公司建筑设计二院

中国汽车工业工程有限公司建筑工程四院

机械工业第六设计研究院有限公司国际工程院

合肥通用机械研究院舰艇装备保障服务队

中国重型机械研究院股份公司冶金装备研究所

桂林电器科学研究院有限公司成套装备部设计室

3. 单项奖励

提质增效奖 中国一拖集团有限公司

科技创新奖 国机集团中央研究院、中国重型机械研究院股份公司、中国地质装备集团有限

公司、天津电气科学研究院有限公司

重大事件处置奖　国机汽车股份有限公司

业务协同贡献奖　中国机械设备工程股份有限公司

安全生产奖　中国第二重型机械集团公司

质量奖　中国机械设备工程股份有限公司、江苏苏美达集团有限公司、中国中元国际工程有限公司、合肥通用机械研究院

4. 国机集团科学技术奖

特等奖获奖单位　北京起重运输机械设计研究院

一等奖获奖单位　中国重型机械研究院股份公司、合肥通用机械研究院、中国汽车工业工程有限公司

二等奖获奖单位　沈阳仪表科学研究院有限公司、苏州电加工机床研究所有限公司、中国中元国际工程有限公司、甘肃蓝科石化高新装备股份有限公司、中国电器科学研究院有限公司、中国联合工程公司、中国农业机械化科学研究院、天津电气科学研究院有限公司

5. 国机集团五四红旗团委（2014—2015 年）

中国机械设备工程股份有限公司团委

中国机械设备工程股份有限公司中机国际设计研究院有限责任公司团委

中国机械设备工程股份有限公司机械工业勘察设计研究院有限公司团委

中工国际工程股份有限公司团委

中国福马机械集团有限公司镇江中福马机械有限公司团委

中国福马机械集团有限公司江苏林海动力机械集团有限公司团委

中国海洋航空集团有限公司上海海虹实业（集团）巢湖今辰药业有限公司团委

中国机械工业建设集团有限公司中国三安建设集团有限公司团委

中国通用机械工程有限公司团委

国机重工常林股份有限公司团委

国机汽车股份有限公司团委

国机汽车股份有限公司中国汽车工业进出口有限公司团委

中国汽车工业国际合作有限公司团委

中国农业机械化科学研究院中机十院国际工程有限公司团委

中国农业机械化科学研究院北京卓众出版有限公司团委

中国中元国际工程有限公司团委

北京起重运输机械设计研究院团委

中国二重重机公司团委

中国二重精衡公司团委

一拖（洛阳）铸造有限公司团委

中国一拖集团有限公司技术中心团委

江苏苏美达五金工具有限公司团委

苏美达国际技术贸易有限公司团委

中国联合工程公司团委

中国联合工程公司中联西北工程设计研究院有限公司团委

中国汽车工业工程有限公司团委

机械工业第六设计研究院有限公司团委

沈阳仪表科学研究院有限公司团委

天津电气科学研究院有限公司团委

中国电器科学研究院有限公司兰州电源车辆研究所有限公司团委

广州机械科学研究院有限公司团委

成都工具研究所有限公司团委

中国重型机械研究院股份公司团委

桂林电器科学研究院有限公司团委

6. 国机集团五四红旗团支部（总支）（2014—2015 年）

中国机械设备工程股份有限公司第一事业部团支部

中国机械设备工程股份有限公司展览公司团支部

中国机械设备工程股份有限公司中机国际设计研究院有限责任公司马代二期项目团支部

中国机械设备工程股份有限公司中国电力工程有限公司第一团支部

中国机械设备工程股份有限公司中国成套工程有限公司团支部

中工国际工程股份有限公司第一团支部

中国福马机械集团有限公司江苏林海动力机械集团有限公司摩托车事业部团支部

中国福马机械集团有限公司苏州苏福马机械有限公司制造团支部

中国海洋航空集团有限公司海南榆海实业发展公司琼海物业管理分公司团支部

中国机械工业建设集团有限公司中国机械工业第二建设工程有限公司武汉总部团支部

中国通用机械工程有限公司第二团支部

国机重工常林股份有限公司道机团支部

国机重工（洛阳）有限公司工机公司产技团支部

国机汽车股份有限公司中进汽贸服务有限公司团总支

国机汽车股份有限公司中进汽贸发展（天津）有限公司团支部

国机汽车股份有限公司北京国机隆盛汽车有限公司团支部

中国汽车工业国际合作有限公司第三团支部

中国农业机械化科学研究院行业技术服务中心团支部

中国农业机械化科学研究院中机三勘岩土工程有限公司团支部

中国农业机械化科学研究院机电技术应用研究所团支部

中国中元国际工程有限公司民用建筑设计研究院团支部

北京起重运输机械设计研究院起重工程事业部团支部

中国二重重机公司重机厂团总支

中国二重铸锻公司铸钢车间团总支

中国二重核电石化事业部核电容器厂铆焊团支部

第一拖拉机股份有限公司锻造厂技术质检团支部

第一拖拉机股份有限公司第三装配厂分装车间团支部

一拖（洛阳）柴油机有限公司装配一车间团支部

江苏苏美达集团有限公司综合团支部

江苏苏美达五金工具有限公司工具板块制造中心团总支

中国联合工程公司第二建筑工程设计研究院团支部

中国联合工程公司中机中联工程有限公司中机建筑工程有限公司团支部

中国联合工程公司中联西北工程设计研究院有限公司华建公司团支部

中国汽车工业工程有限公司建筑工程一院团支部

中国汽车工业工程有限公司建筑工程二院团支部

中国汽车工业工程有限公司工艺工程院团支部

机械工业第六设计研究院有限公司第一工程院团支部

机械工业第六设计研究院有限公司第四工程院团支部

机械工业第六设计研究院有限公司第六工程院团支部

沈阳仪表科学研究院有限公司汇博光学团支部

合肥通用机械研究院压力容器与管道技术基础研究部团支部

合肥通用机械研究院通用机电产品检测院团支部

甘肃蓝科石化高新装备股份有限公司行业发展中心团支部

天津电气科学研究院有限公司电控设备检测中心团支部

中国电器科学研究院有限公司擎天材料科技有限公司团支部

广州机械科学研究院有限公司设备状态检测研究所团支部

重庆材料研究院有限公司第四团支部

桂林电器科学研究院有限公司金格团总支

（二）先进个人

1. 国机集团劳动模范

袁凯南　中国机械设备工程股份有限公司中机国际设备及自动化工程所副所长

沈　忱　中工国际工程股份有限公司电力工程部总经理

殷扣宏　中国福马机械集团有限公司江苏林海动力机械集团公司林机通机事业部销售经理

彭　莉（女）中国地质装备集团有限公司无锡钻探工具厂有限公司技术研发部副总工程师

周　军　中国机械工业建设集团有限公司第一工程事业部总经理

李　珂（女）　中国重型机械有限公司市场开发事业部市场开发部副经理

刘同杰　中国国机重工集团有限公司常林股份有限公司海外事业部中东部主任

黄晓群（女）　中国中元国际工程有限公司医疗建筑设计研究院医疗建筑研究所所长

姜红旗　北京起重运输机械设计研究院索道工程事业部副总经理

闫楚良　国机集团科学技术研究院有限公司

北京飞机强度研究所所长

汤志龙　中国第二重型机械集团公司（德阳）重型装备股份有限公司铸锻公司铸钢车间造型工段班长

赵传扬　中国一拖集团有限公司第三装配厂产品研发部副部长

王韶华　江苏苏美达集团有限公司江苏苏美达机电有限公司技术中心主任

徐　圣　中国联合工程公司电力工程设计研究院院长

张海康　中国汽车工业工程有限公司工艺工程院副院长

黄光伟　机械工业第六设计研究院有限公司国际工程院院长

张玉福　甘肃蓝科石化高新装备股份有限公司行业发展中心主任

王长峰　洛阳轴研科技股份有限公司中小型轴承制造部磨工班组长

王　华　重庆材料研究院有限公司传感器部创新团队首席专家

刘赵卫　中国重型机械研究院股份公司冶金装备研究所所长

2. 国机集团优秀共青团员（2014—2015 年）

陈博乾　中国机械设备工程股份有限公司资产财务部职员

李菀菲（女）　中国机械设备工程股份有限公司党委工作部职员

陈　凤（女）　中国机械设备工程股份有限公司中机国际设计研究院有限责任公司设计人员

向高亮　中国机械设备工程股份有限公司中机国际设计研究院有限责任公司信息与数字技术研究所所长助理

邵婧元（女）　中国机械设备工程股份有限公司中国电力工程有限公司商务经理

孙杰飞　中国机械设备工程股份有限公司机械工业勘察设计研究院有限公司工程师

李红梅（女）　中工国际工程股份有限公司成套工程四部项目经理

邵颖欢（女）　中工国际工程股份有限公司成套工程五部业务员

周潇潇　中国福马机械集团有限公司镇江中福马机械有限公司机加工车间控龙门铣操作工

徐海清　中国海洋航空集团有限公司上海海虹实业（集团）有限公司海虹汽车修理分公司机修工

王　震　中国地质装备集团有限公司衡阳中地装备探矿工程机械有限公司电工

李　竺（女）　中国机械工业建设集团有限公司资产财务部职员

都　旭　中国机床总公司进出口业务员

文泓森　中国通用机械工程有限公司助理工程师

孙　泽　国机重工（洛阳）有限公司工机公司助理工程师

张　栋　国机重工常林股份有限公司装载机事业部部装班组长

张清志　国机重工四川长江工程起重机有限责任公司起重机事业部销售员

王　丹（女）　国机重工常林股份有限公司海外事业部销售助理

常　燚（女）　国机汽车股份有限公司信息管理部职员

刘　涛　国机汽车股份有限公司北京中进道达汽车有限公司置换部经理

王华鑫　国机汽车股份有限公司中进汽贸（天津）进口汽车贸易有限公司销售部业务员

马　鹏　国机汽车股份有限公司中国汽车工业进出口有限公司会计

王明辉　中国汽车工业国际合作有限项目经理

杜美娟（女）　国机资产管理公司国机时代置业（北京）有限公司职员

赵远征　中国农业机械化科学研究院长春机械科学研究院有限公司项目经理

付　饶　中国农业机械化科学研究院北京卓众出版有限公司采编

陈　伟　中国农业机械化科学研究院北京大顺长城液压科技有限公司助理工程师

张雪飞　中国农业机械化科学研究院中机建工有限公司技术员

苗改梅（女）　中国中元国际工程有限公司职员

陈烁朴（女）　中国中元国际工程有限公司设计人员

韩嘉懿（女）　北京起重运输机械设计研究院质检中心职员

刘雪娇（女）　中国二重铸锻公司综合管理部职员

李鹏飞　中国二重核电石化事业部核电容器厂技术员

龚洪顺　中国二重精衡传动设备有限公司技术员

邝嘉侃　中国二重企业安全与环境部保卫科副班长

邢首辰　中国一拖集团有限公司技术中心计算机工程部专业技术人员

王毅斐　中国一拖集团有限公司采购中心财务科采购业务管理员

李思瑶（女）　第一拖拉机股份有限公司第四装配厂零部件主管

王　果　第一拖拉机股份有限公司锻造厂模锻车间锻工班组长

王广仲　江苏苏美达轻纺国际贸易有限公司家纺事业部业务组长

胡　杰　江苏苏美达机电有限公司轮毂事业部业务经理

王英奎　江苏苏美达成套设备工程有限公司国际工程事业部技术工程师

赵春波　江苏苏美达轻纺国际贸易有限公司财务部海外实业主管

王　芳（女）　中国浦发机械工业股份有限公司中机国能电力工程有限公司职员

张焕苏　国机精工有限公司中国机械工业国际合作有限公司业务员

丛　联　中国联合工程公司海外工程公司职员

赵　伟　中国联合工程公司中机中联工程有限公司市政环保设计院给排水工程设计师

戴文俊　中国联合工程公司中机中联工程有限公司建筑设计师

卢立桓　中国联合工程公司中联西北工程设计研究院有限公司华昌所方案组长

李　政　中国汽车工业工程有限公司工程师

王文俊　中国汽车工业工程有限公司设计人员

陈　睿　中国汽车工业工程有限公司助理工程师

黄乐天　中国汽车工业工程有限公司助理工程师

王　茜（女）　机械工业第六设计研究院有限公司结构设计师

常钰晖（女）　机械工业第六设计研究院有限公司设计人员

白四红　机械工业第六设计研究院有限公司助理设计师

孙善赟　机械工业第六设计研究院有限公司设计人员

刘添昊　沈阳仪表科学研究院有限公司职员

刘　杰　合肥通用机械研究院压力容器与管道技术基础研究部助理工程师

张煜晨　合肥通用机械研究院通用机电产品检测院助理工程师

邢志胜　合肥通用机械研究院军品生产部职员

蒋　陆　合肥通用机械研究院制冷空调事业部职员

于　啸　甘肃蓝科石化高新装备股份有限公司设计人员

何　凯　洛阳轴研科技股份有限公司主轴事业部装配钳工

李清华　洛阳轴研科技股份有限公司大型轴承制造部班组长

张　澍（女）　天津电气科学研究院有限公司天津天传新能源电气有限公司市场部职员

王延钰　天津电气科学研究院有限公司产品销售经理

王笑然　中国电器科学研究院有限公司广州擎天实业有限公司区域销售经理

张　岐　广州机械科学研究院有限公司质量工程师

侯庆华　济南铸造锻压机械研究所有限公司数控冲剪折公司装配钳工

唐海权　成都工具研究所有限公司数控工具部工程师

侯翔宇　中国重型机械研究院股份公司机械装备厂职员

梁昌鹏　桂林电器科学研究院有限公司电机事业部助理工程师

3.国机集团优秀共青团干部（2014—2015年）

李　煜（女）　中国机械设备工程股份有限公司团委委员

王海涛　中国机械设备工程股份有限公司第六工程成套事业部团支部书记

周旭东　中国机械设备工程股份有限公司中国电力工程有限公司团委委员

漆　璐（女）　中国机械设备工程股份有限

公司中国成套工程有限公司团支部书记

刘哲强　中国机械设备工程股份有限公司机械工业勘察设计研究院有限公司国际测量监测团支部委员

霍　达　中工国际工程股份有限公司团委副书记

张建蕊（女）　中工国际工程股份有限公司团委委员

于　霞（女）　中国福马机械集团有限公司镇江中福马机械有限公司团委书记

李　晓　中国福马机械集团有限公司苏州苏福马机械有限公司团支部书记

李　珍（女）　中国海洋航空集团有限公司上海东海华庆工程有限公司广东分公司会计

侯金定（女）　中国地质装备集团有限公司北京地质仪器厂团委书记

李银贺（女）　中国地质装备集团有限公司北京地质仪器厂所属北京海光仪器有限公司团支部书记

秦幸幸（女）　中国机械工业建设集团有限公司中国机械设备海南股份有限公司团委书记

董祖馨（女）　中国机床总公司团委委员

林　萌（女）　中国通用机械工程有限公司团委副书记

李　琦　国机重工（洛阳）有限公司工机公司团委副书记

路　俊　国机重工常林股份有限公司团委委员

宋　洁（女）　国机重工总部团支部委员

王　森　国机汽车股份有限公司团委委员

胡　希（女）　国机汽车股份有限公司中国进口汽车贸易有限公司团委委员

梁洁清（女）　国机汽车股份有限公司中国汽车工业进出口有限公司团委书记

刘　岩　中国汽车工业国际合作有限公司团委副书记

余　祺　中国汽车工业国际合作有限公司团委委员

林　龙　国机资产管理公司京外团支部委员

赵庆亮　中国农业机械化科学研究院团委书记

杨晨光　中国农业机械化科学研究院中机十院国际工程有限公司团委书记

聂慧燕（女）　中国农业机械化科学研究院中机三勘岩土工程有限公司团支部书记

刘倩怡（女）　中国中元国际工程有限公司团委副书记

曾　程（女）　北京起重运输机械设计研究院团委委员

王应龙　中国第二重型机械集团公司原团委副书记（主持工作）

陈　操　中国二重铸锻公司炼钢车间团总支书记

何　莉（女）　中国二重中机公司团支部书记

饶　益　中国二重核电石化事业部核电容器厂机加团支部书记

李冰冰　一拖（洛阳）福莱格车身有限公司团委书记

姚冰洁（女）　第一拖拉机股份有限公司第四装配厂团委书记

宋　岩　一拖（洛阳）铸造有限公司团委书记

陈子尧　江苏苏美达集团有限公司团委委员、综合团支部书记

牛煜麒　江苏苏美达集团有限公司团委宣传部部长

董　杰　中国浦发机械工业股份有限公司团总支书记

沈淑玙（女）　中国浦发机械工业股份有限公司团总支组织干事

李大水　国机精工有限公司郑州磨料磨具磨削研究所有限公司团委委员

张　敏　中国联合工程公司团委副书记

张乔杰　中国联合工程公司中机中联工程有限公司团委委员

高　鑫　中国联合工程公司中联西北工程设计研究院有限公司华诚所团支部书记

万洁芸（女）　中国汽车工业工程有限公司团委委员

刘　奕　中国汽车工业工程有限公司团委委员

高　亮　中国汽车工业工程有限公司建筑工程一院团支部副书记

熊新宇　机械工业第六设计研究院有限公司团委委员

陈　翔　机械工业第六设计研究院有限公司团委委员

段玉娟（女） 机械工业第六设计研究院有限公司团委委员

张大林 沈阳仪表科学研究院有限公司团委委员、汇博热能公司团支部书记

杜 健 沈阳仪表科学研究院有限公司团委委员、行业发展部团支部书记

储晓亮 合肥通用机械研究院团委委员

孙 振 甘肃蓝科石化高新装备股份有限公司团委书记

王玉国 洛阳轴研科技股份有限公司大型轴承制造部团支部宣传委员

常晓玉（女） 洛阳轴研科技股份有限公司特种材料开发部团支部书记

李 婧（女） 天津电气科学研究院有限公司团委书记

钱 峰 中国电器科学研究院威凯公司团总支书记

朱映林（女） 广州机械科学研究院有限公司团支部副书记

刘 凯 济南铸造锻压机械研究所有限公司团委委员

杨晓亮 重庆材料研究院有限公司团委书记

熊 倩（女） 成都工具研究所有限公司团委书记

刘 鹏（女） 中国重型机械研究院股份公司陕西冶金设计研究院有限公司团支部书记

刘艳斌 桂林电器科学研究院有限公司团委副书记

（三）科研领军人物

关 杰 中国重型机械研究院股份公司

泰 宁 中国联合工程公司

闫楚良 中央研究院

陈学东 合肥通用机械研究院

2015 年全国、机械行业及省部级科学技术奖

一、国家科学技术奖

国家科学技术奖二等奖

中国地质装备集团有限公司无锡钻探工具厂有限公司

12 000t 航空铝合金厚板张力拉伸装备研制与应用 中国重型机械有限公司

二、中国机械工业科学技术奖

1. 一等奖

精准农业智能化变量作业装备技术开发与应用 中国农业机械化科学研究院

2. 二等奖

北京市医疗器械检验所综合性医疗器械检验基地 中国中元国际工程有限公司

机械压力机安全技术要求（GB27607—2011） 济南铸造锻压机械研究所有限公司等

镁合金热室压铸机（GB/T 25717—2010） 济南铸造锻压机械研究所有限公司等

高效转子混砂机技术条件（GB/T 28689—2012） 济南铸造锻压机械研究所有限公司

热交换器节能测算方法关键技术研究及 GB/T 27698.1—2011《热交换器及传热元件性能测试方法》标准制定 甘肃兰科石化高新装备股份有限公司

3. 三等奖

油脂干式冷冻真空脱臭技术及装备、《农业灌溉设备 灌溉阀》等 7 项灌溉设备标准 、华锐风电科技（江苏）有限公司国家能源海上风电技术装备研发中心项目工程设计 中国中元国际工程有限公司

《MEMS 硅基压力传感器系列国家标准》 沈阳仪表科学研究院有限公司

JB/T 11316—2012《矩形熔断体》标准制定 广州电器科学研究院

三、山东省科学技术奖

1. 一等奖

SP 型高性能数控伺服转塔冲床 济南铸造锻压机械研究所有限公司

2. 三等奖

CL612Ai 型石油管材高效激光切割加工单元 济南铸造锻压机械研究所有限公司

四、陕西省科学技术奖

1. 一等奖

石油管工程试验平台建设及关键技术创新 中国重型机械研究院股份公司

2. 二等奖

超宽幅O5级汽车面板生产—精整机组关键工艺及装备研发与应用 中国重型机械研究院股份公司

3. 三等奖

煤制甲醇废水深度处理资源化利用技术及设备 中国联合工程公司（中联西北工程设计研究院有限公司）

五、辽宁省科学技术奖三等奖

12英寸全自动划片工艺设备 沈阳仪表科学研究有限院

GIS波纹管补偿器性能评价平台 沈阳仪表科学研究有限院

六、重庆市科学技术奖三等奖

GB/T 1598—2010《铂铑10-铂热电偶丝、铂铑13-铂热电偶丝、铂铑30-铂铑6热电偶丝》 重庆材料研究院有限公司

七、甘肃省科学技术奖三等奖

炼油厂焦炭塔应力分析及疲劳寿命评估 甘肃兰科石化高新装备股份有限公司

八、天津科技创新奖

1. 二等奖

电力电子装置实时控制系统开发平台及工业应用 天津电气科学研究院有限公司

GGL-Z智能型固定式低压成套开关设备 天津电气科学研究院有限公司

2. 三等奖

基于优化技术及自主成套装备的工业PCS系统开发及产业化 天津电气科学研究院有限公司

九、中国建筑学会科技奖

1. 一等奖

上海浦东国际机场DHL航空货运枢纽工程 中国中元国际工程有限公司

2. 二等奖

《民用建筑隔声设计规范》GB 50118—2010 中国中元国际工程有限公司

建筑给水排水工程技术与设计手册 中国中元国际工程有限公司

2015年全国及行业、省区市优秀工程奖

全国及行业奖项

一、国家优质工程奖

丽都饭店改（扩）建工程、北京兴电国际工程管理有限公司

临港重型装备研制基地海上多功能安装起吊平台（船）关键设备研制项目海工装备厂房及辅房工程 中国联合工程公司

二、全国工程建设优秀质量管理小组三等奖

中国机械工业第一建设有限公司印尼氧化铝项目部桩基工程QC小组

中国机械工业第二建设工程有限公司涂装车间烟囱施工QC小组

中国机械工业第二建设工程有限公司通州玉桥南里锅炉房及管网工程现场焊接QC小组

中国机械工业第二建设工程有限公司安徽格义能源农林废弃物资源化高效综合利用项目压力容器制作QC小组

中国机械工业第二建设工程有限公司番禺34-1项目海上平台焊接质量控制QC小组

三、全国建筑业绿色施工示范工程

北京中央公园广场项目 北京兴电国际工程管理有限公司

北京奥林匹克文化商务区项目 北京兴电国际工程管理有限公司

北京丰台科技园商业综合体 北京兴电国际工程管理有限公司

四、全国绿色建筑创新奖一等奖

中煤张家口煤矿机械有限责任公司煤机装备产业园项目 机械工业第六设计研究院有限公司

五、中国分布式能源优秀项目奖

中设新能源杭州湾分布式光伏项目群（第一期） 中国机械设备工程股份有限公司（CMEC）

所属中设无锡公司

六、中国机械工业科学技术奖

1. 二等奖

山西阳煤丰喜化工机械有限公司现代煤化工装备太原研发制造基地、哈尔滨锅炉厂有限责任公司燃烧试验中心建设项目　中国联合工程公司

大型工业模块安装技术　中国机械工业机械工程有限公司

2. 三等奖

滨特尔蒸汽安全阀试验及生产台架项目　中国联合工程公司

大型工业功能模块中的冶金电炉安装施工技术　中国机械工业机械工程有限公司

七、2015 年度机械工业优秀工程咨询勘察设计成果奖

1. 一等奖

盐城市城市排水规划（2013—2030）　中机国际工程设计研究院有限责任公司

海洋地质保障工程配套装备项目可行性研究报告 中国中元国际工程有限公司

2. 二等奖

新邵县枫树坑水库引水工程可研　中机国际工程设计研究院有限责任公司

常德烟草机械有限责任公司超高速、高速卷接机组技术改造及厂区扩建项目中机国际工程设计研究院有限责任公司

浙江八环轴承有限公司年产 6 045 万套高端精密轴承制造项目　中国农业机械化科学研究院　中国十院国际工程有限公司

大江重工（焦作）有限公司液压支架建设项目、贵州中烟工业有限责任公司贵定卷烟厂易地技术改造项目、兰州科近泰基新技术有限责任公司重离子应用技术及装备制造产业基地　机械工业第六设计研究院有限公司

新邵县枫树坑水库引水工程可研、常德烟草机械有限责任公司超高速、高速卷接机组技术改造及厂区扩建项目　中机国际工程设计研究院有限责任公司

3. 三等奖

大丰市通榆河取水口提升及强化预处理工程、衡阳市铜桥港污水处理厂二期扩建提质改造及配套管网工程、怀化市污水处理厂提制改造工程、 长沙榔梨自来水厂改扩建工程项目、常宁市水口山地区曾家溪和康家溪重金属污染治理工程、十堰市餐厨垃圾无害化处理建设项目、 长沙市芙蓉城市建设投资有限责任公司隆平水稻博物馆建设项目、江西江钨硬质合金有限公司年产 5 000 万片数控涂层刀片技改项目、山东省济南生建电机厂有限公司清洁高效节能电机项目　中机国际工程设计研究院有限责任公司

公主岭轴承有限责任公司退城进区整体改造项目　中国农业机械化科学研究院　中国十院国际工程有限公司

南车戚墅堰机车有限公司铸钢业务平移设立合资公司项目 机械工业第六设计研究院有限公司

八、2015 年度全国优秀工程咨询勘察设计行业奖

1. 金奖

西安财经学院新校区一期工程勘察、试坑浸水试验及复合载体夯扩桩静载试验　中国机械设备工程股份有限公司机勘院

2. 银奖

杭州市危险废物安全填埋场岩土工程　中国机械设备工程股份有限公司机勘院

上海浦东国际机场T2航站楼行李处理系统、1933 老场坊保护性修缮工程 1# 楼 2# 楼　中国中元国际工程有限公司

3. 一等奖

中海国际社区 7、8 号地高层区项目岩土工程勘察及桩基试验　中国机械设备工程股份有限公司机勘院

北京协和医院门（急）诊楼及手术科室楼工程　中国中元国际工程有限公司

4. 二等奖

陕西商洛氟硅化工产业园区氟化工一期项目岩土工程勘察、西安地铁运营线路地裂缝段变形监测系统的研制全国 qc　中国机械设备工程股份有限公司机勘院

房屋建筑抗震加固（三）（单层工业厂房、烟囱、水塔）、北京大学第一医院门诊楼、北京经济技术开发区 B7 生物医药产业园、援老挝国际会议中心、北京饭店二期改扩建工程　中国中元国际工程有限公司

山东核电设备制造有限公司一体化堆顶组件及汽水分离装置项目可行性研究报告　中国中元国际工程有限公司

陕西省科技资源中心　中国联合工程公司

（中联西北工程设计研究院有限公司）

沈鼓集团营口透平装备有限公司建设项目　中国联合工程公司

5. 三等奖

北京润泽庄苑住宅小区 B03 区、解放军总医院海南分院、北京日报报业集团新闻采编中心　中国中元国际工程有限公司

九、全国优秀焊接工程奖

1. 一等奖

烟台万华 PO/AE 一体化项目 LPG 地下洞库操作竖井工程　中国机械工业机械工程有限公司

2. 优秀奖

马鞍山立白三期液洗项目安装工程　中国机械工业第二建设工程有限公司

135 电厂综合管道安装项目　中国三安建设集团有限公司

通州老城区供热资源整合竹木厂锅炉房工程　中国机械工业建设集团有限公司、中国机械工业第四建设工程有限公司

安徽格义能源农林废弃物资源化高效综合利用项目压力容器制作　中国机械工业第五建设有限公司

十、中国优秀工业建筑设计奖

1. 二等奖

泰量测装备生产基地　中国联合工程公司

2. 三等奖

神华宁夏煤业集团有限责任公司 400 万 t/a 煤炭间接液化厂前区项目　中国联合工程公司

十一、中国建筑设计奖一等奖

昆明新机场冷热源供应中心工程、解放军总医院海南分院

国家超级计算深圳中心、北京协和医院门（急）诊楼及手术科室楼改扩建工程、廊坊精雕数控机床制造基地一期工程、北京经济技术分开发区路东区 B7 生物医药产业园　中国中元国际工程有限公司

十二、2015—2016 年度中国安装工程优质奖（中国安装之星）

赛得利（福建）年产 20 万 t 差别化纤维工程—粘胶厂（原液车间）MEI 安装工程　中国三安建设集团有限公司

广汽丰田发动机有限公司 794F（846F）机加车间机电安装工程　中国机械工业第一建设有限公司

青岛丽东化工有限公司吸附分离技术改造项目钢结构、机械设备、管道、电气、仪表及防腐保温工程　中国机械工业机械工程有限公司

宁波爱思开合成橡胶有限公司 5 万 t/a 乙丙橡胶项目　中国机械工业建设集团有限公司

十三、全国优秀城乡规划设计奖三等奖

厦门市软件园三期控制性详细规划　中国中元国际工程有限公司

十四、2016 年度全国工程建设项目优秀设计成果奖三等奖

临港重型装备研制基地海上多功能安装起吊平台（船）关键设备研制项目海工装备厂房及辅房工程　中国联合工程公司

省、自治区、直辖市奖项

一、湖南省优秀工程勘察设计奖

1. 一等奖

娄底市文化中心　中机国际工程设计研究院有限责任公司

2. 三等奖

新城国际三期综合楼、湘潭泰富重工港口矿山成套设备生产制造基地办公楼、杭州南车电气设备有限公司杭州电气设备制造基地建设项目　中机国际工程设计研究院有限责任公司

二、北京市优秀工程设计奖

1. 一等奖

国家能源海上风电技术装备研发中心　中国中元国际工程有限公司

2. 二等奖

昌平区北七家工业区配套住宅项目、援老挝国际会议中心、北京大学第一医院门诊楼、北京

日报报业集团新闻采编中心、北京协和医院门急诊楼及手术科室楼工程　中国中元国际工程有限公司

3. 三等奖

北京电力医院门诊医技病房楼工程、援马耳他中国园维修和改扩建项目、援毛里求斯维多利亚医院配建手术室和病房项目、北京电力医院门诊医技病房楼工程、

海南省海口市海口塔项目工程（BIM）　中国中元国际工程有限公司

三、北京市优秀工程咨询成果及优秀城乡规划设计奖

1. 一等奖

北京市垂杨柳医院改扩建工程　中国中元国际工程有限公司

2. 二等奖

大连金重（旅顺）重工有限公司气化炉制造项目、石家庄国际机场河北航空基地项目　中国中元国际工程有限公司

3. 三等奖

侵华日军南京大屠杀遇难同胞纪念馆周边环境综合整治实施方案、贵安新医药产业园控制性详细规划、产业规划及城市设计　中国中元国际工程有限公司

四、北京市建筑长城杯

1. 竣工

金质奖

中国南方工业研究院南区一期、丽都饭店改扩建工程（一期）、C1-1# 住宅楼等 8 项、A 座办公楼等 14 项、（朝阳区新天地国际城商业项目）B 座、华为环保园 J01、J05 地块数据通信研发中心、1 号办公商业楼等 3 项（丰台区花乡四合庄 15、16-25、27 地块商业金融项目）、A 座商业办公楼等 5 项（奥体南区 2 号地项目）二标段 B 座商业办公楼、通州区永乐店中学迁址新建工程项目高中部教学楼等 5 项 A、B、C 教学楼和图书馆工程　北京兴电国际工程管理有限公司

2. 结构

金质奖

1 号办公商业楼等 3 项（丰台区花乡四合庄 15、16-25、27 地块商业金融项目）、A 座商业办公楼等 5 项（奥体南区 2 号地项目）二标段 B 座商业办公楼、通州区永乐店中学迁址新建工程项目高中部教学楼等 5 项 A、B、C 教学楼和图书馆工程、清河镇住宅二期工程 B4 区 1# 住宅楼等 15 项一标段、清河镇住宅二期工程 B4 区 1# 住宅楼等 15 项二标段、外交部青年路住宅工程 1# ～ 8# 楼工程、中国质量大厦改扩建工程、通州永乐店中学迁址新建工程食堂等 2 项（食堂、宿舍）、辽宁省优质主体结构工程一等奖沈阳华润中心 1# 楼　北京兴电国际工程管理有限公司

银质奖

清河镇住宅二期工程 B4 区 1# 住宅楼等 15 项一标段、清河镇住宅二期工程 B4 区 1# 住宅楼等 15 项二标段、外交部青年路住宅工程 1# ～ 8# 楼工程、中国质量大厦改扩建工程、通州永乐店中学迁址新建工程食堂等 2 项（食堂、宿舍）　北京兴电国际工程管理有限公司

五、陕西省优秀工程设计奖

1. 一等奖

洛阳市妇女儿童保健中心（新址）、紫薇公园时光　中国联合工程公司（中联西北工程设计研究院有限公司）

2. 二等奖

西安公路研究院科研办公楼　中国联合工程公司（中联西北工程设计研究院有限公司）

3. 三等奖

亨特·道格拉斯建筑产品西安生产基地　中国联合工程公司（中联西北工程设计研究院有限公司）

六、陕西住房建设奖及优秀城乡规划设计奖

1. 工程一等奖

西安地铁运营线路地裂缝段变形监测系统的研制　中国机械设备工程股份有限公司机勘院

2. 工程三等奖

陕西益兴实业发展公司太白星座高层商住楼及地下车库基坑支护及降水工程、有效控制混凝土灌注桩中混凝土充盈系数、古建筑木结构振动监测拾振器安装方法改进　中国机械设备工程股份有限公司机勘院

3. 研究试验一等奖

中海国际社区 7 号、8 号地高层区项目岩土工程勘察及桩基、西安地铁穿越地裂缝地段地裂缝与地下水关系　中国机械设备工程股份有限公司机勘院

4. 勘测二等奖

新建兰新铁路第二双线LXS-3标段精密测量控制网复测、新建西安至宝鸡铁路客运专线基桩及隧道衬砌质量检测、学府首座项目岩土工程详细勘察及地裂缝专项勘察　中国机械设备工程股份有限公司机勘院

5. 优秀城乡规划设计奖三等奖

西咸新区沣东新城医疗机构设置布点专项规划　中国联合工程公司（中联西北工程设计研究院有限公司

七、河南省勘察设计行业创新奖

1. 一等奖

恩梯恩LYC（洛阳）　精密轴承有限公司三代汽车轮毂轴承建设项目　中国农业机械化科学研究院　中国十院国际工程有限公司

2. 三等奖

九鼎·中和湾居住小区四期工程、洛阳高级技工学校综合教学楼及1号宿舍楼　中国农业机械化科学研究院　中国十院国际工程有限公司

八、河南省优秀工程勘察设计行业奖

1. 一等奖

湖北省烟草公司武汉市公司卷烟物流配送中心工程（联合厂房）、郑州市世界客属文化中心、河南坤午置业有限公司中科大厦、博思格建筑系统（西安）有限公司新建工厂工程、国家标准图集《空气幕选用与安装》　机械工业第六设计研究院有限公司

2. 二等奖

国家动漫产业发展基地（河南基地）、郑东金融大厦、郑州期货大厦、郑东新区美盛中心写字楼、洛阳建业凯旋置地　机械工业第六设计研究院有限公司

3. 三等奖

安阳会展中心会展北楼、焦作职业教育中心学校、惠州市第六污水处理厂二期工程、新疆天物科技发展有限公司日处理350t污泥无害化处理及资源化利用项目、EEP监理项目管理系统、国家标准图集《供暖空调水处理设备选用与安装》　机械工业第六设计研究院有限公司

九、浙江省建设工程钱江杯（优秀勘察设计）

1. 综合工程

一等奖

东方汽轮机有限公司新建350t高速动平衡试验站、浙江海外高层次人才创新园首期　中国联合工程公司

二等奖

浙大网新科创智慧谷、中国机械工业集团机械装备研发中心　中国联合工程公司

三等奖

滨特尔蒸汽安全阀试验及生产台架、宁波科丰燃机热电有限公司二期工程、智汇领地科技园A区工程、宜昌三峡物流园　中国联合工程公司

2. 结构专项

二等奖

神华宁夏煤业集团有限责任公司400万t/a煤炭间接液化项目厂前区办公楼超限高层结构设计　中国联合工程公司

3. 优质工程

椒江洪家原星星3号地块工程A区，湖州师范学院新建工程行政办公楼、五号学院楼、会堂，杭州海康威视监控智能产业化基地工程，年加工销售57万大箱卷烟项目（联合工房），衢州绿色产业集聚区彩虹路，彩虹路与世纪大道交叉口节点城市功能和形象提升工程，浙江大学医学院附属儿童医院滨江扩建工程一期　中国联合工程公司

十、浙江省优秀城乡规划三等奖

中石化北仑段石油化工管线安全隐患整改局部迁改工程选址论证报告、杭州市笕桥单元（JG06）控制性详细规划、常山县东岸乡金源村农房改造建设示范村村庄建设规划　中国联合工程公司

十一、重庆市优秀工程勘察设计奖

1.（住宅小区类）一等奖

协信·重庆公馆　中国联合工程公司（中机中联工程有限公司）

2.（建筑工程类）三等奖

渝开发·新干线大厦　中国联合工程公司（中机中联工程有限公司）

3.（桥梁工程类）三等奖

两江新区两江大道南北延长段王家沟大桥工程　中国联合工程公司（中机中联工程有限公司）

4.（城市规划类）三等奖

重庆市物流园区规划研究、红河综合保税区控制性详细规划、昌都主城旧城更新规划、西藏亚东县帕里镇特色小城镇风貌规划研究　中国联合工程公司（中机中联工程有限公司）

十二、福建省土木建筑学会第十届优秀建筑创作奖

1. 一等奖

厦门科研实验基地　中元（厦门）工程设计研究院有限公司

2. 二等奖

厦门软件园三期高速以北研发区二期工程　中元（厦门）工程设计研究院有限公司

3. 三等奖

石狮市钞坑片区安置商业办公区、龙海市市委党校、市行政服务中心、市档案馆、海峡收藏品交易中心、厦门市轨道交通 2 号线湿地公园站配套项目　中元（厦门）工程设计研究院有限公司

十三、上海市建筑工程类奖项

1. 上海市优秀工程勘察设计奖二等奖

华泰保险全国发展后援中心　中元国际（上海）工程设计研究院有限公司

2. 上海市建筑学会第六届建筑创作奖佳作奖

山东省泰安市社会福利中心　中元国际（上海）工程设计研究院有限公司

3. 上海市“申安杯”优质安装工程奖

上海浮宝港务有限公司二期工程西萨项目区项目安装工程　甘肃兰科石化高新装备股份有限公司

十四、辽宁省建筑工程类奖项

1. 辽宁省优质主体结构工程一等奖

沈阳华润中心 1# 楼　北京兴电国际工程管理有限公司

2. 辽宁省建设工程优质结构奖

沈阳塔湾街东侧商业（三期）　北京兴电国际工程管理有限公司

十五、河北省建筑工程类奖项

1. 河北省结构优质工程

秦皇岛金梦海湾 2 号、3 号地住宅项目一期　北京兴电国际工程管理有限公司

2. 河北优质工程奖一等奖

秦皇岛金梦海湾 2 号、3 号地块住宅项目一期　北京兴电国际工程管理有限公司

十六、“哈长沈”三市优质工程奖

1. 金杯奖

沈阳嘉里中心 T_2 项目　北京兴电国际工程管理有限公司

2. 银杯奖

沈阳嘉里中心 T_1 项目　北京兴电国际工程管理有限公司

十七、内蒙古自治区“草原杯”工程质量奖

包头华发名流城住宅二期工程2#地下车库、10#、12# 楼　北京兴电国际工程管理有限公司

十八、四川省优秀安装质量奖（蜀安杯）

广州丰田发动机有限公司 794F（846F）机加车间机电安装工程、甘肃祁连山古浪 4 500t/d 水泥生产线机电安装工程　中国机械工业第一建设有限公司

十九、甘肃省建设工程飞天奖

金昌迪生 100MW 光伏项目　中机国能电力工程有限公司

二十、海南省优秀工程勘察设计行业奖二等奖

红树山谷度假酒店一期　中元国际（海南）工程设计研究院有限公司

人物风采

全国劳模（五个）

张　日

中国中元国际工程有限公司（中国中元）建筑工程设计研究院(海外工程设计中心)院长。自参加工作以来，始终致力于工程设计与管理工作。主持和完成设计项目百余项，其中荣获国家级奖项 1 项、部级奖项 16 项。

获奖情况

2008 年，荣获北京市奥运工程规划勘察设计与测绘行业优秀人才奖及优秀团队奖。

2009 年，荣获全国优秀工程勘察设计行业、建筑工程设计三等奖，中国机械工业科学技术奖

二等奖，机械工业优秀工程勘察设计一等奖，北京市奥运工程优秀勘察设计奖等。

2010年，被巴基斯坦经济部授予杰出贡献奖。

2011年，荣获机械工业优秀工程勘察设计二等奖。

2012年，荣获中国机械工业科学技术奖二等奖、机械工业优秀工程咨询勘察设计一等奖、北京市优秀勘察设计奖等。

2013年，被国资委授予中央企业劳动模范荣誉称号。

主要贡献

张日做援外成套工程设计一做就是十几年，累计完成几十项援外项目，使中国中元业务链条从单一的工程设计逐步拓展到援外设计总承包、援外工程EPC总承包，涵盖了对外援助成套项目的各个方面，项目类型多样，服务地区覆盖20多个国家。通过这些援助项目，在帮助受援国发展的同时，也带动了中国中元实现“走出去”的战略。

主要事迹

2010年12月18日和2012年11月5日，中国国家领导人分别为巴中友谊中心及老挝国际会议中心揭幕，这两个项目均为我国政府新时期对外援助的特大标志性建筑。作为政治任务，张日接受了挑战。白天，他亲自率考察组对受援国新老建筑进行实地考察；晚上，回到住处进行认真的分析研究、讨论，体会受援国传统建筑的精髓，最终确定设计方案，得到受援国领导人肯定。

在接受奥运会丰台垒球场项目之初，由于垒球运动在中国尚未普及，张日率领设计团队，按照奥运设计大纲的要求“摸着石头过河”，通过不断调整、优化方案，一个既符合体育工艺、功能完备，又立面简洁现代、富有艺术性，同时采用15个高科技系统，34项新理念、新技术、新材料，充分贯彻落实“科技、绿色、人文”三大理念的设计方案完美呈现。该设计既为后续的场馆建设提供了宝贵经验，又得到了国际垒球联合会主席的认可和好评。

在北航体育馆改造设计为奥运会及残奥会举重馆时，以张日牵头的设计组多次会商和讨论，不厌其烦地往返于奥组委和现场，最终确定设计只针对场馆中奥运会比赛的不适用部分进行改造。国际举重联合会主席对修葺一新的奥运举重馆给出了这样的评价：我看到一个焕然一新的世界一流举重比赛馆，完全符合奥运会的要求。

漆小虎

中国第二重型机械集团公司（中国二重）重型装备股份有限公司重型机械工程公司冶金工程部部长，高级工程师，负责轧钢设备设计项目总设计工作。拥有多项专利，连续8年被评为中国二重“首席技术专家”，国务院政府特殊津贴获得者。

获奖情况

2002年，荣获“中央企业青年岗位能手”。

2006年，荣获“四川省五一劳动奖章”。

2007年，国务院政府特殊津贴获得者。

2008年，荣获“中央企业优秀共产党员”。

2009年，荣获“中央企业劳动模范”。

2011年，荣获第一届“中央企业青年五四奖章”。

主要贡献

科研的路上，没有最好，只有更好，漆小虎执着地高举技术进步重型装备的“接力棒”，在中国冶金设备改进优化、转型升级的征程中，勇往直前，不懈地努力着。

主要事迹

1999年，中国二重承接鞍钢1 700mm热卷箱的开发设计项目。热卷箱（COILBOX）是热轧带钢生产线上的关键技术，属于加拿大HATCH公司特有专利，技术含量极高，当时世界上只有德国、日本等少数几个国家具有设计制造的能力。没有任何参考图样，凭着满腔的热情和不懈的追求，漆小虎查阅相关标准，到用户现场细致观察，没日没夜地坐在电脑桌前反复计算、完善设计，最终攻克了热卷箱（COILBOX）的技术关键，让中国二重成为国内唯一一家依靠自己力量掌握此项技术的企业，打破了国外企业在热卷箱技术上垄断了20多年的坚冰。

“钢卷无芯移送技术 (Mandrelless transfer)”是国际热卷箱技术领域最先进的技术，也是新的发展方向，开发难度极大。漆小虎又一次挑起了无芯移送式热卷箱设备负责人的重任，向世界顶尖技术发出新的挑战。凭借着非同常人的毅力与坚持，经过两代新老设计师历时一年多的不懈努力，2003年3月，新型无芯移送式热卷箱在攀钢 1 450 三期改造工程中试车成功，标志着这一设计填补了我国又一项技术空白，与进口同类产品相比，其价格要低 3 ～ 4 成，一台设备就可为国家节省引进外汇 200 万～ 300 万美元。到目前为止，中国二重是国内唯一一家掌握此项技术并拥有多项专利的企业，凭此优势，中国二重又先后签订了 27 条应用该技术的新建热轧带钢生产线，采用热卷箱专利产品生产线的合同总额已超过 70 亿元。

高中汉

中国一拖集团有限公司第三装配厂技术员、高级工程师，自 1983 年进入中国一拖以来，一直从事进口设备和数控设备的技术消化与维修改造。多次获得先进个人、劳动奖章、劳动模范等称号。

获奖情况

2011 年，获“中国一拖集团有限公司劳动模范”称号。

2012 年，获“洛阳市五一劳动奖章”称号。

2013 年，获“洛阳市劳动模范”称号。

2013 年，获“第十四届河南省职工职业道德建设先进个人”称号。

2014 年，获“河南省劳动模范”称号。

主要贡献

作为国内数控行业维修专家和高级工程师，多年来，高中汉结合中国一拖转型升级中心工作，发挥专业特长，在进口数控设备升级维修、技术改造及人才培育等方面成绩显著，为企业节约成本，创造了巨大的经济效益。

主要事迹

在第二装配厂期间，他带领团队，数次突破核心技术瓶颈，打破国外技术封锁，累计为企业节约创效 580 余万元。他成功解决了 8 台美国产 ARROW1000 加工中心系统文件丢失难题，共减少设备停机时间 283 天，节约设备维修费用 28 万余元；他成功对 16 台美国 HMC-800 加工中心 A950 数控系统 Z 轴伺服电机系统进行了国产化改造，节约设备维修费用 260 万元；他更新进口设备 HPC-800 加工中心 PROFIBUS 的 SLAVE-7I/O 模块，为生产赢得了宝贵时间，累计为企业节约创效 160 万元。

近年来，针对中国一拖 120 余台数控设备出现的诸多异常故障，他砥砺攻关，先后解决了 12 台 CYNCP-500 数控车主板维修、数控车伺服驱动器备件替代难题；恢复了 25 台 A2100 显示及触摸系统，解决了设备安全隐患；主持实施了 4 台 Mandelli 加工中心数控系统改造，使设备效率提高 2.75 倍，累计节约创效 134 万元。

他还是中国一拖培育的首个劳模创新工作室负责人，他所带的 7 名徒弟均已成为骨干；他所在的工作室获全国机械冶金建材工会系统“优秀创新工作室”称号。

郭伟华

中国联合工程公司总经理、党委书记，机械工业第二设计研究院院长，研究员级高级工程师，国家注册安全工程师，浙江省劳动模范，国务院政府特殊津贴专家，杭州市勘察设计协会理事长。

获奖情况

2008 年，中国东方电气集团公司出海口基地建设项目获得中国土木工程协会颁发的全国第八届土木工程詹天佑奖。

2009 年，获“十佳现代管理企业家”荣誉。

2011 年，获“浙江省关爱员工优秀企业家”荣誉。

2013 年，获全国勘察设计行业优秀企业家（院长）荣誉。

2014 年，获“浙江省劳动模范”荣誉称号。

主要贡献

在三十年工程领域给排水专业设计和技术管理中，郭伟华主持并参与数百项大中型工程设计、科研工作。作为工程建设科技工作者的杰出代表，在科研、工程设计、咨询、工程总承包等领域作出了突出贡献，曾多次得到中央主要领导同志的亲切接见。

主要事迹

在东方电气集团“5·12”大地震灾后重建中，他第一时间组建技术专家组赶赴东汽汉旺现场抗震救灾，一周之内提交了震后结构分析报告和重建选址报告，为时任国务院副总理李克强 5 月 21 日现场异地重建的决策提供了依据。

CAP1400 核电主泵试验装置研发是国内第一个自主创新研发的百万千瓦核主泵试验装置。他主持研发课题，组织大量资源进行技术攻关，在该项领域打破了国外垄断，对攻克我国 CAP1400 三代核主泵自主化发展的主要瓶颈有重要意义。

东方电气出海口基地是国内首个大型先进核

电关键装备自主化、国产化建设项目，他作为技术总负责和决策者，攻克了在软弱地质条件上建造超重型厂房的世界性技术难题。该项目获得土木工程詹天佑奖。

他带领该院承担的浙江省疾病预防控制中心、浙江海外高层次人才创新园等一大批政府重大项目的总承包，确立了浙江省政府项目管理和EPC工程建设第一品牌地位。

阮　兵

高级工程师，曾任洛阳市机械工业部第四设计研究院副总工程师、市场开发部部长。现任中国汽车工业工程有限公司（中汽工程）副总经理、总工程师。

获奖情况

2007年，获洛阳市“第四届青年科技奖一等奖”。

2013年，获天津市“五一”劳动奖章。

2015年，获天津市“劳动模范”称号。

主要贡献

阮兵先后主持设计完成了包括长安福特、华晨宝马、长安福特马自达发动机、卡特皮勒无锡研发中心、北京奔驰MRAII、宝马北京研发中心、捷豹路虎汽车等数十个重大工程建设项目，为确立中汽工程在中国工程设计领域的领导地位做出了重大贡献。

主要事迹

2009年，他代表中汽工程中标“华晨宝马铁西新工厂”项目设计。该项目是当时投资最大的汽车整车工厂，一期工程总投资就超过120亿元。项目完全按照德国宝马标准设计和建设，全部设计过程在现场与德国专家联合完成，设计成果要经过德国工程设计专家的审核。

在他的感召下，中汽工程宝马设计团队总是积极乐观地迎难而上，不仅高质量完成了所有设计图样，还现场解决各类技术问题100余项。

经过两年多的艰苦工作，宝马铁西工厂一期工程（15JPH）在2012年年初正式全线投产，这标志着这个具备全球最高工艺技术水平、最低综合能耗、最佳工程建设效果的“绿色工厂”正式诞生，也标志着中汽工程跻身行业内具备国际竞争能力的少数国际化工程公司行列。

此后，宝马决定快速推进铁西工厂二期、三期工厂的设计和建设，并开始宝马大东工厂（老厂区）的扩建工程规划和设计建设。由于阮兵团队在一期工程中的优异表现，他们顺利获得了上述三个项目的设计和工程服务合同。

2015年新当选院士（2人）

陈学东

男，1964年8月生，工学博士、教授级高工、研究员。主要从事压力容器与管道安全工程技术的研究与应用，在极端条件下重大承压设备设计与制造、大型石化装置长周期运行的风险评价与控制、苛刻服役环境下压力容器与管道安全诊断与保障等领域取得重要科技成果。现任国机集团总工程师，中国通用院院长、党委书记，兼任国家压力容器与管道安全工程技术研究中心主任。

陈学东是我国特种设备设计制造与运行维护工程科技专家，国家“万人计划”首批科技创新领军人才。他长期在一线从事压力容器与管道安全科学与工程技术研究和应用，取得了开拓性重要成果，为提升我国压力容器设计制造与运行的可靠性与安全性、大幅度降低其万台设备事故率与风险等级、促进石化和装备制造产业的提质增效与转型升级等做出了突出贡献。获得国家科学技术奖一等奖1项（排第1位）、二等奖5项（分别排1、1、3、3、6位）和省部级科学技术奖一等奖6项（与国家奖不重复），授权发明专利22项，发表SCI论文16篇、EI论文68篇。

陈学东严于律己、治学严谨、作风正派。1999年入选国家“百千万人才工程”，成为国家级人才。2004年获国务院政府特殊津贴，2005年获全国优秀科技工作者，2006年获中国青年科技奖和何梁何利基金科技创新奖，2010年获得安徽省重大科技成就奖。先后培养博士、博士后29人，其团队获全国专业技术人才先进集体称号。

主要学术贡献

（1）率先提出基于风险的压力容器设计制造工程技术方法，纳入了国家规范和标准，拓展了我国压力容器设计边界，解决了极端条件下重要压力容器设计与制造难题，为国家重大工程建设大型关键装备国产化研制做出了重大贡献，使我国压力容器设计制造能力与水平跻身国际先进行列。

（2）率先提出与我国石化装置相适应的工程风险评价技术方法，主持构建了我国大型石化装置风险识别、评价与控制工程技术方法体系，解决了大型石化装置系统长周期运行安全与风险控制难题，为装置安全与经济运行、大修周期在确保安全的前提下从过去的 1 年延长到现在的 3 ～ 6 年和检维修费用下降 15% ～ 35% 做出了重要贡献。

（3）在国内率先系统研究腐蚀、高温等苛刻环境下压力容器完整性评估技术，提出了苛刻服役环境下压力容器与管道安全保障工程技术方法，主持解决了苛刻服役环境下压力容器与管道寿命预测与安全诊断难题，成果在 27 个省、市、自治区的 59 家大型石化企业和 20 余家冶金、燃气、电力企业的数万台重要压力容器与数千公里管道运行安全保障中成功应用，为我国特种承压设备万台设备事故率逐年下降做出了贡献。

闫楚良

飞机结构可靠性专家。1947 年出生于内蒙古通辽。1975 年毕业于吉林大学机械科学与工程学院，1989 年北京航空航天大学固体力学研究生毕业，获工学博士学位。北京航空航天大学工学首批全国百篇优秀博士学位论文获得者。现任国机集团中央研究院副总工程师兼北京飞机强度研究所研究员、所长。国务院学位委员会批准授予的博士生导师。空军飞机可靠性专家组专家，中国发明协会理事，北京航空航天大学、南京航空航天大学等六院校兼职教授。曾任联合国 APCAEM 信息中心首席科学家、国家机械结构安全性与可靠性开放实验室副主任等职。

从事飞机结构可靠性科学研究近 40 年。建立了飞机经济寿命可靠性理论和高置信度中值载荷谱编制原理，承担和完成歼 10 等 22 种型号飞机载荷谱飞行实测与研制任务，成功用于数千架飞机定寿、延寿和结构可靠性设计，将我国飞机定寿、延寿技术提高至国际先进水平，为我国军用飞机飞行安全提供了技术支撑和保障。

主要学术贡献

（1）提出了飞机经济寿命可靠性理论，为我国长寿命、高可靠性飞机设计和结构寿命评定提供了技术支撑

闫楚良研究了基于疲劳载荷、疲劳强度与疲劳寿命的协同作用规律，将安全寿命与损伤容限设计有机结合，建立了飞机经济寿命可靠性评定模型。研究成果用于 20 余种型号数千架飞机定寿、延寿，大幅提高了我国二代战机安全使用寿命，实现了新一代战机长寿命结构可靠性设计。

（2）提出了高置信度中值载荷谱编制原理，解决了我国采用一架飞机进行载荷谱飞行实测和用于机群定寿、延寿的关键技术

针对欧美国家采用多架飞机进行载荷谱飞行实测与研制，闫楚良提出了最少空测采样次数设计准则，建立了具有中值试验寿命的高置信度中值载荷谱编制原理。此成果用于歼击机、轰炸机等全尺寸疲劳试验，裂纹形成及断裂部位与外场使用情况相一致，真实地再现了飞机在实际飞行过程中的结构疲劳薄弱部位，解决了我国采用一架飞机进行载荷谱实测并用于机群定寿、延寿，保障飞行安全的关键技术。

（3）发明了飞机多点协调载荷标定方法，建立了飞机空间载荷实测技术，形成了我国军用飞机载荷谱实测试验基地

针对飞机承受的空间分布载荷，闫楚良提出了载荷输入与应变输出逆变矩模型，发明了悬浮式多点协调载荷标定方法，建立了我国独有的飞机空间载荷实测技术。在高镇同院士支持指导下，他创建了北京飞机强度研究所，承担歼 10 等 22 种型号飞机载荷谱研制任务，形成飞机寿命研究与载荷谱实测试验基地，实测数百万亿飞行数据，成为我国飞机定寿、延寿，保障飞行安全的数据支撑平台。

首席专家

为了加速打造科技核心竞争力，加强高层次科技人才队伍建设，经集团首席专家评委会评审，聘任陈涤新等 7 人为国机集团首席专家。各位专家把科研与企业实践相结合，所完成的成果均具有较高的经济效益和社会价值。

陈涤新

现任北京起重运输机械设计研究院（北起院）副总工程师兼研发中心主任，享受国务院政府特殊津贴。

主要贡献：

北起院物流仓储板块的核心参与者之一，带领团队见证物流技术的发展，是物流核心设备，堆垛机、分配车等系列产品的主要设计者之一，为北起院引领物流仓储市场奠定了扎实的基础。

学术成就：

曾获中国机械工业科学技术进步奖一等奖，北京市科学技术奖二等奖等，并参与多项国家标准、行业标准的编制。

薛胜雄

现任合肥通用机械研究院副总工程师。曾荣获中国机械工业青年科技专家称号，享受国务院政府特殊津贴。

主要贡献：

攻关行业高新技术，培养专业团队；实现多项表面处理工程的用水作业，提升往复泵的应用水平，真正实现国产化替代进口产品；以大罐清洗和矿山排水为工程依托，实现离心泵的高端应用。

学术成就：

先后主持完成了10余项国家、省部级科研课题。获多项省部级科技进步奖，主持或参与制订国家和行业标准7项，获发明专利9项。

吴德胜

现任中国农业机械化科学研究院所属中机华丰（北京）科技有限公司总经理，国家勘察设计注册机械工程师。享受国务院政府特殊津贴。

主要贡献：

倡导科技创新必须结合市场需求。带领创新团队围绕畜牧饲养、饲料加工和固废处理及有机肥工程，先后开发了三大类40余种新产品，其中液体喷涂机等新产品大部分为国内首创或达到国际先进水平，并取得了较好的经济效益和社会效益；同时以自主研发产品为基础，开发了系列有机肥加工成套设备和饲料加工成套设备。

学术成就：

先后主持和参与国家、部委及科研院所专项基金项目科研课题14项，多次获得农业部、中国机械工业联合会和国机集团科技进步奖，获得授权专利9项，编写国家（行业）标准6项。

孙宗列

现任中国中元国际工程有限公司首席总建筑师、民用建筑设计研究院副院长，国家一级注册建筑师，国际建协（UIA）建筑师角色工作组成员。享受国务院政府特殊津贴。

主要贡献：

从事建筑设计工作30多年来，共主持和参与近200项工程的方案及工程设计工作，获全国优秀工程设计奖、部级科技进步奖、中国建筑学会建筑创作大奖、全国优秀工程勘察设计奖、机械工业优秀工程设计奖、中国土木工程詹天佑奖等多个重大奖项。

学术成就：

担任东南大学、北京工业大学、合肥工业大学、中央美术学院等高校兼职教授；应邀成为《中国建筑100》系列丛书、《建筑技艺》杂志、《中国建筑文化遗产》杂志的编委。

郑建国

现任机械工业勘察设计研究院有限公司副总经理兼总工程师。拥有全国勘察设计行业科技创新带头人等多项荣誉称号，已入选国家百千万人才工程，享受国务院政府特殊津贴。

主要贡献：

在湿陷性黄土研究方面，首次提出“增湿变形”概念。在动力机器基础研究方面，提出了考虑机器基础四周土体影响的地基刚度系数计算方法。在土工可靠度研究方面，研究了桩基础承载力的概率分析方法，并首次提出了综合室内试验与现场试验结果评价桩基承载力的贝叶斯方法。

学术成就：

获多项国家级、省部级科技进步奖，工程勘察设计奖。发表论文60余篇，出版编著8本，获授权专利10余项。主编和参编国家、行业及地方标准11部。

陈永东

现任合肥通用机械研究院副总工程师兼传热技术研究所所长。国家中青年科技创新领军人才，享受国务院政府特殊津贴。2015年入选国家百千万人才工程并被授予“有突出贡献中青年专家”荣誉称号。

主要贡献：

开启国内缠绕管式换热器研究与开发的先河；使国产钎焊板式换热器得到国际认可；解决了国防重点工程配套难题；组织多单位协同创新。

学术成就：

先后主持和参与国家科技支撑计划、“863”项目等国家和省部级课题 5 项，主持或参与制订国家和行业标准 5 项，获发明专利 10 项。成果获多项国家级、省部级科学技术奖。

王东青

现任中国一拖集团有限公司首席专家、技术中心副主任，中国一拖法国公司副总经理。先后被评为洛阳市十大杰出青年、中国一拖优秀专家等多项荣誉。享受国务院政府特殊津贴。

主要贡献：

先后主持完成东方红 1604/1804 系列轮式拖拉机等 10 余种新产品的研发。在中国一拖法国公司任职后，主持法国公司动力换挡传动系的开发改进工作。主持完成法国公司各传动系与东方红拖拉机的配套开发工作，并把法国公司技术应用到东方红拖拉机产品中。

学术成就：

先后有 13 个项目获得不同级别科技奖励，获授权专利 28 项，在国家核心期刊发表专业论文 5 篇。

首席技师

2015 年 12 月，经国机集团首席技师评审委员会评审，并报国机集团党委研究决定，聘任黄涛等 6 人为国机集团首席技师。首席技师是国机集团技能人才成长的重要通道，希望更多的技术人员向他们看齐，把个人的技艺打磨得臻于完美。

黄　涛　中国第二重型机械集团公司

中共党员，铣工高级技师，中国二重首席技能大师。现任中国二重精衡公司 XKD2725 数控龙门铣床主技工。

主要业绩：

XKD2725 数控龙门铣床是中国二重重点大型设备，承担二重公司各类关键传动产品的加工。该设备加工最典型的产品为三峡升船机齿条组件，其齿条组件加工难度极大。黄涛同志采取加工基准统一原则，优选加工工艺，成功加工该产品，产品合格率 100%。取得了以《空间旋转编程在风电箱体加工中的应用》《连续进给编程在曲面加工中的应用》《三峡齿条组降本增效技术攻关》为代表的多项创新成果。他先后荣获全国技术能手、中央企业职工技能大赛铣工决赛金奖、四川省十大杰出技术能手等称号。

黄涛同志积极传授技艺，先后指导五名青年铣工入选中国二重高技能人才库。2008 年，他指导的四名选手参加四川省青工职业技能大赛，均获得名次。

马建涛　中国一拖集团有限公司

现任职于第一拖拉机股份有限公司热处理厂一车间，是一名热处理工技师，目前主要从事热处理中频感应加热工作。

主要业绩：

主持多项高中频感应热处理产品的工艺改进、设备夹辅具的设计和改造，在解决现场生产问题方面取得不菲的成绩。工作中，他不厌其烦的和工艺部门、质量部门的相关人员根据每种零件的不同要求进行验证，以达到标准，对不少零件从工艺到图纸提出改进建议，取得良好的成效，每年都能为车间创效上万元，使班组质量实现了“产品零废品”“产品零损失”。2015 年，他个人完成中频感应零件 226t，实现产值 30.23 万元。此外，他不断学习，积累了许多热处理技能和知识，解决了一些生产中的技术难题和质量事故。

荣获河南省“五一劳动奖章”“河南省机械电子工业技术能手”、中国一拖“三级技术能手”“知识型职工”等殊荣。

常　征　中国一拖集团有限公司

现任职于第一拖拉机股份有限公司铸造厂，铸造工人、技师。参加工作30余年来，为企业发展和铸件品质提升做出了卓越贡献。

主要业绩：

三十年来，常征做为生产一线关键岗工人，及时解决了大量生产中的工艺与质量问题，在降低熔化废品率和生产成本方面取得了很大成绩。特别是在第一拖拉机厂开拓件生产工艺和材质控制方面，进行了大量工艺试验和技术难题攻关工作，先后在技术比武、双创工作中取得优异成绩。积极针对实际生产过程中出现的铸造领域疑难问题的讨论、会诊，提出解决思路和意见，实施质量预先性分析与预控措施。同时，做好师带徒活动，先后培养关键岗熟练操作工10余人，现均为生产一线技术骨干。

荣获中国一拖“技术能手”“新长征突击手”“十佳创新标兵”“创新明星”“先进职工”等称号。

玉杨威　中国第二重型机械集团公司

中共党员，探伤高级技师，中国二重首席技能大师，德阳市技术能手。现任职于中国二重检测中心无损检测部。

主要业绩：

精通各类铸件、锻件、焊接件的探伤方法。先后参与、主持了宝钢2050轧机机架、日立立辊机架、神华煤液化精制反应器锻件、海洋核电锻件、焊接件等产品的无损检测工作。

特别是在神华煤液化反应器主焊缝的检测过程中，参与编制了《对接环缝TOFD检测专用工艺规程》以及公司标准EZB/N2373.1—2006《对接环缝超声衍射时差（TOFD）技术标准》；参与制定了TOFD验收准则；完成了人工缺陷试块设计以及模拟缺陷样件设计方案。圆满完成的神华项目探伤工作为中国二重后续的焊缝TOFD检测顺利进行做出了重大的贡献。

徐强苏　中国福马机械集团有限公司

福马机械有限公司数控龙门铣床班长，技能型及专家型技工。自1983年工作以来，认真踏实、勤奋刻苦、不断进取，成长为掌握镗铣高级技能的技师。

主要业绩：

他一直是“精、大、稀”机床的主操作手，主要操作4m、6m和10m数控镗铣床；10m、12m高精度数控龙门铣，始终承担着主关件和外协疑难件的金削加工。实践中磨炼出看一眼图纸，就能根据机床三轴精度设计出“精、大、异、难”工件的最佳定位、测量、夹紧的工艺方案。熟练掌握西门子840D系统等灵活见长的高级编程方法，并在国家“863”项目连续压机圆弧热压板试制中实现了UG画图和编程的三维立体加工梦想。注重技术革新，不断优化工艺，年创造经济价值300余万元。荣获“江苏省技术能手”“苏州市优秀技术工人”“苏州市新长征突击手”“苏州市姑苏高技能突出人才”“苏州市劳动模范”等称号。

吴振国　中国机械工业建设集团有限公司

主要业绩：

先后参与中国科学技术大学国家同步辐射实验室合肥光源储存环主体设备安装工程、奇瑞（焦作）发动机设备拆迁项目、越南高平钢铁股份公司生产连线及其辅助项目等多项工作。在这些工作中，他多次解决施工中的关键性难题，为项目成本的控制、项目的顺利实施，做出了重要贡献。作为技师指导，吴振国同志很关心年轻工人技能的提高。多次组织新入职的青年员工在施工现场进行技术、技能甚至心理培训，为中国建设发掘培养可独当一面的人才。多年来，吴振国同志组织现场技能培训140余人次，为中国建设人才储备做出了重要贡献。

第六篇

重大经营项目汇编

工 程 承 包

（2015 年完工，合同金额 5 000 万美元以上）

一、孟加拉移动通信 2.5G 扩建项目和新建 3G 项目

1. 承建单位：中国机械设备工程股份有限公司

2. 签约时间：2011 年 2 月 18 日

3. 项目概况：项目包括设计、制造、交付、安装、集成、测试及试运行所需系统和设备，以及相关土建、培训、厂验、质保等服务。项目对外合同工期 2 年。通信项目作为工程类项目实施难度不大，施工组织相对简单；地点分布广，站点数量多且获取难度大，所以项目的进度控制难。在项目实施过程中，由于孟加拉国内进行大选和业主工作进展缓慢，项目延期 2 次，最终于 2015 年 6 月全部完成。在项目执行期间，未发生安全事故。

4. 经济或社会效益：项目为实现孟加拉总理哈西娜倡导的“数字孟加拉计划”，并将现代移动通信网络推进到边远的乡村去，对于打破运营商垄断局面意义重大。项目通信基站的陆续开通，给项目业主创造了可观收益，大大提高了其作为一个国有运营商的竞争地位。站点数量增加 3.7 倍；网络用户数量增加 4.6 倍；年营业总金额由 2012 年的 4 460 万美元增加到 2015 年的 1.46 亿美元，是原来的 2.8 倍。

二、孟加拉国家宽带基础网二期项目

1. 承建单位：中国机械设备工程股份有限公司

2. 签约时间：2012 年 9 月 19 日

3. 项目概况：项目主要工作范围包括：建设政府骨干网络、扩容国家数据中心、建设 800 个视频会议站点、建设数据容灾中心、建立设备培训实验室、建立特效实验室、在部委楼和业主办公楼部署无线网络、提供 25 000 台平板电脑等。站点遍布全国，多数站点为镇级站点，交通相对不便。项目于 2013 年 11 月 26 日开工，初始设计工期 14 个月。建设过程中，由于业主负责的配套传输方案升级、孟方配套土建工程落实较慢、国家数据中心需进行二次升级，以及当地罢工骚乱等，双方于 2014 年 12 月同意将工期延长至 2015 年 6 月 26 日。业主于 2015 年 6 月 23 日签发完工证明，项目未发生任何安全事故。

4. 经济或社会效益：项目建成后，孟加拉政府可通过政府基础网络更为方便及时地发布政策和市场信息，为各行业的从业人员和投资者创造信息交流平台，从而为孟加拉国的经济和社会进步提供基础支撑。项目在全国范围内建立 800 个视频会议站点，用于孟加拉政府各层公务员、ICT 人才及普通民众进行远程培训或远程会议等用途，有助于普及全民教育目标的实现。此项目还在孟加拉全国著名高等院校建立设备培训实验室，为相关专业学生提供贴近相关设备的学习和实践机会。同时，项目还将发挥增强政府对政治、经济和社会发展的控制力，提高政府工作效率，减小行政开支等作用。

三、加拿大菲利普学生公寓项目一期

1. 承建单位：中国机械设备工程股份有限公司

2. 签约时间：2013 年 1 月 22 日

3. 项目概况：项目于 2013 年 1 月 22 日签约，2014 年 1 月 30 日开工，2014 年 12 月底主体结构封顶，2015 年 11 月全部完工并验收竣工。在项目执行过程中无任何质量、安全事故，提前完工。项目是 CMEC 以卖贷方式在加拿大地区所承接的房屋建筑类项目，同时也是 CMEC 第一个在加拿大以 EPC 方式承接的项目。

4. 经济或社会效益：项目的顺利实施有助于改善滑铁卢地区的学生住宿条件，缓解公寓供不应求的现状，也将对 CMEC 开拓加拿大市场具有重要意义，对推动中加经贸往来起到积极的作用。

四、赤道几内亚吉布劳水电站输变电项目二期工程项目

1. 承建单位：中国机械设备工程股份有限公司

2. 签约时间：2012 年 4 月 18 日

3. 项目概况：签订的合同于 2012 年 6 月正式生效。项目为EPC交钥匙工程（包括勘探、设计、土建施工、设备供货、运输、安装调试、试运行和验收等），直至整个工程投入运行。项目内容包括新建 110kV 输电线路（单回）102.3 公里、新建 20kV 输电线路（单回）123.9 公里、新建 110kV/20kV 变电所 1 座、新建 20kV/0.4kV 变电所 6 座、国调中心相应新增部分设备和软件、输电线路通道砍伐和清理。项目于 2012 年 6 月开工，划分为 I、II 两个标段开展施工。2015 年 1 月项目完工。项目建设地点分布在赤道几内亚大陆的 3 个省，完工后接入已完工的赤道几内亚大陆主网。到 2015 年，二期新建的 7 座变电站总的用电负荷约 3MW。

4. 经济或社会效益：从 2010 年起，CMEC 先后派驻超过 150 名技术专家到赤道几内亚，对其国家电网进行运行维护，并向赤方运行人员传授有关知识经验、工作方法。在 5 年的时间里，保障无数重大国际、国内活动的供电和保电：2011 年 7 月第 17 届非盟首脑会议；2011 年 11 月第三届南美－非洲峰会会议；2012 年 2 月中非经济与货币共同体会议；2012 年 8 月第九届苏利文峰会；2012 年 12 月第七届非洲、加勒比和太平洋国家领导人峰会；2013 年 1 月中非经济共同体部长会议；2013 年 8 月第三届几内亚湾委员会首脑峰会；2014 年 6 月第 23 届非盟峰会；2014 年 11 月第二届“土耳其－非洲峰会”；2015 年 2 月中部非洲经济与货币共同体（CEMAC）议会；两次足球非洲杯以及赤道几内亚的重要节日，等等。CMEC 派去的运行维护团队出色圆满地完成了各项政治任务，同时中国建设的电力系统也经历了考验。CMEC 在努力执行好项目的基础上，积极投身赤方的社会公益事业，援建赤方多项公益事业项目：马拉博大学食堂项目、赤道几内亚电力学校、涅方教堂、蒙戈莫小学等。其中，赤道几内亚电力学校项目于 2013 年底竣工，其第一批就读学院的毕业生已成为赤道几内亚电力事业的新生力量。

五、乍得恩贾梅纳城市 90kV 环城网和中低压电网改扩建项目

1. 承建单位：中国机械设备工程股份有限公司

2. 签约时间：2010 年 4 月 21 日

3. 项目概况：2010 年 4 月与乍方分别签署 2 个项目合同，90kV 项目为其中之一。2012 年 2 月，项目合同正式生效。截至 2015 年 7 月，该项目陆续实现完工通电，通过业主方临时验收，获得业主方临时验收证书。该项目项下设备均采用国产设备，设计工艺和辅助配套均经济安全，符合项目要求，满足了业主方需要。

4. 经济或社会效益：项目建设在急需用电的首都地区，对当地的基础设施和民生意义重大。项目从开工到完工，整个过程受到乍方高度关注，乍得总统曾数次视察工地，分管部长曾多次对工程进行批示。项目基本采用中国生产的设备材料，使用中国施工人员，获得当地人民对中国产品、中国技术的认可。在施工过程中，CMEC 施工人员培训当地一大批劳工，提高了当地人的技术水平和从业能力。

2015 年 12 月，在第 25 届乍得民主与自由纪念大会上，乍得总统授予 CMEC“乍得国家骑士荣誉勋章”，以表彰 CMEC 为乍得电力发展作出的杰出贡献。

六、菲律宾马利万斯项目

1. 承建单位：中国机械设备工程股份有限公司(中国电力工程有限公司)

2. 签约时间：2009 年 2 月 6 日

3. 项目概况：项目为 2*300MW 燃煤电站设计采购建设施工总承包项目，于 2009 年 2 月 6 日签约，2012 年 11 月完成系统调试，具备整租启动条件。1 号机组于 2012 年 11 月 24 日实现首次并网，2 号机组于 2012 年 12 月 5 日实现首次并网。2015 年 9 月 8 日，在项目贷款银行、独立工程师授权下，业主签发项目 FCC 证书(Final Completion Certificate）。FCC 是合同内的最后一个证书，标志着项目全部结束。

4. 经济或社会效益：项目直接带动 300 多家中国设备制造厂家、近 2 000 种产品实现出口，带动 1 500 多名中国施工人员和工程技术人员参与国际项目建设。以项目建设作为基础和平台，促进了中国劳务就业和对外输出。同时，极大地缓解了菲律宾能源需求压力。该项目吸收属地员工高峰期达 800 人，并拉动当地工程材料供应商业绩上升，对当地经济和社会发展提供了有力支持。

七、委内瑞拉挖泥船供货及清淤项目二期

1. 承包单位：中工国际工程股份有限公司

2. 签约时间：2012 年 10 月 12 日

3. 项目概况：合同金额 9 113 万美元。内容为 10 条挖泥船及配套机具供货及河道疏浚工程两部分。该项目位于委内瑞拉马拉开波湖南部三河流域以及图依河入海口部分，项目于2013年2月27日正式生效，2014年7月向业主移交全部挖泥船，2015年2月竣工。

4.经济或社会效益：项目执行顺利，通过对堵塞河段的有效疏浚，对保证委内瑞拉各主要农业种植区域免受洪水及内涝威胁、对保证委内瑞拉全国农业生产和粮食安全具有重大意义。

八、委内瑞拉第斯那托斯灌溉综合项目

1.承包单位：中工国际工程股份有限公司

2.签约时间：2011年5月1日

3.项目概况：合同金额17 882.6万美元。项目内容为新建第斯那托斯灌区灌溉及排水系统，修复道路工程，灌区310hm^{2}的滴灌工程供货及安装，1 700hm^{2}喷灌工程设备供货及安装，建设用于喷灌滴灌工程供电的自备电站1座。项目于2015年5月20日完工，并移交业主使用。

4.经济或社会效益：项目对灌区的修复和扩建，灌区道路修复和建设，以及建立灌区农作物多样化示范基地和农产品加工园区、新农村社区建设具有重大意义；同时，有利于中工国际保持并深化与委内瑞拉农业与土地部的良好合作关系，带动公司在委内瑞拉的业务开展。

九、委内瑞拉比西亚联合循环电站项目

1.承建单位：中工国际工程股份有限公司

2.签约时间：2010年9月3日

3.项目概况：合同金额10.45亿美元。内容为建设1座总装机容量570MW（ISO工况）的火电站及厂外配套输变电工程。项目单循环1号机组2013年7月31日并网发电，2号机组2013年11月25日并网发电，联合循环机组（3号机组，150MW）于2015年1月26日并网发电。项目于2015年12月25日顺利整体移交业主，进入质保期。

4.经济或社会效益：该项目是中国公司在海外承接的第一个F级、60Hz大型燃机联合循环电站项目。项目的成功实施，赢得了业主的高度赞扬，不仅为委内瑞拉解决了中西部电力短缺问题，也为中工国际在电力领域执行大型复杂项目积累了宝贵经验，为公司在委内瑞拉市场又树立了一个里程碑，为传递中国工程价值又增添了浓墨重彩的一笔。

十、越南高平钢铁股份有限公司22万t/a钢项目

1.承建单位：中国机械工业建设集团有限公司

2.签约时间：2011年1月27日

3.项目概况：2011年1月27日合同生效，2012年10月1日开工，2015年12月31日完工。该项目业主是越南高平钢铁股份有限公司，工程位于越南高平省和安县周贞乡。工程内容包括越南高平钢铁股份公司年产22万t的烧结、炼铁、炼钢工艺生产连线，以及辅助项目钢生产线的设计、提供设备（物资）、土建、安装、培训、技术运行和保修等，使用中国进出口银行优惠贷款，合同金额约6 200万美元。

4.经济或社会效益：该项目直接带动100多家中国设备制造厂家、带动近800种产品实现出口、带动600多名中国施工人员和工程技术人员参与国际项目建设。以项目建设作为基础和平台，实现了中越经贸合作的共赢局面，促进了中国劳务就业和对外输出和越南钢铁生产水平提升。该项目施工阶段带动当地就业400人，生产阶段带动当地就业800人，为当地培训熟悉钢厂生产技术的工人500人，并带动当地工程材料供应商发展，对当地经济和社会发展具有重大意义。

十一、中国航信中央（嘉兴）共用信息（灾备）服务中心项目一期工程

1.承建单位：中国中元国际工程有限公司

2.签约时间：2011年9月30日

3.项目概况：项目位于浙江省嘉兴市嘉兴科技城园区，建设用地约22.2万m^2（333亩），规划分二期建设。主要建筑功能为数据中心及其辅助用房（生产区）和配套办公生活用房（生活区），投入使用后提供中性化、标准化、规范化的信息服务，总建筑面积约26.3万m^2。其中，一期工程建筑面积约8万m^2，包括1#数据中心、1#动力中心、ECC控制中心，以及灾备中心办公楼、职工餐厅、会议运动综合楼、职工宿舍、门卫等。2015年9月完成竣工验收。

4.经济或社会效益：该服务中心项目作为大型央企的重要灾备信息中心，在提供安全可靠的灾备服务前提下，辐射长三角，为长三角地区提供稳定可靠的数据服务，推动地区金融、商业、信息服务等行业进入一个更高的水平。本工程在建设规模、机房等级、系统配置、智能化管理、绿色节能措施、新产品新技术应用等方面都走到了国内先列，具有国际领先水平，对维护国家信息安全、推进现代服务业、提高信息服务专业化水平具有重要意义。项目的落成，将全面提升中国信息服务灾备水平，提高信息安全，而利用数据进行增值服务，也有助于社会资源的节约与利用，将大大加快科技产业发展的步伐。2015 年 10 月世界互联网大会在嘉兴市乌镇举行，中国航信中央企业（嘉兴）共用信息（灾备）服务中心被确定为国家数据中心基地参与了此次行业盛会。该项目的建设不仅有利于嘉兴提升服务业层次，推动嘉兴工业化、信息化、国际化发展再上新台阶，给嘉兴科技城软件和服务外包产业发展注入新的活力，还将面向长三角乃至全国提供中性化、标准化、规范化的信息服务，对维护国家信息安全、推进现代服务业、提高信息服务专业化水平具有重要意义。

十二、万达西双版纳傣秀剧场项目

1. 承建单位：中国中元国际工程有限公司

2. 签约时间：2013 年 9 月 4 日

3. 项目概况：位于云南省西双版纳州景洪市西北部，用地面积 4.29hm^2，建筑面积 1.95 万 m^2，建筑高度 21m，剧场表演厅 1 200 座席。由于工程具有独特的复杂性和重要性，在项目设计上，中国中元除完成各阶段的建筑主体工程设计以外，还完成了消防性能化、风洞试验、绿建设计、建筑声学设计等项目内容，并协调配合外方方案设计、剧场工艺顾问、舞台各种设备、环境景观、照明、室内精装及幕墙等专项设计。项目搭建了 BIM7+1 的协作平台模式，形成全过程、全专业的三维设计成果，并实现对相关工程建造的模拟。2015 年 9 月投入使用。

4. 经济或社会效益：傣秀剧场是中国中元首次与万达旅游集团合作，并协同英国 STUFISH 公司、Franco Dragone 国际娱乐集团等国际团队，共同设计打造的世界级秀场项目。傣秀剧场具有优美独特的建筑造型，配备了尖端的舞台设施和先进复杂的机电系统，舞台工艺将所有的电动悬吊及舞台机械整合为一个全自动化系统控制，为演出提供世界一流的硬件水平，将为完美的空中芭蕾表演提供必需的硬件条件。声学及座椅设计紧密围绕整个水秀主题表演设计，并采用世界先进的声光电设备，让观众无论身处剧场的哪一个位置，都能有完美的听觉和视觉享受。项目的建成和良好运行，必将成为中国中元文化演艺类项目的一个重要的里程碑。

十三、燕翔饭店改扩建项目

1. 承建单位：中国中元国际工程有限公司

2. 签约时间：2011 年 3 月 1 日

3. 项目概况：位于北京市朝阳区将台路西南侧，与丽都假日饭店一路之隔。项目总用地面积 2.27 万 m^2，总建筑面积 16.6 万 m^2。该项目是由符合国际标准的五星级酒店、三星级饭店及 5A 级办公楼组成的综合体建筑，建筑高度 120m。2015 年竣工。

4. 经济或社会效益：首旅集团拟通过对燕翔地块的改扩建，在中国推出第一个属于中国人自己的民族品牌的酒店 —— 诺金饭店，并将成为国际水平的中国式酒店品牌。为充分体现绿色环保的理念，将绿色环保落到实处，在筹备、设计及建设过程中，均不遗余力地把环保节能的理念融入项目建设每个环节中，严格按照国际上最为成熟的绿色建筑认证体系 ——LEED 绿色建筑认证的评估标准执行，并准备申请 LEED 绿色建筑认证。

十四、新中元大厦项目

1. 承建单位：中国中元国际工程有限公司

2. 签约时间：2011 年 6 月 22 日

3. 项目概况：2013 年 5 月开工，2015 年 10 月竣工。项目建设以体现绿色科技和中国中元的企业特色为建设出发点。采用诸多绿色节能建筑技术进行设计，如屋顶绿化、太阳能光伏发电和热水系统、水蓄冷系统、智能照明系统、中水系统、雨水收集系统、光通道系统、幕墙遮阳百叶等。设计人员以绿色、节能作为设计使命。退台设计不会对北侧建筑产生遮挡，在设计中创造良好的声、光、风的基地环境，屋顶绿化、地下车库冲洗使用中水供给，绿化灌溉采取喷灌、微灌技术，室外绿化和道路冲洗由雨水收集系统供给，节水及感应型卫生器具、下凹式绿地与蓄水池结合，实现节水与水资源有效利用。

4. 经济或社会效益：中国中元作为本项目的 EPC 工程总承包方，承担了工程的建筑设计、工程施工、项目管理、采购等全过程建设工作。新中元大厦的建设和投入使用，极大地改善了中国中元广大员工的办公环境，体现中国中元积极进取、开拓创新的企业精神，也为公司的长期发展提供了有力的保障与支持。项目获“结构长城杯”“2013 年北京市绿色安全工地”等荣誉。新中元大厦通过多项绿色技术集成，顺利通过 LEED 金奖认证。

十五、青岛钢铁有限公司城市钢厂环保搬迁工程—炼钢系统矩形坯连铸机总承包项目

1. 承建单位：中国重型机械研究院股份有限公司

2. 签约时间：2014 年 1 月 20 日

3. 项目概况：2013 年 12 月，中国重型院在与国内外其他 5 家知名企业竞标中，凭借技术和业绩优势一举中标。该工程是经国家发展改革委批准的环保搬迁工程，包含 1 台 5 机 5 流 240mm×300mm 矩形坯连铸机、2 台 6 机 6 流 180mm×240mm 矩形坯连铸机的整体工艺及设备、土建、公辅、供配电等内容。2014 年 7 月完成设计，2014 年 6 月开始调试，2015 年 11 月 5 日、6 日和 11 月 8 日，青岛特殊钢铁有限公司（青钢）2# 连铸机、3# 连铸机和 1# 连铸机分别热试成功。

4. 经济或社会效益：该工程采用 9 机架拉矫机全程轻压下、拉矫机凸辊压下、四连杆结构的液压振动装置、中间罐液压调渣线、中间罐等离子加热、结晶器 + 末端电磁搅拌、捞钢机 + 全液压冷床出坯、单台连铸机能源计量等多项先进技术，这些技术在中国重型院乃至国内同类铸机上都是首次同时实施。该项目不仅创造了中国重型院连铸一次性热试铸机数量之最，也为工程的顺利竣工打下坚实的基础，并将进一步提高中国重型院在高品质钢方坯连铸机的国内市场占有率。

十六、鞍钢冷轧三号镀锌线圆盘剪项目

1. 承建单位：中国重型机械研究院股份有限公司

2. 签约时间：2014 年 6 月 15 日

3. 项目概况：仅用 1 个月完成新项目设计工作，该合同设备于 2014 年 12 月交货并开始安装调试，2015 年 1 月投入试生产。该项目包括双塔式回转圆盘剪、碎边剪及废边输送系统，是国内第一套用于镀锌线的全自动化剪切设备，可生产厚度 0.3 ～ 2.5mm 深冲高品质汽车板。该项目由中国重型院自主研发，设备性能达到国际领先水平。在项目中将各项自动化功能（圆盘剪宽度自动、圆盘剪侧间隙自动、圆盘剪重叠量自动、圆盘剪双塔回转自动、碎边剪进出机组自动、碎边剪宽度自动、碎边剪侧间隙自动）有机结合起来，形成一整套完善的全程自动化控制生产系统（人工仅需监控）。

4. 经济或社会效益：该项目为原镀锌机组提供了汽车板深加工功能，给用户拓宽了市场并带来良好的经济效益，同时也具有巨大的社会效益。

十七、40MN 挤压机配套机器人采购及挤压工模具相关辅机改造项目

1. 承建单位：中国重型机械研究院股份有限公司

2. 签约时间：2014 年 3 月 10 日

3. 项目概况：2013 年 11 月开工，经过 3 个多月对国内外现有锆合金挤压生产和实验，机器人的技术与应用，特别是机器人在冶金行业的应用进行全面的调研，确定金属挤压用机器人系统的研究方向与方法。2014 年 4 月完成 40MN 挤压机配套机器人及挤压工模具相关辅机改造的方案设计和优化。2015 年 2 月，完成设备生产制造，并出厂装配。2015 年 4 月进行安装调试。2015 年 5 月该项目通过国核宝钛锆业股份公司测试验收。该项目是国内首次将工业机器人引入到金属挤压加工领域，在该包含机器人系统在内的金属挤压工艺流程中，设计完成一种机器人系统用挤压筒－模具清理装置，提出一种新型穿孔针连接结构，研发出一种穿孔针拆装装置。使用工业机器人代替手工操作或者专用辅助设备后，减少人为因素影响，相关工艺过程的可重复性与可靠性得到极大地提高；并且由于自动化水平的提高，可以更方便地进行生产工艺分析与优化。引入工业机器人后，在锆挤压工艺中：自动化换穿孔针可靠率将高达 99.9%；挤压筒清理、挤压筒润滑的可靠率提高到 97%；模具清理、模具润滑的可靠率达到 98%。此外，由于增加了拍照检查挤压筒内孔和模具表面的功能，计算机自动处理数据，若一次清理润滑未达到效果，计算机将控制机器人进行第二车清理润滑，这样上述清理润滑的可靠性更高。由于增加了坯料在挤压筒内转动，核级锆材的生产可控性与产品质量将得到进一步的保证。

4. 经济或社会效益：由于核级锆材是核燃料棒的包壳，是保障核电站运行的第一道安全屏障。通过在锆挤压生产中引入工业机器人，不仅具有巨大的经济效益，对核电站安全运营也具有重要意义。对中国核级锆管供应自主化、摆脱对国外供应的依赖具有极其重要的作用。

十八、浙江久立特材科技股份有限公司LG15、LG25、LG40共10台高速冷轧管机

1. 承建单位：中国重型机械研究院股份有限公司

2. 签约时间：2014年1月17日

3. 项目概况：该项目包含2套LG-15-GHLL型、6套LG-25-GHLL型及2套LG-40-GHLL型高速冷轧管机，是当前国内一次订货高速冷轧管机数量之最。该项目于2014年12月开始安装调试，2015年1月LG-40-GHLL轧机生产出第一根管子，至2015年4月10套高速冷轧管机全部投产。该项目是国内开发的首条全自动无缝管生产线，提出“机器换人”“全自动工厂”的新理念。中国重型院技术人员创新思维，对冷轧管机进行智能化、信息化升级创新，可实现全自动无人化生产，具备工艺稳定性高、检测可靠性高等优点，同时开发出的远程故障诊断、设备状态监控与信息存储、生产及工艺信息统计等新功能，满足现代化工厂生产与管理的需要。

4. 经济或社会效益：该项目是浙江久立“大型装备用耐腐蚀换热管束技术开发及产业化项目”中的主要生产设备，可年产超长高品质换热管超过5000t。该项目的投产，不仅可提升中国重型院装备技术的水平，也提高用户管材的品质，对促进浙江久立产业及产品结构升级、推动高端管材产品国产化进程具有重要的意义。

十九、广西盛隆LT干法除尘系统

1. 承建单位：中国重型机械研究院股份有限公司

2. 签约时间：2014年7月29日

3. 项目概况：2014年7月29日，中国重型院与广西盛隆冶金有限公司签订精炼炉一次烟气除尘系统改造工程EPC总承包合同，2015年10月第一套系统改造完毕，2016年3月全部5套系统改造完毕。该项目采用“新的炉口微差压控制模式”“节能高效的煤气冷却器供水模式，不仅实现部分设备利旧，而且整套系统达到节能环保的目标。该系统放散粉尘排放浓度≤15mg/m^3，回收煤气浓度10mg/m^3。整个过程采用干法工艺，无任何废水废气等二次污染。

4. 经济或社会效益：转炉煤气干法净化回收技术是当今国际钢铁行业中的先进技术。中国重型院在跟踪学习国外技术的基础上，通过系统的技术研发及自主创新，开发出适合中国钢铁行业的技术，并通过示范工程的应用和改进完善、技术创新等，现拥有了自主知识产权的转炉煤气干法净化回收系统技术成果，并作为国家重点新产品和国家自主创新产品向全国推广应用。已为国内钢铁公司提供50多套系统及设备，为用户带来了显著的经济效益和社会效益。

二十、鞍钢炼钢总厂三工区RH增容改造设备总承包项目

1. 承建单位：中国重型机械研究院股份有限公司

2. 签约时间：2014年3月13日

3. 项目概况：8个月完成全部工程设计、设备制造及安装调试，于2014年11月热负荷试车成功。该项目是针对鞍钢炼钢总厂三工区两套RH真空系统的改造。原真空系统由德国MESSO/MEVAC设计，中方合作制造，分别建成于1999年和2013年，由于使用年限较长，真空系统抽气时间无法满足要求，且由于生产节奏加快，用户要求加大真空系统抽气能力，缩短抽气时间。中国重型院科研人员克服现场条件限制，在原有安装空间上设计了抽气能力更大的真空系统，并且采用水环泵技术，设计四级蒸汽泵+水环泵的工作模式，抽气能力在67Pa时达到850kg/h。

4. 经济或社会效益：四级蒸汽泵+水环泵的工作模式，与原来全蒸汽泵工作模式相比，大大减少了蒸汽耗量，每年可节约400万元直接成本。同时，由于抽气时间缩短，加快生产节奏，为用户取得了显著的经济效益。

二十一、850mm二十辊不锈钢冷轧项目

1. 承建单位：中国重型机械研究院股份有限公司

2. 签约时间：2015年3月21日

3. 项目概况：项目为其成套供货2套850-BDL-20G-40/225型不锈钢二十辊冷轧机组。该项目在无同等规格技术储备的情况下，完全新设计开发，自签订合同到顺利投产仅用7个半月，创造了国内外同类轧机最短的设计投产周期。该项目于9月18日开始发货安装，第1台轧机11月10日热负荷试车成功，第2台轧机于

12月1日试车成功。该项目是中国重型院近40年来承接的第一个不锈钢二十辊冷轧项目，项目工期紧，技术难度大，性能指标高；也是国内外首次采用乳化液润滑的不锈钢窄带二十辊轧机。中国重型院开创性地为背衬辊系独立设计油气润滑系统，轧机在无板型仪闭环系统的情况下，设计速度500m/min，实际达到502m/min，创造了同规格轧机乳化液润滑工况下最高轧制速度。同时，该项目是国内外首套进行工业批量生产硬态未退火不锈钢轧制的二十辊轧机，硬态未退火不锈钢直接轧制，对轧机刚性、精度等提出更高的要求，这也充分体现了二十辊轧机的高刚性，从热轧来料一个轧程可实现90%的总压下率，节省中间退火环节，大大缩短工艺流程并降低生产成本。

4. 经济或社会效益：该项目的成功实施，标志着中国重型院板带轧制装备从传统的四六辊机型往多辊机型的转型，对后续在不锈钢轧制领域的技术提升和市场开拓具有重要的意义。

二十二、北京菲米特 ϕ33～ϕ115mm 双管水压试验机项目

1. 承建单位：中国重型机械研究院股份有限公司

2. 签约时间：2014年9月1日

3. 项目概况：为出口印度项目，于2015年5月初在印度现场开始安装调试，2015年7月底投产验收。该设备采用了创新的平行进料方式，使得整个设备运行平稳，设备效率大大提高（每小时从120根调高到200根），钢管两端密封采用U型圈密封，增压器连续增压，使得增压快速，保压平稳，设备完全满足外方所提出的要求。

4. 经济或社会效益：该项目的成功投产，是中国重型院对更小规格钢管水压试管机设计制造的一次创新和验证，新结构的开发和研究可大大提高设备的生产节奏，为客户创造了更高的价值，中国重型院在该领域达到国际先进水平。

二十三、哥伦比亚 GECELCA 3号燃煤发电站

1. 承建单位：中国联合工程公司

2. 签约时间：2010年12月31日

3. 工程概况：中国联合工程公司－东方汽轮机有限公司联合体（简称CUC）通过激烈的国际竞标获得总承包，项目为单机净发电量为164MW的燃煤电站，位于哥伦比亚科尔多瓦省。该项目于2011年2月2日开工。开工以来，中国联合工程公司积极组织优势资源，全力以赴推进项目建设，于2013年12月锅炉完成酸洗，12月24日开始点火烘炉；汽轮发电机于2014年12月完成本体安装，于2015年9月12日通过72小时考核，17日零时在当地电力部门注册发电，正式列入国家电网运行电厂计划。项目特点：一是项目起点高，项目设计不仅符合中国标准和ISO、IEC等常规标准，同时满足哥伦比亚当地的环保、排放、消防、结构、电气设计等强制性标准要求，特别是项目全部采用美国标准进行设计、制造、安装，体现了CUC的综合技术能力，赢得了客户的信任。二是在电站的设计上采用全三维设计，实现项目设计的全生命周期工程管理，给业主提供模拟实际的电站环境，能更好地满足业主对项目的评审，同时避免了设计中出现的专业交叉碰撞现象，节省了纠偏的成本。三是脱硫效率在95%以上。

4. 经济或社会效益：作为CUC在哥伦比亚和南美洲地区承建的第一个大型火力发电站的EPC项目，展现了中国联合工程公司参与国际项目的实力和水平，坚定了该公司进一步开拓国际市场的信心和决心。其意义有3点：一是跨越了国外标准这道中国公司对外承包工程的技术门槛和壁垒，展现了中国联合工程公司与国际工程接轨的技术水平。二是逐步掌握了不同标准体系之间的差异和联系，使国外业主对中国标准从不认知到逐步认可，体现了CUC设计工作的科学化、精细化，以及在推进中国标准的国际化进程中所做的辛勤努力。三是通过技术集成，带动国内制造业的联动出口和人员的技术交流，推动中国机电产品逐步得到国际认可。

二十四、神华集团公司榆神工业区清水煤化学工业园动力供应与高纯洁净气体项目

1. 承建单位：中国联合工程公司

2. 签约时间：2013年1月4日

3. 工程概况：2013年1月28日开工，于2014年8月30日完成1#锅炉吹管，2015年12月31日合同装置全部完工，项目整体移交业主。项目特点：该项目包括4台260t/h高温高压煤粉炉和2台25MW汽轮机组，合同额67 736.39万元，项目具有体量大、工程质量要求高、工期紧、自动化水平高的特点。

4. 经济或社会效益：一是采用脱硫脱硝系统设计加CFB锅炉炉内加石灰石粉脱硫工艺，使锅炉排出的烟气中二氧化硫和二氧化氮降到很低（SO_2 ≤ 100mg/m^3，NOx ≤ 50 mg/m^3），优于环保排放指标要求。二是烟气除尘系统采用电袋除尘设施，后又在脱硫洗涤塔内通过水洗，使排入大气的烟气中的烟尘含量降低到 30 ～ 50mg/m^3 以下，社会效益十分明显。三是开创了公司和大型石化企业开展强强联合的新型合作模式。

二十五、内蒙古中煤蒙大新能源化工有限公司年产 50 万 t 塑料项目公用工程Ⅱ（自备热电站）**装置工程**

1. 承建单位：中国联合工程公司

2. 签约时间：2013 年 4 月 28 日

3. 工程概况：2013 年 3 月进场，5 月 20 日完成工程桩施工，2015 年 5 月份 1#、2# 锅炉烘炉完毕，7 月份 1#、2# 锅炉交付业主，10 月 3 炉 2 机中交工作签字完成。该项目主体设备：3 台 3 000t/h 高温高压循环流化床锅炉、2 台 CB25MW 汽轮发电机组，合同金额 57 800 万元。具有体量大、系统复杂的特点，并且项目处于内蒙古地区，冬季寒冷且时间长，项目实施难度较大。

4. 经济或社会效益：项目具有很好的经济和社会效益：一是采用国际先进的循环流化床锅炉燃烧技术，燃烧效率高，通常能达到 95% ～ 99%；负荷调节范围大，负荷调节比可达（3 ～ 4）：1；负荷调节速率也很快，一般可达每分钟 4%。二是采用热电联产技术，利用蒸汽轮机驱动发电机发电，再将废气对现有锅炉装置补充加热，其总效率可达 80%。三是利用循环流化床锅炉可燃用低挥发分燃料的特点，经过探索，设计出了可燃用挥发分在 10% 以下的劣质煤或煤矸石技术；在设计中锅炉使用劣质煤或煤矸石作为燃料，为化工行业动力站在确定工艺方案时节省了大量投资，该替代技术国内首例、国际先进。四是利用循环流化床锅炉的低温燃烧特点与石灰石最佳脱硫温度一致的特性，通过添加合适品种和粒度的石灰石，把 Ca/S 摩尔比控制在 1.5 ～ 2.5 的范围内，达到了极佳的脱硫效果，既降低了二氧化硫的排放量，又保护了锅炉尾部受热面免受腐蚀；同时锅炉低温燃烧，抑制了氮氧化物的生成，进一步保护了环境。一般锅炉的脱硫率在 85% 左右，该技术可脱硫率达 95% 以上，烟气中氮氧化物的含量控制在 300mg/m^3 以内；灰渣可 100% 予以回收综合利用。

二十六、郑州大学超算中心项目（总承包）

1. 承建单位：机械工业第六设计研究院有限公司

2. 签约时间：2015 年 6 月 20 日

3. 项目概况：项目位于郑州大学老校区，建设内容包括机房基础环境、网络环境、政务平台、共享信息资源管理与超级计算服务平台 4 个方面。

4. 经济或社会效益：项目建成后将成为政府政务网备用入口和全省高校、科研院所和大型工程企业超级运算中心服务平台，同时也将成为郑州市“智慧城市”“云计算中心”建设的中心平台。

二十七、郑州市中原区教育体育局工农路等 5 所学校建设 EPC 工程项目（总承包）

1. 承建单位：机械工业第六设计研究院有限公司

2. 签约时间：2015 年 9 月 25 日

3. 项目概况：项目包含郑州市第八十中学（平安街学校）、工农路小学、中原区外国语小学、中原区伏牛路第四小学、中原区建设路第二小学（西校区）等 5 所学校的新建、改扩建等，是中原区政府、区教体局的重点工作，是中原区重点工程。区内学校建设标准高、要求严。

4. 经济或社会效益：建成后将有效缓解中原区学生升学压力，实现教育优先发展战略。

设计、咨询、勘察、监理项目

（2015 年完工，合同金额 500 万元以上）

一、娄底市文化中心、娄底宾馆

1. 设计单位：中国机械设备工程股份有限公司（中机国际工程设计研究院有限责任公司）

2. 签约时间：2012 年 9 月 7 日

3. 项目概况：娄底文化中心包括美术馆、博物馆、图书馆、文化馆和群众文化中心，总建筑面积约 5 万 m²。项目于 2012 年方案中标，先后经过方案修改和优化、景观设计、初步设计、施工图设计、装修设计等。该项目竣工后，通过各项验收并向市民开放。娄底市文化中心基地位于娄底市西南面的市体育中心北侧。毗邻涟水河，距火车站 3 公里，交通便捷，区位优势明显。

4. 经济或社会效益：娄底文化中心设计理念独特，“还地于民”的理念在建筑设计中得到很好的诠释。娄底文化中心不再像有些建筑是硬生生地插在大地上的混凝土方盒子，而是从地里有机生长出与环境融为一体，建筑隐藏于环境之中，从而使建筑景观化。该设计作品获湖南省 2015 年度优秀工程设计一等奖，产生了很好的经济和社会效益。

二、娄底华天城一期工程（酒店、员工宿舍及公寓、商场、写字楼）

1. 设计单位：中国机械设备工程股份有限公司 (中机国际工程设计研究院有限责任公司)

2. 签约时间：2013 年 4 月 8 日

3. 项目概况：主要包括酒店、员工宿舍和贵宾楼，总建筑面积约 6.7 万 m²。2013 年 9 月启动设计，当前已开始营业。该项目地理位置优越，与娄底市体育中心和文化中心隔街相邻，东侧紧邻涟水河及风光带。

4. 经济或社会效益：本项目中最大主体建筑 —— 酒店，造型独特，具有标志性，又与周边环境相融合，在平面和造型设计上都体现出酒店的五星级标准。造型上具有标志性，能够成为大众关注的对象，产生很好的经济和社会效益。

三、百弘 · 学府城

1. 设计单位：中国机械设备工程股份有限公司 (中机国际工程设计研究院有限责任公司)

2. 签约时间：2013 年 9 月 20 日

3. 项目概况：为综合地产项目，包括住宅、商业、写字楼等，根据地块划分为 A 区、B 区，总建筑面积 90 万 m²，最大建筑高度 100m。2013 年开始方案设计及初步设计，2014 年完成施工图设计，项目正在施工中。其中有地下室及 4 栋单体建筑完成主体验收。

A 区地块共设计 5 栋 30 ～ 31 层的高层住宅、5 栋 30 ～ 31 层高层公寓、1 栋 30 层的高层公寓式酒店和 1 栋 26 层高层酒店及裙楼底座 3 ～ 4 层的商业铺面和酒店配套，三层地下室。A 区设计总建筑面积 45.3 万 m²。B 区地块共设计 18 栋 30 ～ 31 层的高层住宅，1 栋 11 层写字楼及 1 栋 3 层幼儿园（12 班），临道路布置一层或两层商业，布置局部三层地下室，B 区设计总建筑面积 44.5 万 m²。项目规划超前，设计合理，崇尚以人为本。

4. 经济或社会效益：项目力求简洁、高效，建设周期短，速度快，具有较好的经济效益。项目各项指标较好，将建成高品质、实用、节能、环境优雅、配套齐全、社会效益优良的大型高级楼盘。

四、兰亭湾畔一期工程

1. 设计单位：中国机械设备工程股份有限公司 (中机国际工程设计研究院有限责任公司)

2. 签约时间：2013 年 5 月 14 日

3. 项目概况：项目位于长沙市岳麓区猴子石大桥与潇湘大道交汇处，总建筑面积 26.78 万 m²。项目包括 11 栋 23 ～ 33 层高层住宅及沿街商铺、1 个两层地下室。以住宅为主，为全高层的高容积率设计。

4. 经济或社会效益：项目完成销售，投入使用，成为 3 000 余户良好的居住环境，同时项目出资自建国际名校，推动建设地的教育发展。作为长沙河西标杆楼盘，推动了长沙房地产行业的发展。

五、岳府 · 公园邸

1. 设计单位：中国机械设备工程股份有限公司 (中机国际工程设计研究院有限责任公司)

2. 签约时间：2013 年 8 月 15 日

3. 项目概况：该项目自 2013 年 8 月开始方案设计。项目用地为一座山包，高差大，地势复杂，项目包括住宅、公寓、写字楼、酒店和商业，功能复杂，项目容积率 5.7，建筑物高度控制在 100m 之内，项目的难度大。为此方案设计进行了多次、多方案反复分析比较，历经近一年时间，最后确定的方案获得政府主管部门和开发商充分认可。施工图设计全部完成。

4. 经济或社会效益：该项目与长沙市岳麓区政府一路之隔，拆除原有老旧建筑（破、旧、危、乱建筑），对美化城市、改善原住户居住条件、提高城市用地效率具有重要意义。用地为一山头，有部分村民居住在山上、山下，房屋较破旧，开发后将大大改善居民居住条件。项目与岳麓区政府一路之隔，区域位置好，开发后给政府和开发商带来较丰厚的经济效益。原来山上除居民住房外主要是杂草和杂树及荒山，开发后通过漂亮的建筑物和景观绿化，将美化环境。

六、汉寿县人民医院异址新建工程项目

1. 设计单位：中国机械设备工程股份有限公司 (中机国际工程设计研究院有限责任公司)

2. 签约时间：2014 年 11 月 12 日

3. 项目概况：项目最终施工图总建筑面积 142 104.04 m^2。自 2014 年中标后，先后经过方案修改和优化、初步设计 , 于 2015 年 10 月完成施工图设计。设计采用先进的医疗设计理念，通过医疗主街将门诊、医技、住院三大功能体系串联起来。项目功能设置齐全合理，各种流线组织便捷清晰，可极大地方便患者就医。设计中引入采光天井的设计手法，改善患者就医环境和医务人员工作环境。

4. 经济或社会效益：项目是大型综合医院的整体搬迁项目，规模大，规划起点高，设计理念先进。项目采用水源热泵、太阳能、雨水回收等绿色建筑技术，使其达到绿色建筑二星级标准。该项目属于民生工程，项目完成后将产生良好的社会反响，经济和社会效益显著。

七、都市兰亭

1. 设计单位：中国机械设备工程股份有限公司 (中机国际工程设计研究院有限责任公司)

2. 签约时间：2014 年 1 月 28 日

3. 项目概况：项目位于株洲市石峰区，总建筑面积 428 320.25 m^2。设计产品为高层住宅及沿街商铺，含 2 个两层地下室，设计分为三期，现已完成所有施工图设计。一期完成验收，二、三期在建。本项目 A、B、C 地块，共规划 20 栋高层住宅、1 栋 9 班幼儿园及部分沿街商铺、2 个两层地下室。产品以住宅为主，为全高层的高容积率设计。已完成一期 6 栋高层及地下室验收，二、三期在建。

4. 经济或社会效益：销售情况良好。通过对土地资源的合理利用，极大地改善了周边的环境条件。项目作为株洲知名大盘，推动了株洲房地产行业的发展。

八、兰亭湾畔二期（A 区）

1. 设计单位：中国机械设备工程股份有限公司（中机国际工程设计研究院有限责任公司）

2. 签约时间：2014 年 1 月 8 日

3. 项目概况：项目位于长沙市岳麓区猴子石大桥与潇湘大道交汇处，总建筑面积 24.2 万 m^2，现已完成所有施工图设计。项目包括 7 栋一类高层住宅、1 栋一类高层公寓楼、1 个两层地下室。以住宅为主，公寓商业等功能为辅。为全高层的高容积率设计。

4. 经济或社会效益：已完成销售，投入使用，为 3 000 余户业主提供了良好的居住环境，同时项目出资自建国际名校，推动建设地的教育发展。作为长沙河西标杆楼盘，推动长沙房地产行业的发展。

九、北辰新河三角洲项目 C3 区初步设计及施工图设计合同

1. 设计单位：中国机械设备工程股份有限公司 (中机国际工程设计研究院有限责任公司)

2. 签约时间：2015 年 2 月 4 日

3. 项目概况：2015 年 6 月 1 日启动设计，7 月 30 日完成结构超限审查，12 月 1 日完成施工图设计，12 月 8 日完成施工图审查。项目位于长沙市开福区湘江与浏阳河交汇处新河三角洲片区，用地面积 5.7 万 m^2。项目由 9 栋超高层住宅、G 层、地下一层及 1 栋幼儿园组成，总建筑面积约 40 万 m^2，属于多层民用建筑。

4. 经济或社会效益：此项目的开发建设作为长沙市“城市运营”的一个重要组成部分，集合超高层商务写字楼、高层住宅群、大型购物中心、超五星级酒店等地标性建筑，密集凸显该片区的高端商务价值，辐射出长沙楼宇经济的浦东效应。凭借得天独厚的文化氛围和独一无二的滨水资源，体现长沙“一江两岸，山水洲城”人居理念的城市名片，成为湖南省乃至整个中南地区高品质都市生活区的示范标杆，成为全国翘楚的都市游憩商业区。

十、长沙复盈湘府路项目

1. 设计单位：中国机械设备工程股份有限公司 (中机国际工程设计研究院有限责任公司)

2. 签约时间：2015 年 10 月 8 日

3. 项目概况：2015 年 10 月启动设计，2016 年 1 月完成初步设计审查、4 月完成施工图设计。场地周边市政道路相对平整，周围环境良好，交通条件优越，道路市政基础设施完善，计划开发成 1 个集办公、商业街和酒店式公寓为一体的商住综合型项目。本项目由 7 栋 10 ～ 29 层的高层酒店公寓、1 栋高层办公、2 ～ 3 层的商业街及

2 层地下室组成。总建筑面积 257 964.35 m^2，其中计容建筑面积 211 144.13 m^2，不计容建筑面积 46 820.22 m^2，容积率 5.10。

4. 经济或社会效益：项目是集办公、商业街和酒店式公寓为一体的商住综合型项目，可带动周边的经济发展。作为当地的地标建筑，可改善周边的环境景观，推动长沙房地产行业的发展。

十一、长沙鑫航机轮刹车有限公司生产研制基地建设项目

1. 设计单位：中国机械设备工程股份有限公司(中机国际工程设计研究院有限责任公司)

2. 签约时间：2013 年 12 月 31 日

3. 项目概况：2013 年 12 月中标，2014 年 2 月开始项目设计工作，5 月完成项目的修建性详规设计，9 月完成项目的初步设计，11 月完成项目的施工图设计。项目总投资 3 亿元，总建筑面积约 3 万 m^2。

4. 经济或社会效益：项目产品是国家大飞机 C919 项目配套的机轮刹车系统，该刹车系统与美国霍尼韦尔公司进行配套。产品精度及可靠性要求很高，其惯性试验台、疲劳滚转试验台等试验设备要求很高，基础设计复杂。机加工厂房采用数控加工中心、恒温恒湿空调系统；厂房需耐腐蚀、耐高温，消防、环保措施复杂；动态试验厂房集中了刹车系统所需的全部检测试验设备，采用中央集中控制系统和演示系统，建成后将成为全国机轮刹车系统的检测试验中心。

十二、陕西渭南高新区新能源汽车电池产业园标准厂房建设项目

1. 设计单位：中国机械设备工程股份有限公司(机械工业勘察设计研究院有限公司)

2. 签约时间：2015 年 5 月 11 日

3. 项目概况：渭南高新区新能源汽车电池产业园一期工程项目在渭南高新区西部规划建设用地 135 090m^2，规划总建筑面积约 135 930m^2；项目总投资 30 727 万元。

4. 经济或社会效益：本项目的建设不仅有利于城市的经济发展，而且对当地新能源及新兴产业的发展具有一定的促进作用，项目建设可提高当地居民生活水平和生活质量，增加当地就业机会，提高当地居民的收入。

十三、春城十八里项目设计

1. 设计单位：中国机械设备工程股份有限公司(机械工业勘察设计研究院有限公司)

2. 签约时间：2015 年 8 月 4 日

3. 项目概况：项目用地位于秦汉新城内，地块位于渭河北岸，紧邻石桥立交，用地北临兰池大道，南接河堤路，是兰池大道起始端的第一个居住区项目，同时项目紧邻渭河北岸的高尔夫球场，用地被渭河生态滨河绿化带所环绕，地理位置优越，交通便捷，适宜打造高品质的生态社区。

4. 经济或社会效益：项目的建设不仅有利于城市的经济发展，而且对当地生态发展和文化的延伸具有一定的促进作用。项目的社会效益有：项目位于渭河北岸综合商务区以及秦汉新城新区内，依托横桥和渭河北岸得天独厚的区位、交通、生态和历史人文优势，促进西安（咸阳）国际化大都市的商务休闲中心以及标志性经济密集区的形成；促进渭河河堤建设、河道治理、生态绿化、景观打造，提升城市品位，改善人居环境，构建横贯东西的百里滨河生态长廊环绕；遵循历史文化，促进文化的传承发展——创造具备典型地域文化特色以及历史情怀的高档居住区，充分发挥项目周边的地形地貌和环境优势，创造具备更佳的人居环境的居住区，利用产品的档次和特殊性，创造具备怡人尺度和精神归属的新型居住区，合理利用地形高差关系和产品附加值，形成具备典型产品差异化和竞争力的高档居住区。

十四、梦享·青城项目设计

1. 设计单位：中国机械设备工程股份有限公司(机械工业勘察设计研究院有限公司)

2. 签约时间：2014 年 4 月 18 日

3. 项目概况：梦享·青城养生住区项目位于四川省都江堰市道教圣地青城山脚下，占地面积 41 万 m^2（615 亩）。项目东侧紧邻省道 106 与成灌快速铁路，距成都市 55 公里。总建筑面积 331 922.95 m^2，其中商业用地 209 825.78 m^2、住宅用地 200 367.22 m^2。

4. 经济或社会效益：《成都市旅游业“十二五”发展规划》提出，“十二五”时期是成都市旅游业转型升级的关键时期。项目对于加快旅游业发展，对于优化成都市产业结构、提升现代服务业发展水平、增强城市综合竞争力具有重要意义。“梦享·青城”项目意在打造休闲度假旅游精品，完善旅游公共服务设施，实现旅游产业转型升级，巩固提升成都“中国最佳旅游城市”的发展环境和国际影响力。

十五、安哥拉凯兰巴凯亚西市雨污水排水系统地质勘察及地形测绘工程

1. 设计单位：中国机械设备工程股份有限公司(机械工业勘察设计研究院有限公司)

2. 签约时间：2014 年 6 月 5 日

3. 项目概况：项目位于安哥拉共和国首都罗安达南郊，Kilamba Kiaxi 市以北，Camama 行政区（Camama Distrito）。项目分 3 段，a 段在 Kilamba Kiaxi 市内，b 段穿过 Camama 住宅小区，c 段出 Camama 住宅小区连接 Cambamba 河（Rio Cambamba）。其中 a 段和 c 段为开放式明渠、b 段为封闭式方涵，全长约 14km。

4. 经济或社会效益：项目是罗安达 Kilamba Kiaxi 新城的雨污水排水通道，承载着重要的社会功能。项目的建成将大大缓解 Kilamba Kiaxi 市污水处理厂的污水处理压力，保证新城 10 多万居民良好的生活环境，同时对雨季暴雨期防止内涝起到重要作用。

十六、老挝沙拉湾——色贡 500kV 输变电勘测

1. 承建单位：中国机械设备工程股份有限公司(机械工业勘察设计研究院有限公司)

2. 签约时间：2014 年 4 月 28 日

3. 项目概况：老挝 Saravan 至 Sekong 500kV 输变电项目位于老挝南部的沙拉湾省和色贡省，距老挝首都万象约 500 ～ 600 公里。工程由中国重型机械总公司总包，工程包括 Saravan 500kV 变电站、Sekong 500kV 变电站及 Saravan 至 Sekong 双回 500kV 输电线路约 72 公里。

4. 经济或社会效益：项目建成后将能从南部 500kV Sekong 变电站向北部的 500kV Saravan 变电站进行输电。项目的位置在 Saravan、Sekong 两省。建设该项目的目的是为了完成省际电网建设、平衡火力与水力发电等，是老挝 500kV 主网的一部分，并连接 Sekong 燃煤电站。

十七、喀麦隆芒楚水电站初步设计阶段补充地质勘察

1. 设计单位：中国机械设备工程股份有限公司（机械工业勘察设计研究院有限公司）

2. 签约时间：2014 年 1 月 22 日

3. 项目概况：Menchum 水电站位于喀麦隆西北大区芒楚省的登加河（Tunga）上，由中国水利电力对外公司承担该项目的总包工作，总投资约 3.25 亿美元。项目位于 N11 公路侧，距离喀麦隆首都雅温德约 400 公里。芒楚水电站主体工程由拦河坝、电站、电站厂房、电站管理区以及变电站和 60 公里输电线路组成。

4. 经济或社会效益：该电站的建成可以解决当地的生活和生产用电问题，提高当地的生活水平，可以发展当地的工业，解决当地人的就业问题，从而提高人们的收入和生活水平。

十八、孔雀港项目 220 万 t/a 粉磨站及配套码头工程地质勘察

1. 设计单位：中国机械设备工程股份有限公司(机械工业勘察设计研究院有限公司)

2. 签约时间：2014 年 3 月 28 日

3. 项目概况：工程拟建 5 个泊位，为 50000DWT 散货进口泊位 1 个、10000DWT 杂货泊位 1 个、5 000 吨级杂货泊位 1 个、2 000 吨级水泥出口泊位 1 个、工作船泊位 1 个，以及配套引桥。

4. 经济或社会效益：工程是中国机械设备工程股份有限公司承接的第一个海港码头勘察项目。通过设计该项目，不仅获得了业绩，重要的是该院勘察业务得到拓展，为其承接后续类似业务锻炼了队伍，积累了经验。

十九、太原向明机械制造有限公司新建带式输送机异地扩建项目

1. 设计单位：机械工业第六设计研究院有限公司

2. 签约时间：2015 年 5 月 27 日

3. 项目概况：项目总占地面积 13.3 万 m^2（200 亩），总投资约 2 亿元。达产后，可实现年产 1.5 万 t 带式输送机及 1 万 t 起重机结构件的生产能力。

4. 经济或社会效益：项目建成后将成为山西省带式输送机制造基地和液压支架电液控研发成套设备制造基地。

二十、三明陆地港商服区（一期）项目

1. 设计单位：机械工业第六设计研究院有限公司

2. 签约时间：2015 年 7 月 29 日

3. 项目概况：项目位于海西生态工贸区生态新城，规划总面积约 11.5 万 m^2（172.34 亩），总建筑面积约 20 万 m^2。

4. 经济或社会效益：建成后将成为与三明陆地港相配套的集“商贸物流、批发零售、贸易展销、商务办公”等功能为一体的综合商务区，形成港航、物流、贸易等企业聚集的产业孵化基地。

二十一、河南电缆实业有限公司节能环保特种电线电缆产业园项目

1. 设计单位：机械工业第六设计研究院有限公司

2. 签约时间：2015 年 4 月 30 日

3. 项目概况：项目位于河南省驻马店市驿城区，项目新增总投资 15 亿元，占地面积约 66.7 万 m^2（1 000 亩），建筑面积约 40 万 m^2。

4. 经济或社会效益：园区建成后将成为河南省最大、全国前三的综合性高科技电线电缆产业基地。

二十二、郑州市管城区杨庄村改造项目

1. 设计单位：机械工业第六设计研究院有限公司

2. 签约时间：2015 年 11 月 18 日

3. 项目概况：项目占地面积约 18.7 万 m^2（280 亩），总建筑面积约 100 万 m^2，是集居住、商业、学校等为一体的大型综合性城中村改造项目。

4. 经济或社会效益：建成后将全面改善区域人居环境，提升城市形象，增强地区的经济活力。

二十三、新郑片烟醇化库区建设总体规划设计项目

1. 设计单位：机械工业第六设计研究院有限公司

2. 签约时间：2015 年 7 月 31 日

3. 项目概况：项目位于中兴路南、庆安路东，总投资约 12.96 亿元，总建筑面积 299 952 m^2，建设仓储能力 270 万担。该项目设计自然醇化与可调醇化仓储分区，其中可调醇化仓储具备恒温、恒湿、杀虫、环境自动检测等功能，可有效提高烟叶醇化质量。

4. 经济或社会效益：该项目是国内少有的大规模现代化智能烟叶仓库，技术含量较高，建成后将对调整当地经济结构、转变发展方式、加速新型工业化以及带动区域经济发展起到重大作用。

二十四、顺丰长春电商产业园项目

1. 设计单位：机械工业第六设计研究院有限公司

2. 签约时间：2015 年 8 月 26 日

3. 项目概况：项目位于吉林省长春市经济开发区，总投资 5 亿元，占地面积约 20 万 m^2（300 亩），建筑面积约 16 万 m^2，主要功能区为电商仓储区、快件中转区、综合配套服务区等。

4. 经济或社会效益：项目的建设运营将打造一个服务平台，为线上电商提供完整的物流服务、IT 服务、金融服务甚至物业服务，实现电商产业企业集聚，吸引沿海地区电商企业转移和服务外包，促进吉林省和长春市制造业、商贸业、物流业发展。

二十五、郑州市第七人民医院滨河院区项目

1. 设计单位：机械工业第六设计研究院有限公司

2. 签约时间：2015 年 4 月 25 日

3. 项目概况：项目总占地面积约 11.9 万 m^2（179 亩），其中建设用地面积 8 万 m^2，建设规模约 12 万 m^2，设置床位 1 000 张。项目以“自然－建筑－自然”的圈层式结构设计，充分体现了中国传统院落空间的神韵——层层递进、秩序井然、空间序列规整。项目以打造集绿色医院、人文医院和智能医院等特征于一体的智慧化医院为目标，贯彻“枝状有机生长式”的空间设计概念和模块化的功能布局方式，院落和建筑相互交融，形成有机的医院建筑群落。

4. 经济或社会效益：项目建成后，将成为集医疗、教学、培训、科研、管理、预防、国际交流于一体的大型综合性医疗保健中心。

二十六、援助博茨瓦纳莫帕尼小学校项目

1. 设计单位：机械工业第六设计研究院有限公司

2. 签约时间：2015 年 9 月 22 日

3. 项目概况：2015 年 9 月 22 日，机械工业第六设计研究院有限公司与博茨瓦纳地方政府与农村发展部在哈博罗内签署《中华人民共和国政府援助博茨瓦纳莫帕尼小学校项目设计合同》。

4. 经济或社会效益：这两所小学项目启动实施有助于改善当地民生，为中博友好作出积极贡献。

二十七、郑州大学第一附属医院新建临床教学科研大楼项目

1. 设计单位：机械工业第六设计研究院有限公司

2. 签约时间：2015 年 5 月 14 日

3. 项目概况：项目总规划建筑面积约 15 万 m^2，更是以 176m 的建筑高度成为当前全球最高的医疗建筑。

4. 经济或社会效益：项目建成后，将为医院开展医疗科研提供开阔场所，有效提升区域医疗科研水平，缓解区域医疗资源不足现状。

二十八、杭州海康威视电子有限公司安防产业基地项目(一期)

1. 设计单位：中国联合工程公司

2. 签约时间：2014 年 12 月 23 日

3. 项目概况：总用地面积 21 107 m^2，总建筑面积 99 935.83 m^2，总体规划了 2 栋 96.55m 的高层建筑、4 层裙房和 2 层地下室。工程为一组建筑综合体，由分置基地南北两侧的 2 栋 23 层短板式主楼 A 楼、B 楼和面对基地的东向道路入口的 4 层裙房连接体共同组成 1 个 C 形平面，环抱开放宽阔的企业广场空间。基地南北长 130m，东西 166m，体块组合以整合凝练的手法来表达空间关系，赢得了更多的地面空间，形成最大化的空间景观环境。

4. 经济或社会效益：基地北面紧邻江南大道的绿化景观，考虑城市关系并为了提高基地的利用率，尽量降低建筑的占地面积。通过与环境互动的规划、底部局部退进的设计手法，形成整体、流畅、灵动的空间形态，达到城市与建筑的和谐统一。

二十九、杭政储出（2012）**16 号地块商品住宅项目**（龙湖春江彼岸）

1. 设计单位：中国联合工程公司

2. 签约时间：2012 年 11 月 1 日

3. 项目概况：该目位于杭州市滨江区（奥体单元 R21-23 地块），东至七甲路，南至规划地铁 6 号线，西至规划绿化，北至丹枫路。项目总建筑面积 32 万 m^2，其中地上建筑面积 24 万 m^2，地下建筑面积 8 万 m^2。项目由 13 幢 100m 以下的 32 层以下塔楼、沿街商业及 1 幢幼儿园组成。

4. 经济或社会效益：项目坚持“以消费目标群体为本”的科学设计理念，在认真、系统分析项目状况的基础上，充分挖掘、整合项目内外优势资源，运用先进的设计理念和设计手法，通过设计师创新能力的发挥，设计出既规划布局合理、各项功能完善、空间组合完美、环境景观优美，又能突显集约型、舒适型、健康型、生态型，能最大限度满足消费目标群生理和心理需求、投资成本合理的人居产品。同时，设计竭力满足“创新、和谐、健康、舒适”的设计理念，符合高品质、人性化服务的物业运作模式。

三十、越南安庆火电厂项目

1. 设计单位：中国联合工程公司

2. 签约时间：2011 年 3 月 23 日

3. 项目概况：建设规模为 2 炉 2 机即 2 台 230t/h 高温高压循环流化床（CFB）锅炉配 2×N57.5 高温高压全凝汽轮机组及 2 台 60MW 汽轮发电机组。项目为坑口电站采用电厂附近煤矿的燃煤，用输送皮带直接将煤输送到厂内。采用 2 回 110kV 输电线路与当地系统并网。工程采用 DCS 作为主控系统，EIC 一体化控制，即电气控制、仪表控制和计算机控制“三位一体”化控制。采用 PLC 作为辅助控制系统，采用分设备商的专用控制装置作为专用设备的控制器。不设置常规仪表盘/台类型的操作界面。

4. 经济或社会效益：项目为越南北部的主力电厂，在电网中主要承担基本负荷。系统设计充分考虑了运行的安全、经济、可靠、合理，将产生积极的经济与社会效益。

三十一、衢州海创大厦项目

1. 设计单位：中国联合工程公司

2. 签约时间：2012 年 10 月 20 日

3. 项目概况：项目位于杭州未来科技城，占地面积 1.78 万 m^2（26.7 亩），是集办公、研发、商业于一体的综合型园区，具有海创基地、人才驿站、招商窗口、形象载体、融资平台等功能，是衢州市政府旨在科技、人才两方面寻求突破而进行新的探索和大胆尝试。项目总用地面积 17 772.13m^2，总建筑面积 67 331.82m^2，其中地上建筑面积 44 159.86m^2，地下建筑面积 23 171.96m^2。工程由 4 幢地上建筑和 1 个地下室组成，4 幢高层均为商务办公、研发等功能，裙房为商业、展示等功能，地下室为汽车库、设备用房、人防工程等。

4. 社会或经济效益：“海创园”是衢州在杭州引进人才的桥头堡，是吸引海外高层次人才的大平台，也是新兴产业的孵化器。它的建成必将为各类创业主体提供更多便利和更优保障，“海创园”将成为充满朝气、富有活力的创新高地。

三十二、神华宁煤 400 万 t/a 煤炭间接液化项目动力站装置详细工程设计、采购（EP）**承包合同**

1. 承建单位：中国联合工程公司

2. 签约时间：2013 年 3 月 15 日

3. 工程概况：项目于 2013 年 3 月实施，2015 年 12 月完成全部设计及采购工作。具有以下特点：一是技术复杂，规模巨大。该动力站系统一次设置 10 台 640t/h 超高压高温煤粉锅炉，规模巨大，外供煤化工装置高压蒸汽多达 4 000t/h，局部次高压蒸汽 80t/h，中压蒸汽 397t/h，再热中压饱和蒸汽 831t/h，消耗次中压过热蒸汽 1 574t/h，消耗低压饱和蒸汽 244t/h，外供、消耗蒸汽规模国内、国际均为首创。二是多重安全保障措施，技术国际领先。该动力站汽水系统均采用分段母管制运行方案，以全面提高化工装置供汽的安全性。为保证煤制油费托装置的启动及可靠运行，动力站系统 10 台煤粉锅炉中选 4 台锅炉设置再热器系统，来再热费托装置的饱和蒸汽，再热后的蒸汽作为费托装置拖动透平的主蒸汽。该技术替代了另行设置燃料气再热锅炉的方案，该替代技术国内首例、国际先进。

4. 经济或社会效益：一是能源利用率高。该系统设置 2 台 50MW 双抽凝汽式汽轮发电机组、4 台 50MW 凝汽式余热利用汽轮发电机组和 2 台 12MW 凝汽式余热利用汽轮发电机组，既满足热电联产地的需要，又可消耗装置的副产蒸汽，保障能源的充分利用。二是煤粉锅炉设置低氮燃烧技术、配置高效 SCR 脱硝系统、炉后设置六电场静电除尘器、高效氨法烟气脱硫技术、湿式电除尘器系统，锅炉烟气排放达到燃气轮机排放指标要求，排放烟气中烟尘小于 5mg/m^3，二氧化硫小于 35mg/m^3，氮氧化物小于 50mg/m^3。

三十三、PEGP2016000001 电池检测设备（比亚迪四期、五期）

1. 设计单位：中国电器科学研究院有限公司

2. 签约时间：2015 年 11 月 25 日

3. 项目概况：本期合同是在比亚迪网上竞标，凭借技术实力与价格优势，经过客户几次比较，最终中标，中标金额分别为 1615 万元、2 040 万元，签约金额共 3 655 万元。采用全自动物流生产线，从电池注液后进入化成开始，一直到电池分选配对全部采用机械手自动完成，代表着世界上最先进的技术水平。

4. 经济或社会效益：所投设备得到行业认可，设备的稳定性和先进性成为行业内标杆。

三十四、电池检测设备 浙江谷神电池检测设备

1. 设计单位：中国电器科学研究院有限公司

2. 签约时间：2015 年 6 月 26 日

3. 项目概况：经过浙江谷神新能源公司技术团队的共同认可，与杭州杭可公司、深圳新威尔公司竞争后，中国电器院以技术水平高、价格合理等优势取得此合同。签约金额 2 350 万元。项目技术水平高。

4. 经济或社会效益：项目直接创造产值 2 350 万元。另据市场调查，在未来 2 年内，国内厂家有近 30 套系统的需求量，市场前景可观。

三十五、混响室和半消声室

1. 设计单位：中国电器科学研究院有限公司

2. 签约时间：2015 年 11 月 6 日

3. 项目概况：项目通过前期的缜密设计研发，通过模拟仿真、图形仿真及声场模拟效果等手段，并经业内专家设计评估和认可，完成总体建筑设计及整体布局设计，通过相关资质的建筑设计院设计建筑图样后，开始土建现场建设。项目开拓了国内声学领域在混响声学鉴定方面的先河，在国际上也属领先。项目特点：1 000m^3 混响室属国内首创。

4. 经济或社会效益：积累混响实验室的建设经验，在测试声功率的方法中，混响实验室前景可观，其测试方法的简便和准确的特性，将会被广大用户选用。

三十六、北非客户冰箱（11 款）**单门开发设计**

1. 设计单位：中国电器科学研究院有限公司

2. 签约时间：2015 年 5 月 5 日

3. 项目概况：项目是中国电器科学研究院有限公司第一次为欧洲高端品牌进行的产品开发设计，签约金额 190 万美元。经过多年积累，公司在欧洲和北非市场具有良好口碑，客户——法国白朗通过市场了解主动联系我方，经过近半年的沟通协调，客户决定让我方独立承接整个产品系列的开发设计，现已到试产阶段。

4. 经济或社会效益：产品系列多，能耗要求高，部分特殊配置需要与特定环境匹配，技术要求属世界领先水平，进一步巩固了市场，树立了良好的口碑。

三十七、土耳其 Cooker 客户真空杯和真空壶设备模具合同

1. 设计单位：中国电器科学研究院有限公司

2. 签约时间：2015 年 4 月 17 日

3. 项目概况：2015 年 1 月签订合同并收到客户的预付款，项目正式启动。签约金额 240 万美元。2015 年 3 月我方安装人员前往客户工厂进行设备安装调试，2015 年底项目安装调试完毕，客户工厂顺利进行批量生产。项目属于公司非主营业务，但是通过此项目完善了我方在不锈钢钣金加工领域的设备制造能力，拓宽了产品覆盖领域，成为今后的新业务增长点。

4. 经济或社会效益：项目是该公司在土耳其及欧洲市场的第一个项目，有着样板工程的影响。

三十八、郑州市南四环站至郑州南站城郊铁路一期工程轨道工程（监理）

1. 监理单位：机械工业第六设计研究院有限公司

2. 签约时间：2015 年 10 月 30 日

3. 项目概况：项目北起轨道交通 2 号线一期工程的终点南四环站，向南经龙湖镇、华南城、航空港北部片区后进入郑州市新郑机场，止于规划郑州南站。一期工程为南四环站至机场站，线路全长约 31.7 公里。

4. 经济或社会效益：工程轨道工程建成后，将极大提升郑州市的交通输送能力。

三十九、郑州航空港经济综合实验区河东第四至第九棚户区最大标段建设项目（监理）

1. 监理单位：机械工业第六设计研究院有限公司

2. 签约时间：2015 年 11 月 20 日

3. 项目概况：该标段建筑面积 240 万 m^2。郑州航空港经济综合实验区为中国首个航空港经济发展先行区，是以新郑国际机场附近的新郑综合保税区为核心的航空经济体和航空都市区，是郑州市朝着国际航空物流中心、国际化陆港城市、国际性的综合物流区、高端制造业基地和服务业基地方向发展的主要载体。

4. 经济或社会效益：工程建成将对全面推进航空港经济综合实验区城镇化建设进程，提升实验区居民居住水平和城市品位、改善城市环境、完善城市功能具有重要意义。

四十、漳州市博物馆、艺术馆及规划展示馆工程（监理）

1. 监理单位：机械工业第六设计研究院有限公司

2. 签约时间：2015 年 11 月 20 日

3. 项目概况：工程建设地点位于漳州市西环城路与规划琥珀路东北侧，项目总建筑面积约 9.1 万 m^2。作为漳州市“五馆一歌”的重要组成部分，漳州市博物馆、艺术馆及规划展示馆 3 个建筑均为地上 4 层、地下 1 层，以品字形布局，面向西面的圆山，围合形成中央市民文化广场，使景观、广场、休闲、艺术、文化、娱乐等多元业态巧妙地融合互动起来。

4. 经济或社会效益：“五馆一歌”在规划设计上结合传统文化底蕴与现代理念技术，融入更加浓郁的闽南地域建筑元素，做到与周边环境协调统一。建成后将成为漳州城市又一个新地标，是展示漳州城市文化底蕴、提升城市形象品位的重要窗口。

贸 易 项 目

（2015 年完成，5 000 万元以上）

一、安徽长丰 20MW 光伏发电项目

1. 实施单位：中国机械设备工程股份有限公司

2. 签约时间：2015 年 5 月 25 日

3. 项目概况：项目为农光互补光伏电站，是 CMEC 在安徽省的首个地面光伏合作开发项目，建成后预计每年可为安徽电网提供电量 2 050 万 kW·h。

4. 经济或社会效益：该项目建成后与相同发电量的火电相比每年能节省标煤燃烧 8 205t，减少二氧化碳排放约 22 789t，将促进当地能源结构调整与生态环境保护，进一步带动当地光伏新能源行业的发展。

二、山东单县 10MW 光伏发电项目

1. 实施单位：中国机械设备工程股份有限公司

2. 签约时间：2015 年 6 月 25 日

3. 项目概况：项目为地面电站，距离菏泽市区 70 公里，距单县县城 5 公里，是 CMEC 在山东省合作开发地面光伏项目的首个成功案例，建成后预计每年可为山东电网提供电量 1 066.65 万 kW・h。

4. 经济或社会效益：该项目建成后与相同发电量的火电相比每年能节省标煤燃烧 4 020.2t，减少二氧化碳排放约 10 532.7t，每年减少多种大气污染物的排放，减少二氧化硫排放约 320t、减少碳粉尘约 28t，减少氧氮化物约 160t，对改善当地大气环境具有积极的作用。

三、乌克兰农业项目

1. 实施单位：中国机械设备工程股份有限公司（中国成套工程有限公司）

2. 签约时间：2012 年 10 月 24 日

3. 项目概况：2012 年 10 月中旬，与乌克兰国家食品粮食集团签署《农业领域合作通用合同》，总金额 242 亿～ 280.5 亿美元。2012 年 12 月 28 日，随着中国进出口银行向乌克兰国家食品粮食集团放出项目首批 15 亿美元贷款，项目合同正式生效，也标志着中乌两国进入农业领域合作全面发展的新阶段。

《通用合同》及补充协议的主要内容分为乌克兰谷物贸易和中国产品贸易两部分：乌克兰谷物贸易合同额约 227 亿～ 265.5 亿美元，乌方连续供应谷物 15 年，总数量约 8 000 万 t；中国产品贸易合同金额 15 亿美元，为乌方从中方购买中国制造的商品、服务和其他货物，年度合同交易金额不少于 3 亿美元，分 5 年执行。作为中乌两国间重点项目，乌克兰出具国家主权担保。项目操作模式有别于一般农业“走出去”模式，可操作性强，抓住粮食贸易的主要环节，避免产业链前期诸多风险环节。

4. 经济或社会效益：由于项目连续执行时间长达 15 年，可持续性强、涵盖面广，既能够带动中国农业机械及相关机电产品的出口，又使中国企业在国际市场上赢得粮食话语权，对于推动中乌农业合作向更深层次发展、充实中乌战略伙伴关系内涵具有重要战略意义。

四、捷豹路虎进口汽车项目

1. 实施单位：中国进口汽车贸易有限公司

2. 签约时间：2015 年 6 月 1 日

3. 项目概况：中进汽贸完成与捷豹路虎汽车贸易（上海）有限公司（简称捷豹路虎）的进口物流服务合同续约，为其提供车辆进口、自理 / 代理清关、仓储、物流服务。2015 年，中进汽贸在软件、硬件和人员方面都做了扩展和提升，升级完善了进口汽车物流系统平台、移动终端仓库管理系统。增加现场物流操作人员，推进精细化管理，重点加强了操作质量和时效的管理，车辆质损率和物流操作时效都有明显改善。并配合厂家完成经销商库存车辆的管理和维护。提升了各项关键绩效达标率，获得了捷豹路虎的认可。

4. 经济或社会效益：2015 年，中进汽贸国际化、专业化的服务为捷豹路虎在中国汽车市场的迅速扩张起到良好的支撑作用。作为捷豹路虎的合作伙伴，中进汽贸在 8.12 爆炸事故过程中，全力以赴帮助捷豹路虎渡过难关，不畏艰险，直面挑战，解决重重困难。得到了捷豹路虎高度赞赏和认可，捷豹路虎全球总裁与中进汽贸签署了战略合作协议。全年共销售捷豹路虎汽车 13 216 台（15 740），实现营业收入 98.96 亿元。

五、Tesla 进口汽车项目

1. 实施单位：中国进口汽车贸易有限公司

2. 签约时间：2015 年 1 月（有效期至 2016 年 12 月 31 日）

3. 项目概况：中进汽贸与拓速乐汽车销售（北京）有限公司（以下简称“Tesla”）的项目合作涉及车辆进口、清关、仓储和物流服务。

2015 年提供物流服务车辆 1 237 台。运输时效达标率 95% 以上，物流质损率低于 0.05%，100% 匹配 Tesla 各服务中心的销售节奏，协助 Tesla 完成车辆的进口物流工作，得到了 Tesla 全球物流总监的高度赞赏。

4. 经济或社会效益：2015 年，Tesla 项目实现营业收入 1461.98 万元。

六、上汽通用进口汽车项目

1. 实施单位：中国进口汽车贸易有限公司

2. 签约时间：2015 年 12 月 30 日

3. 项目概况：中进汽贸与上汽通用汽车销售有限公司（以下简称“上汽通用”）的项目合作涉及车辆认证、车辆进口、清关、仓储和物流服务。2015 年，中进汽贸按照上汽通用的要求，完成 2016 款昂科雷的认证试验，并完成北京第Ⅴ阶段排放标准第 2 段的增补 OBD 带 IUPR 车型的申报和登记。

4. 经济或社会效益：2015 年，上汽通用进口汽车项目实现营业收入 1 303.55 万元。

七、克莱斯勒进口汽车项目

1. 实施单位：中国进口汽车贸易有限公司

2. 签约时间：2013 年 1 月 1 日（有效期为 12 个月，到期无异议则自动顺延 12 个月）

3. 项目概况：2015 年，中进汽贸签订进口贸易合同之《第二修改协议》，优化了车辆一级批发综合服务费条款。2015 年，中进汽贸继续将“批发贸易、港口服务、零售管理”三大业务串联打造成进口汽车完整业务链条，继续探索拓展经销商融资业务模块，积极探索尝试“互联网 +”业务模式，坚持打造各业务板块互为支撑、互为推动的业务格局。港口服务方面，积极调整港口服务结构，深化提升港口服务核心竞争力，在配合完成克莱斯勒项目 2015 年销售计划的同时，推进公司多港口发展战略落地，在天津和上海两港整车进口全链条港口增值服务能力体系进一步巩固提升的基础上，积极探索广州港开展业务的可行性。批发贸易方面，积极应对汽车行业增速放缓和 JEEP 品牌部分车型国产化带来的不利影响，在配合厂家完成二级批发目标的同时，控制整体库存水平，降低库存资金成本；继续探索、拓展经销商批售融资业务，创新融资模式，加强风险防控力度。有效推进“批发 + 零售”业务模式的深入开展，继续落实管理下沉，不断深入过程管控，克莱斯勒品牌零售板块盈利能力有较大幅度提升。2015 年，中进汽贸旗下克莱斯勒品牌 4S 店进口车型整车批发 6 602 台，同比增长 2.1%，全年零售车辆 5 870 台，同比增长 3.5%，中进汽贸旗下克莱斯勒品牌 4S 店在克莱斯勒零售网络内的重要性进一步显现。

4. 经济或社会效益：2015 年，实现销售克莱斯勒进口车 8.5 万台，项目实现营业收入 230.4 亿元。

八、大众进口汽车项目

1. 实施单位：中国进口汽车贸易有限公司

2. 签约时间：2013 年 12 月 31 日（期限 2+1 年）

3. 项目概况：2013 年 12 月 31 日，中进汽贸与进口大众完成合作期限为“2+1”年的大众批发业务合作协议签署，并于 2014 年 1 月 1 日生效，为进口大众提供 12 大类 47 项服务。2015 年是履行合作协议的第二年，中进汽贸继续支持进口大众对经销商的融资业务管理，完成融资批售 24 553 台，占批售总量的 46.3%；在较高难度的销售管理模式下，完成上海大众项目批售 5 403 台；应进口大众要求开展试驾车管理工作，将原来 1 ～ 2 周的销售审核时效缩减为 1 个工作日；完成进口大众活动用车处理；通过严格执行先入先出批售管理，避免出现长库龄滞销车贬值风险，港口库存从 2015 年初的 3.2 万台下降至 1.8 万台；全年多次协助进口大众组织对经销商的各项培训，获得了厂家和经销商的较高满意度。

4. 经济或社会效益：2015 年，实现大众进口汽车销售批发 53 015 辆，营业收入 187 亿元。

九、进口大众救护车、MPV 改装项目

1. 实施单位：中国进口汽车贸易有限公司

2. 签约时间：2014 年 10 月 17 日（有效期至 2015 年 12 月 31 日，如双方未声明不延期，则自动延期 1 年）

3. 项目概况：2014 年 10 月，中进汽贸与进口大众完成进口大众救护车和高端 MPV 改装项目协议签署。从设计、开发、测试、认证到网络发展、市场推广、批售、零售和售后服务等全过程进行经营管理，是一次产品全生命周期管理的经营尝试。截至 2015 年年底，项目已发展了 2 家救护车企业及 3 家高端 MPV 改装企业，近 20 家零售网络，在实现改装车销售的同时也为网内 4S 店创造了较好的零售利润，带动了零售领域新的利润增长。

4. 经济或社会效益：实现 139 台改装 MPV 销售和 6 000 万元的收入。

十、福特进口整车分销项目

1. 实施单位：国机汽车股份有限公司

2. 签约时间：2014 年 11 月 18 日（2015 年 1 月 1 日至 2017 年 12 月 31 日，届时双方如无异议，合同有效期自动延后一年）

3. 项目概况：2014 年 11 月 18 日，国机汽车与福特中国就双方 2015 年起未来 4 年的合作模式达成协议，并签署了为期 4 年的福特中国全系进口车国内独家分销合同。即自 2015 年 1 月 1 日起，国机汽车在未来 4 年间将继续为福特中国提供全系进口车型的分销与服务业务。

2015 年，国机汽车作为福特锐界 3.5、锐界 2.0、探险者 3.5、探险者 3.5T、探险者 2.3T、福克斯 ST、嘉年华 ST、玛斯丹八款进口车型国内唯一分销商和服务代理商，为福特汽车及福特中国提供包括市场调研、认证支持、报关报检、港口服务、仓储整备、整车分销、金融服务、物流运输、市场推广、车辆上牌等在内的全方位、全链条服务。

4. 经济或社会效益：2015 年，福特品牌进口车累计销售 23 216 台，营业收入近 80 亿元。

十一、沃尔沃进口车项目

1. 实施单位：国机汽车发展有限公司

2. 签约时间：2015 年 6 月 30 日

3. 项目概况：国机发展敏锐地把握住沃尔沃中国新款车型 XC90 在中国上市的关键时间窗口，在领导的支持和兄弟单位及职能部门的配合下，经过多轮的艰苦谈判，国机发展于 6 月 30 日成功与沃尔沃中国签订了价值 27 261 万元、共计 316 台 XC90 整车的销售合同。此次项目的开拓达到了探索业务创新、积累业务经验、锻炼队伍并取得经济效益的目的，在与沃尔沃中国开展第一次成功合作的基础上，国机发展拟与沃尔沃签订 2016 年的批售合作意向，在控制风险的前提下，为厂家提供更好的服务，进一步深化合作，继续探索新的合作项目。

4. 经济或社会效益：国机发展从 7 月第一台车实现批售，一直到 10 月 20 日 316 台车完全批售完毕，总计用时 112 天，应收款项 27 261 万元，盈利 367 万元，圆满完成了批售任务。

第七篇

大事记

2015 年中国机械工业集团有限公司大事记

1 月 9 日

中国机械工业集团有限公司 3 个项目获得 2014 年国家科学技术奖。作为负责单位，中国通用机械研究院有限公司完成的“极端条件下重要压力容器的设计、制造与维护”项目获得国家科技进步一等奖，中国机械工业集团有限公司完成的“工业工程振动控制关键技术研究与应用”项目获得国家科技进步二等奖；中国农业机械化科学研究院相海研究员参与完成的“花生低温压榨制油与饼粕蛋白高值化利用关键技术及装备创制”获得国家技术发明二等奖。

1 月 19 日

中国机械工业集团有限公司召开 2015 年工作会议，首次提出“二次创业”“海外再造一个新国机”“四轮驱动”的发展目标。2014 年中国机械工业集团有限公司实现营业收入 2 491.5 亿元，同比增长 2.8%；实现利润总额同比增长 26.7%；上缴税费 140 亿元。其中，原中国机械工业集团有限公司（不含中国第二重型机械集团公司）实现营业收入 2 446.1 亿元，同比增长 3.2%；利润总额同比增长 15.6%；经济增加值 43.5 亿元，同比增长 29.1%，均创历史新高，全面超额完成国资委考核目标和保增长任务。

1 月 19—20 日

中国共产主义青年团第十七届三中全会在北京召开，中国一拖集团有限公司团委书记谷爱琴递补为团中央委员。

2 月 6 日

中国机械工业集团有限公司与中远集团总公司在京签署战略合作协议。

2 月 10 日

中国机械工业集团有限公司新版中文网站和手机网站正式上线。

2 月 12 日

中国机械工业集团有限公司与中国航天科技集团公司在京签署战略合作协议。

2 月 15 日

2014 年中国机械工业集团有限公司爱心基金发放统计出炉。2014 年共向 696 名所属企业职工（或职工子女）发放各类资助、慰问金 341.4 万元。其中向 598 名困难职工发放爱心基金 179.4 万元，向 80 名困难职工子女发放助学金 32 万元，向 18 名患重大疾病的职工发放救助金 130 万元。

2 月 28 日

中央第十巡视组专项巡视中国机械工业集团有限公司工作动员会召开。根据中央统一部署，中央第十巡视组进驻中国机械工业集团有限公司开展专项巡视工作。

3 月 6 日

中国机械工业集团有限公司与中国南车集团公司在京签署战略合作协议。

3 月 11 日

中国机械工业集团有限公司与广州市人民政府在京签署战略合作协议。

4 月 23 日

*ST 二重召开 2015 年第二次临时股东大会。表决通过《关于以股东大会方式主动终止公司股票上市事项的议案》和《关于提请股东大会非关联股东批准中国机械工业集团有限公司免于以要约方式增持公司股份的议案》，*ST 二重成为两市首家主动退市的上市公司，成为中国资本市场的一个范本。

4 月 28 日

2015 年庆祝“五一”国际劳动节暨表彰全国劳动模范和先进工作者大会在北京举行。中国机械工业集团有限公司共有 5 位同志荣获全国劳动模范荣誉称号，分别为中国中元国际工程有限公司张日、中国第二重型机械集团公司漆小虎、中国一拖集团有限公司高中汉、中国联合工程公司郭伟华、中国汽车工业工程有限公司阮兵。

5 月 10 日

任洪斌董事长在白俄罗斯政府大楼拜会白俄罗斯共和国总理安德烈·科比亚科夫。

5 月 12 日

国家主席习近平与白俄罗斯总统卢卡申科共同考察了中国—白俄罗斯工业园项目现场，并见证首批 7 家企业入园。

5 月 19 日

中国机械工业集团有限公司召开“三严三实”专题教育动员部署会。集团董事长、党委副书记任洪斌作动员讲话，党委书记石柯以认真践行“三严三实”要求，推进落实“再造一个新国机”战略规划为题为党员领导干部作党课报告。

6 月 4 日

由中国对外承包工程商会组织的“2015 中国对外承包工程企业社会责任绩效评价”结果揭晓，中国机械工业集团有限公司荣获中国对外承包工程企业社会责任绩效评价最高等级奖项“社会责任领先型企业”称号。

6 月 4 日

第十届中国企业社会责任国际论坛暨 2014“金蜜蜂企业社会责任·中国榜”发布典礼在北京召开，中国机械工业集团有限公司荣获“金蜜蜂企业”称号，这是集团继 2011 年之后再次获得这一荣誉。

6 月 10 日

2014 年中国机械工业百强企业名单发布，中国机械工业集团有限公司以 2 492 亿元的主营业务收入再次蝉联中国机械百强企业首位。

6 月 16 日

中央第十巡视组向中国机械工业集团有限公司反馈巡视情况。

6 月 22 日

任洪斌董事长在塞尔维亚拜会塞尔维亚总统托米斯拉夫·尼科利奇。

6 月 23 日

国务院国资委公布了 2014 年中央企业负责人经营业绩考核 A 级企业名单，中国机械工业集团有限公司连续第七年获评 A 级企业。

7 月 1 日

“最美国机人”演讲比赛决赛在集团举行。演讲比赛由集团党、工、团联合发起，共有 33 家企业的 116 名选手报名参赛。经过专业培训，6 月 8—12 日，36 名进入复赛的选手分作 4 个巡讲组，分赴京内外 11 个城市的 16 家所属企业开展巡回演讲活动。

7 月 3 日

“推动京津冀协同发展·央企进河北”活动在河北省保定市举行，中国机械工业集团有限公司与部分央企代表与河北省人民政府签署合作协议。

7 月 9 日

国家外国专家局与中国机械工业集团有限公司签署战略合作协议。

7 月 16 日

国机资本控股有限公司创立大会暨第一次股东会会议、第一届董事会第一次会议及第一届监事会第一次会议在中国机械工业集团有限公司总部召开。

7 月 22 日

《财富》杂志面向全球同步发布 2015 年世界 500 强企业名单，中国机械工业集团有限公司以 397.22 亿美元的营业收入名列第 288 位。

7 月 26 日

“2015 中国工业经济行业企业社会责任报告发布会暨第二届中国工业企业履责星级榜发布会”在人民大会堂召开。中国机械工业集团有限公司在会上发布“2014 年社会责任报告”。

7 月 29 日

中国机械工业集团有限公司召开首次党的建设工作会议，同期发布《中国机械工业集团有限公司贯彻落实全面从严治党要求的实施意见》(征求意见稿）。

8 月 3 日

2015 年度美国《工程新闻记录》(ENR)“国际工程设计公司 225 强”排名揭晓，中国机械工业集团有限公司位列第 62 位，比 2014 年上升 10 位。

8 月 22 日

中国企业联合会发布 2015 中国企业 500 强榜单，中国机械工业集团有限公司以 2 447.49 亿元的营业收入位列第 56 位。

8 月 27 日

美国《工程新闻纪录》（ENR）全球最大 250 家国际承包商榜单揭晓，中国机械工业集团有限公司位列第 27 位。

9 月 16 日

中国机械工业集团有限公司与通用电气（GE）公司在京签署战略合作谅解备忘录。双方将联手推动非洲地区的清洁能源项目，帮助非洲撒哈拉以南地区实现用电人口翻一番的目标，支持中国政府“一带一路”战略和美国政府“电力非洲”计划。

9 月 17 日

中央第十巡视组向中国机械工业集团有限公司党委公布巡视整改情况。

9 月 17 日

中国第二重型机械集团公司成功冶炼国内首批超超临界转子用电极坯，首开国内该种材质（12Cr10Mo1W1NiVNbN）超超临界电渣转子用钢先河，为后期电渣重熔在车间顺利进行奠定了良好的基础。

9 月 18 日

以“合力同行，创新共赢”为主题的中国机械工业集团有限公司第五届职工田径运动会在国家奥林匹克体育中心隆重举行，来自集团公司总部和所属企业的 42 支代表队的 5 000 多名运动员和观众参会。

9 月 22 日

中国国机重工集团有限公司在 BICES2015 上发布全球首台最大吨位电驱动轮胎压路机 LRS240E。

10 月 8 日

中国机械设备工程股份有限公司与机械工业勘察设计研究院在西安完成并购重组交割。

10 月 9 日

国内首台 XD-30DB 型变频电动顶驱式岩心钻机在中装建设集团有限公司所属湖南衡探地矿工程机械有限公司试制成功。该型钻机的成功研制标志着中国地勘行业新一代深孔岩心钻探成套装备的诞生。

11 月 13—19 日

任洪斌董事长先后赴土耳其、菲律宾出席二十国集团（G20）工商界（B20）峰会活动和亚太经合组织 (APEC) 工商领导人峰会。

11 月 26 日

在李克强总理和塞尔维亚总理武契奇的见证下，中国机械设备工程股份有限公司与塞尔维亚矿产能源部、中非投资发展有限公司签署了《关于合作开发塞尔维亚垃圾发电的合作备忘录》。此文件的签署标志着中国机械设备工程股份有限公司将同中非投资发展有限公司一起与塞尔维亚政府合作投资解决塞尔维亚全国垃圾处理问题。

11 月 26 日

吉尔吉斯共和国副总理卡拉舍夫到访中国机械工业集团有限公司，就借助“一带一路”发展契机、进一步深化合作与徐建总经理进行了沟通交流。

11 月 27 日

中国机械工业集团有限公司与神华集团在京签署战略合作协议。

11 月 29 日—12 月 3 日

中国机械工业集团有限公司“苏美达杯”篮球邀请赛在江苏南京开赛。

11 月 30 日

四川省德阳市中级人民法院正式批准中国第二重型机械集团公司、二重集团（德阳）重型装备股份有限公司重整计划，标志着中国第二重型机械集团公司、二重集团（德阳）重型装备股份有限公司债务重组工作取得重大实质性成果。

12 月 4 日

中国通用机械研究院有限公司与中国通用机械工程有限公司在中国机械工业集团有限公司总部举行重组启动会。

12 月 7 日

中国工程院、中国科学院先后发布 2015 年院士增选结果，集团总工程师兼中国通用机械研究院有限公司院长、党委书记陈学东当选工程院院士，集团科学技术研究院有限公司副总工程师兼北京飞机强度研究所所长闫楚良当选科学院院士。

12 月 11 日

中国机械工业集团有限公司与中国铁路物资股份有限公司在京签署战略合作协议。

12 月 9 日

徐建总经理在北京饭店拜会厄瓜多尔共和国副总统乔治格拉斯。

12 月 21 日

中国机械设备工程股份有限公司携巴基斯坦安格鲁集团等巴方发起人和由中国国家开发银行牵头的中方银团以及由哈比银行（Habib Bank Limited）牵头的巴方银团签署塔尔煤电一系列项目融资协议，意味着一带一路旗舰项目——中巴经济走廊首个煤电一体项目正式落地。

12 月 23 日

中国企业在柬投资额最大的水电站项目，由中国重型机械有限公司以 BOT 方式投资建设的柬埔寨达岱水电站，举行验收运营发电仪式。柬埔寨王国首相洪森与石柯书记为项目运营剪彩。

12 月 25 日

由中国机械工业集团有限公司主要投资组建的国机智能科技有限公司（国机智能）在广州揭牌成立。

第八篇

附录

中共中央、国务院关于深化国有企业改革的指导意见

（2015年8月24日）

国有企业属于全民所有，是推进国家现代化、保障人民共同利益的重要力量，是我们党和国家事业发展的重要物质基础和政治基础。改革开放以来，国有企业改革发展不断取得重大进展，总体上已经同市场经济相融合，运行质量和效益明显提升，在国际国内市场竞争中涌现出一批具有核心竞争力的骨干企业，为推动经济社会发展、保障和改善民生、开拓国际市场、增强我国综合实力作出了重大贡献，国有企业经营管理者队伍总体上是好的，广大职工付出了不懈努力，成就是突出的。但也要看到，国有企业仍然存在一些亟待解决的突出矛盾和问题，一些企业市场主体地位尚未真正确立，现代企业制度还不健全，国有资产监管体制有待完善，国有资本运行效率需进一步提高；一些企业管理混乱，内部人控制、利益输送、国有资产流失等问题突出，企业办社会职能和历史遗留问题还未完全解决；一些企业党组织管党治党责任不落实、作用被弱化。面向未来，国有企业面临日益激烈的国际竞争和转型升级的巨大挑战。在推动我国经济保持中高速增长和迈向中高端水平、完善和发展中国特色社会主义制度、实现中华民族伟大复兴中国梦的进程中，国有企业肩负着重大历史使命和责任。要认真贯彻落实党中央、国务院战略决策，按照“四个全面”战略布局的要求，以经济建设为中心，坚持问题导向，继续推进国有企业改革，切实破除体制机制障碍，坚定不移做强做优做大国有企业。为此，提出以下意见。

一、总体要求

（一）指导思想

高举中国特色社会主义伟大旗帜，认真贯彻落实党的十八大和十八届三中、四中全会精神，深入学习贯彻习近平总书记系列重要讲话精神，坚持和完善基本经济制度，坚持社会主义市场经济改革方向，适应市场化、现代化、国际化新形势，以解放和发展社会生产力为标准，以提高国有资本效率、增强国有企业活力为中心，完善产权清晰、权责明确、政企分开、管理科学的现代企业制度，完善国有资产监管体制，防止国有资产流失，全面推进依法治企，加强和改进党对国有企业的领导，做强做优做大国有企业，不断增强国有经济活力、控制力、影响力、抗风险能力，主动适应和引领经济发展新常态，为促进经济社会持续健康发展、实现中华民族伟大复兴中国梦作出积极贡献。

（二）基本原则

坚持和完善基本经济制度。这是深化国有企业改革必须把握的根本要求。必须毫不动摇地巩固和发展公有制经济，毫不动摇地鼓励、支持、引导非公有制经济发展。坚持公有制主体地位，发挥国有经济主导作用，积极促进国有资本、集体资本、非公有资本等交叉持股、相互融合，推动各种所有制资本取长补短、相互促进、共同发展。

坚持社会主义市场经济改革方向。这是深化国有企业改革必须遵循的基本规律。国有企业改革要遵循市场经济规律和企业发展规律，坚持政企分开、政资分开、所有权与经营权分离，坚持权利、义务、责任相统一，坚持激励机制和约束机制相结合，促使国有企业真正成为依法自主经营、自负盈亏、自担风险、自我约束、自我发展的独立市场主体。社会主义市场经济条件下的国有企业，要成为自觉履行社会责任的表率。

坚持增强活力和强化监管相结合。这是深化国有企业改革必须把握的重要关系。增强活力是搞好国有企业的本质要求，加强监管是搞好国有企业的重要保障，要切实做到两者的有机统一。继续推进简政放权，依法落实企业法人财产权和

经营自主权，进一步激发企业活力、创造力和市场竞争力。进一步完善国有企业监管制度，切实防止国有资产流失，确保国有资产保值增值。

坚持党对国有企业的领导。这是深化国有企业改革必须坚守的政治方向、政治原则。要贯彻全面从严治党方针，充分发挥企业党组织政治核心作用，加强企业领导班子建设，创新基层党建工作，深入开展党风廉政建设，坚持全心全意依靠工人阶级，维护职工合法权益，为国有企业改革发展提供坚强有力的政治保证、组织保证和人才支撑。

坚持积极稳妥统筹推进。这是深化国有企业改革必须采用的科学方法。要正确处理推进改革和坚持法治的关系，正确处理改革发展稳定关系，正确处理搞好顶层设计和尊重基层首创精神的关系，突出问题导向，坚持分类推进，把握好改革的次序、节奏、力度，确保改革扎实推进、务求实效。

（三）主要目标

到 2020 年，在国有企业改革重要领域和关键环节取得决定性成果，形成更加符合我国基本经济制度和社会主义市场经济发展要求的国有资产管理体制、现代企业制度、市场化经营机制，国有资本布局结构更趋合理，造就一大批德才兼备、善于经营、充满活力的优秀企业家，培育一大批具有创新能力和国际竞争力的国有骨干企业，国有经济活力、控制力、影响力、抗风险能力明显增强。

国有企业公司制改革基本完成，发展混合所有制经济取得积极进展，法人治理结构更加健全，优胜劣汰、经营自主灵活、内部管理人员能上能下、员工能进能出、收入能增能减的市场化机制更加完善。

国有资产监管制度更加成熟，相关法律法规更加健全，监管手段和方式不断优化，监管的科学性、针对性、有效性进一步提高，经营性国有资产实现集中统一监管，国有资产保值增值责任全面落实。

国有资本配置效率显著提高，国有经济布局结构不断优化、主导作用有效发挥，国有企业在提升自主创新能力、保护资源环境、加快转型升级、履行社会责任中的引领和表率作用充分发挥。

企业党的建设全面加强，反腐倡廉制度体系、工作体系更加完善，国有企业党组织在公司治理中的法定地位更加巩固，政治核心作用充分发挥。

二、分类推进国有企业改革

（四）划分国有企业不同类别。根据国有资本的战略定位和发展目标，结合不同国有企业在经济社会发展中的作用、现状和发展需要，将国有企业分为商业类和公益类。通过界定功能、划分类别，实行分类改革、分类发展、分类监管、分类定责、分类考核，提高改革的针对性、监管的有效性、考核评价的科学性，推动国有企业同市场经济深入融合，促进国有企业经济效益和社会效益有机统一。按照谁出资谁分类的原则，由履行出资人职责的机构负责制定所出资企业的功能界定和分类方案，报本级政府批准。各地区可结合实际，划分并动态调整本地区国有企业功能类别。

（五）推进商业类国有企业改革。商业类国有企业按照市场化要求实行商业化运作，以增强国有经济活力、放大国有资本功能、实现国有资产保值增值为主要目标，依法独立自主开展生产经营活动，实现优胜劣汰、有序进退。

主业处于充分竞争行业和领域的商业类国有企业，原则上都要实行公司制股份制改革，积极引入其他国有资本或各类非国有资本实现股权多元化，国有资本可以绝对控股、相对控股，也可以参股，并着力推进整体上市。对这些国有企业，重点考核经营业绩指标、国有资产保值增值和市场竞争能力。

主业处于关系国家安全、国民经济命脉的重要行业和关键领域、主要承担重大专项任务的商业类国有企业，要保持国有资本控股地位，支持非国有资本参股。对自然垄断行业，实行以政企分开、政资分开、特许经营、政府监管为主要内容的改革，根据不同行业特点实行网运分开、放开竞争性业务，促进公共资源配置市场化；对需要实行国有全资的企业，也要积极引入其他国有资本实行股权多元化；对特殊业务和竞争性业务实行业务板块有效分离，独立运作、独立核算。对这些国有企业，在考核经营业绩指标和国有资产保值增值情况的同时，加强对服务国家战略、保障国家安全和国民经济运行、发展前瞻性战略性产业以及完成特殊任务的考核。

（六）推进公益类国有企业改革。公益类国有企业以保障民生、服务社会、提供公共产品和服务为主要目标，引入市场机制，提高公共服务效率和能力。这类企业可以采取国有独资形式，具备条件的也可以推行投资主体多元化，还可以通过购买服务、特许经营、委托代理等方式，鼓励非国有企业参与经营。对公益类国有企业，重点考核成本控制、产品服务质量、营运效率和保障能力，根据企业不同特点有区别地考核经营业绩指标和国有资产保值增值情况，考核中要引入社会评价。

三、完善现代企业制度

（七）推进公司制股份制改革。加大集团层面公司制改革力度，积极引入各类投资者实现股权多元化，大力推动国有企业改制上市，创造条件实现集团公司整体上市。根据不同企业的功能定位，逐步调整国有股权比例，形成股权结构多元、股东行为规范、内部约束有效、运行高效灵活的经营机制。允许将部分国有资本转化为优先股，在少数特定领域探索建立国家特殊管理股制度。

（八）健全公司法人治理结构。重点是推进董事会建设，建立健全权责对等、运转协调、有效制衡的决策执行监督机制，规范董事长、总经理行权行为，充分发挥董事会的决策作用、监事会的监督作用、经理层的经营管理作用、党组织的政治核心作用，切实解决一些企业董事会形同虚设、“一把手”说了算的问题，实现规范的公司治理。要切实落实和维护董事会依法行使重大决策、选人用人、薪酬分配等权利，保障经理层经营自主权，法无授权任何政府部门和机构不得干预。加强董事会内部的制衡约束，国有独资、全资公司的董事会和监事会均应有职工代表，董事会外部董事应占多数，落实一人一票表决制度，董事对董事会决议承担责任。改进董事会和董事评价办法，强化对董事的考核评价和管理，对重大决策失误负有直接责任的要及时调整或解聘，并依法追究责任。进一步加强外部董事队伍建设，拓宽来源渠道。

（九）建立国有企业领导人员分类分层管理制度。坚持党管干部原则与董事会依法产生、董事会依法选择经营管理者、经营管理者依法行使用人权相结合，不断创新有效实现形式。上级党组织和国有资产监管机构按照管理权限加强对国有企业领导人员的管理，广开推荐渠道，依规考察提名，严格履行选用程序。根据不同企业类别和层级，实行选任制、委任制、聘任制等不同选人用人方式。推行职业经理人制度，实行内部培养和外部引进相结合，畅通现有经营管理者与职业经理人身份转换通道，董事会按市场化方式选聘和管理职业经理人，合理增加市场化选聘比例，加快建立退出机制。推行企业经理层成员任期制和契约化管理，明确责任、权利、义务，严格任期管理和目标考核。

（十）实行与社会主义市场经济相适应的企业薪酬分配制度。企业内部的薪酬分配权是企业的法定权利，由企业依法依规自主决定，完善既有激励又有约束、既讲效率又讲公平、既符合企业一般规律又体现国有企业特点的分配机制。建立健全与劳动力市场基本适应、与企业经济效益和劳动生产率挂钩的工资决定和正常增长机制。推进全员绩效考核，以业绩为导向，科学评价不同岗位员工的贡献，合理拉开收入分配差距，切实做到收入能增能减和奖惩分明，充分调动广大职工积极性。对国有企业领导人员实行与选任方式相匹配、与企业功能性质相适应、与经营业绩相挂钩的差异化薪酬分配办法。对党中央、国务院和地方党委、政府及其部门任命的国有企业领导人员，合理确定基本年薪、绩效年薪和任期激励收入。对市场化选聘的职业经理人实行市场化薪酬分配机制，可以采取多种方式探索完善中长期激励机制。健全与激励机制相对称的经济责任审计、信息披露、延期支付、追索扣回等约束机制。严格规范履职待遇、业务支出，严禁将公款用于个人支出。

（十一）深化企业内部用人制度改革。建立健全企业各类管理人员公开招聘、竞争上岗等制度，对特殊管理人员可以通过委托人才中介机构推荐等方式，拓宽选人用人视野和渠道。建立分级分类的企业员工市场化公开招聘制度，切实做到信息公开、过程公开、结果公开。构建和谐劳动关系，依法规范企业各类用工管理，建立健全以合同管理为核心、以岗位管理为基础的市场化用工制度，真正形成企业各类管理人员能上能下、员工能进能出的合理流动机制。

四、完善国有资产管理体制

（十二）以管资本为主推进国有资产监管机构职能转变。国有资产监管机构要准确把握依法履行出资人职责的定位，科学界定国有资产出资人监管的边界，建立监管权力清单和责任清单，实现以管企业为主向以管资本为主的转变。该管的要科学管理、决不缺位，重点管好国有资本布局、规范资本运作、提高资本回报、维护资本安全；不该管的要依法放权、决不越位，将依法应由企业自主经营决策的事项归位于企业，将延伸到子企业的管理事项原则上归位于一级企业，将配合承担的公共管理职能归位于相关政府部门和单位。大力推进依法监管，着力创新监管方式和手段，改变行政化管理方式，改进考核体系和办法，提高监管的科学性、有效性。

（十三）以管资本为主改革国有资本授权经营体制。改组组建国有资本投资、运营公司，探索有效的运营模式，通过开展投资融资、产业培育、资本整合，推动产业集聚和转型升级，优化国有资本布局结构；通过股权运作、价值管理、有序进退，促进国有资本合理流动，实现保值增值。科学界定国有资本所有权和经营权的边界，国有资产监管机构依法对国有资本投资、运营公司和其他直接监管的企业履行出资人职责，并授权国有资本投资、运营公司对授权范围内的国有资本履行出资人职责。国有资本投资、运营公司作为国有资本市场化运作的专业平台，依法自主开展国有资本运作，对所出资企业行使股东职责，按照责权对应原则切实承担起国有资产保值增值责任。开展政府直接授权国有资本投资、运营公司履行出资人职责的试点。

（十四）以管资本为主推动国有资本合理流动优化配置。坚持以市场为导向、以企业为主体，有进有退、有所为有所不为，优化国有资本布局结构，增强国有经济整体功能和效率。紧紧围绕服务国家战略，落实国家产业政策和重点产业布局调整总体要求，优化国有资本重点投资方向和领域，推动国有资本向关系国家安全、国民经济命脉和国计民生的重要行业和关键领域、重点基础设施集中，向前瞻性战略性产业集中，向具有核心竞争力的优势企业集中。发挥国有资本投资、运营公司的作用，清理退出一批、重组整合一批、创新发展一批国有企业。建立健全优胜劣汰市场化退出机制，充分发挥失业救济和再就业培训等的作用，解决好职工安置问题，切实保障退出企业依法实现关闭或破产，加快处置低效无效资产，淘汰落后产能。支持企业依法合规通过证券交易、产权交易等资本市场，以市场公允价格处置企业资产，实现国有资本形态转换，变现的国有资本用于更需要的领域和行业。推动国有企业加快管理创新、商业模式创新，合理限定法人层级，有效压缩管理层级。发挥国有企业在实施创新驱动发展战略和制造强国战略中的骨干和表率作用，强化企业在技术创新中的主体地位，重视培养科研人才和高技能人才。支持国有企业开展国际化经营，鼓励国有企业之间以及与其他所有制企业以资本为纽带，强强联合、优势互补，加快培育一批具有世界一流水平的跨国公司。

（十五）以管资本为主推进经营性国有资产集中统一监管。稳步将党政机关、事业单位所属企业的国有资本纳入经营性国有资产集中统一监管体系，具备条件的进入国有资本投资、运营公司。加强国有资产基础管理，按照统一制度规范、统一工作体系的原则，抓紧制定企业国有资产基础管理条例。建立覆盖全部国有企业、分级管理的国有资本经营预算管理制度，提高国有资本收益上缴公共财政比例，2020 年提高到 30%，更多用于保障和改善民生。划转部分国有资本充实社会保障基金。

五、发展混合所有制经济

（十六）推进国有企业混合所有制改革。以促进国有企业转换经营机制，放大国有资本功能，提高国有资本配置和运行效率，实现各种所有制资本取长补短、相互促进、共同发展为目标，稳妥推动国有企业发展混合所有制经济。对通过实行股份制、上市等途径已经实行混合所有制的国有企业，要着力在完善现代企业制度、提高资本运行效率上下功夫；对于适宜继续推进混合所有制改革的国有企业，要充分发挥市场机制作用，坚持因地施策、因业施策、因企施策，宜独则独、宜控则控、宜参则参，不搞拉郎配，不搞全覆盖，不设时间表，成熟一个推进一个。改革要依法依规、严格程序、公开公正，切实保护混合所有制企业各类出资人的产权权益，杜绝国有资产流失。

（十七）引入非国有资本参与国有企业改革。鼓励非国有资本投资主体通过出资入股、收购股权、认购可转债、股权置换等多种方式，参与国有企业改制重组或国有控股上市公司增资扩股以及企业经营管理。实行同股同权，切实维护各类股东合法权益。在石油、天然气、电力、铁路、电信、资源开发、公用事业等领域，向非国有资本推出符合产业政策、有利于转型升级的项目。依照外商投资产业指导目录和相关安全审查规定，完善外资安全审查工作机制。开展多类型政府和社会资本合作试点，逐步推广政府和社会资本合作模式。

（十八）鼓励国有资本以多种方式入股非国有企业。充分发挥国有资本投资、运营公司的资本运作平台作用，通过市场化方式，以公共服务、高新技术、生态环保、战略性产业为重点领域，对发展潜力大、成长性强的非国有企业进行股权投资。鼓励国有企业通过投资入股、联合投资、重组等多种方式，与非国有企业进行股权融合、战略合作、资源整合。

（十九）探索实行混合所有制企业员工持股。坚持试点先行，在取得经验基础上稳妥有序推进，通过实行员工持股建立激励约束长效机制。优先支持人才资本和技术要素贡献占比较高的转制科研院所、高新技术企业、科技服务型企业开展员工持股试点，支持对企业经营业绩和持续发展有直接或较大影响的科研人员、经营管理人员和业务骨干等持股。员工持股主要采取增资扩股、出资新设等方式。完善相关政策，健全审核程序，规范操作流程，严格资产评估，建立健全股权流转和退出机制，确保员工持股公开透明，严禁暗箱操作，防止利益输送。

六、强化监督防止国有资产流失

（二十）强化企业内部监督。完善企业内部监督体系，明确监事会、审计、纪检监察、巡视以及法律、财务等部门的监督职责，完善监督制度，增强制度执行力。强化对权力集中、资金密集、资源富集、资产聚集的部门和岗位的监督，实行分事行权、分岗设权、分级授权，定期轮岗，强化内部流程控制，防止权力滥用。建立审计部门向董事会负责的工作机制。落实企业内部监事会对董事、经理和其他高级管理人员的监督。进一步发挥企业总法律顾问在经营管理中的法律审核把关作用，推进企业依法经营、合规管理。集团公司要依法依规、尽职尽责加强对子企业的管理和监督。大力推进厂务公开，健全以职工代表大会为基本形式的企业民主管理制度，加强企业职工民主监督。

（二十一）建立健全高效协同的外部监督机制。强化出资人监督，加快国有企业行为规范法律法规制度建设，加强对企业关键业务、改革重点领域、国有资本运营重要环节以及境外国有资产的监督，规范操作流程，强化专业检查，开展总会计师由履行出资人职责机构委派的试点。加强和改进外派监事会制度，明确职责定位，强化与有关专业监督机构的协作，加强当期和事中监督，强化监督成果运用，建立健全核查、移交和整改机制。健全国有资本审计监督体系和制度，实行企业国有资产审计监督全覆盖，建立对企业国有资本的经常性审计制度。加强纪检监察监督和巡视工作，强化对企业领导人员廉洁从业、行使权力等的监督，加大大案要案查处力度，狠抓对存在问题的整改落实。整合出资人监管、外派监事会监督和审计、纪检监察、巡视等监督力量，建立监督工作会商机制，加强统筹，创新方式，共享资源，减少重复检查，提高监督效能。建立健全监督意见反馈整改机制，形成监督工作的闭环。

（二十二）实施信息公开加强社会监督。完善国有资产和国有企业信息公开制度，设立统一的信息公开网络平台，依法依规、及时准确披露国有资本整体运营和监管、国有企业公司治理以及管理架构、经营情况、财务状况、关联交易、企业负责人薪酬等信息，建设阳光国企。认真处理人民群众关于国有资产流失等问题的来信、来访和检举，及时回应社会关切。充分发挥媒体舆论监督作用，有效保障社会公众对企业国有资产运营的知情权和监督权。

（二十三）严格责任追究。建立健全国有企业重大决策失误和失职、渎职责任追究倒查机制，建立和完善重大决策评估、决策事项履职记录、决策过错认定标准等配套制度，严厉查处侵吞、贪污、输送、挥霍国有资产和逃废金融债务的行为。建立健全企业国有资产的监督问责机制，对企业重大违法违纪问题敷衍不追、隐匿不报、查处不力的，严格追究有关人员失职渎职责任，视不同情形给予纪律处分或行政处分，构成犯罪的，由司法机关依法追究刑事责任。

七、加强和改进党对国有企业的领导

（二十四）充分发挥国有企业党组织政治核心作用。把加强党的领导和完善公司治理统一起来，将党建工作总体要求纳入国有企业章程，明确国有企业党组织在公司法人治理结构中的法定地位，创新国有企业党组织发挥政治核心作用的途径和方式。在国有企业改革中坚持党的建设同步谋划、党的组织及工作机构同步设置、党组织负责人及党务工作人员同步配备、党的工作同步开展，保证党组织工作机构健全、党务工作者队伍稳定、党组织和党员作用得到有效发挥。坚持和完善双向进入、交叉任职的领导体制，符合条件的党组织领导班子成员可以通过法定程序进入董事会、监事会、经理层，董事会、监事会、经理层成员中符合条件的党员可以依照有关规定和程序进入党组织领导班子；经理层成员与党组织领导班子成员适度交叉任职；董事长、总经理原则上分设，党组织书记、董事长一般由一人担任。

国有企业党组织要切实承担好、落实好从严管党治党责任。坚持从严治党、思想建党、制度治党，增强管党治党意识，建立健全党建工作责任制，聚精会神抓好党建工作，做到守土有责、守土负责、守土尽责。党组织书记要切实履行党建工作第一责任人职责，党组织班子其他成员要切实履行“一岗双责”，结合业务分工抓好党建工作。中央企业党组织书记同时担任企业其他主要领导职务的，应当设立 1 名专职抓企业党建工作的副书记。加强国有企业基层党组织建设和党员队伍建设，强化国有企业基层党建工作的基础保障，充分发挥基层党组织战斗堡垒作用、共产党员先锋模范作用。加强企业党组织对群众工作的领导，发挥好工会、共青团等群团组织的作用，深入细致做好职工群众的思想政治工作。把建立党的组织、开展党的工作，作为国有企业推进混合所有制改革的必要前提，根据不同类型混合所有制企业特点，科学确定党组织的设置方式、职责定位、管理模式。

（二十五）进一步加强国有企业领导班子建设和人才队伍建设。根据企业改革发展需要，明确选人用人标准和程序，创新选人用人方式。强化党组织在企业领导人员选拔任用、培养教育、管理监督中的责任，支持董事会依法选择经营管理者、经营管理者依法行使用人权，坚决防止和整治选人用人中的不正之风。加强对国有企业领导人员尤其是主要领导人员的日常监督管理和综合考核评价，及时调整不胜任、不称职的领导人员，切实解决企业领导人员能上不能下的问题。以强化忠诚意识、拓展世界眼光、提高战略思维、增强创新精神、锻造优秀品行为重点，加强企业家队伍建设，充分发挥企业家作用。大力实施人才强企战略，加快建立健全国有企业集聚人才的体制机制。

（二十六）切实落实国有企业反腐倡廉“两个责任”。国有企业党组织要切实履行好主体责任，纪检机构要履行好监督责任。加强党性教育、法治教育、警示教育，引导国有企业领导人员坚定理想信念，自觉践行“三严三实”要求，正确履职行权。建立切实可行的责任追究制度，与企业考核等挂钩，实行“一案双查”。推动国有企业纪律检查工作双重领导体制具体化、程序化、制度化，强化上级纪委对下级纪委的领导。加强和改进国有企业巡视工作，强化对权力运行的监督和制约。坚持运用法治思维和法治方式反腐败，完善反腐倡廉制度体系，严格落实反“四风”规定，努力构筑企业领导人员不敢腐、不能腐、不想腐的有效机制。

八、为国有企业改革创造良好环境条件

（二十七）完善相关法律法规和配套政策。加强国有企业相关法律法规立改废释工作，确保重大改革于法有据。切实转变政府职能，减少审批、优化制度、简化手续、提高效率。完善公共服务体系，推进政府购买服务，加快建立稳定可靠、补偿合理、公开透明的企业公共服务支出补偿机制。完善和落实国有企业重组整合涉及的资产评估增值、土地变更登记和国有资产无偿划转等方面税收优惠政策。完善国有企业退出的相关政策，依法妥善处理劳动关系调整、社会保险关系接续等问题。

（二十八）加快剥离企业办社会职能和解决历史遗留问题。完善相关政策，建立政府和国有企业合理分担成本的机制，多渠道筹措资金，采取分离移交、重组改制、关闭撤销等方式，剥离国有企业职工家属区“三供一业”和所办医院、学校、社区等公共服务机构，继续推进厂办大集体改革，对国有企业退休人员实施社会化管理，妥善解决国有企业历史遗留问题，为国有企业公平参与市场竞争创造条件。

（二十九）形成鼓励改革创新的氛围。坚持解放思想、实事求是，鼓励探索、实践、创新。全面准确评价国有企业，大力宣传中央关于全面深化国有企业改革的方针政策，宣传改革的典型案例和经验，营造有利于国有企业改革的良好舆论环境。

（三十）加强对国有企业改革的组织领导。各级党委和政府要统一思想，以高度的政治责任感和历史使命感，切实履行对深化国有企业改革的领导责任。要根据本指导意见，结合实际制定实施意见，加强统筹协调、明确责任分工、细化目标任务、强化督促落实，确保深化国有企业改革顺利推进，取得实效。

金融、文化等国有企业的改革，中央另有规定的依其规定执行。

〔来源：中国政府网〕

关于加强和改进企业国有资产监督防止国有资产流失的意见

国办发〔2015〕79号

各省、自治区、直辖市人民政府，国务院各部委、各直属机构：

我国企业国有资产是全体人民的共同财富，保障国有资产安全、防止国有资产流失，是全面建成小康社会、实现全体人民共同富裕的必然要求。改革开放以来，我国国有经济不断发展壮大，国有企业市场活力普遍增强、效率显著提高，企业国有资产监管工作取得积极进展和明显成效。但与此同时，一些国有企业逐渐暴露出管理不规范、内部人控制严重、企业领导人员权力缺乏制约、腐败案件多有发生等问题，企业国有资产监督工作中多头监督、重复监督和监督不到位的现象也日益突出。为贯彻落实中央关于深化国有企业改革的有关部署，切实加强和改进企业国有资产监督、防止国有资产流失，经国务院同意，现提出以下意见。

一、总体要求

（一）指导思想

认真贯彻落实党的十八大和十八届二中、三中、四中、五中全会精神，按照党中央、国务院有关决策部署，以国有资产保值增值、防止流失为目标，坚持问题导向，立足体制机制制度创新，加强和改进党对国有企业的领导，切实强化国有企业内部监督、出资人监督和审计、纪检监察、巡视监督以及社会监督，严格责任追究，加快形成全面覆盖、分工明确、协同配合、制约有力的国有资产监督体系，充分体现监督的严肃性、权威性、时效性，促进国有企业持续健康发展。

（二）基本原则

坚持全面覆盖，突出重点。实现企业国有资产监督全覆盖，加强对国有企业权力集中、资金密集、资源富集、资产聚集等重点部门、重点岗位和重点决策环节的监督，切实维护国有资产安全。

坚持权责分明，协同联合。清晰界定各类监督主体的监督职责，有效整合监督资源，增强监督工作合力，形成内外衔接、上下贯通的国有资产监督格局。

坚持放管结合，提高效率。正确处理好依法加强监督和增强企业活力的关系，改进监督方式，创新监督方法，尊重和维护企业经营自主权，增强监督的针对性和有效性。

坚持完善制度，严肃问责。建立健全企业国有资产监督法律法规体系，依法依规开展监督工作，完善责任追究制度，对违法违规造成国有资产损失以及监督工作中失职渎职的责任主体，严格追究责任。

二、着力强化企业内部监督

（三）完善企业内部监督机制

企业集团应当建立涵盖各治理主体及审计、纪检监察、巡视、法律、财务等部门的监督工作体系，强化对子企业的纵向监督和各业务板块的专业监督。健全涉及财务、采购、营销、投资等方面的内部监督制度和内控机制，进一步发挥总会计师、总法律顾问作用，加强对企业重大决策和重要经营活动的财务、法律审核把关。加强企业内部监督工作的联动配合，提升信息化水平，强化流程管控的刚性约束，确保内部监督及时、有效。

（四）强化董事会规范运作和对经理层的监督

深入推进外部董事占多数的董事会建设，加强董事会内部的制衡约束，依法规范董事会决策程序和董事长履职行为，落实董事对董事会决议承担的法定责任。切实加强董事会对经理层落实董事会决议情况的监督。设置由外部董事组成的审计委员会，建立审计部门向董事会负责的工作机制，董事会依法审议批准企业年度审计计划和重要审计报告，增强董事会运用内部审计规范运营、管控风险的能力。

（五）加强企业内设监事会建设

建立监事会主席由上级母公司依法提名、委派制度，提高专职监事比例，增强监事会的独立性和权威性。加大监事会对董事、高级管理人员履职行为的监督力度，进一步落实监事会检查公司财务、纠正董事及高级管理人员损害公司利益行为等职权，保障监事会依法行权履职，强化监事会及监事的监督责任。

（六）重视企业职工民主监督

健全以职工代表大会为基本形式的企业民主管理制度，规范职工董事、职工监事的产生程序，切实发挥其在参与公司决策和治理中的作用。大力推进厂务公开，建立公开事项清单制度，保障职工知情权、参与权和监督权。

（七）发挥企业党组织保证监督作用

把加强党的领导和完善公司治理统一起来，落实党组织在企业党风廉政建设和反腐败工作中的主体责任和纪检机构的监督责任，健全党组织参与重大决策机制，强化党组织对企业领导人员履职行为的监督，确保企业决策部署及其执行过程符合党和国家方针政策、法律法规。

三、切实加强企业外部监督

（八）完善国有资产监管机构监督

国有资产监管机构要坚持出资人管理和监督的有机统一，进一步加强出资人监督。健全国有企业规划投资、改制重组、产权管理、财务评价、业绩考核、选人用人、薪酬分配等规范国有资本运作、防止流失的制度。加大对国有资产监管制度执行情况的监督力度，定期开展对各业务领域制度执行情况的检查，针对不同时期的重点任务和突出问题不定期开展专项抽查。国有资产监管机构设立稽查办公室，负责分类处置和督办监督工作中发现的需要企业整改的问题，组织开展国有资产重大损失调查，提出有关责任追究的意见建议。开展国有资产监管机构向所出资企业依法委派总会计师试点工作，强化出资人对企业重大财务事项的监督。加强企业境外国有资产监督，重视在法人治理结构中运用出资人监督手段，强化对企业境外投资、运营和产权状况的监督，严格规范境外大额资金使用、集中采购和佣金管理，确保企业境外国有资产安全可控、有效运营。

（九）加强和改进外派监事会监督

对国有资产监管机构所出资企业依法实行外派监事会制度。外派监事会由政府派出，作为出资人监督的专门力量，围绕企业财务、重大决策、运营过程中涉及国有资产流失的事项和关键环节、董事会和经理层依法依规履职情况等重点，着力强化对企业的当期和事中监督。进一步完善履职报告制度，外派监事会要逐户向政府报告年度监督检查情况，对重大事项、重要情况、重大风险和违法违纪违规行为“一事一报告”。按照规定的程序和内容，对监事会监督检查情况实行“一企一公开”，也可以按照类别和事项公开。切实保障监事会主席依法行权履职，落实外派监事会的纠正建议权、罢免或者调整建议权，监事会主席根据授权督促企业整改落实有关问题或者约谈企业领导人员。建立外派监事会可追溯、可量化、可考核、可问责的履职记录制度，切实强化责任意识，健全责任倒查机制。

（十）健全国有企业审计监督体系

完善国有企业审计制度，进一步厘清政府部门公共审计、出资人审计和企业内部审计之间的职责分工，实现企业国有资产审计监督全覆盖。加大对国有企业领导人员履行经济责任情况的审计力度，坚持离任必审，完善任中审计，探索任期轮审，实现任期内至少审计一次。探索建立国有企业经常性审计制度，对国有企业重大财务异常、重大资产损失及风险隐患、国有企业境外资产等开展专项审计，对重大决策部署和投资项目、重要专项资金等开展跟踪审计。完善国有企业购买审计服务办法，扩大购买服务范围，推动审计监督职业化。

（十一）进一步增强纪检监察和巡视的监督作用

督促国有企业落实“两个责任”，实行“一案双查”，强化责任追究。加强对国有企业执行党的纪律情况的监督检查，重点审查国有企业执行党的政治纪律、政治规矩、组织纪律、廉洁纪律情况，严肃查处违反党中央八项规定精神的行为和“四风”问题。查办腐败案件以上级纪委领导为主，线索处置和案件查办在向同级党委报告的同时，必须向上级纪委报告。严肃查办发生在国有企业改制重组、产权交易、投资并购、物资采购、招标投标以及国际化经营等重点领域和关键环节的腐败案件。贯彻中央巡视工作方针，聚焦党风廉政建设和反腐败斗争，围绕“四个着力”，加强和改进国有企业巡视工作，发现问题，形成震慑，倒逼改革，促进发展。

（十二）建立高效顺畅的外部监督协同机制

整合出资人监管、外派监事会监督和审计、纪检监察、巡视等监督力量，建立监督工作会商机制，加强统筹，减少重复检查，提高监督效能。创新监督工作机制和方式方法，运用信息化手段查核问题，实现监督信息共享。完善重大违法违纪违规问题线索向纪检监察机关、司法机关移送机制，健全监督主体依法提请有关机关配合调查案件的制度措施。

四、实施信息公开加强社会监督

（十三）推动国有资产和国有企业重大信息公开

建立健全企业国有资产监管重大信息公开制度，依法依规设立信息公开平台，对国有资本整体运营情况、企业国有资产保值增值及经营业绩考核总体情况、国有资产监管制度和监督检查情况等依法依规、及时准确披露。国有企业要严格执行《企业信息公示暂行条例》，在依法保护国家秘密和企业商业秘密的前提下，主动公开公司治理以及管理架构、经营情况、财务状况、关联交易、企业负责人薪酬等信息。

（十四）切实加强社会监督

重视各类媒体的监督，及时回应社会舆论对企业国有资产运营的重大关切。畅通社会公众的监督渠道，认真处理人民群众有关来信、来访和举报，切实保障单位和个人对造成国有资产损失行为进行检举和控告的权利。推动社会中介机构规范执业，发挥其第三方独立监督作用。

五、强化国有资产损失和监督工作责任追究

（十五）加大对国有企业违规经营责任追究力度

明确企业作为维护国有资产安全、防止流失的责任主体，健全并严格执行国有企业违规经营责任追究制度。综合运用组织处理、经济处罚、禁入限制、纪律处分和追究刑事责任等手段，依法查办违规经营导致国有资产重大损失的案件，严厉惩处侵吞、贪污、输送、挥霍国有资产和逃废金融债务的行为。对国有企业违法违纪违规问题突出、造成重大国有资产损失的，严肃追究企业党组织的主体责任和企业纪检机构的监督责任。建立完善国有企业违规经营责任追究典型问题通报制度，加强对企业领导人员的警示教育。

（十六）严格监督工作责任追究

落实企业外部监督主体维护国有资产安全、防止流失的监督责任。健全国有资产监管机构、外派监事会、审计机关和纪检监察、巡视部门在监督工作中的问责机制，对企业重大违法违纪违规问题应当发现而未发现或敷衍不追、隐匿不报、查处不力的，严格追究有关人员失职渎职责任，视不同情形分别给予纪律处分或行政处分，构成犯罪的，依法追究刑事责任。完善监督工作中的自我监督机制，健全内控措施，严肃查处监督工作人员在问题线索清理、处置和案件查办过程中违反政治纪律、组织纪律、廉洁纪律、工作纪律的行为。

六、加强监督制度和能力建设

（十七）完善企业国有资产监督法律制度

做好国有资产监督法律法规的立改废释工作，按照法定程序修订完善企业国有资产法等法律法规中有关企业国有资产监督的规定，制定出台防止企业国有资产流失条例，将加强企业国有资产监督的职责、程序和有关要求法定化、规范化。

（十八）加强监督队伍建设

选派政治坚定、业务扎实、作风过硬、清正廉洁的优秀人才，进一步充实监督力量。优化监督队伍知识结构，重视提升监督队伍的综合素质和专业素养。加强对监督队伍的日常管理和考核评价，健全与监督工作成效挂钩的激励约束机制，强化监督队伍履职保障。

本意见适用于全国企业国有资产监督工作。金融、文化等企业国有资产监督工作，中央另有规定的依其规定执行。

国务院办公厅

2015年10月31日

〔来源：中国政府网〕

关于深化制造业与互联网融合发展的指导意见

国发〔2016〕28号

各省、自治区、直辖市人民政府，国务院各部委、各直属机构：

制造业是国民经济的主体，是实施"互联网+"行动的主战场。我国是制造业大国，也是互联网大国，推动制造业与互联网融合，有利于形成叠加效应、聚合效应、倍增效应，加快新旧发展动能和生产体系转换，前景广阔、潜力巨大。当前，我国制造业与互联网融合步伐不断加快，在激发"双创"活力、培育新模式新业态、推进供给侧结构性改革等方面已初显成效，但仍存在平台支撑不足、核心技术薄弱、应用水平不高、安全保障有待加强、体制机制亟需完善等问题。为进一步深化制造业与互联网融合发展，协同推进"中国制造2025"和"互联网+"行动，加快制造强国建设，现提出以下意见。

一、总体要求

（一）指导思想

全面贯彻党的十八大和十八届三中、四中、五中全会精神，按照国务院决策部署，牢固树立和贯彻落实创新、协调、绿色、开放、共享的发展理念，以激发制造企业创新活力、发展潜力和转型动力为主线，以建设制造业与互联网融合"双创"平台为抓手，围绕制造业与互联网融合关键环节，积极培育新模式新业态，强化信息技术产业支撑，完善信息安全保障，夯实融合发展基础，营造融合发展新生态，充分释放"互联网+"的力量，改造提升传统动能，培育新的经济增长点，发展新经济，加快推动"中国制造"提质增效升级，实现从工业大国向工业强国迈进。

（二）基本原则

坚持创新驱动，激发转型新动能。积极搭建支撑制造业转型升级的各类互联网平台，充分汇聚整合制造企业、互联网企业等"双创"力量和资源，带动技术产品、组织管理、经营机制、销售理念和模式等创新，提高供给质量和效率，激发制造业转型升级新动能。

坚持融合发展，催生制造新模式。促进技术融合与理念融合相统一，推动制造企业与互联网企业在发展理念、产业体系、生产模式、业务模式等方面全面融合，发挥互联网聚集优化各类要素资源的优势，构建开放式生产组织体系，大力发展个性化定制、服务型制造等新模式。

坚持分业施策，培育竞争新优势。深刻把握互联网技术在不同行业、环节的扩散规律和融合方式，针对不同行业、企业融合发展的基础和水平差异，完善融合推进机制和政策体系，培育制造业竞争新优势。

坚持企业主体，构筑发展新环境。充分发挥市场机制作用，更好发挥政府引导作用，突出企业主体地位，优化政府服务，妥善处理鼓励创新与加强监管、全面推进与错位发展、加快发展与保障安全的关系，形成公平有序的融合发展新环境。

（三）主要目标

到2018年底，制造业重点行业骨干企业互联网"双创"平台普及率达到80%，相比2015年底，工业云企业用户翻一番，新产品研发周期缩短12%，库存周转率提高25%，能源利用率提高5%。制造业互联网"双创"平台成为促进制造业转型升级的新动能来源，形成一批示范引领效应较强的制造新模式，初步形成跨界融合的制造业新生态，制造业数字化、网络化、智能化取得明显进展，成为巩固我国制造业大国地位、加快向制造强国迈进的核心驱动力。

到2025年，制造业与互联网融合发展迈上新台阶，融合"双创"体系基本完备，融合发展新模式广泛普及，新型制造体系基本形成，制造业综合竞争实力大幅提升。

二、主要任务

（四）打造制造企业互联网"双创"平台

组织实施制造企业互联网"双创"平台建设工程，支持制造企业建设基于互联网的"双创"

平台，深化工业云、大数据等技术的集成应用，汇聚众智，加快构建新型研发、生产、管理和服务模式，促进技术产品创新和经营管理优化，提升企业整体创新能力和水平。鼓励大型制造企业开放“双创”平台聚集的各类资源，加强与各类创业创新基地、众创空间合作，为全社会提供专业化服务，建立资源富集、创新活跃、高效协同的“双创”新生态。深化国有企业改革和科技体制改革，推动产学研“双创”资源的深度整合和开放共享，支持制造企业联合科研院所、高等院校以及各类创新平台，加快构建支持协同研发和技术扩散的“双创”体系。

（五）推动互联网企业构建制造业“双创”服务体系

组织实施“双创”服务平台支撑能力提升工程，支持大型互联网企业、基础电信企业建设面向制造企业特别是中小企业的“双创”服务平台，鼓励基础电信企业加大对“双创”基地宽带网络基础设施建设的支持力度，进一步提速降费，完善制造业“双创”服务体系，营造大中小企业合作共赢的“双创”新环境，开创大中小企业联合创新创业的新局面。鼓励地方依托国家新型工业化产业示范基地、国家级经济技术开发区、国家高新技术产业开发区等产业集聚区，加快完善人才、资本等政策环境，充分运用互联网，积极发展创客空间、创新工场、开源社区等新型众创空间，结合“双创”示范基地建设，培育一批支持制造业发展的“双创”示范基地。组织实施企业管理能力提升工程，加快信息化和工业化融合管理体系标准制定和应用推广，推动业务流程再造和组织方式变革，建立组织管理新模式。

（六）支持制造企业与互联网企业跨界融合

鼓励制造企业与互联网企业合资合作培育新的经营主体，建立适应融合发展的技术体系、标准规范、商业模式和竞争规则，形成优势互补、合作共赢的融合发展格局。推动中小企业制造资源与互联网平台全面对接，实现制造能力的在线发布、协同和交易，积极发展面向制造环节的分享经济，打破企业界限，共享技术、设备和服务，提升中小企业快速响应和柔性高效的供给能力。支持制造企业与电子商务企业开展战略投资、品牌培育、网上销售、物流配送等领域合作，整合线上线下交易资源，拓展销售渠道，打造制造、营销、物流等高效协同的生产流通一体化新生态。

（七）培育制造业与互联网融合新模式

面向生产制造全过程、全产业链、产品全生命周期，实施智能制造等重大工程，支持企业深化质量管理与互联网的融合，推动在线计量、在线检测等全产业链质量控制，大力发展网络化协同制造等新生产模式。支持企业利用互联网采集并对接用户个性化需求，开展基于个性化产品的研发、生产、服务和商业模式创新，促进供给与需求精准匹配。推动企业运用互联网开展在线增值服务，鼓励发展面向智能产品和智能装备的产品全生命周期管理和服务，拓展产品价值空间，实现从制造向“制造＋服务”转型升级。积极培育工业电子商务等新业态，支持重点行业骨干企业建立行业在线采购、销售、服务平台，推动建设一批第三方电子商务服务平台。

（八）强化融合发展基础支撑

推动实施国家重点研发计划，强化制造业自动化、数字化、智能化基础技术和产业支撑能力，加快构筑自动控制与感知、工业云与智能服务平台、工业互联网等制造新基础。组织实施“芯火”计划和传感器产业提升工程，加快传感器、过程控制芯片、可编程逻辑控制器等产业化。加快计算机辅助设计仿真、制造执行系统、产品全生命周期管理等工业软件产业化，强化软件支撑和定义制造业的基础性作用。构建信息物理系统参考模型和综合技术标准体系，建设测试验证平台和综合验证试验床，支持开展兼容适配、互联互通和互操作测试验证。

（九）提升融合发展系统解决方案能力

实施融合发展系统解决方案能力提升工程，推动工业产品互联互通的标识解析、数据交换、通信协议等技术攻关和标准研制，面向重点行业智能制造单元、智能生产线、智能车间、智能工厂建设，培育一批系统解决方案供应商，组织开展行业系统解决方案应用试点示范，为中小企业提供标准化、专业化的系统解决方案。支持有条件的企业开展系统解决方案业务剥离重组，推动系统解决方案服务专业化、规模化和市场化，充分发挥系统解决方案促进制造业与互联网融合发展的“粘合剂”作用。

（十）提高工业信息系统安全水平

实施工业控制系统安全保障能力提升工程，制定完善工业信息安全管理等政策法规，健全工业信息安全标准体系，建立工业控制系统安全风险信息采集汇总和分析通报机制，组织开展重点行业工业控制系统信息安全检查和风险评估。组织开展工业企业信息安全保障试点示范，支持系统仿真测试、评估验证等关键共性技术平台建设，推动访问控制、追踪溯源、商业信息及隐私保护等核心技术产品产业化。以提升工业信息安全监测、评估、验证和应急处置等能力为重点，依托现有科研机构，建设国家工业信息安全保障中心，为制造业与互联网融合发展提供安全支撑。

三、保障措施

（十一）完善融合发展体制机制

深入推进简政放权、放管结合、优化服务改革，放宽新产品、新业态的市场准入限制，加强事中事后监管，提升为企业服务的能力和水平，营造有利于制造业与互联网融合发展的环境。适应制造业与互联网跨界融合发展趋势，积极发挥行业协会和中介组织的桥梁纽带作用，鼓励建立跨行业、跨领域的新型产学研用联盟，开展关键共性技术攻关、融合标准制定和公共服务平台建设。围绕新商业模式知识产权保护需求，完善相关政策法规，建设结构合理、层次分明、可持续发展的知识产权运营服务网络。

（十二）培育国有企业融合发展机制

鼓励中央企业设立创新投资基金，引导地方产业投资基金和社会资本，支持大企业互联网“双创”平台建设、创新创意孵化、科技成果转化和新兴产业培育。建立有利于国有企业与互联网深度融合、激发企业活力、积极开展“双创”的机制，完善国有企业内部创新组织体系和运行机制，探索引入有限合伙制，完善鼓励创新、宽容失败的经营业绩考核机制，研究建立中央企业创新能力评价制度，建立促进创新成果转让的收益分配、工资奖励等制度，对企业重要技术人员和经营管理人员实施股权和分红激励政策。

（十三）加大财政支持融合发展力度

利用中央财政现有资金渠道，鼓励地方设立融合发展专项资金，加大对制造业与互联网融合发展关键环节和重点领域的投入力度，为符合条件的企业实施设备智能化改造、“双创”平台建设运营和应用试点示范项目提供支持。充分发挥现有相关专项资金、基金的引导带动作用，支持系统解决方案能力提升和制造业“双创”公共服务平台建设。制造业与互联网融合发展相关工作或工程中涉及技术研发、确需中央财政支持的，通过优化整合后的科技计划（专项、基金等）统筹予以支持。创新财政资金支持方式，鼓励政府采购云计算等专业化第三方服务，支持中小微企业提升信息化能力。

（十四）完善支持融合发展的税收和金融政策

结合全面推开营改增试点，进一步扩大制造企业增值税抵扣范围，落实增值税优惠政策，支持制造企业基于互联网独立开展或与互联网企业合资合作开展新业务。落实研发费用加计扣除、高新技术企业等所得税优惠政策，积极研究完善科技企业孵化器税收政策。选择一批重点城市和重点企业开展产融合作试点，支持开展信用贷款、融资租赁、质押担保等金融产品和服务创新。鼓励金融机构利用“双创”平台提供结算、融资、理财、咨询等一站式系统化金融服务，进一步推广知识产权质押，创新担保方式，积极探索多样化的信贷风险分担机制。

（十五）强化融合发展用地用房等服务

支持制造企业在不改变用地主体和规划条件的前提下，利用存量房产、土地资源发展制造业与互联网融合的新业务、新业态，实行 5 年过渡期内保持土地原用途和权利类型不变的政策。鼓励有条件的地方因地制宜出台支持政策，积极盘活闲置的工业厂房、企业库房和物流设施等资源，并对办公用房、水电、网络等费用给予补助，为致力于制造业与互联网融合发展的创业者提供低成本、高效便捷的专业服务。

（十六）健全融合发展人才培养体系

深化人才体制机制改革，完善激励创新的股权、期权等风险共担和收益分享机制，吸引具备创新能力的跨界人才，营造有利于融合发展优秀人才脱颖而出的良好环境。支持高校设置“互联网＋”等相关专业，推进高等院校专业学位建设，加强高层次应用型专门人才培养。在重点院校、大型企业和产业园区建设一批产学研用相结合的专业人才培训基地，积极开展企业新型学徒制试点。结合国家专业技术人才知识更新工程、企业经营管理人才素质提升工程、高技能人才振兴计划等，加强融合发展职业人才和高端人才培养。在大中型企业推广首席信息官制度，壮大互联网应用人才队伍。

（十七）推动融合发展国际合作交流

积极发起或参与互联网领域多双边或区域性

规则谈判，提升影响力和话语权。推动建立中外政府和民间对话交流机制，围绕大型制造企业互联网“双创”平台建设、融合发展标准制定以及应用示范等，开展技术交流与合作。结合实施“一带一路”等国家重大战略，运用丝路基金、中非发展基金、中非产能合作基金等金融资源，支持行业协会、产业联盟与企业共同推广中国制造业与互联网融合发展的产品、技术、标准和服务，推动制造业与互联网融合全链条“走出去”，拓展海外市场；提升“引进来”的能力和水平，利用全球人才、技术、知识产权等创新资源，学习国际先进经营管理模式，支持和促进我国制造业与互联网融合发展。

各地区、各部门要高度重视深化制造业与互联网融合发展工作，统一思想，提高认识，加大工作力度，切实抓好本意见实施。国家制造强国建设领导小组要统筹研究完善制造业与互联网融合发展推进机制，加强对重大问题、重大政策和重大工程的综合协调，部署开展督导检查，推动各项任务落实。各有关部门要按照职责分工，加强协同配合，做好指导协调，抓紧出台配套政策，完善相关规章制度，强化跟踪督查，及时帮助有关方面解决遇到的困难和问题。国家制造强国建设战略咨询委员会要充分发挥作用，组织开展基础性、前瞻性、战略性研究，为重大决策及相关工程实施提供咨询。各地区要结合实际建立健全工作机制，制定具体实施方案，加强考核评估，确保融合发展各项任务落到实处。

国务院

2016 年 5 月 13 日

〔来源：中国政府网〕

关于实施制造业升级改造重大工程包的通知

发改产业〔2016〕1055 号

国务院有关部门、直属机构，各省、自治区、直辖市及计划单列市、新疆生产建设兵团发展改革委、工业和信息化主管部门，（有关中央企业）：

按照党中央、国务院的部署，为做好制造业稳预期、稳信心、稳投资、稳增长工作，促进转型升级、提质增效，加快制造强国建设，国家发展改革委、工业和信息化部组织实施制造业升级改造重大工程包。经国务院同意，现将有关事项通知如下：

一、总体考虑

制造业是国民经济的主体，是科技创新的主战场。改革开放以来，我国制造业持续快速发展，有力地推动了工业化进程，显著增强了综合国力。但是，我国制造业大而不强、自主创新能力弱、生产方式比较粗放等问题仍然比较突出，转型升级任务十分艰巨，迫切需要组织实施升级改造重大工程包。

实施制造业升级改造重大工程包，要贯彻落实党的十八大，十八届三中、四中、五中全会精神和中央经济工作会议精神以及《中国制造2025》，坚持市场主导政府引导，聚焦国家战略需求，创新组织方式，加大支持力度；坚持立足当前着眼长远，在着力扩大总需求的同时，加快推进供给侧结构性改革；坚持创新驱动协调发展，统筹推进传统产业升级和新兴产业发展，推动制造业迈向高端化、智能化、绿色化、服务化。重大工程包实施周期为 3 年（2016—2018 年）。

二、重大工程实施安排

（一）主要任务

通过实施重大工程包，力争通过 3 年努力，规模以上制造业增加值年均增长 7% 以上，企业技术改造投资年均增长 15% 左右，企业自主创新能力、工业新产品产值率明显提升，先进产能比重、资源能源利用效率、清洁生产和企业安全水平明显提高。

（二）实施方式

进一步创新项目组织和财政资金支持方式，鼓励社会资本参与重大工程建设，充分发挥行业骨干企业、科研院所、行业协会等单位的优势，针对不同类型项目特点，分别依托产业联盟、企业联合体、行业骨干企业组织实施。对具有较强外部性、公益性的项目，采用直接投资或投资补助等政策性方式支持；对具有营利性、竞争性的项目，利用专项建设基金和产业投资基金注资等市场化方式支持。

（三）重大工程

贯彻落实“十三五”规划纲要和《中国制造2025》，聚焦制造业高端化、智能化、绿色化、服务化，组织实施10大重点工程。

1. 智能化改造工程

（1）数字化车间建设工程。基于安全可控关键技术装备，集成应用计算机辅助设计、制造、工艺规划等仿真技术，建立数据采集分析系统和制造执行系统（MES），提升研发制造全过程数字化管理水平。

（2）智能工厂示范工程。利用工业互联网、物联网、云计算、大数据等新一代信息技术，推进信息技术在制造业的深度融合应用，建立制造资源协同管理平台，实现生产、经营、管理和决策的智能优化。

（3）验证体验中心建设工程。依托系统设计集成企业，联合制造、软件、互联网等企业建立协作机制，围绕设计制造全过程建立智能制造技术验证体验中心，完善数字化、网络化、智能化等技术验证体验环境，促进智能化系统的推广与普及。建设信息物理系统测试验证平台，推进基础共性标准、关键共性技术及行业解决方案的开发应用。

（4）传感器及仪器仪表智能化升级工程。重点发展流程工业用温度、压力、流量、物位以及成分分析等高端传感器、变送器、智能仪器仪表和控制系统，离散工业用磁、光、电以及多参数复合传感器和质量检测系统。加快开发生产经营与制造资源数字化管控平台，并开展示范应用。着力突破科学仪器的微型化、稳定性、可靠性瓶颈，提升科学仪器质量和水平。

2. 基础能力提升工程

（1）重点领域升级工程。围绕新兴产业发展重点领域和传统产业升级改造的重点装备与重大工程需求，着力突破国防和社会经济安全的瓶颈制约，遴选一批标志性核心基础零部件（元器件）、关键基础材料和先进基础工艺作为升级突破点。

（2）重点产品示范应用工程。根据整机、主机升级改造需求，制定关键基础材料、核心基础零部件（元器件）、先进基础工艺研发生产计划，形成上下游互融共生、分工合作、利益共享的一体化组织新模式；开展关键基础材料、核心基础零部件（元器件）的首批次或跨领域应用，提高整机、主机自主化率。

（3）产业技术基础体系建设工程。在新一代信息技术、高端装备制造、新材料、生物医药等领域，依托现有技术基础服务机构，培育和建设一批质量可靠性试验验证、计量检测、标准检验与检测、认证认可关键技术、产业信息、知识产权等基础支撑和公共服务平台。

（4）“隐形冠军”企业培育工程。完善市场环境和政策环境，实施重点领域“一揽子”突破行动及重点产品“一条龙”应用计划，重点扶持一批专注于细分领域的核心基础零部件（元器件）、关键基础材料和先进基础工艺专精特优企业，培育具有持续创新能力的“隐形冠军”。

（5）军民融合发展工程。调动军民各方面资源，开展联合攻关，破解关键基础材料、核心基础零部件、先进基础工艺等制约瓶颈。建设军民结合公共服务体系，推动军民技术相互有效利用，加快军民结合产业化发展。

3. 绿色制造推广工程

（1）生产过程清洁化工程。发展节能环保绿色装备，采用先进适用清洁生产工艺技术，开展钢铁、水泥、玻璃、陶瓷等行业升级改造，削减二氧化硫、氮氧化物、烟（粉）尘、氨氮等污染物。推动有色金属、化工、制浆造纸、皮革、铅酸蓄电池、发酵、印染、电镀等行业生产过程清洁化工艺技术改造，削减重金属、挥发性有机物、持久性有机物等非常规污染物。

（2）能源利用高效低碳化工程。实施高耗能设备系统节能改造，提升工业锅炉（窑炉）、电机（水泵、风机、空压机）系统、变压器等通用设备运行能效。深入推进流程工业系统节能改造，推广原料优化、能源梯级利用、可循环、流程再造等系统优化工艺技术，普及中低品位余热余压发电、制冷、供热及循环利用。

（3）水资源利用高效化工程。采用水系统平衡优化整体解决方案等节水技术，对化工、钢铁、造纸、印染、食品、医药等行业实施改造。采用电吸附、膜处理、海水淡化等技术，利用好城市中水、矿井水、高浓度盐水、海水等非常规水资源。

（4）基础制造工艺绿色化工程。加快应用清洁铸造、锻压、焊接、表面处理、切削等加工工艺，推动传统基础制造工艺绿色化发展，降低能耗，节约原辅材料，减少废弃物排放。重点开发生物转化、高产低耗菌种、高效提取纯化等清洁生产技术，加强发酵类大宗原料药污染防治。采用基因工程、手性合成、酶促合成、生物转化等现代生物技术，改造原料药传统生产工艺。

（5）工业资源综合利用工程。推广应用先进适用技术与装备，强化低品位难处理矿产资源、冶炼渣及尘泥、化工废渣、尾矿、煤电固废等综合利用。加快再生资源技术装备改造升级，提高废旧材料、废旧机电产品等资源利用率。

（6）产业绿色协同发展工程。加强煤电、冶金、化工、建材等流程工业间的横向耦合生态链接，促进行业融合；推进工业余热用于城镇供暖制冷、水泥窑协同处理生活垃圾、污泥和飞灰等，促进产城融合；利用工业余热发展设施农业、生态旅游业，推进工业适用生物质能示范项目，促进产业融合。

4．高端装备发展工程

（1）海洋工程装备及高技术船舶工程。重点开展半潜式钻井平台、钻井船、海洋调查船、多功能海洋工程船等主力装备的系列化设计研发，着力攻克关键技术，加强技术标准制定；开发立柱式平台、张力腿平台等装备，逐步提升研发设计建造能力。着力推进绿色智能运输船舶、高技术船舶、高端海洋工程装备示范应用，提升骨干船厂智能制造水平。重点发展船用动力、通讯导航以及钻井、动力定位、单点系泊、自动化控制、水下生产等系统，提升重大产品研发及试验检测能力。

（2）先进轨道交通装备工程。重点开展高速动车组、城际动车组、城市轨道车辆整车技术平台和检验验证能力建设。推动轨道交通列车网络控制系统、牵引传动系统、施工专业装备等关键部件研制及工程化应用。

（3）机器人提升工程。利用感知识别、环境建模、人工智能、人机协作等技术对机器人整机产品进行集成改造，提升机器人任务重构、偏差自适应调整的能力，满足柔性制造、生活服务等非结构化环境应用需求。

（4）高性能医疗器械工程。推动高端彩色超声、数字化X射线机（DR）、核医学影像设备PET-CT及PET-MRI等高性能诊疗设备及关键零部件，高通量基因检测仪、全自动生化检测设备、五分类血细胞分析仪等体外诊断仪器与设备，以及新型药物冠脉支架、介入心脏瓣膜、新型骨科植入物等植介入产品产业化。建设高性能医疗器械应用示范中心，以及产学研医协同创新示范中心和公共服务平台，培育高端自主品牌。

（5）高档数控机床工程。重点发展高速、精密、智能、复合、多轴联动的高档数控机床，突破高档数控装置、高性能功能部件瓶颈制约，加强应用技术研究，推进高档数控机床在航空航天、汽车等领域的示范应用。

（6）现代农机装备工程。重点发展大马力动力换挡拖拉机、大喂入量谷物联合收割机等粮食作物装备，棉花、甘蔗等经济作物播种、收获和田间管理机械，突破先进农用发动机、驱动桥、变速箱等关键部件瓶颈制约，提升农机行业和骨干企业研发试验检测能力。

（7）先进化工成套装备工程。支持芳烃联合生产装置，加压、连续热解和煤焦油分离技术装备，水煤浆气化、固定床加压气化和熔渣气化等技术装备，大型低温甲醇洗、低压甲醇合成、甲烷化反应器等技术装备，密闭式循环冷却系统、废水制浆等技术装备生产应用。

（8）新材料专用装备自主化工程。组织新材料装备生产企业与材料生产企业开展联合攻关，重点发展金属材料、高性能纤维及其复合材料、先进半导体材料、人工晶体及器件等四大类材料加工制备，提升核心装备配套保障能力。

（9）节能与新能源汽车工程。重点开发节能环保发动机、高效动力传动系统、电子控制系统及关键零部件，发展新能源汽车整车控制系统、插电式深度混合动力系统、高性能纯电驱动系统，推动新能源汽车车身和结构轻量化、先进动力电池及系统集成等。

（10）轻纺高端装备制造工程。重点发展大型高效制浆造纸机械、智能化塑料加工机械、智能化缝制机械、液态食品高速灌装设备、绿色高效洗涤装备、多工位高精度笔头加工装备、生物基纤维生产装备、高效智能型纺织装备、高速智能型非织造布装备制造等。

5．关键新材料发展工程

（1）先进金属材料发展工程。钢铁材料重点发展汽车用超高强钢，超超临界火电用钢，高端装备制造用模具钢，高性能船舶和海洋工程用钢，第三代核电关键装备用钢，高铁用大型高速齿轮钢、车辆轮对用钢，超高强大规格不锈钢棒材，高端取向硅钢等产品。有色金属材料重点发展大规格 7 000 系铝合金加工材，大卷重钛带与高品质卷焊管，大规格高耐蚀钛合金管材，飞机发动机涡轮盘材料、飞机刹车系统模锻件，高性能高温合金棒材，高性能耐蚀铜管，超高纯稀有金属材料，高性能稀土功能材料产品。

（2）先进有机材料发展工程。重点推动聚碳酸酯、己二腈、甲基丙烯酸甲酯、聚丁烯 -1 等高性能树脂，异戊橡胶及单体、丙烯酸酯橡胶、聚酯型热塑性弹性体等特种橡胶，光学级聚酯膜等功能性膜材料，高纯试剂等高端专用化学品，表面活性剂，生物基材料等产业化。

（3）先进无机非金属材料发展工程。重点发展结构功能一体化绿色建材，矿物功能材料，耐烧蚀绝热保温材料，精细陶瓷粉体及高性能陶瓷材料，高性能玻璃基板、石英玻璃、光纤预制棒等玻璃材料。

（4）先进复合材料发展工程。重点发展自修复、快速修补水泥基材料，海水伴养混凝土材料和极端环境用水泥基材料，纤维增强陶瓷基复合材料，高性能玻璃纤维、碳化硅纤维、芳纶、T800 级碳纤维及其增强树脂基复合材料，无石棉复合密封摩擦材料，产业用纺织材料、纸基新材料等。

（5）前沿材料发展工程。围绕新材料技术与信息技术、纳米技术、智能技术等融合趋势，重点发展 3D 打印材料、石墨烯、超材料等前沿材料，加快创新成果转化与典型应用。

（6）新材料支撑能力建设工程。建设国家新材料性能测试评价中心、材料基因技术研究平台等，加快建立产业共性技术支撑体系。

6．航天航空能力建设工程

（1）重大支线飞机关键能力提升工程。以提升 ARJ-21 和“新舟”系列重大国产支线飞机研制水平和竞争力为目标，重点围绕试验验证和客户服务等关键环节，开展智能部装 / 总装生产线、批生产条件建设、铁鸟试验台架、综合航电模拟试验平台、驾驶舱模拟平台、全球客户服务体系、飞行模拟机、维修设施等设施建设和更新，提高市场竞争力。

（2）先进通用飞机能力建设工程。瞄准市场需求旺盛产品的升级换代，重点推动运 -12、AG600、AG300、小鹰 500、直 -15、AC313 等一批通用飞机重点型号及发动机和综合航电、机电系统研制、试验验证和客户服务能力提升，建立和完善协同设计、航空螺旋桨研发、航电 / 铁鸟试验室、水上飞机试飞、传动系统地面联合试验等设施平台，加强批生产条件和全球客服及培训网络建设等。

（3）民用飞机产业化发展能力提升工程。围绕航空企业国际合作的提质增效，重点开展 A350、A330、B737、B747-8、C 系列及民用发动机和机载系统、生产线合作、大部件、结构件和分系统转包生产基础设施建设；建设复合材料、机载系统等研发平台；建立和完善制造创新中心，加强有关产品预生产工艺制造和验证设备配置，优化产品工艺验证体系等，提高自主发展和配套水平。

（4）导航基准站升级改造工程。开展导航定位基准站的升级改造，推动政府涉及精密定位应用的基准站逐步过渡到北斗或北斗兼容系统，采用基于国产核心芯片的接收机和国产软件系统，并针对导航定位基准站建设、数据存储、信息传输存在安全隐患等问题，实施安全防护改造，保障国家地理信息安全。

（5）商业航天产品发展工程。重点发展商业遥感卫星、通信卫星及运载火箭的研制生产线，大幅提高商业航天的生产制造能力，促进航天产业的市场化。重点推动遥感卫星、通信卫星地面系统的生产研制，突破大型遥感接收天线、移动通信地面天线和国产数据处理软件的制造瓶颈，促进航天产业市场化、规模化发展。

（6）卫星应用创新支撑平台建设工程。充分利用空间基础设施卫星数据资源，构建卫星综合应用体系和卫星数据产品生产线，形成支撑多层次应用的空间信息服务中心、技术服务中心和应用服务中心网络体系。基于卫星遥感、卫星导航和卫星通信以及融合新一代信息技术，开展典型行业、典型区域及国际化综合应用示范，加强跨领域资源共享与信息综合服务能力，促进卫星应用产业可持续发展。

7．电子信息升级工程

（1）集成电路重大生产力布局工程。重点发展 12in（1in=0.025 4m）先进制造代工生产线和12in存储芯片生产线，大幅提升制造能力。大力发展特色制造工艺和化合物半导体器件，重点支持12in、8in特色工艺生产线，以及6in、8in化合物半导体器件生产线。提升集成电路设计业规模和水平，增加有效供给；配套发展封测业、关键装备和材料，完善产业链和生态链。

（2）新型平板显示工程。重点发展低温多晶硅（LTPS）、氧化物（Oxide）、有机发光半导体显示（AMOLED）等新一代显示量产技术，建设高世代生产线；发展玻璃基板、增亮膜、光刻胶、OLED蒸镀工艺单元设备部件、蒸镀设备自动化移载系统等关键材料和设备领域，增强自主配套能力；推动关键共性技术联合开发和产业化示范；布局量子点、柔性显示等前瞻技术领域。

（3）智能硬件工程。推动面向医疗健康、生产制造、汽车驾驶、信息消费等多种需求的新型智能硬件产品产业化，发展智能家居、数字电视、虚拟现实、智能终端、可穿戴设备、无人驾驶汽车等产品。

（4）信息与网络设备工程。推进核心信息网络设备的产业化，发展高性能路由器和交换机、高端服务器、海量信息存储、SDN设备、云计算数据中心设备以及关键配套部件等。加快互联网（含工业互联网）安全防护产品发展。

（5）电子基础产品工程。推动光纤预制棒、超低损耗光纤、高压直流继电器、宽带网络核心光电子芯片与器件等产品产业化；发展超小型片式元件、柔性印制电路板等产品，提高核心元器件保障能力；突破CMOS和MEMS传感器、智能光电传感器等瓶颈制约，提升智能化复合型高端传感器技术水平，加快新型汽车电子、电力电子等产品产业化进程；配套发展关键材料、电子装备、测试仪器，夯实产业发展基础。

（6）软件及信息服务创新工程（含物联网、云计算）。推动工业操作系统、中间件、数据库、研发设计软件、管理软件、工业控制软件及行业解决方案的产业化及应用；开展公共云计算服务基础平台和重点行业云应用服务能力建设，以及云计算关键产品产业化；发展物联网专业服务和增值服务、技术集成应用服务，建设物联网试点区域的重大应用示范工程项目，面向重点行业开展大数据应用示范。

（7）信息领域骨干企业培育工程。围绕通信与网络、数字家电、新一代移动通信、高端服务器等重点领域，组织10家骨干企业自主选择未来3—5年内重点发展的方向（项目），瞄准关键领域，加大技术研发攻关力度，加强管理创新和机制创新，提升内生增长动力，增强综合竞争能力。

8．质量和品牌提升工程

（1）消费品品种丰富工程。利用现代信息技术，推进企业个性化定制、柔性化生产，满足消费者差异化需要。加快家电、家具、制鞋、五金、纺织、食品等领域生产线智能化改造，适应市场多样化需求。依托有实力的企业，针对工业消费品市场热点，加快研发、设计和制造，及时推出一批新产品。

（2）消费品质量提升工程。开展战略性新材料与药品的研发、生产和应用示范，提高新材料和药品质量，增强自给保障能力。开展关键零部件自主研发、试验和制造，提高产品性能和稳定性。加快推动质量在线监测控制和产品全生命周期质量追溯能力建设，开展第三方检验检测机构能力建设，提高产品质量。瞄准国际标杆企业，优化工艺流程，加强上下游企业合作，尽快推出一批质量好、附加值高的精品。

（3）品牌创建基础建设工程。推进产品设计创新中心建设，提高产品设计能力。开展行业共性关键技术攻关，加快突破制约瓶颈，推动行业创新发展。加强品牌企业智能仓储系统建设，提高仓储物流配送系统效率，满足市场及品牌发展需求。完善重点企业大数据平台，增强品牌创建支撑能力。开展重点行业、重点领域的品牌企业营销网络建设，扩大市场覆盖面，提高企业影响力。

9．服务型制造转型工程

（1）工业云服务提升工程。深化众包设计、云设计、协同设计等新型模式在企业的应用，聚焦设计环节，加强创新设计，推广个性化定制化服务。建立制造业企业与互联网企业信息和制造资源共享的工业云服务平台，推动网络化协同制造。

（2）网络化协同制造工程。推动基于互联网的企业间研发设计、客户关系管理、供应链管理和营销服务等系统的横向集成，加强产业链上下游企业间设计、制造、商务和资源协同，实现产品开发的深度协同和市场需求的快速响应。

（3）制造业服务化增值工程。推动制造企业和互联网企业建立具有自主知识产权的实时在线服务平台，开展远程终端设备数据信息实时回传、监控中心大数据智能分析，提升故障预警、远程维护、质量诊断、远程过程优化等在线服务功能。建立面向客户的全天候实时在线智能信息服务能力，实现基于互联网的产品动态升级和实时信息互动。

10．重大产业基地建设工程

（1）石化产业基地建设工程。重点建设上海漕泾、广东惠州、宁波镇海（舟山）、大连长兴岛（西中岛）、河北曹妃甸、江苏连云港、福建古雷等石化产业基地，推动炼化一体化、乙烯、芳烃（对二甲苯）项目和园区基础设施建设，提升高端化工新材料供给能力，促进石化产业绿色安全高效发展。

（2）化工园区（基地）建设工程。加快省级及以上化工园区（基地）基础设施建设，提升园区（基地）产业承接能力，推动危险化学品生产企业搬迁改造。加快蒙西、蒙东、准东、伊犁、榆林、宁东、晋北等现代煤化工产业基地前期工作，有序建设煤制烯烃、芳烃（对二甲苯）、乙二醇等现代煤化工示范工程。

（3）钢铁基地建设工程。结合城市钢厂环保搬迁，进一步优化钢铁产业布局，在减量置换前提下，加快推进沿海重大精品钢铁基地建设。重点发展重大技术装备、重大工程所需的高端钢材产品。

（4）船舶基地提升工程。结合城市船厂搬迁改造，调整提升环渤海湾、长江口和珠江口地区三大造船基地，大力发展高技术、高附加值船舶和海洋工程装备。

（5）产业转移承接工程。推动电子信息、高端装备、汽车、建材、家电、纺织等行业向“一带一路”、长江经济带沿线地区转移，采用新工艺、新技术、新装备，提升转移企业生产技术水平，加快园区（基地）基础设施建设，增强产业承接能力，建设一批产业特色和优势突出、产业链协同高效、核心竞争力强、公共服务体系健全的新型工业化示范基地。

三、工作要求

根据升级改造重大工程建设需要，有关部门和地方要建立促进制造业升级改造的长效机制，进一步完善财政、税收、金融等政策体系，营造良好氛围，加快推进重大工程实施。

（一）加大政策扶持力度

树立“政府买国货”的理念，通过政府首购、订购和购买服务等方式支持国内创新产品。切实落实研发费用加计扣除、固定资产加速折旧，以及首台（套）重大技术装备、新材料和关键零部件保险补偿等政策，鼓励企业加快设备更新。

（二）强化技术标准引领

完善工业技术标准体系，在重点行业、重点领域开展工业产品安全、能效、环保和可靠性达标等改造行动，健全对企业技术改造的激励机制。尽快修订建筑标准，扩大优质钢材、铝材消费。发挥强制性能效标准作用，加快推广先进节能、节水、节材技术和工业产品绿色设计研发系统。

（三）优化政府投资方式

加大国家资金支持力度，扩大专项建设基金支持规模，转变资金使用方式，采取产业投资基金等多种形式推动企业技术改造升级。针对不同领域、采取不同模式，统筹采用补助、贴息、奖励、资本金注入等方式，提升资金使用效益。鼓励地方设立专项资金支持企业技术改造升级。

（四）创新金融支持政策

健全融资担保、风险补偿等激励机制，充分利用股权质押、知识产权质押、排污权质押、信用放款等创新产品，为企业技术改造项目提供信贷支持。鼓励银行加大不良贷款核销力度，扩大企业直接融资规模，鼓励符合条件的企业采取上市融资、债券融资、票据融资、融资租赁等方式募集资金。

（五）完善投资项目管理

围绕制造业升级改造的要求，加强导向指引，利用国家重大建设项目库建立项目储备和滚动计划，积极引导社会资金、资源等要素的投向。统筹协调企业投资项目并联审批事项，简化前期手续，加强事中事后监管。研究推广对不需要新增建设用地的技术改造升级项目实行承诺备案管理制度。

国家发展改革委 工业和信息化部

2016 年 5 月 13 日

〔来源：国家发展和改革委员会官网〕

关于全面推进法治央企建设的意见

国资发法规〔2015〕166号

党的十八届三中、四中全会作出全面深化改革和全面推进依法治国的重大战略部署。习近平总书记强调，要把全面依法治国放在“四个全面”战略布局中来把握。中央企业是我国国民经济的重要支柱，是落实全面依法治国战略的重要主体，应当在建设社会主义法治国家中发挥重要作用。近年来，中央企业深入推进法治建设，依法经营管理水平不断提升，依法治企能力明显增强，为改革发展提供了重要的支撑保障。但与此同时，中央企业法治工作与全面依法治国的要求相比还有不小差距。新形势下，全面建设法治央企，是贯彻落实全面依法治国战略的重要内容，是进一步深化国企改革的必然要求，也是提升企业核心竞争力，做强做优做大中央企业的迫切需要。为此，现就全面推进法治央企建设提出以下意见：

一、总体要求

（一）指导思想

认真贯彻落实党的十八届三中、四中、五中全会精神和习近平总书记系列重要讲话精神，按照全面依法治国战略部署，围绕中央企业改革发展总体目标，适应市场化、现代化、国际化发展需要，坚持依法治理、依法经营、依法管理共同推进，坚持法治体系、法治能力、法治文化一体建设，加强制度创新，以健全公司法人治理结构为基础，以促进依法经营管理为重点，以提升企业法律管理能力为手段，切实加强对企业法治建设的组织领导，大力推动企业治理体系和治理能力现代化，促进中央企业健康可持续发展。

（二）基本原则

坚持围绕中心，服务发展大局。紧紧围绕中央企业改革发展中心任务，充分发挥法治在推进分类改革、完善现代企业制度、发展混合所有制经济、强化监督防止国有资产流失等重点改革任务中的重要作用，支撑企业实施自主创新、转型升级等重大发展战略，为中央企业改革发展提供坚实的法治保障。

坚持全面覆盖，突出工作重点。把依法治企要求全面融入企业决策运营各个环节，贯穿各业务领域、各管理层级、各工作岗位，努力实现法治工作全流程、全覆盖，同时突出依法治理、依法合规经营、依法规范管理等重点领域法治建设。

坚持权责明确，强化协同配合。切实加强对法治央企建设的组织领导，明确企业主要负责人、总法律顾问、法律事务机构、其他部门在推进法治建设中的责任，有效整合资源，增强工作合力，形成上下联动、部门协同的法治建设大格局。

坚持领导带头，确保全员参与。牢牢抓住领导干部这个“关键少数”，大力提升领导干部的法治思维和依法办事能力，充分发挥领导干部尊法学法守法用法的示范作用，进一步强化普法宣传教育，提高全员法治素养，充分调动职工的积极性和主动性，努力形成全员守法的良好氛围。

（三）总体目标

到2020年，中央企业依法治理能力进一步增强，依法合规经营水平显著提升，依法规范管理能力不断强化，全员法治素质明显提高，企业法治文化更加浓厚，依法治企能力达到国际同行业先进水平，努力成为治理完善、经营合规、管理规范、守法诚信的法治央企。

二、切实增强依法治理能力

（四）充分发挥章程在公司治理中的统领作用

根据企业行业特点、管理架构等实际，依法完善公司章程，合理配置股东权利义务，明确议事规则和决策机制。突出章程在规范各治理主体权责关系中的基础性作用，依法厘清股东（大）会、董事会、监事会、经理层的职责边界，明确履职程序。依据章程建立健全企业各项基本制度、管理机制和工作体系，细化董事会、经理层工作规则等配套办法。把加强党的领导和完善公司治理统一起来，明确党组织在公司治理结构中的法定地位，将党建工作总体要求纳入公司章程。加强对章程落实情况的监督，坚决纠正与章程不符的规定和行为。高度重视子企业章程制定工作，依法依章程对子企业规范行使股东权，处理好维护出资人权益与尊重子企业经营自主权的关系。充分发挥总法律顾问和法律事务机构在章程制定、执行和监督中的重要作用，确保章程依法制定、依法实施。

（五）完善各治理主体依法履职保障机制

按照《公司法》《企业国有资产法》等法律法规，进一步完善公司法人治理结构，提升治理主体依法履职能力。优化董事会知识结构，通过加强法律培训、选拔法律专业人员担任董事等方式，提升董事会依法决策水平。明确负责推进企业法治建设的专门委员会，对经理层依法治企情况进行监督，并将企业法治建设情况作为董事会年度工作报告的重要内容。董事会审议事项涉及法律问题的，总法律顾问应列席会议并提出法律意见。加大监事会对依法治企情况和董事、高级管理人员依法履职情况的监督力度，配备具有法律专业背景的专职监事，将企业合规经营、依法管理作为当期监督的重要内容。总法律顾问应当全面参与经理层的经营管理活动，充分发挥法律审核把关作用。健全党组织参与重大决策机制，强化党组织对企业领导人员依法行权履职的监督，确保企业决策部署及其执行过程符合党和国家方针政策、法律法规。

三、着力强化依法合规经营

（六）健全依法决策机制

进一步完善“三重一大”等决策制度，细化各层级决策范围、事项和权限。健全依法决策程序，严格落实职工参与、专家论证、风险评估、法律审核、集体决策等程序要求。完善重大决策合法性审查机制，未经合法性审查或者经审查不合法的，不得提交决策会议讨论。高度重视对重大改革事项的法律论证，切实防范法律风险，确保各项改革措施于法有据。中央企业报请国资委审批事项涉及法律问题的，应当出具总法律顾问签字的法律意见书。依法健全以职工代表大会为基本形式的企业民主管理制度，规范职工董事、职工监事产生的程序，切实发挥其在参与决策和公司治理中的作用。

（七）依法参与市场竞争

严格执行有关反垄断、安全生产、环境保护、节能减排、产品质量、知识产权、劳动用工等国家法律法规和市场规则，坚决杜绝违法违规行为。崇尚契约精神，重合同、守信用，公平参与市场竞争，自觉维护市场秩序。认真履行社会责任，切实维护消费者和其他利益相关方的合法权益。明确法律事务机构的合同管理职责，严格落实合同法律审核制度，充分发挥法律审核在规范市场竞争、防止违法违规行为中的重要作用。提升依法维权能力，加大对侵权行为的追责力度，妥善解决法律纠纷案件，切实维护自身合法权益。

（八）依法开展国际化经营

在实施走出去战略、参与“一带一路”建设、推进国际产能和装备制造合作过程中，严格按照国际规则、所在国法律和我国相关法律法规开展境外业务，有效防范法律风险。建立境外重大项目法律顾问提前介入工作机制，将法律论证与市场论证、技术论证、财务论证有机结合，实现从可行性论证到立项决策、从谈判签约到项目实施全程参与，确保法律风险防范全覆盖。突出境外法律风险防范重点，高度重视国家安全审查、反垄断审查、反倾销反补贴调查和知识产权等领域的法律风险，深入做好尽职调查，组织拟定防范预案。建立健全涉外重大法律纠纷案件预警和应对机制。完善境外法治工作组织体系，推动境外重要子企业或业务相对集中的区域设立法律事务机构或配备专职法律顾问。

四、进一步加强依法规范管理

（九）完善企业规章制度体系

根据国家法律法规和国有资产监管制度，结合企业实际，进一步完善财务管理、劳动用工、物资采购等各项规章制度。完善规章制度制定工作机制，广泛吸纳业务骨干、专家学者等共同参与规章制度的研究制定，加强对规章制度的法律审核，确保各项制度依法合规。健全规章制度实施机制，提高制度执行力，通过加强宣贯培训、纳入业务流程、明确岗位守则等方式，确保各项制度得到有效落实。探索建立规章制度评估机制，定期开展规章制度梳理工作，对规章制度执行情况进行评价，及时堵塞制度漏洞，形成制度体系完整闭环。强化规章制度落实监督机制，法律、审计、纪检和相关业务部门定期对制度落实情况进行监督检查，对违规行为严格督促整改、开展责任追究。

（十）依法规范重点领域和关键环节管理

加强对企业投资融资、改制重组、对外担保、产权流转、物资采购、招标投标等重点领域的管理，通过信息化手段，确保流程规范、公开透明，坚决杜绝暗箱操作。在推进混合所有制、员工持股、股权激励等改革过程中，坚持依法规范操作，确保法律事务机构全程参与，严控法律风险，防止国有资产流失。高度重视对企业内部审批、执行等关键环节的管理，强化对权力集中、资金密集、资源富集、资产聚集的部门和岗位的监督，实行分事行权、分岗设权、分级授权，定期轮岗，强化内部流程控制，防止权力滥用。严格执行信息披露制度，依法加大信息公开力度，积极打造阳光央企。完善企业内部监督体系，形成法律与审计、纪检监察、巡视、财务等部门的监督合力。

（十一）大力提升法律管理水平

进一步深化法律风险防范机制，加快促进法律管理与经营管理的深度融合，将法律审核嵌入管理流程，使法律审核成为经营管理的必经环节，在确保规章制度、经济合同、重要决策法律审核率 100% 的同时，通过开展后评估等方式，不断提高审核质量。加快提升合规管理能力，建立由总法律顾问领导，法律事务机构作为牵头部门，相关部门共同参与、齐抓共管的合规管理工作体系，研究制定统一有效、全面覆盖、内容明确的合规制度准则，加强合规教育培训，努力形成全员合规的良性机制。探索建立法律、合规、风险、内控一体化管理平台。加强知识产权管理，强化知识产权保护，为企业自主创新、转型升级、品牌建设提供有力支撑。健全完善法律风险防范、纠纷案件处理等各项法律管理制度，探索创新法律管理方式方法，大力推进信息化建设，提高管理效能。

五、加强组织领导

（十二）强化领导责任

企业主要负责人充分发挥“关键少数”作用，认真履行推进本企业法治建设第一责任人职责，把法治建设作为谋划部署全局工作的重要内容，对工作中的重点难点问题，亲自研究、亲自部署、亲自协调、亲自督办。明确法治建设领导机构，加快形成企业主要负责人负总责、总法律顾问牵头推进、法律事务机构具体实施、各部门共同参与的工作机制。研究制定本企业法治央企建设实施方案，将中央企业法制工作新五年规划各项要求作为重要内容，与企业“十三五”规划相衔接，同步实施、同步推进。积极为企业法治建设提供必要的制度、人员、机构和经费等保障。

（十三）完善激励约束机制

将合规经营等依法治企情况纳入对中央企业领导人员的考核体系。完善企业领导班子知识结构，在相同条件下，优先提拔使用法治素养好、依法办事能力强的干部。建立法治工作激励机制，对于在法治建设中作出突出贡献，有效防范重大法律风险、避免或挽回重大损失的集体或个人，应当予以表彰和奖励。落实问责制度，企业重大经营活动因未经法律审核，或者虽经审核但未采纳正确法律意见而造成重大损失的，追究企业相关领导人员责任；经过法律审核，但因重大失职未发现严重法律风险造成重大损失的，追究相关法律工作人员责任。对因违法违规发生重大法律纠纷案件造成企业重大损失的，或者违反规定、未履行或未正确履行职责造成企业资产损失的，在业绩考核中扣减分值，并按照有关规定追究相关人员责任。实行重大法律风险事项报告制度，中央企业对可能引发重大法律纠纷案件、造成重大资产损失的法律风险事项，应当及时向国资委报告。

（十四）加强法治工作队伍建设

在中央企业及其重要子企业全面推行总法律顾问制度，并在公司章程中予以明确。总法律顾问应当具有法学专业背景或者法律相关职业资格。设立董事会的中央企业，总法律顾问可以由董事会聘任。总法律顾问作为企业高级管理人员，全面领导企业法律管理工作，统一协调处理经营管理中的法律事务，全面参与重大经营决策，领导企业法律事务机构开展相关工作。建立健全总法律顾问述职制度。对标同行业世界一流企业，加快健全企业法治工作体系，中央企业及其重要子企业设立独立的法律事务机构，配备与经营管理需求相适应的企业法律顾问。建立健全企业法律顾问职业发展规划，将企业法律顾问纳入人才培养体系，提升企业法律顾问队伍专职化、专业化水平。建立健全企业法律顾问专业人员评价体系，完善职业岗位等级评审制度，实行与职级和专业技术等级相匹配的差异化薪酬分配办法。

（十五）打造企业法治文化

大力推进法治文化建设，弘扬法治精神，增强法治理念，努力使全体员工成为法治的忠实崇尚者、自觉践行者、坚定捍卫者。全面开展普法宣传教育，加强法律、宣传与各业务部门的协同联动，推进法治宣传教育制度化、常态化。完善学法用法制度，将法治学习作为企业党委（党组）中心组学习、管理培训、员工教育的必修课，形成全员尊法学法守法用法的良好氛围。积极树立推进法治央企建设中涌现出的优秀企业、集体和个人典型，充分发挥引领带动作用。

地方国有资产监督管理机构参照本意见，积极推进所出资企业法治建设。

〔来源：国务院国有资产监督管理委员会官网〕

绿色制造 2016 专项行动实施方案

工信部节〔2016〕113 号

为加快实施绿色制造工程，全面推行绿色制造，构建绿色制造体系，按照《中国制造 2025》专项行动计划统一要求，制定本实施方案。

一、背景

绿色发展是党的十八届五中全会确立的五大发展理念之一，中央经济工作会议明确要求推动绿色发展取得新突破。我国虽然是制造业大国，但并没有完全摆脱高投入、高消耗、高污染的粗放发展模式，资源环境制约十分明显。《中国制造 2025》将绿色发展作为主要方向之一，明确提出全面推行绿色制造。开展绿色制造专项行动，实施绿色制造工程，是落实五大发展理念和建设制造强国的重要着力点，也是加快推动生产方式绿色化、增加绿色产品供给、减轻资源环境压力、提高人民生活质量的有效途径，更是推动工业转型升级、培育新的经济增长点、稳增长调结构增效益的关键措施，对促进工业文明与生态文明和谐共融具有重要意义。

二、指导思想

贯彻落实党的十八大及十八届三中、四中、五中全会精神，践行绿色发展理念，按照制造强国建设战略部署，围绕落实绿色制造工程 2016 年重点任务，以制造业绿色改造升级为重点，加快关键技术研发与产业化，强化试点示范和绿色监管，积极构建绿色制造体系，力争在重点区域、重点流域绿色制造上取得突破，引领和带动制造业高效清洁低碳循环和可持续发展。

三、主要目标

通过实施绿色制造 2016 专项行动，预期实现以下目标：

（一）进一步提升部分行业清洁生产水平，预计全年削减化学需氧量 8 万 t、氨氮 0.7 万 t。筛选推广一批先进节水技术。

（二）建设若干资源综合利用重大示范工程和基地，初步形成京津冀及周边地区资源综合利用产业区域协同发展新机制。

（三）会同财政部启动绿色制造试点示范，发布若干行业绿色工厂创建实施方案或绿色工厂标准。

四、重点工作

（一）实施传统制造业绿色化改造

围绕制造业清洁生产水平提升，发布《水污染防治重点行业清洁生产技术推行方案》，实施重点流域部分行业水污染防治清洁化改造。会同财政部支持一批高风险污染物削减项目，从源头减少汞、铅、高毒农药等高风险污染物产生和排放。在钢铁、造纸等高耗水行业，筛选推广一批先进适用的节水技术。组织开展节能监察和跨区域专项督查，在重点行业实施一批高效节能低碳技术改造示范项目。

（二）开展京津冀及周边地区资源综合利用产业协同发展示范

在尾矿、煤矸石、粉煤灰、脱硫石膏等重点领域，开展资源综合利用重大工程示范，推广应用一批先进适用技术装备。会同财政部组织实施水泥窑协同处置城市生活垃圾示范工程建设。支持固体废物工程技术研究机构、固体废物资源综合利用与生态发展创新中心等技术创新平台建设。

（三）推进绿色制造体系试点

统筹推进绿色制造体系建设试点，发布绿色

制造标准体系建设指南、绿色工厂评价导则和绿色供应链管理试点方案。会同财政部在京津冀、长江经济带、东北老工业基地等区域，选择部分城市开展绿色制造试点示范，创建一批特色鲜明的绿色示范工厂。

五、进度安排

发布实施方案，启动绿色制造专项行动。（一季度）

发布《实施2016年高风险污染物削减行动的通知》。（一季度）

发布《第二批国家鼓励的先进适用节水技术目录》及《国家鼓励的有毒有害原料（产品）替代品目录》（2016年版）。（二季度）

启动绿色制造工程实施指南重点任务，发布绿色制造标准体系建设指南及绿色工厂评价导则等，开展绿色工厂试点。（二季度）

会同财政部启动水泥窑协同处置城市生活垃圾示范工程建设。（二季度）

组织开展节能监察和跨区域专项督查。（三季度）

发布《京津冀及周边地区资源综合利用产业协同发展重大示范工程实施方案》，推动京津冀及周边地区固体废物综合利用基地建设。（三季度）

六、保障措施

（一）创新机制模式

积极协调中国工程院、中国科学院等机构技术资源，注重发挥行业协会和产业联盟支撑作用，指导绿色制造关键共性技术研发。加强与产业基金、投资公司、政策性银行等机构对接，总结绿色信贷成功经验，进一步拓展支持领域，为绿色制造专项提供支撑。

（二）形成工作合力

加强与发改、财政、环保、科技等部门紧密合作，充分调动地方政府积极性，推动建立部门互动、区域联动、上下齐动的工作机制，营造绿色发展政策环境。建立制造业绿色发展区域协调联动工作机制，加强对地方工作的指导，促进区域间节能环保产业实质性合作。

（三）加大政策支持

利用专项建设基金、清洁生产、工业转型升级等专项资金，支持绿色制造专项行动重点项目。拓展绿色信贷、绿色债券市场，支持设立绿色产业基金。完善绿色产品政府采购和财政支持政策，落实资源综合利用税收优惠政策、节能节水环保专用设备所得税优惠政策。

（四）强化监督管理

积极推进完善绿色制造相关法律法规，依法构建绿色制造管理体系。强化环保执法监督、节能监察、清洁生产审核和生产者责任延伸，加强事中事后监管，严格惩处各类违法违规行为，形成绿色发展长效激励约束机制。

〔来源：工业和信息化部官网〕

智能制造试点示范2016专项行动实施方案

工信部装〔2016〕125号

为深入贯彻落实《中国制造2025》，加快实施智能制造工程，根据工业和信息化部关于实施推进“中国制造2025”“6+1”专项行动总体要求，在总结2015年实施智能制造试点示范专项行动基础上，继续做好“智能制造试点示范2016专项行动”（以下简称专项行动），制定本实施方案。

一、背景

当前，以智能制造为代表的新一轮产业变革迅猛发展，数字化、网络化、智能化日益成为制造业的主要趋势。为加速我国制造业转型升级、提质增效，国务院发布实施《中国制造2025》，将智能制造作为主攻方向，加速培育我国新的经济增长动力，抢占新一轮产业竞争制高点。

目前，我国制造业机械化、电气化、自动化、信息化并存，不同地区、不同行业、不同企业发展不平衡，发展智能制造面临关键技术装备受制于人、智能制造标准/软件/网络/信息安全基础薄弱、智能制造新模式推广尚未起步、智能化集成应用缓慢等突出问题。因此，作为一项必须长期坚持的战略任务，推动我国制造业智能转型，环境更复杂、形势更严峻、任务更艰巨。“十三五”期间要同步推进数字化制造普及、智能化制造示范工作。按照专项行动确定的连续实施三年，2016 年要边试点示范、边总结经验、边推广应用的总体安排，继续组织开展智能制造试点示范专项行动。实施专项行动，是落实《中国制造2025》以及智能制造工程的重要措施，对于实现制造强国目标具有重要意义。

二、总体思路

贯彻落实《中国制造 2025》，在总结 2015 年专项行动经验的基础上，2016 年将继续坚持“立足国情、统筹规划、分类施策、分步实施”的方针，进一步扩大行业和区域覆盖面，全面启动传统制造业智能化改造，开展离散型智能制造、流程型智能制造、网络协同制造、大规模个性化定制、远程运维服务 5 种智能制造新模式的试点示范，继续注重发挥企业积极性、注重智能化持续增长、注重关键技术装备安全可控、注重基础与环境培育，逐步探索与实践有效的经验和模式，不断丰富成熟后在制造业各领域全面推广。

三、主要目标

2016 年，在符合两化融合管理体系标准的企业中，在有条件、有基础的重点地区、行业，特别是新型工业化产业示范基地中，遴选 60 个以上智能制造试点示范项目。通过试点示范，进一步提升高档数控机床与工业机器人、增材制造装备、智能传感与控制装备、智能检测与装配装备、智能物流与仓储装备五大关键技术装备，以及工业互联网创新能力，形成关键领域一批智能制造标准，不断形成并推广智能制造新模式。智能车间/工厂试点示范项目通过 2—3 年持续提升，实现运营成本降低 20%，产品研制周期缩短 20%，生产效率提高 20%，产品不良品率降低 10%，能源利用率提高 10%。

四、重点行动

（一）离散型智能制造试点示范

在机械、航空、航天、汽车、船舶、轻工、服装、医疗器械、电子信息等离散制造领域，开展智能车间/工厂的集成创新与应用示范，推进数字化设计、装备智能化升级、工艺流程优化、精益生产、可视化管理、质量控制与追溯、智能物流等试点应用，推动企业全业务流程智能化整合。

（二）流程型智能制造试点示范

在石油开采、石化化工、钢铁、有色金属、稀土材料、建材、纺织、民爆、食品、医药、造纸等流程制造领域，开展智能工厂的集成创新与应用示范，提升企业在资源配置、工艺优化、过程控制、产业链管理、质量控制与溯源、能源需求侧管理、节能减排及安全生产等方面的智能化水平。

（三）网络协同制造试点示范

在机械、航空、航天、船舶、汽车、家用电器、集成电路、信息通信产品等领域，利用工业互联网网络等技术，建设网络化制造资源协同平台，集成企业间研发系统、信息系统、运营管理系统，推动创新资源、生产能力、市场需求的跨企业集聚与对接，实现设计、供应、制造和服务等环节的并行组织和协同优化。

（四）大规模个性化定制试点示范

在石化化工、钢铁、有色金属、建材、汽车、纺织、服装、家用电器、家居、数字视听产品等领域，利用工业云计算、工业大数据、工业互联网标识解析等技术，建设用户个性化需求信息平台和个性化定制服务平台，实现研发设计、计划排产、柔性制造、物流配送和售后服务的数据采集与分析，提高企业快速、低成本满足用户个性化需求的能力。

（五）远程运维服务试点示范

在石化化工、钢铁、建材、机械、航空、家用电器、家居、医疗设备、信息通信产品、数字视听产品等领域，集成应用工业大数据分析、智能化软件、工业互联网联网、工业互联网 IPv6 地址等技术，建设产品全生命周期管理平台，开展智能装备（产品）远程操控、健康状况监测、虚拟设备维护方案制定与执行、最优使用方案推送、创新应用开放等服务试点。

五、重点工作及进度安排

（一）制定 2016 年智能制造试点示范项目要素条件

2016 年 2—3 月，组织开展试点示范项目要素条件调研，编制《智能制造试点示范项目要素条件》；4 月底前，下发《关于开展 2016 年智能制造试点示范项目推荐的通知》。

（二）遴选 2016 年度智能制造试点示范项目

5 月底前，在各地工业和信息化主管部门推荐的项目中组织行业专家遴选；6 月底前，确定 60 个以上智能制造试点示范项目，其中：选择 20 个以上离散型智能制造试点示范项目，选择 20 个以上流程型智能制造试点示范项目，选择 20 个以上网络协同制造、大规模个性化定制、远程运维服务试点示范项目。

（三）完成智能制造发展对策研究

2016 年 6 月底前，组织相关单位完成“智能制造发展对策研究”重大软科学课题，进一步完善促进智能制造发展的相关政策。

（四）启动并组织实施重点领域智能化改造工作

2016 年 2—12 月，在石油化工、化工园区、钢铁、有色金属、稀土材料、建材、船舶、航空、汽车、电力装备、机床、纺织、食品、医药、轻工、消费类电子、新型显示高世代线、太阳能电池及光伏组件、民爆等行业，持续开展重点企业关键环节、生产线、车间、工厂的智能化改造，培育一批系统解决方案供应商，形成智能化标准与模式并进行复制推广。

（五）开展工业互联网产业推进工作

2016 年 2—12 月，组织企业在工业以太网、工厂无线应用、标识解析、IPv6 应用、工业云计算、工业大数据等领域开展创新应用示范，支持相关单位开展工业互联网试验验证平台、工业互联网关键资源管理平台和工业互联网商用流转数据管理平台建设。

（六）开展智能制造网络安全保障能力建设

2016 年 6 月底前，完成工业互联网安全监测平台、工控网络安全防御平台、工业控制系统仿真测试与验证平台等项目立项论证；12 月底前开展关键技术预先研究。

（七）开展智能制造标准体系建设

2016 年 10 月，召开中德智能制造 / 工业 4.0 标准化高端论坛；11 月底前完成智能制造标准试验验证项目的立项工作，下达智能制造标准编制立项，形成 10 项以上重点标准草案。

（八）开展智能制造经验交流与推广工作

2016 年 9 月底前，组织召开 2016 年全国智能制造试点示范经验交流电视电话会议；10—12 月，组织开展原材料、装备、消费品、电子、民爆行业典型案例经验交流与模式推广；12 月底前，编制完成《智能制造探索与实践 ——2016 年试点示范项目汇编》。

（九）组织智能制造试点示范项目集中展示

2016 年 11 月，在第 18 届中国国际工业博览会上设专区，集中展示智能制造试点示范项目取得的成果。

（十）开展专项行动年度评估与总结

2016 年 11 月，完成专项行动年度检查与效果评估，完成专项行动工作总结。

六、保障措施

（一）加强组织领导

继续加强专项行动领导小组的领导，有效推进专项行动的组织实施和协调。加强与地方工业和信息化主管部门、行业协会的联动，协同推进智能制造试点示范工作。加强与国家其他重点工程、科技计划的衔接。加大系统解决方案供应商培育力度，推动组建智能制造产业联盟，鼓励龙头企业建设“双创”平台，推进开放创新。

（二）加强财税金融支持

充分利用工业转型升级资金、专项建设基金等现有渠道，加大中央财政资金对专项行动的支持力度。研究鼓励智能制造发展的税收优惠政策。鼓励建立按照市场化方式运作的各类智能制造发展基金，加强政府、企业和金融机构的对接，引导金融机构创新产品和服务。

（三）大力推进国际合作

在智能制造标准制定、试点示范宣传推广等方面广泛开展国际交流与合作，不断拓展合作领域。支持国内外企业及行业组织间开展智能制造技术交流与合作。鼓励跨国公司、国外机构等在华设立相关研究机构、人才培训中心等，建设智能制造示范工厂。

（四）加强人才培养

组织发布智能制造重点领域的人才需求预测，充分利用现有技能人才培养平台，有针对性地实施技能人才培育，开展智能制造职业技能竞赛表彰活动。鼓励试点示范企业加强顶层设计人才、跨界人才培养，建设智能制造人才培训基地。

〔来源：工业和信息化部官网〕

2015 年中国机械工业 100 强企业名单

序号	企业名称	省、自治区、直辖市	主要产品	主营业务收入（万元）
1	中国机械工业集团有限公司	北京市	机械装备制造与研发，工程承包，国内外贸易，金融与投资	22 271 358
2	潍柴控股集团有限公司	山东省	内燃机，内燃机配件，汽车及配件	10 749 342
3	上海电气（集团）总公司	上海市	电站设备，电梯，机床，机械设备	9 373 073
4	天津百利机械装备集团有限公司	天津市	输变电设备，机床及锻压设备，通用机械及环保设备，重型探矿设备	8 304 914
5	徐州工程机械集团有限公司	江苏省	汽车起重机，装载机，挖掘机，压路机	7 394 093
6	三一集团有限公司	湖南省	混凝土机械，挖掘铲运机械，起重机械	7 061 772
7	中联重科股份有限公司	湖南省	起重机械，混凝土机械，环卫机械，农业机械	5 194 081
8	盾安控股集团有限公司	浙江省	制冷配件，阀门，民爆化工，新能源新材料	5 160 723
9	新疆特变电工集团有限公司	新疆维吾尔自治区	变压器，电抗器，电线电缆，硅棒	4 826 249
10	中国东方电气集团有限公司	四川省	发电设备	4 104 948
11	山东时风（集团）有限责任公司	山东省	三轮汽车，低速货车，拖拉机	3 409 832
12	远东控股集团有限公司	江苏省	交联电缆，控制电缆，布电线，裸电缆	3 191 755
13	新疆金风科技股份有限公司	新疆维吾尔自治区	兆瓦级风力发电机组	3 006 210
14	广西玉柴机器集团有限公司	广西壮族自治区	柴油机	2 931 594
15	哈尔滨电气集团公司	黑龙江省	发电设备，电站锅炉，电站汽轮机，电站工程总包及服务	2 796 192
16	白云电气集团有限公司	广东省	交直流钢化玻璃绝缘子，电容器组、互感器，交流套管、隔离开关，电线电缆	2 601 966
17	天津塑力线缆集团有限公司	天津市	高压超高压电力电缆，聚乙烯料	2 267 043
18	太原重型机械集团有限公司	山西省	起重设备，矿山设备，轧钢设备，车轴、车轮	2 260 067
19	富通集团有限公司	浙江省	光缆，光纤，管线预制棒，铜杆	2 227 685
20	正泰集团股份有限公司	浙江省	低压电器，高压电器，太阳能光伏产品，发电项目	2 206 748
21	雷沃重工股份有限公司	山东省	收获机械，拖拉机，工程机械，车辆	2 156 532
22	三花控股集团有限公司	浙江省	制冷空调控制元器件，汽车零部件	1 804 273
23	大全集团有限公司	江苏省	高低压成套电器，智能元器件，轨道交通设备，新能源	1 743 605
24	山东五征集团	山东省	农用车，载货汽车，农业机械，汽车配件	1 729 423

（续）

序号	企业名称	省、自治区、直辖市	主要产品	主营业务收入（万元）
25	大连机床集团有限责任公司	辽宁省	普通车床，数控机床，组合机床，立卧式加工中心	1 610 267
26	中国西电集团公司	陕西省	变压器，全封闭组合电器，高压断路器，电力整流产品	1 578 475
27	卧龙控股集团有限公司	浙江省	交流电机，分马力电机	1 447 172
28	浙江富春江通信集团有限公司	浙江省	电力电缆，导线，通信光缆、光器件，热电，蒸汽，精密冷轧钢板	1 400 217
29	人本集团有限公司	浙江省	轴承	1 377 484
30	许继集团有限公司	河南省	特高压直流输电控制保护系统、换流阀设备，智能变电设备、配电设备，智能用电系统，电动汽车充换电设备	1 321 831
31	江苏上上电缆集团有限公司	江苏省	电线电缆	1 276 252
32	山东华兴机械股份有限公司	山东省	石材加工机械，农业机械，玻璃深加工机械，波浪腹板自动化焊接设备	1 267 257
33	北京京城机电控股有限责任公司	北京市	数控机床，气体运输，环保产业，液压设备	1 216 638
34	中信重工机械股份有限公司	河南省	矿山设备，建材水泥设备，冶金设备	1 200 977
35	临沂临工机械集团	山东省	装载机，挖掘机，压路机	1 158 165
36	海天塑机集团有限公司	浙江省	注塑机，数控机床，电机	1 154 934
37	北方重工集团有限公司	辽宁省	矿山设备，输送机械，金属冶炼设备，水泥设备	1 133 730
38	德力西集团有限公司	浙江省	低压电器，仪器仪表	1 110 301
39	大连冰山集团有限公司	辽宁省	制冷空调设备，食品冷冻冷藏设备，石化设备，高低压开关控制设备	1 082 936
40	卫华集团有限公司	河南省	起重机，工程建筑	917 601
41	平高集团有限公司	河南省	高压断路器，高压隔离开关，封闭式组合电器	872 361
42	中国四联仪器仪表集团有限公司	重庆市	工业自动化仪表及控制系统，电子器件，光电子器件	855 298
43	中国能建集团装备有限公司	北京市	电站辅机，电网设备，线路器材，金属钢结构与加工	840 778
44	兰州兰石集团有限公司	甘肃省	炼油化工专用设备	833 009
45	杭州制氧机集团有限公司	浙江省	气体、液体分离及纯净设备制造，风机、风扇制造，气体压缩机械制造	738 286
46	杭叉集团股份有限公司	浙江省	内燃叉车，电动叉车，托盘车、堆垛车，牵引车	707 948
47	安徽叉车集团有限责任公司	安徽省	叉车	589 042
48	福建龙净环保股份有限公司	福建省	电除尘设备，高压静电除尘蒸馏设备，电除尘器低压控制系统，高压隔离开关柜	581 458
49	青岛汉河集团股份有限公司	山东省	电力电缆，电缆附件，铜芯铝绞线，电线	579 434
50	青岛泰发集团股份有限公司	山东省	ST 系列手推车，橡胶轮胎，塑料制品	569 322

（续）

序号	企业名称	省、自治区、直辖市	主要产品	主营业务收入（万元）
51	宁波圣龙(集团)有限公司	浙江省	发动机油泵，变速器油泵，曲轮轴，地源热泵	566 761
52	瓦房店轴承集团有限责任公司	辽宁省	轴承	541 543
53	安徽天康(集团)股份有限公司	安徽省	电线电缆，仪器仪表，光纤光缆，医疗器械	528 546
54	天津大桥焊材集团有限公司	天津市	电焊条，焊丝，焊剂	527 290
55	洛阳 LYC 轴承有限公司	河南省	滚动轴承	524 608
56	陕西鼓风机(集团)有限公司	陕西省	风机，工矿配件，仪表，锅炉	513 414
57	中国铁建重工集团有限公司	湖南省	全断面隧道盾构机，道岔，弹条扣件，混凝土喷射台车	504 920
58	杭州东华链条集团有限公司	浙江省	链条、链轮，拖拉机，齿轮	488 767
59	江苏通润机电集团有限公司	江苏省	油压千斤顶，电梯曳引机，工具箱、柜	474 291
60	烟台冰轮集团有限公司	山东省	工商用制冷机成套设备，中央空调	470 330
61	天津市金桥焊材集团有限公司	天津市	焊条，焊丝	445 224
62	新东北电气集团高压开关设备有限公司	辽宁省	气体绝缘金属封闭开关设备	427 629
63	江麓机电集团有限公司	湖南省	特种车辆，工程机械，传动机械，应急救灾设备	424 205
64	济南二机床集团有限公司	山东省	金属成形机床，金属切削机床，铸造机械	415 807
65	华西能源工业股份有限公司	四川省	电站工程总承包，电站锅炉，工业锅炉，锅炉配件产品	369 974
66	北京 ABB 电气传动系统有限公司	北京市	电力电容器	333 404
67	江苏华朋集团有限公司	江苏省	油浸式电力变压器，节能环保、高过载配电变压器，干式变压器，风电、核电、光伏等新能源产品	322 179
68	天马控股集团有限公司	浙江省	轴承，机床，电梯	315 682
69	四川空分设备(集团)有限责任公司	四川省	气体分离及液化设备，低温液体贮运设备	309 894
70	四川宏华石油设备有限公司	四川省	陆地钻机，泥浆泵	298 218
71	福建南平太阳电缆股份有限公司	福建省	电力电缆，电气装备用电线，铜芯铝绞线	294 092
72	安徽全柴集团有限公司	安徽省	柴油发动机	285 690
73	开山集团	浙江省	空气压缩机，螺杆膨胀发电机，钻凿设备，内燃机缸套	283 169
74	上海富士施乐有限公司	上海市	复印和胶印设备，油墨及类似产品	280 347
75	南京汽轮电机（集团）有限责任公司	江苏省	燃气轮机，汽轮机，发电机	277 944
76	昆明云内动力股份有限公司	云南省	汽车用内燃机	270 500
77	长治清华机械厂	山西省	改装汽车，钢结构，立体车库	263 883
78	上海凯泉泵业(集团)有限公司	上海市	泵	261 237
79	常柴股份有限公司	江苏省	柴油发动机	246 560

（续）

序号	企业名称	省、自治区、直辖市	主要产品	主营业务收入（万元）
80	重庆康明斯发动机有限公司	重庆市	NT 系列发动机，M11 系列发动机，KI9 系列发动机，KV 系列发动机	244 373
81	北京电力设备总厂有限公司	北京市	ZGM 型中速辊式磨煤机，金属密封母线，特种工业汽轮机，特高压平波电抗器	243 279
82	青岛捷能汽轮机集团股份有限公司	山东省	汽轮机	235 881
83	山东金马工业集团股份有限公司	山东省	汽车配件，门窗型材，化工乳胶	232 385
84	常州东风农机集团有限公司	江苏省	系列手扶拖拉机，系列轮式拖拉机，收获机械，各类农机具	232 138
85	扬力集团股份有限公司	江苏省	压力机，折弯机，数控生产线，激光切割机	226 257
86	广东鸿图科技股份有限公司	广东省	铝合金铸件	225 869
87	国营芜湖机械厂	安徽省	轻钢结构，家用电器钣金件，航空产品维修，软管、钢管	220 542
88	浙江菲达环保科技股份有限公司	浙江省	电除尘器，布袋除尘器，烟气脱硫设备	214 472
89	华立仪表集团股份有限公司	浙江省	机械表，单相电子表，三相电子表，集中器、终端	210 581
90	四川大西洋焊接材料股份有限公司	四川省	焊接材料	201 464
91	中煤张家口煤矿机械有限责任公司	河北省	采石采矿设备	198 856
92	宁波三星医疗电气股份有限公司	浙江省	仪器仪表，电能表，电能计量器，配电自动化	191 259
93	常熟开关制造有限公司（原常熟开关厂）	江苏省	CM 系列塑料外壳式断路器，CW 系列智能型万能式断路器，开关柜	177 271
94	沈阳新松机器人自动化股份有限公司	辽宁省	工业机器人，物流与仓储自动化成套设备	168 575
95	山东常林农业装备股份有限公司	山东省	玉米收获机，手扶拖拉机	166 462
96	安徽应流机电股份有限公司	安徽省	阀门用零件	163 108
97	哈尔滨轴承集团公司	黑龙江	轴承	150 393
98	河南开封高压阀门有限公司	河南省	阀门，铸件	147 102
99	浙江新柴股份有限公司	浙江省	柴油内燃机	135 811
100	山河智能装备股份有限公司	湖南省	旋挖转机、静力压桩机、挖掘机、凿岩设备	135 664

注：绝大多数企业数据为年度汇总口径快报数据。

〔来源：中国机械工业联合会机经网〕

2015 年度中国机械工业 100 强分析报告

一、2015 年机械工业 100 强企业基本情况

2015 年入选机械工业 100 强企业的主营业务收入合计 16 158 亿元，同比下降 3.99%，增幅与上一届（3.94%）相比由正转负，下滑 7.93 个百分点；实现利润总额 706 亿元，同比下降 3.06%，增幅与上届（3.68%）相比也由正转负，

下滑 6.74 个百分点。

1. 近半机械工业 100 强企业主营业务收入保持正增长

2015 年机械工业 100 强企业中，有 39 家企业规模超过百亿元，其中有 8 家规模超过 500 亿元，2 家规模超过千亿元。排名前 5 位的分别是：中国机械工业集团有限公司主营业务收入达 2 227 亿元，继续蝉联 100 强榜首，连续五年进入世界 500 强。潍柴控股集团有限公司主营业务收入 1 075 亿元，继续保持第 2 位。上海电气（集团）总公司主营业务收入 937 亿元，居第 3 位。天津百利机械装备集团有限公司因业务板块扩大主营业务收入达 830 亿元，跃居第 4 位。徐州工程机械集团有限公司主营业务收入 739 亿元，居第 5 位。

从增速看，近半机械工业 100 强企业主营业务收入保持正增长。100 强企业中，有 44 家企业主营业务收入同比增长，比上年减少 17 家；其中 18 家企业以两位数增长，比上年减少 11 家；有 56 家企业主营业务收入出现了不同程度的下滑。100 强企业中，主营业务收入增速排名前五位的是：新疆金风科技股份有限公司（同比增长 69.8%，排名第 13 位，比上年提高 7 位）、中国铁建重工集团有限公司（同比增长 46.79%，排名第 57 位，比上年提高 17 位）、福建龙净环保股份有限公司（同比增长 40.81%，排名第 48 位，比上年提高 20 位）、兰州兰石集团有限公司（同比增长 38.77%，排名第 44 位，比上年提高 7 位）、平高集团有限公司（同比增长 25.99%，排名第 41 位，比上年提高 7 位）。

2. 过半机械工业 100 强企业盈利同比正增长

2015 年入选机械工业 100 强企业的利润总额为 706 亿元，同比下降 3.06%。其中 55 家企业利润保持正增长；43 家企业利润同比下滑；个别往年的 100 强企业因亏损未能进入 2015 年 100 强之列。

从盈利规模看，盈利超过 10 亿元的有 19 家，盈利超过 50 亿元的有 3 家，分别是中国机械工业集团有限公司、上海电气（集团）总公司和天津百利机械装备集团有限公司。

从盈利增速看，在 2015 年机械工业 100 强企业中，有 55 家企业盈利水平比上年有不同程度的增长，其中 30 家保持两位数增长，比上年减少 5 家；有 4 家增速超过 100%。

3. 机械工业 100 强企业分布格局保持稳定

从行业分布看，2015 年机械工业 100 强企业格局保持稳定，电工电器行业继续稳居榜首。2015 年，电工电气行业共上榜 35 家企业，比上年增加 2 家，继续稳居第一位；石化通用机械行业入围 14 家，比上年减少 1 家，居于第二位；机械基础件行业上榜 9 家位列第三位。

2015 年机械工业 100 强企业的行业分布情况见图 1。2015 年机械工业 100 强各行业上榜企业合计主营业务收入增速见图 2。

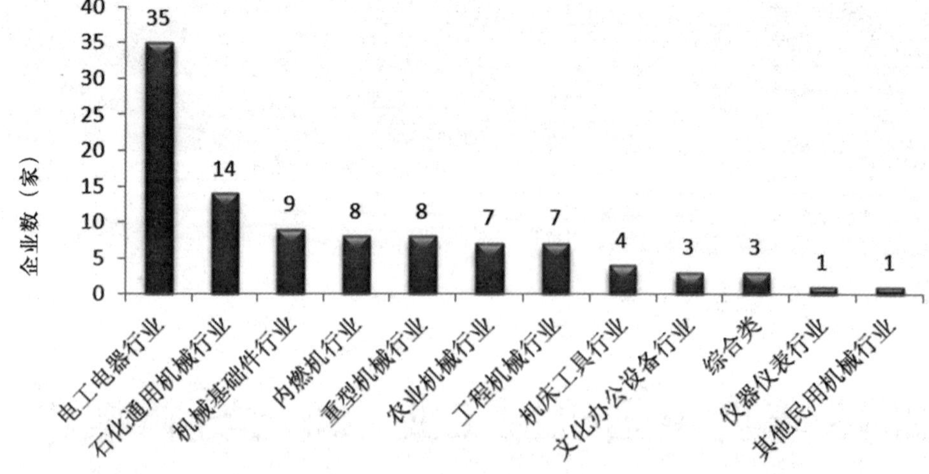

图 1 2015 年机械工业 100 强企业的行业分布情况

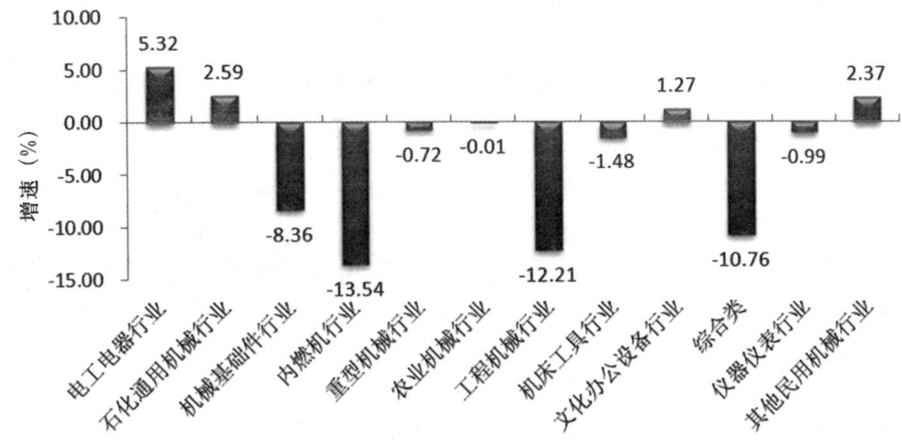

图 2　2015 年机械工业 100 强各行业上榜企业合计主营业务收入增速

4. 机械工业 100 强企业的地区分布仍以东部地区为主

从地区分布看，2015 年机械工业 100 强企业仍然以经济活动最为活跃的东部沿海地区为主。2015 年机械工业 100 强企业东部地区上榜 66 家，合计主营业务收入占比 71.59%；中部地区上榜 20 家，合计主营业务收入占比 15.82%；西部地区上榜 14 家，合计主营业务收入占比 12.59%。

从发展速度看，西部地区上榜企业合计增速最快，东部、中部地区均为负增长。西部地区 14 家上榜企业主营业务收入同比增长 4.44%，而东部地区 66 家上榜企业合计主营业务收入同比下降 5.09%，中部地区 20 家上榜企业主营业务收入下降 5.15%。西部上榜企业合计主营业务收入占整个 100 强企业的比重上升 1.02 个百分点，东部下降 0.82 个百分点，中部下降 0.19 个百分点。

按经济圈来看，长江三角洲地区（上榜 33 家）、珠江三角洲地区（2 家）、环渤海湾地区（29 家）三大经济圈共入围 64 家，主营业务收入合计占比达 71.05%。

从所在省份来看，2015 年入围机械工业 100 强企业数量前三甲的依然是东部沿海的浙江、山东和江苏三个省份，入围企业数量都在 10 家以上，连续多年稳居前三。其中，浙江省上榜企业最多为 19 家，山东省入围 13 家，江苏省入围 11 家，三个省份合计入围企业数量占比高达 43%。

5. 机械工业 100 强企业经济类型分布结构继续优化

从企业类型看，机械工业 100 强企业仍以内资企业为主。2015 年机械工业 100 强企业中，内资企业有 91 家，其中国有企业 26 家，比上年减少 4 家；民营企业 65 家，比上年增加 3 家；三资企业有 9 家，比上年增加 1 家。国有企业主营业务收入占机械工业 100 强的比例为 50.35%，民营企业占比为 45.36%，三资企业为 4.29%。

从发展速度看，2015 年机械工业 100 强企业中民营企业发展最快。65 家民营企业合计主营业务收入同比增长 1.34%，而 26 家国有企业和 9 家三资企业主营业务收入同比分别下降 7.65% 和 12%。

从盈利看，三类上榜企业盈利同比均为负增长，其中民营企业盈利降幅最小，所占比例最大。26 家国有企业盈利总额为 294 亿元，同比下降 5.91%，盈利占比为 41.7%；65 家民营企业盈利总额 360 亿元，同比下降 0.26%，盈利占比为 51.02%；9 家三资企业盈利总额 51 亿元，同比下降 5.35%，占比为 7.28%。

二、机械工业 100 强企业发展回顾与分析

中国机械工业 100 强企业信息发布十几年来，尽管部分行业、企业在榜单中起起浮浮，但总的来看，入围企业无论是企业规模、产品水平，还是经济效益、国际竞争力都在不断提升，他们在我国机械工业“由大到强”的转变过程中发挥着举足轻重的作用。

1. 榜单总体趋于稳定，换位近年又有回升

自 2004 年首届机械工业 100 强信息发布至今，先后共有 210 家企业入围机械工业 100 强企业名单。十余年来，有一半多的企业完全淡出了机械工业 100 强名单。

在曾入围机械工业 100 强的 210 家企业中，有 35 家企业连续 12 年上榜。这些企业在激烈的市场竞争、国际金融危机的冲击以及经济新常态下的转型中，通过加快结构调整和转型升级的步伐，成功地经受住了考验，化危机为机遇，在磨炼中不断成长壮大，成为机械工业稳定发展的中坚力量。2004—2015 年曾入围机械工业 100 强的企业统计见表 1。

表 1　2004—2015 年曾入围机械工业 100 强的企业统计

曾入围年数	1年	2年	3年	4年	5年	6年	7年	8年	9年	10年	11年	12年	合计
机械工业 100 强曾入围企业数量（家）	60	20	10	6	13	13	8	13	8	12	13	35	210

经过多年的快速发展和激烈的市场竞争的考验，机械工业 100 强企业的综合实力和竞争力不断增强，上榜企业的格局总体上渐趋稳定，不过近 3 年又有分化加剧的势头。

榜单发布之初，机械工业 100 强的年换位率曾高达 32%，但是此后逐年下降，2012 年降至最低为 6%；近 3 年换位率又在上升，至 2015 年升至 13%；5 年换位率由 2009 年的 43% 降至 2012 年的 26%，2015 年又升至 29%。

近几年机械企业 100 强企业榜单换位率由降转升，在一定程度上反映了市场环境趋紧、有效需求不足的情况下，企业分化正在加剧。2005—2015 年机械工业 100 强企业榜单换位率见表 2。

表 2　2005—2015 年机械工业 100 强企业榜单换位率　　（单位：%）

年份	2005年	2006年	2007年	2008年	2009年	2010年	2011年	2012年	2013年	2014年	2015年
年换位率	32	15	13	11	14	14	7	6	8	10	13
五年换位率	—	—	—	—	43	37	32	26	26	26	29

2. 行业占比持续回落，数量虽少贡献却大

机械工业 100 强企业占行业全部企业数量的比重虽然不高，但主营业务收入和实现利润总额占全行业的比重却比其他企业明显大得多。

2015 年机械工业统计规模以上企业 70 668 家（不含汽车，下同），100 强企业数量在机械工业企业总数中只占 0.14%，但主营业务收入和利润总额所占比例却高达 10.33% 和 7.27%。

2004—2015 年机械工业 100 强企业主要经济指标占全行业比重情况见表 3。

表 3　2004—2015 年机械工业 100 强企业主要经济指标占全行业比重情况　　（单位：%）

年　份	2004年	2005年	2006年	2007年	2008年	2009年	2010年	2011年	2012年	2013年	2014年	2015年
企业数量占比	0.20	0.21	0.19	0.16	0.12	0.11	0.11	0.16	0.15	0.15	0.15	0.14
主营业务收入占比	18.67	16.95	16.15	14.88	14.01	14.24	13.79	13.31	12.21	11.31	10.74	10.33
利润总额占比	20.05	17.56	16.70	16.50	12.27	12.98	12.56	11.75	9.32	8.50	7.52	7.27

注：2010 年以前统计口径“规模以上企业”为主营业务收入 500 万元及以上；2011 年及以后“规模以上企业”为主营业务收入 2 000 万元及以上。

3. 机械企业规模有所下降

机械工业 100 强发布 12 年来，入围企业总体上呈现了持续增长、发展壮大的趋势。近几年，在总体环境严峻、需求明显回落的情况下，大多数企业主动应对市场变化、调整经营策略、加快结构调整、收缩发展速度，机械 100 强企业主营业务收入入围门槛、平均规模、总规模等均有所降低。

2015 年机械工业 100 强企业入围门槛为 13.6 亿元，比上届略有下降；100 强企业总规模 16 158 亿元，比上届有所下降；100 强企业平均规模 161.58 亿元，比上届下降，但仍是 2004 年的 3.8 倍，年均增长 12.85%；100 强企业最大规模达 2 227.14 亿元，比上届有所下降，但仍是

2004 年的 4.5 倍，年均增长 14.76%，快于 100 强企业平均水平。2004—2015 年机械工业 100 强企业主营业务收入规模见表 4。

表 4 2004—2015 年机械工业 100 强企业主营业务收入规模 （单位：亿元）

年份	2004 年	2010 年	2011 年	2012 年	2013 年	2014 年	2015 年	2015/2004（倍）	年均增长（%）
总规模	4 276	13 293.30	15 403.22	15 383	15 929	16 352	16 158	3.8	12.85
入围规模	10.1	18.62	20.03	17.82	17.42	13.70	13.60	1.3	2.74
平均规模	42.76	132.93	154.03	153.83	159.29	163.52	161.58	3.8	12.85
最大规模	489.8	1 497.07	1 909.87	2121.29	2 361.59	2 491.51	2 227.14	4.5	14.76

4. 大型企业增长放缓，小幅波动略有回调

自 2004 年首届机械 100 强企业发布至今，榜单中规模超过百亿元的特大型企业数量总体上呈“S”型增长，2004 年为 6 家，2013 年、2014 年升至最高为 69 家，2015 年降为 39 家；规模超千亿元的超大型企业 2004 年只有 2 家，2013 年升至 10 家，2014 年、2015 年仍为 10 家。

十余年来，机械工业 100 强企业中规模超过百亿元的企业迅速增加，2004 年发布第一届名单时只有 6 家，“十二五”时期已基本稳定在 40 家左右，2015 年为 39 家，比上届下降 3 家。千亿级企业从无到有，2004 年至 2008 年，机械工业 100 强企业中没有一家规模超过千亿元，2009 年出现第一家千亿级企业，2012 年千亿级企业增加到 2 家，2015 年仍为 2 家。2004—2015 年机械工业 100 强企业主营业务收入超 500 亿元的企业数量见表 5。2004—2015 年机械工业 100 强企业按收入规模分布见图 3。2004—2015 年机械工业 100 强主营业务收入超 100 亿元企业数量见图 4。

表 5 2004—2015 年机械工业 100 强企业主营业务收入超 100 亿元的企业数量 （单位：家）

年份	2004 年	2005 年	2006 年	2007 年	2008 年	2009 年	2010 年	2011 年	2012 年	2013 年	2014 年	2015 年
机械工业超 100 亿元企业	6	8	11	21	26	28	39	40	39	41	42	39
其中 1 000 亿元以上企业	—	—	—	—	—	1	1	1	2	2	2	2
500 ～ 999 亿元企业	—	—	—	1	2	3	5	5	4	4	5	6

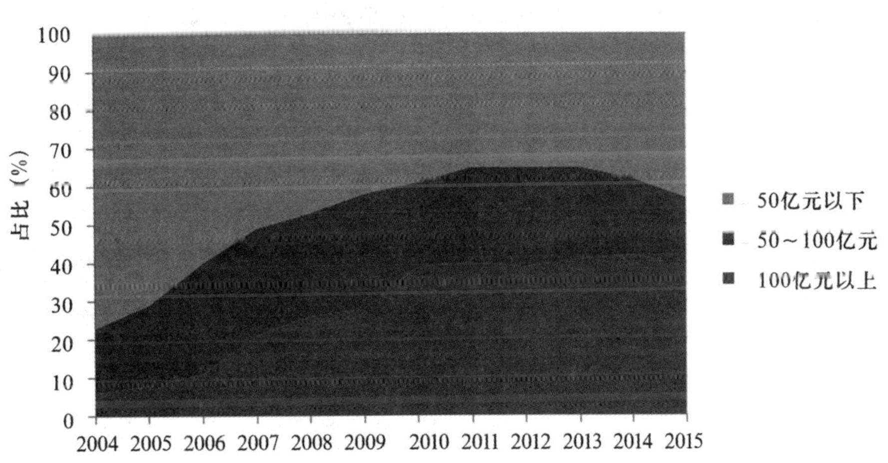

图 3 2004—2015 年机械工业 100 强企业按收入规模分布

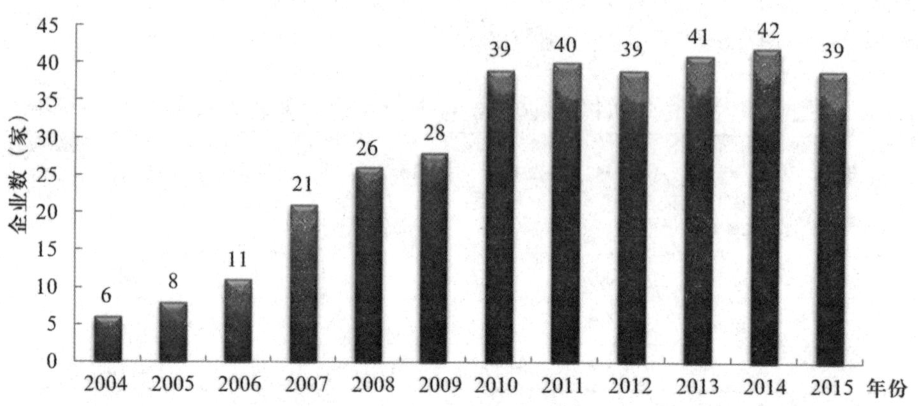

图 4 2004—2015 年机械工业 100 强主营业务收入超 100 亿元企业数量

5. 行业分布总体稳定，电工石化入围较多

由于行业特点不同，并非每个行业都容易产生大型企业。十几年来，机械工业 100 强榜单入围且排序靠前的企业主要集中在农机行业、内燃机行业、工程机械行业、石化通用机械行业、重型机械行业、电工电器行业等大行业中；在机械工业 13 个大行业中，仪器仪表行业、文化办公设备行业、食品包装机械行业、其他民用机械行业上榜企业很少甚至没有企业上榜。

十余年来，机械工业 100 强入围企业的行业分布总体保持稳定，按照入围企业数量多寡大致可以划分为三个梯队：

第一梯队为电工电器行业，入围企业数量始终保持在 30 家以上，最多的年份入围高达 39 家，2015 年入围数量为 35 家。

第二梯队入围企业数量基本在 10 ～ 30 家之间，近几年为石化通用机械行业和工程机械行业。石化通用机械行业入围企业数量总体呈波动上升趋势，2015 年入围企业数量为 14 家；工程机械行业入围企业数量近年来在 10 ～ 14 家之间波动，但 2015 年仅入围 7 家，这与工程机械行业近几年来持续回落不无关系，但是否退至第三梯队还有待观察。2010 年之前第二梯队还有重型机械行业，但其入围企业数量总体呈下降趋势，2010 年后由第二梯队退居第三梯队。

第三梯队为重型机械行业、农机行业、内燃机行业、机床工具行业、机械基础件行业、仪器仪表行业、文化办公设备行业和其他民用机械行业等，入围企业数量均在 10 家以下。其中，农机行业、内燃机行业入围企业数量总体呈上升趋势，机床行业、机械基础件行业、仪器仪表行业入围企业数量总体均比较稳定；重型机械行业入围企业数量总体呈下降趋势，由 2009 年前的第二梯队退居至目前的第三梯队；文化办公设备行业和其他民用机械行业入围企业数量较少，个别年份没有企业入围，2015 年分别入围 1 家企业。2004—2015 年机械工业 100 强企业行业分布情况见表 5。

表 5 2004—2015 年机械工业 100 强企业行业分布情况 （单位：家）

年份 所在行业	2004 年	2005 年	2006 年	2007 年	2008 年	2009 年	2010 年	2011 年	2012 年	2013 年	2014 年	2015 年
农机行业	3	4	5	5	4	6	5	7	7	8	8	7
内燃机行业	3	5	4	5	3	6	8	7	8	6	7	8
工程机械行业	12	9	10	10	11	11	14	14	13	10	11	7
仪器仪表行业	3	3	2	2	2	2	2	2	2	2	2	3
文化办公设备行业	14	6	1	2	2	1	—	—	—	—	—	1
石化通用机械行业	7	9	13	11	13	11	13	15	17	16	15	14
重型机械行业	11	15	15	13	10	12	9	9	7	8	8	8

（续）

所在行业＼年份	2004年	2005年	2006年	2007年	2008年	2009年	2010年	2011年	2012年	2013年	2014年	2015年
机床工具行业	4	2	7	4	6	4	5	5	5	5	5	4
电工电器行业	31	39	35	37	37	38	33	31	31	35	33	35
基础件行业	5	6	6	9	9	7	7	6	6	6	6	9
其他民用机械行业	7	2	2	2	2	1	1	—	—	—	2	1
综合类	—	—	—	—	—	1	3	4	4	4	3	3

6. 东部地区较多并逐年回落，中部西部地区持续上升

从入围企业地区分布看，区域经济最发达和活跃的东部地区入围企业数量一家独大，平均每年入围机械工业100强的企业都在70家左右，占榜单7成左右的份额。而中部和西部地区入围企业数量合计仅占三成左右。

从发展趋势看，区域格局正在逐渐向政策预期方向调整和发展。十余年来，中部和西部地区入围企业数量总体呈上升趋势，分别由2004年的12家和10家上升至2015年的20家和14家；而东部地区上榜企业数量则由2004年的78家逐渐下降至2015年的66家。这说明在国家区域经济协调发展、中西部大开发等经济政策的引导下，中、西部地区经济发展速度明显快于东部地区，中、西部地区部分机械企业不断做大做强，逐渐成为机械工业不可或缺的中坚力量之一。2004—2015年机械工业100强企业数量按地区分布数见表6。

表6　2004—2015年机械工业100强企业数量按地区分布数　（单位：家）

所在地区＼年份	2004年	2005年	2006年	2007年	2008年	2009年	2010年	2011年	2012年	2013年	2014年	2015年
东部地区	78	77	73	71	70	69	67	69	66	66	66	66
中部地区	12	14	16	16	15	15	18	16	17	18	18	20
西部地区	10	9	11	13	15	16	15	15	17	16	16	14

按入围企业所在都市圈来看，长江三角洲都市圈和环渤海湾都市圈表现最为突出。两大都市圈都位于东部沿海地区，因其政治地位、开放程度、完善的城市基础设施和成熟的经济环境更容易吸引和造就大型企业，形成了企业和区域经济相互促进的良性经济循环。每年两大经济圈合计都为机械工业100强榜单贡献6成以上的企业。

虽然三大经济圈合计入围机械工业100强企业的数量占比很大，但长期看却有下降的趋势，主要由于近年来我国中西部地区发展提速、国家更加注重区域经济协调发展，政策支持中西部发展的力度逐年增强。2004—2015年机械工业100强企业三大都市圈分布情况见表7。

表7　2004—2015年机械工业100强企业三大都市圈分布情况　（单位：家）

所在都市圈＼年份	2004年	2005年	2006年	2007年	2008年	2009年	2010年	2011年	2012年	2013年	2014年	2015年
三大都市圈合计	74	75	71	70	69	68	65	68	64	64	63	64
长江三角洲	35	42	39	40	37	35	35	36	35	35	33	33
珠江三角洲	14	4	2	3	2	2	1	1	1	1	1	2
环渤海湾	25	29	30	27	30	31	29	31	28	28	29	29

按省市分布来看，十余年来入围机械工业100强的企业来自于全国23个省、市、自治区。上榜企业数量的前三甲分别是浙江、山东和江苏省，都在10家以上。三个省份合计上榜企业数每年都占机械工业100强4到5成的份额，可谓名副其实的机械大省。入围企业较多的省（市）多为东部、中部经济和工业较发达的省（市），西部及部分中部欠发达的省（市）入围机械工业100强榜单的企业数量较少。除港、澳、台外，尚有8个省（市）区没有一家企业入围机械工业100强榜单。

从名单分布变动情况看，机械工业100强企业所在省市分布格局，除个别略有小幅波动外，总体基本保持稳定。2004—2015年机械工业100强企业按省（市）分布情况见表8。

表8 2004—2015年机械工业100强企业按省（市）分布情况 （单位：家）

年份 / 省（市）	2004年	2005年	2006年	2007年	2008年	2009年	2010年	2011年	2012年	2013年	2014年	2015年
浙江省	13	15	17	18	19	18	19	19	18	19	20	19
山东省	12	12	12	12	13	13	13	14	13	13	14	13
江苏省	17	20	17	16	15	14	14	14	15	14	11	11
辽宁省	7	9	9	8	9	9	7	7	7	7	7	6
河南省	4	4	5	6	4	5	5	5	5	6	6	6
北京市	1	4	4	3	5	4	4	4	3	3	3	5
安徽省	2	2	2	2	2	4	5	4	4	4	4	5
湖南省	2	3	3	3	3	3	4	4	5	5	5	5
四川省	3	3	3	4	4	4	4	5	4	5	5	5
天津市	4	3	3	3	3	3	3	4	4	4	4	4
上海市	5	7	5	6	3	3	2	3	2	2	2	3
山西省	1	1	1	1	1	1	1	1	0	1	1	2
黑龙江	2	3	4	4	5	2	3	2	3	2	2	2
福建省	4	2	2	1	1	1	2	2	2	2	3	2
广东省	14	4	2	3	2	2	1	1	1	1	1	2
重庆市	1	1	1	1	2	2	2	2	2	2	2	2
陕西省	3	3	4	5	5	4	3	2	5	3	3	2
新疆维吾尔自治区	1	1	1	1	2	2	2	2	2	2	2	2
河北省	1	1	2	1	0	2	2	1	1	1	1	1
广西壮族自治区	2	1	1	1	1	2	2	2	2	2	2	1
云南省	0	0	0	0	0	1	1	1	1	1	1	1
甘肃省	0	0	1	1	1	1	1	1	1	1	1	1
湖北省	1	1	1	0	0	0	0	0	0	0	0	0

7.民营企业增长较快，国有三资明显回落

十余年来，机械工业100强企业中，国有企业入围数量虽有波动但总体保持稳定，除榜单发布第一年入围数量较少外，其他年份基本都在30～35家之间波动，占全部100强企业的三成多，不过2015年国有企业上榜数量降至26家，比上届减少4家；民营企业入围数量总体呈波动上升趋势，已由最初的43家上升至2015年的65家；三资企业则总体呈下降趋势，由2004年的33家降为2015年的9家。

由此可见，民营企业已经逐渐发展成为行业中至关重要的支柱力量之一，尤其是在金融危机冲击后的几年。与国有企业相比，民营企业虽然大多规模较小（平均规模仅为国有企业的 1/3 左右），但胜在数量众多且反应灵活，在近几年经济环境趋紧、市场需求不振的背景下，民营企业表现出了更大的活力和市场应变能力，在行业结构调整和转型升级的步伐中反应更为迅速，成为行业持续发展的重要动力之一。2004—2015 年机械工业 100 强企业按企业性质分布见表 9。2004—2015 年机械工业 100 强企业按企业性质分主营业务收入平均规模见表 10。

表 9　2004—2015 年机械工业 100 强企业按企业性质分布　（单位：家）

企业性质＼年份	2004 年	2005 年	2006 年	2007 年	2008 年	2009 年	2010 年	2011 年	2012 年	2013 年	2014 年	2015 年
国有企业	24	30	37	31	35	32	33	31	35	30	30	26
民营企业	43	47	48	51	47	52	58	59	56	59	62	65
三资企业	33	23	15	18	18	16	9	10	9	11	8	9

表 10　2004—2015 年机械工业 100 强企业按企业性质分主营业务收入平均规模　（单位：家）

企业规模＼年份	2004 年	2005 年	2006 年	2007 年	2008 年	2009 年	2010 年	2011 年	2012 年	2013 年	2014 年	2015 年
国有企业	60.65	66.67	82.60	98.47	147.26	174.84	213.48	253.25	227.05	273.51	277.79	312.94
民营企业	37.18	41.78	51.68	70.45	71.62	78.47	95.85	114.71	121.40	117.10	119.52	112.76
三资企业	37.03	37.43	35.29	47.06	43.64	52.50	76.54	78.49	70.79	74.12	76.03	76.97

8. 结构调整不断深入，发展分化有所加剧

近几年，在市场环境不断趋紧、有效需求持续不足的情况下，机械企业在加快结构调整、推进转型升级的同时，发展分化的趋势正在加剧，主要表现在以下几个方面：

一是近几年榜单换位率由降转升。机械工业 100 强榜单年换位率在 2012 年之前大体为逐年下降趋势，2013 开始由降转升，至 2015 年已经连续上升 3 年；5 年换位率也从 2015 年开始由降转升（详见表 2）。

二是近几年入围企业位次变动增大。2015 年机械工业 100 强企业位次变动率比前两届上升 2 个百分点。

三是入围企业规模也在分化。随着机械工业 100 强企业规模总体上不断提高，近几年超百亿元的企业数量基本稳定在 40 家以上，而规模在 50亿元以下的企业数量多年来基本呈下降趋势，但近两年又有所增加，由 2013 年的 35 家增加至 2015 年的 43 家。

四是入围企业增速继续分化。近几年，机械工业 100 强企业中主营业务收入同比增长的企业数量呈波动下行趋势，2015 年已降至 44 家成为新低；而主营业务收入同比下降的企业数量则呈波动上升趋势，2015 年升至 56 家成为新高。2004—2015 年机械工业 100 强企业主营业务收入增长和下降的企业数量见表 11。

表 11　2004—2015 年机械工业 100 强企业主营业务收入增长和下降的企业数量

（单位：家）

指标名称＼年份	2004 年	2005 年	2006 年	2007 年	2008 年	2009 年	2010 年	2011 年	2012 年	2013 年	2014 年	2015 年
同比增长的企业数量	91	90	96	96	86	71	90	87	63	73	61	44
同比下降的企业数量	9	10	4	4	14	29	10	13	37	27	39	56

9. 国际地位有所提升但仍有差距

自榜单首发以来，机械工业 100 强企业快速成长，无论是规模、效益，还是科技创新、国际竞争力，都有了长足的进步，与世界同类企业的差距不断缩小，成长性和运营效率都有较好表现。

榜单发布的前几年机械工业还没有进入世界

500 强的企业。2011 年国机集团成为我国机械工业首个入围世界 500 强的企业，此后连续 5 年入围并且位次快速提升，2011 年列 434 位，2014 年升至最高为 278 位，不过 2015 年又退后 10 位排在第 288 位。

尽管近年来我国机械企业不断深入结构调整、努力做大做强并取得一定成果，但同时我们也必须清醒地看到，我国机械大企业与世界同行中的顶级企业相比，还存在着明显的差距。

目前，我国机械行业仍仅有国机集团一家企业进入世界 500 强行列，尽管排名总体来看不断提高，但仅处于中游行列。

同时，我国机械行业企业关键基础材料、核心基础零部件、先进基础工艺和产业技术基础发展相对滞后，企业自主创新能力不足，一批重大关键技术和产品缺失，部分高端关键装备、短板设备依然受制于进口，知识产权保护严重不足，自主品牌培育滞后等等，这些都是目前我国机械工业转型升级、从“制造大国”向“制造强国”转变过程中亟待解决的关键问题。

10. 稳抓机遇再接再厉，加快推进由大到强

2016 年是“十三五”规划开局之年，也是转型升级、攻坚克难、推进结构性改革的重要一年。当前，我国机械工业进入了实现由大到强的关键阶段，党中央国务院已经出台了“中国制造 2025”强国战略，并即将出台机械工业转型升级三年行动计划，这为机械工业发展创造了前所未有的历史机遇。

作为制造业重要组成部分的机械工业，一定要按照“中国制造 2025”强国战略和“十三五”发展规划纲要的要求，遵循创新、协调、绿色、开放、共享的发展理念，坚持创新驱动、智能转型、绿色发展，通过稳增长、调结构、补短板、促融合、强实力，加快推进行业提质增效升级，促进产业迈向中高端，实现由大到强。

作为机械工业 100 强企业，要再接再厉，继续把发展高端装备制造业作为结构调整和转型升级的主攻方向，将创新驱动作为解决当前和今后一段时期行业发展面临困境的主要抓手，攻高端、夯基础，促进行业的绿色发展和融合发展，加快推进企业兼并重组，加强自主创新能力建设，强化国际经营能力、提升综合竞争实力，在加快推进由“制造大国”向“制造强国”、由“中国制造”到“中国创造”的转变过程中不断取得更多新成果，为我国经济社会发展做出更大贡献。

〔来源：中国机械工业联合会机经网〕

2016 年中国企业 500 强前 100 强名单

2016 年中国企业 500 强上榜企业的总营业收入约为 30.77 万亿元，较 2015 年增长 1.2%；净利润达 2.74 万亿元，增长约 1.5%；营业收入和利润增幅较 2015 年（分别为 5% 和 6%）均出现明显下滑。2016 年企业上榜的年营业收入门槛为 96.08 亿元。

2015 年，尽管因油价暴跌导致营业收入大幅下降，但“两桶油”在 2016 年的榜单上仍然稳居前两位，其中，中国石油化工股份有限公司的营业收入为 2.02 万亿元，中国石油天然气股份有限公司为 1.73 万亿元，分别比 2014 年下降 28.6% 和 24.4%。中国建筑股份有限公司和中国工商银行股份有限公司继续位列第三和第四。中国移动有限公司排名连续两年下滑一位，2016 年跌至第六位，被上海汽车集团股份有限公司超越。新上榜的公司包括乐视网信息技术（北京）股份有限公司、携程国际有限公司等互联网企业。

2016 年的《财富》（中文版）中国 500 强榜单折射出了中国经济近年来的一种新趋势：实体经济与虚拟经济冰火两重天。其中，第二产业的上榜公司数量下降，亏损公司数量上升，去库存和去产能仍然面临着压力。另一方面的金融深化是企业生产效率提升的自然结果；但是如果倒果为因，将导致经济体系的泡沫化和资源错配。不过，值得一提的是，实体经济中也有不少亮点：美的集团股份有限公司成为了中资公司海外收购的先锋；腾讯控股有限公司领先 BAT 中的其他

两家，首先突破 1 000 亿元收入；中国宏桥集团有限公司仍然是全球铝业当中还在赚大钱的公司之一；网易公司成为排位上升最快的中国互联网公司；天合光能有限公司蝉联全球第一大光伏组件供应商。

中金公司财富研究部解读了榜单中所反映的新常态下的行业趋势：

2015 年股市带来盛宴

2015 年 A 股市场大起大落，业务和股市相关度高的公司则享受到了股市带来的盛宴。从收入增长统计的角度看，按照《财富》杂志的行业分类标准，前 500 名的口径下，证券业、保险业以及多元化投资金融业分别以 149%、22.8% 和 20.1% 位列所有行业收入增速的第 1、3、4 名，而从利润的角度看，排名顺序亦如此，显示 2015 年股市的表现在成交量和投资收益等方面都对相关行业龙头公司助益良多。

转型进行中

值得一提的是，随着“互联网 +”对传统产业的渗透加速以及大众居民娱乐消费的增加，2015 年互联网服务巨头表现抢眼，入选榜单的互联网服务公司累计收入增长 41.8%，利润更是增长超过一倍。而对应来看，2015 年收入和利润下滑较多的行业集中在传统的周期性行业，如石油石化、工程机械、煤炭、金属等，显示经济转型期中产能过剩的传统行业仍然面临阵痛。

透视资本利用率最好的行业

ROE(净资产收益率)，作为衡量股东权益收益水平的关键指标，可以帮助我们透视各行业利用自有资本的效率。2015 年 ROE 水平较高的领域主要集中在互联网、消费（服装纺织、家用电器、电子、医药）、公用事业（环保）等行业，而资本利用效率较差的行业主要包括金属、船舶、工程机械、煤炭等行业，不同行业的盈利能力也反映了 2015 年各产业的景气程度以及转型过程中的朝阳和夕阳行业。2016 年中国企业 500 强前 100 强名单见表 1。

表 1　2016 年中国企业 500 强前 100 强名单

排名	上年排名	公司名称	营业收入（百万元）	利润（百万元）
1	1	中国石油化工股份有限公司	2 018 883	32 207
2	2	中国石油天然气股份有限公司	1 725 428	35 653
3	3	中国建筑股份有限公司	880 577	26 062
4	4	中国工商银行股份有限公司	697 647	277 131
5	6	上海汽车集团股份有限公司	670 448	29 794
6	5	中国移动有限公司	668 335	108 539
7	7	中国中铁股份有限公司	624 104	12 258
8	11	中国平安保险（集团）股份有限公司	619 990	54 203
9	9	中国建设银行股份有限公司	605 197	228 145
10	8	中国铁建股份有限公司	600 539	12 645
11	10	中国农业银行股份有限公司	536 168	180 582
12	13	中国人寿保险股份有限公司	511 367	34 699
13	12	中国银行股份有限公司	474 321	170 845
14	15	中国人民保险集团股份有限公司	406 011	19 542
15	14	中国交通建设股份有限公司	404 420	15 696
16	17	中国中信股份有限公司	349 198	35 029
17	16	中国电信股份有限公司	331 202	20 054
18	--	联想控股股份有限公司	309 826	4 659
19	18	中国联合网络通信股份有限公司	277 049	3 472

（续）

排名	上年排名	公司名称	营业收入（百万元）	利润（百万元）
20	—	中国能源建设股份有限公司	205 693	4 236
21	22	中国太平洋保险（集团）股份有限公司	247 202	17 728
22	44	中国中车股份有限公司	241 913	11 818
23	24	国药控股股份有限公司	227 069	3 761
24	23	中国冶金科工股份有限公司	217 324	4 802
25	28	中国电力建设股份有限公司	210 921	5 236
26	29	招商银行股份有限公司	201 471	57 696
27	30	万科企业股份有限公司	195 549	18 119
28	27	交通银行股份有限公司	193 828	66 528
29	25	江西铜业股份有限公司	185 782	637
30	145	物产中大集团股份有限公司	182 573	1 385
31	45	京东商城电子商务有限公司	181 287	-9 378
32	21	中国神华能源股份有限公司	177 069	16 144
33	19	中国海洋石油有限公司	171 437	20 246
34	26	宝山钢铁股份有限公司	164 117	1 012.87
35	31	新华人寿保险股份有限公司	158 453	8 601
36	36	中国民生银行股份有限公司	154 425	46 111
37	40	兴业银行股份有限公司	154 348	50 207
38	41	上海浦东发展银行股份有限公司	146 550	50 604
39	32	美的集团股份有限公司	139 347	12 707
40	35	万洲国际有限公司	137 723	5 104
41	49	苏宁云商集团股份有限公司	135 548	873
42	90	中国太平保险控股有限公司	134 605	5 313
43	47	恒大地产集团有限公司	133 130	10 460
44	39	华能国际电力股份有限公司	128 905	13 786
45	43	厦门建发股份有限公司	128 089	2 641
46	69	东风汽车集团股份有限公司	126 566	11 550
47	46	上海建工集团股份有限公司	125 431	1 871
48	51	大连万达商业地产股份有限公司	124 203	29 971
49	59	中国海外发展有限公司	124 054	27 908
50	33	中国铝业股份有限公司	123 446	206
51	48	保利房地产（集团）股份有限公司	123 429	12 348
52	67	碧桂园控股有限公司	113 223	9 276
53	50	中国南方航空股份有限公司	111 467	3 851
54	52	中国国际航空股份有限公司	108 929	6 774
55	61	上海医药集团股份有限公司	105 517	2 877

（续）

排名	上年排名	公司名称	营业收入（百万元）	利润（百万元）
56	55	TCL集团股份有限公司	104 878	2 567
57	71	腾讯控股有限公司	102 863	28 806
58	34	珠海格力电器股份有限公司	100 564	12 532
59	42	中国建材股份有限公司	100 292	1 019
60	68	中兴通讯股份有限公司	100 186	3 208
61	77	平安银行股份有限公司	96 163	21 865
62	81	阿里巴巴集团控股有限公司	94 384	68 988
63	63	中国东方航空股份有限公司	93 844	4 541
64	72	中国光大银行股份有限公司	93 159	29 528
65	65	青岛海尔股份有限公司	89 748	4 301
66	64	铜陵有色金属集团股份有限公司	86 897	−666
67	86	华润置地有限公司	86 621	14 684
68	—	中国再保险（集团）股份有限公司	86 318	7 579
69	—	北京汽车股份有限公司	84 112	3 319
70	79	中国葛洲坝集团股份有限公司	82 275	2 683
71	78	中国通信服务股份有限公司	80 960	2 334
72	107	比亚迪股份有限公司	80 009	2 823
73	96	复星国际有限公司	78 797	8 038
74	104	中国信达资产管理股份有限公司	78 744	14 027
75	73	上海电气集团股份有限公司	78 009	2 129
76	94	长城汽车股份有限公司	76 033	8 059
77	—	中国华融资产管理股份有限公司	75 386	14 482
78	106	紫金矿业集团股份有限公司	74 304	1 656
79	70	潍柴动力股份有限公司	73 720	1 391
80	57	河北钢铁股份有限公司	73 103	573
81	74	中国长城计算机深圳股份有限公司	72 936	−36
82	89	华电国际电力股份有限公司	71 015	7 694
83	76	中国粮油控股有限公司	69 157	−279
84	92	兖州煤业股份有限公司	69 007	860
85	66	山西太钢不锈钢股份有限公司	67 913	−3 711
86	119	重庆长安汽车股份有限公司	66 772	9 953
87	124	百度股份有限公司	66 382	33 664
88	105	四川长虹电器股份有限公司	64 848	−1 976
89	101	国美电器控股有限公司	64 595	1 208
90	111	厦门国贸集团股份有限公司	64 220	651
91	62	国机汽车股份有限公司	64 164	481

（续）

排名	上年排名	公司名称	营业收入（百万元）	利润（百万元）
92	88	中国化学工程股份有限公司	63 532	2 842
93	37	五矿发展股份有限公司	61 986	-3 953
94	83	大唐国际发电股份有限公司	61 890	2 809
95	85	新希望六和股份有限公司	61 520	2 211
96	116	内蒙古伊利实业集团股份有限公司	60 360	4 632
97	60	中石化石油工程技术服务股份有限公司	60 349	24
98	125	厦门象屿股份有限公司	59 923	289
99	109	华润电力控股有限公司	59 848	8 399
100	98	中国船舶重工股份有限公司	59 811	-2 621

注：1. 中国上市公司 500 强排行榜由中金公司财富管理部与《财富》(中文版)合作编制完成。

2. 本排行榜覆盖范围包括在中国境内外上市的所有中国公司。

3. 本榜所依据数据为上市公司在各证券交易所正式披露信息。

4. 本榜以人民币为统一计价标准；除另有注明外，所涉及人民币汇率均按 2015 年 12 月 31 日中国人民银行公布的交易中间价换算，其中：1 港币 =0.837 78 元人民币；1 美元 =6.493 6 元人民币；1 新加坡元 =4.587 5 元人民币。

5. 本榜所采用财务数据，以该公司公布的中国国内会计准则核算之数据为首选，以国际会计准则核算之数据为候选。

6. 本榜所采用的市值数据以该公司 2015 年 12 月 31 日收盘价数据为准，对于多地上市公司，区分不同地区上市的股份价格和股份数量分别计算市值，然后加总。2016 年新上市公司，浙商银行，天津银行采用上市首日收盘价计算市值。

7. 本榜排名不构成对相关公司二级市场的任何操作建议。

8. 凡财务年度截至日非 2015 年 12 月 31 日的公司均按其季报及中报数据调整为自然年度对应数据。

9. 因创维数码，中国燃气没有季度数据，因此统计口径调整为 2014 年 10 月 1 日至 2015 年 9 月 30 日；因百丽国际没有季度数据，因此统计口径调整为 2014 年 9 月 1 日至 2015 年 8 月 31 日。

10. 上市公司市值仅供参考。

〔来源：财富中文网〕

2016 年《财富》世界 500 强的中国上榜公司名单

我国入围世界 500 强的企业继 2015 年达到 106 家后，2016 年继续增长至 110 家。中美世界 500 强上榜公司的数量差距继续缩小。2016 年上榜的中国企业中，含台湾地区的 7 家。国家电网公司、中国石油天然气集团公司、中国石油化工集团公司分列 2 ～ 4 位。我国的新上榜和重新上榜企业共 13 家，其中万科企业股份有限公司、大连万达集团、恒大集团等知名房地产公司，电子商务公司京东、家电巨头美的集团股份有限公司都是首次上榜。

排名	上年排名	公司名称（中英文）	营业收入（百万美元）	总部所在城市
2	7	国家电网公司（STATE GRID）	329 601.3	北京
3	4	中国石油天然气集团公司（CHINA NATIONAL PETROLEUM）	299 270.6	北京
4	2	中国石油化工集团公司（SINOPEC GROUP）	294 344.4	北京
15	18	中国工商银行（INDUSTRIAL & COMMERCIAL BANK OF CHINA）	167 227.2	北京

（续）

排名	上年排名	公司名称（中英文）	营业收入（百万美元）	总部所在城市
22	29	中国建设银行（CHINA CONSTRUCTION BANK）	147 910.2	北京
25	31	鸿海精密工业股份有限公司（HON HAI PRECISION INDUSTRY）	141 213.1	台北
27	37	中国建筑股份有限公司（CHINA STATE CONSTRUCTION ENGINEERING）	140 158.8	北京
29	36	中国农业银行（AGRICULTURAL BANK OF CHINA）	133 419.2	北京
35	45	中国银行（BANK OF CHINA）	122 336.6	北京
41	96	中国平安保险（集团）股份有限公司（PING AN INSURANCE）	110 307.9	深圳
45	55	中国移动通信集团公司（CHINA MOBILE COMMUNICATIONS）	106 760.6	北京
46	60	上海汽车集团股份有限公司（SAIC MOTOR）	106 684.4	上海
54	94	中国人寿保险（集团）公司（CHINA LIFE INSURANCE）	101 273.6	北京
57	71	中国铁路工程总公司（CHINA RAILWAY ENGINEERING）	99 434.7	北京
62	79	中国铁道建筑总公司（CHINA RAILWAY CONSTRUCTION）	95 651.6	北京
81	109	东风汽车集团（DONGFENG MOTOR GROUP）	82 816.7	武汉
91	115	中国华润总公司（CHINA RESOURCES NATIONAL）	76 573.7	香港
95	113	中国南方电网有限责任公司（CHINA SOUTHERN POWER GRID）	74 696.9	广州
99	156	太平洋建设集团（PACIFIC CONSTRUCTION GROUP）	73 046.9	南京
102	—	中国南方工业集团公司（CHINA SOUTH INDUSTRIES GROUP）	70 080.9	北京
105	143	中国邮政集团公司（CHINA POST GROUP）	69 636.7	北京
109	72	中国海洋石油总公司（CHINA NATIONAL OFFSHORE OIL）	67 799.4	北京
110	165	中国交通建设集团有限公司（CHINA COMMUNICATIONS CONSTRUCTION）	67 764.0	北京
116	77	来宝集团（NOBLE GROUP）	66 712.4	香港
119	174	中国人民保险集团股份有限公司（THE PEOPLE'S INSURANCE CO. OF CHINA）	64 606.1	北京
121	272	中粮集团有限公司（COFCO）	64 515.5	北京
122	146	天津物产集团有限公司（TEWOO GROUP）	64 232.3	天津
129	228	华为投资控股有限公司（HUAWEI INVESTMENT & HOLDING）	62 855.4	深圳
130	107	中国第一汽车集团公司（CHINA FAW GROUP）	62 852.4	长春
132	160	中国电信集团公司（CHINA TELECOMMUNICATIONS）	61 795.8	北京
134	144	中国兵器工业集团公司（CHINA NORTH INDUSTRIES GROUP）	61 621.2	北京
139	105	中国中化集团公司（SINOCHEM GROUP）	60 655.8	北京
143	159	中国航空工业集团公司（AVIATION INDUSTRY CORP. OF CHINA）	60 252.1	北京
153	190	交通银行（BANK OF COMMUNICATIONS）	57 068.2	上海
156	186	中国中信集团有限公司（CITIC GROUP）	55 938.1	北京
160	207	北京汽车集团（BEIJING AUTOMOTIVE GROUP）	54 932.9	北京
163	234	山东魏桥创业集团有限公司（SHANDONG WEIQIAO PIONEERING GROUP）	53 026.1	滨州
189	235	招商银行（CHINA MERCHANTS BANK）	48 459.3	深圳
190	247	正威国际集团（AMER INTERNATIONAL GROUP）	47 795.1	深圳
195	271	兴业银行（INDUSTRIAL BANK）	46 446.4	福州

（续）

排名	上年排名	公司名称（中英文）	营业收入（百万美元）	总部所在城市
200	253	中国电力建设集团有限公司（POWERCHINA）	45 606.8	北京
201	239	河钢集团有限公司（HESTEEL GROUP）	45 265.7	石家庄
202	231	联想集团（LENOVO GROUP）	44 912.1	北京
205	276	中国医药集团（SINOPHARM）	44 324.9	北京
207	227	中国联合网络通信股份有限公司（CHINA UNITED NETWORK COMMUNICATIONS）	44 085.1	上海
217	224	中国华能集团公司（CHINA HUANENG GROUP）	43 223.9	北京
221	281	中国民生银行（CHINA MINSHENG BANKING）	42 449.0	北京
227	296	上海浦东发展银行股份有限公司（SHANGHAI PUDONG DEVELOPMENT BANK）	42 030.0	上海
229	342	中国华信能源有限公司（CEFC CHINA ENERGY）	41 845.0	上海
234	265	中国化工集团公司（CHEMCHINA）	41 412.4	北京
251	328	中国太平洋保险（集团）股份有限公司〔CHINA PACIFIC INSURANCE（GROUP）〕	39 335.8	上海
259	355	和硕（PEGATRON）	38 238.9	台北
262	240	中国铝业公司（ALUMINUM CORP. OF CHINA）	37 995.5	北京
266	—	中国中车股份有限公司（CRRC）	37 837.2	北京
267	315	冀中能源集团（JIZHONG ENERGY GROUP）	37 816.6	邢台
270	196	神华集团（SHENHUA GROUP）	37 611.5	北京
273	282	怡和集团（JARDINE MATHESON）	37 007.0	香港
275	218	宝钢集团有限公司（BAOSTEEL GROUP）	36 607.9	上海
281	371	中国船舶重工集团公司（CHINA SHIPBUILDING INDUSTRY）	36 012.2	北京
290	326	中国冶金科工集团有限公司（CHINA METALLURGICAL GROUP）	35 314.3	北京
293	288	中国机械工业集团有限公司（SINOMACH）	35 134.1	北京
303	362	广州汽车工业集团（GUANGZHOU AUTOMOBILE INDUSTRY GROUP）	34 440.3	广州
309	391	中国能源建设集团有限公司（CHINA ENERGY ENGINEERING GROUP）	33 223.3	北京
311	258	绿地控股集团有限公司（GREENLAND HOLDING GROUP）	33 023.6	上海
313	420	中国光大集团（CHINA EVERBRIGHT GROUP）	32 901.4	北京
314	274	江苏沙钢集团（JIANGSU SHAGANG GROUP）	32 751.4	张家港
318	344	新兴际华集团（XINXING CATHAY INTERNATIONAL GROUP）	32 567.3	北京
322	341	大同煤矿集团有限责任公司（DATONG COAL MINE GROUP）	31 958.2	大同
323	198	中国五矿集团公司（CHINA MINMETALS）	31 883.2	北京
325	380	陕西延长石油(集团)有限责任公司〔SHAANXI YANCHANG PETROLEUM（GROUP）〕	31 754.9	西安
326	389	广达电脑（QUANTA COMPUTER）	31 734.3	桃园
327	270	中国建筑材料集团有限公司（CHINA NATIONAL BUILDING MATERIALS GROUP）	31 705.5	北京
328	354	江西铜业集团公司（JIANGXI COPPER）	31 554.9	贵溪
329	366	中国电子信息产业集团有限公司（CHINA ELECTRONICS）	31 537.0	北京
331	345	中国华电集团公司（CHINA HUADIAN）	31 436.8	北京
337	264	山西焦煤集团有限责任公司（SHANXI COKING COAL GROUP）	31 038.5	太原

（续）

排名	上年排名	公司名称（中英文）	营业收入（百万美元）	总部所在城市
342	403	国家电力投资集团公司（STATE POWER INVESTMENT）	30 616.1	北京
344	437	中国航天科技集团公司（CHINA AEROSPACE SCIENCE & TECHNOLOGY）	30 554.4	北京
345	343	中国国电集团公司（CHINA GUODIAN）	30 515.2	北京
347	416	陕西煤业化工集团（SHAANXI COAL & CHEMICAL INDUSTRY）	30 331.3	西安
349	—	中国船舶工业集团公司（CHINA STATE SHIPBUILDING）	30 190.9	北京
353	464	海航集团（HNA GROUP）	29 562.1	海口
356	—	万科企业股份有限公司（CHINA VANKE）	29 329.3	深圳
359	339	浙江物产集团（WUCHAN ZHONGDA GROUP）	29 051.8	杭州
366	—	京东（JD.COM）	28 847.1	北京
370	358	潞安集团（SHANXI LUAN MINING GROUP）	28 642.4	长治
374	409	山西阳泉煤业（集团）有限责任公司（YANGQUAN COAL INDUSTRY GROUP）	28 309.5	阳泉
381	—	中国航天科工集团公司（CHINA AEROSPACE SCIENCE & INDUSTRY）	27 867.3	北京
383	426	中国通用技术（集团）控股有限责任公司（CHINA GENERAL TECHNOLOGY）	27 667.4	北京
384	379	山西晋城无烟煤矿业集团有限责任公司（SHANXI JINCHENG ANTHRACITE COAL MINING GROUP）	27 571.9	晋城
385	—	大连万达集团（DALIAN WANDA GROUP）	27 376.9	北京
386	390	中国有色矿业集团有限公司（CHINA NONFERROUS METAL MINING (GROUP)）	27 188.9	北京
400	423	仁宝电脑（COMPAL ELECTRONICS）	26 694.9	台北
401	457	中国保利集团（CHINA POLY GROUP）	26 675.3	北京
403	472	台积电（TAIWAN SEMICONDUCTOR MANUFACTURING）	26 575.0	新竹
406	392	中国大唐集团公司（CHINA DATANG）	26 440.1	北京
408	—	中国电子科技集团（CHINA ELECTRONICS TECHNOLOGY GROUP）	26 410.4	北京
410	477	浙江吉利控股集团（ZHEJIANG GEELY HOLDING GROUP）	26 303.8	杭州
426	373	山东能源集团有限公司（SHANDONG ENERGY GROUP）	25 136.4	济南
427	—	新华人寿保险股份有限公司（NEW CHINA LIFE INSURANCE）	25 128.5	北京
443	316	台湾中油股份有限公司（CPC）	24 361.8	台北
456	467	友邦保险（AIA GROUP）	23 274.0	香港
465	432	中国远洋海运集团有限公司（CHINA COSCO SHIPPING）	22 965.4	上海
468	471	国泰人寿保险股份有限公司（CATHAY LIFE INSURANCE）	22 881.2	台北
473	—	长江和记实业有限公司（CK HUTCHISON HOLDINGS）	22 714.8	香港
481	—	美的集团股份有限公司（MIDEA GROUP）	22 173.5	佛山
484	321	中国航空油料集团公司（CHINA NATIONAL AVIATION FUEL GROUP）	22 101.2	北京
489	402	首钢集团（SHOUGANG GROUP）	21 513.7	北京
495	—	万洲国际有限公司（WH GROUP）	21 209.0	香港
496	—	恒大集团（EVERGRANDE REAL ESTATE GROUP）	21 184.2	广州

〔来源：财富中文网〕

2016 年 ENR 全球最大 250 家国际承包商中国企业名单

在全球经济总体下滑、国际工程市场萎靡、半数承包商国际业务减少的大背景下，整体看“中国军团”的业务仍取得了进步。2016 年，65 家中国内地企业上榜，与 2015 年总数持平，上榜企业数量依然蝉联各国榜首。上榜中国企业总体营业额为 946.2 亿美元，较 2015 年增长 4.5%。

1．部分中国企业已经跻身世界前列

从整体榜单看，中国交建首次进入前三，有 8 家企业进入了前 50 强。在 ENR 同期发布的最大 250 家全球承包商榜单（即按照承包商国内和国际的营业额之和进行排名）中，中国建筑、中国中铁、中国铁建、中国交建包揽了前四强，共 7 家中国企业进入前十，体现了中国企业在全球建筑市场的领军地位。

在 9 大业务领域的前十榜单中，中国企业在其中 7 个领域榜上有名，仅缺席石油化工、制造加工设施领域榜单。其中，中国交建在交通运输建设，中国建筑在房屋建筑领域，中国电建、中国葛洲坝集团、国机集团在电力工程领域，中国交建、中国电建、中水对外、国机集团在水利建设领域，中国交建在废水物处理领域，中国交建、国机集团在通信工程领域，中国冶金科工在工业建设领域均进入了十强榜单。

在地区市场业务前十榜单中，中国企业除未能进入欧洲、加拿大市场的前十榜单外，在其他市场榜单均占有席位，其中，中国建筑（非洲，第五；亚洲，第七；美国，第九）、中国交建（非洲，第一；亚洲，第四；中东，第五）表现尤为突出。中国企业在非洲市场表现抢眼，地区市场前十榜单中，除中国交建和中国建筑外，中国电建、中国中铁、中国土木、中国铁建四家也榜上有名，其余四家分别为意大利 SAIPEM 公司（国际承包商榜单第 6 位）、巴西 ODEBRECHT 公司（第 12 位）、法国 VINCI 公司（第 4 位）和埃及 ORASCOM 公司（第 34 位）。

2．中国企业国际市场占有率有所提升，但业务仍主要集中在亚太和非洲地区

从市场占有率来看，中国企业的总体市场占有率高于其他国别承包商，达 19.3%，同比提升了 2.1 个百分比，为历史新高。中国企业在多个地区市场占有率均有不同程度的提升：非洲市场占有率为 54.9%，同比提升 5.5 个百分点；亚洲和大洋洲市场业务占比为 25%，同比提升 4.5 个百分点；在美国市场占有率提升较快，从上年 3.4% 增长至 7.3%；中东市场占比有所下降，降至 17.2%，低于韩国企业 21.2% 的市场占有率；拉美地区占有率为 13.7%，低于西班牙企业的 25.9% 和巴西企业的 24.5%。

除提升了在各个地区（国别）市场的份额，中国企业 2015 年业务相较上年也呈现了增长态势，总体营业额较上年增长 4.5%，主要来自于美国（营业额同比增长 114.7%）、亚洲地区（22.0%）、加拿大（14.3%）、拉美地区（6.2%）、欧洲地区（5.8%）。值得关注的是，非洲市场仅增长 1.1%，再度证明了中国企业在非洲市场业务增长乏力，发展空间十分有限。同时在中东地区出现了 11.6% 的下降，远大于上榜国际承包商在该地区的总体降幅。

中国企业业务仍然集中在亚洲和非洲市场，高端市场业务规模小。从地区业务表现来看，中国企业在撒哈拉以南非洲、亚洲和太平洋市场的业务分别占中国企业业务总量的 37.8% 和 32.3%，远高于所有上榜企业平均 13.3% 和 24.9% 的占比。而在中东市场、欧洲、北美和拉美地区市场，中国企业业务尚有一定的开拓空间。

3．国际化水平仍存有较大差距

中国企业的国际平均营业额为 14.4 亿美元，增长了 4.5%（2014 年为 13.8 亿美元，2013 年为 12.8 亿美元），进一步缩小了与榜单平均水平

（19.5 亿美元）的差距，相当于所有上榜企业平均营业额的 72.5%。领军企业的国际业务量仍与国际领先水平存有较大差距，上榜的前十家中国企业平均完成国际营业额 62.85 亿美元，但整个榜单的前十家外国国际承包商平均国际营业额高达 169.4 亿美元，业务体量上差距仍不可小觑。

从各国承包商国际业务占比来看，中国承包商的国际业务占比仅 14.4%，与外国同行差距较大，远远低于其他国家上榜承包商 56.2% 的平均水平。

2016 年 ENR 全球最大 250 家国际承包商中国企业名单见表 1。

表 1 2016 年 ENR 全球最大 250 家国际承包商中国企业名单

序号	2016 年排名	2015 年排名	中文名称	名次变化
1	3	5	中国交通建设集团有限公司	↑ 2
2	11	11	中国电力建设集团有限公司	0
3	14	17	中国建筑股份有限公司	↑ 3
4	20	23	中国中铁股份有限公司	↑ 3
5	23	27	中国机械工业集团	↑ 4
6	45	44	中国葛洲坝集团有限公司	↓ 1
7	49	49	中国冶金科工集团有限公司	0
8	55	58	中国铁建股份有限公司	↑ 3
9	58	52	中信建设有限责任公司	↓ 6
10	60	47	中国土木工程集团有限公司	↓ 13
11	67	76	中国化学工程股份有限公司	↑ 9
12	68	64	中国石油天然气管道局	↓ 4
13	74	74	中国水利电力对外公司	0
14	75	84	中国石化工程建设有限公司	↑ 9
15	77	81	青建集团股份公司	↑ 4
16	84	66	中国石油工程建设公司	↓ 18
17	88	**	哈尔滨电力国际工程有限责任公司	
18	92	93	中国通用技术（集团）控股有限责任公司	↑ 1
19	95	137	中国江苏国际经济技术合作集团有限公司	↑ 42
20	97	86	中地海外建设集团有限公司	↓ 11
21	103	112	中国江西国际经济技术合作公司	↑ 9
22	104	115	威海国际经济技术合作股份有限公司	↑ 11
23	105	100	上海建工集团股份有限公司	↓ 5
24	107	72	中国东方电气集团有限公司	↓ 35
25	109	110	中核集团中国中原对外工程有限公司	↑ 1
26	111	129	江西中煤建设集团有限公司	↑ 18
27	112	**	北方国际合作股份有限公司	
28	115	109	北京建工集团有限责任公司	↓ 6
29	116	118	新疆兵团建设工程（集团）有限责任公司	↑ 2
30	117	146	浙江省建设投资集团有限公司	↑ 29
31	119	165	中国寰球工程公司	↑ 46

（续）

序号	2016 年排名	2015 年排名	中 文 名 称	名次变化
32	124	120	中国地质工程集团公司	↓ 4
33	125	127	中石化中原石油工程公司	↑ 2
34	127	126	安徽建工集团有限公司	↓ 1
35	128	**	中国电力技术装备有限公司	
36	129	171	中国有色金属建设股份有限公司	↑ 42
37	130	113	中国河南国际合作集团有限公司	↓ 17
38	131	142	中鼎国际工程有限责任公司	↑ 11
39	144	**	上海城建（集团）公司	
40	145	153	安徽省外经建设（集团）有限公司	↑ 8
41	150	155	江苏南通三建集团股份有限公司	↑ 5
42	153	148	沈阳远大铝业工程有限公司	↓ 5
43	160	131	中钢设备有限公司	↓ 29
44	166	138	中国能源建设集团天津电力建设有限公司	↓ 28
45	167	181	中国山东对外经济技术合作集团有限公司	↑ 14
46	168	154	中国武夷实业股份有限公司	↓ 14
47	171	206	北京城建集团	↑ 35
48	172	**	泛华集团	
49	176	212	中石化胜利油田石油工程技术服务有限责任公司	↑ 36
50	179	104	中国成套设备进出口（集团）总公司	↓ 75
51	183	195	烟建集团有限公司	↑ 12
52	185	182	南通建工集团股份有限公司	↓ 3
53	186	175	云南建工集团有限公司	↓ 11
54	189	**	山东淄建集团有限公司	
55	194	152	中国大连国际经济技术合作集团有限公司	↓ 42
56	196	194	中国甘肃国际经济技术合作总公司	↓ 2
57	200	172	烟台国际经济技术合作集团有限公司	↓ 28
58	204	222	江苏南通六建建设集团有限公司	↑ 18
59	209	128	中国石油集团工程设计有限责任公司	↓ 81
60	212	178	大庆油田建设集团有限责任公司	↓ 34
61	213	210	重庆对外建设（集团）有限公司	↓ 3
62	218	**	浙江省交通工程建设集团有限公司	
63	230	196	山东科瑞石油装备有限公司	↓ 34
64	236	234	中国电力工程顾问集团有限公司	↓ 2
65	249	91	上海电气集团股份有限公司	↓ 158

〔来源：中国对外承包工程商会官网〕

2015年机械工业经济运行情况分析及2016年市场走势展望

2015年，在世界经济环境错综复杂、国内经济下行压力加大的背景下，机械工业认真贯彻落实中央关于“稳增长、调结构”的工作要求，努力拼搏、承压前行。全行业经济增长速度减缓，但主要经济指标仍实现正增长；在市场倒逼和政策引导下，结构调整步伐加快，转型升级力度加大。

一、2015年机械工业经济运行情况

（一）主要经济指标增速明显回落

1. 发展速度低于工业平均水平

2015年机械工业增加值比上年增长5.5%，低于上年增速4.5个百分点，低于同期全国工业平均增速（6.1%）0.6个百分点。机械工业增加值增速低于全国工业平均增速为近年来少有，凸显了行业形势的严峻性。

2. 主营业务收入增速回落明显

2015年机械工业累计实现主营业务收入22.98万亿元，比上年增长3.32%，增速比上年回落6.09个百分点，但高于同期全国工业增速（0.8%）2.52个百分点。

3. 七成产品产量下降三成增长

2015年国家统计局公布的64种主要机械产品中，产量增长的仅有18种，占比为28.13%，产量下降的有46种，占比为71.87%。具体分析表明，大型投资类产品如冶金矿山设备、工程机械、常规发电设备等和产能严重过剩的普通机械产品如各类普通机床、交流电动机、电线电缆等产量下降较大；大功率拖拉机、仪器仪表、环保设备仪器、电动叉车、风力发电设备、汽车中的运动型多用途乘用车（SUV）等与消费、民生、节能减排、产业升级密切相关的产品产量保持增长。数控机床产量为23.5万台，同比下降9.53%。大型拖拉机产量为7.74万台，同比增长33%。发电设备产量1.1亿kW，同比下降17.2%，但保持了连续10年产量超过1亿kW。汽车产销分别为2 450.33万辆和2 459.76万辆，同比分别增长3.25%和4.68%，产销双双突破2 450万辆，再创历史新高，连续第七年居于世界第一。

（二）利润增速低于主营业务收入增速

2015年机械工业经济效益增速低于主营业务收入增速，亏损企业和亏损额增加。全年累计实现利润总额1.6万亿元，比上年增长2.46%，增速比上年回落8.15个百分点，比同期主营业务收入增速低0.86个百分点。主营业务收入利润率为6.96%，较上年同期下滑0.06个百分点。全年实现税金总额8 869亿元，比上年增长5.08%；企业亏损面为12.82%，比上年上升2.85个百分点；亏损企业亏损额增长19.29%。

（三）外贸进出口双双下降顺差加大

2015年机械工业对外贸易呈现减速下行趋势，全年累计实现进出口总额6 665亿美元，比上年下降8.13%。其中进口2 777亿美元，比上年下降14.06%；出口额3 888亿美元，比上年下降3.36%，出现了自2009年国际金融危机以来少有的负增长。全年贸易顺差创1 110亿美元的历史新高。

（四）固定资产投资增速持续回落

2015年机械工业累计完成固定资产投资4.9万亿元，比上年增长9.7%，增速低于全社会固定资产投资0.3个百分点，高于制造业1.6个百分点，与上年机械工业的增幅相比回落了3.02个百分点，增速已连续四年回落。

（五）需求疲软导致订货下降、价格持续低迷

中低端产品产能过剩、市场需求不足导致机械产品订货下降、价格低迷。2015年机械工业重点联系企业累计订货延续了上年的疲软态势，且增速进一步回落，同比始终处于负增长，1—12月累计同比下降4.02%，预计未来一段时间需求不旺仍是机械工业面对的重要挑战之一。

机械工业产品价格指数延续了上年低位运行

的态势，至 2015 年年底，机械产品累计价格指数已连续 48 个月低于 100%。142 种主要机械产品中，累计价格指数同比下降的有 103 种，占比高达 72.5%。

二、“十二五”机械行业发展情况

“十二五”是机械工业发展不平凡的时期，机械工业是在复杂和困难环境中砥砺前行。

（一）行业经济得到发展，但增长速度明显放缓

“十二五”期间，机械工业的规模进一步扩大，但主要指标增速持续下行。

规模上，总资产由 2010 年的 10.97 万亿元增至 2015 年的 19.27 万亿元，增速由“十一五”的年均增长 23.55% 回落至年均增长 11.91%。

产出上，主营业务收入由 2010 年的 13.96 万亿元增至 2015 年的 22.98 万亿元，增速由“十一五”的年均增长 27.9% 回落至年均增长 10.48%。

效益上，利润总额由 2010 年的 1.17 万亿元增至 2015 年的 1.6 万亿元，增速由“十一五”的年均增长 30% 以上回落至年均增长 6.45%。

对外贸易上，出口总额由 2010 年的 2 585 亿美元增至 2015 年的 3 888 亿美元，年均增长 8.51%；贸易顺差由 2010 年的 31.36 亿美元增至 2015 年的 1 110 亿美元，增长 35 倍。

随着工业化初中期向中后期阶段转变，今后机械工业的发展已进入增长更趋平缓的新时期。

（二）市场需求结构发生变化

与“十五”“十一五”期间全面快速增长不同的是，机械工业各分行业在进入“十二五”后期，市场需求结构发生了变化，变化的主要标志是分化加剧。

1. 与民生、消费相关的产品或行业增长较快

以主营业务收入和利润增速为例，高于全行业平均水平的产品和行业主要有运动型多用途汽车 (SUV)、食品包装机械、农业机械、仪器仪表和环保机械等。

2. 主要靠投资拉动的行业逐步回落

以主营业务收入和利润增速为例，低于全行业平均水平的行业主要是工程机械、石化通用、重型矿山、金切机床。这些行业均属于机械工业中典型的投资类产品行业。

汽车行业内部也呈现“消费类子行业上升、投资类下降”的相同趋势。

3. 与智能、绿色相关的行业产销形势比较好

与自动化、信息化和智能制造紧密相关的仪器仪表行业，保持较快的增长速度。电工行业中的特高压输变电设备形势明显好于常规产品；抽水蓄能机组形势好于常规水电机组；风电和光伏发电设备形势好于常规发电设备。

上述变化反映出，在我国经济结构加快调整，二产比重趋降、三产比重上升的背景下，机械工业逐步适应市场需求结构的变化，正在由以前主要服务于投资活动逐渐转向更多地关注和挖掘消费、民生和信息化、节能减排等领域的需求。

（三）创新发展成果显著，产业结构调整步伐加快

在经济下行压力不断加大的背景下，“十二五”期间机械企业主动适应市场变化的能力不断提升、内生发展动力持续增强，产业结构调整持续推进。

1. 自主研发成果频现

高端设备自主研发取得突破：大型核电、水电、火电和风电设备，特高压交直流及柔性直流输变电设备，油气长输管线关键装备，大型煤化工关键设备等高端装备自主研发成功。燃用准东煤 350MW 超临界锅炉研制成功并投入工程应用，对新疆地区经济发展意义重大。

高端控制系统国产化成果喜人：长期受制于进口的流程工业用 DCS 控制系统国产化取得成效，国产 DCS 系统市场份额已超越外资产品，并已具备参与国际竞争的实力。

2.“三基”领域发展持续推进

一批长期依赖进口的关键基础件、核心零部件的国产化工作取得进展。高压绝缘套管、变压器出线装置、优质冷轧硅钢片、大型电站锻件、燃气轮机高温叶片、大型核电静密封装置、挖掘机配套高压阀、高端轴承、LNG 低温高压铸造球阀等国产化水平显著提高。

3. 创新助力发展

行业创新能力建设得到重视，对基础试验及试验能力建设的投入明显增大：制约新产品研发的基础试验检测平台建设取得进展，大型压缩机试验台、水轮模型试验台、电站安全阀试验台等平台相继建成，少数领域（如大电流和高电压试验能力）已达世界同行先进水平。

协同创新步伐加快：机械企业与用户企业、科研院所在设备研发工艺创新等领域的合作更加

紧密、频繁。合作模式推陈出新，合作研发成效显著。

4. 民营企业对行业发展的贡献不断加大

2015 年民营企业实现主营业务收入 13.57 万亿元，比上年增长 6.48%，高于机械工业全行业平均增速 3.16 个百分点，占机械工业主营业务收入的比重达到 59.05%，与 2010 年相比所占比重提高了 7.79 个百分点；实现利润总额为 8 860 亿元，在机械工业实现利润中的比重已达到 55.4%，比 2010 年提高 8.94 个百分点。

5. 区域结构继续向预期方向调整

“十二五”期间机械工业区域结构继续向政策预期方向调整。2015 年东、中、西部实现主营业务收入分别占机械工业总收入的 65.02%、24.02% 和 10.96%，其中，中西部地区比重较 2010 年提高了 5.52 个百分点；利润总额中，中西部地区的比重也由 2010 年的 30.82% 增至 2015 年的 33.29%。

6. 外延扩张趋缓，投资结构改善

“十二五”期间，机械工业固定资产投资增速逐年放缓，已由 2010 年增长 30.35% 回落至 2015 年的 9.7%，表明行业前期快速扩张的趋势已经明显趋缓。同时投资结构有所改善，2015 年用于改建和技术改造投资的增速，同比高于行业投资平均增速 9.02 个百分点。从比重看，2015 年改建和技术改造投资占机械工业投资总额的 27.9%，比 2010 年提高 7.43 个百分点。

7. 对外贸易结构优化

“十二五”期间，机械工业对外贸易出口结构持续优化，一般贸易对行业出口的支撑作用在增强。一般贸易出口在出口总额中的比重由 2010 年的 52.3% 增至 2015 年的 60.51%，提高了 8.21 个百分点；一般贸易差额由逆差 274.36 亿美元，转变为顺差 505.64 亿美元。

8. 积极探索转型发展新路径

智能制造、“互联网+”开始起步。自动生产线、数字化车间、现代物流等已在长三角、珠三角等地区形成一定规模；传统工程机械制造企业和农业机械制造企业已开展了“互联网+”的尝试，以开拓新的市场。

新业态、新模式不断出现。融资租赁营销模式在冶金、矿山等一批成套项目上开始探索；农机电子商务等新兴商业模式开始应用；传统企业向制造服务业的转型持续推进。

总之，近五年来机械工业积极调整、主动适应，在新常态中努力探索创新发展的道路。

三、2016 年机械工业经济运行展望

2016 年是“十三五”开局之年，标志着我国机械工业已经站在新的发展起点上。应该看到，由于国内外经济环境的变化，机械工业面对的矛盾与问题将更为复杂，结构调整与转型升级的任务将更加繁重。尽管如此，机械工业仍具备稳中有进的利好因素。一是中央经济工作会议明确了“稳中求进”的经济政策基调，强调了“去产能、去库存、去杠杆、降成本、补短板，提高供给体系质量和效益”等主要任务，并释放了保持宏观政策连续性和稳定性的信息，有利于机械行业推进结构调整与转型升级。二是《中国制造 2025》以及相关配套政策相继出台，为机械工业长期发展和短期调整指明了方向，提供了政策支持。三是行业协会正在配合国家有关部门抓紧研究机械工业稳增长、调结构、转型升级、降本增效的政策措施建议，争取从供需两侧发力，拉需求、推应用、促创新、补短板、调结构、夯基础、优环境、增效益，为机械工业发展提供良好的政策环境，提振全行业的信心和决心。

预计 2016 年机械工业将延续上年四季度以来的低位趋稳态势，全年增速将与 2015 年相近。具体而言，预计 2016 年机械工业增加值增速在 5.5% 左右，主营业务收入和利润增速在 3.5% 左右，对外贸易出口有望实现正增长。

〔来源：中国机械联合会机经网〕

2015 年度中国机械工业科学技术奖奖励项目

2015 年度中国机械工业科学技术奖特等奖项目（1 项）

项目编号	项目名称	完成单位
1506042	20 兆瓦级变频电驱压缩机组研制及工业性应用	沈阳鼓风机集团股份有限公司、沈阳透平机械股份有限公司、上海电气集团上海电机厂有限公司、哈尔滨电气动力装备有限公司、上海广电电气（集团）股份有限公司、荣信电力电子股份有限公司、大连理工大学

2015 年度中国机械工业科学技术奖一等奖项目（33 项）

项目编号	项目名称	完成单位
1501007	高端柴油发动机喷油嘴倒锥形微喷孔电火花加工关键技术及装备	清华大学、无锡微研精微机械技术有限公司、山东菏泽华星油泵油嘴有限公司
1501009	航空大型复杂构件动态加工特征驱动的超高效数控编程与加工技术	南京航空航天大学、成都飞机工业（集团）有限责任公司
1502001	高压大容量多端柔性直流输电关键技术开发、装备研制及工程应用	南方电网科学研究院有限责任公司、广东电网有限责任公司、清华大学、荣信电力电子股份有限公司、南京南瑞继保电气有限公司、西安西电电力系统有限公司、华南理工大学、北京四方继保自动化股份有限公司、中国能源建设集团广东省电力设计研究院有限公司、中国科学院电工研究所
1502002	大型抽水蓄能机组关键技术、成套设备及工程应用	国网新源控股有限公司、哈尔滨电机厂有限责任公司、东方电气集团东方电机有限公司、南京南瑞集团公司、中国电建集团华东勘测设计研究院有限公司、哈尔滨大电机研究所、西安交通大学、武汉大学、河海大学
1502024	汽轮机减振阻尼叶片设计关键技术及应用	西安交通大学、上海发电设备成套设计研究院、东方电气集团东方汽轮机有限公司、上海电气电站设备有限公司上海汽轮机厂、哈尔滨汽轮机厂有限责任公司、杭州汽轮机股份有限公司
1502029	定子励磁型无刷电机系统关键技术及应用	东南大学、江苏大学、海安县申菱电器制造有限公司
1502040	大型发电机组用大容量保护断路器成套装置的研制及工程应用	中国西电集团公司、中国长江三峡集团公司、西安西电开关电气有限公司、西安高压电器研究院有限责任公司、西安西电高压开关操动机构有限责任公司、西安西电电力电容器有限责任公司、西安西电电工材料有限责任公司、天水西电长城合金有限公司
1502062	600MW 超临界循环流化床锅炉研制	东方电气集团东方锅炉股份有限公司、清华大学、神华集团有限责任公司
1502090	超、特高压直流输电用直流转换开关研制及应用	中国西电集团公司、西安高压电器研究院有限责任公司、西安西电电力系统有限公司、西安西电高压开关有限责任公司

（续）

项目编号	项目名称	完成单位
1503013	面向物联网的射频系统关键技术及应用	合肥工业大学、中国电子科技集团公司第四十一研究所、湖南大学、北京航空航天大学、上海聚星仪器有限公司、北京圣涛平试验工程技术研究院有限责任公司、合肥三立自动化工程有限公司、合肥河野电子科技有限公司、长沙河野电气科技有限公司
1504023	6 400t 液压复式起重机研制	太原重型机械集团有限公司、太原重工股份有限公司、中化二建集团有限公司
1504027	大型矿用磨机的研制及应用	中信重工机械股份有限公司、洛阳矿山机械工程设计研究院有限责任公司、矿山重型装备国家重点实验室
1504033	矿山复杂地形长距离大运力带式输送系统关键技术及产业化	山东科技大学、中国矿业大学、力博重工科技股份有限公司、 徐州五洋科技股份有限公司
1504045	巨型重载锻造操作机研制与应用	中国第一重型机械股份公司、上海交通大学
1504050	带钢冷轧机集成化智能型板形测控系统	燕山大学、鞍钢股份有限公司
*1505006	精准农业智能化变量作业装备技术开发与应用	* 中国农业机械化科学研究院、北京农业智能装备技术研究中心、中国农业大学
1505009	射流自吸式柴油机（汽油机）-泵直联机组的研究	江苏大学、福建省机械科学研究院、福州海霖机电有限公司、新界泵业集团股份有限公司
1506007	ISO 1 级超净环境集成系统	南京天加空调设备有限公司、 天加空调（天津）有限公司
*1506034	汽车用高效电动空调(热泵)压缩机关键技术开发与应用	南京奥特佳新能源科技有限公司、* 合肥通用机械研究院、奇瑞新能源汽车技术有限公司、 合肥通用环境控制技术有限责任公司
1506037	螺杆动力系统精细设计、精密制造技术及专用装备研究	沈阳工业大学、天津泵业机械集团有限公司 、 沈阳工大科技开发有限公司
1507016	高压大流量比例阀关键技术研究及应用	北京华德液压工业集团有限责任公司 、燕山大学 、北京航空航天大学、浙江大学、北京机械工业自动化研究所
1507029	高压轴向柱塞泵/马达设计与测试关键技术及应用	浙江大学、中航力源液压股份有限公司、北京华德液压工业集团有限责任公司
1509008	高性能飞行器高机动风洞试验技术与系统	重庆大学、中国空气动力研究与发展中心低速空气动力研究所
1509020	百万千瓦等级汽轮机长叶片关键制造技术研发及产业化	江南大学、无锡透平叶片有限公司
1509021	节能减摩抗磨纳米润滑油脂添加剂	河南大学、武汉材料保护研究所
1509035	高性能复杂零件的增材/铸造复合整体成形技术及应用	华中科技大学、中国航空工业集团公司北京航空材料研究院
1509050	环境友好型复合钎料创制及应用	郑州机械研究所、江苏科技大学、哈尔滨工业大学、杭州华光焊接新材料股份有限公司、南京航空航天大学、广州晶体科技有限公司、机械科学研究院哈尔滨焊接研究所、浙江亚通焊材有限公司 、北京工业大学、天津大学
1509056	大型铸锻件关键成形技术开发及应用	河南科技大学、机械科学研究总院先进制造技术研究中心、中信重工机械股份有限公司、北京工业大学
1509085	厚板、难焊材料激光焊接与复杂曲面曲线激光切割关键技术及系列装备	湖南大学、大族激光科技产业集团股份有限公司、上海第一机床厂有限公司、湖南湖大三佳车辆技术装备有限公司

（续）

项目编号	项 目 名 称	完 成 单 位
1510003	人工智能型液压挖掘机节能技术创新与应用	三一重机有限公司、南京工业大学、天津工程机械研究院
1510030	大型智能化非开挖定向钻机关键技术及产业化	徐州徐工基础工程机械有限公司
1510042	高层建筑救援消防车关键技术及应用	中联重科股份有限公司、长沙中联消防机械有限公司
1511014	高性能中型高速柴油机关键技术及产业化	潍柴动力股份有限公司、潍柴动力空气净化科技有限公司

注：“*”为国机集团所属企业获得奖项。

2015 年度中国机械工业科学技术奖 二等奖项目（127 项）

项目编号	项 目 名 称	完 成 单 位
1501002	ASPM50 面向微小型零件的超精密车磨抛复合加工机床	北京机床研究所
1501005	用于钛合金航空结构件加工的五轴联动加工中心	中捷机床有限公司、天津大学、成都飞机工业（集团）有限责任公司
1501006	HTC3250μm 精密车削中心	沈阳机床（集团）有限责任公司
1501011	高性能 Ti(C，N) 基金属陶瓷材料及其精密刀具的设计与可控制备	株洲钻石切削刀具股份有限公司、湖南工业大学
1501014	25.4×3 000 系列高强及超高强板材数控精整成套设备	山东宏康机械制造有限公司
1502008	ODFPSZ-1000000/1000 特高压自耦有载调压变压器的研制	西安西电变压器有限责任公司
1502010	大热电比抽汽技术及百万千瓦超超临界抽汽汽轮机示范工程应用	上海电气电站设备有限公司
1502019	电力电子装置实时控制系统开发平台及工业应用	天津电气科学研究院有限公司
1502033	±800kV 直流输电工程直流场用开关设备、测量装置技术研究及产业化	西安西电高压开关有限责任公司
1502035	高指标电气化铁道专用智能气体绝缘开关设备	常州太平洋电力设备（集团）有限公司、常州工学院
1502044	兆瓦级大容量全钒液流储能电池系统	大连融科储能技术发展有限公司、中国科学院大连化学物理研究所、机械工业北京电工技术经济研究所
1502046	全转速钢制 1 200mm 末级长叶片研制	东方电气集团东方汽轮机有限公司
1502050	35kV 高温超导电缆系统工程应用与示范研究	上海电缆研究所、上海三原电缆附件有限公司、宝山钢铁股份有限公司、上海电力设计院有限公司、上海中联电缆工程技术总公司、"特种电缆技术"国家重点实验室、国家电线电缆质量监督检验中心
1502052	大型汽轮机高效升级改造及典型工程示范	哈尔滨汽轮机厂有限责任公司
1502055	锅炉排烟余热回收传热管壁温自动控制技术	上海发电设备成套设计研究院、上海外高桥第三发电有限责任公司、华北电力大学
1502070	具有无功补偿功能的大容量光伏并网逆变器	许继集团有限公司
1502071	高压大容量柔性直流输电换流阀关键技术研究及推广应用	许继集团有限公司

（续）

项目编号	项目名称	完成单位
1502072	双馈风电机组并网变流技术研究与设备研制	许继集团有限公司
1502078	新能源发电领域智能调控系统关键设备研制及产业应用	许继集团有限公司
*1502086	GGL-Z 智能固定式低压成套开关设备	天津电气科学研究院有限公司、天津天传电控配电有限公司、宁波奇奥电气科技集团有限公司、义乌市八方电力设备制造有限公司、波瑞电气有限公司、无锡军工智能电气股份有限公司、杭州之江开关股份有限公司
1502091	LW55B-800/Y6300-63 型罐式六氟化硫断路器关键技术研究	平高集团有限公司
1502095	高压大容量静止无功补偿系统的研制及应用	南京南瑞继保电气有限公司 、常州博瑞电力自动化设备有限公司
1502101	多功能、高性能的新型 CM5 系列塑料外壳式断路器	常熟开关制造有限公司（原常熟开关厂）
1502105	“智能配电终端统一支撑平台”及其系列产品的开发与应用	中国电力科学研究院
1502112	大规模风储一体化友好调度关键技术及示范应用	中国电力科学研究院 、新疆大学、国网电力科学研究院武汉南瑞有限责任公司
1502114	±800kV 换流变样机阀侧出线装置制造工艺研究	西安西电变压器有限责任公司
1503005	基于高频励磁和数字信号处理的高性能电磁流量计研制与应用	合肥工业大学、重庆川仪自动化股份有限公司量仪表分公司
1503006	制动间隙自动调整臂性能检测装置	中国计量学院、杭州沃镭智能科技股份有限公司
1503011	大型轴类零件电跳动在位检测技术及系统	浙江大学、丽水学院、杭州汽轮机股份有限公司
1503017	微创外科医疗器械的关键技术及产业化	上海理工大学、上海沪通电子有限公司
1503019	传感器式高压电能表	山东计保电气有限公司
1504001	专用敞车用折返式双车翻车机卸车系统	大连华锐重工集团股份有限公司
1504002	6.25m 捣固焦炉机械 SCP 一体机	大连华锐重工集团股份有限公司
1504006	EML300Y(340A) 窄型连续采煤机的研制	山西天地煤机装备有限公司
1504007	半煤岩及岩巷快速掘进技术与装备	中国煤炭科工集团太原研究院有限公司、神华神东煤炭集团有限责任公司
1504009	超大采高综采智能化成套装备研发	天地科技股份有限公司、宁夏天地奔牛实业集团有限公司、北京天地玛珂电液控制系统有限公司、平顶山煤矿机械有限责任公司
1504014	超长距离管状带式输送机关键技术研究应用	四川省自贡运输机械集团股份有限公司、尧柏特种水泥集团有限公司
1504019	重型数控水平下调式三辊卷板机系列化产品研制	长治钢铁（集团）锻压机械制造有限公司 、太原科技大学
1504021	EPC-8000 电动螺旋压力机	青岛青锻锻压机械有限公司
1504029	基于激光 + 超声波识别及物联网技术的全自动垃圾吊关键技术研究	河南卫华重型机械股份有限公司
1504034	超长距离大运量节能型越野带式输送机	北方重工集团有限公司
*1504039	1 450mm 五机架全连续冷轧机组工艺与设备的研制及应用	中国重型机械研究院股份公司、燕山大学

（续）

项目编号	项目名称	完成单位
1504062	起重机大型钢结构件自动化焊接工艺与装备研发	河南卫华重型机械股份有限公司
1505008	高效可靠叶片泵及装置系统关键技术研究与应用	江苏大学、江苏航天水力设备有限公司
1506012	移动式压力容器轻量化建造及安全保障关键技术研究	上海市特种设备监督检验技术研究院 、上海市气体工业协会、华东理工大学
1506013	环保制冷剂螺杆制冷压缩机组	烟台冰轮股份有限公司
1506016	主蒸器安全阀	上海阀门厂有限公司
1506024	蜂窝式烟气脱硝催化剂及其制备方法研究项目	郑州康宁特环保工程技术有限公司、郑州康宁特环保装备科技有限公司
1506028	化工用氨大型压缩机及制冷机机组	重庆通用工业（集团）有限责任公司
1506029	核级直接蒸发式制冷机组关键技术研究及产品开发	浙江盾安人工环境股份有限公司
1506032	高效磁悬浮离心式中央空调制冷系统关键技术及产业化	青岛海尔空调电子有限公司、上海理工大学
1506036	大容量装液体食品无菌砖型纸盒灌装机的研发及产业化	山东碧海机械科技有限公司、山东省计算中心（国家超级计算济南中心）、青岛理工大学
1506049	6K-375MG 大型迷宫压缩机	沈阳远大压缩机股份有限公司
1506055	6 万 m^3/h 等级空分装置用压缩机组	西安陕鼓动力股份有限公司
1506060	细水雾大空间调节净化技术及装备研究与工程应用	江苏大学、江苏同盛环保技术有限公司、葛洲坝集团项目管理有限公司、江苏博际喷雾系统有限公司
1506065	高扬程无过载潜水排污泵关键技术研究与工程应用	江苏大学、蓝深集团股份有限公司、浙江丰球泵业股份有限公司 、合肥华运机械制造有限公司、衡阳市大地泵业有限责任公司
1506078	LNK 系列低品质余热高效利用工业汽轮机	杭州汽轮机股份有限公司
1506083	节能环保型中压喷油螺杆移动空气压缩机的研制	无锡压缩机股份有限公司
1506085	新型煤化工产业中煤浆泵关键技术的创新和推广应用	上海福思特流体机械有限公司、华东理工大学
1506087	0.6m 跨声速、连续式循环风洞用轴流压缩机制造技术研究	西安陕鼓动力股份有限公司
1506088	液化天然气橇装式成套装备关键技术及其应用	张家港富瑞特种装备股份有限公司、东南大学、江苏大学、张家港韩中深冷科技有限公司
*1506090	危化品存储压力容器火灾后的合于使用评价技术	合肥通用机械研究院 、广东省特种设备检测研究院、中国特种设备检测研究院
1507002	大口径光学望远镜高精度经纬仪轴承的系列开发	洛阳 LYC 轴承有限公司
1507006	大型专用轴承	洛阳 LYC 轴承有限公司
*1507010	核反应堆燃料装卸系统支承轴承开发研制	* 洛阳轴研科技股份有限公司
1507015	TLCF025-DBEM-1X 高压大流量先导控制插装式比例溢流阀系统研究	山东泰丰液压股份有限公司
1507021	高精密液压铸件——挖掘机专用整体式多路阀阀体	江苏恒立高压油缸股份有限公司

（续）

项目编号	项 目 名 称	完 成 单 位
1507022	KD-A4VS(L)O 250/355 重载（高转速增压）变量柱塞泵	佛山市科达液压机械有限公司、广东科达洁能股份有限公司
1507033	大轴重铁路货车滚动轴承关键技术	瓦房店轴承集团有限责任公司、瓦房店轴承股份有限公司
1507034	堆取料机用超大型推力球轴承关键技术研究	瓦房店轴承集团有限责任公司、瓦房店轴承集团精密转盘轴承有限责任公司
1507044	轮毂轴承动态性能试验机研发	上海人本集团有限公司、上海思博特轴承技术研发有限公司
1507055	双离合器变速器齿轮冷温精密近净成形制造技术开发与应用	江苏太平洋精锻科技股份有限公司 、江苏太平洋齿轮传动有限公司
1507062	液压式大负载双波冲击试验系统研制	上海交通大学、北京机械工业自动化研究所、海军装备研究院
1507065	微电机机壳高效精密拉深级进模技术及应用	常州工利精机科技有限公司
*1508007	中煤张家口煤矿机械有限责任公司煤机装备产业园建设项目	* 机械工业第六设计研究院有限公司 、中煤张家口煤矿机械有限责任公司
*1508010	哈尔滨锅炉厂有限责任公司燃烧试验中心建设项目	* 中国联合工程公司、哈尔滨锅炉厂有限责任公司
*1508013	山西阳煤丰喜化工机械有限公司现代煤化工装备太原研发制造基地	* 中国联合工程公司、山西阳煤化工机械（集团）有限公司
1508023	一汽一大众汽车有限公司广东 30 万辆轿车项目	机械工业第九设计研究院 、一汽 - 大众汽车有限公司
*1508025	北京市医疗器械检验所综合性医疗器械检验基地	* 中国中元国际工程有限公司
1508029	上海交通大学海洋深水试验池工程设计关键技术研究	中船第九设计研究院工程有限公司
1509009	汽车悬架隔振性能关键技术研究及工程实践	南京工程学院、江苏卡威汽车工业集团有限公司、盐城工学院上海同捷科技股份有限公司
1509016	采用分布式协同优化控制方法的瓦楞包装生产线	中国石油大学（华东）、青岛美光机械有限公司
1509017	新一代运载火箭贮箱壁板绿色高效制造技术	上海航天精密机械研究所
1509024	全数字大功率高性能弧焊逆变电源及其智能控制技术	华南理工大学
1509044	运载火箭贮箱全搅拌摩擦焊制造装备及工艺	上海航天设备制造总厂
1509061	汽车底盘关键零部件疲劳耐久性分析方法研究与应用	万向钱潮股份有限公司
1509063	机器人机构与装备应用研究	山东科技大学 、燕山大学、江南大学、 青岛博世通工业设备有限公司
1509064	纤维增强塑料前端模块开发及其在目标车型上集成应用	奇瑞汽车股份有限公司
1509067	YT28K 型中风压气腿式凿岩机	山东天瑞重工有限公司
1509074	万吨级编组高速货运列车牵缓互连系统关键锻件研制及产业化	南京工程学院、南京中盛铁路车辆配件有限公司、 南京钢铁股份有限公司
1509076	面向工程机械工况特征系列新型微合金非调质钢开发与应用	广西柳工机械股份有限公司、广西大学、中国汽车工程研究院股份有限公司
1509084	WP5/7 系列发动机柔性自动化装配生产线	北京机械工业自动化研究所、潍柴动力股份有限公司

（续）

项目编号	项目名称	完成单位
1510016	推土机智能电控系统关键技术研究与应用	山推工程机械股份有限公司
1510024	GR215D 重载平地机研发及产业化	徐州徐工筑路机械有限公司
1510029	北美市场液压挖掘机适应性研究及其产业化	徐州徐工挖掘机械有限公司
1510031	极寒型汽车起重机关键技术研究与产业化	徐州重型机械有限公司
1510045	水平预压式垃圾压缩转运站成套设备	中联重科股份有限公司
1511004	国Ⅳ排放发动机用气缸盖垫片	烟台石川密封垫板有限公司
1511005	“LS”系列发动机废气再循环 EGR 系统	无锡隆盛科技股份有限公司
1511006	高功率密度内燃机非调制钢曲轴制造关键技术及产业化	天润曲轴股份有限公司
1511010	高效可靠柴油发动机关键技术研究及应用	安徽华菱汽车有限公司
1511023	固体储氨 (SSCR) 基础技术、系统开发和应用研究	中国第一汽车股份有限公司技术中心、吉林众鑫汽车装备有限公司
1511024	满足国Ⅳ以上排放标准共轨系统开发	中国第一汽车股份有限公司无锡油泵油嘴研究所
1512007	核电 CAP1400 上封头加工技术攻关	上海重型机器厂有限公司
1512009	薄壁类零件三辊轧机架的加工工艺的改进	太原重型机械集团有限公司
1512016	发动机燃烧研究试验台进气系统的开发	东风商用车有限公司技术中心
1512023	巨型轴流转桨式水轮机转轮加工装配技术	哈电集团哈尔滨电机厂有限责任公司
1512034	多轴高速随动式曲轴磨床的装配工艺技术	北京第二机床厂有限公司
1512041	空气动力雾化尿素还原剂喷射控制系统	中国一汽集团技术中心
1513002	工程机械领域国外技术法规应对方案	机械科学研究院工程机械军用改装车试验场 (国家工程机械质量监督检验中心)、中机生产力促进中心
*1513007	电气用压纸板和薄纸板系列标准（标准号 GB/T 19264.1 ～ 3）	* 桂林电器科学研究院有限公司（原桂林电器科学研究院）、泰州新源电工器材有限公司、湖南广信科技股份有限公司（原湖南广信电工科技股份有限公司）、常州市英中电气有限公司、潍坊汇胜绝缘技术有限公司、辽宁兴启电工材料有限责任公司、南通中菱绝缘材料有限公司
1513008	《土方机械　噪声限值》（GB 16710—2010）	天津工程机械研究院、厦门厦工机械股份有限公司、天津建筑机械厂（天津移山工程机械有限公司）、广西柳工机械股份有限公司、徐工集团工程机械股份有限公司、三一重工股份有限公司、福建晋工机械有限公司
*1513014	容积式 CO_2 制冷压缩机（组）标准（标准号：GB/T 29030—2012）	* 合肥通用机械研究院、合肥通用环境控制技术有限责任公司、合肥天鹅科技制冷有限公司、烟台冰轮股份有限公司、江苏白雪电器有限公司、浙江中广电器有限公司、广东美芝制冷设备有限公司
*1513020	MEMS 硅基压力传感器系列国家标准（标准号 GB/T 28854—2012 GB/T 28855—2012 GB/T 28856—2012)	* 沈阳仪表科学研究院有限公司、传感器国家工程研究中心、国家仪器仪表元器件质量监督检验中心
1513022	功能安全保障技术研究及其工程化应用	机械工业仪器仪表综合技术经济研究所
*1513029	热交换器节能测试方法关键技术研究及 GB/T 27698.1 ～ .8—2011《热交换器及传热元件性能测试方法》标准制定	* 甘肃蓝科石化高新装备股份有限公司 、西安交通大学、中国特种设备检验研究院、清华大学

（续）

项目编号	项目名称	完成单位
1513046	风力发电机组雷电防护系统技术规范	上海电器科学研究院
*1513055	《机械压力机 安全技术要求》（GB 27607—2011）	*济南铸造锻压机械研究所有限公司、济南二机床集团有限公司、南京埃斯顿自动化股份有限公司、山东高密高锻机械有限公司、江苏扬力集团有限公司
1513057	《机械安全 设计通则 风险评估与风险减小》（GB/T 15706—2012）	南京林业大学光机电仪工程研究所、深圳市华测检测技术股份有限公司、徐州重型机械有限公司 、国家机床质量监督检验中心、中机生产力促进中心、 广西柳工机械股份有限公司、山东省产品质量监督检验研究院
1513061	点燃式发动机安全标准的研制与标准化	上海内燃机研究所、常州常发农业装备工程技术研究有限公司、上海柴油机股份有限公司、潍柴动力股份有限公司、广西玉柴机器股份有限公司、常州常瑞天力动力机械有限公司、中国船舶工业综合技术经济研究院
1513062	《机械产品数字样机通用要求》（GB/T 26100—2010）等 16 项国家标准	中机生产力促进中心、中国电子科技集团公司第三十八研究所
1513064	输变电设备的绝缘配合和高电压测试技术系列标准	西安高压电器研究院有限责任公司
1513065	中国内燃机工业发展战略研究	中国内燃机工业协会、天津大学、江苏大学
1514007	《无驱动结构微机械陀螺及其应用》	北京信息科技大学、国防工业出版社
1514008	《浮选机理论与技术》(第一版)	北京矿冶研究总院、冶金工业出版社
1514009	《机床数字控制技术手册》	清华大学、国防工业出版社、北京航空航天大学、东南大学、中北大学、华中科技大学、成都飞机工业（集团）有限责任公司
1514014	《大功率电站汽轮机寿命预测与可靠性设计》	上海发电设备成套设计研究院、上海上发院发电成套设备工程有限公司、中国电力出版社有限公司

注：“*”为国机集团所属企业获得奖项。

2015 年度中国机械工业科学技术奖 三等奖项目（205 项）

项目编号	项目名称	完成单位
1501004	XK2125×50 数控动梁龙门镗铣床	济南二机床集团有限公司
1501010	CLB-2.5×1 850 数控飞摆剪横切线	江苏亚威机床股份有限公司
1501012	高品质多工况系列化液压装备关键技术与产品开发	合肥合锻机床股份有限公司、浙江大学、合肥工业大学
1501015	RG300×150/260L-NC 数控重型轧辊磨床	齐重数控装备股份有限公司
1501016	Q1-203 数控单柱移动立式车铣钻床	齐重数控装备股份有限公司
1501023	大长径比精密滚珠丝杠副	南京工艺装备制造有限公司
1502005	无卤无红磷阻燃环保热收缩材料的关键技术研发与产业化	长园集团股份有限公司
1502009	时速 200km/h 及以上电气化铁道用铜及铜合金接触线、绞线	西安西电光电缆有限责任公司
1502012	ZGW8-816(W)/J6300-63 特高压直流隔离开关技术	山东泰开隔离开关有限公司

（续）

项目编号	项目名称	完成单位
1502016	1 000MW 级核电常规岛汽轮机及主要辅机研制	上海电气电站设备有限公司
1502017	纯电动客车智能换电成套装备开发与规模化应用	许继集团有限公司
1502018	燃用准东煤 350MW 超临界锅炉	哈尔滨锅炉厂有限责任公司
1502022	特高压输电线路用 1 250mm^2 大截面节能导线系列产品的研发与应用	远东电缆有限公司
1502026	核电用 500kV 电容式电压互感器	西安西电电力电容器有限责任公司
1502027	±800kV 直流输电工程用特高压直流滤波电容器成套装置	西安西电电力电容器有限责任公司
1502032	光伏发电关键设备研发及专利技术产业化应用	特变电工新疆新能源股份有限公司、特变电工西安电气科技有限公司
1502037	发电厂冷凝器在线清洗机器人的研究及应用	长沙理工大学、湖南大学
1502043	550kV 灭弧室仿真计算研究	西安西电开关电气有限公司
1502048	大型风力发电机组控制与模拟试验关键技术	沈阳工业大学
1502051	大型燃气轮机发电机组进排气流道系统与复合式锁合消音装置的研究及应用	上海电力学院、上海电力建设修造厂、上海电力安装第一工程公司
1502054	循环流化床机组控制系统的研究	上海发电设备成套设计研究院
1502058	电力能效测评与优化节能系统	上海理工大学、上海协同科技股份有限公司
1502067	高压开关智能组件关键技术研究及推广应用	许继集团有限公司、许继电气股份有限公司
1502074	DS3000 高压直流输电运行人员控制系统	许继电气股份有限公司
1502079	高倍率长寿命锂离子动力电池改性石墨负极材料	河南科技大学
1502081	JYW-B 中频逆变直流圆环链自动焊接设备	杭州萧山久远机械有限公司、浙江省机电设计研究院有限公司、浙江省机械工业情报研究所
1502092	816kV 直流接地开关关键技术研究及设备推广应用	河南平高电气股份有限公司
1502093	高抗熔焊性 $AgSnO_2$/Cu 复层电接触材料	福达合金材料股份有限公司
1502094	40.5kV 大容量、模块化复合式组合电器关键技术研究及产品研制	平高集团有限公司
1502096	AP1000 核电半速 1 250MW 汽轮发电机制造工艺研究	哈尔滨电机厂有限责任公司
1502097	哈郑、溪浙特高压直流工程工艺成果	西安西电变压器有限责任公司
1502099	EPR 核电蒸汽发生器研制	上海电气核电设备有限公司
1502103	西北二通道联网工程 750kV 自取能磁控式可控并联电抗器关键设备开发及产业化	特变电工沈阳变压器集团有限公司
1502104	IGBS 系列蓝宝石晶体制备用低压大电流电源系统研究	北京京仪椿树整流器有限责任公司
1502107	ZJ80DB 陆地钻机智能电传动系统的研制	天水电气传动研究所有限责任公司
1502109	双绕组同步电动机交-交变频传动矿井提升机电控系统	天水电气传动研究所有限责任公司、甘肃省变频调速系统及技术重点实验室

（续）

项目编号	项目名称	完成单位
1503003	无磁经纬仪	北京博飞仪器有限责任公司
1503004	电液伺服高频大载荷扭转疲劳试验机研制	* 长春机械科学研究院有限公司
1503009	大型石化控制系统信息安全加固项目—260万t柴油加氢装置示范工程	上海工业自动化仪表研究院、中国石化股份有限公司上海高桥分公司、上海三零卫士信息安全有限公司
1503015	在线紫外吸收水中有机污染物快速测定仪	上海理工大学、上海光狐光电科技有限公司、江苏科沁光电科技有限公司
1503020	高性能低成本水位传感器的开发	常州大学、南通市华冠电器有限公司
1503023	堆芯测量系统国产化的研究与实施	中广核工程有限公司、北京中法瑞克核仪器有限公司
1503027	充油变压器运行性能在线检测装置	江苏理工学院、常州市佳华电子有限公司
1503028	宽带LTE电调移动天线远程调制解调控制系统	江苏理工学院、常州安费诺福洋通信设备有限公司
1504003	煤矿井下紧急避险系统装备及技术研究	北京中煤矿山工程有限公司、煤矿深井建设技术国家工程实验室
1504005	大型高效高频煤泥脱水筛的研发	中煤科工集团唐山研究院有限公司、天地（唐山）矿业科技有限公司
1504011	浅槽重介质分选机	中煤科工集团唐山研究院有限公司
1504016	DG400空间转弯环保型圆管带式输送机	上海科大重工集团有限公司
1504017	大倾角大采高综采液压支架研制与应用	山东能源机械集团有限公司、山东塔高矿业机械装备制造有限公司
1504018	MQ180t门座起重机	华电郑州机械设计研究院有限公司
1504020	加压移动床气化炉布煤破粘系统研究与应用	太原重工股份有限公司
1504022	1450六辊HC可逆液压轧机成套设备研制及产业化	云南冶金昆明重工有限公司
1504024	QLY系列百吨百米级全自动伸缩桁架风电安装轮式起重机关键技术研发及产业化应用	郑州新大方重工科技有限公司
1504030	酸洗车间全自动高精定位起重机	纽科伦（新乡）起重机有限公司
1504031	高效、节能、大型直线振动筛	鞍山重型矿山机器股份有限公司
1504032	锻造半高速钢中间辊的研制	中钢集团邢台机械轧辊有限公司
*1504038	超大型径轴向数控轧环装备及工艺研发与应用	* 中国重型机械研究院股份公司、青岛武晓集团股份有限公司、西北工业大学
1504042	提高厚板剪切精度方法的研究	北京中冶设备研究设计总院有限公司
*1504046	济川药业项目包装车间大批量成品自动搬运码垛入立体仓储系统关键技术研究与应用	* 北京起重运输机械设计研究院
1504048	4 000t/h移置式带式输送机	华电重工股份有限公司
*1504049	特大锻件高温成形集成工艺系统与工业应用	燕山大学、* 中国第二重型机械集团公司、中信重工机械股份有限公司
1504052	棒材二辊矫直机新型辊型曲线设计及其矫直精度分析	燕山大学
1504058	千米深井用大型凿井提升设备关键技术研究	洛阳矿山机械工程设计研究院有限责任公司、中信重工机械股份有限公司、矿山重型装备国家重点实验室
1505001	盆花生产关键设备的研发与示范	北京市农业机械研究所、北京京鹏环球科技股份有限公司

（续）

项目编号	项目名称	完成单位
1505002	秸秆高效清洁热解炭化关键技术装备	农业部规划设计研究院、合肥天焱绿色能源开发有限公司
1505007	节能型无堵塞纸浆泵的关键技术研究与产业化	江苏大学、江苏尚宝罗泵业有限公司、蓝深集团股份有限公司、江苏亚太泵阀有限公司、安徽卧龙泵阀有限责任公司
1505013	果蔬类罐装食品饮料生产关键技术与装备	广州南联实业有限公司
1506005	大型核电火电站汽轮发电机组智能化再热双阀组（简称核电再热双阀组）	江南阀门有限公司
1506008	开架式汽化器（ORV）	四川空分设备（集团）有限责任公司、中石油京唐液化天然气有限公司
*1506019	大型空冷散热器高效全自动清洗技术及装备	沈阳仪表科学研究院有限公司、北京龙源冷却技术有限公司
1506020	工业有机废气吸附脱附净化设备	青岛路博宏业环保技术开发有限公司
1506023	流体喷射干化＋氧化污泥净化技术装备	北京明信德诚环境设备有限公司
1506025	LCC/KE 型 10m 超长袋脉冲袋式除尘器	科林环保装备股份有限公司
1506027	超超临界火电机组二类关键阀门国产化研制及应用	哈电集团哈尔滨电站阀门有限公司
1506031	双级高效永磁同步变频离心式冷水机组	珠海格力电器股份有限公司、南车株洲电力机车研究所有限公司、珠海格力节能环保制冷技术研究中心有限公司、南车株洲电机有限公司
1506039	百万千瓦级核电站用安全（重要）厂用水泵	沈阳鼓风机集团股份有限公司、沈阳鼓风机集团核电泵业有限公司
1506043	超（超）临界火电机组关键阀门国产化	河南开封高压阀门有限公司、国网浙江宁海县供电公司
1506044	超（超）临界火电机组关键阀门国产化研制	华夏阀门有限公司、重庆合川发电有限责任公司
1506045	超(超)临界超大口径锻钢阀(闸阀、止回阀)	南通市电站阀门有限公司
1506046	浓缩铀生产关键阀门	中核苏阀科技实业股份有限公司、中核新能核工业工程有限责任公司
1506050	液化天然气用超低温阀门的研究与应用	大连大高阀门股份有限公司
*1506051	油脂干式冷冻真空脱臭技术及装备	*中国农业机械化科学研究院、中机康元粮油装备（北京）有限公司
*1506052	加工高酸原油石化装置耐腐蚀评价与检测方法研究及工程应用	*合肥通用机械研究院、合肥通用机械研究院特种设备检验站、浙江大学、华东理工大学、中国石化洛阳石油化工工程公司
*1506053	流动科普展示装备的研制开发与推广应用	*合肥通用机械研究院、安徽大学
1506054	烧结余热能量回收与烧结主抽风机联合机组	西安陕鼓动力股份有限公司
1506056	HPRT80-960 液力回收透平机组	辽宁长志泵业有限公司
1506057	高水头大口径水轮机进水双密封液控蝶阀的研制	中阀科技（长沙）阀门有限公司、长沙理工大学
1506069	宁德核电站放射性固体废物处理系统 (TES) 设备自主设计与研制	中广核工程有限公司、中国原子能科学研究院
1506074	电子业用自粘保护膜专用吹塑装备	广东金明精机股份有限公司
1506076	BH 系列精密快速成型机	博创机械股份有限公司
1506092	机电一体化耐腐蚀水环真空机组	山东精工泵业有限公司

（续）

项目编号	项 目 名 称	完 成 单 位
1506094	环球 75 卷筒纸胶印机	高斯图文印刷系统（中国）有限公司
1507001	行星系用高密合度单列调心球面滚子轴承研制	洛阳 LYC 轴承有限公司
1507005	可调高压气淬在轴承热处理的工艺研究及应用	洛阳 LYC 轴承有限公司
1507008	模内加热叠片式高效节能优质轮胎模具（双气室多拼式模内高效均匀加温）	浙江来福模具有限公司
*1507012	天文望远镜用高精度低摩擦力矩转盘轴承的研制	* 洛阳轴研科技股份有限公司、洛阳轴承研究所有限公司
1507017	高补偿性金属石墨复合垫片	浙江国泰密封材料股份有限公司
1507024	新型气体静压节流器关键技术研究	中国计量学院、杭州宏量科技有限公司
1507026	汽车 EPS 系统用滚针轴承研发	苏州轴承厂股份有限公司
1507027	APV 型工程机械负载敏感多路阀	徐州徐工液压件有限公司
*1507031	大型及行走式工程机械关键密封技术研究	* 广州机械科学研究院有限公司、清华大学
1507032	精密泵业配套圆柱滚子轴承单元关键技术	瓦房店轴承集团有限责任公司、瓦房店轴承股份有限公司
1507036	搅拌车专用调心滚子轴承关键技术研究与应用	瓦房店轴承集团有限责任公司、瓦房店轴承集团精密传动轴承有限公司
1507037	冶金设备配套自润滑高温轴承关键技术	瓦房店轴承集团有限责任公司、瓦房店轴承股份有限公司
1507045	谐波减速器用柔性轴承项目研发	上海人本集团有限公司、上海邦克轴承有限公司、杭州人本大型轴承有限公司
1507048	大型镗铣床主轴轴承力学特性分析技术	河南科技大学
1507051	新型大型压力机替代蒸汽缸的组合式复位弹簧	杭州通用弹簧有限公司
1507054	DL**-*20 系列电液、手控多路阀	合肥长源液压股份有限公司
1507056	工程机械用液力变矩器关键技术研究及产业化	广西柳工机械股份有限公司
1507057	电梯专用双列角接触球轴承单元	中山市盈科轴承制造有限公司
1507063	超厚超大透明件模具技术研发	青岛佳友模具科技有限公司
1508001	东风悦达起亚汽车有限公司第三工厂项目	东风设计研究院有限公司、东风悦达起亚汽车有限公司
1508002	东风本田汽车有限公司第二工厂乘用车项目	东风设计研究院有限公司、东风本田汽车有限公司
*1508006	宝鸡石油机械有限责任公司搬迁改造建设项目	* 机械工业第六设计研究院有限公司、宝鸡石油机械有限责任公司
*1508011	滨特尔蒸汽安全阀试验及生产台架项目	* 中国联合工程公司
1508021	中国一重天津滨海制造基地建设	机械工业第一设计研究院
1508022	大众一汽发动机（大连）有限公司长春 45 万台 EA888 建设项目	机械工业第九设计研究院有限公司、大众一汽发动机（大连）有限公司
*1508026	华锐风电科技（江苏）有限公司国家能源海上风电技术装备研发中心项目工程设计	* 中国中元国际工程有限公司
1508028	600 型电动硅钢片横剪生产线	西安启源机电装备股份有限公司
*1508031	沃尔沃（成都）涂装 M+E 项目	* 中国汽车工程有限公司 、机械工业第四设计研究院有限公司

（续）

项目编号	项目名称	完成单位
1509001	核电厂反应堆压力容器主螺栓孔现场修复方案及工艺的开发应用	中广核工程有限公司、辽宁红沿河核电有限公司、环境保护部核电安全监管司、环境保护部核与辐射安全中心
1509010	力与位移耦合控制的新型汽车动力转向系统关键技术及应用	南京航空航天大学、江苏大学
1509011	运载火箭整体舱段自动钻铆装备与工艺技术	上海航天精密机械研究所、上海拓璞数控科技有限公司
1509012	新型冷挤压近净成形技术研发及产业化	盐城工学院、江苏森威集团飞达股份有限公司
1509014	乘用车被动安全性试验装置的集成研制	上海工程技术大学
1509018	环保型改性聚甲醛轴衬材料	上海材料研究所
1509027	光纤通信超精密陶瓷插芯制造关键技术及系列装备	宁波职业技术学院、宁波宁创自动化设备有限公司、宁波鱼化龙机电科技有限公司
1509032	大口径耐高压蝶阀 V 法铸造关键技术	河南豫兴铸造有限公司、河南科技大学
1509033	车辆电液复合制动系统匹配的关键技术与应用	常熟理工学院
1509036	上海轨道交通 13 号线车辆研制	南车南京浦镇车辆有限公司
1509037	核反应堆堆内构件防咬合表面强化工艺与技术	武汉材料保护研究所
1509042	多元复合稀土镍基、铜基形状记忆合金的产业化及其应用	江苏大学、镇江忆诺唯记忆合金有限公司
1509047	无铅钎料	郑州机械研究所
1509055	风场级风力发电机组状态在线监测系统	河南科技大学
1509062	全电调节无级变速器及其集成控制关键技术研究与应用	江苏理工学院
1509069	汽车高性能耐热涡轮增压器壳体开发及产业化	南车戚墅堰机车车辆工艺研究所有限公司
1509070	水陆两栖河道清理无人船研发与应用	上海工程技术大学、苏州飞驰环保科技股份有限公司
1509071	铸造合金模具钢开裂控制研究	一汽模具制造有限公司
1509073	一种平板蒙皮胶粘结构高精度铝合金反射面面板及其制造方法	中国电子科技集团公司第五十四研究所
1509077	起重机械（大型造船门式起重机）安全监控管理系统	中船第九设计研究院工程有限公司
1509080	安全高效的大型立式离心铸造关键技术	武昌船舶重工集团有限公司
1509081	自行式盘管筒体螺旋环缝自动焊接技术	上海锅炉厂有限公司
1509082	EPS 系统参数与结构耦合研究及工程应用	邵阳学院、株洲易力达机电有限公司
1509083	2010 涂装工艺的开发、应用和优化	上海大众汽车有限公司
1510005	全液压斗轮挖掘机	大连重工通用设备有限责任公司、大连理工大学、大连交通大学、辽宁工程技术大学
1510009	钢筋螺纹自动化加工生产线的研制	中国建筑科学研究院建筑机械化研究分院、廊坊凯博建设机械科技有限公司
1510014	ZTS6250 泥水平衡盾构设备研制及应用	中国铁建重工集团有限公司、中南大学
1510026	新型门座起重机关键技术的研发与应用	杭州江河机电装备工程有限公司、水利部杭州机械设计研究所

（续）

项目编号	项目名称	完成单位
1510027	小吨位 XF 系列内燃平衡重式叉车	杭叉集团股份有限公司
1510032	新一代 D 系列旋挖钻机	徐州徐工基础工程机械有限公司
1510033	XS263、XS303、XS333 超大吨位全液压振动压路机平台研发及产业化	徐工集团工程机械股份有限公司道路机械分公司
1510034	MQH37A 侧面起重机	徐州徐工随车起重机有限公司
1510037	XZJ5312JQJC4 重载超宽平台桁架式桥梁检测车	徐州徐工随车起重机有限公司
1510038	面向全生命周期的流动式起重机物联网平台及嵌入式系统开发	徐州重型机械有限公司
1510040	环境友好型挖掘机关键共性技术研究及应用	广西柳工机械股份有限公司
1510041	混凝土机械多维布料臂架设备及其关键技术	中联重科股份有限公司
1510043	纯电动扫路车及关键技术研究	中联重科股份有限公司
1510044	ZLJ5164TSLE4 型无尘作业干扫车	中联重科股份有限公司
1511001	小型轻量化增压汽油机的自主研发	华晨汽车集团控股有限公司
1511007	船艇用高速汽油机关键技术及应用	湖南大学、湖北三江船艇科技有限公司
1511008	新能源燃气发动机产业化开发	河南柴油机重工有限责任公司
1511012	黄连木生物柴油发动机关键技术研究与开发	河南科技大学
1511021	12V170 柴油机设计开发	淄博柴油机总公司
1511025	11L（6DM）大功率柴油机涡轮增压技术开发	湖南天雁机械有限责任公司
1512001	混凝土搅拌运输车供水系统改进项目	扬州柳工建设机械有限公司
*1512002	大型加氢反应器制造技术创新	* 二重集团（德阳）重型装备股份有限公司核电石化事业部
1512004	东北地区不结冰的逆流、混流一体凉水塔	一汽轿车股份有限公司
1512006	Ti75 冷却器管板焊接制造技术研究	东方电气集团东方汽轮机有限公司
1512008	延长磨齿机金刚轮使用寿命的方法	太原重型机械集团有限公司
1512010	总装线车门玻璃升降器电动检测项目	北京现代汽车有限公司
1512011	工艺编程与操作的创新	天津市天锻压力机有限公司
1512013	商用车发动机悬置位移计的制作与应用	东风商用车有限公司技术中心
1512015	一种 SCR 台架试验用压缩空气供给系统研制	东风商用车有限公司技术中心
1512019	5 000T 冲压自动化模具改造设计	江铃汽车股份有限公司
1512022	巨型水轮发电机定子线圈模具端部型腔的数控加工	哈电集团哈尔滨电机厂有限责任公司
1512030	电极拆卸专用工具	一汽大众汽车有限公司
1512031	柔性化自动涂胶系统数据采集、质量提升、节拍优化方案	一汽 - 大众汽车有限公司
1512033	便携式气门拆装工具	一汽解放汽车有限公司无锡柴油机厂
1512039	弧焊焊接在线质量监测及分析技术	一汽轿车股份有限公司
1512045	冲压件试制三维激光切割定位技术研究	中国第一汽车股份有限公司技术中心
1512047	多功能“工艺车”设计与应用	一汽轿车股份有限公司
1513003	GB/T 25931—2010/IEC 61588：2009 网络测量和控制系统的精确时钟同步协议标准	机械工业仪器仪表综合技术经济研究所

（续）

项目编号	项目名称	完成单位
1513009	YVF 系列变频调速高压三相异步电动机技术条件（机座号 355 ～ 630）	上海电器科学研究所（集团）有限公司、上海电机系统节能工程技术研究中心有限公司
1513017	工业过程测量和控制系统用无纸记录仪标准（标准号 GB/T 25479—2010）	上海工业自动化仪表研究院、浙江中控自动化仪表有限公司、杭州盘古自动化系统有限公司
1513018	工业智能仪控系统嵌入式软件全生命周期测评及优化技术	上海工业自动化仪表研究院
*1513026	《矩形熔断体》（JB/T 11316—2012）标准制定	*广州电器科学研究院、华德电子股份有限公司、南京萨特科技发展有限公司、好利来（中国）电子科技股份有限公司
*1513027	《农业灌溉设备 灌溉阀》等 7 项灌溉设备标准	江苏大学、*中国农业机械化科学研究院、杭州市质量技术监督检测院
*1513028	起重机械能耗测试方法标准研究	*北京起重运输机械设计研究院
1513031	《爆炸性环境 爆炸预防和防护》（GB 25285）安全技术研究	南阳防爆电气研究所有限公司、南阳爆炸与火灾安全防范重点实验室
1513033	《仓式滚筒翻堆机》（JB/T 11246—2012）	机科发展科技股份有限公司、中机生产力促进中心
*1513038	《制冷用闭式冷却塔》(JB/T 11530—2013)	烟台荏原空调设备有限公司、合肥通用机械研究院
1513040	热处理炉有效加热区测定方法	广东世创金属科技有限公司、北京机电研究所、江苏丰东热技术股份有限公司
*1513041	《镁合金热室压铸机》（GB/T 25717—2010）	深圳领威科技有限公司、济南铸造锻压机械研究所有限公司
1513043	《移动板式电除尘器》（JB/T 11311—2012）	西安理工大学、浙江菲达环保科技股份有限公司、 西安宇清环境工程科技有限责任公司、杭州天明环保工程有限公司、北方联合电力有限责任公司
1513050	《滚动轴承 机床主轴用圆柱滚子轴承》（GB/T 27559—2011）	洛阳轴承研究所有限公司 、洛阳 LYC 轴承有限公司、常熟长城轴承有限公司、湖北新火炬科技股份有限公司、哈尔滨新哈精密轴承股份有限公司
1513051	《剪板机用数控系统》(JB/T 11214—2012)	南京埃斯顿自动化股份有限公司、山东英才学院、深圳市华测检测有限公司
*1513052	《高效转子混砂机 技术条件 》	*济南铸造锻压机械研究所有限公司
1513058	电气设备场所共性安全关键技术标准研究	上海电动工具研究所、机械工业北京电工技术经济研究所、成都电气检验所
*1513059	《农业拖拉机 通用技术条件》（GB/T 15370.1 ～ .5）系列标准	*中国一拖集团有限公司、江苏常发农业装备股份有限公司、国家拖拉机质量监督检验中心、福田雷沃国际重工股份有限公司、徐州凯尔农业装备股份有限公司
1514002	先进汽车缓速器理论与试验	北京工业大学、机械工业出版社
1514003	150MN 锻造液压机	中国第一重型机械集团公司、国防工业出版社
1514004	异质先进材料连接理论与技术	山东大学、国防工业出版社
1514005	轴类零件冷滚压精密成形理论与技术	太原科技大学、国防工业出版社
1514012	《冲压工艺与模具设计》（第 1 版）	南京工程学院、机械工业出版社
1514020	《机械制造装备设计》（第 3 版）	山东理工大学、青岛理工大学、山东大学机械工程学院、机械工业出版社

注：“*”为国机集团所属企业获得奖项。

2016

中国机械工业集团年鉴

CHINA NATIONAL MACHINERY INDUSTRY CORPORATION YEARBOOK

第九篇

企业风采

树立国机之品牌 展示企业之风采

让创想成真
CREATE IDEAS ACHIEVE DREAMS

CAMC 中工国际工程股份有限公司
CHINA CAMC ENGINEERING CO., LTD.

传递中国工程价值
奉献 诚信 执着 创新

中工国际工程股份有限公司（简称“中工国际”）隶属于中国机械工业集团有限公司，成立于 2001 年 5 月，并于 2006 年 6 月在深圳证券交易所挂牌上市，是中国股市实施全流通股改后率先获准发行新股（IPO）的公司。

中工国际核心业务是国际工程总承包、海内外投资和贸易，具有丰富的国际工程总承包管理经验。截至目前，已完成近百个大型交钥匙工程和成套设备出口项目，业务范围涉及亚洲、非洲、美洲和东欧地区，业务领域涵盖工业工程、农业工程、水务工程、电力工程、交通工程、石化工程及矿业工程等，已完成的项目获得了所在国家业主的广泛认可和好评。

中工国际拥有广泛的信息获取渠道和高效的管理团队，拥有长期而稳定的战略合作伙伴和良好的融资能力。

展望未来，在广阔的工程、投资及贸易领域，中工国际将积极进取、开拓创新，创造更加辉煌的明天！

委内瑞拉比西亚电站项目

白俄罗斯纸浆厂项目

赞比亚道路升级改造项目

老挝万象新世界商业街

中国福马机械集团有限公司是中国专用设备研发、制造、销售的大型企业，是中国林业机械协会的会长单位。中国福马以“动力装备、林业装备、工程与贸易”为三大主业，形成了汽油机及配套机械、柴油机及配套机械、新能源动力及配套机械、人造板机械、造纸机械、森林种植采伐机械、机电产品贸易与工程总承包等七大业务板块。中国福马积累了小动力机械、摩托车制造及人造板机械制造几十年的生产经营经验，生产制造的各类人造板机械产品处于国内先进地位，是全国大型的摩托车发动机定点生产企业和摩托车上目录企业，公司产品处于国内领先水平，多次被中国质量协会用户委员会认定为“全国用户满意产品”。产品出口到美国、加拿大、日本、德国及东南亚等130多个国家和地区，享有较高的市场声誉。

中国福马机械集团有限公司

地址：北京市朝阳区安苑路20号世纪兴源大厦　邮政编码：100029
电话：010-84898622、84898187　传真：010-84898421　网址：www.chinafoma.com

Yearbook

中国机械工业建设集团有限公司

CHINA MACHINERY INDUSTRY CONSTRUCTION GROUP INC.

中国机械工业建设集团有限公司（中国建设，SINOCONST）是我国成立最早的大型国有施工企业之一。是国家有关部门批准的工程施工总承包特级企业，拥有房屋建筑工程施工总承包特技资质、建筑行业甲级设计资质、冶炼工程施工总承包壹级、化工石油工程施工总承包壹级、市政公用工程施工总承包壹级、机电安装工程施工总承包壹级、AAA级资信等级和商务部批准的对外经营权。公司倡导以高素质的队伍提供高效率的服务，以高效率的服务建设高品质的工程，以高品质的工程发展高效益的企业。我们始终致力于与各界朋友合力同行，创新共赢！

电力工程

交通工程

市政环保工程

钢结构工程

工业与民用建筑

印尼电站项目

地址 Add：　中国　北京　西城区三里河路南5巷5号

邮编 PostCode：100045　电话 Tel：　86-010-68595600

传真 Fax：　86-010-68524881

网址 Web site：　http://www.sinoconst.com.cn

中国重型机械有限公司
CHMC
CHINA NATIONAL HEAVY MACHINERY CORPORATION
中国重型机械有限公司成立于1980年，是以工程总承包、带资运营、贸易和服务为主营业务的工程总承包综合服务企业，业务领域覆盖冶金、矿山、交通、建材、电力、水务、环保、化工、生物能源、农产品仓储及加工等行业领域。
柬埔寨达岱水电站BOT项目验收运营大会暨发电仪式
上海宝山钢铁公司1 580mm热连轧机组
日照港年吞吐能力1 900万t矿石码头
海南华润日产6 000t水泥厂
柬埔寨金边环网输变电工程
地址：中国•北京市公主坟复兴路甲23号 邮政编码：100036 电传：2005 CHMC CN
电话：0086-10-68211861 68296001 传真：0086-10-68217772 68296106
电子信箱：chmc@chmc2003.com http://www.chmc2003.com

GME 中通公司

中国通用机械工程有限公司

China National General Machinery Engineering Corporation

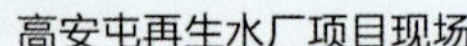
高安屯再生水厂项目现场

廊坊污水处理设备国际化示范工程现场

首都水环境治理产业联盟成立大会现场，
中通公司为联盟副理事长单位

伊朗德黑兰地铁1号线和2号线环控通风工程

重庆鸡冠石污水处理厂三期扩建项目
工艺设备总承包项目现场

中国通用机械工程有限公司（简称中通公司），成立于1979年，隶属中国机械工业集团有限公司。

中通公司是集工程承包、设备集成、技术服务、进出口贸易为一体的专业工程公司。

中通公司拥有对外工程承包经营、进出口贸易、甲级机械工程设计、甲级设备监理资质、压力容器和环境工程专项设计资质，是中国机电产品进出口商会、中国对外工程承包商会会员单位。

中通公司业务涉及城市污水治理、工业废水废气及粉尘治理、城市湖泊水体治理、固体垃圾处理、城市供水供热、轨道交通、电厂电站及石油化工、煤化工等领域。国内业务范围遍及除西藏、中国台湾之外的各个省份；国际市场业务涉及亚、非、欧、美等20多个国家和地区。

中通公司坚持诚信为本、创新为魂、客户至上、追求卓越，拥有一支经验丰富的工程设计和项目管理人才队伍，形成了完整的业务链条和工程项目组织管理模式。30多年来，累计完成各类项目3 000多个，获得国家科学技术进步奖和省部级科技进步奖等各类奖项72项，已成为管理科学、资产优良、勇于承担社会责任的中央企业。

地址：北京市西城区太平街甲2号　　**邮编：100050**
电话：010-63133888　　**传真：010-83132001**
http://www.cgme.com.cn　　E-mail：cgme@cgme.com.cn

中国自动化控制系统总公司

中国自控

China National Automation Control System Corp.

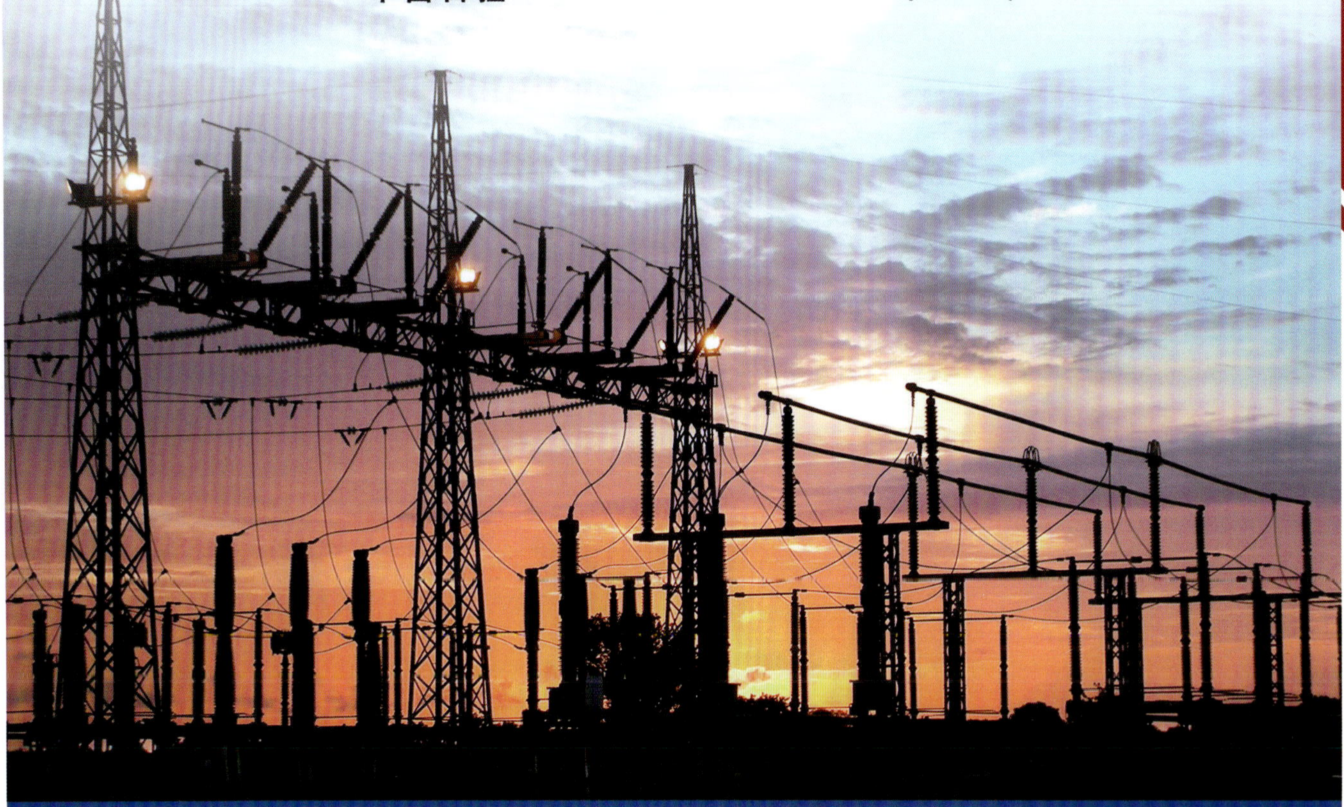

中国自动化控制系统总公司（简称中国自控）成立于1981年，隶属于中国机械工业集团有限公司（国机集团），是集科技、工贸于一体的国有独资公司。

中国自控自成立以来，凭借自身雄厚的技术研发实力、丰富的工程实践和项目管理经验，完成了国内外各种项目数千余项，与世界上80多个国家和地区建立了工程和贸易往来。中国自控曾荣获国家技术装备研制成果特等奖、突出贡献奖等，以及省、市各级项目单位的奖励与表彰。

中国自控不仅从事国内外电力、石化、冶金、轻纺、建材、交通、矿山、市政等传统行业的工程建设，还涉足节能环保、新能源信息化等新兴领域的开发建设。主要业务包括工程承包、工业自动化、建筑智能化、管理信息系统集成；机电产品的研发、制造和销售；工程项目的设计、咨询服务、软件开发、设备成套、运维服务等。

中国自控秉承“诚信、和谐、创新、发展”的企业文化理念和核心价值观，致力于为全球多门类工程领域客户提供全方位优质的服务，实现公司、合作伙伴及社会各方的多赢合作及长远发展。

地址：北京市朝阳区团结湖北路2号
电话：010-65823388
传真：010-65821616
网址：www.cacs.com.cn
邮编：100026

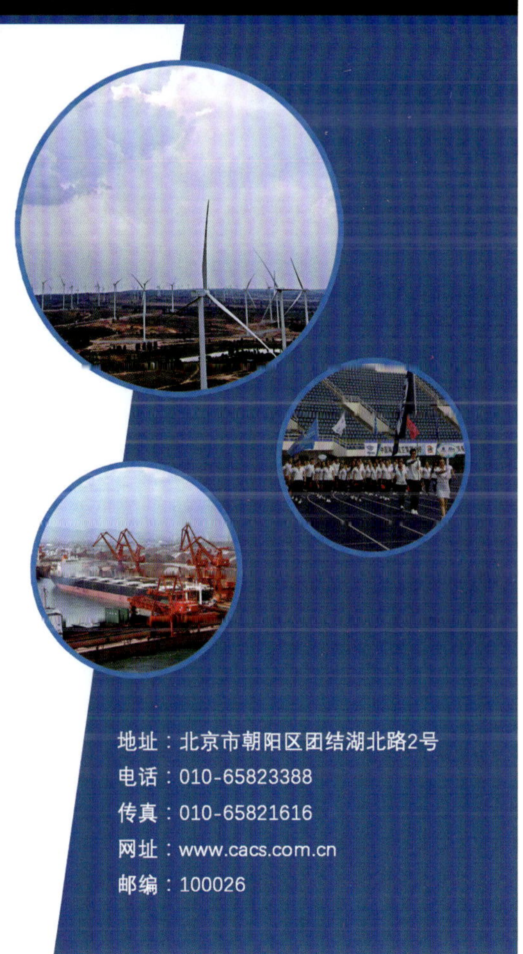

China
National Machinery Industry Corporation Yearbook

国机财务有限责任公司

SINOMACH FINANCE CO.,LTD.

国机财务有限责任公司是于2003年7月经中国银行业监督管理委员会批准成立的非银行金融机构。公司股东为中国机械工业集团有限公司（以下简称“国机集团”）及26家集团成员单位，注册资本为11亿元。

国机财务以“构筑国机集团金融平台，促进国机集团持续发展”为使命，确立以打造“集团产业链金融综合服务商”为功能定位和发展愿景，深入贯彻“团队化、规范化、专业化、市场化”的“四化”理念，着力培育资金结算与管理中心、客户服务与产业链金融中心以及投资与资产管理中心“三个中心”，努力通过金融服务品种创新形成自身差异化、特色化的比较优势，为集团提供金融服务的同时不断提升自身服务价值与创造能力，增强公司可持续发展能力，为集团成员企业的经营发展提供有力的金融支持。

地址：北京市海淀区丹棱街3号A座　邮编：100080
电话：010-82606800　传真：010-82606805　http://www.sinomf.com

国机汽车股份有限公司
SINOMACH AUTOMOBILE CO.,LTD.

公司概况

国机汽车股份有限公司(简称"国机汽车")是世界500强企业中国机械工业集团有限公司(简称"国机集团")旗下一家大型汽车综合服务企业。在中国汽车流通协会发布的"中国汽车经销商集团百强排行榜"中，国机汽车名列前茅;在财富中国发布的中国上市公司500强排名中，位居第62位。

2011年10月，根据发展战略，国机集团通过资产置换方式，将其所属中国进口汽车贸易有限公司(简称"中进汽贸")资产，整体注入上市公司，并成立国机汽车(股票代码：600335)。公司股本总数6.27亿股，注册资本6.27亿元。

凭借20余年专注于进口汽车市场的丰富经验，国机汽车自重组上市以来，逐步构建起以进口汽车贸易服务为核心业务，汽车零售、汽车后市场为重点拓展业务的全新业务结构；培育出覆盖进口汽车贸易服务全链条的核心能力体系，先后与克莱斯勒、进口大众、通用、福特、捷豹、路虎等跨国汽车公司建立起了良好合作关系。

2015年，公司实现销售收入641.64亿元；利润总额6.18亿元，归属于上市公司股东的净利润4.81亿元，每股收益0.77元。基于完善的治理结构、高质量的信息披露、良好的投资者关系管理体系、高效的资本运作能力，以及协同有效的危机应对能力等，赢得了监管机构及资本市场的广泛认可，树立了合规、透明、高效的“标杆公司”的良好形象，进一步提升了公司在行业及资本市场的地位与影响力。

继成为上证380指数样本股、公司治理指数样本股、上证社会责任指数样本股，并成为融资融券和沪港通标的股后，2015年，公司先后荣获由中国上市公司协会、中国证券投资者保护基金有限公司评选的“受投资者尊重的上市公司评选”入围奖，中国经济报刊协会、中国上市公司促进会评选的“中国上市公司诚信百佳企业”；公司发布的《2014年企业社会责任报告》在和讯网的评价系统中排名第18位，位居行业前茅；同时荣获上海证券报评选的“优秀董秘”。

未来，公司将继续秉承“为造车人服务，为卖车人服务，为用车人服务”的理念，以“让汽车生活更美好”为企业愿景，致力于成为“行业领先的汽车综合服务提供商”和“优秀的上市公司”，持续为合作伙伴、为员工、为社会创造价值。

主营业务

汽车批发及贸易服务

创新业务及服务模式，成为多家知名跨国汽车企业的总包销商和全链条服务提供商。作为跨国汽车企业在中国的战略合作伙伴，目前，公司主要服务的进口汽车品牌包括进口大众、克莱斯勒、JEEP、道奇、捷豹、路虎、别克、雪佛兰、福特等。公司已全面具备为跨国汽车企业提供战略资讯、市场分析、车型选择、工程改造、资金融通、认证协助、报关仓储、物流分销等八大模块，建立全链条贸易服务能力体系。

2015年，继续加强港口基础建设，硬件体系基础日趋完善。截至2015年底，公司港口仓储面积达70余万平方米；天津港陆续建成自主独立设计室内整备车间5个，PDI检测线14条，使仓储、检测、整备全链条港口服务功能进一步提升。

汽车零售服务

着眼于中高端品牌，积极布局具有增长红利的地区。通过“批发+零售”模式打造4S店集群，发挥综合优势，实现区域式发展。目前，公司参股、控股4S店50余家，代理汽车品牌近20个，其中包括：宾利、捷豹、路虎、宝马、奥迪、雷克萨斯、英菲尼迪、进口大众、克莱斯勒、JEEP、道奇、雷诺、进口三菱、广汽本田、东风本田等。

汽车后市场业务

积极拓展业务领域，增强全链条服务能力。目前，后市场服务领域主要涉及汽车租赁、汽车改装、汽车电子商务、汽车信息服务等，涵盖汽车流通的全生命周期，初步形成汽车全链条服务体系，实现了体系内各项业务相互促进的良性发展局面。

全链条 菜单式 高效率服务体系

地址：北京市海淀区中关村南三街6号（100190） 电话：0086-10-82169288 http://www.sinomach-auto.com

地址：北京市海淀区中关村丹棱街3号 A座
邮编：100080
电话：(010)82606899
传真：(010)82606999
http://www.cnaico.com.cn
E-mail:cnaico@cnaico.com.cn

CNAICO 中汽国际

中汽国际是中国机械工业集团有限公司（世界500强企业）的全资子公司。坚持商业会展与贸易成套“双擎驱动”，以机械装备领域会展，以及差异化的汽车和机械设备贸易、成套为主业，努力探索展贸互动、展贸联动的特色发展道路。

国内外自主办展、出国代理展和会展工程与服务是中汽国际的重点业务，公司拥有二十余年的组展经验和专业的办展团队，积极开发机械和汽车行业高端会议市场，在国内30多个大中城市举办了众多国际性和地域性相结合的汽车展览，每年主、承办的展览面积超过200万m^2。

贸易业务以自主品牌整车出口、关键汽车零部件和平行贸易汽车进口、汽车用品销售等为主业，大力开发油品等汽车用品及后市场业务，创新商业模式，努力构建面向国内整车及零部件企业的“走出去”综合服务平台。

工程成套业务结合国家“一带一路”战略的实施，在风险可控的前提下，继续深耕印度电站市场，开发国内外汽车设备成套业务，以及以汽车为主题的文化园区、产业园区的建设项目。

秉承“责任、创新、协同”的核心价值观，中汽国际致力于引领中国会展业发展，助力中国汽车业进步，推动中国装备企业全球化进程，为建设成为国内一流、国际知名的综合性展览贸易服务商而不懈努力。

北京国际汽车展览会

中国国际农业机械展览会主场和运营现场

上海国际汽车零配件、维修检测诊断设备及服务用品展览会

查特中汽深冷特种车

印度2×350MW电站项目一号汽轮机设备出运

出口乘用车

2015年8月20日，公司召开干部任职宣布大会，在三人董事会基础上新增两名外部董事，设立监事会。

2015年4月29日，公司与长春机械院签订投资合作意向书。

2015年11月30日，公司党委副书记、副总经理王胜利作为股东代表出席苏美达资本第一次股东大会，当选为第一届监事会监事。

2015年8月6日，公司与九汇华纳签订战略合作协议。

2015年10月9日，公司与北大纵横咨询公司合作开展岗位胜任力测评。

2015年6月30日，公司总部全体党员开展纪念建党94周年主题党日活动。

2015年9月18日，公司代表队参加国机集团职工田径运动会。

国机资产管理公司成立于2011年1月26日，公司定位为国机集团的资产管理平台，是一家以资产管理、资产运营、资产投资为核心主业，涵盖国际贸易、产权经纪等增值业务的综合性资产管理公司。

国机资产根据国有经济结构布局战略性调整要求，围绕国机集团改革重组总体部署，坚持市场化、企业化运作原则，服务国机集团内部资源整合，有效促进资产流转和资本流动，参与新兴产业孵化培育，为国机集团实现产业结构调整、快速成长为具有国际影响力的大型企业集团做好服务。

国机资产管理公司

地址：北京市朝阳区朝外大街19号华普国际大厦11层　邮编：100020
电话：010-65802288　传真：010-65802010
http://www.sino-capital.com.cn/

国机资本控股有限公司
Sinomach Capital Holdings Co., Ltd.

▶ 2015年8月6日成立， 股东19家，注册资本金23.7亿元。

▶ 2015年跟踪评价36个投资项目，完成8项投资决策，金额共计10.54亿元，当年投出资金4.31亿元。

▶ 围绕集团产业打造投资生态圈，通过投资合作已与中国中车为代表的多家大型制造业央企、航天投资为代表的多家军工企业集团、清华控股为代表的高校资本建立了紧密的战略联盟，在互联网金融、科技实业、国防军改等存在重大市场机遇和投资机遇的领域内谋篇布局。

▶ 参与*ST常林定向增发和投资设立国机智能等。

由于投资业务退出和回报期较长，公司在创立初期主要以创效益、增实力、树品牌，稳步成长为工作目标。围绕这一目标，未来3～5年内公司在资产配置上注重长短期业务结合，短期投资注重风险可控并且有稳定现金流收益的投资项目以便实现增厚利润的目的，长期投资注重兼具价值驱动和事件驱动的投资项目以期获得较好投资回报并逐步树立起国机资本在资本市场的品牌形象。与此同时，坚守风险门户，不因业绩驱动而盲目投资，本着“尊重投资规律、敬畏资本市场”的原则着眼长远，扎实做好各项工作，努力实现“慎行致远”的公司发展宗旨。

农业装备研发制造、农业和食品工程为主导的多元化科技型企业

- 农业装备
- 畜牧业装备
- 农产品与食品加工装备
- 可再生能源装备
- 特种装备
- 勘察设计与工程施工
- 信息传媒

青贮饲料收割机

中国农业机械化科学研究院

Chinese Academy of Agricultural Mechanization Sciences

中国农业机械化科学研究院（简称中国农机院）成立于1956年。1999年由科研事业单位整体转制成为中央直属科技企业。2009年进入中国机械工业集团有限公司。总部位于北京奥运村核心地区。在职员工6 000余人。

中国农机院以打造“价值型农机院”为引领，致力于建设“创新农机院、智慧农机院、幸福农机院”，围绕现代农业装备制造、农业和食品工程，发展多元化产业，努力打造具有国际竞争力的一流企业，引领中国农机工业技术进步，支撑中国农业机械化发展。

10kg/s通用型多功能谷物联合收割机

飞机牵引车

SP系列超大型摊铺机

智能挂面干燥系统

超高温真空环境力学性能试验装置

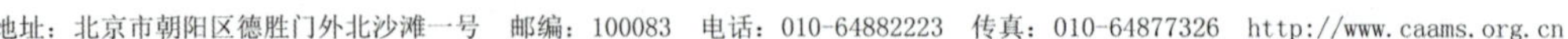
地址：北京市朝阳区德胜门外北沙滩一号　邮编：100083　电话：010-64882223　传真：010-64877326　http://www.caams.org.cn

中国中元国际工程有限公司
CHINA IPPR INTERNATIONAL ENGINEERING CO.,LTD.
企业风采
地址：北京市西三环北路5号 邮编：100089 电话：010-68458355 传真：010-68732688 http://www.ippr.com.cn 邮箱：office@ippr.net

二重制造的CAP1400核电半速转子

二重为山东盛阳钢铁公司生产制造的1 580轧机热负荷试车

中国二重自主设计、制造、安装的800MN大型模锻压机

二重研制的C919大型客机起落架锻件顺利通过装机评审，图为锻压成型的起落架锻件

二重为东方电机公司研制的300MW精加工火电发电机转子

中国第二重型机械集团公司（简称中国二重）始建于1958年，是中国重大技术装备研制基地，是关系国家安全、国民经济命脉的基础性、战略性企业。

为了做强做大做优企业，探索我国重型装备制造业发展的新路，2013年，经国务院批准，中国二重与国机集团实施联合重组，中国二重整体产权无偿划入国机集团，中国二重成为国机集团全资子企业。

中国二重现有在岗职工7 686人，具有强大的产品研发、设计和制造能力，旗下有国家技术中心、工程实验室和博士后工作站，有以当今世界领先的800MN模锻压机、160MN自由锻压机为代表的生产设备4 300余台，具备一次性冶炼900t钢水、浇注700t钢锭、产出550t成品铸件及400t成品锻件的能力，可按国际、国内标准及不同等级、规格和用户需求提供冶金成套设备、核电、水电、火电成套铸锻件、重型压力容器、大型传动件、大型航空模锻件等各类重大技术装备制造服务。

五十多年来，中国二重先后为冶金、矿山、能源、交通、汽车、石油化工、航空航天等国民经济各部门和国防建设提供了两百多万吨重大技术装备，积淀了深厚的技术实力和服务经验，在国家重大技术装备国产化的进程中发挥了不可替代的重要作用。

受宏观环境、市场及企业历史等诸多因素的影响，中国二重近几年出现了罕有的困难、挑战，企业面临不能持续经营的困境。2015年，新班子带领全体职工，强力推进“中国第二重型机械集团公司扭亏脱困总体实施方案”。通过采取“内科手术”“外科手术”的方式，内外结合，长短并举，综合施策，扭亏脱困取得了历史性的重大突破和阶段性成果，企业实现重生，走向了振兴发展的新时期。

在党的十八大和中央历次全会精神指导下，中国二重将牢固树立和践行创新、协调、绿色、开放、共享的发展理念，紧紧围绕“一年有新突破、三年有大变化、五年上新台阶，建设一个市场化、现代化、国际化的新二重”的战略目标，加快推进企业转型升级、振兴发展，加快构建集科、工、贸于一体的高端重型装备制造平台，为我国从制造大国走向制造强国作出新的更大贡献。

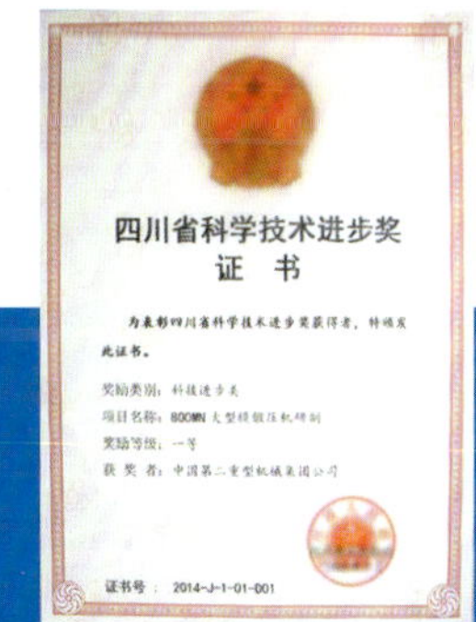
四川省科学技术进步奖
证 书

中国第二重型机械集团公司

地址：四川省德阳市珠江西路460号　邮编：618000　电话：0838-2342114
传真：0838-2201998　http://www.china-erzhong.com

YTO 中国一拖
上市股票：A 股/ 一拖股份 601038
H 股/ 第一拖拉机 00038
智锐系列动力换挡拖拉机
新的生活从东方红®开始
LF2204
金色服务
免费服务电话：4006591899
www.ytogroup.com

SUMEC 江苏苏美达集团有限公司

江苏苏美达集团有限公司（SUMEC）成立于1978年，是世界500强企业中国机械工业集团有限公司（SINOMACH）的重要成员企业。经过近40年的发展，苏美达集团已成长为专注于贸易与服务、工程承包、投资发展三大领域的贸工技金一体化现代制造服务业企业集团。

展望未来，苏美达集团将秉承“融汇全球资源，共享人类文明”的使命，创新超越，行稳致远，致力于成为世界一流企业。

业务领域

• 动力工具

• 发电设备

• 纺织服装

• 机电设备进口

• 大宗商品贸易

• 成套工程

• 清洁能源

• 船舶工程

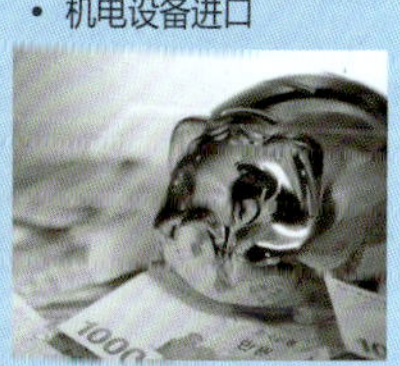

• 投资发展

电话：(025)8451-1888 传真：(025)8441-1772
E-Mail：contact@sumec.com.cn 网址：www.sumec.com
总部地址：南京市玄武区长江路198号苏美达大厦 邮编：210018

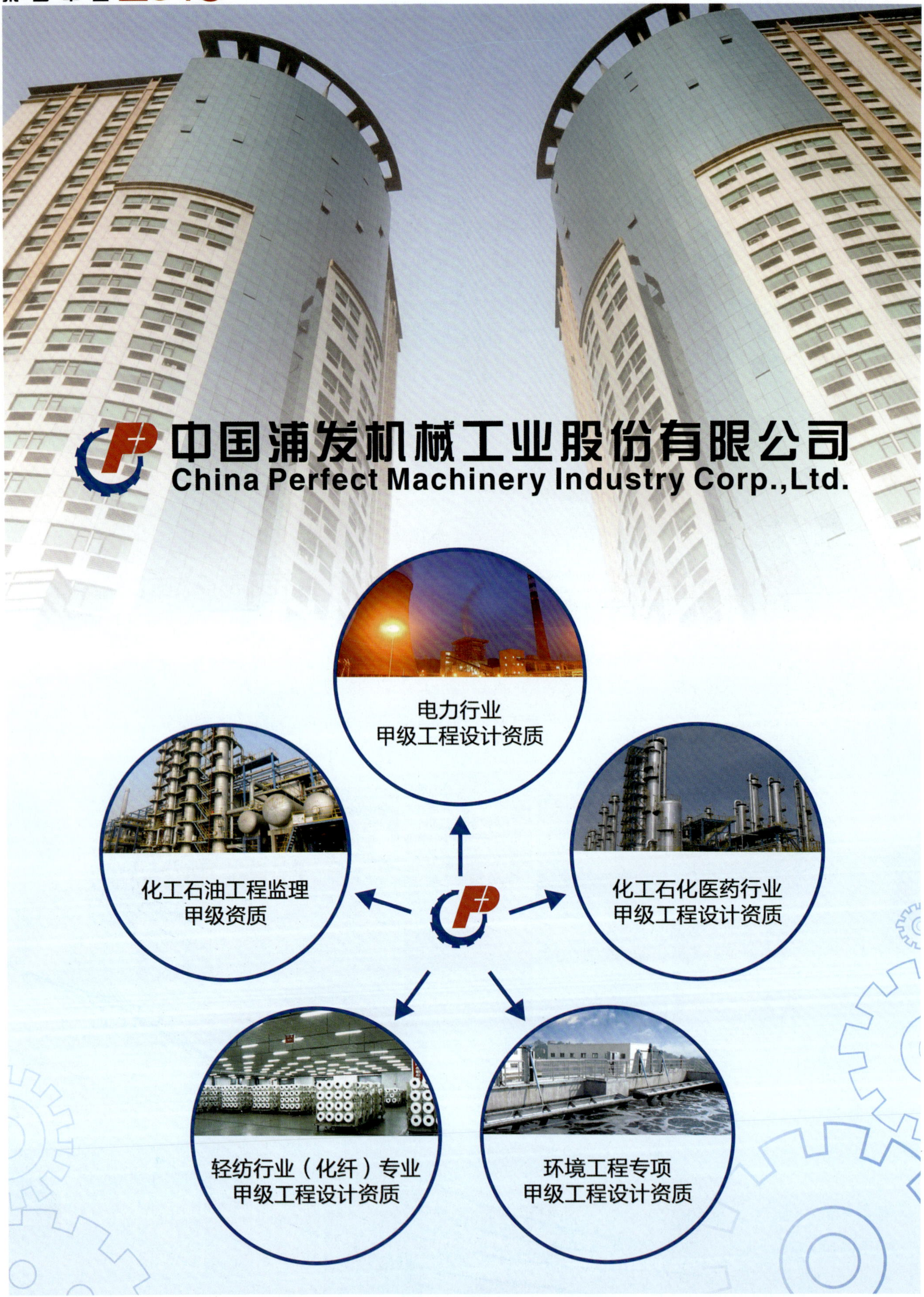
中国浦发机械工业股份有限公司
China Perfect Machinery Industry Corp.,Ltd.
电力行业
甲级工程设计资质
化工石油工程监理
甲级资质
化工石化医药行业
甲级工程设计资质
轻纺行业（化纤）专业
甲级工程设计资质
环境工程专项
甲级工程设计资质

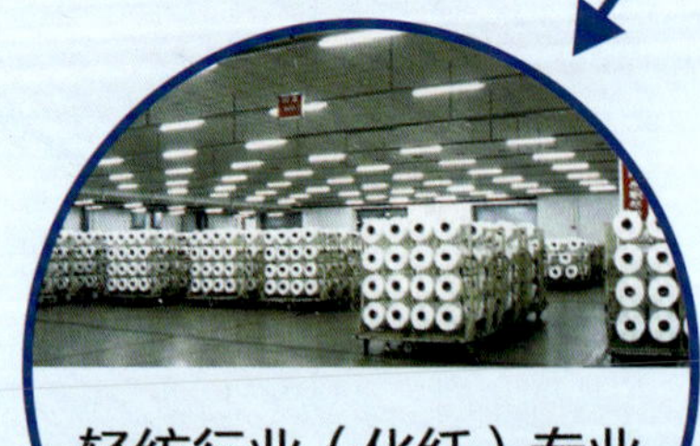

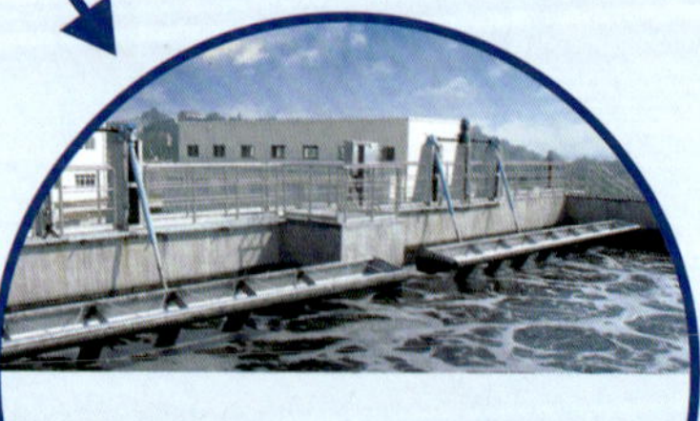

2015年11月13日-15日，
第三届三磨展在郑州隆重举行

国机精工有限公司（简称国机精工）成立于2013年9月，是国机集团在所属中国机械工业国际合作有限公司、郑州磨料磨具磨削研究所有限公司等磨料磨具业务资源的基础上，以重组白鸽磨料磨具有限公司为契机而注册设立的工磨具业务发展平台，总部注册在郑州荥阳市新材料产业集聚区，注册资本5 000万元，共有员工2 170人，目前设有8个职能管理部门和营销中心、采购物流中心、电商平台。

秉承“合力同行，创新共赢”的企业理念，以国机集团整体发展战略为指引，国机精工通过加快资源共享、业务协同、优化配置等手段，有序推进磨料磨具及相关产业资源的有机融合，着力提升国机精工在磨料磨具及相关产业的核心能力和国际竞争力，努力成为集科工贸于一体、产业链完整、竞争能力突出、“国内最强、国际知名”的工磨具企业集团公司。

地址：河南省郑州市高新技术开发区梧桐街121号　邮编：450001

电话：0371-86617052　传真：0371-86615352

http://www.sinomach-pi.com

中国联合工程公司

工程相联 价值相合

杭州国际会议中心

中国联合工程公司(简称中国联合)是以原机械工业第二设计研究院为核心，联合多家国家甲级勘察设计单位组建的大型科技型工程公司，隶属于中央大型企业集团、世界五百强企业——中国机械工业集团有限公司，总部设在杭州。

杭州凯德来福士广场

公司员工6 000多人，工程技术人员占95%以上，曾有7名院士在公司工作，现有中国工程院院士1人，全国勘察设计大师7人、“新世纪百千万人才工程”国家人选1人、享受国家特殊津贴专家101人、高级技术职称专家1 000多名（含教授级高工16名）、各类国家一级注册工程技术人员1 300多人。

作为我国早期组建的国家大型综合性设计单位，公司设计了以三大动力基地为代表的一大批国家装备制造业骨干企业，设计了300多座电厂，在浙江省承接了杭州大厦、杭州国际会议中心、凯德·来福士广场等数以千计的标志性民用建筑。经过六十多年的纵横驰骋，中国联合的服务领域早已从单一的机械行业扩展到各类工业、电力、建筑、市政等二十多个行业，成为国内率先获得工程设计综合甲级资质的企业。

浙江美术馆（EPC总承包）

杭州未来科技城梦想小镇配套多功能中心

在继续做精做强设计咨询业务的同时，公司积极开拓工程总承包业务，大力提升EPC能力，是浙江省EPC工程总承包试点企业，先后承接了浙江美术馆、浙江海外高层次人才创新园、浙江省档案馆、杭州未来科技城梦想小镇配套多功能中心、杭州钱江世纪城学军中学附属文渊中学、杭州市下城区启正实验学校等系列工程总承包项目。公司成为浙江省推行EPC总承包的名牌，引领省内EPC工程总承包市场的发展。公司积极参与国际竞争，重点关注南美、东南亚等区域，稳健开拓电力、能源、民用、工业等具有设计业务的工程总承包业务。

浙江海外高层次人才创新园(EPC总承包)

公司具有工程设计综合甲级资质、工程总承包资格、房屋建筑施工总承包一级资质；具有多个行业的工程咨询甲级资质、城市规划编制甲级资质和多个专项设计甲级资质；具有直接对外经营权。

公司始终遵循“与顾客共同创造价值”的经营理念，完成了20 000多项大中型工程；主编、参编国家、地方和行业标准、规范100余项；获得国家进步奖28项（一等奖2项）、国家各类工程技术奖100余项、各类省部奖1 000多项。

哥伦比亚G3、G3.2燃煤电站(EPC总承包)

公司连年被授予“重合同守信用”企业称号，获得AAA企业信用评定等级。在住建部对全国一万多家勘察设计单位综合实力和营业收入排名中，连年进入百强榜；在美国《工程新闻记录》ENR对中国工程设计企业60强的排名中，连年榜上有名。

公司将凭借强大的综合优势，竭诚为国内外业主提供各类工程建设全方位、全过程服务。

总部地址：中国浙江省杭州市滨江区滨安路1060号 邮编：310052 电话：0571-88151842 传真：0571-88137083 http//:www.chinacuc.com

志存高远 成人达己

深圳比亚迪项目

北京奔驰项目

北京现代项目

华晨宝马轿车项目

上海大众新疆项目

上海通用汽车凯迪拉克项目

上汽大通涂装项目

中国汽车工业工程有限公司

中国汽车工业工程有限公司成立于2005年10月，是由原机械工业第四设计研究院和机械工业第五设计研究院合并重组而成，隶属于中国机械工业集团有限公司，总部设在天津，现有职工近3 700余人，其中技术人员达2 500人。

具有国家颁发的工程勘察、设计、咨询、制造、监理、环评等甲级资质证书26项。在50年的历史发展中取得了辉煌的成绩，尤其是在汽车工程规划设计、工程总承包和汽车生产装备的供货方面已确立了自身的优势地位。

致力于工厂建设的精益化设计和低成本运行的绿色工程建设，业务从单一的机械工厂建厂设计转型升级为从产品选择咨询、工程建设、装备供货、生产指导、培训的全产业链业务，业务能力达到了国际水平。

长期以来，为合资企业和国内各大汽车集团提供技术服务，承担整体工程设计、技术改造、工程总承包、生产线供货、工程建设管理、监理，在国内汽车工程建设领域享有很高声誉。公司业务进入国内一流大汽车集团和国际品牌的高端客户，成功承接了奔驰、宝马、路虎（捷豹）、大众、沃尔沃、通用等世界知名品牌的国内合资项目。实现了国内领先，达到了国际水平，形成了依靠技术、品牌承接项目的优势。

在工程机械、矿山机械、医药、电子、电力、民用建筑等行业的工程设计、铸造工艺设计、铸造装备的供货、工业炉承包具有国内领先水平。

按国际化工程公司的标准，分别在天津、洛阳投资建设制造基地。

秉承“为顾客创造价值”发展理念，以打造“国际知名的工程系统服务商”为企业发展目标，全面推进业务升级、管理转型，增强价值竞争能力，努力成为核心业务突出、行业领先、具有强劲持久竞争力的专业化工程公司。

地址：天津市南开区长江道891号 邮编：300113 电话：022-23363263 传真：022-87869666
http://www.chinaaie.com.cn E-mail：zqgc@chinaaie.com.cn

机械工业第六设计研究院有限公司
SIPPR ENGINEERING GROUP CO.,LTD.

2015年，机械工业第六设计研究院有限公司（简称中机六院）持续加大经营力度、着力创新驱动、实施人才战略、深化企业改革，推进公司持续健康发展，在经济下行压力较大、行业需求不足、市场竞争激烈的形势下，完成各项经营指标，科技创新工作硕果累累，基础管理工作成绩显著，党建、纪检监察工作稳步推进，实现各项目标的稳步增长。

●各级党组织认真开展“三严三实”专题教育活动，加强效能监察和审计工作。

机械工业第六设计研究院有限公司
2015年度低碳环保推广
标杆企业
中国工程建设标准化协会 中国建设报社
二〇一五年十一月

●2015年度获中国低碳环保推广标杆企业称号。

●中国建筑时报ENR工程设计企业60强。

SASAC

中央企业节能减排案例汇编

国务院国有资产监督管理委员会综合局
2015年10月

●“焊接烟尘治理系统”和“湿热尾气处理装置”入选国家有关部门综合局编制的《中央企业节能减排案例汇编》。

●2015年12月选举产生第二届董事会董事长，组建新一届领导班子；成立董事会战略管理委员会、审计与风险管理委员会；编制并通过《机械工业第六设计研究院有限公司监事会工作制度》等制度、规则。

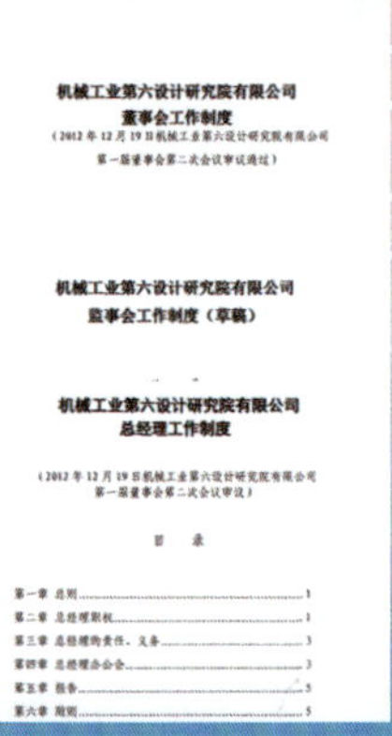

机械工业第六设计研究院有限公司
董事会工作制度

机械工业第六设计研究院有限公司
监事会工作制度（草稿）

机械工业第六设计研究院有限公司
总经理工作制度

目 录

●河南电缆实业有限公司节能环保特种电线电缆产业园、中煤张煤机装备产业园。

地址：河南省郑州市中原中路191号
邮编：450007
电话：0371-67606004/67606087/67606088
传真：0371-67628091
网址：http://www.sippr.cn/

中机六院

沈阳仪表院生物医学仪器核心滤光器件实现重大突破

自主研发的1 100KV特高压组合电器用温度补偿器是国内率先设计生产制造，与世界先进技术水平同步。金属波纹管产业化能力得到显著提升。“重大装备用金属波纹管技术研究与产业化”获辽宁省企业重大研发成果奖

1 500磅级核级仪表阀用波纹管成功替代进口。“核电站及特高压输变电工程用金属波纹管产业化”获得沈阳市科技振兴奖

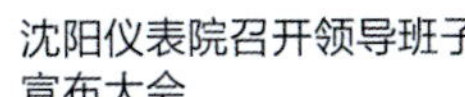

沈阳仪表院召开领导班子宣布大会

沈阳仪表院顺利完成浑南产业园首期搬迁工作

沈阳仪表院顺利完成浑南产业园首期搬迁工作

成功进入文保领域，申报获批的高光谱文物成像项目，开展高光谱成像技术研究

沈阳仪表院扎实开展“三严三实”专题教育活动

沈阳仪表院研制成功国内大型LNG储罐用膨胀节

温馨的一家人

辽宁电视台报道沈阳仪表院省科技创新重大专项项目“高精密激光划片机工艺技术及装备研究”

东阳传感器产业园项目开工建设

沈阳仪表科学研究院有限公司是辽宁省高新技术企业、辽宁省“守合同 重信用”单位，是全国模范职工之家。

沈阳仪表科学研究院有限公司是全国仪器仪表元器件和仪表工艺的归口单位，“传感器国家工程研究中心”“国家仪器仪表元器件质量监督检验中心”“国家照相机械质量检验中心”“国家真空设备质量监督检验中心”“机械工业仪器仪表元器件标准化技术委员会”“中国仪器仪表学会仪表工艺分会、仪表元件分会”和“中国仪器仪表行业协会传感器分会”均设在沈阳仪表科学研究院有限公司。

经过半个多世纪的发展，沈阳仪表院科研开发实力逐步增强，共完成科研项目1 773项，获得国家、部、省、市等各项奖励393项，其中国家类发明奖和国家科技进步奖11项，省部级科技进步奖113项。获得授权专利数百项，其中发明专利数十项；主持和参与国家标准和行业标准401项，其中国家标准86项。作为重点协作配套单位，研制生产多项军工产品，成功应用于“高新工程”“神州”“天宫”系列载人航天及“嫦娥”系列卫星等重点工程。

甘肃蓝科石化高新装备股份有限公司

甘肃蓝科石化高新装备股份有限公司（以下简称蓝科高新，股票代码：601798）是以甘肃蓝科石化设备有限责任公司为平台，由兰州石油机械研究所整体改制并引进战略投资者，依照《公司法》设立的股份有限公司，注册资本为35 452万元。2011年6月22日，蓝科高新在上海证券交易所成功上市。目前，蓝科高新已成为一家国有控股、产权多元化的现代高科技企业集团，是中国装备制造业颇有影响和业绩骄人的公司之一。

蓝科高新是中国石油石化装备的开拓者，是中国海洋与沙漠石油的先驱，其前身兰州石油机械研究所是全国石油钻采机械和炼油化工设备的行业技术归口所，成立于1960年5月。蓝科高新主要从事石油钻采机械、炼油化工设备、海洋与沙漠石油设备和工程、炼油化工和天然气处理及液体回收工程、轻工与食品机械的研究、开发、设计、制造及石油钻采机械和炼油化工设备的性能测试与评定、石油和石油化工及其装备的计算机软件引进与开发、技术咨询及相关工程设计与总承包、施工、制造监理、监造等工作。

▲石油钻采机械

▲炼油化工设备

▲海洋石油装备

▲轻工食品机械

50多年来，蓝科高新为国家贡献科技成果1 044项，其中，国家发明奖3项、国家科技进步奖3项、重大技术装备成果3项、全国科学大会奖10项、部（省）级科技进步奖151项，获得国家新产品和国家火炬计划产品22项。目前拥有授权专利377项，其中，发明专利42项、实用新型专利317项，外观设计专5项；软件著作权13 项。蓝科高新拥有国家主管部门颁发的A1、A2、A3、SAD级特种设备（压力容器）设计许可证和A1、A2、A3级特种设备（压力容器）制造许可证，GB/GC类特种设备（压力管道）设计许可证，ASME制造许可证及U型和U2型钢印证书，美国石油学会（IPI）4F/7K/8A证书，乙级工程设计和工程咨询证，“三位一体”管理体系(质量、环境、职业健康安全）认证证书，国家安全生产标准化二级企业证书（机械），武器装备科研生产单位二级保密证书等重要资格证书28项。2008年12月，被国家有关部门认定为高新技术企业。2009年8月，被委列为国家第三批创新型试点企业。2010年1月，被甘肃省列为“甘肃省创新型企业”。2011年12月，被列为甘肃省“技术创新示范企业”。2012年10月，被列为“国家技术创新示范企业”。2012年12月，被列为“甘肃省第一批企事业产权试点单位”。2013年11月，被认定为“国家企业技术中心”。

甘肃蓝科石化高新装备股份有限公司
公司地址：甘肃省兰州市安宁区蓝科路8号
邮政编码：730070
电话：0931-7639988
传真：0931-7663346
电子邮箱：lanpec@lanpec.com
网址：www.lanpec.com

甘肃蓝科石化高新装备股份有限公司上海研发中心
地址：上海市金山区吕巷镇汇丰人街588号
邮政编码：201518
电话：021-51219888
传真：021-57208182
电子邮箱：shlanbin@shlanbin.com
网址：www.shlanbin.com

引领轴承工业科技
提升世界装备水平

http：//www.zys.com.cn
全国统一服务电话：400-6379-111

ZYS 轴研科技 洛阳轴研科技股份有限公司

中国电器科学研究院有限公司（简称“中国电器院”，CEI）始建于1958年，是国家科研机构，隶属于中国机械工业集团有限公司。经过50多年发展，现已成为集科技研发、科技服务和科技产业为一体的拥有近2 000名科技人员的国家创新型企业。

科技开发

环境科学
材料科学
评价科学
能源科学
工程科学
智能科学

科技产业

能源领域
工程领域
材料领域
电子领域

国家检测

产品认证
产品质量监督仲裁与鉴定
委托测试
管理体系认证与审核仪器
设备计量与校准

地址：广东省广州市海珠区新港西路204号　电话：020-89050888　网址：www.cei1958.com

12月25日，国机集团与广州市政府共同投资组建的国机智能科技有限公司揭牌。

国家橡塑密封工程技术研究中心2016年通过验收

田园路院区工业机器人生产基地

三峡水电站

设备安装位置

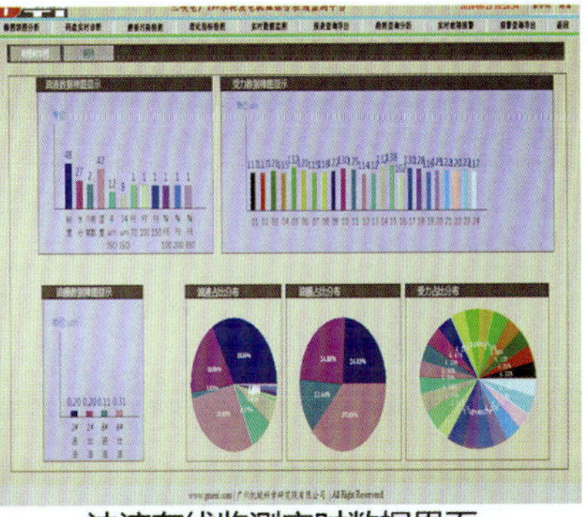

油液在线监测实时数据界面

安装在三峡水电厂5F和19F两台700MW机组推导轴承状态监测系统

20世纪80年代，广州机械科学研究院（当时的广州机床研究所）曾作为国家定点研发工业机器人的科研单位，是中国早期从事机器人研究的单位之一，先期研发了我国焊接机器人，并在一汽得到应用。

公司致力于开展机器人关键零部件、本体、集成应用、检测标准等关键共性技术和前沿技术的研究，开发智能化自动化系统，为工业客户提供整体解决方案。

2015年，公司开始建设国家机器人检测与评定中心（广州），将形成机器人整机性能、关键零部件、安全性能和噪声检测、环境检测、能效检测、EMC、材料等专项性能测试能力，以及产品认证、标准研究、合作交流部、培训咨询、期刊信息服务等公共服务能力。

公司拥有胶产品特性的研究基础，以及在涂胶工艺上的丰富经验，可根据客户需求，研制专用直角坐标涂胶机器人、六轴机器人及周边配套单元。

扫描关注广州机械院官方微信

广州机械科学研究院有限公司

Guangzhou Mechanical Engineering Research Institute Co.,Ltd.

科学城基地：广东省广州市开发区科学城新瑞路2号

永和基地：广东省广州市开发区永和经济区田园路97号

黄埔基地：广东省广州市黄埔区茅岗路828号

电话：020-32385328　　传真：020-32389135　http://www.gmeri.com

JFMI 捷迈机械 济南铸造锻压机械研究所有限公司

JINAN FOUNDRY&METALFORMING MACHINERY RESEARCH INSTITUTE CO,.LTD.

济南铸造锻压机械研究所有限公司（以下简称济南铸锻所）前身为济南铸造锻压机械研究所，始建于1956年，是原机械工业部门直属专业从事铸造机械、锻压机械、液压技术等多专业综合性应用技术研究、开发和行业归口管理的国家一类科研机构。1999年7月，转制为科技型企业，成为中国机械工业集团有限公司的成员企业。

济南铸锻所主要从事铸造机械及铸造工程机械化、自动化成套技术及装备，锻压机械及锻压工程机械化、自动化成套技术及装备，数控锻压和激光加工技术及设备、数控板材加工成套装备，各种大型闭式通用和专用机械压力机、液压机及自动化生产线，液压元件及系统的新技术、新产品开发、设计、制造；铸造锻压机械产品质量检测；相关技术的咨询服务。产品主要应用于汽车、钢铁、电力、船舶、能源、航空航天、军工等领域，技术水平国内领先，部分产品达到或接近国际水平。

济南铸锻所承担着国家铸锻机械行业技术组织和技术服务工作，包括国家铸造锻压机械质量监督检验中心、国际铸造机械技术委员会（ISO）、全国铸造机械标准化技术委员会、全国锻压机械标准化技术委员会、中国机床工具工业协会铸造机械分会、中国机床工具工业协会锻压机械分会，以及中国机械工程学会塑性工程分会锻压设备学术委员会、国家数控成型冲压装备产业技术创新战略联盟等行业机构，并面向国内外公开发行《中国铸造装备与技术》《锻压装备与制造技术》等科技核心期刊。

济南铸锻所是中国铸锻机械行业协会理事长单位，承担着我国铸锻机械行业科技发展规划编制建议、“高端数控机床与基础制造装备”国家重大专项需求建议、全国铸锻机械行业标准规划制定等重大工作。

济南铸锻所以其深厚的历史积淀和行业背景、卓越的专业人才队伍、雄厚的技术实力，培育和推动了我国铸造锻压机械行业的发展。目前，济南铸锻所已累计完成国家和省市等科技项目3 200余项，其中科研与新产品开发项目达1 600多项，获国家批准专利160余项，有180多项成果获得国家和省部级科技进步奖或发明奖，为汽车、钢铁、电力、船舶、能源、航空航天、军工等行业提供了大量高端数控铸锻机械产品，满足了国家在不同发展时期对基础装备的需求，为国家经济建设、行业技术进步和我国装备制造业的振兴作出了重要贡献。

▲清洁高效绿色铸造成套设备

▲高档数控开卷校平生产线

▲数控冲剪折设备

▲高端汽车纵梁成套装备

▲数控激光加工设备

地址：山东省济南市长清区凤凰路500号
邮编：250306
电话：0531-87979115
传真：0531-87964055
邮箱：zds@zds.com.cn
网址：www.zds.com.cn

重庆材料研究院有限公司（原名：重庆仪表材料研究所）创建于1961年，是原机械工业部门直属一类研究所，1999年转制进入中国机械工业集团有限公司。

公司是我国专门从事功能材料共性基础技术、工程化技术研究与产业化开发的综合性研究机构，先后经国家批准建立了材料物理与化学博士学位授予点、博士后科研工作站，国家仪表功能材料工程技术研究中心，全国仪表功能材料标准化技术委员会，院士工作站，海智基地。

公司是全国仪表功能材料行业自律性组织和学术、技术组织的挂靠单位。主办的《功能材料》中文核心期刊（EI收录）、《功能材料信息》技术期刊、“中国功能材料网”网站和“中国功能材料及其应用”大型系列学术会议已成为我国功能材料领域具有较高权威性和品牌地位的核心服务平台。

公司持续保持了ISO9001质量管理体系认证和GJB 9001A、GJB/Z9001A军工质量管理体系认证注册资格。

建立五十多年来，共形成金属功能材料及制品、贵金属材料及制品、测温材料、元件及装置、传感器敏感材料及元件、难熔金属材料、特种陶瓷材料及制品、磁性材料及器件等六条中试工艺生产线。测温材料、特种合金、工程仪表三大优势专业领域处于国内领先地位。共取得科技成果近1 000项，先后获得国家奖励12项，部、省级科技成果奖200余项，这些成果已广泛应用于机械、汽车、电子、能源、石化、冶金、轻工、舰船、航空、航天等众多领域，解决了国家一系列重点工程、重大设备配套所需的关键材料与元件，为我国国民经济的发展和技术进步作出了卓越贡献。

公司大力打造产品品牌，连续3年在中国仪器仪表行业协会仪表材料分会的全国同类产品评选中获得市场占有率前列。近3年，公司先后获得重庆市“守合同重信用单位”“重庆市创新型试点企业”、重庆市北碚区“二十强工业企业”“突出贡献企业”“重点成长型企业”等荣誉称号，提升了企业形象影响力，提高了产品品牌知名度。

重庆材料研究院有限公司

地址：重庆市北培区蔡家岗镇嘉德大街8号　邮编：400707
电话：023-68863921　传真：023-68863932

地址：四川省成都市新都区工业大道东段601号　邮编：610500
电话：028-83243828　传真:028-83932220　网址:www.ctri.cn

主要从事精密切削刀具、精密测量仪器和表面改性技术三大类机械产品共性技术研究及其高新技术产品的开发与生产。已形成了以硬质合金石油管螺纹梳刀为主导并逐步发展了轴承刀具、超硬刀具、数控刀具、深孔加工刀具、汽车刀具、精密复杂硬质合金成型刀具、配套刀具、齿轮测量仪器、主动量仪、激光干涉仪、工具专机，以及PVD、CVD、PCVD涂层技术服务、第二代QPQ盐浴复合处理技术与装备等多种产品并存的产业结构。建立了材料研发、工艺实验、装备改造、产品质量控制、市场推广和技术服务等完善的经营管理体系，有较强的技术创新能力。

螺纹加工刀具

成型槽加工方案专家

汽车发动机加工专用刀具

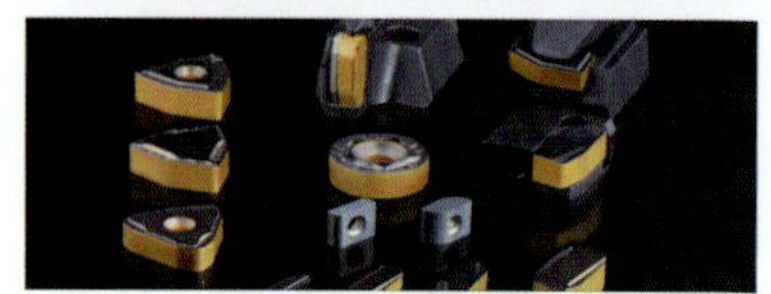
特殊异形刀具

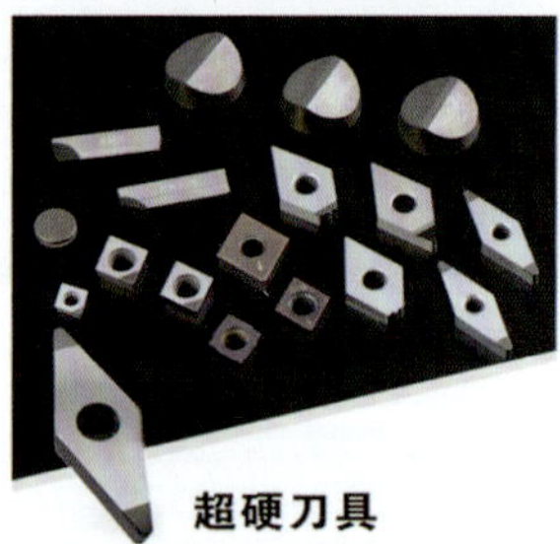
超硬刀具

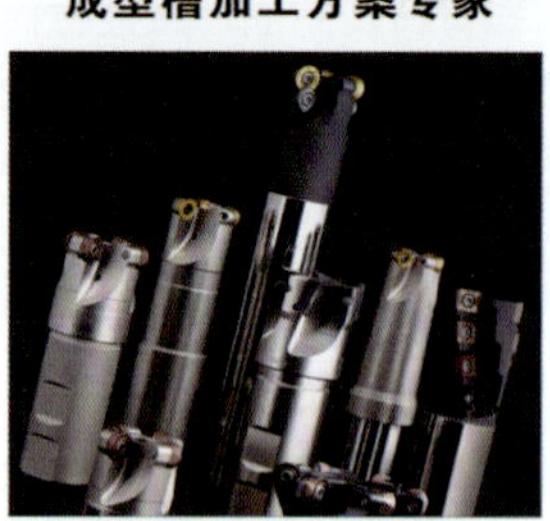
高温合金加工刀具

型线刀具

焊管加工刀具

轴承刀具

深孔加工刀具（深孔钻）

中国重型机械研究院股份公司

中国重型机械研究院股份公司(简称中国重型院)是以工程设计、冶炼、连铸、轧制、重型锻/挤压、环保节能、油气输送等成套装备研发、设计、工程总承包为主业，机、电、液和基础件专业配套齐全的大型设计研发科技型企业。主要产品包括烧结球团设备、钢液真空精炼设备、连续铸钢设备；板带材轧制设备、板带精整和深加工设备；管棒型线材轧制与精整设备；锻造/挤压设备、环保设备及其传动基础件、液压润滑、电气传动与自动化产品等。自中国重型院成立以来，取得1100余项科研成果，其中300余项荣获国家、省部级奖励，引领专业技术发展；大量科技成果实现了市场化，为国家经济建设和行业技术进步做出了重要贡献。

“12 000t航空级铝合金板材张力拉伸机装备”荣获国家科学技术进步奖二等奖

中国重型院主持完成的“12 000t航空铝合金厚板张力拉伸装备研制与应用”项目荣获2015年度国家科学技术进步奖二等奖。该项目是中国重型院于2007年通过与国内外对手的激烈竞争取得的。当时，我国在万吨级以上的铝合金板张力拉伸机研发上还是空白。其技术复杂程度，加工难度，在国际上尚无先例。

中国重型院科技研发团队不畏艰难、刻苦攻关，创造性地提出“全浮动、高负载、均匀夹紧、断带保护”的总体设计思路，攻克一个又一个技术难关。该装备自2011年投产以来，累计生产航空用三大系列铝合金厚板超3万t。厚板产品经西安飞机国际航空制造股份有限公司等单位检测和使用，性能指标、表面质量均达到专用技术要求。目前，该技术装备已成功为国产C919等大型飞机制造批量提供宽厚板材。

该项目的研制成功，解决了我国重型铝合金板材万吨级拉伸机装备从无到有的问题，打破了航空级铝合金厚板依赖进口的局面，是我国铝合金厚板生产技术和装备的重大突破，对提高我国大飞机制造国产化率提供了强有力的原材料保障。

地址：陕西省西安市未央区东元路209号
邮编：710032
电话：029-86322399　传真：029-86713965
http://www.xaheavy.com
E-mail：office@sino-heavymach.com

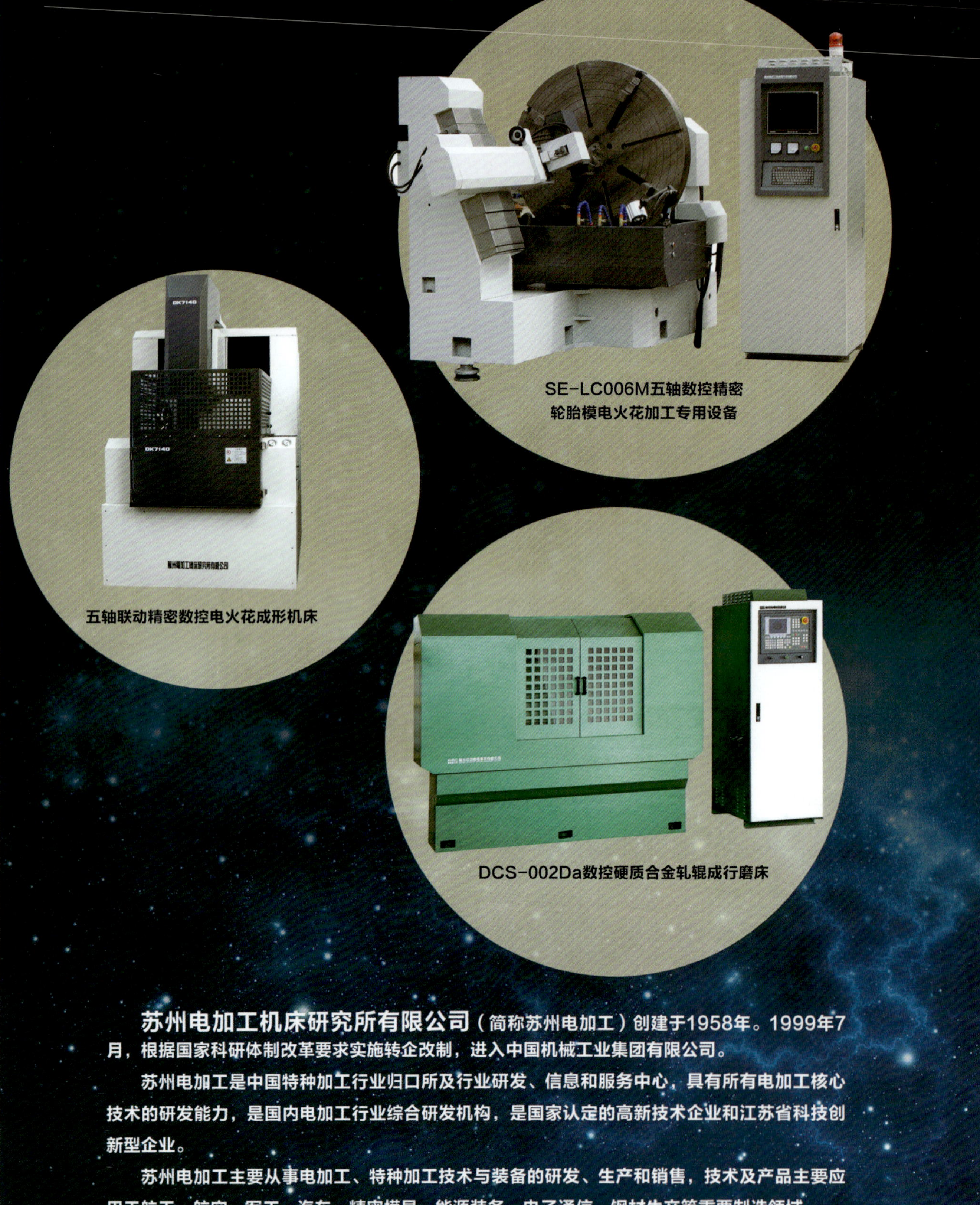
SE-LC006M五轴数控精密
轮胎模电火花加工专用设备
五轴联动精密数控电火花成形机床
DCS-002Da数控硬质合金轧辊成行磨床